Kolumbien

D1678488

Alex Egerton, Tom Masters, Kevin Raub

VIVIAN OSORIO/LONELY PLANET ©

GELBBRUST-ARA S. 345

MARY ANNE MEDINA/LONELY PLANET ©

VILLA DE LEYVA S. 97

Inhalt

Willkommen in Kolumbien

In Kolumbien findet man: steile Andengipfel, unverbaute Küsten an der Karibik, geheimnisvolle Amazonaswälder, rätselhafte Ruinen, Kolonialstädte mit Kopfsteinpflastergassen ... Kurz: Das Land bietet alles das, was Südamerika so verlockend macht, und noch einiges mehr.

Landschaftliche Vielfalt

Kolumbiens Lage am Äquator hat eine große landschaftliche Vielfalt zur Folge. Schon eine winzige Höhenveränderung führt die Besucher von der Sonnenglut der karibischen Strände zu den grünen Bergen mit ihren Kaffeeplantagen in der Zona Cafetera. Noch etwas höher liegt Bogotá, das Zentrum des Landes und die dritthöchste Hauptstadt weltweit. Noch ein paar Tausend Meter oberhalb davon bewundert man schneebedeckte Gipfel, Bergseen und die Vegetation der *páramo* genannten Hochebenen. Dann gibt es noch Los Llanos, ein 550 000 km^2 großes tropisches Grasland.

Outdoor-Abenteuer

Das abwechslungsreiche Gelände in Kolumbien ist wie geschaffen für allerlei Abenteuersport: Man taucht, klettert und wandert oder wagt sich ans Rafting oder in die Lüfte. Unbestrittene Outdoor-Hauptstadt ist San Gil, aber Erlebnisse im Freien bietet eigentlich das gesamte Land. Dazu passt, dass gleich zwei der berühmtesten Wanderwege des Kontinents durch Kolumbien verlaufen: Eine mehrtägige Dschungelwanderung führt zu den Tayrona-Ruinen von Ciudad Perdida, und zahlreiche Aufstiege im Parque Nacional Natural El Cocuy verschaffen Wanderern einen Zugang zu den höchsten Höhen der Anden. Die Riffe von Providencia lassen Taucher schwelgen, und wer Wale beobachten möchte, genießt an der Pazikküste allerbeste Aussichten.

Uralte Kultur

Eine Vielzahl alter Kulturen hat im ganzen Land ein faszinierendes Erbe hinterlassen. Die einstige Hauptstadt der Tayrona, Ciudad Perdida, entstand zwischen dem 11. und 14. Jh.; sie gilt als eine der geheimnisvollsten alten Städte des Kontinents, gleich nach Machu Picchu. Ähnlich rätselhaft ist San Agustín, wo mehr als 500 überlebensgroße Skulpturen unbekannter Herkunft über die Landschaft verstreut sind. Dann gibt es noch Tierradentro mit den unterirdischen Gräbern eines unbekannten Volkes.

Zauber der Kolonialzeit

Kolumbien besitzt nicht nur Cartagena mit seiner hervorragend erhaltenen Altstadt, sondern unzählige weniger bekannte Städte und Dörfer, die wirken, als sei in ihnen die Zeit stehen geblieben und als habe sich seit dem Abzug der Spanier nicht viel verändert. Barichara und das verschlafene Mompóx sehen aus wie Filmkulissen, denen der Fortschritt nichts anhaben konnte; und das weiß getünchte Villa de Leyva scheint im Treibsand des 16. Jhs. gefangen.

Warum ich Kolumbien liebe

Von Kevin Raub, Autor

Als ich kurz nach dem Jahr 2000 zum ersten Mal hierherkam, war Kolumbien noch ein völlig anderes Land, doch die Gastfreundschaft der Menschen hat mich sofort begeistert. Die Sicherheitslage hat sich seither erheblich verbessert. Der erste Eindruck vom Land ist aber haftengeblieben: Ohne internationale 5-Sterne-Attraktionen – ohne ein Machu Picchu, ohne Iguazu-Fälle oder Patagonien – muss Kolumbien härter für sein Geld arbeiten als andere Länder, doch das gelingt dank der Menschen, die alles dafür tun, dass die Gäste bei der Abreise einen guten Eindruck mit nach Hause nehmen.

Mehr Informationen über die Autoren gibt es auf Seite 395

Cabo San Juan del Guía (S. 171), Parque Nacional Natural (PNN) Tayrona

Kolumbien

Ciudad Perdida
Reizvolle Wanderung zu
alten Ruinen (S. 173)

PNN El Cocuy
Trekkingtouren zu
majestätischen Gipfeln (S. 114)

San Gil
Kolumbiens Treffpunkt für
Adrenalin-Junkies (S. 117)

PNN Tayrona
Felsübersäte Buchten und
weiße Sandstrände (S. 169)

Cartagena
Eine wunderbar erhaltene Stadt
aus der Kolonialzeit (S. 137)

Barichara
Prachtvolle Kolonialstadt,
gebratene Ameisen (S. 122)

Medellín
Elegante Restaurants und ein
legendäres Nachtleben (S. 211)

Kolumbiens
Top 21

1

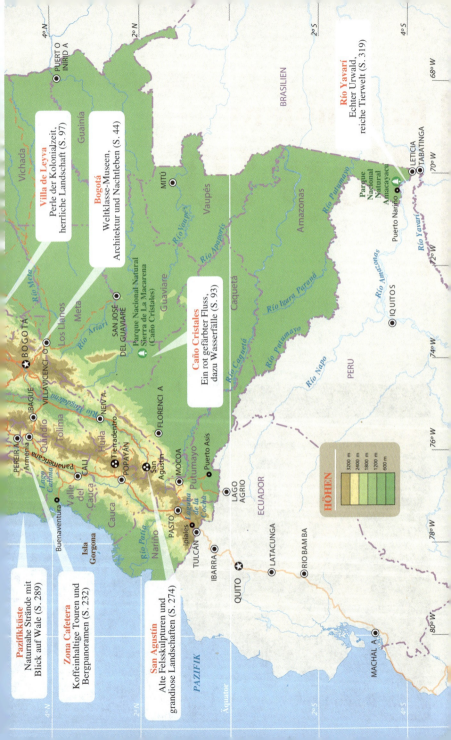

Río Yavarí
Echter Urwald, reiche Tierwelt (S. 319)

Villa de Leyva
Perle der Kolonialzeit, herrliche Landschaft (S. 97)

Bogotá
Weltklasse-Museen, Architektur und Nachtleben (S. 44)

Caño Cristales
Ein rot gefärbter Fluss, dazu Wasserfälle (S. 93)

Pazifikküste
Naturnahe Strände mit Blick auf Wale (S. 289)

Zona Cafetera
Koffeinhaltige Touren und Bergpanoramen (S. 232)

San Agustín
Alte Felsskulpturen und grandiose Landschaften (S. 274)

HÖHEN
3200 m
2400 m
1800 m
1200 m
600 m

BRASILIEN

PERU

ECUADOR

PAZIFIK

LETICIA
TABATINGA

IQUITOS

Puerto Nariño
Parque Nacional Natural Amacayacu

Río Yavarí
Río Amazonas
Río Putumayo
Río Napo
Río Igara Paraná
Río Caquetá

Amazonas

MITÚ
Vaupés
Guainía
Vichada

PUERTO INÍRIDA

Río Meta
Río Guaviare
Río Ariari
Río Apaporis
Río Vaupés

BOGOTÁ
VILLAVICENCIO
Los Llanos
Meta
Guaviare
Caquetá
Putumayo

SAN JOSÉ DEL GUAVIARE
Parque Nacional Natural Sierra de La Macarena (Caño Cristales)

IBAGUÉ
Tolima
NEIVA
Huila
FLORENCIA
Puerto Asís
MOCOA
LAGO AGRIO

PEREIRA
Armenia
Quindío
Lago Calima
CALI
Valle del Cauca
Buenaventura
Isla Gorgona
Cauca
Tierradentro
POPAYÁN
San Agustín
Río Magdalena
Río Cauca
Río Patía
Nariño
PASTO
Ipiales
Laguna de la Cocha
TULCÁN
IBARRA
QUITO
LATACUNGA
RIOBAMBA

MACHALA

Panamericana

Äquator

Altstadt von Cartagena

1 Wenn Besucher Cartagenas von Mauern umschlossene Altstadt (S. 140) durch die Puerta del Reloj betreten, werden sie schlagartig um 400 Jahre zurückversetzt. Beim gemütlichen Streifzug durch die Straßen treffen sie auf Szenarien, wie sie Gabriel García Márquez in seinen Romanen beschreibt. Pastellfarbene Balkone quellen vor Bougainvilleen über, die Gassen sind überfüllt mit Imbissständen und ringsherum liegen prachtvolle, im spanischen Stil gestaltete Plätze, Kirchen und historische Gebäude. Das alte Zentrum bildet eine eigene pulsierende Stadt, in der vieles noch so aussieht wie vor Jahrhunderten.

Tour zur Ciudad Perdida

2 Die Reise nach Ciudad Perdida (S. 173) ist eine aufregende Dschungelwanderung durch eine der majestätischsten Tropenlandschaften Kolumbiens. Es handelt sich um eine der schönsten mehrtägigen Touren des Landes. Bis zur Taille reicht das Wasser beim Durchwaten reißender Flüsse und das Herz schlägt bis zum Hals – ein Ausgleich zur stillen Schönheit der Sierra Nevada. Das Ziel, eine alte „verlorene Stadt", wurde von Grabräubern und goldgierigen Banditen wiederentdeckt. Die Ruinenstadt liegt tief in den Bergen auf rätselhaften Terrassen; der Weg dorthin ist ebenso faszinierend wie die Stätte selbst.

GUIZIOU FRANCK / HEMIS.FR / GETTY IMAGES ©

2

FELIPE MESA / AGESTOCK ©

3

4

Dünen & Wüsten auf La Guajira

3 Die Reise zur abgelegenen Wüstenhalbinsel (S. 177) mag herrlich oder beschwerlich sein, je nachdem, was man gewohnt ist – doch jeder, der den nördlichsten Punkt Südamerikas erreicht, ist von der schlichten Schönheit der Landschaft überwältigt. Flamingos, Mangrovensümpfe, Sandstrände vor Dünen und winzige Siedlungen der Wayuu wirken wie kleine Tupfer in der weiten Leere dieser prachtvollen und doch kaum besuchten Ecke von Kolumbien.

Trekking in El Cocuy

4 Der Parque Nacional Natural (PNN) El Cocuy (S. 114) ist eines der beliebtesten Ziele in ganz Südamerika. Aus gutem Grund, denn während der Hochsaison (Dezember bis Februar) tauchen eindrucksvolle Sonnenaufgänge die Sierra Nevada del Cocuy in ein flammendes goldbraunes Licht. Es zieht sich über zerklüftete Gipfel und den *páramo* mit seinen eiszeitlichen Tälern, Hochebenen und Bergseen. An klaren Tagen reicht der Blick von den Aussichtspunkten in 5000 m Höhe weit über die Llanos.

Caño Cristales

5 Nachdem Guerillas den Caño Cristales (S. 93) zwei Jahrzehnte lang besetzt hielten, ist das Terrain nun wieder zugänglich. Eines der faszinierendsten Naturwunder des Landes, ein von grünem Urwald und Bergen gesäumtes Flusstal, färbt sich zwischen Juli und November auf erstaunliche Weise rot. Ursache dieses einzigartigen Phänomens sind Algen im Flussbett, die sich explosionsartig vermehren. Eine Wanderung an Wasserfällen und Naturbecken entlang ist ein großartiges Erlebnis.

Die Museen von Bogotá

6 In Bogotás Museo del Oro (S. 53) kann man nachvollziehen, was es bedeutet, einen lange verlorenen Schatz zu finden. In einem der erstaunlichsten Museen Südamerikas kommen echte Indiana-Jones-Gefühle auf – und dies ist nur eines von unzähligen Museen der Stadt. Ob man sich also für die Bilder von Botero interessiert, für Hubschrauber, Waffen der Kokainhändler, bolivianische Schwerter, erlesene Badezimmerkacheln oder alte Scherben – Bogotá lässt keine Wünsche offen. Oben: Exponat im Museo del Oro

GEORGE HOLTON / GETTY IMAGES ©

ECATERINA LEONTE / GETTY IMAGES ©

INGRID HIMMLER-FEY / ALAMY ©

Statuen von San Agustín

7 Einblicke in die prä-kolumbische Kultur gewähren die Statuen von San Agustín (S. 274). Die über 500 ausgegrabenen Monumente aus Vulkangestein, die heilige Tiere und menschenähnliche Figuren darstellen, bilden eine der bedeutendsten archäologischen Stätten der Welt. Zahlreiche Statuen stehen in einem archäologischen Park, weitaus mehr befinden sich noch an ihren Fundstellen, die sich zu Fuß oder per Pferd erkunden lassen. Die Wege dorthin verlaufen durch eine Landschaft mit Wasserfällen, Flüssen und Canyons.

Walbeobachtung am Pazifik

8 Ein zwanzig Tonnen schwerer Wal schießt aus dem Wasser empor und im Hintergrund locken bewaldete Berge – dieser Anblick ist wirklich unbeschreiblich. Jedes Jahr schwimmen Hunderte Buckelwale phänomenale 8000 km von der Antarktis in die Gewässer vor der kolumbianischen Pazifikküste, um hier ihre Jungen zu gebären und großzuziehen. Die spektakulären Säugetiere tummeln sich in der Ensenada de Utría (S. 297) so nahe am Ufer, dass man sie leicht beobachten kann. Eine kurze Bootstour führt noch näher an die Tiere heran.

Salsa in Cali

9 In Cali wurde der Salsa zwar nicht erfunden, aber die hart arbeitende Stadt hat den Tanz in ihr Herz geschlossen und „adoptiert". Ausgehen in Cali (S. 258) bedeutet: Salsa tanzen – wie die *caleños* (die Einwohner von Cali) selbst sagen. Sei es in der kleinsten Stadtviertelkneipe mit überdimensioniertem Soundsystem oder in den großen *salsatecas* (Salsatanzclubs) in Juanchito, Salsa hilft, soziale Barrieren zu überwinden und die ausufernde Stadt zu vereinen. Geübte Salsatänzer finden hier ihre Bühne und Anfänger keinen besseren Ort, um Salsa zu lernen.

Koloniales Barichara

10 Fast wie aus einer anderen Welt wirkt das atemberaubende Barichara (S. 122), das wohl schönste Dorf aus Kolumbiens Kolonialzeit. Seine rostfarbenen Dächer, die symmetrisch angelegten Pflasterstraßen, die weißen Hauswände und die bepflanzten Balkone bilden einen Kontrast zu dem Postkarten-Grün der Anden im Hintergrund. Barichara bedeutet im Guane-Dialekt „Ort der Entspannung" und das trifft zu. Geblendet von Schönheit und Ruhe wandert so mancher Besucher wie ein Schlafwandler durch die Straßen.

Traumziel Providencia

11 Die Anreise auf die Karibikinsel mag ein wenig umständlich sein, lohnt aber die Mühe: Aus dem Flugzeug oder vom Katamaran blickt man auf ein Land, das wie geträumt erscheint. Providencia (S. 203) bietet einige der herrlichsten Strände des Landes, prächtige Tauchgründe, exzellente Wanderwege, eine wunderbare Küche und eine einzigartige kreolische Sprache. Hinzu kommt noch, dass die Insel ganz abseits der Touristenziele liegt, All-inclusive-Resorts findet man hier nicht.

Kaffee-Fincas in der Zona Cafetera

12 Auf geht's im klassischen Ur-alt-Jeep zum puren Kaffeegenuss, auf vielen der besten Kaffeefarmen (*fincas*) in der Zona Cafetera (S. 232) sind Touristen mittlerweile herzlich willkommen. Zuvorkommend wird den Besuchern erklärt, was kolumbianischen Kaffee auszeichnet. Für einen kleinen Einblick in die harte Arbeit des Kaffeeanbaus können sie sich selbst als Kaffeepflücker betätigen. Nach der Rückkehr ins traditionelle Farmhaus genießen die Gäste das Endprodukt.

Strände im PNN Tayrona

13 Die Strände im Parque Nacional Natural (PNN) Tayrona bei Santa Marta (S. 158) zählen zu den schönsten des Landes. Das klare Wasser von Tayrona glitzert vor einem Dschungel, der wie eine grüne Lawine die Hänge der Sierra Nevada de Santa Marta herabzurauschen scheint, des höchsten Küstengebirges der Welt. Palmen säumen den malerischen, mit riesigen Felsbrocken übersäten weißen Sandstrand. Manche der Felsen sehen aus, als hätte ein Riese sie in einem Wutanfall in zwei Hälften gespalten.

JANE SWEENEY / GETTY IMAGES ©

Cañon de Río Claro

14 Die Reserva Natural Cañon de Río Claro (S. 232), eines der besten Outdoor-Ziele Kolumbiens, liegt nur 2 km abseits der Fernstraße zwischen Bogotá und Medellín. Marmorgestein bildet den majestätischen Canyon, durch den ein kristallklarer Fluss mit vielen Badestellen fließt. Abenteuerlustige können an einer Seilrutsche über den Fluss „fliegen", Höhlen erkunden oder raften. Wenn der Sonnenuntergang die Felsen in ein warmes Licht taucht, ziehen Vogelschwärme vorüber und die Geräusche des Dschungels erfüllen den Canyon.

Koloniales Villa de Leyva

15 Ein weites, hoch gelegenes Tal und ein strahlend blauer Himmel bilden die Kulisse für das stimmungsvolle Dorf Villa de Leyva (S. 97). Es liegt 165 km nördlich von Bogotá. Kolonialstil prägt die verschlafene Ortschaft mit einer Plaza Major, die zu den größten und schönsten Dorfplätzen Südamerikas zählt. Das malerische Dorfzentrum quillt über vor internationaler Gastronomie, historischen Gebäuden, alten Kirchen, interessanten Museen und Läden, die Kunsthandwerk verkaufen. Und die Umgebung lädt zu moderaten Outdoor-Abenteuern ein.

Wandern im PNN Los Nevados

16 Wer auch immer hierher kommt, blickt ehrfürchtig zu den schneebedeckten Gipfeln im Parque Nacional Natural (PNN) Los Nevados (S. 240) auf. Der 583 km² große Nationalpark umfasst einige der atemberaubendsten Landschaften der kolumbianischen Anden. Die südlichen Bereiche bieten Trekkingrouten, die durch verschiedene Ökosysteme führen, von feuchten Nebelwäldern bis zum *páramo*. Mit der nötigen Erfahrung erklimmt man den Nevado Santa Isabel und den Nevado del Tolima auf einer einzigen Höhenwanderung.

KIM SCHANDORFF / GETTY IMAGES ©

Dschungel-Lodges am Amazonas

17 Für die meisten Menschen besitzt der Amazonas ein unvorstellbares Ausmaß. Allein der kolumbianische Abschnitt des Amazonasbeckens ist größer als die gesamte Fläche Deutschlands. So mangelt es nicht an Möglichkeiten für einzigartige Ausflüge. Die größte Vielfalt an Arten und Ökosystemen erlebt man im Parque Nacional Natural (PNN) Amacayacu (S. 317) und entlang des Río Yavarí. Hier kann man mit Delfinen schwimmen, Piranhas angeln und Alligatoren, Affen und Frösche aus nächster Nähe beobachten. Oben: Springaffe

Outdoor-Abenteuer in San Gil

18 Als Stadt ist San Gil (S. 117) nicht sonderlich attraktiv. Doch was dem Ort an Schönheit fehlt, machen die Outdoor-Aktivitäten mehr als wett. Ob Paddeln, Abseilen, Höhlentouren, Bungee-Springen oder Paragliding – für alle echten Abenteuer ist San Gil der angesagteste Ort in Kolumbien. Berühmt sind die atemberaubenden Stromschnellen der Klassen IV und V im Río Suárez. Ob im Wasser oder in den Lüften – San Gil bietet echte Grenzerfahrungen.

Medellín erleben

19 Medellín (S. 211) erlebt man am besten aus der Vogelperspektive: In einer der berühmten Metrocable-Gondeln gleitet man z. B. über Arbeiterviertel, die sich an steile Berghänge schmiegen. In diesem Labyrinth aus roten Ziegelhäusern schlägt das Herz einer Stadt, die sich von schwierigem Gelände nicht am Wachsen hindern lässt. Nach Sonnenuntergang begibt man sich ans andere Ende der sozialen Skala und besucht die eleganten Restaurants, Bars und Clubs von El Poblado mitten im legendären Zentrum des Nachtlebens von Medellín. Oben: Medellíns Metrocable (S. 226)

Desierto de la Tatacoa

20 Mit ihrem ockerfarbenen und grauen Sand, den zerklüfteten Felsen und Ansammlungen von Kakteen wirkt die Desierto de la Tatacoa (S. 281) wie eine fremde Welt. Das semi-aride Gebiet ist von Bergen umgeben und liegt im Regenschatten des hoch aufragenden Nevado de Huila. Stille prägt diesen Ort, der im Land seinesgleichen sucht. Da weder Wolken noch künstliches Licht den Himmel trüben, eignet sich die Tatacoa-Wüste ausgezeichnet zum Sternegucken, mit bloßem Auge oder im örtlichen Observatorium.

Páramos am Lago de Tota

21 Nur wenige Länder besitzen eine von Gletschern geformte alpine Tundra, den *páramo* – und den größten Anteil kann Kolumbien vorweisen. Rund um den Hochlandsee Lago de Tota (S. 107) erstreckt sich eine der schönsten Wanderrouten des Landes: Im Páramo de Ocetá geht es 19 km weit durch Torfmoor und Feuchtwiesen mit den charakteristischen *frailejón*-Büschen und Blumenwiesen, vorbei an Wasserfällen, herrlichen Lagunen und einer Stadt aus Stein. Viele halten den Ort für das schönste Moor der Erde.

Gut zu wissen

Weitere Hinweise im Kapitel „Praktische Informationen" (S. 354)

Währung
Kolumbianischer Peso
(COP)

Sprache
Spanisch (Englisch auf
San Andrés & Providencia)

Geld
Geldautomaten *(cajeros)*
sind in Städten weit
verbreitet. Kreditkarten
werden in städtisch
geprägten Regionen
meist akzeptiert.

Visa
Die Bürger der meisten
westeuropäischen
Länder, darunter
Deutschland, benötigen
bei touristischen Aufent-
halten von bis zu
90 Tagen kein Visum.

Handys
Das Netz mit 3G-Stan-
dard ist hervorragend.
Die meisten entsperrten
Handys funktionieren
mit einer kolumbiani-
schen SIM-Karte.

Zeit
Kolumbien liegt im eu-
ropäischen Winter sechs
Stunden, im Sommer
sieben Stunden hinter
der MEZ zurück.

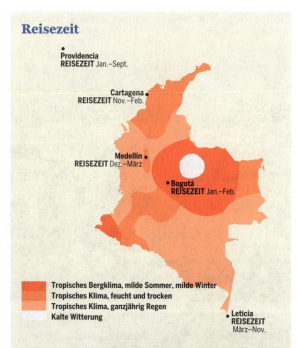

Reisezeit

Providencia
REISEZEIT Jan.–Sept.

Cartagena
REISEZEIT Nov.–Feb.

Medellín
REISEZEIT Dez.–März

Bogotá
REISEZEIT Jan.–Feb.

Leticia
REISEZEIT
März–Nov.

Tropisches Bergklima, milde Sommer, milde Winter
Tropisches Klima, feucht und trocken
Tropisches Klima, ganzjährig Regen
Kalte Witterung

Hauptsaison
(Dez.– Feb.)

➡ In nahezu allen
Andengebieten son-
nig und warm

➡ Außer am Amazo-
nas überall trocken

➡ Auf San Andrés
und Providencia ist
es jetzt traumhaft
schön

➡ Die Preise haben
landesweit den
Höchststand erreicht

Zwischensai-
son (März–Sept.)

➡ Bogotá, Medellín
und Cali haben ihre
zweite Regenzeit im
April/Mai

➡ Juli bis Oktober:
beste Zeit für die
Walbeobachtung an
der Pazifikküste

➡ In Cartagena
ist bis April gutes
Wetter; die starken
Regenfälle beginnen
im Mai

Nachsaison
(Okt. & Nov.)

➡ In der Anden-
region waschen
Überflutungen oft die
Straßen aus

➡ In Cartagena und
an der Karibikküste
ist es im Oktober nass

➡ Am Amazonas
Niedrigwasser,
sodass die Wander-
bedingungen und die
weißen Sandstrände
nun ideal sind

Infos im Internet

This Is Colombia (www.colom bia.co/en/) Eine hervorragende Website, die gute Werbung für Kolumbien macht.

Proexport Colombia (www. colombia.travel) Das offizielle Tourismusportal der Regierung.

Colombia Reports (www. colombiareports.co) Ausgezeichnete englischsprachige Informationsquelle.

BBC News (www.bbc.com/ news/world/latin_america/) Hervorragende Informationen über Südamerika.

Parques Nacionales Naturales de Colombia (www.parquesna cionales.gov.co, auf Spanisch) Detaillierte Informationen zu den Nationalparks.

Lonely Planet (www.lonely planet.com/Colombia) Informationen, Foren, Hotelbuchungen und Online-Shop.

Wichtige Telefonnummern

Landesvorwahl	+57
Telefonauskunft	113
Ambulanz	125
Feuerwehr & Polizei	123

Wechselkurse

Brasilien	1 R$	816 COP
Euro-Zone	1 €	2762 COP
Schweiz	1 sFr.	2651 COP
USA	1 US$	2485 COP

Aktuelle Wechselkurse unter www.xe.com

Tagesbudget

Preiswert: Unter 50 000 COP

➡ Schlafsaalbett 18 000 bis 25 000 COP

➡ *Comida corriente* (Tagesgericht) 50 00–12 000 COP

➡ Selbstversorgung in Supermärkten

Mittelteuer: 100 000–200 000 COP

➡ DZ im Mittelklassehotel 70 000–100 000 COP

➡ Hauptgericht in preisgünstigen Restaurants 20 000 bis 30 000 COP

Teuer: Über 200 000 COP

➡ DZ im Spitzenklassehotel ab 160 000 COP

➡ Mehrgängiges Menü mit Wein ab 50 000 COP

Öffnungszeiten

Die Öffnungszeiten variieren enorm. Wenn nicht anders angegeben, gelten die folgenden Öffnungszeiten:

Banken Montag bis Freitag 9–16, Samstag 9–12 Uhr

Restaurants 12–15 und 19–22 Uhr

Cafés 8–20 Uhr

Bars 18–3 Uhr

Clubs 21–3 Uhr

Geschäfte Montag bis Samstag 9–17 Uhr

Ankunft in Kolumbien

Aeropuerto Internacional El Dorado (Bogotá; S. 84) Busse (1400–1700 COP) fahren von 4 Uhr morgens bis 23 Uhr alle 10 Minuten Richtung Innenstadt. Taxis (25 000–37 000 COP) brauchen 45 Minuten bis ins Stadtzentrum.

Aeropuerto Internacional José María Córdoba (Medellín; S.#199) Busse (8600 COP) fahren von 5 Uhr morgens bis 21 Uhr alle 15 Minuten Richtung Innenstadt. Taxis (60 000 COP) brauchen 45 Minuten bis ins Stadtzentrum.

Aeropuerto Internacional Rafael Núñez (Cartagena; S. 154) Busse (2000 COP) fahren von 6.50 bis 23.45 Uhr alle 15 Minuten Richtung Innenstadt. Taxis (9000-12 000 COP) brauchen 15 Minuten bis zur Altstadt.

Unterwegs vor Ort

Öffentliche Verkehrsmittel sind in Kolumbien sehr preiswert, allerdings steigen die Preise mit wachsenden Komfortansprüchen.

Auto Sinnvoll, wenn man im selbstbestimmten Rhythmus reisen oder entlegene Ziele, die kaum von öffentlichen Verkehrsmitteln versorgt werden, ansteuern möchte. Mietwagen gibt es in größeren Städten; sie sind aber in der Regel nicht gerade preiswert. Man fährt auf der rechten Straßenseite.

Bus Die meisten Leute reisen in Kolumbien mit Bussen umher. Es gibt die völlig überfüllten *colectivos* (Minibusse oder Großraumtaxis), aber auch bequeme Fernbusse mit Klimaanlage. Die meisten Städte des Landes sind mit Bussen erreichbar.

Flugzeug Sie sind das einfachste (aber auch teuerste) Verkehrsmittel, um die riesigen Entfernungen zwischen den großen Städten zu überwinden. In jüngster Zeit sind Flugreisen durch das Aufkommen von Billigfluglinien für fast jedermann erschwinglich geworden, und bei Frühbuchung geht der Preis nochmals herunter. Fast alle größeren, aber auch kleinere abgelegene Städte besitzen Flughäfen oder Flugplätze.

Mehr zum Thema
Unterwegs vor Ort
siehe S. 369

Wie wär's mit ...

Nationalparks

Insgesamt umfassen die Nationalparks (abgekürzt PNN für Parque Nacional Natural) 12 % des Staatsgebiets von Kolumbien. Unter Schutz stehen fast 60 Areale, darunter kühle karibische Gewässer, hohe Andengipfel, tropische Steppen und weite Dschungelgebiete am Amazonas.

PNN Tayrona Einer der beliebtesten Nationalparks Kolumbiens; von Palmen gesäumte weiße Sandstrände am Fuß der Sierra Nevada de Santa Marta. (S. 169)

PNN El Cocuy Hoch aufragende Gipfel, Bergseen, Gletscher und Ausblicke bis nach Venezuela sind die schönsten Highlights bei Ausflügen ins Hochgebirge Kolumbiens. (S. 114)

PNN Sierra de La Macarena Das ehemalige Guerillagebiet ist heute zugänglich und wird vom einzigartigen Fluss Caño Cristales durchquert. (S. 93)

Santuario de Iguaque Dieser 67,5 km² große Nationalpark ist tief in die Legenden der Muisca verwoben, bietet herrliche *páramo*-Landschaften (Hochgebirgsebenen) und ist von Villa de Leyva leicht zu erreichen. (S. 106)

PNN El Tuparro Abgelegenes Gebiet im Naturschutzgebiet Los Llanos mit sandigen Flussufern und grüner Steppe, Heimat von etwa 320 Vogelarten, Jaguaren, Tapiren und Ottern. (S. 94)

Museen

Kolumbiens Geschichte, zu der faszinierende indigene Kulturen, Kolonialzeit und vielfältige Konflikte zählen, brachte eine Fülle an Museen hervor. Mit 60 Museen bildet Bogotá die Hochburg der musealen Show.

Museo del Oro Eines der außergewöhnlichsten Museen Südamerikas mit der weltweit größten Sammlung prähispanischer Goldschmiedearbeiten. (S. 53)

Museo de Antioquia Neben dem Museo Botero in Bogotá eines der besten Museen Kolumbiens, um die stattlichen Statuen des Bildhauers Fernando Botero, eines *paisa*, zu bewundern. (S. 215)

Museo Nacional Kolumbiens Nationalmuseum, das in einem in der Form eines griechischen Kreuzes angelegten Gebäude untergebracht ist und von einem englischen Architekten ursprünglich als Gefängnis geplant war, bietet einen umfassenden Einblick in das kulturelle Erbe der Nation. (S. 57)

Palacio de la Inquisición Die furchteinflößenden Folterwerkzeuge in diesem Palast in Cartagena aus dem Jahre 1776 erregen schnell die Aufmerksamkeit der Besucher: makaber, aber hochspannend. (S. 140)

Tierwelt

Der unberührte Amazonasdschungel macht mehr als ein Drittel der Gesamtfläche Kolumbiens aus und ist ideal, um Tiere in ihrem natürlichen Lebensraum zu beobachten. Doch Kolumbien hat darüber hinaus noch weitere Orte mit interessanter Fauna zu bieten, denn es gehört zu den Ländern mit der weltweit größten Artenvielfalt.

Río Yavarí Die von Leticia erreichbaren Lodges an diesem Nebenfluss des Amazonas (er begrenzt Peru und Brasilien) sind von einer reichen Fauna umgeben. (S. 319)

PNN Amacayacu Liegt im Amazonasregenwald und birgt rund 500 Vogel- und 150 Säugetierarten, darunter Affen, die schon fast ausgestorben waren. (S. 317)

PNN Ensenada de Utría Ideal für das Beobachten von Walen; in der geschützten Bucht an der kolumbianischen Pazifikküste tummeln sich im Zeitraum von Juli bis Oktober Buckelwale. (S. 297)

Reserva Ecológica Río Blanco
In diesem unberührten Paradies für Vogelbeobachter bei Manizales leben 13 endemische und 362 andere Vogelarten. (S. 238)

Santuario de Flora y Fauna Los Flamencos In diesem 700 ha großen Schutzgebiet auf der Halbinsel La Guajira lebt eine große Kolonie rosafarbener Flamingos, die in der Regenzeit Zehntausende Vögel umfasst. (S. 177)

Wandern

Atemberaubende Wanderrouten bieten Kolumbiens vielfältige Landschaften, darunter der Dschungel, himmelhohe, schneebedeckte Gipfel der Anden und der weitläufige *páramo*, eine Landschaft, die es nur in wenigen anderen Ländern gibt.

PNN El Cocuy Imposante Gipfel, mächtige Gletscher, klare Bergseen und der weite Blick bis nach Venezuela laden Wanderer zu einer einwöchigen Bergtour ein.(S. 114)

Ciudad Perdida Eine mehrtägige Dschungeltour mit Flussdurchquerungen führt zu einer der größten präkolumbischen Städte, die je entdeckt wurden. (S. 173)

PNN Los Nevados Bei dieser anspruchsvollen Tagestour geht es durch den *páramo* hinauf zum Gletscher auf dem Gipfel des Nevado Santa Isabel. (S. 240)

Valle de Cocora Halbtageswanderung durch saftige Täler und nebelverhangene grüne Hügel mit riesigen Quindío-Wachspalmen (Kolumbiens Nationalbaum). (S. 254)

Tierradentro Auf dieser Tageswanderung warten inmitten herrlicher Hügellandschaft unterirdische präkolumbische Grabkammern. (S. 278)

Oben: Jaguar, Leticia (S. 308)
Unten: Capurganá und Sapzurro (S. 187)

Kulinarische Genüsse

Die kolumbianische Gastronomie verwöhnt ihre Gäste nicht so wie Perus berühmte Küche, Brasiliens multikulturelle Kost oder Argentiniens Grilltradition. Dennoch mangelt es nicht an gutem Fisch, saftigen Steaks und skurrilen kulinarischen Spezialitäten.

Leo Cocina y Cava In diesem eher gehobenen, für die Region typischen Lokal in Bogotá lohnt es sich, eine schöne kulinarische Reise durch die einfallsreiche kolumbianische Küche zu unternehmen. (S. 72)

Punta Gallinas Keine Restaurants, aber hier grillen Mitglieder des Wayuu-Volkes frischen Hummer – klingt verführerisch gut! (S. 180)

Mini-Mal Feinste kulinarische Gaumenfreuden: Mit den interessanten Zutaten des Landes werden in diesem modernen Lokal Speisen für Gourmets zubereitet, die zu Trendsettern werden. (S. 72)

Central Cevicheria In dem Hipster-Treffpunkt in Bogotá wird eine der einfallsreichsten *ceviche* Kolumbiens serviert. (S. 73)

Asadero de Cuyes Pinzón Hier kann man, wenn man sich das zutraut, die regionale Spezialität der Stadt Pasto probieren: gegrilltes Meerschweinchen. (S. 283)

Mercagán Hat angeblich die besten Steaks des Landes. (S. 129)

La Cevicheria Ein winziges, versteckt liegendes Lokal in Cartagena, wo es weltberühmte *ceviche* und Meeresfrüchte gibt. (S. 150)

Strände

Kolumbiens Strände sind nicht so berühmt wie seine Berge. Dennoch ist das Land mit sonnigen Sandstränden an seiner Karibik- und Pazifikküste gesegnet. Und alle Strände sind über Nacht mit dem Bus oder in wenigen Flugstunden erreichbar.

Playa Taroa Der Strand mit hohen Dünen an der Punta Gallinas ist Kolumbiens schönstes und menschenleerstes Meeresufer. (S. 180)

Capurganá & Sapzurro Hier flankieren zwei paradiesische Palmenstrände die Grenze: La Miel auf der panamesischen und die Playa Soledad auf der kolumbianischen Seite. (S. 187)

Playa Morromico Wasserfälle, die von dschungelbedeckten Bergen herunterrauschen, säumen den abgelegenen privaten Strand – eines der romantischsten Ziele im Chocó. (S. 299)

PNN Tayrona Beliebter Nationalpark mit Sandstränden in ruhigen Buchten an einem himmelblau schimmernden Meer. (S. 169)

Playa Guachalito Einer der idyllischsten Strände an der Pazifikküste mit grauem Sand, den Orchideen, Helikonien und Dschungelpflanzen säumen. (S. 299)

Playa Blanca Das Seeufer mit Sandstrand liegt tief in den Anden auf 3015 m Höhe. (S. 108)

Monat für Monat

Januar

Da Kolumbien am Äquator liegt, hängt das Klima von der Höhenlage und nicht von den Jahreszeiten ab. So eignet sich fast das ganze Jahr als Reisezeit. Leute, die gerne furiose Festivals und Partys feiern, kommen im Januar.

✯✯ Carnaval de Blancos y Negros

Nach Weihnachten steigt in Pasto dieses turbulente Fest, das noch aus der Sklavenzeit stammt. In einer betrunkenen Menge bewerfen sich die Menschen mit Fett, Talkumpuder, Mehl und Kalk, bis jeder nur noch hustet und völlig beschmiert ist. Also: Feine Klamotten besser im Hotel lassen! (S. 284)

Februar

Im Februar ist das Andenklima angenehm, Cartagena plagt fast eine Dürre. Es ist genau die richtige Zeit für die Strände an der Karibikküste. Die Kinder sind in der Schule, die einheimischen Feierwütigen arbeiten – Kolumbien ist (fast) „tranquilo".

✯✯ Fiesta de Nuestra Señora de la Candelaria

Cartagena ehrt alljährlich seine Schutzheilige am 2. Februar mit einer feierlichen Prozession im Convento de la Popa. Dabei tragen die Gläubigen brennende Kerzen. Feierlich geht es allerdings in den neun vorherigen Tagen (den *Novenas*) zu, wenn die zahlreichen Pilger in das Kloster strömen.

✯✯ Carnaval de Barranquilla

40 Tage vor Ostern feiert Barranquilla vier Tage lang den zweitgrößten Karneval des Kontinents (nach Rio de Janeiro). Das Trinken, Kostümieren, Tanzen, Musizieren und die Paraden werden am Faschingsdienstag beim Joselito Carnaval symbolisch begraben. (S. 159)

März

In einem katholischen Land wie Kolumbien ist Ostern ein wichtiges Fest. Ob es in den März oder April fällt: Menschenmassen und hohe Preise sind allgegenwärtig. Sogar das Wetter wird schlechter.

✯✯ Semana Santa in Popayán

Die Feierlichkeiten zur Semana Santa (Karwoche) in Popayán sind berühmt. An den nächtlichen Prozessionen am Gründonnerstag und Karfreitag sowie an den Festkonzerten mit sakraler Musik nehmen Tausende Gläubige teil.

✯✯ Semana Santa in Mompóx

Die zweitwichtigsten Festivitäten zur Semana Santa finden in der verschlafenen Flussstadt Mompóx nahe der Karibikküste statt.

✯ Festival Iberoamericano de Teatro

Das Festival des lateinamerikanischen Theaters findet in allen geraden Jahren während der Karwoche statt. Es endet mit einem spektakulären Feuerwerk im Fußballstadion von Bogotá (Infos unter www. festivaldeteatro.com.co).

Juni

Nach einer Atempause im April und Mai ziehen wieder Stürme auf. Für Bogotá ist der Juni die trockenste Zeit. An der Pazifikküste tauchen die ersten Wale auf. Die anstehenden Sommerferien lassen die Preise in die Höhe klettern.

Zeit für Wale

Im Juni beginnt an Kolumbiens Pazifikküste die Walbeobachtungssaison. Hunderte Buckelwale sind von der Antarktis über 8500 km hierher geschwommen, um in den tropischen Gewässern ihre Jungen zu gebären und aufzuziehen. (S. 291)

August

Der relativ milde August kann regnerisch sein, doch hervorragende Festivals wiegen den drohenden Regen auf. Bogotá, Cali und Medellín versinken in einer schon spätsommerlichen Atmosphäre voller Musik und Kultur.

☆ Festival de Música del Pacífico Petronio Álvarez

Dieses Festival in Cali feiert die Musik der Pazifikküste. Deren Musik ist stark beeinflusst von den Rhythmen der afrikanischen Sklaven, die einst in der Region lebten. (S. 259)

✲ Feria de las Flores

Eine Woche dauert Medellíns spektakulärstes Fest. Den Höhepunkt bildet der Desfile de Silleteros, eine Parade, zu der 400 *campesinos* (Bauern) aus den Bergen kommen und riesige Blumengebinde auf dem Rücken durch die Straßen tragen. (S. 218)

September

Regenschauer landesweit, doch der Amazonas führt Niedrigwasser, was gute Möglichkeiten schafft, Tiere zu beobachten, zu wandern oder einfach an einem Flussufer zu relaxen.

☆ Festival Mundial de Salsa

Calis Festivalklassiker lohnt sich! Zwar geht es dabei nicht wirklich international zu, aber es treten großartige Tänzer auf. Manche Salsa-Shows auf der Freilichtbühne des Teatro al Aire Libre Los Cristales kosten keinen Eintritt. (S. 259)

✗ Congreso Nacional Gastrónomico

Jedes Jahr werden die Spitzenköche aus verschiedenen Ländern eingeladen, um beim Congreso Nacional Gastronómico im winzigen Kolonialstädtchen Popayán ihre neuesten Kreationen zuzubereiten. Im Internet kann man vorab einen Blick auf die Speisekarte werfen. (S. 270)

☆ Jazz Festival

Eine Sternstunde für Jazzfans ist das Festival Internacional Mede Jazz (http://festivalmedejazz.com). Es treten bekannte Musiker aus Nordamerika, Europa und Kuba auf. Die teilweise kostenlosen Konzerte finden im Teatro Universidad und im Shopping-Center El Tesoro statt.

☆ Festival Internacional de Teatro

Das seit 1968 stattfindende Theaterfestival in Manizales ist das zweitwichtigste seiner Art in Kolumbien (nach Bogotás Festival Iberoamericano de Teatro). Kostenfreie Aufführungen sieht man auf der Plaza de Bolívar. (S. 235)

Oktober

Im Durchschnitt ist der Oktober einer der regenreichsten Monate Kolumbiens. Bogotá, Cali, Medellín und Cartagena – alle sind den Launen des Wetters ausgeliefert.

☆ Festival de Cine de Bogotá

Seit 20 Jahren zeigt Bogotás Filmfestival Filme aus aller Welt; lateinamerikanische Streifen sind meistens stark vertreten (detaillierte Infos siehe unter www.bogocine.com).

☆ Mompóx Jazz Festival

Dieses relativ neue Festival gibt es seit 2012 und hat Mompóx, eine wunderschöne, aber entlegene Kolonialstadt im Norden Kolumbiens, zum Anziehungspunkt für Besucher gemacht. Auf dem Programm stehen internationale Jazzmusiker; 2014 kam sogar der kolumbische Präsident hierher.

☆ Rock al Parque

Drei Tage lang lassen Livebands den Parque Simón Bolívar in Bogotá mit Rock, Metal, Pop, Funk und Reggae erbeben. Rock al Parque ist kostenlos, und es wimmelt nur so von Fans:

Es ist mittlerweile Kolumbiens größtes Musikfestival überhaupt. Und das wirklich ganz kostenlos! (S. 63)

November

Im November ist es in ganz Kolumbien einfach nur nass. Der beste Zufluchtsort ist jetzt Bogotá, aber auch hier nur mit griffbereitem Regenschirm.

✨ Concurso Nacional de Belleza

Das Festival mit Festumzug wird auch Carnaval de Cartagena oder Fiestas del 11 de Noviembre genannt. Mit Straßentanz, Musik und fantasievollen Paraden feiert Cartagena bei seinem wichtigsten Fest alljährlich den Unabhängigkeitstag der Stadt und die Krönung der Miss Kolumbien. (S. 147)

Dezember

Der Regen lässt nach und Kolumbien versetzt sich mit tollen Lichtdekorationen und spontanen Feiern in Festtagsstimmung – Menschenmassen und Jubelschreie landauf, landab inklusive.

✨ Weihnachtsbeleuchtung

An Weihnachten treten die kolumbianischen Städte in einen Wettstreit um die raffinierteste *Alumbrado Navideño* (Weihnachtsbeleuchtung) an ihrem jeweiligen Fluss. Häufig gewinnt Medellín mit seinen farbenprächtigen – sehenswerten – Lichterarrangements.

Oben: Desfile de Silleteros, Feria de las Flores
Unten: Alumbrado Navideño (Weihnachtsbeleuchtung), Medellín

Reiserouten

 2 WOCHEN ## Von Bogotá nach Bogotá

Willkommen in Kolumbien! Hier warten weltoffene Städte, malerische Kolonialdörfer, hohe Berge, Dschungel und Karibikstrände. Für den nötigen Drive sorgt bei Bedarf reichlich Koffein – natürlich, im Kaffeeland Kolumbien.

Am Anfang stehen ein, zwei Tage **Bogotá** mit La Candelaria (Altstadt aus der Kolonialzeit), jeder Menge bester Museen sowie Restaurants und Nachtleben im Weltklasseformat. Danach geht es in Richtung Norden zu den beschaulichen, malerischen Kolonialdörfern **Villa de Leyva** und **Barichara**, die beide erstaunlich gut erhalten sind. Eine Tageswanderung auf dem historischen Camino Real führt nach **Guane**. Eine lange Fahrt im Bus nach San Gil bringt einen dann nach Santa Marta, dem Ausgangspunkt für den **Parque Nacional Natural (PNN) Tayrona** – und ein paar Tage Entspannung an den herrlichen Stränden des Parks. Weiter geht es in südwestlicher Richtung an der Karibikküste entlang nach **Cartagena**, in Kolumbiens Schatzkästchen voller Kolonialromantik – einfach märchenhaft. Nach einer weiteren langen Busfahrt (oder einem schnelleren Flug) folgt **Medellín** und ein Crashkurs in kolumbianischer Kultur und Küche, Club Colombia im *paisa*-Stil inklusive. Überwältigt von Kolumbiens Gastfreundlichkeit und zurück in Bogotá, tritt man im Flughafen El Dorado den Rückflug an.

 (Fast) Durchs ganze Land

Angesichts der Vielfalt von schönen Landschaften stellt sich die Frage: in eine davon „eintauchen" oder in (fast) alle reinschnuppern. Zum Start streift man drei oder vier Tage durch **Bogotá**, Kolumbiens Gotham (New York City); nicht versäumen: das Museo del Oro, eines der faszinierendsten Museen des Kontinents, und La Candelaria, das koloniale Stadtzentrum. Danach lockt für ein, zwei Tage weiter im Norden **Villa de Leyva** mit Kopfsteinpflasterstraßen und kolonialem Charme. Unterwegs nach **Barichara** lädt **San Gil** zum Wandern und Rafting ein. Vom nahen Bucaramanga fährt ein Fernbus nach **Santa Marta**. Der schnellste Weg dorthin lohnt sich, um die mehrtägige Trekkingtour zur **Ciudad Perdida** zu unternehmen oder einige Tage am Strand im **Parque Nacional Natural (PNN) Tayrona**, Kolumbiens beliebtestem Nationalpark, abzuhängen. Nächster Halt ist **Cartagena** – für mehrere Tage, um diese Kolonialstadt zu genießen.

Von der Karibikküste geht es per Bus oder Flieger für eine Woche südwärts nach **Medellín** und in die Zona Cafetera. Anschließend verbringt man einige Zeit im Naturschutzgebiet in der Umgebung von **Manizales**, um dann das Fitnessprogramm auf den Gipfeln des **PNN Los Nevados** zu starten. Die nächste Station ist das **Valle de Cocora** vor den Toren der Stadt Salento. Wer ein Stückchen Kolumbien mit nach Hause nehmen will, sollte eine Kaffee-*finca* in der Nähe von Armenia besuchen und sich mit Kaffeebohnen eindecken. Die Nacht verbringt man in **Cali**, um dort die Klänge in den Salsaschuppen zu erleben. Weiter geht es durch die Kolonialstadt **Popayán** zu zwei der wichtigsten präkolumbischen archäologischen Stätten, nämlich in **San Agustín** und **Tierradentro**, wo ein mehrtägiger Aufenthalt lohnend ist. Durch die verblüffende **Desierto de la Tatacoa** geht es zurück nach Bogotá und zum Flug nach **Leticia**, wo Kolumbien sein anderes Gesicht zeigt. Einige Tage lang erkundet man hier die drei typischen Ökosysteme des Amazonasbeckens: *terra firme* (trocken), *várzea* (halb überflutet) und *igapó* (überflutet). Zu entdecken sind sie am **Río Yavarí**, an dem sich auch die hiesige Tierwelt beobachten lässt. Nun steht zur Wahl: Rückflug nach Bogotá oder ab über die brasilianische Grenze nach Tabatinga, um eine abenteuerliche Schiffstour auf dem Amazonas anzutreten, die nach Manaus (Brasilien) oder Iquitos (Peru) führt.

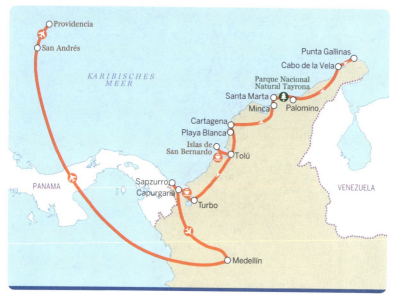

Die komplette Karibikküste

Hier wartet das ultimative Strandabenteuer: Kolumbiens Nordküste mit ihren Inseln bietet Karibikwasser vor vielfältigen Landschaften. Los geht es östlich von Santa Marta am **Cabo de la Vela** auf der Halbinsel La Guajira – in diesem schönen Panorama aus Wüste und Meer sollte man einige Tage verweilen. Hier liegt der nördlichste Punkt des südamerikanischen Kontinents, die **Punta Gallinas**. Hohe Dünen säumen abgelegene Strände und man kann in der Hängematte übernachten und Hummer schlemmen.

Richtung Südwesten geht es ins hübsche **Palomino**, wo ein kristallklarer Fluss aus der Sierra Nevada herunter zum wilden, mit Palmen bestandenen Strand fließt. Eine kurze Autofahrt entfernt liegt der **Parque Nacional Natural (PNN) Tayrona**, der bei angehenden Strandpotatoes beliebt ist. Felsblöcke rahmen hübsche Buchten ein, und der Dschungel lädt zu Ausritten zu den Überresten einer prähispanischen Siedlung ein. Nach einigen Tagen geht es weiter durch **Santa Marta**. Es folgt ein Abstecher mit Übernachtung in das Bergstädtchen **Minca**, um zwischendurch der Hitze zu entgehen.

Als Nächstes verbringt man einige locker-lässige Tage in **Cartagena**, um dort den kolonialen Glanz zu erleben. Danach widmet man sich wieder der Hautbräunung und begibt sich zur **Playa Blanca**. Nun geht es auf nach **Tolú**, wo ein Ausflug in die Mangroven wartet. Schließlich besteigt man ein Schiff, das die Reisenden für drei Tage zu den **Islas de San Bernardo** mit weißem Sand, kristallklarem Wasser und winzigen Fischerdörfern bringt.

Nach diesem entspannenden Aufenthalt geht die etwas anstrengende Reise weiter Richtung Südwesten über Turbo nach **Capurganá** und **Sapzurro**, zwei reizende benachbarte Strandorte inmitten des Dschungels direkt an der Grenze nach Panama. Hier gibt es hervorragende Tauchgründe.

Wer Lust hat auf mehr, der fliegt über **Medellín** nach **San Andrés** und kann dort die Kultur der *raizales* mit ihren britisch-karibischen Wurzeln erleben. Am nächsten Tag geht es hinüber nach **Providencia**, wo man in absoluter Ruhe an einem der idyllischsten Strände Kolumbiens die Erlebnisse der Reise Revue passieren lässt.

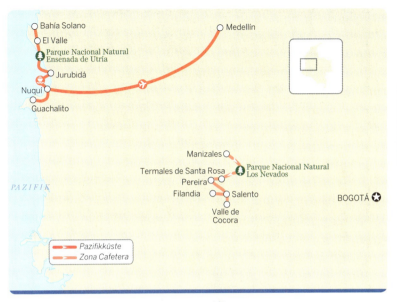

2 WOCHEN Zona Cafetera

In dieser vom Kaffee geprägten Region fließt ebenso viel Koffein wie Blut durch die Adern. Es geht los mit einigen Tagen in den Naturparks rund um **Manizales**: Los Yarumos, Recinto del Pensamiento und in der unter Vogelbeobachtern beliebten Reserva Ecológica Río Blanco. Bei einer Führung durch die Welt des Kaffees auf der Hacienda Venecia vor den Toren der Stadt erfahren Besucher alles über Kaffee. Zurück in Manizales, organisiert man eine Wanderung zu den Höhen im **Parque Nacional Natural (PNN) Los Nevados**. Übernachtet wird im *páramo* an der Laguna de Otún. Dann geht es bergab zu den **Termales de Santa Rosa**, um die Muskeln zu neuem Leben zu erwecken. Dann führt die Reise durch **Pereira** weiter, um vier Tage in dem kaffeeverrückten Städtchen **Salento** mit seiner *bahareque*-Architektur (Bauten aus Lehm und Schilf) zu verweilen. Mit einem Jeep geht es weiter zum **Valle de Cocora**; hier beginnt eine der schönsten halbtägigen Wanderungen Kolumbiens. Eine kurze Fahrt auf dem Highway bildet den Abschluss der Reise: In **Filandia** ticken die Uhren langsam, und man kann vom *mirador* die Tour noch einmal nachwirken lassen.

10 TAGE Pazifikküste

Zu Kolumbiens Geheimtipps gehören der Dschungel, Tauchen, Whale-Watching, erstklassige Möglichkeiten für Sportfischer und Strände mit schwarzem Sand. Startpunkt ist ein Flug zur **Bahía Solano**, wo man sich in einer Hängematte an der Punta Huína an die Lebensart von El Chocó gewöhnen kann. Nach einer Tauchtour oder einer Trekkingtour durch den Dschungel geht es per Taxi Richtung Süden nach **El Valle**, wo man eine Nacht bleibt und in der Brutzeit die Schildkröten bei der Eiablage beobachten und unterhalb eines Wasserfalls schwimmen kann. Weiter geht es südwärts zum **Parque Nacional Natural (PNN) Ensenada de Utría**, wo es per Boot zum Besucherzentrum geht und man übernachten kann. In der Walsaison schwimmen die Tiere gut sichtbar in der Bucht. Anschließend fährt ein Boot zum Dorf **Jurubidá** mit den im Dschungel versteckten Thermalquellen. Ein weiteres Boot bringt die Besucher nach **Nuquí** zum Übernachten. Von hier aus gibt es Transportmöglichkeiten nach **Guachalito**, einem schönen Strand mit komfortablen Öko-Lodges. Nach drei Tagen geht es zurück nach Nuquí und von dort mit einem Flieger schnell zurück nach Medellín.

Kolumbien: Abseits der üblichen Pfade

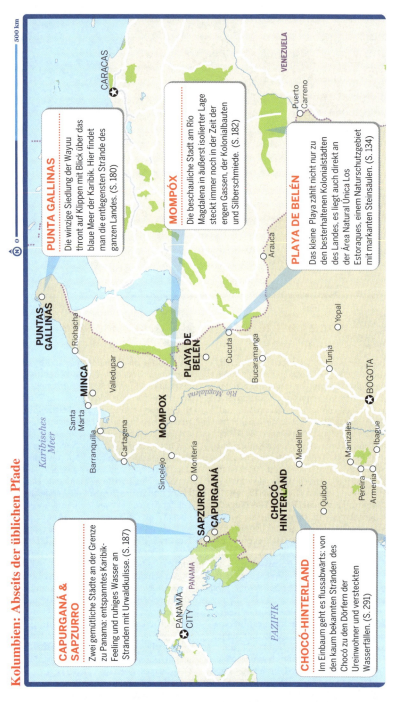

VENEZUELA

CARACAS

Puerto Carreño

PUNTA GALLINAS

Die winzige Siedlung der Wayuu thront auf Klippen mit Blick über das blaue Meer der Karibik. Hier findet man die entlegensten Strände des ganzen Landes. (S. 180)

MOMPÓX

Die beschauliche Stadt am Rio Magdalena in äußerst isolierter Lage steckt immer noch in der Zeit der engen Gassen, der Kolonialbauten und Silberschmiede. (S. 182)

PLAYA DE BELÉN

Das kleine Playa zählt nicht nur zu den besterhaltenen Kolonialstädten des Landes, es liegt auch direkt an der Área Natural Única Los Estoraques, einem Naturschutzgebiet mit markanten Steinsäulen. (S. 134)

Arauca

PUNTAS GALLINAS

Riohacha

Valledupar

MINCA

Santa Marta

Barranquilla

Cartagena

PLAYA DE BELÉN

Cucuta

Bucaramanga

Tunja

Yopal

Karibisches Meer

Sincelejo

Monteria

MOMPOX

Rio Magdalena

★ BOGOTA

SAPZURRO
CAPURGANÁ

Medellin

Manizales

Ibague

CHOCÓ-HINTERLAND

Quibdo

Pereira

Armenia

CAPURGANÁ & SAPZURRO

Zwei gemütliche Städte an der Grenze zu Panama: entspanntes Karibik-Feeling und ruhiges Wasser an Stränden mit Urwaldkulisse. (S. 187)

PANAMA

★ PANAMA CITY

PAZIFIK

CHOCÓ-HINTERLAND

Im Einbaum geht es flussabwärts: von den kaum bekannten Stränden des Chocó zu den Dörfern der Ureinwohner und versteckten Wasserfällen. (S. 291)

N

500 km

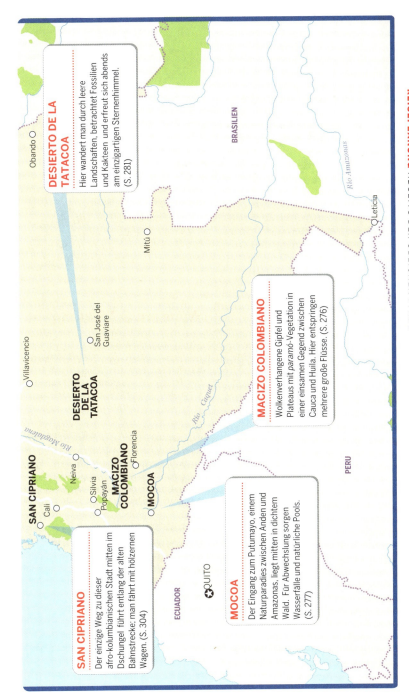

DESIERTO DE LA TATACOA

Hier wandert man durch leere Landschaften, betrachtet Fossilien und Kakteen und erfreut sich abends am einzigartigen Sternenhimmel. (S. 281)

MACIZO COLOMBIANO

Wolkenverhangene Gipfel und Plateaus mit *paramó*-Vegetation in einer einsamen Gegend zwischen Cauca und Huila. Hier entspringen mehrere große Flüsse. (S. 276)

SAN CIPRIANO

Der einzige Weg zu dieser afro-kolumbianischen Stadt mitten im Dschungel führt entlang der alten Bahnstrecke: man fährt mit hölzernen Wagen. (S. 304)

MOCOA

Der Eingang zum Putumayo, einem Naturparadies zwischen Anden und Amazonas, liegt mitten in dichtem Wald. Für Abwechslung sorgen Wasserfälle und natürliche Pools. (S. 277)

BRASILIEN
PERU
ECUADOR

Obando
Villavicencio
San José del Guaviare
Mitú
Leticia
Rio Amazonas
Cali
Neiva
Silvia
Popayán
Florencia
Rio Magdalena
Rio Caquetá
QUITO

Reiseplanung
Outdoor-Aktivitäten

Zu den Highlights einer Kolumbienreise zählt es, die überwältigenden Landschaften zu erkunden. Dazu gehört Vielerlei, von gletscherbedeckten Gipfeln bis zu den tiefer liegenden Urwäldern. Es lohnt sich, herauszufinden, wie man sich diesen Naturwundern am besten nähert, ob nun zu Fuß, im oder auf dem Wasser oder in den Thermalwinden der Lüfte.

Schöne Wanderungen

Ciudad Perdida (S. 173) Die beliebteste Tour: eine vier- bis sechstägige, 44 km lange Wanderung durch den Dschungel zu den bemerkenswert gut erhaltenen Ruinen der verlassenen Stadt Tairona.

Parque Nacional Natural (PNN) El Cocuy (S. 114) Die beste Bergtrekkingtour: Der viertägige Rundweg Paso del Conejo raubt einem Wanderer auf mehr als eine Art den Atem, wenn es durch die Hochebenen geht, die von schneebedeckten Gipfeln und eisigen Gletscherseen umgeben sind.

Valle de Cocora (S. 254) Die beste Halbtageswanderung: Dieser Weg führt durch das Kaffeeanbaugebiet durch eine diesige grüne Hügellandschaft mit hohen Quindío-Wachspalmen (die weltweit höchste Palmenart und Kolumbiens Nationalbaum).

Schöne Tauchspots

San Andrés & Providencia (S. 192) Ein 35 km langes Riff in warmen karibischen Gewässern mit Korallen in spektakulären Farben, voller großer Hochseefische und stattlicher Aale. Auch die Wracks vor langer Zeit gesunkener Schiffe sind hier zu sehen.

Gute Wildwasser-Raftingstrecken

Río Suárez (S. 119) Auf dem wildesten Fluss des Landes warten bei San Gil Stromschnellen der Klasse IV und V auf ihre mutigen Bezwinger.

Wandern & Trekking

Kolumbien bietet einige der besten Wandermöglichkeiten Südamerikas. An schönen Tageswanderungen für Gelegenheitswanderer mangelt es wahrlich nicht. Die meisten davon, wie etwa an der Laguna Verde und durchs Valle de Cocora, lassen sich ohne Führer unternehmen. Geführte Tageswanderungen kosten zwischen 40 000 und 80 000 COP, bei mehrtägigen Wanderungen sind es je nach Schwierigkeitsgrad und Erfahrung des Guides 100 000 bis 150 000 COP pro Tag. Die beste Zeit zum Wandern ist an der Küste der Februar und in den Bergen der Zeitraum von Dezember bis Februar.

Wanderziele

Ciudad Perdida An der Karibikküste; mehrtägige, anstrengende Wanderung durch den Dschungel und hüfttiefe Flüsse. Ziel sind die lange vergessenen Ruinen der Tairona-Kultur.

Parque Nacional Natural (PNN) El Cocuy Dieser Nationalpark belohnt unerschrockene Wanderer reich, denn er bietet wenigstens zwölf Gipfel mit mehr als 5000 m Höhe und phänomenale Hochgebirgslandschaften. Für Hochgebirgsfans ein Pflichtprogramm.

Parque Nacional Natural (PNN) Tayrona Bietet gut zugängliche kurze Wanderungen durch tropischen Trockenwald mit Ess-, Trink- und Schwimmmöglichkeiten am Wegesrand.

Valle de Cocora Nahe Salento; diese beste Halbtageswanderung des Landes führt hinauf in den Nationalpark mit Quindio-Wachspalmen.

Tierradentro Spektakuläre Tageswanderung im Süden über einen im Dreieck verlaufenden Gebirgskamm und Besuch aller erreichbarer Grabkammern.

Volcán Puracé Nahe Popayán; eintägige Bergtour zum Gipfel (wetterabhängig).

Parque Nacional Natural (PNN) Farallones de Cali Nahe Cali; Tageswanderung zum Gipfel des Pico de Loro.

Laguna Verde Zwischen Pasto und Ipiales; diese fünfstündige Wanderung führt zu einem atemberaubenden grünen See, der sich im Krater eines zerklüfteten Vulkans verbirgt.

Tauchen & Schnorcheln

Kolumbiens Karibikküste bietet klares Wasser und leuchtende Korallenformationen, wohingegen man im Pazifik eher auf große Meerestiere trifft.

An der Karibikküste kann man eine Tauchausrüstung mit zwei Flaschen ab rund 175 000 COP leihen. Die Preise am Pazifik sind meist erheblich höher.

Tauchspots

San Andrés & Providencia Für Taucher ein Klassiker in der Karibik, mit hervorragenden Sichtverhältnissen, wunderschönen Korallenriffen und einer vielfältigen Unterwasserwelt. Hier gibt es sogar zwei Schiffswracks. Schnorcheln lohnt sich ebenfalls, weil es in den flachen Gewässern viele Meerestiere und -pflanzen gibt.

Taganga Taganga liegt an der Karibikküste und bietet einige der preiswertesten Tauchkurse der Welt. Hier bekommt man nach einem fünftägigen Tauchkurs ein PADI- oder NAUI-Zertifikat bereits ab rund 590 000 COP. Das Tauchen an sich ist eher zweitklassig, aber wer will sich bei diesen Preisen schon darüber beklagen?

Cartagena Gute Tauchgründe bei Bocachica, Tierrabomba und Punta Arena.

Islas del Rosario Berühmt für die guten Tauch- und Schnorchelmöglichkeiten, auch wenn die warme Strömung das Riff leider ein wenig beschädigt hat.

ORGANISIERTE ABENTEUER

Wer Kolumbien mit einheimischen Outdoor-Fans erkunden möchte, sollte sich an die folgenden gemeinnützigen Organisationen wenden, die Gruppenausflüge ins Gelände organisieren.

Sal Si Puedes (S. 58) Bietet Wochenendwanderungen in die ländlichen Gebiete rund um Bogotá an.

Ecoaventura (☏300-645-0232; www.ecoaventura.org) ✆ Diese Organisation in Cali bietet eine große Bandbreite an Outdoor-Aktivitäten in ganz Südkolumbien an, darunter Nachtwanderungen und Abseilen.

Capurganá and Sapzurro Diese kleinen Städte an der Pazifikküste liegen nur wenige Minuten von der Grenze zu Panama entfernt und bieten gute Tauchmöglichkeiten in klaren karibischen Gewässern.

Isla Malpelo Vor der kleinen Pazifikinsel 500 km westlich des Festlands schwimmen Haischulen mit mehr als 1000 Tieren. Erreichbar ist die Insel nur mit einem Tauchkreuzfahrtschiff (Mindestreisedauer: acht Tage), das von Buenaventura an der kolumbischen Pazifikküste oder von Panama aus ablegt.

Playa Huína Hier in der Nähe der Bahía Solano gibt es einige Tauchgründe, inklusive einem Kriegsschiff, das Pearl Harbor überlebt hat, und später hier gesunken ist und nun ein künstliches Riff bildet.

Überdruckkammern

Für den Fall der Dekompressionskrankheit („Taucherkrankheit") stehen zahlreiche Überdruckkammern zur Verfügung, darunter eine im Hospital Naval (S. 154) in Cartagena.

Bei Redaktionsschluss dieses Buches war die Regierung bemüht, neue Druckkammern in Taganga, Providencia, San Andrés und Bahía Solano einzurichten, um die Versorgung für die vielen Freizeittaucher zu verbessern.

Im Notfall immer die Notrufnummer vor Ort anwählen (☏123). Man wird den Taucher stabilisieren und ihn in die nächstgelegene Einrichtung bringen. Weitere Tipps und Ratschläge beim **Divers**

Alert Network (⌨Notfallhotline in den USA +1-919-684-9111; www.diversalertnetwork.org).

Wildwasser-Rafting, Kanu- & Kajakfahren

Abhängig von der Streckenlänge und dem zu erwartenden Adrenalinspiegel

kosten Raftingtrips zwischen 30 000 und 180 000 COP.

Kanu- und Kajakfahren sind in Kolumbien nicht besonders populär, aber das Angebot wächst. Erfahrene Paddler können sich in San Gil und San Agustín Kajaks für Wildwasserstrecken ausleihen. Für eine Tour durch die Bahía Málaga kann man sich in Ladrilleros ein Seekajak mieten. Fürs Paddeln in Höhenlagen gibt

VÖGEL BEOBACHTEN IN KOLUMBIEN

In Kolumbien wurden bislang 1903 Vogelarten gezählt (bis Redaktionsschluss; es kommen immer wieder neue Spezies hinzu): Das Land hat damit die weltweit größte Vielfalt an Vogelarten aufzuweisen. Bei den endemischen Arten kann es sich mit Peru und Brasilien messen. In den kolumbianischen Anden sind mehr als 160 Kolibri-arten zu finden und im Dschungel des Amazonasbeckens tummeln sich Tukane und zahlreiche Papageien, darunter der Arakanga (Hellroter Ara). Im Parque Nacional Natural (PNN) Puracé, nahe Popayán, leben Kondore. Parkwächter locken die Vögel mit Futter an, sodass Besucher sie aus der Nähe beobachten können. An der Pazifik-küste halten sich unzählige Pelikane, Reiher und viele andere Meeresvögel auf.

Rund 70 % der Vogelarten des Landes leben im Andennebelwald, einem der weltweit am stärksten gefährdeten Ökosysteme. Kolumbiens bestes Vogelbeobach-tungsgebiet ist der Cerro Montezuma. im Parque Nacional Natural (PNN) Tatamá, der sich in der Cordillera Occidental zwischen den *departamentos* Chocó, Valle del Cauca und Risaralda erstreckt. Hier findet sich die landesweit beste Mischung aus Vogelarten des Chocó und der Anden – mit zahlreichen endemischen Arten und anderen äußerst seltenen Spezies. Der Zutritt zum Park ist oft streng limitiert, doch bieten die nahe gelegenen Ebenen von San Rafael eine verlässliche Alternative.

Empfehlenswert ist die Reserva Ecológica Río Blanco nahe Manizales und bei Km 18 nahe Cali. Wie der Chocó eignet sich auch das Amazonasbecken nahe Leticia zum Beobachten von Dschungelvögeln. Eine interessante Vogelwelt bieten auch Los Llanos, deren westliches Drittel in Kolumbien und deren Rest in Venezuela liegt.

ProAves (⌨1-340-3229; www.proaves.org) ist eine kolumbianische, gemeinnützige Organisation, die sich um den Erhalt des überlebenswichtigen Lebensraums der Vögel kümmert. Sie betreibt im ganzen Land einige private Naturschutzgebiete in Important Bird Areas (IBAs). Weitere Informationen zu IBAs finden sich bei der Red Nacional de Observadores de Aves (www.rnoa.org).

In Kolumbien kann es schwierig sein, geeignete Vogelkundler als Führer aufzu-treiben. In vielen entlegenen Gebieten können Einheimische die vogelbegeisterten Reisenden in die interessanten Gebiete führen, entdecken muss man die Vögel dann aber schon selbst. Wer sich für die Vögel der Anden interessiert, tut vielleicht einen Führer durch die gemeinnützige Initiative Mapalina (www.mapalina.com) in Cali auf.

Einen guten Ruf hat **Colombia Birding** (⌨314-896-3151; www.colombiabirding. com). Der Veranstalter, ein Kolumbianer, der auch Englisch spricht, organisiert mit Hilfe seines Netzwerkes aus lokalen Führern in fast allen beliebten Gebieten geführte Vogelwanderungen. Die Führer kosten pro Tag 100 US$ plus Spesen. Die Website informiert auch über die Vögel der einzelnen Regionen.

Robin Restalls *Birds of Northern South America* (2007) ist das wichtigste Nach-schlagewerk für Kolumbiens Vögel mit farbigen Abbildungen von jedem Vogel, den man zumindest theoretisch erspähen könnte. Die website www.colombia.travel, Kolumbiens offizielles Tourismusportal, bietet Online-Informationen. Hier finden sich erstaunlich gute Beiträge zur Vogelwelt des Landes.

San Andrés (S. 194)

es in Guatapé Kajaks, mit denen man dann den großen künstlich angelegten See dort erkunden kann.

Raftingstrecken

Exzellente Raftingstrecken sind unter anderen:

San Gil Die Hochburg fürs Wildwasser-Rafting. Der Río Fonce fließt recht gemächlich dahin, während der Río Suarez einige ernstzunehmende Gefahren in Form von Stromschnellen der Kategorien IV und V aufweist.

San Agustín Kommt auf der Beliebtheitsskala gleich hinter San Gil. Auf dem Río Magdalena, einem der bedeutendsten Flüsse des Landes, warten Wildwasserstrecken der Schwierigkeitsgrade II und III, aber auch deutlich schwierigere Abschnitte für erfahrene Rafter.

Río Claro Bietet eine gemächliche Paddeltour durch den Dschungel mit einigen einfachen Stromschnellen der Klasse I. Hier kann man ideal Flora und Fauna bestaunen, ohne sich dabei Gedanken machen zu müssen, wie man es verhindert, aus dem Boot zu fallen.

Río Buey und Río San Juan Wildwasser unweit von Medellín mit tollen Aussichten auf die Berge.

Felsklettern & Abseiling

Seinen Anfang nahm das Felsklettern in Suesca, das als Tagesausflug von Bogotá aus gut erreichbar ist. Hier finden sich 4 km lange Sandsteinformationen mit über 400 Kletterrouten sowohl fürs traditionelle Klettern also auch fürs Bouldern.

DeAlturas (S. 89) in Suesca bietet fünftägige Kletterkurse für 500 000 COP oder eintägige Klettertouren (inklusive Ausrüstung) für 120 000 COP. In Medellín betreibt Psiconautica (S. 216) eine Schule für Felsklettern, Abseilen und Canyoning.

Wer seine Fähigkeiten vor einer eigentlichen Klettertour testen will, wendet sich an Gran Pared (S. 58) in Bogotá. Dort gibt es eine anspruchsvolle Kletterwand, an der man erst einmal ein Gefühl für diese Sportart bekommen kann.

Baumkronentouren

Festgezurrt in einem stabilen Geschirr geht es an dicken Drahtseilen hängend von Baumkrone zu Baumkrone. Gebremst wird am Seil – mit den Händen. Dazu benutzt man dicke Lederhandschuhe. In den letzten Jahren hat diese Sportart in Kolumbien geradezu explosionsartig an Beliebtheit gewonnen, insbesondere in den Bergregionen.

Hochseilanlagen

Eine der besten Hochseilanlagen befindet sich am Río Claro, auf halbem Weg zwischen Medellín und Bogotá. Hier geht es sogar kreuz und quer über den Fluss.

Weitere Anlagen für Baumkronentouren sind im Park Los Yarumos nahe Manizales, am Ufer des Embalse Guatapé nahe Medellín und bei den Termales San Vicente nahe Pereira sowie in der Nähe von Villa de Leyva.

Paragliden

Wer dem *parapente* (Paragliden oder Gleitschirmfliegen) frönen möchte, findet in Kolumbiens vielfältigen Berglandschaften fantastische Aufwinde.

In Bucaramanga sind Tandemflüge sehr preisgünstig – bei Preisen ab 50 000 COP. Der Preis für einen zehntägigen Paraglidingkurs kostet 2 800 000 COP und schließt mit einem international anerkannten Pilotenschein ab.

Gleitschirmstartplätze

Bucaramanga Die unangefochtene Hochburg des Paraglidings, die Gleitschirmflieger aus aller Welt anlockt.

Parque Nacional del Chicamocha Eines der spektakulärsten Fluggebiete mit Flugzeiten von 30 bis 45 Minuten.

Medellín Paraglider, die in Stadtnähe fliegen möchten, können dies vor den Toren der Stadt Medellín tun. Hier bieten mehrere Schulen Tandemflüge und Kurse an.

Reiten

Da die Kolumbianer ihre Wurzeln auf dem Lande haben, lieben sie in der Regel das Reiten. In fast jeder Stadt findet man Verleihstationen und Führer, die einen bei Ausritten begleiten. Die meisten Touren sind kurze Halbtagesausritte zu den At-

Paragliding bei Medellín (S. 216)

traktionen in der näheren Umgebung, aber es gibt auch einige unglaublich schöne mehrtägige Abenteuer im Angebot, besonders im Süden des Landes, wo die sanften grünen Hügel und das moderate Klima für fantastische Bedingungen bei den Ausritten sorgen.

Reitwege

San Agustín Hier führt der Weg durch eine atemberaubende Landschaft an entlegenen präkolumbischen Monumenten vorbei. Die meisten Pferde sind kräftig und in einem hervorragendem Zustand.

Jardín Zur spektakulären Cueva del Esplendor Ascend führt ein steiler, schmaler Bergpfad hinauf.

Providencia Los geht es in Southwest Bay und dann an Stränden entlang und durch die ländliche Idylle über die ganze Insel.

Desierto de la Tatacoa In der beeindruckend dürren Landschaft fühlt man sich wie in einem Italowestern.

Laguna de Magdalena Der Weg dieser mehrtägigen Exkursion führt von San Agustín hoch in den *páramo* (Hochgebirgsebene) des Macizo Colombiano bis zur Quelle des mächtigen Río Magdalena.

WALEN AUF DER SPUR

Jedes Jahr machen sich Buckelwale (span.: *yubartas*, auch *jorobadas*) aus den Gewässern der chilenischen Antarktis auf den 8000 km langen Weg zur kolumbianischen Pazifikküste. Berichten zufolge sind es oft mehr als 800 Tiere. Im Küstengewässer gebären die Weibchen ihre Jungen und ziehen sie auf. Buckelwale werden 18 m lang und wiegen bis zu 25 t. Ein *ballenato* (Walbaby) besitzt bereits die Größe eines Kleinlasters – das Herz der Beobachter geht auf, wenn so ein Riesenbaby an der Oberfläche erscheint.

Die Wale tauchen bereits im Juni an der Küste auf, lassen sich jedoch am besten ab Juli bis Oktober beobachten – an der gesamten Pazifikküste Kolumbiens. Unterkunft und Entspannung bieten komfortable Resorts vor Ort. Mitunter schwimmen die Wale so nahe an der Küste, dass man sie vom Strand und einem Aussichtspunkt aus gut beobachten kann. Walbeobachtungstouren dauern im Schnitt 1½ bis 2 Stunden und kosten 30 000 bis 80 000 COP, abhängig vom Veranstalter können die Preise erheblich variieren.

Walreviere

Buckelwale lassen sich an der gesamten kolumbianischen Pazifikküste beobachten, allerdings nicht überall vom Strand aus. Hier die besten Standorte, von wo aus man ganz dicht an diese wunderbaren Tiere herankommt.

Bahía Solano & El Valle Obwohl sich hier die Wale direkt vom Strand aus beobachten lassen, gibt es zusätzlich einige Aussichtspunkte in den umliegenden Hügeln, von wo aus sich noch eine bessere Sicht ergibt. Alternativ werden auch Bootstouren angeboten, um den Tieren noch näher kommen zu können.

Parque Nacional Natural (PNN) Ensenada de Utría Diese kleine Bucht im *departamento* Chocó zählt zu den besten Orten, an denen man Wale vom Land aus beobachten kann. Zum Kalben schwimmen die weiblichen Wale in die *ensenada* (Bucht) und tummeln sich nur einige Hundert Meter vom Ufer entfernt.

Ladrilleros Dieses beliebte Reiseziel liegt nur eine kurze Bootsfahrt von Buenaventura entfernt und bietet beste Beobachtungstouren zu kleinen Preisen.

Isla Gorgona Die Wale kommen in diesem Inselnationalpark sehr nahe ans Ufer; es gibt aber auch Bootsausflüge.

Guachalito An diesem langen Strand bei Nuquí finden sich die verschiedensten Unterkünfte, von rustikal bis luxuriös, die allesamt Walbeobachtungstouren arrangieren können.

Valle de Cocora Auf dem kurzen Rundweg zur Reserva Natural Acaime geht es unter den eindrucksvollen Quindío-Wachspalmen her.

Filandia Ausritt zu den ortsansässigen Kaffeefarmen.

Mountainbiken

Radfahren ist in Kolumbien sehr beliebt, doch eher das Fahren auf der Straße als auf Strecken, die querfeldein verlaufen.

Die Leihgebühr für Räder hängt von der Region und der Qualität des Fahrrads ab. Der Preis bewegt sich überall irgendwo zwischen 10 000 und 50 000 COP pro halbem Tag.

Mountainbiketrails

Irgendetwas müssen Berge an sich haben, dass Radfahrer sie unbedingt bezwingen wollen. Mountainbiken ist besonders in San Gil und Villa de Leyva beliebt. Dort sorgen mehrere Abenteuerveranstalter und Fahrradverleiher für den nötigen Adrenalinkick.

Andere Orte punkten mit wirklich tollen Strecken:

Minca Bietet aufregende Mountainbiketouren in die Berge der Sierra Nevada.

Von Coconuco nach Popayán Nach einem kurzen Bad in den heißen Quellen geht es wieder zurück die Berge hinunter.

Von Otún Quimbaya nach Pereira Die Strecke vom Santuario de Flora y Fauna Otún Quimbaya zurück in die Stadt führt durch spektakuläre Landschaften.

PNN Los Nevados Eine längere und recht anspruchsvolle Strecke. Kumanday Adventures (S. 235) in Manizales bietet viertägige Mountainbiketouren über den *páramo* des PNN Los Nevados an. Die Abgeschiedenheit dieser Hochebenen und ihre Höhenlage (über 4000 m) erfordern einen Führer und ein Hilfsfahrzeug als Begleitung.

Kite- & Windsurfen

Das viele Wasser und das tropische Klima machen Kolumbien zu einem idealen Land zum Kitesurfen (Kiteboarden) und Windsurfen.

Anfänger lernen das Windsurfen schneller als das Kitesurfen, obendrein sind die Kurse etwas billiger, auch wenn die Preise erheblich variieren. Eine Kursstunde Windsurfen kostet rund 60 000 COP und eine individuelle Einführung ins Kitesurfen 90 000 bis 100 000 COP pro Stunde (Gruppenpreise sind günstiger). Die Leihgebühr für die Kites beläuft sich auf etwa 60 000 COP pro Stunde. Mit eigener Ausrüstung kostet jeder Start 20 000 bis 30 000 COP.

Die umfassendsten Informationen zum Kitesurfen in Kolumbien sind unter www.colombiakite.com zu finden.

Surfreviere

An der Karibikküste sind die Winde von Januar bis April am besten. Gute Surfreviere sind unter anderem:

Lago Calima Das beste Kitesurfrevier ist dort, wo man es gar nicht vermutet: Lago Calima ist ein künstlich angelegter Stausee auf 1800 m Höhe. Der See liegt 86 km nördlich von Cali. Der besondere Reiz liegt darin, dass die Windgeschwindigkeit das ganze Jahr über rund 18 bis 25 Knoten beträgt. Das lockt Weltchampions an, die jedes Jahr im August und September Wettbewerbe austragen. Mangels Strand wird hier von den grasbewachsenen Hängen am See gestartet.

La Boquilla Nahe Cartagena.

Cabo de la Vela Tolle abgelegene Strände, atemberaubende Landschaft.

San Andrés Hier startet man direkt von den berühmten weißen Sandstränden der Insel.

Kolumbien im Überblick

Bogotá

Architektur
Museen
Essen & Trinken

Koloniales Zentrum

Im historischen kolonialen Stadtkern von Bogotá stehen 300 Jahre alte Wohnhäuser, Kirchen und andere Gebäude. Er ist unter dem Namen La Candelaria bekannt, ein bunter Mix aus spanischer und barocker Architektur, und beginnt an der prächtigen Plaza de Bolívar, einem bildschönen Museum des Lebens in dieser Andenstadt.

Museen in Weltklasseformat

Zu Bogotás faszinierendem Museo del Oro, dem glanzvollsten und am besten gestalteten Museum in Südamerika, gesellen sich über 60 weitere Museen.

Essen & Trinken

Gut Essen gehen zu können ist in Bogotá ein großes Anliegen. Das Spektrum reicht von klassischen regionalen Spezialitäten wie *ajiaco* (ein Hühnereintopf aus den Anden mit Mais) bis zu modernen Gourmettempeln, die den kolumbianischen Reichtum der einheimischen Zutaten für sich entdeckt haben. Die Stadt steht an der Schwelle zu einer kulinarischen Renaissance.

S. 44

Boyacá, Santander & Norte de Santander

Dörfer
Abenteuer
Natur

Kolonialdörfer

In dieser Region liegen die vier schönsten Kolonialdörfer Kolumbiens: Barichara und Villa de Leyva, beide bis ins Detail gut erhalten und bereits etablierte Touristenstädte; verschlafener sind Monguí und Playa de Belén, wo es nur wenige Touristen hinzieht; sie sind noch urwüchsiger.

Aufregende Abenteuer

Ob schwierige Hochgebirgstouren oder sportliche Aktivitäten mit Kick, Boyacá und Santander bieten alles. Im Parque Nacional Natural (PNN) El Cocuy können Besucher wenigstens 12 Gipfel über 5000 m erklimmen, und die kleine Stadt San Gil ist die Hochburg für Outdoor-Abenteuer und Extremsportarten.

Naturerlebnisse

Naturfreunde sollten die schöne Umgebung von Villa de Leyva und Barichara erkunden. Nach einer Wanderung über den *páramo* wartet am Lago de Tota (Kolumbiens größtem See) ein Traumstrand.

S. 95

Karibikküste

Strände
Architektur
Trekking

Strände

Kolumbiens idyllische Strände an der Karibikküste und auf den Inseln gehören zu dem Besten, was das Land zu bieten hat. Hier grenzen weiße Sandstrände an tiefen Dschungel, beeindruckende Wüsten oder – für die Puristen – eine Fülle an Palmen. Hier gibt es Sonne und Sand für jeden.

Koloniale Architektur

Hinter den Stadtmauern von Cartagena bestehen kunstvoll verzierte Kirchen und romantische, beschattete Plätze, während das versteckte Mompóx einen restaurierten kolonialen Kern hat. Santa Marta erinnert mit seiner verblassten Pracht an die halbwegs vergessene Kolonialzeit.

Trekking

Die mehrtägige Wanderung zur Ciudad Perdida (verlorenen Stadt) ist ein Klassiker des Kontinents – vier bis sechs Tage im Dschungel, dabei Flüsse durchwaten, unter einem dichten Laubdach wandern ... Das Ziel sind die Ruinen einer mysteriösen Stadt einer verschwundenen Kultur.

S. 136

San Andrés & Providencia

Tauchen
Strände
Wandern

Tauchen

Die Korallenriffe (insgesamt 50 km) vor den beiden Inseln zeigen die regionaltypische Artenvielfalt. Haie sind das Highlight, aber es gibt auch Schildkröten, Barrakudas, Stech-, Manta- und Adlerrochen direkt vor der Küste zu sehen.

Strände

Am berühmten Meer der sieben Farben stehen viele idyllische Strände zur Auswahl. Die Strände auf San Andrés strahlen eine lebendige Atmosphäre aus und bieten verschiedene Wassersportmöglichkeiten; die wahren Stars der Show sind jedoch die ruhigen, abgelegenen Strände auf Providencia.

Wandern

Nicht nur mit Stränden und Tauchvergnügen begeistern die Inseln, auch Wanderer kommen zum Zuge. Auf Providencia erstreckt sich eine Berglandschaft, die mit dem Nationalpark El Pico (der Gipfel) einen atemberaubenden Rundumblick gewährt.

S. 192

Medellín & Zona Cafetera

Kaffee
Nachtleben
Wandern

Kaffee-Fincas

In den *departamentos* Caldas, Risaralda und Quindío sind auf einigen der besten Kaffee-*fincas* Besucher willkommen. Führungen informieren über den Kaffeeanbau und die regionale Kultur.

Nachtleben

Das Nachleben von Medellín folgt dem Prinzip „sehen und gesehen werden". Die *paisas* (Einwohner des *departamento* de Antioquia) gehen gerne aus und machen sich dafür todschick. Seien es die glitzernden Diskos im Parque Lleras oder die Bohème-Bars im Stadtzentrum, in Medellín findet jeder eine Partylocation nach seinem Geschmack.

Bergwandern

Von Hochgebirgswanderungen im PNN Los Nevados bis zu Spaziergängen durch die Naturschutzgebiete der Region, die Zona Cafetera bietet Wanderungen für jedes Konditionslevel. Nicht versäumen: das Valle de Cocora bei Salento mit seinen Quindío-Wachspalmen.

S. 210

Cali & Südwest-Kolumbien

Archäologie
Kultur
Architektur

Präkolumbische Ruinen

Knapp 100 km von Cali entfernt liegen zwei der bedeutendsten archäologischen Stätten Kolumbiens. Rund um San Agustín fand man mehr als 500 rätselhafte steinerne Statuen. In Tierradentro gelang es Archäologen, mehr als 100 unterirdische Grabkammern freizulegen.

Salsa

Ob in Stadtviertel-Bars oder in den *salsatecas* (Salsaclubs), in Cali ist der Salsa-Rhythmus allgegenwärtig. Bei den World Salsa Championships zeigen Profis, wie es geht. Alternativ kann man in einer der vielen Tanzschulen der Stadt einen Kurs belegen.

Prachtvolle Architektur

Mit seinen weißen Villen und prächtigen Kirchen ist Popayán ein wundervolles Beispiel für spanische Kolonialarchitektur. Der Barrio San Antonio in Cali bietet ebenfalls koloniales Ambiente. Nicht versäumen: die neogotische Kirche Santuario de Las Lajas in Ipiales.

S. 256

Pazifikküste

Unterwasserwelt
Strände
Natur

Wale & Schildkröten

Fast zum Greifen nah sind die gewaltigen Buckelwale im Parque Nacional Natural (PNN) Ensenada de Utría. Am Strand nahe El Valle legen Meeresschildkröten nachts ihre Eier ab. Vor den Inseln Malpelo und Gorgona können Taucher mit Hunderten Haien schwimmen.

Strände

Mit Dschungel bedeckte Berge säumen die felsigen, grauen Strände an der Pazifikküste – wunderschön und meist sogar auch menschenleer. In Guachalito und an der Playa Almejal schmiegen sich Resorts zwischen Dschungel und Meer. Surfer finden bei Arusí und El Valle exzellente Wellen.

Wunder der Natur

Der Chocó wird von Wanderern oft übersehen, dabei bietet er Wanderrouten abseits ausgetretener Pfade, die zu Wasserfällen tief im Dschungel führen. Einblick in die erstaunliche Artenvielfalt der Region gibt eine Tour im Einbaum auf dem Río Joví oder Río Juribidá.

S. 289

Amazonasbecken

Tiere
Dschungel
Ökodörfer

Wildes Tierreich

Legale und illegale Eingriffe des Menschen haben der Tierwelt des Amazonasbeckens bereits Schaden zugefügt. Dennoch hat sich dieser Lebensraum eine unglaublich riesige Artenvielfalt bewahrt – es ist die artenreichste Flora und Fauna der Welt.

Dschungel

Die Mutter aller Urwälder: der Amazonas. Kein anderes Wort beschwört solch faszinierende Bilder herauf: geheimnisvoller Regenwald, riesige Wasserläufe, indigene Kultur, tropische Tierwelt ... Die Fülle ist wahrlich atemberaubend; in diesem endlosen grünen Meer werden Traumbilder Wirklichkeit.

Ökodörfer

Das Ökodorf Puerto Nariño ist ein lebendiges Modell für eine nachhaltige Lebensweise inmitten des größten Dschungels der Welt. Es ist ein bezaubernder, architektonisch recht interessanter Ort und geradezu ideal geeignet, um im Regenwald zu entspannen.

S. 307

Reiseziele in Kolumbien

Bogotá

Gut essen

➡ Central Cevicheria (S. 73)

➡ Mini-Mal (S. 72)

➡ La Condesa Irina Lazaar (S. 71)

➡ Agave Azul (S. 71)

➡ Sant Just (S. 69)

Schön übernachten

➡ Orchids (S. 65)

➡ Casa Deco (S. 65)

➡ Casa Platypus (S. 64)

➡ La Pinta (S. 65)

➡ Hotel Click-Clack (S. 68)

Auf nach Bogotá!

In Bogotá schlägt das Herz Kolumbiens: Eingebettet in die Berglandschaft der Anden präsentiert sich die Hauptstadt als dynamische Metropole. Den kulturellen Mittelpunkt bildet das historische Viertel La Candelaria, wo sich die Touristen tummeln. Die Altstadtkulisse besteht aus restaurierten Kolonialbauten, die eine Fülle von Museen, Restaurants, Hotels und Bars beherbergen. Im alten Stadtkern liegen außerdem 300 Jahre alte Palais, Kirchen und Klöster. Nahezu alle traditionsreichen Attraktionen aus den Anfängen Bogotás verteilen sich um die Plaza de Bolívar – östlich des Platzes befindet sich der Pilgerberg Cerro de Monserrate. Die ungeschminkten Seiten Bogotás zeigen sich im Süden und Südwesten der Stadt, wo in den Arbeitervierteln (*barrios*) der Kampf gegen die Drogen- und Verbrechermilieus andauert. Im nobleren Norden in den Ausgehvierteln wie der Zona Rosa und der Zona G prägen Boutiquehotels und betuchte Kolumbianer das Großstadtgewimmel.

Reisezeit
Bogotá

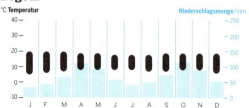

°C Temperatur | Niederschlagsmenge/mm

Juni & Juli Die Temperaturen sind milder als im Mai, doch die Niederschläge steigen massiv an.

August Fiestas mit freiem Eintritt: Salsa al Parque und das Festival de Verano sorgen für Stimmung.

Dezember *Bogotanos* lieben die Weihnachtszeit, wenn die ganze Stadt im Lichterglanz funkelt.

Highlights

1 Im Anblick der Exponate im **Museo del Oro** (S. 53), einem der Topmuseen, über Kolumbiens Mythen von El Dorado nachdenken

2 In das surreale Nachtleben des unbeschreiblichen Entertainment-Restaurants **Andrés Carne de Res** (S. 74) in Chía eintauchen

3 Eine Sonntagswanderung hinauf zum majestätischen **Cerro de Monserrate** (S. 50) mit Blick auf die Hauptstadt

4 Im **Museo Botero** (S. 48) über alles sinnieren, was fett und füllig ist (Eintritt frei)

5 Das faszinierende Kircheninnere der **Iglesia Museo de Santa Clara**

(S. 49) und der **Iglesia de San Francisco** (S. 53) ehrfürchtig bestaunen

6 Das koloniale Flair im Schlemmerdorf **Usaquén** (S. 74) aufsaugen

7 Bogotá mit einem Drahtesel erkunden – im Rahmen einer Radtour mit **Bogotá Bike Tours** (S. 62)

Geschichte

Lange vor der spanischen Eroberung war die Sabana de Bogotá, ein fruchtbarer Talkessel im kolumbianischen Hochland, von den Muisca, einem der fortschrittlichsten präkolumbischen Volksstämme, besiedelt. Heute hat die Stadt das gesamte Gebiet nahezu vollständig eingenommen. Die spanische Ära begann, als Gonzalo Jiménez de Quesada und seine Expeditionstruppen in der Sabana eintrafen und am 6. August 1538 die Stadt nahe Bacatá, der Hauptsiedlung der Muisca, gründeten.

Die Stadt wurde Santa Fe de Bogotá genannt – eine Wortkombination aus dem traditionellen Namen Bacatá und Quesadas spanischer Heimatstadt Santa Fe. Doch während der gesamten Kolonialzeit bezeichnete man sie einfach als Santa Fe.

Zur Gründungszeit von Santa Fe bestand die Siedlung aus zwölf Hütten und einer Kapelle, wo zur Feier des Gründungstags regelmäßig eine heilige Messe abgehalten wurde. Die Kultstätten der Muisca wurden zerstört und durch Kirchen ersetzt.

In den ersten Jahren ihrer Entstehung wurde Santa Fe von Santo Domingo aus verwaltet (Hauptort auf der Insel Hispaniola, Hauptstadt der heutigen Dominikanischen Republik), aber im Jahr 1550 fiel es unter die Herrschaft Limas, Hauptstadt des Vizekönigs von Perú und Sitz der spanischen Kolonialmacht in den eroberten Gebieten Südamerikas.

1717 wurde Santa Fe zur Hauptstadt des Virreynato de la Nueva Granada ernannt, des neu geschaffenen stellvertretenden Königreichs, das die Gebiete der heutigen Länder Kolumbien, Panama, Venezuela und Ecuador umfasste.

Trotz der politischen Bedeutung der Stadt wurde ihre Entwicklung immer wieder durch vernichtende Erdbeben und schwere Epidemien wie Pocken und Typhus gehemmt, die im 17. und 18. Jh. in der gesamten Region wüteten.

Nach ihrer Unabhängigkeitserklärung wurde Santa Fe, nunmehr gekürzt auf den Namen Bogotá, per Dekret des Kongresses von Cúcuta im Jahr 1821 zur Hauptstadt von Großkolumbien ernannt. Von da an gab es ein stetes Wachstum. Mitte des 19. Jhs. zählte die Stadt bereits 30 000 Einwohner und 30 Kirchen. 1884 nahm die erste Straßenbahn ihren Betrieb auf, und kurz danach wurden die ersten Eisenbahnlinien gebaut, mit Verbindungen nach La Dorada und Girardot, die Bogotá Zugang zu den Binnenhäfen am Río Magdalena verschafften.

Erst in den 1940er-Jahren fand mit der Industrialisierung ein rascher Fortschritt statt, einhergehend mit konsequenter Landflucht. Am 9. April 1948 fiel der beliebte Bürgerrechtler Jorge Eliécer Gaitán einem Attentat zum Opfer, welches einen Aufstand entfachte. Dieser ging als El Bogotazo in die Geschichte ein. Die Stadt wurde teilweise zerstört; 136 Gebäude wurden bis auf die Grundfeste niedergebrannt, 2500 Todesopfer waren die Bilanz.

Die Ruhe wurde abermals jäh unterbrochen, als am 6. November 1985 Guerilla-Kämpfer der Bewegung M-19 (Movimiento 19 de Abril) Bogotás Justizpalast stürmten und über 300 Zivilisten als Geiseln im Gebäude gefangen hielten. Am Tag darauf waren 115 Menschen tot, darunter elf Richter des Obersten Gerichtshofes.

In den 1990er- und 2000er-Jahren hat Bogotá in vielerlei Hinsicht überraschende Fortschritte gemacht – die Mordrate konnte erheblich nach unten korrigiert werden. Innerhalb von zehn Jahren, zwischen 1993 und 2013, kamen nur noch 17 Tötungsdelikte auf 100 000 Einwohner gegenüber zuvor 80. Damit ist Bogotá zu einem der sichersten städtischen Ballungsgebiete in ganz Lateinamerika geworden, obwohl die Häufigkeit von Überfällen immer noch zunimmt. Und eine ganze Reihe richtungsweisender Stadt- und Raumplanungskonzepte, die von verschiedenen Bürgermeistern in Folge umgesetzt wurden (z. B. der Ausbau eines insgesamt 350 km langen Radwegenetzes namens CicloRuta) haben in großem Umfang dazu beitragen, dass sich Bogotá als ausgewiesene Kulturhauptstadt etabliert hat.

◉ Sehenswertes

Die meisten Attraktionen befinden sich im historischen Stadtkern La Candelaria, der Wiege Bogotás, und wahrscheinlich ist mehr als ein Tag nötig, um sich in der Gegend richtig umzusehen.

Wer an einem Sonntag ein Museum besuchen will, sollte sich das reiflich überlegen. Die gut 500 verschiedenen Museen der Stadt sind vor allem an Tagen mit freiem Eintritt (immer am letzten Sonntag im Monat) völlig überlaufen; selbst vor weniger bedeutenden Häusern, die hier vielleicht gar nicht erwähnt werden, kann man durchaus einmal eine Dreiviertelstunde anstehen! An Werktagen geht es dagegen bedeutend ruhiger zu.

Auf dem Streifzug durch die Stadt lohnt es sich, auf gut Glück in verschiedene Kirchen hineinzuschnuppern. Die meisten stammen aus dem 17. und 18. Jh. – oft mit aufwendigeren Verzierungen ausgestattet als es die äußere Hülle vermuten lässt. Einige sind vom spanisch-maurischen Mudéjar-Stil geprägt (hauptsächlich an den Deckenverzierungen erkennbar); oft trifft man auch auf Gemälde des wohl bekanntesten kolonialzeitlichen Künstlers Kolumbiens, Gregorio Vásquez de Arce y Ceballos.

◉ La Candelaria

Bogotás Kolonialviertel, eine Quelle der Quirligkeit, ist gesegnet mit einer Fülle an Sehenswürdigkeiten, die Besucher auf keinen Fall verpassen sollten: eine Mischung aus sorgfältig restaurierten 300 Jahre alten Bauwerken, einige davon jedoch immer noch in ziemlich desolatem Zustand, und noch weit mehr Gebäuden, die den modernen Zeiten huldigen.

Der Rundgang für eine Entdeckungsreise durch die Stadt beginnt meist an der **Plaza de Bolívar** (Karte S. 54; Plaza de Bolívar, zwischen Calle 10 & 11), die von einer Bronzestatue von Simón Bolívar (gegossen im Jahr 1846 von dem italienischen Künstler Pietro Tenerani)

überragt wird. Das Standbild war das erste Denkmal der Stadt zu Ehren einer Persönlichkeit des öffentlichen Lebens.

Der Platz hat im Lauf der Jahrhunderte sein Gesicht ganz wesentlich verändert – heute ist er nicht mehr von Kolonialbauten umsäumt; lediglich die Capilla del Sagrario vertritt noch die spanische Ära. Andere Gebäude stammen aus der jüngeren Vergangenheit und repräsentieren verschiedene Baustile.

Einige der beliebtesten Sehenswürdigkeiten in La Candelaria liegen ebenso wie das Centro Cultural Gabriel García Márquez nur ein paar Häuserblocks östlich der Plaza. Die leicht verwirrende Agglomeration von Museen, die von der Banco de la República betrieben werden, zählt allemal zu den Topattraktionen Bogotás; dazu gehören das Museo Botero, die Casa de Moneda, die Colección de Arte (Kunstsammlung) und das Museo de Arte del Banco de la República, die im Wesentlichen an ein und demselben Ort vereint sind, nämlich in einem imposanten, labyrinthartigen Museenkomplex. Gutes Timing ist ein Muss: der letzte Einlass ist 30 Minuten vor Torschluss.

Man ist gut beraten, sich in dieser Gegend nach Einbruch der Dunkelheit nicht allein aufzuhalten, und auch tagsüber sollte man

---

BOGOTÁ IN …

… zwei Tagen

Es geht los in La Candelaria: Snack im La Puerta Falsa (S. 69) mit Ausblick auf die Plaza de Bolívar (s. oben), danach ins Museo Botero (S. 48), um die Skulpturen pummeliger Menschenkörper zu bestaunen; Mittagessen im Quinua y Amaranto (S. 68), danach ein kleiner Spaziergang hinüber und abtauchen in Kolumbiens goldener Vergangenheit im Museo del Oro (S. 53); zum Abschluss des Tages Abendessen in der Zona G, Zona Rosa oder am Parque 93, wo man alles essen und trinken kann, was das Herz begehrt.

Am zweiten Tag bietet sich eine Tour hinauf zum **Monserrate** (S. 50) an, um die Hauptstadt aus der Vogelperspektive zu bestaunen – danach ist ein Nickerchen angesagt, um sich hinterher fit und munter ins Nachtleben zu stürzen, z. B. im surreal-seltsamen Milieu des Nachtclubs **Andrés Carne de Res** (S. 74), 23 km weiter nördlich in Chía. Am besten ein Taxi nehmen!

… vier Tagen

Im Anschluss an die Zweitagestour steht ein Abstecher zur Salzkathedrale von **Zipaquirá** (S. 59) auf dem Besuchsplan – leicht erreichbar mit öffentlichen Verkehrsmitteln. Der letzte Tag beginnt mit einem Brunch, gefolgt von einem Streifzug durch den quirligen Markt in **Usaquén** (S. 74) und einer Radtour mit **Bogotá Bike Tours** (S. 62), die in Regionen führt, die für Touristen normalerweise tabu sind. Danach schmeckt eine heiße Tasse *canelazo* (mit *aguardiente*, also Anisschnaps, Zuckerrohr, Zimt und Limone) in einem Café in **La Candelaria** (S. 68) umso besser. Dann rundet am Abend ein Abschiedsessen in den Künstler- und Schlemmervierteln **Chapinero Alto** (S. 72) oder **Macarena** (S. 71) den Tag würdig ab.

Bogotá & Umgebung

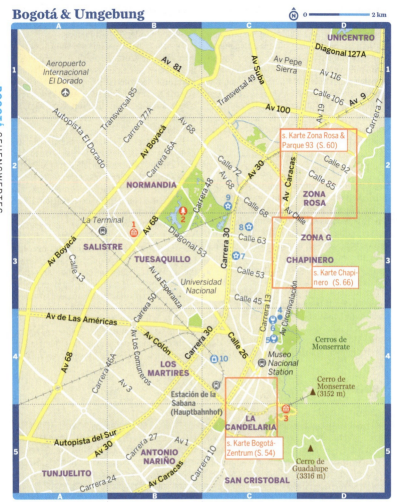

0 ———————— 2 km

stets auf der Hut sein und beobachten, was um einen herum passiert.

★ Museo Botero   MUSEUM

(Karte S.54; www.banrepcultural.org/museo-botero; Calle 11 Nr. 4-41; ⊙Mo & Mi–Sa 9–19, So 10–17 Uhr) GRATIS Die eigentliche Attraktion: Vor dem ausladenden Museumsgebäude mit Ausstellungsräumen auf zwei Ebenen befinden sich mehrere Hallen mit sehenswerten Exponaten, die dem Thema Pummeligkeit gewidmet sind: Hände, Orangen, füllige Frauen, Männer mit Schnurrbart, pausbäckige Kinder, fette Vögel sowie Füh-rungspersönlichkeiten der Fuerzas Armadas Revolucionarias de Colombia (FARC) – alle soliden Werke, Gemälde wie Skulpturen, stammen natürlich von Fernando Botero, der berühmtesten Kunstkoryphäe Kolumbiens (Botero selbst stiftete dem Museum seine Werke).

Die Sammlung umfasst auch einige Meisterwerke von Picasso, Chagall, Renoir, Monet, Pissarro und Miró sowie einige witzige Skulpturen von Dalí und Max Ernst. Audioguides in Englisch, Französisch und Spanisch sind für 6000 COP am Eingang zum Museenkomplex in der Calle 11 erhältlich.

Bogotá & Umgebung

★ **Iglesia Museo de Santa Clara**   KIRCHE
(Karte S. 54; www.museoiglesiasantaclara.gov.
co; Carrera 8 No 8-91; Erw./Kind 3000/500 COP;
⊙ Di–Fr 9–17, Sa & So 10–16 Uhr) Sie gehört zu
Bogotás prächtigsten reichverzierten Sak-
ralbauten und ist zugleich die älteste überhaupt, jedoch stammt sie aus der gleichen
Zeit wie die Iglesia de San Francisco. Heute wird sie von der Regierung nur noch als
Museum betrieben. In Anbetracht der Fülle
an prachtvollen Kirchenbauten, die zudem
meist noch kostenlos besichtigt werden
können, gehen viele Besucher überraschenderweise an diesem Gotteshaus vorbei. Wie
schade!

Zwischen 1629 und 1674 erbaut, besticht
das Bauwerk durch sein Tonnengewölbe, das
sich über ein einziges Hauptschiff spannt
und mit goldverzierter floraler Ornamentik
ausgeschmückt ist. Diese strahlt ihren Glanz
auf den üppigen Wandschmuck aus: 148
Gemälde, darunter Heiligenfiguren, die die
vollbehangenen Wände unterbrechen und
zur Opulenz des Interieurs beitragen.

Catedral Primada   KATHEDRALE
(Karte S. 54; www.catedraldebogota.org; Plaza de
Bolívar; ⊙ Di–So 9–17 Uhr) Diese klassizistische
Kathedrale steht an der Stelle, wo *angeblich* die ersten feierlichen Messen abgehalten wurden, nachdem Bogotá im Jahr 1538
gegründet worden war (einige Historiker
behaupten jedoch, dass sei wohl im Osten
gewesen, an der kleinen Plazoleta del Chorro de Quevedo). Wie dem auch sei, die Ka-

thedrale ist heute das größte Gotteshaus Bogotás. Gegenüber der Nordostecke der Plaza
beherrscht sie die Szenerie.

Die ursprünglich mit einem Reetdach
gedeckte einfache Kapelle wurde in den
Jahren 1556–1565 durch ein robusteres Gebäude ersetzt, das jedoch aufgrund seiner
schwachen Fundamente später einstürzte.
1572 entstand die dritte Kirche, die wiederum 1785 durch ein Erdbeben in Trümmer
fiel. Erst 1807 begannen die Arbeiten für den
massiven Kirchenbau, der bis heute unver-
sehrt dasteht. Die Fertigstellung erfolgte im
Jahr 1823. Während der Bogotazo-Aufstände
1948 wurde die Kathedrale teilweise beschädigt. Anders als viele Kirchen in Bogotá sind
die großzügigen Innenräume relativ spärlich ausgeschmückt. Das Grab von Jiménez
de Quesada, dem Gründer Bogotás, befindet
sich in der größten Kapelle, in einer Nische
neben dem rechten Gang.

Capitolio Nacional   HISTORISCHES GEBÄUDE
(Karte S. 54; ☏ 383-3000; Plaza de Bolívar; ⊙ für
die Öffentlichkeit geschl.) An der Südseite der
Plaza ragt ein neoklassizistisches Gebäude auf, das heute der Kongress seinen Sitz
hat. Mit dem Bau begann man bereits 1847,
aufgrund zahlreicher Aufstände konnte das
Gebäude jedoch erst 1926 fertiggestellt werden. Die Fassade zum Platz hin entstand
nach einem Entwurf des englischen Architekten Thomas Reed. Wer das beeindruckende Bauwerk besichtigen möchte, ruft
am besten vorher an; ansonsten bietet sich
auch ein Spaziergang rund um den mit Stein
gepflasterten Innenhof an.

Palacio de Justicia   HISTORISCHES GEBÄUDE
(Karte S. 54; Plaza de Bolívar; ⊙ für die Öffentlichkeit geschl.) In dem massiven Gebäude an
der Nordseite der Plaza hat der Oberste Gerichtshof seinen Sitz.

Von außen ziemlich unscheinbar, war das
Bauwerk Schauplatz dramatischer Ereignisse (Massaker der M-19-Guerilla). Das erste
Gerichtsgebäude wurde 1921 an der Ecke
der Calle 11 und der Carrera 6 erbaut und
während des Aufstands El Bogotazo 1948
vom Mob in Brand gesteckt. Danach entstand ein anderes Haus, das wiederum 1985
von den M-19-Aktivisten erstürmt wurde
und beim Versuch der Armee, es im Zuge
einer heftigen 28-stündigen Daueroffensive
zurückzuerobern, vollständig ausbrannte.
Das nachfolgende Gebäude wurde in einem
vom Ursprung gänzlich abweichenden neu-
en Stil erbaut.

CERRO DE MONSERRATE

Bogotás stolzes Wahrzeichen – und auch angenehmer Orientierungspunkt – ist der von einer weißen Kirche gekrönte, 3150 m hohe Monserrategipfel, dessen Bergflanken, etwa 1,5 km von La Candelaria entfernt, den Osten der Stadt begrenzen. Von den meisten Stadtteilen aus ist der Berg weit über die Hochebene von Sabana de Bogotá (Savanne von Bogotá; manchmal auch „das Tal" genannt) sichtbar.

Von ganz oben bietet sich ein atemberaubender Blick auf die Hauptstadt mit ihrer weitläufigen Ausdehnung von insgesamt 1700 km^2. An einem Tag mit klaren Wetterverhältnissen sind sogar die symmetrischen Umrisse des Bergkegels Nevado del Tolima zu erkennen, der zur Vulkankette Los Nevados der Cordillera Central (National- und Naturparks PNN) 135 km weiter westlich gehört.

Die Gipfelkirche ist mit ihrer Altarfigur des Señor Caído (kreuztragender gefallener Christus) aus den 1650er-Jahren eine Art Mekka für Pilger. Ihr wurden auch schon wundersame Heilungen zugeschrieben. Die auf den Fundamenten einer ursprünglichen Kapelle errichtete Kirche wurde 1917 durch ein Erdbeben zerstört. Zwei Restaurants und ein Café laden zur Einkehr ein – Programm genug für einen Tagesausflug.

Der steile Wanderpfad der 1080 Stufen an Imbissbuden vorbei bis zum Gipfel (60 bis 90 Gehminuten) ist inzwischen wieder begehbar, nämlich fast täglich ab 5 Uhr früh, ausgenommen dienstags. Er erfreut sich großer Beliebtheit bei den den *bogotanos;* am Wochenende kann der Weg aufgrund der Diebstahlgefahr riskant sein. Wer trotzdem hinauf möchte, der nimmt am besten den regelmäßig verkehrenden *teleférico* (Seilbahn) oder die Standseilbahn, die abwechselnd zur Bergstation Monserrate (www.cerro monserrate.com; hin & zurück Mo–Sa 12–23 Uhr 16 400 COP, So 9400 COP; ⊙Mo–Sa 7–24 Uhr; So 6-18 Uhr). In der Regel verkehrt die Standseilbahn vor 12 Uhr (Sa 15 Uhr); die Seilbahn dann im Anschluss. Wer sich entschließt, unter der Woche den Fußmarsch zurückzulegen, sollte vor 10 Uhr losziehen; danach ist die Sicherheit leider nicht mehr ausreichend gewährleistet.

Von der Iglesia de las Aguas an der Nordostecke von La Candelaria führt ein 20-minütiger Fußmarsch zur Talstation der Standseilbahn (man läuft den von einer Backsteinmauer gesäumten Gehsteig entlang an den Springbrunnen vorbei, eine Anhöhe hinauf und an der Universidad de los Andes vorbei) – allerdings ist dieser Weg vorwiegend am Wochenende zu empfehlen, vor allem frühmorgens, wenn viele Pilger unterwegs sind. Während der Woche kommt es auf dem kurzen Stück zwischen Quinta de Bolívar und Monserrate gelegentlich zu Raubüberfällen.

Casa de Nariño HISTORISCHES GEBÄUDE

(Karte S. 54; www.presidencia.gov.co; Plaza de Bolívar) Jenseits des Capitolio Nacional führt die Carrera 8 oder 7, zu Kolumbiens neoklassizistischem Präsidentschaftspalast. Dort, an der Südseite der Plaza Bolívar, arbeitet und residiert der Staatspräsident Kolumbiens. Wer das Gebäude besichtigen möchte, muss sich vorher auf der Website des Präsidentschaftspalastes (www.presidencia.gov.co) einloggen: einfach unter „Servicios a la Ciudadanía" nach „Visitas Casa de Nariño" scrollen.

Für die Wachablösung am Präsidentschaftspalast, die sich am besten von der Ostseite her beobachten lässt, ist keine Extragenehmigung erforderlich – das Zeremoniell findet immer mittwochs, freitags und sonntags um 16 Uhr statt.

Das Gebäude wurde nach dem Kolonialherrn Antonio Nariño benannt, der mit seinen Unabhängigkeitsideen für die Menschenrechte eintrat, die er selbst aus der französischen Charta ins Spanische übertragen hat – ein Anliegen, das ihn allerdings auch mehrere Male ins Gefängnis brachte.

1948 wurde der Palast während der El-Bogotazo-Aufstände beschädigt, zur Restaurierung entschloss man sich erst 1979, also Jahrzehnte später.

Gut zu wissen und zu beachten: Die Wachen rund um den Präsidentenpalast stehen an den Schranken in der Carrera 7 und 8. Wer freiwillig den Tascheninhalt zeigt und einen gewissen Abstand zu den Zäunen entlang der Gehsteige einhält, kann hier locker passieren.

Casa de Moneda MUSEUM

(Mint; Karte S. 54; www.banrepcultural.org; Calle 11 No 4-93; ⊙ Mo–Sa 9–19, So 10–17 Uhr) GRATIS Im historischen Museum innerhalb des Museenkomplexes der Banco de la República ist die Colección Numismática untergebracht. Die Sammlung beginnt mit der Präsentation von Exponaten wie präkolumbischen Töpferwaren und setzt sich in chronologischer Reihenfolge fort mit Auslagen von verformten Münzen, welche auf die Einführung eines zentralisierten Bankwesens im Jahr 1880 verweisen. Außerdem wird gezeigt, wie das kunstvoll verzweigte Baummotiv auf der aktuellen 500-Pesomünze Ende der 1990er-Jahre hergestellt wurde.

Colección de Arte MUSEUM

(Karte S. 54; www.banrepcultural.org; Calle 11 No 4-14; ⊙ Mo–Sa 9–19, So 10–17 Uhr) GRATIS Der Großteil der ständigen Colección de Arte (Kunstsammlung) der Banco de la República, mit 800 Werken von 250 verschiedenen Künstlern, ist auf über 16 Galerieräume an zwei verschiedenen Standorten verteilt. Der Zugang erfolgt über prächtige Treppenfluchten innerhalb desselben Museumskomplexes, wo auch die Casa de Moneda und das Museo Botero untergebracht sind. Die Sammlung wurde nach Werkgruppen aus fünf verschiedenen Epochen – angefangen bei Kunstschätzen des 15. Jhs. bis hin zu Werken der Moderne bis heute – komplett neu strukturiert; jede für sich wird eigenständig kuratiert. Die Sammlung zeitgenössischer Kunst befindet sich in der Biblioteca Luis Ángel Arango in der Calle 12.

Die Kunstsammlung besteht größtenteils aus modernen Ölgemälden kolumbianischer Meister; die riesigen figurativen Gemälde von Luis Caballero (1943–1995) hängen im Erdgeschoss. Die Exponate der beiden Hallen zur Ostseite hin schlagen etwas aus der Reihe. Hier liegt der Schwerpunkt auf religiösen Kultgegenständen aus dem 17. und 18. Jh. einschließlich zweier außergewöhnlicher *custodias* (Monstranzen). Die größte besteht aus 4902 Gramm purem Gold mit 1485 eingefassten Smaragden, einem Saphir, 13 Rubinen, 28 Diamanten, 168 Amethysten, einem Topas und 62 Perlen. Wer zählt da noch genau mit?

Museo Histórico Policía MUSEUM

(Museum zur Polizeigeschichte; Karte S. 54; www.policia.gov.co; Calle 9 No 9-27; ⊙ Di–So 8–17 Uhr) GRATIS Dieses überraschend lohnenswerte Museum erlaubt nicht nur den Zugang zur ehemaligen Schaltzentrale von Bogotás Polizei (1923 erbaut), sondern beschert den Besuchern auch eine etwa 45-minütige Begegnung mit 18 Jahre alten Englisch sprechenden Gästeführern, die dort gerade ihren obligatorischen Zivildienst ableisten und interessante Geschichten zu erzählen haben.

Ansonsten erfährt man meist etwas über den Niedergang des Drogenbosses Pablo Escobar, dem 1993 das Handwerk gelegt wurde. Zahlreiche Exponate wie seine Harley Davidson (Geschenk eines Cousins) und sein persönlicher Taschenrevolver Bernadelli, auch „Zweitfrau" genannt, erwecken den Drogenking zu neuem Leben.

Museo de la Independencia – Casa del Florero MUSEUM

(Casa del Florero; Karte S. 54; www.quintaideboli var.gov.co/museoindependencia; Calle 11 No 6-94; Erw./Stud. 3000/2000 COP, sonntags Eintritt frei; ⊙ Di–Fr 9–17, Sa & So 10–16 Uhr) Das Stadthaus aus dem späten 16. Jh., welches heute ein Museum beherbergt, markiert genau die Stelle, wo einst der Klang einer zerbrechenden Vase in der ganzen Welt zu hören war. Der Überlieferung nach trat hier nach der Machtübernahme Napoleons in Spanien anno 1810 ein einheimischer Kreole namens Antonio Morales ein und verlangte vom spanischen Hausbesitzer José González Llorentes eine Ziervase, was jedoch zu einer Prügelei draußen auf der Straße führte. Dabei ging nicht nur die Vase zu Bruch; verletzte Ehrgefühle lösten letzten Endes auch eine Rebellion aus. In diesen heiligen Hallen lässt sich die zerbrochene Vase bestaunen.

Museo de Arte del Banco de la República MUSEUM

(Karte S. 54; www.banrepcultural.org/museode arte.htm; Calle 11 No. 4-21; ⊙ Mo & Mi–Sa 9–19, So 10–17 Uhr) GRATIS Fast geht es im Museumskomplex der Banco de la República als eigenständiges Museum unter; der Zugang befindet sich in der Nähe eines Wandbrunnens und an einem Café vorbei. Hier finden

BOGOTÁS TOP-MUSEEN

➥ Museo del Oro (S. 53)
➥ Museo Botero (S. 48)
➥ Museo Nacional (S.57)
➥ Casa de Moneda (s. oben)
➥ Iglesia Museo de Santa Clara (S. 49)

Wechselausstellungen statt sowie zahlreiche kostenlose Veranstaltungen in der Aula.

Museo de Arte Colonial   MUSEUM

(Museum für koloniale Kunst; Karte S. 54; ☎ 341-6017; www.museocolonial.gov.co; Carrera 6 No 9-77; Erw./Stud. 3000/2000 COP; ⊗ Di–Fr 9–17, Sa & So 10–16 Uhr) Das Museum befindet sich in einem ehemaligen Jesuitenkolleg. Bemerkenswert ist die Ausstellung zur Entwicklung der klerikalen Kunst und der Porträtkunst, vor allem die Werke des beliebtesten Barockkünstlers Kolumbiens, Gregorio Vásquez de Arce y Ceballos (1638–1711).

Vor Redaktionsschluss war das Museum immer noch wegen Renovierungsarbeiten einstweilig geschlossen. Die Wiedereröffnung soll im Jahr 2016 stattfinden.

Capilla del Sagrario   KIRCHE

(Sagrario Chapel; Karte S. 54; Plaza de Bolívar; ⊗ Mo–Fr 7–12 & 13–17, So 15–17 Uhr) Diese kleinere Barockkathedrale hat mehr zu bieten als ihre „größere Schwester" nebenan, die Catedral Primada; dazu zählen sechs große Gemälde von Gregorio Vásquez.

Plazoleta del Chorro de Quevedo   PLAZA

(Karte S. 54; Ecke Carrera 2 & Calle 12B) Wo genau der Gründungsakt Bogotás stattfand, ist nicht eindeutig geklärt. Einige behaupten, er habe sich bei der Catedral Primada an der Plaza de Bolívar vollzogen, andere plädieren für die winzige, von Cafés gesäumte Plaza bei der kleinen weißen Kirche, wo sich zahlreiche unkonventionelle Straßenverkäufer (oder Hacky-Sack-Spieler) herumtreiben.

Jedenfalls ist es an diesem Fleck zu jeder Tageszeit wirklich nett, insbesondere aber, wenn es dunkler wird. Dann mischen sich auch noch Studenten unters Ausgehvolk, und in den engen trichterförmigen Gassen mit den winzigen Bars und Kneipen gleich nördlich der Plaza wird es zunehmend quirlig. Am Freitagnachmittag um 17 Uhr treten spanische Geschichtenerzähler auf; der Besuch lohnt sich schon allein wegen der Atmosphäre.

Teatro Colón   THEATER

(Karte S. 54; ☎ 284-7420; www.teatrocolon.gov.co; Calle 10 No 5-32; ⊗ Kartenvorverkauf & Tageskasse Mo–Sa 10–17, So bis 15 Uhr) Seit seiner Geburtsstunde im Jahr 1792 trug das Gebäude verschiedene Namen. Die noch heute zu bewundernde Fassade im italienischen Stil, nach einem Entwurf des italienischen Architekten Pietro Cantini erbaut, prägte bereits bei der Eröffnung des Teatro Nacional 1892 das Gesicht des Gebäudes. Nach einer Renovierungsphase, die insgesamt sechs Jahre angedauert hat, öffnete das Theater Mitte 2014 wieder seine Tore. Die opulent verzierten Innenräume erstrahlen nun in neuem Glanz. Hier finden zahlreiche Konzerte, Opern und Ballettabende statt; auch Bühnenstücke werden aufgeführt – und manchmal dient es auch als Setting für Tanzevents mit DJ-Musik.

Neuerdings werden auch geführte Rundgänge angeboten; um das Theater zu besichtigen – bitte an der Tageskasse nachfragen.

Museo Militar   MUSEUM

(Militärmuseum; Karte S. 54; Calle 10 No 4-92; ⊗ Di–Fr 9–16, Sa 10–16 Uhr) GRATIS Das zweigeschossige Museum wird von pensionierten Militärs betrieben und für eine bestimmte Zielgruppe von Besuchern könnte die Sammlung durchaus interessant sein: Anhand lebendig wirkender Figuren wird die Geschichte von Militäruniformen präsentiert (bemerkenswert ist die Ausstattung der Antiterroristeneinheit). Ein weiterer Saal ist dem Korea-Krieg gewidmet. In einem Innenhof werden Artillerie und Luftabwehr präsentiert; dazu gehört auch ein Präsidentenhubschrauber. Für den Eintritt ist ein Personalausweis erforderlich.

Edificio Liévano   HISTORISCHES GEBÄUDE

(Karte S. 54; Plaza de Bolívar; ⊗ für die Öffentlichkeit geschl.) In diesem französisch anmutenden Gebäude an der Westseite der Plaza befindet sich heute die *alcaldía* (der Amtssitz des Bürgermeisters). Das Gebäude wurde zwischen 1902 und 1905 erbaut.

Palacio de San Carlos   PALAST

(Karte S. 54; Calle 10 No 5-51) In diesem wehrhaften Regierungspalast, der einstigen Schaltzentrale der Präsidenten Simón Bolivar, hat sich schon mehr als eine Tragödie um Leben und Tod abgespielt. 1828 wurde hier ein Attentat auf den Präsidenten verübt, dem er nur knapp entkam. Sein mit diversen Privilegien ausgestatteter Freund Manuelito Sáenz kickte ihn aus dem Präsidentenamt. In Bogotás Politkreisen galt er fortan als „Befreier des Befreiers". Rechts unterhalb des Fensters seines ehemaligen Büros erinnert eine lateinische Inschrift an das schaurige Ereignis.

Centro Cultural Gabriel García Márquez   KULTURZENTRUM

(Karte S. 54; ☎ 283-2200; www.fce.com.co; Calle 11 No 5-60; ⊗ Mo–Sa 8–20, So bis 16 Uhr) GRATIS Das modern, erst 2008 eröffnete Kulturzentrum ist ein echter Zugewinn für La Candelaria. Dieser weitläufige neue Komplex ehrt Kolumbiens berühmtesten Schriftsteller, doch geht die Bandbreite der Kulturveranstaltungen weit über die Literaturwelt hinaus. Zum Gebäudekomplex gehören auch eine riesige Buchhandlung (mit einigen englischen Titeln), kleinere Räumlichkeiten für Wechselausstellungen, ein tolles Burger-Restaurant sowie ein gestyltes Juan-Valdéz-Café mit ausgezeichnetem Biokaffee.

☺ Stadtmitte

Bogotás bunt zusammengewürfeltes Geschäftszentrum – mit seinen viel besuchten Einkaufsstraßen Calle 19 und Carrera 7 – ist wahrlich nichts, was das Herz höher schlagen lässt; ein leichteres Durchkommen ist an autofreien Sonntagen möglich, wenn sich die Carrera 7, alias Ciclovía, in eine Freizone für Radfahrer und Fußgänger verwandelt und der Flohmarkt, Mercado de San Alejo, voll im Gange ist. Einige der Hauptsehenswürdigkeiten (vor allem das Museo del Oro) konzentrieren sich entlang der Avenida Jiménez nahe La Candelaria.

★ **Museo del Oro**   MUSEUM
(Karte S. 54; www.banrepcultural.org/museo-del-oro; Carrera 6 No 15-88; Mo–Sa 3000 COP, sonntags freier Eintritt; ☺Di–Sa 9–18, So 10–16 Uhr) Bogotás berühmtestes und eines der faszinierendsten Museen in ganz Südamerika ist das Goldmuseum mit einer Sammlung von über 55 000 Goldstücken und anderen Exponaten von allen großen Kulturen Kolumbiens vor der spanischen Eroberung. Die Ausstellungsstücke sind strukturiert und nach Themenbereichen geordnet über drei Stockwerke verteilt – mit Beschreibungen in Spanisch und Englisch.

Die Sammlungen im zweiten Stock bestehen aus Fundstücken verschiedener Regionen. Auf Beschreibungen ist nachzulesen, wofür die Gegenstände verwendet wurden. Hier findet man jede Menge Zwitterfiguren (z. B. Jaguar/Frosch, Mensch/Adler); bemerkenswert sind auch die kleinen weiblichen Figuren, die zeigen, welch überraschend wichtige Rollen die Zenú-Frauen bei religiösen Riten im präkolumbischen Norden spielten.

In der dritten Etage befindet sich der Saal mit den „Opfergaben". Hier wird erklärt, wie Gold bei Ritualen benutzt wurde, etwa in Form von *tunjos* (goldenen Kriegermänn-

chen), welche in die Laguna de Guatavita geworfen wurden; die berühmteste dieser Gaben wurde 1969 nahe der Stadt Pasca gefunden: ein goldenes Boot ohne genaue Bezeichnung, deshalb einfach nach dem Volksstamm der Muisca benannt, kurz „Balsa Muisca". Sein wahres Alter ist ungewiss, denn nur Goldstücke in Verbund mit anderen Materialien können durch die Radiokarbonmethode datumsmäßig zugeordnet werden.

Wer über die Beschreibungen hinaus noch mehr Hintergrundgeschichten erfahren will, sollte sich einem einstündigen Rundgang anschließen, der von Dienstag bis Samstag (in Spanisch und Englisch; um 11 und 16 Uhr) angeboten wird, jeweils mit einem anderen Schwerpunkt. Audioguides sind in Spanisch, Englisch und Französisch erhältlich.

★ **Iglesia de San Francisco**   KIRCHE
(Karte S. 54; www.templodesanfrancisco.com; Ecke Av Jiménez & Carrera 7; ☺Mo–Fr 6.30–22.30, Sa 6.30–12.30 & 16–18.30, So 7.30–13.30 & 16.30 bis 19.30 Uhr) Die im Zeitraum von 1557 bis 1621 erbaute Kirche von San Francisco, gleich westlich vom Museo del Oro gelegen, ist Bogotás ältestes Gotteshaus, das alle Stürme der Zeit überlebt hat. Von besonderem Interesse ist der außergewöhnlich reich verzierte Goldaltar aus dem 17. Jh., Bogotás größtes und am aufwendigsten gestaltetes Kunstwerk dieser Art.

Quinta de Bolívar   MUSEUM
(Außerhalb von Karte S. 48; www.quintade bolivar.gov.co; Calle 20 No 2-91 Este; Erw./Kind 3000/1000 COP, So frei; ☺Di–Fr 9–17, Sa & So 11–16 Uhr) Etwa 250 m bergab westlich der Monserrate-Station liegt dieses reizende Volkskundemuseum inmitten eines Gartens am Fuß des Cerro de Monserrate. Das geschichtsträchtige Palais wurde im Jahr 1800 erbaut und als Dank für dessen Verdienste als Befreier Kolumbiens 1820 dem Präsidenten Simón Bolívar gestiftet. Bolívar verbrachte hier 423 Tage seines Lebens über neun Jahre hinweg. Die Räume sind mit Reminiszenzen aus dieser Zeit ausgestattet, einschließlich Bolívars Schwert. Wenig wird dagegen über die letzten Tage berichtet, als das Gebäude als Anstalt für Geisteskranke zweckentfremdet wurde.

Für 2500 COP ist eine Broschüre in englischer oder französischer Sprache erhältlich; ein Audioguide (Englisch) kostet 2500 COP; geführte Touren in Englisch finden immer mittwochs um 11 Uhr statt.

Bogotá-Zentrum

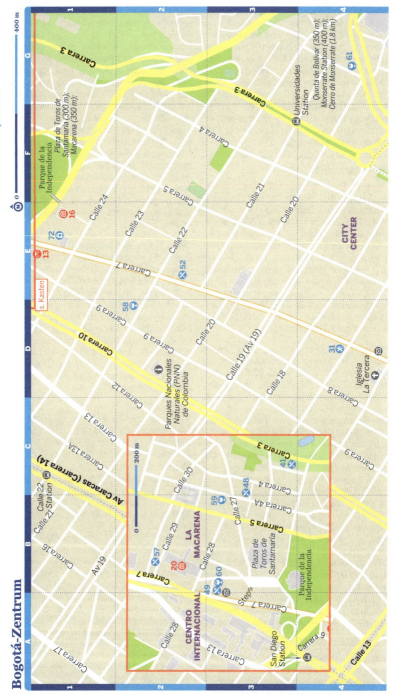

400 m

200 m

CITY CENTER

Quinta de Bolívar (350 m);
Monserrate Station (400 m);
Cerro de Monserrate (1.8 km)

Universidades Station

Carrera 3

Carrera 3

Carrera 4

Carrera 5

Calle 21

Calle 20

Calle 24

Calle 23

Calle 22

Calle 19 (Av 19)

Calle 20

Calle 18

Carrera 7

Carrera 9

Carrera 9

Carrera 8

Carrera 10

Carrera 12

Carrera 13

Carrera 13A

Parque de la
Independencia

Plaza de Toros de
Santamaría (300 m);
Macarena (350 m);

Parques Nacionales
Naturales (PNN)
de Colombia

Iglesia
La Tercera

S. Kasten

16

72

13

58

52

31

61

Calle 22
Calle 21 Station

Av Caracas (Carrera 14)

Carrera 16

Carrera 17

Av 19

Calle 30

Calle 29

Calle 28

Calle 28

Calle 27

Carrera 4

Carrera 4A

Carrera 5

Carrera 3

Carrera 7

Carrera 7

Carrera 13

Carrera 9

Calle 13

**LA
MACARENA**

**CENTRO
INTERNACIONAL**

Plaza de
Toros de
Santamaría

Parque de la
Independencia

Steps

San Diego
Station

41

48

59

57

20

60

49

Bogotá-Zentrum

Mirador Torre Colpatria AUSSICHTSPUNKT
(Karte S. 54; Carrera 7 No 24-89; Eintritt 4500 COP; ☺Fr 6–12, Sa 14–20, So 11–17 Uhr) Zwar bietet der Monserrate grandiose Ausblicke über die Stadt, aber nur auf der Aussichtsplattform im 48. Stockwerk des Colpatria Tower kann man einen wunderbaren Blick über die stillgelegte Stierkampfarena vor der Skyline mit den Bürohochhäusern und den Bergen dahinter genießen – außerdem hat man von hier aus einen Rundumblick über Bogotá. Der 162 m hohe Wolkenkratzer, 1979 fertiggestellt, ist der größte Kolumbiens.

Museo de Arte Moderno MUSEUM
(MAMBO; Karte S. 54; www.mambogota.com; Calle 24 No 6-00; Erw./Stud. 4000/2000 COP; ☺Di–Sa 10–18, So 12–17 Uhr) Nach einem Entwurf

des hochverehrten kolumbianischen Architekten Rogelio Salmona erbaut, wurde das MAMBO Mitte der 1980er-Jahre mit der Einweihung einer weitläufigen Ausstellungshalle eröffnet. Der thematische Schwerpunkt der Sammlungen liegt auf visueller Kunst in verschiedensten Formen wie Gemälde, Skulpturen, Fotografie und Video ab dem Beginn des 20. Jhs. bis in die Gegenwart. Die Ausstellungen wechseln häufig, meist aber werden lateinamerikanische Künstler präsentiert.

Centro Internacional

Inmitten dieser quirligen Zone der Innenstadt schaut man von den Büroräumen aus auf die Carrera 7, wo sich einige Attraktionen befinden und jede Menge Geschäftstreffen stattfinden.

Museo Nacional MUSEUM
(National Museum; Karte S. 54; www.museonacional.gov.co; Carrera 7 No 28-66; Di–Sa 10–18, So bis 15 Uhr) GRATIS Das Museum ist in dem weitläufigen Gebäudekomplex untergebracht, der auf dem Grundriss eines griechischen Kreuzes erbaut wurde und auch El Panóptico genannt wird. Vom englischen Architekten Thomas Reed wurde das Gebäude 1874 zunächst als Gefängnis konzipiert. Heute geht es durch schmiedeeiserne Gittertüren hinein in weiß getünchte Hallen, wo die Besucher entlang der (mehr oder weniger) chronologisch aufgebauten Ausstellung in die Vergangenheit Kolumbiens eintauchen können. Die meisten Beschreibungen sind in Spanisch, aber immerhin liegen auf jeder Etage zum besseren Verständnis der Highlights hilfreiche englischsprachige Flyer aus.

Im Erdgeschoss steht die präkolumbische Geschichte im Mittelpunkt; unter den Exponaten befinden sich ziemlich schräge Referenzen, die auf indigene Volksstämme verweisen und einige fesselnde Muisca-Mumien, die angeblich bis ins Jahr 1500 zurückreichen. Im zweiten Stock vermittelt der Raum 16 auf hautnahe Art und Weise, wie sich das Leben im Gefängnis angefühlt haben mag – die ehemaligen Zellen dienen heute als Ausstellungsnischen für verschiedene Objekte. Die erste Zelle rechts ist dem populistischen Führer Jorge Gaitán gewidmet, dessen Ermordung 1948 die Bogotazo-Aufstände auslöste.

Nach dem Museumsbesuch bietet sich eine Verschnaufpause in den hübschen Gärten des gläsernen Juan-Valdéz-Cafés an; in der nahe gelegenen Calle 29 gibt es auch eine große Auswahl an guten Restaurants.

Nördliches Bogotá

Museo El Chicó MUSEUM
(Karte S. 60; www.museodelchico.com; Carrera 7A No 93-01, Mercedes Sierra de Pérez; Erw./Stud. 7000/5000 COP; Di–So 10–17 Uhr) Dieses Museum befindet sich in einer eleganten *casona* (einem großzügigen Haus mit vielen Räumen) aus dem 18. Jh., umgeben von einem Grundstück, auf dem einst eine riesige Hacienda stand. Die Sammlung besteht aus historischen Objekten der dekorativen Kunst, meist aus Europa. Allein schon das mit exquisiten Fayencen verkleidete Badezimmer ist eine Besichtigung wert, und auch die Parkanlage lädt zu einem Picknick ein.

Plaza Central de Usaquén PLAZA
(Los Toldos de San Pelayo, Carrera 6A, zwischen Calles 119 & 119A) Die beste Zeit, hierher zu kommen, ist sonntags. Dann findet nämlich immer ein quirliger Flohmarkt statt (von 10 bis 17 Uhr).

Westliches Bogotá

Parque Simón Bolívar PARK
(Karte S. 48; Calle 63 & 53 zwischen Carreras 48 & 68; 6–18 Uhr) Mit 360 ha Gesamtfläche ist der Stadtpark ein bisschen größer als der Central Park in New York. Das wird von vielen der 200 000 Spaziergänger, die hier am Wochenende Ruhe und Entspannung

GRÜNE WACHMÄNNCHEN FÜR EIN SAUBERES BOGOTÁ

Wer durch La Candelaria bummelt, sollte mit einem Auge auf frischen Hundekot und Schlaglöcher in der Größe eines Kanaldeckels achten und mit dem anderen das einzigartige Kunstprojekt auf den Dächern, Fenstersimsen und Balkonen würdigen. Die grünen Figuren des Künstlers Jorge Olavé wurden aus Recycling-Material hergestellt und repräsentieren *comuneros*, Mitglieder des Unterhauses.

Bemerkenswert ist vor allem das Wachmännchen über der Plaza de Bolívar, das vom Dach der **Casa de Comuneros** an der südwestlichen Ecke herunterschaut – der Gnom hat die Stadt bestens im Blick.

BOGOTÁ FÜR KINDER

Einige Attraktionen Bogotás sind besonders kinderfreundlich. **Maloka** (Karte S. 48; ☑ 427-2707; www.maloka.org; Carrera 68D No 51; Museum/Kinos/ beides 15 500/10 500/24 000 COP; ◷ Mo–Fr 8–17, Sa & So 10–19 Uhr) ist ein auf Kinder ausgerichtetes Wissenschaftsmuseum mit einem kuppelartigen Kino; das **Museo El Chicó** (S. 57) hat einen Park für Kids und eine Bücherei. Im **Museo Nacional** (S. 57) können große und kleine Besucher Mumien und alte Gefängniszellen bestaunen. Außerdem ist es möglich, auf offener Straße von Straßenhändlern Kerne als Vogelfutter zu kaufen, um die (vielen) Tauben an der **Plaza de Bolívar** (S. 47) anzulocken. Und wer lustige Hüte bestaunen will, kann dies beim Wachwechsel vor dem nahe gelegenen Präsidentenpalast tun, der **Casa de Nariño** (S. 50).

suchen, immer wieder gerne betont. Der schöne Fleck bietet neben einigen Seen, Rad- und Gehwegen auch öffentliche Bibliotheken, Sportstadien und viele Veranstaltungen, z. B. das beliebte *Rock al Parque* im Oktober bzw. November jedes Jahr. Die Haltestelle „Simón Bolívar" auf der Trans-Milenio-Linie E fährt bis ans östliche Ende des Parks (an der Avenida Ciudad de Quito und Calle 64).

🏃 Aktivitäten

Wer einen Platz sucht, um etwas zu kicken oder zu joggen, macht das am besten im Parque Simón Bolívar, oder erklimmt am Wochenende früh morgens den „Hausberg" Monserrate (S. 50).

Andere, die lieber mit dem Drahtesel unterwegs sind, können auf dem unschlagbar weit verzweigten 350 km langen Radewegenetz der **CicloRuta** in die Pedale treten – verschiedene Strecken führen quer durch die Stadt. Gelegenheit dazu bieten auch die autofreien Tage der **Ciclovía** (www.idrd.gov. co), wenn etwa 121 km des Straßennetzes Radfahrern und Fußgängern vorbehalten bleiben, nämlich sonntags und feiertags von 7 bis 14 Uhr. Im Rahmen des flächendeckenden Großstadtevents werden die Teilnehmer bestens versorgt: Fruchtsaft- und Imbissver-

käufer am Wegesrand, Straßenkünstler und Radreparaturwerkstätten. Überall herrscht Partystimmung, mit oder ohne Rad! Wer selbst mitradeln will, kann das im Rahmen des vergnüglichen Radsportevents **Ciclopaseo de los Miercoles**, der immer mittwochs stattfindet. Hier kann jeder ohne Teilnahmegebühr mitmachen! Allgemeiner Treffpunkt ist an der **Plaza CPM** (Karte S. 60; Carrera 10 in der Calle 96) um 19 Uhr.

Sal Si Puedes   WANDERN
(Karte S. 54; ☑ 283-3765; www.salsipuedes.org; Carrera 7 No 17-01, Oficina 640; ◷ Mo–Do 8–17, Fr bis 14 Uhr) 🚶 „Geh raus aus der Stadt, wenn du kannst", so lautet das Motto des gleichnamigen Wandervereins, der Outdoor-Freunde verbindet. Jedes Wochenende werden Wanderungen in der Gegend rund um Bogotá organisiert (45 000 COP pro Person, einschließlich Transport und Spanisch sprechenden Wanderführern). Die meisten Wanderungen dauern immerhin neun bis zehn Stunden. Der detaillierte Jahresplan liegt direkt dort auf. Einfach mal vorbeischauen!

Gran Pared   KLETTERN
(Karte S. 66; ☑ 285-0903; www.granpared.com; Carrera 7 No 50-02; voller Tag 25 000 COP; ◷ Mo bis Fr 10–21.45, Sa 8–19.45, So 10–17.45 Uhr) Bogotás Kletterer treffen sich an den Felswänden im nahe gelegenen Suesca; wer aber seine Kletterkünste in der Stadt perfektionieren will, findet dort eine Schwindel erregend hohe Kletterwand – eine Herausforderung, und dazu auch noch gut organisiert.

📖 Kurse

Anders als in den meisten lateinamerikanischen Reiseländern klingt das in Kolumbien gesprochene Spanisch besser artikuliert.

International House Bogotá   SPRACHKURS
(Karte S. 54; ☑ 336-4747; www.ihbogota.com; Calle 10 No 4-09; ◷ Mo–Fr 7–20, So 8–13.30 Uhr) Diese Sprachschule bietet Gruppenkurse in La Candelaria (220 US$ pro Woche, jeweils fünf Stunden am Vormittag) oder Einzelunterricht bei persönlichen Sprachlehrern (30 US$ pro Std.).

Escuela de Artes y Oficios Santo Domingo   KUNSTHANDWERK
(Karte S. 54; ☑ 282-0534; www.eaosd.org; Calle 10 No 8-65; Kurse ab 221 000 COP; ◷ Laden Mo–Sa 8–17 Uhr) Diese von einer Stiftung subventionierte Organisation bietet in einem herrlich restaurierten Gebäude in La Candeleria für die Dauer von ein bis zwei Monaten (oder

ZIPAQUIRÁ

Der bei Weitem beliebteste Tagesausflug ab Bogotá ist ein Abstecher zur 50 km weiter nördlich gelegenen Salzkathedrale (☑ 594-5959; www.catedraldesal.gov.co; Erw./Kind 23 000/16 000 COP; ☺ 9–17.30 Uhr) von Zipaquirá. Sie gehört zu den drei weltweit existierenden unterirdischen Bauwerken dieser Art (die beiden anderen befinden sich in Polen).

In den circa 500 m südwestlich von Zipaquirá gelegenen Bergen gab es einst zwei Salzkathedralen: die erste wurde 1954 für Besucher zugänglich gemacht und 1992 aus Sicherheitsgründen wieder zugeschlossen. Jedoch kann man heute die atemberaubende „Nachfolgerkathedrale" heute dort besichtigen. In den Jahren 1991 bis 1995 wurden etwa 250 000 Tonnen Salzgestein abgebaut, um dieses stimmungsvolle, ätherische Heiligtum im Bauch der Erde zu errichten. Seit jeher gilt es als eines der größten architektonischen Meisterwerke Kolumbiens. Beim Abstieg in 180 m Tiefe geht es durch 14 kleine Kapellen mit bildlichen Darstellungen der Kreuzwegstationen Christi. In jeder dieser Szenen spiegelt sich in beeindruckender Sentimentalität die kunstvolle Synthese aus Symbolismus und Bergbau. Im Hauptschiff erwartet die völlig verblüfften Besucher ein gigantisches Kreuz (das größte weltweit in einer unterirdischen Kirche), dass – von unten her angestrahlt – wirkt, als sei man im Himmel angekommen. Die Tradition, Religion mit Salz zu verquicken, wurzelt in einem ganz logischen Zusammenhang: Die Arbeit in den Salzbergwerken war lebensgefährlich, deswegen wurden Altäre errichtet.

Alle Besucher müssen sich für den Zugang zur Kathedrale Gruppen anschließen, die sich auf stundenlange Besichtigungstouren begeben. Man kann sich aber – einmal im Salzbauwerk drin – auf Wunsch auch von der Gruppe lösen. Die 75 m lange Mine hat Platz für 8400 Menschen; jeden Sonntag werden Gottesdienste abgehalten, die sich eines (überaus) regen Zulaufs erfreuen.

Neben der Salzkathedrale können außerdem ein Salzsole-Museum sowie andere kleinere Attraktionen auf demselben Gelände besichtigt werden; um Zipaquirás Hauptplatz herum laden zahlreiche Cafés zu einer Verschnaufpause ein; auch lohnt es sich, einmal einen kurzen Blick in die hübsche Kirche am Platz zu werfen.

Eine Möglichkeit, Zipaquirá zu erreichen, ist an Bord eines regelmäßig verkehrenden Busses ab dem TransMilenio-Bahnhof am Busparkplatz Portal del Norte in der Calle 170, mit einer ca. 45-minütigen Fahrt ab dem Stadtzentrum. Von dort starten bis 23 Uhr ungefähr alle vier Minuten Busse nach Zipaquirá (4300 COP, 50 Std.) an der Haltebucht innerhalb des Busbahnhofs für regionale Städteverbindungen (Buses Intermunicipales). Oder man nimmt ab dem Busbahnhof Bogotá einen Direktbus, der stündlich ab dem Modul 3 (rot) (4200 COP, 1½ Std.) abfährt. Alternativ fährt auch ein Turistren (☑ 375-0557; www.turistren.com.co; hin & zurück Erw./Kind 43 000/27 000 COP), immer samstags und sonntags von Bogotá nach Zipaquirá. Der Zug fährt ab dem Hauptbahnhof Bogotá, Estación de la Sabana (Calle 13 No 18-24), um 8.30 Uhr, hält um 9.20 Uhr kurz im Bahnhof Usaquén und erreicht Zipaquirá um 11.30 Uhr. Ab Zipaquirá verkehren täglich auch mehrere Busse nach Villa de Leyva.

Eine Taxifahrt zur Bergwerksbesichtigung ab Bogotá sollte nicht mehr als 180 000 COP kosten (hin & zurück; zusätzlich 25 000 COP pro Std. für Wartezeit).

Etwa 15 km nordöstlich der Stadt Nemocón befindet sich eine kleinere (und weniger touristische) Salzmine, die täglich besichtigt werden kann. Diese ist seit 400 Jahren in Betrieb und diente sogar einmal als Rathaus. Um hierher zu kommen, bietet sich eine Taxifahrt an.

auch länger) Kurse mit verschiedenen Themenschwerpunkten wie Holzarbeiten, Kürschnerei, Silberschmieden, Stickerei und Webhandwerk an. Wenn es sich auch nicht um ein klassisches Einkaufszentrum handelt, so hat die Organisation doch den wohl besten Kunsthandwerksladen in der ganzen Stadt, mit Objekten in feinster handwerklicher Ausführung.

Nueva Lengua SPRACHKURS
(Karte S. 66; ☑ 861-5555; www.nuevalengua.com; Calle 69 No 11A-09, Quinta Camacho) Diese Sprachenschule offeriert eine ganze Reihe

Zona Rosa & Parque 93

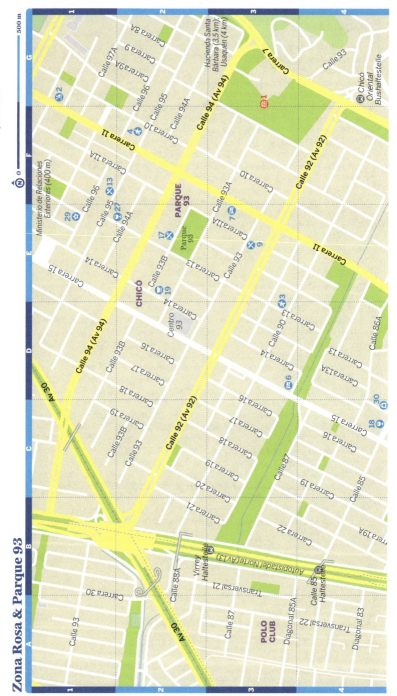

500 m

0

Carrera 8A

Calle 97A

Carrera 9

Calle 9A

Carrera 96

Calle 95

Calle 10

Calle 94A

Hacienda Santa Barbara (3.5 km), Usaquén (4 km)

Calle 94 (Av 94)

Carrera 7

Calle 93

Chicó Oriental Bushaltestelle

Carrera 11

Carrera 10

Calle 92 (Av 92)

Carrera 11A

Ministerio de Relaciones Exteriores (400 m)

Carrera 96

Calle 96

Calle 94A

Carrera 10

Carrera 11A

Calle 93A

PARQUE 93

Parque 93

Carrera 13

Calle 93

Carrera 15

Carrera 14

Calle 93B

CHICÓ

Calle 93B

Carrera 14

Centro 93

Carrera 16

Calle 93B

Calle 93

Carrera 17

Carrera 18

Carrera 19

Calle 94 (Av 94)

AV 30

Calle 92 (Av 92)

Carrera 11

Carrera 13

Calle 90

Carrera 14

Carrera 16

Calle 86A

Carrera 13

Carrera 13A

Carrera 15

Carrera 16

Carrera 17

Carrera 18

Calle 87

Carrera 19

Carrera 20

Carrera 21

Carrera 22

Calle 85

Carrera 19A

Virrey Haltestelle

Autopista del Norte (AV 13)

Transversal 21

Calle 88A

Carrera 30

AV 30

Calle 93

Calle 93

Calle 87

Diagonal 85A

Transversal 22

Diagonal 83

POLO CLUB

Calle 85 Haltestelle

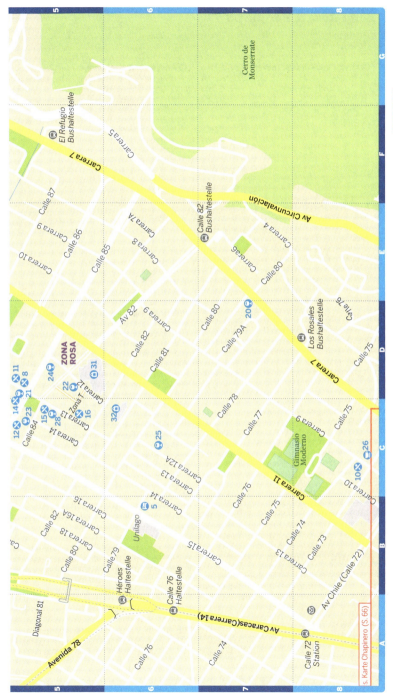

Zona Rosa & Parque 93

von Studienprogrammen – und dies auch in ihren Niederlassungen in Medellín und Cartagena. Eine 25-Stunden-Woche mit einem Privatlehrer kostet 850 US$; eine 20-Stunden-Woche in einer kleinen Klasse 200 US$; und ein (mindestens) vierwöchiges Kombiprogramm (Lernen & Arbeiten) einschließlich eines freiwilligen Einsatzes in einem Waisen- oder Krankenhaus liegt bei 800 US$.

Universidad Javeriana's Centro Latinoamericano SPRACHKURS
(Karte S. 48; ☏ 320-8320 Nebenstelle 4620; www.javeriana.edu.co/centrolatino; Transversal 4 No 42-00, piso 6) Bogotás bekannteste Sprachenschule bietet in ihrem Programm Privatunterricht für 97 000 COP pro Stunde sowie 80-Stunden-Gruppenkurse für 2 080 000 COP pro Person an.

☞ Geführte Touren

Kostenfreie Wandertouren starten täglich um 10 Uhr und um 14 Uhr (Di und Do in Englisch, um 14 Uhr). Treffpunkt ist die PIT-Filiale des Punto de Información Turística in La Candelaria.

★ **Bogotá Bike Tours** RADFAHREN
(Karte S. 54; ☏ 281-9924; www.bogotabike tours.com; Carrera 3 No 12-72; geführte Radtouren 35 000 COP, Leihräder halber/ganzer Tag

20 000/35 000 COP) Betreiber dieser Agentur ist der kalifornische Radenthusiast Mike Caesar, der mit seinen Touren eine faszinierende Möglichkeit bietet, Bogotá zu erkunden, vor allem aber die gefährlichen Stadtviertel, in die man als Fremder besser gar nicht erst vordringt. Die Touren starten täglich jeweils um 10.30 Uhr bzw. um 13.30 Uhr. Treffpunkt ist das Bike-Tours-Büro in La Candelaria.

Zu den typischen Highlights gehören La Candelaria, ein Obst- und Lebensmittelmarkt, der viele scharfe Sachen feilbietet – besonders interessant ist es, die Gewürzhändler bei ihrer Arbeit zu beobachten! Des Weiteren sind da noch die Plaza de Toros de Santamaría vor der imposanten Stierkampfarena, der Zentralfriedhof und das Rotlichtviertel.

Bogotá Graffiti Tour STADTRUNDGANG
(Karte S. 54; ☏ 321-297-4075; www.bogotagraffiti. com) GRATIS Dieser großartige, 2½-stündige Stadtrundgang führt Kunstinteressierte durch Bogotás bemerkenswerte Stadtlandschaft, der es nicht an künstlerischen Attraktionen mangelt. Die Tour findet täglich um 10 Uhr statt, Treffpunkt ist der Parque de los Periodistas. Die Teilnahme an sich ist kostenlos, jedoch freut sich der Gästeführer über einen freiwilligen Beitrag in Höhe von 20 000 bis 30 000 COP.

5Bogotá
KULTURTOUREN

(☎ 313-278-5898; www.5bogota.com) Diesen Tourenanbieter gibt es erst seit Kurzem. Hier haben sich jüngere *bogotanos* tatkräftig zusammengeschlossen, um eine Agentur aufzubauen, die, jenseits des üblichen Standardprogramms, besondere Entdeckungsreisen quer durch die Stadt anbietet. Dazu gehören auch Sinneserfahrungen, die zu Bogotás gelebtem Alltag gehören. Das Motto dieser einzigartigen Stadtrundgänge lautet: ins authentische Markttreiben eintauchen und touristische Hotpots eher fernbleiben! Lernen, wie man richtige Empanadas macht; Graffitimalen lernen, das auch, aber nur bei einem echten *grafitero;* außerdem: Yogasitzungen mit Trommelmusik.

Destino Bogotá
GEFÜHRTE TOUREN

(☎ 753-4887; www.destinobogota.com) Hier bieten sich verschiedene spielerische Touren an, sei es im innerstädtischen Bereich oder auch in der weiteren Umgebung. Zu den besonderen Highlights zählen „Unheimliches Bogotá", Salsa-Tanzkurse oder Club-Hopping; das Standardprogramm beinhaltet gewöhnlichere Touren in reizvolle Orte und Gegenden rund um Bogotá, wie etwa lohnende Tagesausflüge zum Guatavita-Bergsee (El-Dorado-Mythos) oder nach Zipaquirá (historische Altstadt); zu den selteneren Optionen zählen Wandertouren in die herrliche Berglandschaft und Kaffeeregion östlich von Bogotá inklusive Kaffeeverkostungen. Neu angebotene Thementouren, die im Kommen sind: Bierkultur, kolumbianische Literatur und Nachtschwärmer-Touren für Lesben und Schwule.

Andes Ecotours
ÖKOTOUREN

(Karten S. 54; ☎ 310-559-9729; www.andes ecotours.com; Carrera 3 No 12B-89) ✎ Schwerpunkt bei Andes sind Tagesausflüge in und um Bogotá (Wanderungen durch den feucht-tropischen Regenwald bei Choachi, einem kleinen Städtchen, 45 Minuten östlich von Bogotá sowie zu den baumlosen Hochebenen des Páramo im Nationalpark Sumapaz und auch Wandertouren durch den Nationalpark Chingaza, beide mit interessanten Ökosystemen) sowie mehrtägige Touren zu entfernteren Zielen wie dem Totasee, einem Hochandensee in 3015 m Höhe in der Provinz Boyacá und spannenden Agrotourismus-Angeboten rund um die kolumbianische Kaffeekultur. Alle Touren kreisen schwerpunktmäßig um nachhaltigen Tourismus und Entwicklungspolitik.

✿✿ Feste & Events

Eine Mischung aus Festivals auf lokaler und nationaler Ebene findet in schöner Regelmäßigkeit das ganze Jahr über statt.

Salsa al Parque
SALSA

(www.festivalsalsaalparque.blogspot.com; ☺ Aug.) Gelegenheit, extravagante Salsa-Performances im Parque Simón Bolívar mitzuerleben.

Festival de Verano
KULTUR

(☺ Aug) Zehn Tage freie Musik und Kultur im Parque Simón Bolívar.

Festival de Jazz
JAZZ

(www.culturarecreacionydeporte.gov.co/jazz_al_ parque; ☺ Sept.) Das vom Instituto Distrital de las Artes organisierte Jazzfestival präsentiert lokale und nationale Latin-Jazz-Künstler sowie gelegentlich Stars aus den USA oder aus Europa.

Festival de Cine de Bogotá
KINO

(www.bogocine.com; ☺ Okt.) Aufgrund seiner 30-jährigen Geschichte zieht Bogotás Filmfestival Kinofilme aus der ganzen Welt an, einschließlich einer gewöhnlich großen Auswahl an lateinamerikanischen Werken.

Hip Hop al Parque
MUSIK

(www.culturarecreacionydeporte.gov.co/hiphop/; ☺ Okt.) Zwei Tage lang beherrschen Hip-Hop-Rhythmen das Ambiente im Parque Simón Bolívar.

Rock al Parque
MUSIK

(www.rockalparque.net; ☺ Okt. & Nov.) Drei Tage lang spielen im Parque Simón Bolívar (meist südamerikanische) Bands Rock, Metal, Pop, Funk und Reggae zum Nulltarif. Dann strömen die Fans in Scharen herbei.

Expoartesanías
KUNSTHANDWERK

(www.expoartesanias.com; ☺ Dez.) Auf dieser Kunsthandwerksmesse stellen Kunsthandwerker aus dem ganzen Land ihre Produkte aus. Da alle Werke auch zum Verkauf stehen, ist die Messe also eine echte Fundgrube für Souvenirjäger mit gutem Geschmack.

🛏 Schlafen

In Bogotá herrscht seit Kurzem ein regelrechter Boom im Bereich Boutiquehotels. Des Weiteren liegt das nördliche Bogotá voll im Trend: Dort bieten sich zahlreiche Möglichkeiten, luxuriös zu übernachten. Geschäftsreisende, Touristen mit Vorliebe für das Besondere oder dem Wunsch nach Seelenruhe (sprich: mit ausgeprägtem Wunsch nach mehr Sicherheit), sind in der Gegend nördlich der Calle 65 am besten aufgehoben. Dort liegen mehrere geeignete Hotels im ganzen Viertel verstreut. Viele davon sind in Gehweite zu den quirligen Gegenden rund um die Zona G, Zona Rosa oder dem Parque 93; außerdem gibt es dort eine gute Auswahl an Pensionen und Hostels an der Schwelle zu den gefährlicheren Vierteln. Am besten hier nur übernachten und bei Tageslicht auf Erkundungstour quer durch La Candelaria losziehen!

Wer im Schnelldurchlauf alle Sehenswürdigkeiten abhaken will, sollte sich lieber gleich in La Candelaria einquartieren. Dort finden sich auch die preisgünstigsten Unterkünfte.

🛏 La Candelaria

In den letzten Jahren gab es in der historischen Vorstadt von La Candelaria eine wahre Explosion an Pensionen. Dort sind die Zimmer komfortabler als in den billigeren schmuddeligen Hotels, die oft schon in die Jahre gekommen sind. Touristen mit Sinn für Luxus finden hier eine Reihe von Lokalitäten mit kolonialem Flair, mehr noch als irgendwo sonst in der Hauptstadt.

Cranky Croc HOSTEL $
(Karte S. 54; ☎ 342-2438; www.crankycroc. com; Calle 12D No 3-46; DZ ab 23 000 COP, EZ/DZ/3BZ 56 000/74 000/105 000 ohne Bad 66 000/90 000/120 000 COP; @ 📶) Unsere Lieblingsherberge in der Stadtmitte: Der Inhaber ist ein freundlicher Australier; sein Übernachtungsangebot besteht aus sechs Schlafsälen und sieben Zimmern, die rund um diverse Gemeinschaftsbereiche verteilt sind einschließlich einer Küche, die von Meisterhand geführt wird; das Frühstück gibt's individuell auf Bestellung, der Kaffee schmeckt ausgezeichnet. Die Mehrbettzimmer sind mit individuellen Schließfächern und Ladegeräten ausgestattet. Und was die erst kürzlich renovierten Bäder betrifft, hat man hier wirklich das Gefühl, in einem regelrechten Boutiquehotel gelandet zu sein!

Lima Limon HOSTEL $
(Karte S. 54; ☎ 281-1260; www.limalimonhostel. com.co; Carrera 1 No 12B-15; BZ ab 22 000 COP, EZ/DZ ohne Bad 40 000/60 000 COP, jeweils inkl. Frühstück; @ 📶) Die Architektur dieses gemütlichen Hostels strahlt bis ins kleinste Detail Charakter aus: die Zimmer und Schlafräume sind um einen farbenprächtigen Innenhof herum gruppiert. Insgesamt ein

kleineres Anwesen, das eine künstlerische, gelassene Atmosphäre ausstrahlt, vermittelt es dem Gast das Gefühl, als dürfe man die Privaträume eines größeren Hauses mitbenutzen. Hier ist alles ein bisschen anders als in einem gewöhnlichen Großstadt-Hostel. Außerdem steht den Gästen eine ausgezeichnete Gemeinschaftsküche zur Verfügung, um miteinander kochen zu können. Weiterer Vorteil: Die Rezeption ist rund um die Uhr besetzt, und den ganzen Tag über fließt heißes Wasser.

Casa Bellavista HOSTEL $
(Karte S. 54; ☎ 334-1230; www.bellavista hostelbogota.com; Carrera 2 No 12B-31; B ab 18 000 COP, EZ/DZ 60 000/70 000 COP, jeweils inkl. Frühstück; @ 📶) Hier erwarten die Gäste ein gutes Preis-Leistungs-Verhältnis und jede Menge nostalgisches Flair. Das kleine familiengeführte Hostel befindet sich in einem geschichtsträchtigen Haus unweit der Plazoleta del Chorro de Quevedo. Auf geheimnisvoll knarrenden Parkettböden hat man Zugang zu den farbenfroh gestalteten Mehrbettzimmern (alle mit eigenem Bad). Außerdem gibt es noch zwei geräumige separate Zimmer mit üppigem Dekor; besonders originell wirken die im Parkettboden eingelassenen Glasfliesen.

⭐ **Masaya Intercultural Hostel** HOSTEL $$
(Karte S. 54; ☎ 747-1848; www.masaya-experi ence.com; Carrera 2 No 12-48; B ab 20 000 COP, Zi. mit/ohne Bad ab 100 000/70 000 COP; @ 📶) Hier wird Flashpacker-Luxus auf ein neues Niveau angehoben: Abenteuerlustige mit Sinn für das Ungewöhnliche finden in diesem großen Hostel mit französischem Inhaber bemerkenswert komfortable Mehrbettzimmer. Vorhänge zwischen den Schlafplätzen bieten ausreichend Sichtschutz und Privatsphäre. Originell sind auch die riesigen Sitzsäcke, einfach himmlisch die flauschigen Kissen und Bettdecken! Währenddessen entsprechen die sehr geräumigen separaten Zimmer gängigen Hotelstandards. Ein besonderes Qualitätsmerkmal sind die erstklassigen Kleiderschränke und die TV-Flachbildschirme. Auch die Gemeinschaftsflächen sind herrlich ausgestattet, und aus den Hochdruckduschen fließt brühend heißes Wasser; außerdem werden jede Menge kulturelle Aktivitäten angeboten.

Casa Platypus PENSION $$
(Karte S. 54; ☎ 281-1801; www.casaplatypus. com; Carrera 3 No 12F-28; B/EZ/DZ/3BZ 44 000/

144 000/166 000/188 000 COP; @ 🛜) Diese niveauvolle Unterkunft ist genau das Richtige für anspruchsvolle Rucksacktouristen, die sich spontan für das Beste entscheiden wollen. Die Zimmer, alle mit eigenem Bad, sind mit Hartholzmöbeln ausgestattet, ganz nach maskulinem Geschmack; von einer schmalen Terrasse aus hat man den besten Ausblick auf das quirlige Straßenleben direkt zu seinen Füßen: So zum Beispiel führen werktags um 17 Uhr defilierende Studenten in einer Art Modeschau immer ihr neuestes Outfit vor. Außerdem bietet die herrliche Dachterrasse wunderbare Ausblicke auf den Monserrate.

Anandamayi Hostel
HOSTEL $$

(Karte S. 54; 📞 341-7208; www.anandamayihostel.com; Calle 9 No 2-81; B/EZ/DZ ohne Bad 40 000/110 000/160 000, DZ mit Bad 180 000 jeweils inkl. Frühstück; @ 🛜) Südlich des zentralen Hostel-Areals steht dieses reizvolle, kolonial anmutende Stadthaus mit einer weiß getünchten Fassade und türkisfarbenen Details, ausgestattet mit Holzgebälk-Plafonds, jede Menge Wolldecken und Kolonialmöbeln. Die Zimmer und der 13-Betten-Schlafsaal sind um einige halbbelaubte zentrale Innenhöfe mit Hängematten gruppiert. Eine erstklassige Unterkunft mitten in La Candelaria für alle, die etwas Ruhe und Stille suchen und sich von allzu sehr auf amerikanischen Geschmack zugeschnittenem Ambiente fernhalten wollen.

★ Orchids
BOUTIQUEHOTEL $$$

(Karte S. 54; 📞 745-5438; www.theorchidshotel.com; Carrera 5 No 10-55; Zi. 550 000 COP, Suite 660 000 COP; @ 🛜) Hinter der fliederfarbenen Fassade verbirgt sich La Candelarias niveauvollste und schickste Hoteladresse, ein Boutiquehotel mit persönlicher Atmosphäre und nur acht Zimmern, absolut grandios aufgrund seines historischen Flairs. Alle Räume sind großzügig gestaltet, jedes einzelne Zimmer ist in ein anderes Design getaucht, jedoch stets mit Stilmöbeln ausgestattet (einige sind sogar original erhalten und stammen noch von dem historischen Herrenhaus); dann sind da noch Baldachinbetten, Porzellanwaschbecken und Sekretäre aus massivem Holz, um nur einige der besonderen Details zu beschreiben.

Das Personal trägt stilvolle Roben, ähnlich den Bediensteten und Butlern aus der TV-Serie *Downton Abbey*, dem herrschaftlichen Anwesen einer englischen Adelsfamilie kurz nach der Jahrhundertwende. Und

in dem Gourmetrestaurant mit Reservierungspflicht kredenzt Bogotás berühmtester Starkoch Harry Sasson höchstpersönlich ein fantastisches Mehrgänge-Menü.

★ Casa Deco
BOUTIQUEHOTEL $$$

(Karte S. 54; 📞 282-8640; www.hotelcasadeco.com; Calle 12C No 2-36; EZ/DZ inkl. Frühstück 190 000/229 000 COP; @ 🛜) Dieses schmucke Hotel mit 21 Zimmern wird von einem italienischen Smaragdhändler betrieben. Gegenüber dem Meer an Pensionen ringsherum hebt sich diese Option deutlich vom Mainstream ab. Die Zimmer sind in sieben verschiedenen hellen Farben gestrichen und mit erlesenen, kunstvoll gearbeiteten Hartholzmöbeln ausgestattet, inklusive Schreibtische und Futonbetten.

Zum Frühstück spielt ein Gitarrist. Das Personal ist ungemein freundlich und die Terrasse mit Blick auf den Monserrate und den Cerro de Guadalupe hat eine fast hypnotisierende Wirkung.

🛏 Chapinero

★ La Pinta
HOSTEL $$

(Karte S. 66; 📞 211-9526; www.lapinta.com.co; Calle 65 No 5-67; DZ ab 26 000 COP, EZ/DZ 90 000/120 000 COP, ohne Bad 70 000/96 000 COP; @ 🛜) In einer nicht ausgeschilderten Stadtvilla in Chapinero, dem schwulsten Stadtviertel von Bogotá, nur einige Schritte von La Séptima (Carrera 7) entfernt, bietet dieses schicke Anwesen einen fantastischen Garten auf der Rückseite des Gebäudes – wie ein kleines Geheimnis sozusagen. Die Badezimmer sind geräumig und modern, die recht farbenfrohen Daunensteppdecken ein echter Segen. Die Zimmer haben Parkettböden. Alles in allem: niveauvoll, fast wie in einem Boutiquehotel. Die Gemeinschaftsküche bietet viel Platz, es gibt eine gemütliche moderne Bar, und auch ein schrulliger süßer Hund gehört zum Inventar. Zimmer 304 ist das beste Doppelzimmer mit Blick auf den Garten.

Fulano Backpackers
HOSTEL $$

(Karte S. 66; 📞 744-2053; www.fulanobackpackers.com; Carrera 10A No 69-41; B ab 24 000 COP, Zi. mit/ohne Bad ab 110 000/86 000 COP, jeweils inkl. Frühstück; @ 🛜) Das historisch anmutende Herrenhaus, ein regelrechtes „Boutique"-Hostel, steht unter italienisch-kolumbianischer Regie und liegt im Quinta Camcho im nördlichen Chapinero. Das Interieur ist dem Auge wohlgefällig: eine

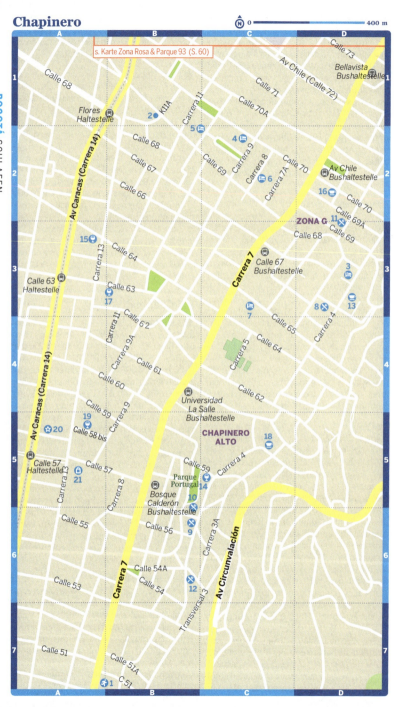

BOGOTÁ SCHLAFEN

N 0   400 m

s. Karte Zona Rosa & Parque 93 (S. 60)

Calle 73

Calle 68

Av Chile (Calle 72)

Bellavista
Bushaltestelle

Calle 71

Calle 70A

Calle 70A

Flores
Haltestelle

KIA

2

Carrera 11

5

4

Calle 9

Av Chile
Bushaltestelle

Calle 68

Calle 70

Calle 67

Calle 69

Carrera 8

Carrera 7A

6

16

Calle 70

Calle 66

Av Caracas (Carrera 14)

Carrera 13

Calle 69A

11

ZONA G

Calle 69

15

Calle 64

Calle 68

3

Calle 63
Haltestelle

17

Calle 63

Carrera 7

Calle 67
Bushaltestelle

13

Carrera 11

Calle 62

7

8

Calle 65

Calle 4

Calle 63

Carrera 9A

Calle 61

Carrera 5

Calle 64

Av Caracas (Carrera 14)

Calle 60

Carrera 9

Calle 62

19

Calle 59

Universidad
La Salle
Bushaltestelle

20

Calle 58 bis

CHAPINERO
ALTO

18

Carrera 4

Calle 57
Haltestelle

21

Calle 57

Carrera 13

Carrera 8

Calle 59

14

Parque
Portugal

10

Bosque
Calderón
Bushaltestelle

9

Carrera 3A

Av Circunvalación

Calle 55

Calle 56

Carrera 7

Calle 54A

Calle 54

12

Transversal 3

Calle 53

Calle 51

Calle 51A

C. 51

1

Chapinero

Kombination aus massiven, rustikalen Holzmöbeln, minimalistischen Designvarianten und raffiniert gefliesten Bädern, insgesamt ein beeindruckendes Beispiel für gelungene Raumästhetik, noch dazu auf Hostel-Ebene! Auch verschiedene DJs, Livemusik-Einlagen und spontane Grillpartys sind nichts Ungewöhnliches hier. Der Grill ist übrigens eine Spezialanfertigung der besonderen Art.

Und überhaupt weht im Fulano Backpackers ein Wind von einem kulturellen Selbstverständnis, in welche Ecke man auch schaut.

12:12 Hostel · HOSTEL $$

(Karte S. 66; ☑467-2656; www.1212hostels.com; Carrera 4 No 66-46; B 26 000–40 000, Zi. 116 000 COP; @ 🛜) 🧼 Das neue Hostel verkörpert mit seinem künstlerischen Touch die Avantgarde-Szene von Chapinero Alto par excellence: recycelte Materialien wie entsorgte Fahrräder, die in Funhouse-Manier (wohl inspiriert von einem Fahrgeschäft auf Jahrmärkten) nach Art einer Kunstinstallation die Wände im Foyer schmücken, in

Kombination mit einem wirren Durcheinander an ausgemusterten Bücher, quasi als „Wandtapete", setzen hier neue Maßstäbe für innovatives Design.

Die recht farbenfroh gestalteten Schlafsäle bieten die wohl bequemsten Betten in ganz Bogotá, mit gemütlichen Daunendecken, funktionalen Leselampen und blickdichten Vorhängen zum Schutz der Privatsphäre; und dann sind da noch die große, moderne Gemeinschaftsküche und Schieferstein-Bäder, die weit über den üblichen Standard eines gewöhnlichen Hostels hinausreichen.

Casa Rústica · PENSION $$$

(Karte S. 66; ☑210-0023; www.casarusticabogota.com; Calle 70 No 9-41; EZ/DZ inkl. Frühstück & Mittagessen 115 000/195 000 COP; 🛜) 🧼 Der etwas schrullige Charakter dieser Pension in Quinto Camacho ist fast schon Stadtgespräch. Der etwas exzentrische Inhaber der Casa Rústica hat sich auf Art Réco spezialisiert, einer Bewegung, die der Philosophie gehorcht: Was dem einen Abfall ist, gerät dem anderen zum Glücksfall! Zu diesem Zwecke sind 80 Prozent dieses Anwesens aus den 1950er-Jahren mit recycelten, entsorgten und „geretteten" Objekten ausgestattet.

Die sechs Zimmer sind gemütlich eingerichtet – man stelle sich nur Schriftsteller vor, die sich mal für ein paar Tage von der Zivilisation abschotten wollen, und schon hat man die neuartige Idee begriffen! Unser Lieblingszimmer hat den Namen El Altillo: ein Mansardenzimmer mit Backsteinwand, Deckenschräge und weitem Blick über die Dächer von Chapinero.

🛏 Zona G

La Casona del Patio · PENSION $$$

(Karte S. 66; ☑212-8805; www.lacasonadelpatio.net; Carrera 8 No 69-24; EZ/DZ inkl. Frühstück 125 000/170 000 COP; @ 🛜) Diese ruhige Pension in einem historischen Anwesen hat sich mittlerweile auf 24 Zimmer vergrößert und fühlt sich ein bisschen wie ein Hostel für Erwachsene an. Die alten Zimmer rund um einen kleinen Innenhof sind jetzt mit modernsten LCD-Fernsehern ausgestattet. Dazu kommen Laminatböden und Bilder mit verschiedenen Touristenattraktionen aus der Umgebung, die jedem Raum ein Thema vorgeben. Die neueren Zimmer in einem zweiten Anbau des Anwesens sind deutlich moderner.

🛏 Zona Rosa & Parque 93

Chapinorte Bogotá   HOSTEL $$

(Karte S. 60; ☎ 317-640-6716; www.chapinorte
hostelbogota.com; Calle 79 No 14-59, Apt. 402;
EZ/DZ/3BZ 85 000/100 000/145 000 COP, ohne
Bad 60 000/80 000/120 000 COP; @ 🖥) In einem unscheinbaren Wohngebäude, direkt
jenseits der nördlichen Randbereiche von
Chapinero, bietet diese Acht-Zimmer-Pen-
sion auf zwei Stockwerken eine wunderbare Alternative zu den Unterkünften in La
Candelaria. Die Herberge wird von einem
freundlichen Spanier geführt. Einige stilvolle Zimmer haben riesige Bäder und Kabelfernsehen. Im Gemeinschaftswohnzimmer
(mit Lounge-Sofa) gibt es eine süße kleine
Kochinsel für Selbstversorger. Frühstück
wird hier nicht angeboten.

⭐ Hotel Click-Clack   BOUTIQUEHOTEL $$$

(Karte S. 60; ☎ 743-0404; www.clickclack
hotel.com; Carrera 11 No 93-77; Zi. 280 000 bis
470 000 COP; ❋ @ 🖥) Der Newcomer unter
den Designhotels in der Stadt! In diesem
erstklassigen Boutiquehotel lässt sich ein
Schwätzchen mit Kolumbiens aktuellen
Trendsettern halten. Die urbane, kosmopoli-
tische Raumästhetik bezieht sachte nostalgi-
sche Fernseher und effektvolle Scheinwerfer
aus Fotostudios in das Interior Design mit
ein. Die beste aller fünf Zimmerkategorien
(von extraklein bis groß) ist die mittlere
Raumgröße auf dem zweiten Obergeschoss
mit direktem Zugang zu den großzügigen Patios unter freiem Himmel: Prächtig
grünes Blattwerk rankt sich an den Wänden
hoch, an manchen Stellen sind kleine Ra-
senflächen angelegt.

Ein Spa oder ein Fitnessstudio sucht man
hier vergebens – alles hier, angefangen bei
Apache, der hochwertigen Miniburger-Bar
auf der Dachterrasse mit herrlichen Ausblicken, bis hin zu großzügigen XXL-Tapas
à 100 Gramm im recht trendigen Souter-
rain-Restaurant setzt auf Chillen und Genießen. In jedem Zimmer liegt ein „Erste-Hilfe-Set" auf, je nach Gefühlslage, sei es, man
braucht ein Aufputschmittel oder dass man
seinen Kater auskurieren muss.

Cité   BOUTIQUEHOTEL $$$

(Karte S. 60; ☎ 644-4000; www.citehotel.
com; Carrera 15 No 88-10; Zi. inkl. Frühstück ab
560 000 COP; ❋ @ 🖥 🏊) Zwischen der Zona
Rosa und dem Parque 93 sowie einem Teil
der kleinen Bogotá-Hotelkette liegt dieses
trendige Geschäftshotel im Boutique-Stil. Es

ist neu und innovativ, mit einigen außergewöhnlichen Vorteilen wie einem beheizten
Dachterrassenpool, extragroßen Zimmern
mit jeder Menge natürlichem Tageslicht,
darunter sogar einige mit Badewanne: eine
echte Rarität! Vielleicht aber am coolsten
ist die Tatsache, dass es einen kostenlosen
Fahrradverleih für Hotelgäste gibt – sehr
praktisch, weil das Hotel direkt an der
CicloRuta liegt.

🍴 Essen

„Fusion" ist heute das Schlagwort für viele
Gastronomen in Bogotá, die eine Mischung
aus verschiedenen kulinarischen Genüssen
anbieten und damit typischen kolumbianischen Gerichten eine mediterrane, italienische, kalifornische oder panasiatische Note
verpassen. Peruanisch scheint derzeit allen
anderen die Show zu stehlen. Nachdem über
Jahre hin (obschon erstklassige) Restaurant-
ketten den Ton angaben, hat sich die Bur-
ger-Szene Bogotás von Grund auf gewandelt.
Heute wartet die Andenmetropole mit einer
Unmenge von Gourmet-Burger-Insel-Res-
taurants auf, die sich zu richtigen Hotspots
entwickelt haben. Die besten Trendlokale
für ein Abendessen mit schickem Ambiente
sind in der Zona G angesiedelt; ebenfalls einen Streifzug wert ist das leicht künstlerisch
angehauchte Viertel Macarena gleich nördlich von La Candelaria, wo eine lebendige
Studentenszene vorherrscht. Dort gibt es
eine Vielzahl von Restaurants, die bis spät
warme Küche anbieten und bis in die Nacht
hinein ausschenken. Hier tummeln sich vor
allem Studenten.

🍴 La Candelaria

Quinua y Amaranto   VEGETARISCH $

(Karte S. 54; www.blog.colombio.co/quinua-y-ama
ranto.html; Calle 11 No 2-95; Mittagsmenü
14 000 COP; ⏲ Sa & Mo 8–16, Di–Fr bis 19 Uhr; 🖉)
Dieses reizende Lokal – zwei Damen ma-
nagen die offene Küche am Eingang – hat
sich auf vegetarische Gerichte spezialisiert
(außer am Wochenenden, wenn es ajiaco
gibt, eine leckere Hühnersuppe mit Mais,
Kartoffeln, Sahne und Kapern); die Mittagsmenüs, Empanadas und Salate schmecken
fantastisch, einen guten Schluck Kaffee gibt
es hinterher auch. Eine Auswahl an Haus-
delikatessen wie Kokosblätter, Backwaren
und verführerische Käsestücke (an Samstagen) – Marke Eigenproduktion – runden das
kulinarische Angebot an hausgemachten
Leckerbissen ab.

La Puerta Falsa FASTFOOD $

(Karte S. 54; Calle 11 No 6-50; Süßigkeiten 1500 bis 2000 COP, Snacks 3500–6300 COP; ⊙ Mo–Sa 7–21, So 8–19 Uhr) La Puerta Falsa ist Bogotás berühmtester Laden für Naschkatzen – und das schon seit 1816! Bei den farbenfrohen Süßigkeiten im Schaufenster kann kaum einer der Versuchung widerstehen. Einige beschweren sich schon, dass nur noch Ausländer mit ihrem Lonely-Planet-Reiseführer vorbeischauen – aber das muss man nicht unbedingt für bare Münze nehmen. Jedenfalls war bei unserem letzten Besuch dort kein einziger Yankee zu sehen.

Verführerisch wie eh und je, und typisch für Bogotá: Die feuchten Maistaschen namens *tamales* und *chocolate completo* (heiße Schokolade mit Käse, Butterbrötchen und Keks; 5000 COP).

Café de la Peña Pastelería Francesa CAFÉ $

(Karte S. 54; Carrera 3 No 9-66; Teilchen & Gebäck 2700–5800 COP; ⊙ Mo–Sa 8–19, So 9–18 Uhr; 🖥) Diese fabelhafte Patisserie im französischen Stil wird von Kolumbianern geführt, was man jedoch gar nicht vermuten würde. Die Inhaber stellen einige der besten Süßigkeiten in der Gegend her, so auch *pan de chocolate*; der ausgezeichnete Kaffee wird hier direkt geröstet. Die Gartenmauern und ein paar Essbereiche ziert einheimische Kunst und es gibt verschiedene Sitzbereiche.

Hibiscus Cafe FRÜHSTÜCK $

(Karte S. 54; Calle 12D No 2-21; Frühstück 3400 bis 7900 COP; ⊙ Mo–Sa 7–18, So 8–15 Uhr; 🖥) Hier gibt es Frühstücksvarianten für jeden Geschmack, für Einheimische wie für Rucksacktouristen; dieses einfache, süße Café am Eck bietet einen reichhaltigen Frühstückstisch, der das übliche Morgen-Angebot einfacherer Unterkünfte ordentlich aufstockt.

★ **Sant Just** FRANZÖSISCH $$

(Karte S. 54; Calle 16A No 2-73; Hauptgerichte 14 000–32 000 COP; ⊙ Mo–Sa 12–16 Uhr; 🖥 🖊) Dieses herrliche Café mit französischem Inhaber offeriert täglich eine andere Speisekarte, effektvoll präsentiert auf einer Schiefertafel: Darauf stehen französische Gerichte mit kolumbianischer Note. Was auch immer die Küche an diesem Tag hervorbringt – frische Obstsäfte, Meeresfrüchte mit Slowfood-Prädikat (frisch, regional und nachhaltig), herrliches Lammfleisch, neben Gemüsesorten, die bis vor Kurzem noch ungewöhnlich waren, wie z.B. *cubio* (Andenwurzel) – das Café trifft voll den Zeitgeist,

sowohl in puncto Präsentation wie auch in Bezug auf ein ausgewogenes Convenience- und Qualitätsverhältnis. Hier kann es auch schon einmal etwas länger dauern. Kreditkarten werden nicht akzeptiert, nur Bares!

Trattoria Nuraghe ITALIENISCH $$

(Karte S. 54; Calle 12B No 1-26; Hauptgerichte 14 000–28 000 COP; ⊙ Di–Sa 11.30–21, So 12–17 Uhr) Eine kleine kulinarische Oase mit persönlicher Atmosphäre, geführt von einer freundlichen sardischen Familie: Hier werden die Gäste mit erstklassigen italienischen Gerichten versorgt – alles ist natürlich hausgemacht! Der perfekte Ort, um ein ausgiebiges, entspanntes Mittagessen zu genießen, begleitet von köstlichen Weinen, vor allem sonntags, wenn keines der wenigen Spitzenrestaurants geöffnet ist.

Sardische Küche zeigt sich hier von ihrer besten Seite, z.B. hier *malloreddus alla campidanese* (muschelförmige Nudeln bzw. Conchiglie mit italienischer Paprikasalami und Pecorino-Käse) sowie *spaghettino allu ollu e bottarga* (sehr dünne Spaghetti mit Knoblauch, Petersilie und Bottarga, deutsch: Rogen). Diese Köstlichkeit muss man einfach probiert haben!

Capital Cocina KOLUMBIANISCH $$

(Karte S. 54; Calle 10 No 2-99; Hauptgerichte 15 500–25 000 COP; ⊙ Mo–Sa 12–15.30 & 18.30 bis 22 Uhr) Wer einen Platz in diesem originellen Café ergattern will, muss um einen der wenigen Tisch richtig kämpfen. Hier gibt sich die Speisekarte schlicht und kolumbianisch, ohne viel Schnickschnack: Fisch des Tages, Schweinehack, Steak, *pollo suprema* (erlesenes Hühnchen!) – die allerdings alles andere als langweilig zubereitet sind. Das Menü des Tages (16 500 COP) besteht aus drei überraschend preiswerten Gängen im Verhältnis zu der Qualität, die der Küchenchef Juan Pablo auf den Teller zaubert; außerdem gibt es handwerkliche Biere des Landes, ordentliche Weine und einen Kaffee mit geschützter Ursprungsbezeichnung („Single Origin" bzw. Grand Cru). Capital Cocina ist von anderen Abendrestaurants in La Candelaria kaum zu toppen!

La Hamburguesería BURGER $$

(Karte S. 54; www.lahamburgueseria.com; Calle 11 No 2-78; Burger 13 500–25 000 COP; ⊙ Mo–Sa 11–22, So bis 18 Uhr; 🖥 🖊) Die besten Hamburger der Stadt gibt es in einer Filiale dieser trendigen Burger-Restaurant-Kette, die etwas weiter nördlich in Macarena ihren Ursprung hat: dicke Scheiben in Gourmet-Format mit

RESTAURANTKETTEN IN BOGOTÁ

Keineswegs soll hier die Werbetrommel für Gastronomieketten gerührt werden, doch hat Bogotá in den meisten Stadtvierteln und vor allem im Norden einige überraschend lohnenswerte Lokale dieser Art zu bieten.

Wok (www.wok.com.co; Hauptgerichte 13 900–31 900 COP) Bei den Auswahlmöglichkeiten in dieser trendigen Filiale mit einem Touch von Engagement für Gesellschaft und Umwelt wissen hungrige Gäste ein Lied von der Qual der Wahl zu singen: Hier lockt eine Fülle an vietnamesischen, indonesischen und kambodschanischen Gerichten (einschließlich Sushi-Laufband), was für regen Zulauf durch einheimische Gäste sorgt. Weitere Filialen befinden sich im Centro Internacional (Karte S. 54; www.wok.com.co; Carrera 6 No 29-07, Centro Internacional; Hauptgerichte 13 900 bis 31 900 COP; ⊘ Mo–Do 12–22, Fr–Sa bis 22.30, So 12–18 Uhr; 🐾🍴) Parque 93 (Karte S. 60; www.wok.com.co; Calle 93B No 12-28, Parque 93; Hauptgerichte 13 900–31 900 COP; ⊘ Mo–Mi 11–22.30, Do–Sa 12–23, So bis 21 Uhr; 🐾) Zona Rosa (Karte S. 60; www.wok.com.co; Carrera 13 No 82-74; Hauptgerichte 13 900–31 900 COP; ⊘ Mo–Mi 12–22.30, Do–Sa 23, So bis 22 Uhr; 🐾).

El Corral (Karte S. 60; www.elcorral.com; Calle 85 No 13-77; Burger 10 300–18 900 COP; ⊘ 24 Uhr; 🐾) Dieses rund um die Uhr geöffnete Lokal gehört zu den beiden Fastfood-Imperien El Corral und El Corral Gourmet – d. h. die Burger schmecken hier so gut wie nirgendwo sonst. Eine weitere Filiale befindet sich im Centro Cultural Gabriel García Márquez (Karte S. 54; Calle 11 No 5-60; Hauptgerichte 17 500–46 900 COP; ⊘ Mo–Sa 12–20, So bis 17 Uhr; 🐾).

Bogotá Beer Company (Karte S. 60; www.bogotabeercompany.com; Calle 85 No 13-06; Halbe Bier 10 900 COP; ⊘ 12.30–2.30 Uhr; 🐾) In diesen pubähnlichen, niveauvollen Bierlokalen fühlen sich Bierfans wie im siebten Himmel: Vom Zapfhahn fließen an die 12 Biere von Mikrobrauereien, je nach Saison (obwohl manchmal das Angebot nicht komplett ist). In den Filialen in Usaquén und Macarena geht es ein bisschen lässiger zu; und in dem kleineren Imbisslokal La Bodega ist das Bier sogar noch 40 % günstiger. Filialen: Usaquén (www.bogotabeercompany.com; Carrera 6 No 119-24, Usaquén; Halbe Bier 10 900 COP; ⊘ So–Di 12.30–1, Mi–Sa bis 2.30 Uhr; 🐾) Macarena (Karte S. 54; www.bogotabeercompany.com; Carrera 4A No 27-04; Halbe Bier 10 900 COP; ⊘ 12.30 Uhr bis spät; 🐾) Chapinero Alto (La Bodega; Karte S. 66; www.bogotabeercompany.com; Calle 59 No 4-15; Halbe Bier 4300–5900 COP; ⊘ So–Mi 10–21, Do–Sa bis 23 Uhr; 🐾) Zona Rosa (Karte S. 60; www.bogotabeercompany.com; Carrera 12 No 83-33; Halbe Bier 10 000 COP; ⊘ So–Di 11.30–1, Mi bis 2, Do–Sa 3 Uhr; 🐾).

Crêpes & Waffles (Karte S. 60; www.crepesywaffles.com.co; Carrera 9 No 73-33; Hauptgerichte 9900–24 400 COP; ⊘ Mo–Do 11.45–22, Fr bis 23, Sa bis 22.30, So bis 21 Uhr; 🐾) Unter den 35 Crêperien Bogotás dieser stets gut besuchten Franchise-Kette, die übrigens Frauen in Not beschäftigt, bekommt diese die Note eins: Das Café befindet sich in einem zweistöckigen Backsteinhaus mit Stühlen draußen auf dem Gehsteig, zwischen der Zona G und der Zona Rosa. Ebenso wie in den anderen Lokalen gibt es auch hier vegetarisches Essen und Fleischgerichte sowie Crêpes mit Meeresfrüchten und nicht zu vergessen unwiderstehliche Waffeln mit Eiscreme (6300 COP).

Juan Valdéz (Karte S. 54; www.juanvaldezcafe.com; Carrera 6 No 11-20, Centro Cultural Gabriel García Márquez; Kaffee 2900–6000 COP; ⊘ Mo–Sa 7–18, So 10–18 Uhr; 🐾) Die zwei großen Labels vor Ort sind die Franchise-Ketten Juan Valdéz und Oma – vom Stil her ähnlich wie Starbucks; wie dem auch sei, sie machen ihren *tinto* (schwarzen Kaffee), Cappuccino oder Café Americano genauso zuverlässig gut wie alle anderen Cafés in Bogotá. Weitere Filialen, die man einmal ausprobieren kann: Museo Nacional (Karte S. 54; Carrera 7 No 28-66, Museo Nacional; Kaffee 2900–6000 COP; ⊘ Di–Sa 10–18, So bis 17 Uhr) Zona G (Karte S. 66; www.juanvaldezcafe.com; Calle 70 No 6-09; Kaffee 3400–6800 COP; ⊘ Mo–Sa 7–22 Uhr; 🐾) Zona Rosa (Karte S. 60; www.juanvaldezcafe.com; Ecke Calle 73 & Carrera 9; Kaffee 2900–6000 COP; ⊘ Mo–Fr 7–20, Sa & So 8–20 Uhr; 🐾). Die Filialen findet man in der ganzen Stadt verstreut, zumeist jedoch im nördlichen Bogotá, inklusive eines Cafés im Boutiquestil, das sich auf ursprungszertifizierten Single-Origin-Kaffee spezialisiert hat (Zona G).

internationalen Geschmacksnoten (Mexika-nisch, Arabisch bis Persisch, inklusive meh-rere vegetarische Optionen.). Freitags spie-len auch immer Livebands ab 20 Uhr.

★ **La Condesa Irina Lazaar** AMERIKANISCH $$$
(Karte S. 54; ☎ 283-1573; Carrera 6 No 10-19; Hauptgerichte 25 000–40 000 COP; ⊙ Mo–Fr 12–15.30 & Do–Sa 19–22 Uhr; 🛜) ✎ Dieses klei-ne, unauffällige Zehn-Tische-Lokal wird von einem halb mexikanischen, halb amerika-nischen Wirt aus Kalifornien betrieben. Zu seinen Gästen zählen Künstler, Richter, Par-lamentarier, Botschafter sowie viele andere, die über Insiderwissen verfügen. Obwohl das Essen nach dem unvergesslichen ame-rikanischen Western *Shalako* benannt wird, ist es zum Glück weitaus besser als der Film. Der Küchenchef Edgardo zaubert einfache, aber reichhaltige Gerichte, wann immer möglich mit Bioqualität.

Zu den kulinarischen Highlights zählen fein filettierter Fisch, Biohühnchen, ein wunderbares Schinkensteak sowie ein herr-lich gewürztes Garnelen-Etouffée; jedes der kleinen Menüs ist ein Knüller für sich und überhaupt ist das gesamte kulinarische Er-lebnis wohl das Beste, was La Candeleria zu bieten hat.

✘ Stadtzentrum

Pastelería Florida KOLUMBIANISCH $
(Karte S. 54; Carrera 7 No 21-46; Snacks 1100 bis 22 000 COP, Chocolate Completo 8600 COP) Alle, die ihren *chocolate santafereño* (heiße Schokolade mit Käse) mit ein wenig Pomp oder Geschichte garnieren wollen, sollten einen kurzen Abstecher in dieses klassische Ladenrestaurant machen (die legendäre Location für heiße Schokolade seit 1936). Fesch uniformierte Ober fahren eine Vielfalt an Kuchen auf.

Olimpica SUPERMARKT $
(Karte S. 54; Av. Jiménez No 4-70; ⊙ Mo–Sa 7–21, So 9–16 Uhr) Nur ungefähr fünf Gehminuten von den meisten Hostels entfernt.

Restaurante la Pola KOLUMBIANISCH $$
(Karte S. 54; Calle 19bis No 1-85; ajiaco 17 000 bis 19 000 COP; ⊙ Mo–Sa 11–17 Uhr) Ein echter Klassiker für Verschnaufpausen auf dem Weg zum Monserrate. Das Gasthaus bietet nicht nur Räume mit kolonialem Flair, son-dern auch einen kleinen Innenhof mit wun-derbarem Ambiente. Auf der Speisekarte stehen herrliche Mittagsgerichte vom Grill. Aber auch die Gerichte à la carte schmecken

großartig; das *ajiaco* ist hier sogar eines der besten in ganz Bogotá.

✘ Macarena

Ein Dutzend Häuserblocks nördlich von La Candelaria (oder ein paar Blocks bergauf ab dem Centro Internacional) hat sich Macare-na mit einer ganzen Reihe ausgezeichneter, stilvoller Lokale zu einem aufstrebenden Ausgehviertel entwickelt, das jedoch nichts von seiner Authentizität eingebüßt hat. Da schauen Stadtbummler mal auf einen Sprung vorbei und plaudern einfach so mit den Gästen am Tisch.

Daneben gibt es auch noch jede Menge lohnenswerte Lokale an der Calle 29, direkt nordöstlich des Museo Nacional im Centro Internacional.

La Tapería TAPAS $$
(Karte S. 54; www.lataperia.co; Carrera 4A No 26D-12; Tapas 9900–27 000 COP; ⊙ Mo–Fr 12–15 & 18 Uhr bis spät in die Nacht, Sa 13–23, So bis 16 Uhr; 🛜) Hier gibt es köstliche Tapas, die quasi in (fast) aller Munde sind, so zum Beispiel unser Favorit: Cherrytomaten mit blauem Schimmelkäse und Speck, mit einem Schuss Balsamico! Die Gerichte werden unter dem wachsamen Auge eines holländischen Musik-Freaks kredenzt. In der lässigen At-mosphäre dieser ästhetischen Loft-Lounge lässt es sich gut speisen! Jeden Donnerstag und Samstag gibt es Livemusik mit Flamen-co-Klängen; freitags tummelt sich hier vor allem emsiges Jungvolk, wenn im Rahmen der „Musica del Barrio" (Musik im Viertel) eigens ein DJ auflegt.

★ **Agave Azul** MEXIKANISCH $$$
(Karte S. 54; ☎ 315-277-0329; www.restaurantaga veazul.blogspot.com; Carrera 3A No 26B-52; Mahl-zeiten 70 000 COP; ⊙ Di–Fr 12–15 & 18–22, Sa 13–16 & 19–22.30 Uhr; 🛜) Dieses hervorragen-de Fünf-Tische-Lokal lädt buchstäblich zu einer Reise durch authentisch mexikanische Küche ein, allerdings mit Zwischenstationen in Chicago, New York und Oaxaca. Die Kü-chenchefin Tatiana Navarro hat kein festes Programm – nur eine täglich wechselnde Speisekarte mit „Verkostungen" aller Art. Ohne erkennbares Türschild ist das Lokal gar nicht so einfach zu erkennen. Es liegt versteckt in einem Wohnhaus an einer nicht ungefährlichen Straße in Macarena. Besser mit dem Taxi hinfahren!

Wer dann einmal sicher dort angekom-men ist, den erwarten exotische Leckerbissen, die immer für eine Überraschung gut sind, so etwa langsam auf Holzkohle gegrillte Jalisco-Rippchen mit Chili (Sorte: Ancho), schwarze Lasagne mit *huitlacoche* („Blauer Schimmelmais", sog. mexikanischer Trüffel) oder *carnitas* (Minisandwiches) mit *chicharrones* (Schweinekrusten), Avocado und marinierte Zwiebeln. Danach: Brand löschen mit einem erstklassigen, eisgekühlten Chipotle-Margarita-Cocktail – eine Erleuchtung ist garantiert. Willkommen im *nirvana cocina Mexicana!*

Leo Cocina y Cava KOLUMBIANISCH $$$
(Karte S. 54; 286-7091; www.leococinaycava.com; Calle 27B No 6-75; Hauptgerichte 29 000 bis 46 000 COP; Mo–Sa 12–16 & 19–23 Uhr) Küchenchef Leo Espinosa ist der Hohepriester der kolumbianischen Gourmet-Küche! Seine klassischen bzw. saisonalen Verkostungsmenüs (140 000/130 000 COP) bieten eine kulinarische Entdeckungsreise mit exotischen regionalen Zutaten, die von den meisten kolumbianischen Köchen gar nicht erst verwendet werden. Hier zu speisen ist wie eine Offenbarung – eine Farbenexplosion mit außergewöhnlichen Aromen – man bräuchte eine Kräuterfibel, um alle 41 Ingredienzen zu beschreiben! Ein Muss für alle Feinschmecker!

✕ Chapinero

In dem seit Langem etablierten Künstlerviertel Chapinero Alto liegt alles nah beieinander: hier sind jede Menge originelle Cafés und Läden zu finden.

Arbol de Pan BÄCKEREI $
(Karte S. 66; Calle 66 No 4A-35; süße Teilchen/Gebäck 1500–6500 COP; Mo–Sa 8–20 Uhr;) Frühstück im Hotel oder im Hostel? Kann man ab sofort vergessen! Denn diese Bäckerei und Konditorei mit Biolabel lockt durch ein schier endloses Angebot an täglich frischen Brotsorten (Mehrkornbrot, mit Datteln, Hafer usw.) und köstlichem Gebäck in reicher Vielfalt. Auch ein noch herzhafteres Frühstück ist hier zu bekommen, wie etwa Croissants mit pochiertem Ei, Schinken und Spinat (12 500 COP).

Der sonnenbeschiene Patio ist ideal zum Chillen, während der verführerische Duft frischer Backwaren aus der offenen Küche wabert.

Salvo Patria CAFÉ $$
(Karte S. 66; www.salvopatria.com; Carrera 54A No 4-13; Hauptgerichte 16 000–32 000 COP; Mo–Sa 12–23 Uhr;) Das ursprüngliche Café gleichen Namens ist längst überholt, seitdem sich diese hippe Schlemmeroase ein paar Häuserblocks weiter erfolgreich etabliert hat. Nach seinem Umzug ist und bleibt das beliebte Lokal in Coolness und Qualität unübertroffen. Einerseits ist das Salvo Patria ein klassisches Kaffeehaus; der *bogotano*-Inhaber hat sein Barista-Know-how in Australien verfeinert, sodass sich hier wirklich keiner der Gäste über die Qualität beschwert. Andererseits tummelt sich in dem feinen französischen Bar-Restaurant mit mediterranem Flair ein künstlerisch-intellektuelles Publikum. Herrliche Cocktails, handwerklich gebrautes kolumbianisches Bier und ein *menú del día* mit einem gutem Preis-Leistungs-Verhältnis (18 500 COP) zeichnen das Salvo Patria aus.

★**Mini-Mal** KOLUMBIANISCH $$$
(Karte S. 66; www.mini-mal.org; Carrera 4A No 57-52; Hauptgerichte 16 900–32 900 COP; Mo–Mi 12–22, Do–Sa bis 24 Uhr;) Kreativere Küche ist schwerlich zu finden: In diesem ausgezeichneten Slowfood-Restaurant, einem wahren Magneten für Feinschmecker, bekommen interessante regionale Zutaten wieder so richtigen Aufschwung – alles hier gehorcht dem Nachhaltigkeitsprinzip, handwerkliche Herkunft ist ein Muss. Dank dieser feinen Adresse weht ein frischer Wind durch die moderne kolumbianische Küchenlandschaft.

Wirklich alles schmeckt hier ausgezeichnet und ist in der Tat innovativ: auf Holzkohlenfeuer köstlich gegrilltes Rindfleisch mit *tucupi* (einer recht scharfen Variante der *Adobo*-Soße aus giftiger Yuccawurzel); grünes Meeresfrüchte-Curry auf hauchdünner Kokoswaffel, mit Demerara-Zucker (eine spezielle Art von Rohrzucker) und Zitrone; Bananen-Sushi mit Küstenkäse – origineller geht es wirklich nicht! Und danach gönne man sich noch einen besonderen Cocktail, wie z. B. mit *viche* (milchiger „Rohrzuckermondschein") – nicht auszulassen: *arepas* (Maiskuchen) und *ajíaco*.

Naschkatzen werden ein paar Häuserblocks weiter fündig, nämlich bei **Dulce Mini-Mal** (Karte S. 66; www.mini-mal.org; Calle 57 No 4-09; Teilchen 700–6500 COP; Mo–Fr 11–20, Sa 9–20, So bis 17 Uhr;).

✕ Zona G

Bogotás führende Ausgehszene erstreckt sich auf ein paar Häuserblocks aus umgebauten Backsteingebäuden, in denen sich eine Mischung aus hervorragenden Lokalen befindet (argentinische Steaks, italienische und französische Küche), etwa zehn Blocks südlich der Zona Rosa.

Nick's
SANDWICHES $$

(Karte S. 66; www.nicksbogota.com; Carrera 4 No 69-23; Sandwiches 10 000–18 900 COP; ☺ Mo–Do 10–23, Fr & Sa bis 3, So bis 17 Uhr; ☎) Nick hat sein Delikatessen-Know-how in Boston verfeinert und damit seine Marktnische in seiner Heimatstadt gefunden. Inzwischen sind seine hammermäßigen Gourmet-Sandwiches der Renner in Bogotá. Das Nick's in der Zona G ist der hippste kulinarische Szenetreff unter allen vier Filialen; weitere findet man in El Nogal, Chicó und **La Candelaria** (Karte S. 54; www.nicksbogota.com; Carrera 5 No 12C-85; ☺ Mo–Sa 10–22 Uhr; ☎).

An die 30 knautschige Ciabatta-Sandwiches produziert er am laufenden Band und versorgt mit diesem Angebot ein ausgelassenes hungriges Partyvolk; mit all den nostalgischen Requisiten, die das Raumgefühl auf mehreren Ebenen bestimmten, kommt man sich vor wie in einem Historienfilm. Nachts verwandelt sich sein Imbisslokal nämlich in eine ausgewachsene Bar.

✕ Zona Rosa & Parque 93

Innerhalb der Zona Rosa, auch „Zona T" genannt; denn die von Bars, Restaurants und einigen Ladenketten gesäumte Fußgängerzone ist in ihrem Grundriss T-förmig angelegt. Hier finden sich jede Menge Speiseoptionen in den umliegenden Häuserblocks. Zehn Blocks weiter nördlich locken in den ruhigeren Gegenden rund um die berühmte Straße Parque de la 93 und in der Calle 94 schickere Lokale. Wer lieber shoppen geht, piekfein essen möchte oder unter Leuten sein will, die auf Boutiquehotels und Clubbing stehen, fühlt sich hier am wohlsten.

Da einem dort auch einige Imbisswagen unterwegs, jedoch scheinen momentan Hafencontainer mit reichhaltigem Snackangebot voll im Trend zu liegen. So steht zum Beispiel in der Calle 95 eine kleine Ansammlung von **Gourmet-Imbisscontainern** (Karte S. 60; Calle 95 zwischen Carreras 11A & 12), die Ceviche, Bagels, Sandwiches und Süßigkeiten anbieten; ganz in der Nähe wurde erst vor Kurzem die **Container City** (Karte S. 60; Calle 93 No 12-11; ☺ 11–23 Uhr) eröffnet, ein kompletter Gastronomiehof mit vielfältigem Angebot.

La Arepería Venzolana
FASTFOOD $

(Karte S. 60; Calle 85 No 13-36; Arepas 11 000 bis 13 500 COP; ☺ Mo–Do 9–22, Fr & Sa bis 4 Uhr; ☎) Ein altbewährter Hotspot des Nachtlebens von Bogotá und gleichzeitig eine Anlaufstelle für beschwipste, heißhungrige Partygänger in der Gegend rund um die Zona Rosa. Hier werden venezolanisch angehauchte *arepas* (Maiskuchen; besser als kolumbianische) angeboten, mit allen erdenklichen Füllungen.

La Palettería
DESSERTS $

(Karte S. 60; Ecke Carrera 13 & Calle 84; Eis am Stiel 4000–5000 COP; ☺ Mo–Fr 11–21, Sa bis 22 Uhr) Wer es mit seinem Eis am Stiel genauso ernst nimmt wie einige *bogotanos*, sollte La Palettería aufsuchen: Hier stehen 36 Aromen zur Auswahl, stets eine Augenweide, schön präsentiert in einer Auslage, wie eine kunterbunte Tutti-Frutti-Parade! Das Eissortiment besteht aus dreierlei Kategorien, je nach Zubereitungsbasis: Joghurt, Wasser oder Sahne. Man hat die Qual der Wahl: Der erste Preis geht an die Sorte *guanabana* (Sauerklee bzw. Annona-Frucht) mit *arequipe* (ein süßes Dessert mit Milch und Zucker).

★ Central Cevichería
MEERESFRÜCHTE $$

(Karte S. 60; ☏ 644-7766; www.centralcevicheria.com; Carrera 13 No 85-14; Ceviche 17 800 bis 19 800 COP; ☺ Mo–Mi 12–23, Do–Sa bis 24, So bis 22 Uhr; ☎) Diese niveauvolle Cevichería mit Party-Ambiente bietet ein sagenhaftes Preis-Leistungs-Verhältnis: Bogotás Reiche und Schöne kommen hierher, um zu sehen und gesehen zu werden bzw. um die herrlichen Ceviches zu beäugen, die es in scharf gewürzter Version oder in milderen Varianten gibt – auf jeden Fall sind Dutzende originelle Kreationen im Angebot. Besser vorher reservieren!

Das absolute Highlight ist das raffinierte *picoso;* in zwei Paprikahälften gefüllt, mit Koriander und frischem Mais. Damit aber nicht genug: Es gibt zahlreiche *Tiraditos* (längsgeschnittene Ceviches mit Zwiebeln, Tartar-Variationen) sowie Hauptgerichte mit frischen Meeresfrüchten und Burger. Kolumbiens Küche befindet sich gerade auf der Überholspur. Man hebe sich ein bisschen Platz im Magen auf für den köstlichen, dickcremigen Kokospudding!

Di Lucca
ITALIENISCH $$

(Karte S. 60; www.diluccatogo.com; Carrera 13 No 85-32; Pizza 19 900–29 900 COP; ☺ Mo–Sa 12–24,

ANDRÉS CARNE DE RES

Unbeschreibliches ist nicht zu beschreiben, hier nun wenigstens ein Versuch: Das legendäre Andrés Carne de Res (☎ 863-7880; www.andrescarnederes.com; Calle 3 No 11A-56, Chía; Hauptgerichte 16 700–75 500 COP, Gedeck Fr & Sa 10 000–15 000 COP; ⊙ Do–Sa 11–3, So bis 24 Uhr), eine Mischung aus Bar und Restaurant, gleicht einem überirdischen Unterhaltungscocktail, der zu gleichen Teilen aus Tim Burton, Disneyland und Willy Wonka besteht – mit einem Spritzer Kitsch und Extravaganz, sprich einem Verschnitt aus Schrottplatz und Gruselkabinett mit Zerrspiegeln.

Nein, Moment mal! Ein schwedischer Tourist drückte es noch besser aus: „Es ist wie ein Abendessen in einer Waschtrommel." *Wie auch immer:* Andrés schleudert alle Gäste durch – sogar Stammgäste –, das Ambiente macht Laune, die ehrfurchteinflößenden Steaks sind spitze, die Speisekarte besteht gar aus einem 70-seitigen Magazin! – und dazu der ganze Klimbim mit surrealer Dekoration. Noch was vergessen? Für die meisten ist Andrés mehr als ein Abendschmaus: vielmehr ein Spektakel der Superlative, das einen die ganze Nacht hindurch wie ein Torpedo-Show fasziniert.

Der einzige Haken dabei ist die Entfernung. Die Party-Location befindet sich in Chía, 23 km nördlich von Bogotá, Richtung Zipaquirá. Eine Taxifahrt dorthin kostet ca. 70 000 COP oder 140 000 COP hin & zurück inklusive Wartezeit. Samtagabends fährt um 22 Uhr auch ein Party-Bus ab dem Hostal Sue Candelaria (Karte S. 54; ☎ 344-2647; www.suecandelaria.com; Carrera 3 No 12C-18; DZ 23 000 COP, EZ/DZ ohne Bad 45 000/60 000 COP, Zi. 70 000 COP, inkl. Frühstück; @🖵), Rückfahrt um 4 Uhr (60 000 COP inkl. Eintritt und Schnaps im Bus). Eine andere Option, um ein bisschen Geld zu sparen ist die Anfahrt mit einem TransMilenio-Bus (Richtung Chía), der am Busbahnhof Portal del Norte abfährt (Haltebucht der Regionalbusse); die Busse fahren bis Mitternacht im Zwei-Minuten-Takt (2300 COP, 30 Min.). Jeder sollte für sich selbst herausfinden, ob die Party-Nacht im Andrés das verrückteste ist, was Kolumbiens Nachtleben zu bieten hat, oder nicht.

Eine ruhigere, stadtnahe Variante dieser Party-Location ist das Andrés D. C. (Karte S. 60; ✆ 863-7880; www.andrescarnederes.com, Calle 82 No 12-21; Centro Comercial El Retiro, Hauptgerichte 16 700–70 700 COP, Gedeck Do & Sa 10 000–20 000 COP; ⊙ 12–3 Uhr), jedoch fehlt es hier an dem hohem Spassfaktor, der sich nicht als das Lokal mit dem gewissen Etwas beschreiben lässt.

So bis 23 Uhr; 🖵) Hier wimmelt es nur so von Einheimischen, denn bei der smarten Trattoria sind sich alle einig: Da lacht der Geldbeutel! Pizza, Pasta und Risottos sind tonangebend. Für Individualreisende ist es keine Schande, sich an der Holztheke den Bauch voll zu schlagen und sich ein perfektes Special auszusuchen, dass gar nicht auf der Karte steht, z. B. die *medium*-Pizza mit Schinken für gerade einmal 17 600 COP. Also: günstig, unterhaltsames Publikum und am Sonntag bis spät nachts geöffnet.

✗ Usaquén

Einst ein Dorf in Bogotás Norden, wird Usaquén heute gänzlich von der Metropole vereinnahmt, hat aber nichts von seiner ursprünglichen Beschaulichkeit eingebüßt. Hier ist ein Sammelsurium an schicken Ausgehadressen geboten, alle innerhalb einiger Häuserblocks von der ruhigen Plaza entfernt.

★ Abasto   FRÜHSTÜCK $$

(www.abasto.com; Carrera 6 No 119B-52; Frühstück 5800–19 900 COP, Hauptgerichte 19 600 bis 33 900 COP; ⊙ Mo–Do 7–22, fr bis 22, Sa 9–22.30, So 9–17 Uhr; 🖵🖵) Wer am Wochenende nach Usaquén pilgert, tut dies in der Regel nur aus einem Grund: um die kreativen Frühstücksvariationen, köstlichen Hauptgerichte und Desserts in diesem rustikal-trendigen Lokal in vollen Zügen zu genießen. Echte Kenner der nahrhaften Frühstückskultur ergötzen sich hier an erfinderischen *arepas* und wirklich fantastischen Eiergerichten wie *migas* (Rühreier, vermischt mit *arepas* und *hogao,* einer wirklich originellen und gelungenen Komposition aus Zwiebeln, Tomaten, Kreuzkümmel und Knoblauch); dazu mundet der Biokaffee besonders gut.

Egal, was man hier bestellt, zu allem passt – wohldosiert darüber gestreut – der aromatisch verpackte Amazonas-Pfeffer. In der gleichen Straße befindet sich ein paar Schritte weiter das neue Delikatessgeschäft **La Bodega de Abasto** (www.abasto.com; Calle 120A No 3A-05; Hauptgerichte 6500–26.800; Di–So 9–17 Uhr;) mit ähnlichem Angebot, jedoch stärker noch mit Schwerpunkt auf Gourmet-Produkten und einfachen (aber fabelhaften) Mittagessen, wie etwa Slowfood-Brathähnchen, sprich Fleisch aus heimischen Gefilden.

Ausgehen & Nachtleben

Einige der gemütlichsten Bars in der Innenstadt – zum Teil untergebracht in 300 Jahre alten Kolonialbauten mit knisterndem Kaminfeuer und alten Kachelböden – befinden sich in La Candelaria. Hier lässt sich der Abend bei einer Kanne dampfendem *canelazo* (ein Getränk aus Anisschnaps, Zuckerrohr, Zimt und Limette) bestens genießen. In der Ausgehszene rund um die Zona Rosa oder an der berühmten Straße Parque de la 93 kann man sich dagegen etwas stilvoller und schicker einen Schwips antrinken.

Rein ins Getümmel stürzen und einfach mitschwofen, Bogotá tanzt zu allen möglichen Rhythmen: von Rock über Techno und Heavy Metal bis hin zu Salsa, Samba und Vallenato, eine neben der Cumbia an der Atlantikküste Kolumbiens verbreitete Musik mit Akkordeon, Trommel und Gitarre. Wer das Tanzen nicht beherrscht, sollte sich dennoch auf eine Bewährungsprobe gefasst machen; denn Fremde fordern sich oft gegenseitig zum Tanz auf, und jeder scheint alle Songtexte auswendig zu kennen.

La Candelaria ist mit seiner relativ lässigen Clubbing-Szene hauptsächlich auf einheimische Studenten ausgerichtet, jedoch hat das ganze Viertel besonders nachts auch einen etwas zwielichtigen Charakter; Ausländer sollten lieber etwas auf Abstand gehen, besonders wenn zu viel Alkohol im Spiel ist. Macarena ist eher ein Treffpunkt für ein niveauvolleres Publikum ab 30 aufwärts oder auch für Frischvermählte, latente Singles und alle, die nicht so sehr auf Clubbing stehen, sondern eher auf eine gepflegte Lounge-Atmosphäre. Weiter oben im Norden könnte es jedoch Probleme mit dem Türsteher geben, wenn der Dresscode nicht eingehalten wird, vor allem im Glitzermilieu der pulsierenden (um nicht zu sagen prätentiösen) *salsatecas* (Salsa-Tanzclubs) und

in den Clubs in der Zona Rosa und in der Straße Parque 93.

Entsprechend einer neuen gesetzlichen Wochenendregelung dürfen einige Clubs in der Zona Rosa, in Chapinero und in der Parque 93 bis 5 Uhr früh geöffnet sein. Gedecke sind nicht immer kostenlos, gelegentlich sogar mit Aufpreis von circa 20 000 COP.

La Candelaria

Wie es sich für ein richtiges Studentenviertel gehört, bietet La Candelaria jede Menge Cafés, in denen später am Abend nur noch gebechert wird. Unumstrittener Favorit in diesem Ausgehviertel ist nach wie vor die Callejón del Embudo („Trichtergasse"), die enge Gasse nördlich der Plazoleta del Chorro de Quevedo, gesäumt von Cafés und Bars, wo man ungestört sitzen und quatschen kann, während ein *chicha* (geniales Maisbier) den Durst stillt.

Pequeña Santa Fe BAR
(Karte S. 54; Carrera 2 No 12B-14; Canelazo 6500 bis 7000 COP; 12–1 Uhr) Neben der inspirierenden Plazoleta del Chorro de Quevedo lädt dieses heimelig anmutende, zweistöckige Kolonialhaus mit Kaminfeuer und loftiger Lounge bei Schummerlicht (obere Etage) zur Entspannung ein. Das „Kleine Santa Fe" gehört zu den besten Adressen der Stadt, um eine heiße Kanne *canelazo Santa Fe* zu degustieren (Yerba-Buena-Tee mit Anisschnaps) oder einfach nur ein kühles Bierchen zu trinken.

Stadtzentrum

A Seis Manos BAR
(Karte S. 54; Calle 22 No 8-60; Cocktails 8000 bis 14 000 COP; 8–23 Uhr;) Diese moderne Bar mit cooler Atmosphäre und kulturellem Anspruch lockt Kunstsinnige an, die sich in den loftähnlichen Räumen an großen Gemeinschaftstischen miteinander vermischen, umgeben von nüchternem Speicherhaus-Ambiente. Hier trifft man sich zum Essen, Trinken, Arbeiten, Lesen und Flirten; oder beim Chillen, während man sich mit einem der scharfen Mojitos und anderen Drinks verwöhnt.

El Goce Pagano CLUB
(Karte S. 54; www.elgocepagano.co; Carrera 1 No 20-04; Fr & Sa 7–3 Uhr) Die schummrige Salsa-/Reggae-Bar nahe der Universität Los Andes ist was für Leute um die 40. Leider ist es dort ein wenig verraucht; die hitzigen

SCHWULEN- & LESBENSZENE IN BOGOTÁ

Bogotá hat eine große, unstete Schwulenszene, meist aber konzentriert sie sich auf Chapinero, weswegen das Viertel auch den Spitznamen „Chapi Gay" trägt (zwischen Carrera 7 und 13, Calle 58 bis Calle 63). Unter www.guiagayKolumbien.com/bogota finden sich mehr Details zu den verschiedensten Clubs und Bars. Fündig wird man auch in den Online-Verzeichnissen von **Colombia Diversa** (www.colombiadiversa.org), einer gemeinnützigen Organisation zur Förderung der Rechte von Schwulen und Lesben in Kolumbien. Die Lesbenszene hat hier noch nicht wirklich Fuß gefasst, insofern ziehen die meisten Schwulenkneipen und -clubs ein gemischtes Publikum an.

Auf einer schmalen Straße (zwischen Carreras 9 und 13) im Herzen von Chapinero zieht das klassische Programm im **Theatron** (Karte S. 66; www.theatron.co; Calle 58 No 10-32; ☺ Do–Sa 21 Uhr bis spät in die Nacht) Homos wie Heteros an – um die 3000 an Wochenenden! Dort gibt es acht verschiedene Milieus, einige sind jedoch nur Männern vorbehalten.

El Recreo de Adán (Karte S. 60; Carrera 12A No 79-45; ☺ So–Do 5–23, Fr–Sa bis 12.30 Uhr) liegt weiter im Norden und lockt mit einer klassichen Lounge zum Chillen, Karaoke und Brettspielen.

El Mozo (Karte S. 60; www.elmozoclub.com; Calle 85 No 12-49/51; Gedeck 15 000 bis 20 000 COP; ☺ Mi–Sa 17–3 Uhr) El Mozo ist ein Hotspot, der gehobenes Publikum anzieht; hier sind zwei Bereiche mit unterschiedlicher Musik geboten (Crossover und Techno-Sound); je nach Witterung kann man auch unter einer Markise seinen Cocktail schlürfen oder zu Abend essen.

DJs, die sich hier eins abschwitzen, kommen alle aus Kolumbien und wippen fleißig mit zu den Ethno-Rhythmen.

 Macarena

Im modernen Wolkenkratzerviertel Centro Internacional, dem Geschäftszentrum der Stadt westlich der Carrera 7, leeren sich nach Einbruch der Dunkelheit die Straßen schnell, jedoch finden sich in den Nebenstraßen und hinter den Fassaden einige Bars, und das Angebot an Ausgehmöglichkeiten scheint zunehmend zu vielfältiger zu werden. Hier entstehen immer mehr lässige und gemütliche Lounge-Bars, die in der Regel ein hippes Publikum anlocken, das normalerweise auch eine weniger ohrenbetäubende Musik bevorzugt.

★ El Bembe BAR

(Karte S. 54; www.elbembe.co; Calle 27B No 6-73; Fr & Sa Gedeck 20 000 COP; ☺ Di & Mi 12–15 & 17–22, Do 12–15 & 17–3, Fr & Sa 12–3 Uhr) Der Weg zum El Bembe, einem Stück *tropicalia* mitten im Macarena-Viertel, führt über eine bunt bemalte Treppe, wie man sie oftmals auf Kuba sieht, und über eine zauberhafte kopfsteingepflasterte Straße. So könnte Havanna aussehen, wenn es kein US-Embargo gäbe: helle Farben, wunderschöne Balkone, auf

denen eine frische Meeresbrise weht und Salsa vom Feinsten.

Freitags ist immer Mojito-Tag (22 000 bis 25 000 COP); bis spät in die Nacht findet dann die ausufernde Salsa-*revolución* statt, die oft bis in die frühen Morgen andauert.

 Chapinero

Das hippe, weiträumige Künstlerviertel Chapinero ist ein Tummelplatz der Schwulenszene und bietet auch viele Theaterbühnen. Es liegt südlich der hochpreisigen Lokale der gediegeneren benachbarten Zona G. An der Calle 60 zwischen Carreras 8 und 9 geht es los, dann weiter Richtung Süden auf der Carrera 9. Noch ein Stück weiter südlich befindet sich die „Studentenmeile" Calle 51 zwischen Carrera 7 und 8 mit einem halben Dutzend Flirtlokalen, verglasten Bars und einer Reihe Tanzclubs. Dort feiert das Jungvolk bzw. fühlen sich Teenager zu Hause – Städter wie Anarchisten. Den Kater am anderen Morgen bekämpft man in den großartigen Cafés des Viertels.

Taller de Té TEEHAUS

(Karte S. 66; www.tallerdete.com; Calle 60A No 3A-38; Tee 3000–9000 COP; ☺ Mo–Sa 10–20 Uhr; ☎) ✒ Einfach umwerfend und einzigartig zugleich, dieses inhabergeführte Teehaus mitten in Bogotá, dessen gute Qualität sich bereits herumgesprochen hat. Lauras Sortiment besteht aus über 50 Teesorten (Teeblätter und Kräutertees mit Aufgussbeutel). Den Tee bezieht sie von Plantagen überall auf der Welt, um ihn mit kolumbianischen Teesorten zu vermischen; ein paar leichte Häppchen in Bioqualität gibt es auch noch dazu, um die Verkostung abzurunden: Vegetarisches und Veganes aus zertifizierter handwerklicher Produktion bzw. aus heimischen Landen.

Amor Perfecto · CAFÉ
(Karte S. 66; www.amorperfectocafe.net; Carrera 4 No 66-46; Kaffee 3500–11 000 COP; ⊘ Mo–Sa 8–21 Uhr; 🛜) Dieses wirklich szenige Café in Chapinero Alto ist ein Treffpunkt für Kaffeeliebhaber. Hier kann jeder nach individuellem Geschmack und Zubereitungsart (Chemex, Siphon, AeroPress oder französische Kaffeepresse); seine kolumbianische Lieblingskaffeebohne auswählen, die Kaffeesorten sind regional und ursprungszertifiziert, und die hochqualifizierten Baristas dürfen bei der Zubereitung ruhig das letzte i-Tüpfelchen aufsetzen. Wer Lust hat, kann nur auf eine Verkostung vorbeischauen oder an einem Kurs teilnehmen. Parkettböden und gemütliche rote Platznischen runden die neuesten Entwicklungen in Bogotás Kaffeeszene ab.

Mi Tierra · BAR
(Karte S. 66; Calle 63 No 11-47; ⊘ 18 Uhr bis spät) Die beliebte Chapinero-Bar hat auch etwas Beengendes an sich: Inmitten eines Sammelsuriums aus ausrangierten alten Schreibmaschinen, Sombreros, Elchtrophäen, Musikinstrumenten und Fernsehern muss man erst einmal einen Platz finden. Aber keine Sorge: Das Publikum ist entspannt und die alten Macheten hängen nur zur Zierde an der Wand. Eine nette Sammlung, weiter nichts. Hier sieht es aus wie auf einem offiziellen Flohmarkt; die Hintergrundmusik ist angenehm – gut aufgelegt.

Latora 4 Brazos · CLUB
(Karte S. 48; Carrera 8 No 40A-18; Gedeck ab 30 000 COP; ⊘ Mi–Sa 20–3 Uhr) Eine zwielichtige Atmosphäre und eine geheimnisvolle Neonlichtanzeige mit einer großen „Vier" charakterisieren den Eingang zu diesem Underground-Club, der seinen Namen bestens gerecht wird. Das Publikum ist hauptsächlich künstlerisch angehaucht, die Zielgruppe ist Mitte 30, die keine spezielle Musikrichtung bevorzugt. Aufgelegt wird nach dem

Prinzip der Beliebigkeit. Der bunte Musikmix der DJs besteht aus Latin, Indie, Soul, Funk, Afrobeat, Reggae und tropischen Klängen. Spärlich dekorierte Wände verstärken den Sound in diesem Club, der sich auf mehrere Räume verteilt. Die lässige Atmosphäre bietet eine angenehme Abwechslung zum üblichen Club-Ambiente mit Laserlicht und Rauchwänden.

El Titicó · BAR
(Karte S. 66; Calle 64 No 13-35; Gedeck 10 000 COP) Nach dem Vorbild der klassischen *salsatecas* im Süden Kolumbiens konzipiert, wirkt diese Salsa-Tanzbar, eine versteckte „heiße" Oase im Chapinero-Viertel, wie ein Stück Santiago de Cali – bekannt als die „Hauptstadt des Salsa" und zugleich drittgrößte Stadt des Landes –, das sich in Bogotá etabliert hat. Die große oktagonale Tanzfläche ist von plüschigen roten Platznischen umgeben. Also kann das Motto nur lauten: auf zum Salsatanzen!

🏆 Nördliches Bogotá

Nördlich der Calle 72 – rund um die Zona Rosa oder in der Straße Parque 93 – boomt die Ausgehszene Bogotás. Die Gegend liegt voll im Trend und bietet einen fulminanten Kaffeegenuss in großer Vielfalt bzw. handwerklich gebraute Biere regionaler Herkunft, eine tonangebende Mischung besonderer Geschmackserlebnisse! In der Zona Rosa bietet die Fußgängerzone (Zona T) ein abwechslungsreiches Nachtleben mit der höchsten Konzentration an Bars und Clubs; allerdings geht Qualität vor Quantität, so behaupten es wenigstens einige.

★ Cine Tonalá · KINO, CLUB
(Karte S. 48; www.cinetonala.com; Carrera 6A No 35-27; Filme 7000–9000 COP; ⊘ Di–So 12–3 Uhr; 🛜) Zwar besteht Bogotás Kinowelt ausschließlich aus unabhängigen Produktionen, d. h. Filmen aus Lateinamerika und Kolumbien sowie international erfolgreichen Kultfilmen, jedoch lässt sich dieser Import aus Mexiko City mitnichten einordnen. Das vielschichtige Kulturzentrum, untergebracht in einem restaurierten La-Merced-Herrenhaus aus den 1930er-Jahren, ist das neueste Refugium für „Kunstasylanten": Sie flüchten sich gewissermaßen hierher in ihre zweite Heimat: eine überaus angesagte Barszene, ausgezeichnetes mexikanisches Essen und rauschende Clubnächte (immer donnerstags bis samstags).

El Coq
BAR

(Karte S. 60; Calle 84 No 14-02; Gedeck Fr & Sa 20 000 COP; ☺ Mi–Sa 19–3 Uhr) Ein beliebter Ort zum Sehen- und Gesehenwerden: Die Trendbar ist in einem Treibhaus in französischem Landhausstil untergebracht. Zum urigen Dekor gehören außerdem Basketballkörbe und mit Dschungelmoos bewachsene, einziehbare Zimmerdecken.

Hier tummelt sich ein Stammpublikum, bestehend aus jeder Menge Nonkonformisten und Kreativen (darunter Schauspieler, Filmcrews und Musikproduzenten) und dazu auch ganz gewöhnliche Leute. Ob Phoenix oder Friendly Fires, der DJ legt mal Elektro, mal Indie-Soundtracks auf, wie es ihm gerade kommt, zwischendurch auch mal mit einem Abstecher in die 1980er-Jahre-Hiphop-Szene.

Andrés Juan, ein kolumbianischer Schauspieler, stiehlt den coolen Kids auch mal die Show mit seinen Sondereinlagen. Die genießen trotzdem gern ihre Ingwer-Mojitos.

Azahar Cafe
CAFÉ

(Karte S. 60; www.azaharcoffee.com; Carrera 14 No 93A-48; Kaffee 3000–5000 COP; ☺ Mo–Sa 8–21, So 12–21 Uhr; ☎) ✐ Exportüberschüsse bei Kaffee zu haben, sagt schon alles: Kaffee-Snobs tun sich extrem schwer, eine genießbare Tasse Kaffee in Kolumbien zu finden; das Azahar jedoch ist eine todsichere Adresse für herrlichen Kaffee, denn hier gibt es nur ursprungszertifizierten Kaffee in Topqualität („Single Origin"). Der Kaffee wird auf alle erdenklichen Arten zubereitet: AeroPress, Chemex und Ähnliches; nur Koffeinscheue würden das als lächerliche Routine bezeichnen.

Der Patio unter freiem Himmel mit rustikalem Holzboden verströmt ein angenehmes Ambiente; hier werden die Kaffeebohnen sehr viel sanfter und professioneller behandelt als in einem der allgegenwärtigen Cafés mit Franchising-Charakter.

Uva
SAFTBAR

(Karte S. 60; www.uvabar.co; Carrera 13 No 94A-26; Säfte 5200–8900 COP; ☺ Mo–Fr 8–17.30, Sa 9.30–16.30 Uhr; ☎) ✐ Diese zauberhafte kleine Saftbar nahe der Parque 93 verwandelt alle erdenklichen Obst- und Gemüsesorten in Säfte mit Bioqualität; dazu gehört auch ein Cocktail, der allen anderen die Show stiehlt: „Super Salamontes" (Sellerie, Grünkohl, Chinakohl, Apfel, Birne und Limette). Außerdem gibt es herrliche Arrangements (Schüsselchen) für Vegetarier und Salate.

Armando Records
CLUB

(Karte S. 60; www.armandorecords.org; Calle 85 No 14-46; Gedeck Do–Sa 15 000–20 000 COP; ☺ Di bis Sa 20–2.30 Uhr) Der Jazzclub ist nach wie vor der absolute Szenetreff in Bogotá, und das schon seit mehreren Jahren! Der Hotspot hat sich gleich auf mehreren Ebenen etabliert; im zweiten Stock mit Armando's All Stars, mit Musik von jüngeren Jazzkünstlern, die bis in den Hinterhofgarten hinausdringt. Dort tummelt sich vor allem die rastlose Jugend. Auf der Dachterrassenbar mit Retroflair wabern allabendlich einlullende Klänge – mit LCD-Soundsystem und Empire of the Sun.

Bistro El Bandido
BAR

(Karte S. 60; ☎ 212-5709; Calle 79B No 7-12; Hauptgerichte 29 000–36 000 COP; ☺ Mo–Sa 12–1 Uhr; ☎) Ein Besuch im El Bandido ist wie eine Reise in die Vergangenheit: Die beliebte Luxusbar und Brasserie versteckt sich hinter dem Strauchwerk gepflegter Gärten im Wohnviertel Nogal. DJs legen hier Oldies wie Big Bands oder Elvis Presley auf; ab und zu treten im Bistro El Bandido auch Jazzbands live auf. Ein gehobenes Publikum nippt währenddessen vornehm an klassischen Cocktails (ab 16 000 COP). Neben den üblichen Bistrogerichten bietet die ausgezeichnete Speisekarte auch noch ein paar besondere Highlights, wie etwa Chorizo-Häppchen, *coq au vin* und Fisch nach Müllerin Art.

In der Mitte des Lokals befindet sich eine große, herrliche Bar, die Blicken erlaubt, sich zu begegnen – in Bogotá eine Neuheit sozusagen. Nach 19 Uhr geht hier nichts mehr ohne Reservierung.

Yumi Yumi
COCKTAILS

(Karte S. 60; www.yumiyumi.com.co; Carrera 13 No 83-83; Cocktails 25 000–29 000 COP; ☺ Di–Sa 15–3 Uhr; ☎) Hier wimmelt es nur so von Reisenden, unermüdlichen Nachtschwärmern Mitte Zwanzig und Cocktail-Connoisseuren. Der Zona-Rosa-Hotspot ist eine ausgezeichnete Adresse zum Ausgehen; das Preis-Leitungs-Verhältnis stimmt! Cocktails bekommst man während der Happy Hour günstiger: in der Regel heißt es „Zwei zum Preis von einem" bzw. an vier Tagen in der Woche sogar „drei zum Preis von einem" bis 18.30 Uhr (samstags bis 21.30 Uhr!). Inhaber ist ein Brite, der nach Kolumbien ausgewandert ist. Dienstags und donnerstags gibt es immer ein deftiges Thai-Curry-Special (15 800 COP inklusive einem Bier).

☆ Unterhaltung

Bogotá bietet weit mehr kulturelle Aktivitäten als jede andere Stadt Kolumbiens; dazu gehören Dutzende von Kinos mit Hollywoodfilmen im Programm. Wer sich genauer über aktuelle Kinoprogramme und Events informieren will, macht sich auf Websites wie (www.eltiempo.com/entreteni miento), bei **Plan B** (www.planb.com.co) und bei **Vive.In** (www.vive.in) schlauer. Kulturelle Veranstaltungen und gute Kommentare auf Englisch stehen in der kostenlosen Monatsausgabe von *City Paper* (www.thecitypaper bogota.com).

Weitere Spielpläne, Termine und Tickets für diverse Veranstaltungen (Theater, Rockkonzerte aber auch Fußballspiele) finden sich auf dem Internetportal **Tu Boleta** (www. tuboleta.com).

Theater

Bogotás Theaterszene hat einen führenden Status mit über einem Dutzend unterschiedlichen Ausrichtungen. In La Candeleria ist mehr die linkslastige Politsatire zu Hause, im nördlichen Bogotá – dem „Uptown"-Terrain – ist Mainstream angesagt.

Teatro Colón   THEATER

(Karte S. 54; www.teatrocolon.gov.co; Calle 10 No 5-32) La Candelarias berühmtestes und zugleich auch das schönste Theater der ganzen Stadt hat nach sechs Jahren Renovierungsarbeiten im Jahr 2014 wieder seine Tore geöffnet. Das Repertoire besteht aus Großevents wie Opern, Konzerten, Ballettvorführungen und Theaterstücken für ein gehobenes Publikum aus den oberen Schichten. Montags um 19.30 Uhr und sonntags um 11 Uhr finden im Theater auch Aufführungen mit traditioneller kolumbianischer Musik statt.

Teatro la Candelaria   THEATER

(Karte S. 54; www.sigtemedia.net/teatro; Calle 12 No 2-59; Eintrittskarten Erw./Stud. 12 000/8000 COP) Eines der innerstädtischen Theater, das mit seinem Programm am meisten aneckt: Präsentiert wird ein Mix aus (oft linksliberalem) Politkabarett, teils mit Anspielungen auf die Emanzipation der Frau; die Satire ist so spitzfindig, dass sich an kritischen Stellen die Anspannung in schallendem Gelächter auflöst.

Fundación Gilberto Alzate Avendaño   KULTURINSTITUT

(Karte S. 54; www.fgaa.gov.co; Calle 10 No 3–16) In diesem Kulturinstitut in La Candelaria finden viele Veranstaltungen statt (einschließlich Tanz und Theater und auch einige Konzerte). 2008 wurde hier während einer Kunstausstellung ein Gemälde von Goya gestohlen.

Livemusik

In den Clubs überall in der Stadt wird abends Livemusik gespielt. Im Freien finden ebenfalls Events statt, wie etwa im Rock al Parque, wo bei riesigen Festivals Fans aus allen Ecken des Kontinents zusammenströmen. Dann prangen quer durch die Stadt auf Werbepostern die Namen großer Stars, die im Estadio El Campín, im Parque Simón Bolívar oder im Parque Jaime Duque (auf dem Weg nach Zipaquirá, nördlich der Stadt) auftreten.

Latino Power   LIVEMUSIK

(Karte S. 66; Calle 58 No 13-88; Gedeck 10 000 COP; ⊘ Mi–Sa 21 Uhr–2.30 Uhr) Trotz der Metamorphose, die diese Graffiti-bemalte Disko momentan erfährt – einhergehend mit einer unglücklichen Namensänderung (zuvor hieß es Boogalop und hatte weit mehr Klasse), folgt sie nach wie vor dem gleichen Mantra: ein Refugium für die ewigen Indie-Rock-Fans mit eklektischer, alternativer DJ-Musik und energiegeladenen Liveauftritten talentierter einheimischer Musiker (Ska, Punk, Vallenato).

Gaira Café   LIVEMUSIK

(Karte S. 60; ☎ 746-2696; Carrera 13 No 96-11; ⊘ Mo–Sa 12–2, So bis 17 Uhr; ☎) Carlos Vives, die Vallenato-Legende, hat diese megastarke Tanzhalle mit Restaurant gegründet, um den Gästen Livemusik anzubieten – und zwar in den typischen Rhythmen der Atlantikküste, Vallenato, Cumbia und Porro mit Begleitung von Akkordeon, Trommel und Gitarren; manchmal wird hier aber auch „modern" gespielt.

Die Einheimischen strömen gerne ins Gaira Café scharenweise herein, zum Essen oder um sich gemütlich quer durch verschiedenste Rumcocktails zu trinken. Getanzt wird auf engstem Raum auch rund um die Tische zur Livemusik einer Band mit elf Instrumenten.

Biblioteca Luis Ángel Arango   LIVEMUSIK

(Karte S. 54; www.banrepcultural.org; Calle 11 No 4–14) In dieser riesigen Bücherei wird jeden Monat eine gute Auswahl an verschiedenen Konzerten (sowohl instrumental als auch vokal) abgehalten. Beachten: Die Veranstaltungen am Mittwochabend sind teu-

ⓘ SMARAGDE KAUFEN – GEWUSST WIE!

Einige der hochwertigsten Smaragde der Welt werden hauptsächlich in den Minengebieten Muzo und Chivor in Boyacá abgebaut. Kolumbien ist der weltgrößte Smaragd-Exporteur. Daher stehen die wertvollen Steine meist auch auf den Einkaufslisten der Touristen, die Bogotá und Umgebung besuchen.

In den vergangenen Jahren war allerdings die Schönheit der kolumbianischen Smaragde überschattet von den gefährlichen Arbeitsbedingungen im Zusammenhang mit dem Untertageabbau. Einige einheimische Kritiker verglichen den Smaragdmarkt mit der Diamantenindustrie in Afrika.

Im Jahr 2005 schob die Regierung durch die Abschaffung der Bergbautarife und Steuern dem mächtigen Schwarzmarkt und anderen Auswüchsen der Schattenwirtschaft einen Riegel vor.

Heute können Touristen Smaragde mit gutem Gewissen kaufen. In der Hauptstadt werden die Smaragde in dem boomenden **Emerald Trade Center** (Karte S. 54; Av. Jiménez No 5-43; ⊙ Mo–Fr 7.30–19, Sa 8–17 Uhr), verkauft wo Dutzende von *comisionistas* (Händler) Edelsteine kaufen und verkaufen – manchmal auch auf den Gehsteigen. Smaragde werden auch direkt auf der Straße angeboten. Jedoch ist von einem vorschnellen Kauf abzuraten – manchmal wirken die Glasimitate täuschend echt! Und selbst wenn sie das wären, sind sie hoffnungslos überteuert!

Wer wirklich vernünftig einkaufen will, sollte sich an **Colombian Emerald Tours** (☏ 313-317-6534; www.colombianemeraldtours.com) wenden und an einer geführten, zweistündigen Tour quer durch die Stadt teilnehmen. Im Rahmen dieser Tour lernt man verschiedene *comisionistas* kennen. Zudem kann man im Emerald Trade Center etwas über verschiedene Schliffe, Qualität und dergleichen lernen. Niemand steht dabei unter dem Druck, irgendetwas kaufen zu müssen, jedoch werden bei einem Einkauf die Tourkosten in Höhe von 60 000 COP komplett gutgeschrieben.

Angeboten werden auch ganze Tagestouren zur Smaragdmine in Chivor, Boyacá, einer regionalen Initiative im Zeichen des Ökotourismus (ab 320 000 COP all-inclusive).

Beim Kauf von Edelsteinen sollten folgende Tipps beherzigt werden:

➡ Wer sich die Smaragde näher anschaut, sollte dabei auch die Person genau mustern, die sie verkauft – am besten einen Verkäufer suchen, bei dem sich ein gutes Gefühl einstellt. Wer seinem Gegenüber wohldosierte Aufmerksamkeit schenkt, wird überrascht sein, wie schnell klar wird, ob es besser ist, das Weite zu suchen oder sich zu entspannen.

➡ Juwelen und Schmuck sind reine Geschmackssache, und oft ist der erste Eindruck der beste und verlässlichste, egal ob in den Läden oder bei Händlern. Wer einen Edelstein oder ein Schmuckstück kauft, sollte nicht in Eile sein. Die Qualität eines Juwels ist in jedem kolumbianischen Geschäft durch festgesetzte Regeln gewährleistet, deshalb gibt es hierüber keine Streitigkeiten. Der Käufer kann sich also voll und ganz auf den Preis konzentrieren. Wem der Betrag zu hoch ist, sollte sich nicht scheuen, einfach weiterzugehen.

➡ Die wichtigsten Bewertungskriterien für einen Edelstein sind seine Harmonie im Zusammenspiel von Farbe, Klarheit, Helligkeit und Größe.

➡ Kolumbianer sind gastfreundlich und oft auch ulkig. Wer einen sympathischen Juwelier oder Händler findet, sollte ihn zum Tee oder auf einen *tinto* (schwarzen Kaffee) einladen. Auf die Art erfährt man gute Geschichten und bekommt einen Verbündeten im Smaragdgeschäft.

Ein verlässlicher Smaragdhändler in Bogotá ist **Gems Metal** (Karte S.54; ☏ 311-493 1602; Carrera 7 No 12C–28, Edificio America, Büro 707). Der Inhaber Oscar Baquero hat über 35 Jahre einschlägige Erfahrung. Man spricht Englisch. Das Preisspektrum fängt bei 50 US$ an und kennt nach oben hin keine Grenzen.

rer (ab 20 000 COP) als an anderen Tagen (4000 bis 6000 COP).

Sport

Viele Outsider setzen Kolumbiens Nationalsport – Fußball – mit dem Attentat auf Andrés Escobar gleich, nachdem dieser bei der Weltmeisterschaft 1994 gegen den Gastgeber USA den Ball unglücklich ins eigene Tor geschossen hatte. Sonst aber sind Fußballspiele hierzulande in der Regel eine ruhige Angelegenheit. Vielleicht ist es dennoch keine schlechte Idee, im Stadion neutrale Farben zu tragen. Die zwei großen Rivalen am Platz sind die (blau-weißen) **Millonarios** (Karte S. 48; www.millonarios.com.co) und die (rot-weißen) **Santa Fe** (Karte S. 48; www.inde pendientesantafe.co).

Hauptaustragungsort ist das **Estadio El Campín** (Karte S. 48; 315-8726; Carrera 30 No 57-60) mit 36 343 Sitzplätzen. Die Spiele finden immer mittwochabends und sonntagnachmittags statt. Für die großen Fußballmatches sollte man im Voraus eine Online-Reservierung vornehmen (35 000 bis 180 000 COP); ansonsten am Abendschalter früh genug vor Spielbeginn die Karten besorgen. Um Karten für internationale Matches zu ergattern, sollte man sich auf der Website der **Federación Colombiana de Fútbol** (www.fcf.com.co) erkundigen, wo man diese im Vorverkauf erhält.

Stierkämpfe wurden im Jahr 2012 durch eine Verfügung des Bürgermeisters Gustavo Petro unterbunden. Damit war die Stierkampfarena an der Plaza de Toros de Santamaría – ein Monumentalbau mit roter Backsteinoptik aus dem Jahr 1931 – erst einmal auf ein bloßes Dasein als historische Sehenswürdigkeit beschränkt. Der Beschluss ging jedoch 2014 beim kolumbianischen Verfassungsgericht in Revision. Am besten vor Ort überprüfen, was gerade der Stand der Dinge ist.

🔒 Shoppen

Einheimische lieben ihre Einkaufspassagen über alles – **Centro Comercial El Retiro** (Karte S. 60; www.elretirobogota.com; Calle 81 No 11-84; Mo–Do 10–20, Fr–Sa bis 21, So 12–19 Uhr) und **Centro Comercial Andino** (Karte S. 60; www.centroandino.com.co; Carrera 11 No 82-71; Mo–Do 10–20, Fr–Sa bis 21, So 12–18 Uhr) sind die besten Konsumtempel – doch sind sonntags Flohmärkte und das unüberhörbare Marktgeschrei an der Plaza de Mercado de Paloquemao gerade auch als Touristenattraktion noch einladender. Wer nach Anti-

quitäten sucht, findet entsprechende Läden entlang der Carrera 9, südlich der Calle 60, im Chapinero-Viertel.

Modebewusste finden die jeweils neuesten Trends Kolumbiens in verschiedenen Designer-Boutiquen, vor allem in der Carrera 7 zwischen den Calles 54 und 55, ebenfalls in Chapinero.

Mambe KUNSTHANDWERK
(www.mambe.org; Carrera 5 No 117-25; Di–Do 8.30–16.30, Fr 10–18, Sa & So 14–18 Uhr) Dieser ausgezeichnete Laden in Usaquén beherbergt eine begrenzte, aber äußerst gute Auswahl an Fair-Trade-Kunsthandwerk aus 40 Gemeinden aus allen Teilen Kolumbiens, die sich mit ihrem Kunsthandwerk einen Namen gemacht haben. Das Angebot wechselt wöchentlich im Rotationsverfahren.

Artesanías de Colombia KUNSTHANDWERK
(Karte S. 54; www.artesaniasdecolombia.com.co; Carrera 2 No 18A-58; Mo–Fr 9–18 Uhr) In einer Hacienda neben der Iglesia de las Aguas bietet dieser feine Laden hochwertiges Kunsthandwerk (jede Menge Wohnaccessoires sowie Geldbörsen, Spielzeuge, Hängematten und eine paar Kleidungsstücke). 70 Prozent der Erlöse fließen direkt zurück an die Kunsthandwerker im Dorf.

Brincabrinca BEKLEIDUNG
(Karte S. 60; www.brincabrinca.com; Carrera 14 No 85-26; Mo–Sa 10.30–14 & 15–19.30 Uhr) Wer auf Designer-T-Shirts abfährt, sollte schnurstracks Brincabranca ansteuern. Dort gibt es Bogotás stilvollste T-Shirts (60 000 COP) nach Entwürfen von einer ganzen Heerschar kolumbianischer und internationaler Designer, die bereits einige Auszeichnungen gewonnen haben.

La Casona del Museo KUNSTHANDWERK
(Karte S. 54; www.lacasonadelmuseo.com; Calle 16 No 5-24; Mo–Sa 9–19, So 10–17 Uhr) Das alte Gebäude nahe dem Museo del Oro beherbergt eine Ansammlung an einladenden Souvenirständen und zwei hübsche Cafés (im La Fuente auf der oberen Etage lässt sich eine Tasse Kaffee neben einem plätschernden Springbrunnen genießen).

Plaza Central de Usaquén MARKT
(Los Toldos de San Pelayo; Carrera 6A zwischen Calles 119 & 119A; So & So 8–18 Uhr) Direkt nördlich vom Hauptplatz, in dem dörflich anmutenden Usaquén, finden sich Imbissstände, farbenfrohe Geldbeutel, gut sortiertes Kunsthandwerk und Bambus-Saxopho-

ne – einen weiteren „Satelliten" mit einem ähnlichen Angebot gibt es ein paar Blocks weiter östlich.

Pasaje Rivas KUNSTHANDWERK

(Karte S. 54; Ecke Carrera 10 & Calle 10; ☺Mo–Sa 9–18, So bis 15 Uhr) Ein paar Blocks westlich der Plaza de Bolívar lockt dieser Kunsthandwerksmarkt mit Objekten zu günstigen Preisen (nicht nur für Touristen); dazu zählen jede Menge Strohhüte, T-Shirts, Spielzeugfiguren, Körbe und *ruanas* (kolumbianische Ponchos). Auf dem Eingang neben der Iglesia de la Concepción steht „Pasaje Paul".

Librería Lerner BUCHLADEN

(Karte S. 54; ☑334-7826; www.librerialerner.com. co; Av. Jiménez 4-35; ☺Mo–Fr 9–19, Sa 7–14 Uhr) Lerner verfügt über ein reichhaltiges Sortiment an spanischsprachigen Reiseführern für Kolumbien sowie ein breites Spektrum an Karten, einschließlich dem *Movistar guía de rutas por Colombia* (Karte/Reiseführer mit Farbfotos; 15 000 COP) und eine 12er-Straßenkartenserie mit Nationalrouten, *Mapas de Ruta* (Einzelpreis 1000 COP; oder als Paket für 14 000 COP).

Plaza de Mercado de Paloquemao MARKT

(Karte S. 48; www.plazadepaloquemao.com; Ecke Av. 19 & Carrera 25; ☺8–13 Uhr) Ein chaotisch-kolumbianischer Schnäppchen-Markt. Am besten dienstags oder donnerstags ziemlich früh losziehen – dann sind hier immer die Blumentage!

Mercado de San Alejo MARKT

(Karte S. 54; Carrera 7 zwischen Calles 24 & 26; ☺So 7–17 Uhr) Der Klassiker in der Stadtmitte füllt einen ganzen Parkplatz aus und bietet jede Menge Krimskrams von vorgestern (Poster, Bücher, Nippes) - es macht jedenfalls viel Spaß, die Sachen anzuschauen.

Camping Amarelo CAMPINGAUSRÜSTUNG

(Karte S. 66; ☑217-4480; www.campingamarelo. com; Calle 57 No 9-29, Büro 301; ☺Mo–Fr 9–17.30, Sa bis 12.30 Uhr) Dieser kleine Laden verkauft und verleiht Campingausrüstungen für jeden Bedarf (z. B. Zelte ab 8000 COP pro Tag). Außerdem können hier auch Bungalow-Zimmer (ab 45 000 COP) in Suesca gebucht werden. das weitere Angebot umfasst auch Stiefel.

San Miguel HÜTE

(Karte S. 54; ☑243-6273; Calle 11 No 8-88; ☺Mo bis Sa 9–18 Uhr) Der traditionsreiche Hutmacher blickt bereits auf mehr als 70 erfolgreiche Jahre zurück – ein echter Klassiker und

in der Tat der Beste seiner Zunft im ganzen Block. Die meisten weichen Filz- und Cowboy-Hüte werden vor den Augen der Kunden hergestellt.

Hacienda Santa Bárbara EINKAUFSZENTRUM

(www.haciendasantabarbara.com.co; Carrera 7 No 115-60; ☺10–20.30 Uhr) Da das Einkaufszentrum rund um eine *casona* (großes Kolonialhaus; 1847) angelegt wurde, vereinen sich hier historische und moderne Architektur. Die Atmosphäre ist wesentlich ruhiger als in der Shopping-Szene der Zona Rosa. Anfahrt: mit der Hybridbuslinie TransMilenio L80–M80 (Anfangs- und Endhaltestelle) entlang der Carrera 7.

ℹ Topografie

Das Ballungsgebiet Bogotás erstreckt sich größtenteils in Richtung Nord–Süd (in den letzten Jahren auch nach Westen), die hochaufragenden Gipfel des Monserrate und des Guadalupe bilden im Osten eine natürliche Wand.

Die Orientierung in Bogotá ist dank des logischen Straßensystems (wenn man es einmal verstanden hat!) ein Kinderspiel. Alle Straßen, die von Norden nach Süden oder entgegengesetzt verlaufen, heißen Carrera und die von Osten nach Westen bzw. Westen nach Osten Calle. Beide sind durchnummeriert, d. h., statt Straßennamen gibt es Zahlen. Osten ist immer dort, wo die Bogotá umgebenden Berge am nächsten erscheinen. Praktischerweise steckt in jeder Adresse auch ein Hinweis auf die nächstgelegenen Querstraßen; Calle 15 No 4-56 ist z. B. die 15. Straße zwischen den Carreras 4 und 5.

Bogotás Zentrum ist viergeteilt: Es besteht aus dem teilweise erhaltenen Kolonialviertel La Candelaria (südlich der Avenida Jiménez und zwischen den Carreras 1 und 10), wo sich hauptsächlich Studenten tummeln, sowie mit einer Fülle von Bars und Hostels; dem traditionellen Geschäftsviertel oder der „Innenstadt" (hauptsächlich Carrera 7 und Calle 19, zwischen der Avenida Jiménez und der Calle 26), dem Wolkenkratzerviertel Centro Internacional (Carreras 7, 10 und 13, grob zwischen Calles 26 und 30) und direkt im Osten zu den Bergen hin dem Künstler- und Schlemmerviertel Macarena.

Das nördliche Bogotá gilt als der wohlhabendste Teil der Stadt. Der Norden beginnt mehr oder weniger 2 km nördlich des Centro Internacional. Etwas weniger geordnet ist das weitläufige Viertel Chapinero mit seiner Theaterszene, seinen Antiquitätengeschäften und den zahlreichen Schwulenkneipen (grob zwischen der Carrera 7 und der Avenida Caracas, von Calle 40 bis Calle 67); es beginnt mit der Zona G, einem kleinen Streifen mit Spitzenrestaurants (östlich der Carrera 7 und der Calle 80). Chapinero Alto gilt als kleine Künstlerenklave (in Chapinero zwischen Carrera 7a und Avenida Circunvalar ab den Calles 53 bis 65).

Zehn Blocks weiter nördlich beginnt die quirlige Zona Rosa (oder Zona T, der Name leitet sich von der T-förmigen Fußgängerzone und Einkaufspassage zwischen den Carreras 12 und 13, bei Calle 82A ab). Dieses Viertel hat zahlreiche Clubs, Einkaufszentren und Hotels zu bieten. Eine beschaulichere Version davon – mit vielen Restaurants – verläuft am schickeren Parque 93 (Calle 93 zwischen Carreras 11A & 13), der schon zum Stadtviertel Chicó gehört, und dann gibt es noch das einstige *pueblo plaza* in Usaquén (Ecke Carrera 6 und Calle 119). Eine Reihe ziemlich unattraktiver moderner Gebäude bildet die Kulisse des sogenannten Bankenviertels in der Calle 100 zwischen Avenida 7 und Carrera 11.

Die beliebtesten Verbindungstraßen zwischen dem Zentrum und dem Norden sind die Carrera Séptima (Carrera 7, „La Séptima") und die Carrera Décima (Carrera 10); hier wimmelt es von Stadtbussen. Ein weiterer Boulevard, die Avenida Caracas (folgt der Carrera 14, dann der Av 13 nördlich der Calle 63), ist die Hauptverkehrsader in Richtung Nord-Süd für den TransMilenio-Busverkehr. Die Calle 26 (oder Avenida El Dorado) führt in Richtung Westen zum Flughafen.

ℹ Praktische Informationen

GEFAHREN & ÄRGERNISSE

Trotz großer Fortschritte im Verlauf der letzten 20 Jahre ist das Leben in Bogotá wieder etwas unsicherer geworden, auch wenn die Kriminalität insgesamt zurückgegangen ist. La Candelaria ist in der Regel sicher, aber es soll nach Einbruch der Dämmerung schon vermehrt zu Raubüberfällen und Übergriffen auf Touristen (unter Bedrohung mit einem Messer) gekommen sein. Wer in La Calenderia übernachten will, sollte also seine Unterkunft nicht nur nach allgemeinen Kriterien auswählen, sondern auch die Sicherheit nicht außer Acht lassen; insbesondere ist es für Nachtschwärmer ratsam, nichts Wertvolles (bei sich) zu tragen, sobald die Polizeistreifen nach ihrer Tagessschicht abziehen. Seit ca. 2013 wurde ein enormer Anstieg an Überfällen verzeichnet (500 mehr als im Durchschnitt) und die Bergstraße Calle 9, ist, je weiter man in Barrio Egypto vordringt, ein berüchtigter Hotspot – am besten macht man um dieses Viertel einen großen Bogen und streunt nicht bis über die Carrera 1 hinaus.

Am nördlichen Ende im Parque de los Periodistas (Avenida Jiménez und Carrera 4) kam es in der Vergangenheit nach Einbruch der Dunkelheit zu Raubüberfällen unter Bedrohung mit einem Messer sowie in einigen Fällen zu Drogendeals. Die Straße zwischen der Universidad de Los Andes und Monserrate sollte von Alleinreisenden ebenfalls gemieden werden. Auch wenn es

nicht den Anschein hat, ist es doch gefährlich hier herumzulaufen; das betrifft insbesondere die Wanderwege an den Bergflanken, aber auch die kurze Passage zwischen der Seilbahnstation und dem gleich unterhalb liegenden Viertel Quinta de Bolívar.

Ebenfalls keine gute Idee ist es, ziellos in Macarena herumzustromern (besser ein Taxi nehmen und immer schön auf den belebteren Restaurant-Straßen bleiben). – La Perseverancia, ein zwielichtiges Viertel gleich nördlich von Macarena, hat ebenfalls keinen guten Ruf.

Tatsache ist, dass die Großraumbusse in Bogotá ständig überfüllt sind, und dass die Kriminalitätsrate im öffentlichen Nahverkehr dramatisch angestiegen ist, nachdem das TransMilenio-Verkehrskonzept mit neuen Bustrassen ausgeweitet wurde. Man sollte deshalb immer auf der Hut sein, um während der Busfahrt von keinem Taschendieb bestohlen zu werden.

Darüber hinaus kam es in den letzten Jahren zu Eskalationen zwischen der Regierung und Rebellen der Nationalen Befreiungsarmee (ELN), d. h. es gab vermehrt Bombenanschläge; Zielscheibe der Attentate sind aber nicht Touristen.

Mit dem Norden ist es im Großen und Ganzen eine andere Geschichte. Viele Einheimische bewegen sich in der Region zwischen der Zona Rosa und der Club-/Restaurantszene entlang der Parque 93 relativ unbehelligt. Abgesehen davon muss es aber dort auch schon vereinzelt zu Bombenattentaten gekommen sein.

Wer überfallen oder angegriffen wird, sollte in keinem Fall zurückschlagen – einfach Geld herausrücken und weiterziehen. Aufgrund der unsicheren Lage sollten Reisende einsame Straßen meiden und zu später Stunde lieber ein Taxi nehmen.

GELD

Im Emerald Trade Center (S. 80) gibt es zwei Wechselstuben, jedoch zieht man besser Geld an den zahlreichen Geldautomaten überall in der Stadt.

Bancolombia (Carrera 8 No 12B-17) wechselt Reiseschecks.

Western Union (www.westernunion.com; Calle 28 No 13-22, Filiale 28; ⊙ Mo–Fr 9–17, Sa bis 13 Uhr) kann Geld überweisen.

MEDIZINISCHE VERSORGUNG

In Privatkliniken ist die Versorgung weitaus besser als in staatlichen Krankenhäusern. Letztere sind zwar günstiger, womöglich aber weniger gut ausgestattet.

Fundación Santa Fe (☑ 603-0303; www.fsfb. org.co; Calle 119 No 7-75) Sehr professionelle Privatklinik (Stiftung).

Dr. Paul Vaillancourt (☑ 311-271-6223; Carrera 11 No 94A-25, Oficina 401; ⊙ Mo–Fr 9–12 Uhr) ist ein empfehlenswerter englischsprachiger Privatarzt (halb Franzose, halb Kanadier), der 160 000 COP pro Sprechstunde verlangt (Krankenversicherung wird nicht akzeptiert, jedoch kann im Bedarfsfall mit den Krankenhäusern abgerechnet werden). Wer nach Brasilien oder in eine andere Region weiterreist, für die eine Gelbfieberimpfung erforderlich ist, bekommt diese am leichtesten in dieser Praxis (56 000 COP).

NOTFALL

Ambulanz bzw. Krankenwagen, Tel. ☑125.
Polizeiruf und Feuerwehr ☑123.
Touristenpolizei (☑280-9900) zweisprachiges Personal (Englisch/Spanisch).

POST

Kuriere (Karte S. 54; Carrera 7 No 16-50; ⊙Mo–Fr 8–18, Sa 9–12 Uhr) FedEx, DHL, TNT und UPS-Filialen.

Postamt Centro Internacional (4-72; Karte S. 54; www.4-72.com.co; Carrera 7 No 27-54; ⊙Mo–Fr 8–18, Sa 9–13 Uhr) Filiale 4-72, Kolumbiens Post inklusive aller Dienstleistungen.

Postamt Chapinero (4-72; Karte S. 60; www.4-72.com.co; Ecke Av. Chile & Carrera 15; ⊙Mo–Fr 8–18, Sa 9–14 Uhr)

Postamt La Candelaria (4-72; Karte S. 54; Carrera 8 No 12A-03; ⊙8Mo–Fr 8–17.30, Sa 9–13 Uhr)

TOURISTENINFORMATION

Kolumbiens dynamisches **Instituto Distrital de Turismo** (☑8000-012-7400;www.bogota turismo.gov.co) verbreitet bei allen Besuchern das Gefühl, im Land willkommen zu sein. An zentralen Stellen rund um Bogotá steht in einer Reihe Puntos de Información Turística (PIT-Filialen) ein sehr freundliches englischsprachiges Personal zur Verfügung. Einige PITs bieten auch kostenlose Führungen an (in Englisch oder Spanisch, zu unterschiedlichen Zeiten). Zusätzlich zu den hier aufgeführten PITs gibt es noch eine ganze Anzahl weiterer in jedem der Flughafenterminals und an den TransMilenio-Busbahnhöfen, neben anderen Standorten rund um die Stadt.

Parques Nacionales Naturales (PNN) de Colombia (Karte S. 54; ☑353-2400 Nebenstelle 138; www.parquesnacionales.gov.co; Carrera 10 No 20-34; ⊙Mo–Fr 8–18 Uhr) Dieses zentrale Büro hat gute Informationen über Kolumbiens Nationalparks und Ökotourismusprojekte. Leider wirkt es etwas verlassen – einfach anklopfen, und schon öffnet sich die große schwarze Tür.

PIT Centro Histórico (Karte S. 54; ☑283-7115; Ecke Carrera 8 & Calle 10; ⊙7–18 Uhr) Gegenüber der Plaza de Bolívar, in der Casa de Comuneros untergebracht, organisiert diese PIT von Dienstag bis Donnerstag Stadtrundgänge in Englisch, jeweils um 14 Uhr.

PIT Terminal de Transporte (☑295-4460; Transversal 66 No 35-11, La Terminal, Modul 5) In der Ankunftshalle des Busbahnhofs (Hauptterminal).

VISAINFORMATIONEN

Visaverlängerungen werden vom Einwanderungsbüro Migración Colombia (S. 364), nördlich der Parque 93, bearbeitet. Anfahrt: TransMilenio-Bus M80 TransMilenio ab Haltestelle „Museo Nacional" bis „Escuela de Caballería" (Carrera 7 und Calle 100); nach dem Ausstieg geht es vier Häuserblocks weiter westlich. Weitere hilfreiche Details zum Visaverfahren, siehe S. 364.

❶ An- & Weiterreise

BUS

Bogotás großer Busbahnhof **La Terminal** (Karte S. 48; ☑ 423-3630; www.terminaldetransporte.gov.co; Diagonal 23 No 69-11), liegt ca. 5 km westlich des Stadtzentrums in der blitzblanken Retortenstadt La Salitre. Er ist einer der besten Busbahnhöfe Südamerikas, mit höchsten Standards, was Effizienz und eine „schockierend" reibunglose Organisation anbelangt. Das Terminal befindet sich in einem riesigen, gewölbten Backsteingebäude, das in fünf *módulos* (Einheiten) aufgeteilt ist.

Busse in Richtung Süden starten am westlichen Ende der Halle im Modul 1 (gelb markiert); Busse in Richtung Osten und Westen im Modul 2 (blau markiert); und Richtung Norden im Modul 3 (rot markiert). *Colectivos* (Sammeltaxis) oder Kleinbusse fahren in einige nahe gelegene Städte wie Villavicencio, ihre Abfahrt ist in Modul 4, während alle ankommenden Busse im Modul 5 anhalten (am östlichen Ende des Terminals gelegen).

Im Terminal gibt es eine Vielzahl an Imbiss-Angeboten, außerdem Geldautomaten, Gepäckaufbewahrung, ein (sauberes) Bad und sogar Duschen (6500 COP) sowie ein PIT-Informationscenter im Modul 5, wo man sich nach Busfahrplänen erkundigen oder telefonisch Unterkünfte reservieren kann.

In jedem *módulo* schwirren einige aufdringliche Fahrkartenverkäufer verschiedener Gesellschaften herum, die den Reisenden manchmal Fahrten in ihren Bussen aufdrängen wollen. Für einige Langstreckenziele – vor allem an die Karibikküste – ist es in der Nebensaison manchmal möglich, um die Preise zu feilschen. Gewöhnliche Bustypen sind *climatizado*, d. h. mit einer Klimaanlage ausgestattet. Manche Anbieter sind nicht gerade sehr professionell, was die Beschilderung angeht – egal ob Fahrziel, Preise oder Fahrpläne betreffend. Am besten informiert man sich lieber gleich auf der offiziellen Website von La Terminal.

INTERNATIONALE BUSROUTEN & FAHRPREISE

REISEZIEL	FAHRPREIS (COP$)	FAHRZEIT	ABFAHRT
Buenos Aires	810 000	6–7 Tage	Mo 11, Fr 21 & So zwischen 21 und 24 Uhr
Caracas	208 000	36 Std.	Mi 19-23 Uhr
Guayaquil	230 000	41 Std.	Mo 11, Fr 21 & zwischen So 21 und 24 Uhr
Lima	390 000	2½ Tage	Mo 11, Fr 21 & So zwischen 21 und 24 Uhr
Mendoza	726 000	5½ Tage	Fr 21 & So zwischen 21 und 24 Uhr
Quito	170 000	36 Std.	Mo 11, Fr 21 & So 21–24 Uhr
Santiago	650 000	5–6 Tage	Mo 11, Fr 21 & So zwischen 21 und 24 Uhr
São Paulo	923 000	8 Tage	Fr 21 & So 21–24 Uhr

Inlandsbusse

Zu den meisten Inlandsreisezielen verkehren tagsüber zahlreiche Busse einer Handvoll verschiedener Busunternehmen (nach Medellín, Cali oder Bucaramanga normalerweise halbstündl.). Ein Preisvergleich bzw. ein Gegencheck von Abfahrtszeiten kann nicht schaden; denn je nach Saison, Busunternehmern und Service-Qualität können Preise und Abfahrtszeiten stark variieren.

Expreso Bolivariano (☎ 800-011-9292; www.bolivariano.com.co) ist Kolumbiens beste nationale Busgesellschaft mit den schönsten Komfortbussen.

Internationale Busverbindungen

Busse zu Städten in Südamerika fahren im Modul 2 (blau) des Busterminals ab. Die Busse von **Expreso Ormeño** (☎ 410-7522; www.grupo-ormeno.com.co) fahren freitags und samstags, die von **Cruz del Sur** (☎ 428-5781; www.cruzdelsur.com.pe; La Terminal) montags; hier sind Busfahrkarten für die meisten Reiseziele erhältlich.

FLUG

Bogotás nagelneuer Flughafen **Aeropuerto Internacional El Dorado** (Karte S. 48; www.elnuevodorado.com; Av. El Dorado) liegt 13 km nordwestlich des Stadtzentrums. Hier landen Flugzeuge aus dem In- und Ausland. Insgesamt wurden satte 900 Millionen Euro in die Sanierung und den Ausbau des Flughafens investiert. Geplant ist sogar die Erweiterung der Kapazitäten durch den künftigen Bau zweier weiterer Terminals.

Terminal T1, das alte El-Dorado-Terminal, fertigt sämtliche internationale Flüge ab, d. h. Aviancas Hauptflugrouten nach Barranquilla, Bucaramanga, Cali, Cartagena, Medellín, Pasto, Pereira und San Andrés sowie Inlandsrouten anderer Fluggesellschaften.

Terminal T2 (Puente Aéreo), 1 km westlich von Terminal 1 (mit Airport-Shuttle-Bus erreichbar) fertigt die restlichen Avianca-Inlandsflüge ab, d. h. Flüge von/nach Armenia, Barrancabermeja, Cúcuta, Florencia, Ibagué, Leticia, Manizales, Montería, Neiva, Popayán, Riohacha, Santa Marta, Valledupar, Villavicencio und Yopal.

Die meisten Airlinebüros in Bogotá befinden sich im Norden der Andenmetropole; einige haben mehr als nur eine Niederlassung. Für Reiseziele innerhalb Kolumbiens gibt es jede Menge Inlandsflüge (siehe Auflistung der Inlandsfluggesellschaften, S. 371).

❶ Unterwegs vor Ort

Stoßzeiten sind früh morgens und nachmittags. Dann sind die Straßen wirklich verstopft, sodass selbst kein Bus mehr durchkommt.

VOM/ZUM FLUGHAFEN

Die preisgünstigste und schnellste Verbindung zum Flughafen ist per Bus, siehe TransMilenio-Fahrplan (S. 88). Jedoch aufgepasst! Im Bus wird kein Bargeld akzeptiert; wer mitfahren will, benötigt die *Tarjeta Tu Llave* oder die *Tarjeta Cliente Frecuente*; und diese waren zur Zeit der Recherche aus unerfindlichen Gründen nicht am Flughafen erhältlich.

Wer seine Unterkunft in Chapinero gebucht hat oder Richtung Norden weiterfahren muss, nimmt Bus M86, der vor der Puerta 8 (Ankunftshalle) alle sieben Minuten abfährt (Mo–Fr 4.30 bis 23, Sa 5 bis 23, So 9 bis 18 Uhr); Richtung Centro Internacional, und weiter Richtung Norden sowie über die Carrera 7 bis zur Calle 116. Wer nicht in Besitz einer *Tarjeta Tu Llave* oder *Tarjeta Cliente Frecuente* ist, darf nur mit dem kostenlosen Shuttlebus „16-14 Aeropuerto" fahren (Abfahrt zwischen den Puertas 7 und 8; alle 10 Min. von 4 bis 23 Uhr, Richtung TransMilenio-Portal El Dorado; dort ist dann eine Fahrkarte erhältlich, die für eine Weiterfahrt im M86 berechtigt. Verschiedene Geldautomaten befinden sich gegenüber der Puerta 5 der Ankunftshalle). Der Bus K86, ebenfalls eine TransMilenio-Linie, verkehrt vom Norden her bis zum Flughafen.

Wer in La Candelaria logiert, muss einmal umsteigen. Ab dem Flughafen fährt der bereits erwähnte kostenlose Shuttlebus „16-14 Aeropuerto" bis zum Portal El Dorado; dann geht es weiter mit dem TransMilenio J6 bis „Universidades", einer Haltestelle, die mit dem Bahnhof Las Aguas durch einen unterirdischen Tunnel verbunden ist. Zum Flughafen nimmt man die Linie K6 ab „Universidades" bis „Portal El Dorado" und wechselt dort in den Shuttlebus zum Flughafen.

Für beide Strecken, egal in welche Richtung, sollte man bei normaler Verkehrslage mit einer guten Stunde Fahrtzeit rechnen und zur Sicherheit während der Stoßzeiten eine Pufferzeit berücksichtigen.

Ab dem Flughafen sorgt **Taxi Imperial** (www. viajesimperialsas.com/taxiimperial) für eine reibungslose Verbindung zum Flughafen – die Taxifahrer sind mit ihren orangefarbenen Jacken gut erkennbar.

Hier ein paar Richtwerte für Taxikosten vom/zum Flughafen: La Candelaria (25 000 bis 30 000 COP), Chapinero (35 000 bis 37 000 COP) und Zona Rosa (35 000 bis 37 000 COP). Die Taxis reihen sich in einer gewöhnlich langen Warteschlange vor dem Hauptterminal auf. Vom bzw. zum Flughafen wird ein *sobrecargo* (Aufpreis) von 3600 COP fällig; manchmal fällt auch für das Gepäck eine zusätzliche Gebühr an.

VOM/ZUM BUSTERMINAL

Eine Kombination aus TransMilenio-Busfahrt und kurzem Fußmarsch ist die schnellste und praktischste Verbindung zum großen Busbahnhof La Terminal (S. 84).

Der Bahnhof El Tiempo an der TransMilenio-Flughafenstrecke M86-K86/J6-K6, ist 950 m vom Terminal entfernt. Zum Terminal (Ausgang Bahnhof) El Tiempo geht es über eine Fußgängerbrücke rechter Hand, und dann nochmal weiter rechts einen Gehweg entlang; hier immer geradeaus laufen an 1½ Häuserblocks vorbei bis zur Carrera 69, dann links abbiegen (zwischen der Cámara de Comercio Bogotá (Handelskammer) und dem Hafenkomplex (World Business Port Buildings). Nach weiteren fünf Häuserblocks (an Maloka zur linken Seite vorbei) läuft man über zwei Fußgängerbrücken (über die Calle 24A bzw. Avenida La Esperanza), dann weitere 300 m auf einem Gehweg Richtung „t"-Turm.

In La Terminal befindet sich ein organisierter Taxi-Service (Modul 5); die Warteschlangen sind enorm, jedoch wird pro Meter bezahlt. Eine Taxifahrt nach La Candeleria kostet ca. 12 500 COP, nach Chapinero Alto 9500 COP und in die Zona Rosa 12 500 COP. Zwischen 8 und 5 Uhr gilt ein Aufpreis von 1700 COP.

BUSSE & BUSETAS

Abgesehen vom TransMilenio-Verkehrsnetz (S. 88) wird Bogotás öffentlicher Nahverkehr von regulären Bussen und *busetas* (Kleinbussen) betrieben; Letztere werden jedoch allmählich stillgelegt und durch die (offiziellen) blauen Busse der öffentlichen Verkehrsgesellschaft **SiTP** (Sistema Integrado de Transporte Público; www. sitp.gov.co) ersetzt. Entsprechend hat man ihnen auch den Spitznamen *„azules"* verpasst. Sie sollen in Zukunft als ergänzende Transportmittel zum TransMilenio-Verkehrsnetz den gesamten öffentlichen Nahverkehr stemmen bzw. unter einem effizienten Dach vereint sein. Sinnvollerweise hat TransmiSitp (www.trans misitp.com) dazu eine beliebte App entwickelt, die alle Routen zwischen TransMilenio und SiTP koordiniert. Sofern es die Verkehrslage erlaubt, durchqueren die Busse der beiden Linien die Stadt in voller Länge und Breite bei voller Geschwindigkeit. Vor Redaktionsschluss waren immer noch 50 Prozent der *busetas* auf den Straßen im Einsatz.

Nur in einigen wenigen Straßen gibt es keine Bushaltestellen – einfach den Bus herbeiwinken, an der Vordertür zusteigen und beim Fahrer oder seinem Assistenten bezahlen; ein Ticket wird nicht ausgestellt. In Bussen mit Einstieg hinten kann man den Fahrer durch ein Klingelzeichen wissen lassen, wo und wann er anhalten soll. In den *busetas* gibt es normalerweise nur eine Vordertür, an der alle Passagier zu- und aussteigen. Wer aussteigen will, sagt dem Fahrer einfach *„por acá, por favor"* (hier, bitte!).

In jedem Bus bzw. jeder *buseta* ist an der Windschutzscheibe ein Schild angebracht, auf dem die Route und die Nummer der Buslinie stehen. Für Einheimische sind diese Informationen bereits aus der Ferne leicht zu erkennen, für Neulinge jedoch kann es schwierig sein, die Routenbeschreibung schnell genug zu entziffern, um auch den richtigen Bus herbeizuwinken. Man braucht ein wenig Geduld und Beharrlichkeit.

Pauschalpreise, unabhängig von der zurückgelegten Entfernung, sind angeschrieben und bewegen sich im Allgemeinen um die 1400 COP. Manchmal sind die Tarife nachts, sonntags und feiertags etwas teurer (nach 20 Uhr).

Sammeltaxis, hier *colectivos* genannt, verkehren auch auf den Hauptstrecken. Sie sind schneller als Busse und *busetas*; eine Fahrt kostet ca. 1600 COP.

FAHRRAD

Bogotá hat weltweit eines der bestausgebauten Fahrradwegenetze mit über 350 km gut ausgeschilderten und schön aufgeteilten Fahrradwegen, die sogenannte CicloRuta. Kostenlose Bogotá-Stadtpläne, die bei den PIT-Informationsstellen erhältlich sind, zeigen die CicloRuta-Wege.

INLANDSBUSROUTEN & FAHRPREISE

REISEZIEL	FAHRPREIS (COP$)	FAHRZEIT	MÓDULO (NR.)	BUSUNTERNEHMEN
Armenia	51 000	7 Std.	gelb (1)	Flota de Magdalena, Expreso Bolivariano
Barranquilla	70 000	17–20 Std.	rot (3) & blau (2)	Copetran, Expreso Brasilia, Berlinas
Bucaramanga	40 000	8–9 Std.	rot (3)	Libertadores, Copetran, Transporte Reina
Cali	59 000	8–10 Std.	gelb (1) & blau (2)	Flota La Magdalena, Expreso Bolivariano, Velotax
Cartagena	90 000	12–24 Std.	blau (2) & rot (3)	Copetran, Expreso Brasilia, Berlinas
Cúcuta	100 000	15–16 Std.	rot (3)	Expreso Brasilia, Berlinas
Honda	20 000	4 Std.	blau (2)	Flota Aguila, Rapido Tolima
Ipiales	121 000	22 Std.	gelb (1)	Continental Bus
Manizales	50 000	8–9 Std.	blau (2)	Expreso Bolivariano, Rapido Tolima
Medellín	55 000	9 Std.	gelb (1) & blau (2)	Expreso Brasilia, Expreso Bolivariano
Neiva	30 000	5–6 Std.	gelb (1) & blau (2)	Flota La Magdalena, Rapido Tolima
Ocaña	88 000	12 Std.	rot (3)	Copetran, Omega
Pasto	110 000	18–20 Std.	gelb (1)	Continental Bus, Flota La Magdalena
Pereira	50 000	7–9 Std.	gelb (1)	Expreso Bolivariano, Flota La Magdalena
Popayán	80 000	12 Std.	gelb (1)	Flota La Magdalena, Velotax
Riohacha	100 000	18–19 Std.	rot (3)	Copetran, Expreso Brasilia
San Agustín	464 000	9–10 Std.	gelb (1)	Taxis Verdes, Coomotor
San Gil	40 000	6–7 Std.	rot (3)	Berlinas, Omega, Copetran
Santa Marta	70 000	16–17 Std.	blau (2) & rot (3)	Berlinas, Omega, Copetran
Sogamoso	23 300	4 Std.	rot (3)	Libertadores, Autoboy
Tunja	19 000	3 Std.	rot (3)	Libertadores, Copetran
Villa de Leyva	23 000	4 Std.	rot (3)	Libertadores, Rapido El Carmen
Villavicencio	21 000	3 Std.	blau (2)	Flota La Macarena, Expreso Bolivariano

BOGOTÁ UNTERWEGS VOR ORT

Zusätzlich gibt es sonntags und feiertags ca. 121 km autofreie Straßen von 7 bis 14 Uhr, damit die stadtweite Ciclovía (S. 58) stattfinden kann. Es handelt sich dabei um ein gut organisiertes Event, das es den Stadtbewohnern erlaubt, Bogotá auf zwei Rädern zu erkunden. Bei Bogotá Bike Tours (S. 62) ist es möglich, ein Fahrrad zu mieten. Ciclovía führt die gesamte Carrera 7 entlang, von La Candelaria bis Usaquén – selbst für Fußgänger ist es ein echtes Erlebnis.

TAXI

Bogotás beeindruckende Taxiflotte besteht aus gelben Taxis *made in Korea*. Sie sind ein sicheres, zuverlässiges und relativ günstiges Fortbewegungsmittel vor Ort. Zur festen Ausstattung gehört ein Taxameter, das von den Fahrern in der Regel auch benutzt wird. Zu Beginn einer Taxifahrt sollte der Taxameter immer auf

„25" stehen. Dies entspricht einer kodierten Preistabelle (die laminierte Karte mit den Preisen sollte gut sichtbar über dem Beifahrersitz hängen). Die Grundgebühr liegt beim Wert „50", was 3600 COP entspricht. Die Anzeige auf dem Taxameter sollte sich alle 100 m ändern. Sonntags und feiertags sowie nach Einbruch der Dunkelheit wird ein Aufschlag von 1700 COP fällig; dieser beträgt bei Fahrten zum Flughafen 3600 COP. Bei bestellten Taxis beträgt der Aufpreis 600 COP.

Wer mehrere Fahrten zu verschiedenen Zielen vorhat, sollte besser ein Taxi pro Stunde mieten (ca. 18 200 COP) und damit Geld sparen.

Ohne Begleitung durch einen Einheimischen ein Taxi herbeiwinken? Kann man vergessen! Wer das versucht, wird gar nicht erst bemerkt und missachtet alle Sicherheits- und Schutzmaßnahmen bzw. erhöht damit enorm sein

ℹ️ TAXI-TRINKGELD PER APP

Bei einem Taxiruf (www.tappsi.co) – sei es über eine Reservierungs-App oder per Telefon – benötigt der Fahrer ein Password (*clave*), normalerweise sind das die letzten zwei Stellen der Telefonnummer, von der aus angerufen wird. Ohne diesen Code kann der Taxameter nicht richtig eingestellt werden.

Während der Stoßzeiten sind Taxis Mangelware; es sei denn, man tippt über die App gleich ein Trinkgeld ein; ansonsten reagieren die Taxifahrer erst gar nicht auf die Buchungsanfrage. Und so geht's: Auf der Website von Tappsi einfach auf „More" klicken und „VIP" auswählen, dann den Betrag eingeben, der eine schnellere Antwort triggern soll (2000 bis 3000 COP sollten hierfür ausreichen).

Risiko, ausgeraubt zu werden. Stattdessen ist es sinnvoll, eine der zahlreichen Taxizentralen anzurufen und ein Fahrzeug per Funk zu bestellen, z. B. bei Taxis Libres (☎ 311 1111, www.taxislibres.com.co), Taxi Express (☎ 411-1111; www.4111111.co); sogar noch besser ist Bogotás neue Taxi-App **Tappsi** (www.tappsi.co), weil sie zudem alle Sprachbarrieren überwindet.

Auf keinen Fall mitfahren, wenn sich der Fahrer weigert, den Taxameter einzustellen. Die meisten Fahrer sind ehrlich, dennoch lohnt es sich, den endgültigen Fahrpreis in Abstimmung mit der Preistabelle festzulegen. Einige Taxifahrer runden die Beträge zu später Stunde etwas auf, denn sie bekommen selten ein Trinkgeld.

TRANSMILENIO

Das ehrgeizige Verkehrskonzept namens TransMilenio (www.transmilenio.gov.co), nach dem Vorbild des brasilianischen ÖNV-Modells Curitiba, hat Bogotás öffentlichen Nahverkehr revolutioniert. Nach zahlreichen Plänen und Studien für den Bau einer U-Bahn, die in den letzten 30 Jahren alle in der Schublade gelandet sind, wurde das Metro-Projekt schließlich beerdigt und stattdessen die Einführung eines schnellen Busverkehrssystems namens TransMilenio beschlossen.

Im Wesentlichen handelt es sich um ein Verkehrskonzept, das so ähnlich wie ein U-Bahn-System funktioniert. Die Gesamtstreckennetz beträgt 112 km mit einer Busflotte von 1400 Fahrzeugen. TransMilenio kümmert sich in Eigenregie um 144 Bubsbahnhöfe (und sorgt dafür, dass alles ordentlich und sicher abläuft). Einige verfügen sogar über WLAN-Anschluss.

Die Busse fahren auf autofreien Busspuren. Die Fahrpreise sind recht günstig (je nach Tageszeit und Stoßzeiten liegen sie im Bereich von 1400 bis 1700 COP), und die Busse verkehren in schöner Regelmäßigkeit Montag bis Samstag von 4.58 Uhr bis 0.15 Uhr, am Sonntag von 5.55 Uhr bis 23.15 Uhr.

Fahrkarten sind am Eingang jedes TransMilenio-Busbahnhofs erhältlich. Daneben gibt es verschiedene Arten von Abo-Chipkarten, um lange Wartezeiten vor den Fahrkartenschaltern zu vermeiden.

Am schlausten für Touristen und Nichtresidenten ist die mit bis zu 50 Fahrten aufladbare *Tarjeta Cliente Frecuente* (2000 COP bzw. für bis zu 85 000 COP), die auf allen Strecken des TransMilenio- und SiTP-Streckennetzes gilt. Die *Tarjeta Tu Llave* ist im Wesentlich das Gleiche, kann jedoch nur für die neueren Linien der Phase III verwendet werden. Die entsprechenden TransMilenio-Bahnhöfe und SiTP-Busse fügen sich nicht so gut ins Gesamtsystem ein, da sie leider nicht von derselben Gesellschaft betrieben werden bzw. erbaut wurden.

Täglich nutzen bis zu 2,2 Millionen Menschen das TransMilenio-Bussystem, sodass die Busse zu den Stoßzeiten immer überfüllt sind; Einheimische sprechen deshalb im Scherz von *TransFULL* statt *TransmiLLENO*. Das Umsteigen in der Avenida Jiménez gleicht einer Ansammlung von Menschentrauben wie in einem Moshpit auf einem Punk-Rock-Konzert. TransMilenios aktuelle Zukunftspläne sehen bis zum Jahr 2031 einen weiteren Ausbau des Streckennetzes vor; insgesamt sollen die Kapazitäten auf 388 Km ausgeweitet werden.

In den Busbahnhöfen hängen Streckenpläne aus, auf denen die Routen mit Farben kodiert sind. Die jeweiligen Busnummern entsprechen verschiedenen Haltestellen. Jedoch ist das alles selbst für Einheimische etwas verwirrend.

Die TransMilenio-Hauptlinie, die auch für Besucher interessant ist, verläuft entlang der Avenida Caracas von Nord nach Süd, zwischen den Bahnhöfen der Avenida Jiménez und Portal el Norte; von Nordwest nach Südost (bis zum Busterminal und zum Flughafen); von Nord nach Süd entlang der neuen, seit dem Jahr 2014 eingeführten Hybridbuslinie (teils BRT, teils regulärer Stadtbus) entlang der Carrera 7; Letztere macht Chapinero, Zona Rosa und Usaquén leichter erreichbar. Diese Strecke (M80-L80) beginnt bei Bicentario und verkehrt ausschließlich auf autofreien Trassen bis zur nagelneuen Busstation am Museo Nacional; von da geht es weiter auf regulären Verkehrsstrassen entlang der Carrera 7 bis zur Calle 114.

Von den insgesamt neun Teminals wird nur eines wirklich von Touristen genutzt, nämlich das **nördliche Terminal** (Carrera 45 mit Calle 174, Portal del Norte).

Es braucht etwas Übung, bis man versteht, welcher Bus wohin fährt. Auf den „Ruta Facil"-Strecken halten die Busse z. B. an jeder Haltestelle, während andere ohne Zwischenstopp durchfahren – sozusagen im Expresstempo – und das nach einem absolut verwirrenden Hoppingsystem, das einige Haltestellen einfach auslässt.

Fahrten lassen sich auch online im Voraus planen, nämlich über das Portal SuRumbo (www.surumbo.com); Startpunkt und Fahrtziel eingeben und aus den angezeigten Optionen auswählen. Auf den meisten Hauptstrecken von Nord in Richtung Zentrum steigt man direkt in der Calle 22 um, während man in der Avenida Jiménez mehrere Umsteigemöglichkeiten hat (manchmal sogar mit einem kleinen unterirdischen Fußmarsch zwischen benachbarten Bahnhöfen).

Die Expresslinien B74/J72, die bisher in La Candelaria verkehrten, werden nach und nach stillgelegt, um dort eine Fußgängerzone einzurichten. Sie fahren nur noch außerhalb der Stoßzeiten von/zur Avenida Jiménez. Die beiden Altstadt-Busbahnhöfe Las Aguas und Museo del Oro sollten im Rahmen dieses Masterplans auch geschlossen werden; jedoch ist aufgrund verschiedener Protestaktionen ihre Zukunft nach wie vor ungewiss.

Hauptstrecken (vorbehaltlich Änderungen je nach Tag bzw. Tageszeit):

Von La Candelaria zum Portal del Norte Ab dem Museo del Oro in den Bus F23 Richtung Av. Jiménez einsteigen; dann umsteigen in Bus B74 Richtung Portal del Norte (letzte Haltestelle).

Von La Candelaria nach Chapinero Ab San Victorino den Bus M7 Richtung Museo Nacional nehmen; dann umsteigen in die Linie M80 Richtung Universidad La Salle oder Calle 67.

Von La Candelaria to Zona G Av. San Victorino Linie M7 zum Museo Nacional nehmen; dann umsteigen in den Bus M80 Richtung Av. Chile.

Von La Candelaria nach Zona Rosa Ab Las Aguas oder Museo del Oro den Bus B74 zur Calle 57; dann umsteigen in Bus B23 Richtung Calle 85.

Von Portal del Norte nach La Candelaria Ab Portal del Norte Bus J72 Richtung Av. Jiménez; dann umsteigen in den Bus F23 Richtung Museo del Oro.

Von Chapinero nach La Candelaria Ab Calle 67 oder Universidad La Salle Bus J72 zum Museo Nacional; dann umsteigen in Bus L7 Richtung San Victorino.

Von Zona G nach La Candelaria Ab Av. Chile Bus L80 zum Museo Nacional; dann umsteigen in Bus L7 Richtung San Victorino.

Von Zona G bis Zona Rosa Ab Av. Chile Bus M80 Richtung Calle 82 nehmen.

Von Zona Rosa nach La Candelaria Von Calle 85 bis Calle 57 den Bus K23 nehmen; dann umsteigen in Bus J72 Richtung Av. Jiménez.

RUND UM BOGOTÁ

Die meisten *bogotanos*, die einmal eine Auszeit fernab der Stadt brauchen, wollen auch gleichzeitig Wärme tanken. Einige Städte, die ein paar Stunden von der Hauptstadt entfernt sind – wie z. B. Villavicencio –, liegen bei Weitem nicht so hoch wie Bogotá. Dort herrschen dann nicht nur höhere Temperaturen vor, auch die Landschaften sehen ganz anders aus: Neben Seen, Wasserfällen, Nebelwäldern und Bergen findet sich auch ein Gewirr an kleinen Städten und Dörfern mit viel kolonialem Flair als Gruß aus der Vergangenheit.

Nördlich von Bogotá

Viele Tagesausflügler aus der Hauptstadt fahren in diese Richtung im Rahmen einer Erkundungstour nach Zipaquirá und nach Guatavita – Reisebüros wie Destino Bogotá (S. 63) bieten kombinierte Tagesausflüge an.

Suesca

🎿 1 / 14 000 EW. / 2584 M

Eines der beliebtesten Ziele Kolumbiens für Sportkletterer lockt gleich südlich dieses alten Kolonialstädtchens, 65 km nördlich von Bogotá. Wer mit dem Auto oder mit dem Bus ankommt, fährt den Río Bogotá entlang an den 4 km langen Sandsteinformationen von Guadalupe vorbei, die bis 370 m hoch aufragen. Dort warten 400 (oder möglicherweise sogar mehr) Klettertrails darauf, erklommen zu werden.

Viele Besucher kommen im Rahmen eines Tagesausflugs von Bogotá aus hierher, vor allem am Wochenende. Dann stehen gleich mehrere Ausrüstungsläden bereit, die täglich Hunderte von Kletterern als hochwillkommene Kundschaft begrüßen. Außerdem lassen sich Rafting-Touren buchen, ist das Wasser dort doch viel wärmer als in Tobía.

🏃 Aktivitäten

Kletterveteran und Bergsteiger Rodrigo Arias (S. 116), der in Suesca wohnt, wenn er nicht gerade im Nationalpark El Cocuy herumturnt, ist ein toller Bergführer in der Gegend und kann mehrtägige Kletter-, MTB- und Bergwandertouren zusammenstellen.

Die Kletterschule **DeAlturas** (🎿 301-642-6809; www.dealturas.com) bietet einen Fünf-Tage-Kurs für 500 000 COP an, sowie einen Tageskletterkurs (inkl. Ausrüstung) für 120 000 COP; außerdem vermittelt De-Alturas Unterkünfte für 20 000 COP pro Person.

🛏 Schlafen

Campingplätze sind ausreichend vorhanden, oder man mietet sich einfach eine *cabaña* bei Camping Amarelo (S. 82) in Bogotá; die kostet etwa 45 000 COP pro Person.

El Vivac Hostal   HOSTEL **$$**
(☏ 311-480-5034; www.elvivachostal.com; Unterkunft auf dem Campingplatz pro Pers. 15 000 COP, B 25 000 COP, DZ 70 000 COP) Das Hostel El Vivac ist ein farmähnliches Hostel, das von einer einheimischen Kletterpionierin geführt wird. Die Inhaberin arrangiert auch selbst Klettertouren und verleiht Fahrräder (ab 10 000 COP).

ℹ An- & Weiterreise

Um nach Suesca zu gelangen, nimmt man den TransMilenio-Bus bis zum nördlichen Terminal in Portal del Norte; ab da besteht eine regelmäßige Verbindung mit einem direkten Alianza-Bus (5100 COP, 1 Std., Abfahrt in der Haltebucht innerhalb des Busbahnhofs – Intermuncipales – bis 23 Uhr alle 20 Minuten)

Westlich von Bogotá

Wer an den Strand will, nach Medellín oder in die Kaffeeregion, verlässt Bogotá in Richtung Westen. An vielen Punkten wird gar nicht erst angehalten, aber es gibt einige Ortschaften, die sich durchaus schon als Reiseziel bewährt haben. Wer mit eigenem Fahrzeug unterwegs ist, hat zwei Möglichkeiten, Bogotá auf der Autobahn zu verlassen – über die schönere nördliche Route via La Vega (westlich in die Calle 80) oder über die südliche Route via Facatativá. Letztere mündet aber dann ca. 65 km weiter westlich doch wieder bei Villeta in die La Vega ein (allerdings erst nach einigen Vorstädten und Lkw-Staus).

20 km westlich von Bogotá warten Nebelwälder *(bosques de niebla)* auf Wanderer, nämlich in dem herrlichen privaten **Parque Natural Chicaque** (☏ 1 368-3114; www.chicaque.com; Eintritt 14 000 COP; ◷ 8–16 Uhr) und nur dort. Der Park bietet auf 3 km² Fläche sechs verschiedene Spaziergänge (auf einem insgesamt etwa 8 km langen Wegenetz); so gut wie hier sind die Wanderwege nirgendwo sonst in ganz Kolumbien ausgeschildert. Während der Regenzeit führen die Wander-

pfade zu Wasserfällen. An Wochenenden ist es auch möglich, die steilen Berghänge im Rahmen eines Ausritts auf dem Rücken eines Pferdes zu bewältigen.

Wer einmal auf den Wanderpfaden oben angelangt ist, den erwartet ein steiler Abstieg zu den **Quartieren**. Es stehen verschiedene Übernachtungsmöglichkeiten zur Auswahl (Campingplatz/B/Bungalow inkl. aller Mahlzeiten 56 300/92 350/298 400 COP), darunter auch ein schöner Bungalow für zwei Personen (Vorabreservierungen erforderlich sowie die Hinterlegung einer Kaution auf einer Bank, was sich für Ausländer als echte Verwaltungsschikane erweist). Am Eingang ist auch Zelten erlaubt (13 500 COP ohne Mahlzeiten).

Das Reservat ist nur wenige Kilometer von der Straße entfernt, die von Soacha nach La Mesa führt. Um aus der Stadtmitte Bogotás bis hierher zu gelangen, nimmt man einen TransMilenio-Bus nach Terreros, wo jeweils um 8, 9.30, 11, 14, 15.45 und 17.15 Uhr (5000 COP) Busse Richtung Park abfahren. Wieder zurück geht es um 8.45, 10.15, 13, 15, 16.30 und 18 Uhr. Wer ein paar Tage vorher telefonisch anfragt, kann auch eine Abholung von einem zuvor vereinbarten Treffpunkt organisieren.

Südlich von Bogotá

Hauptsächlich verschlägt es Reisende in die Gegend südlich von Bogotá auf ihrem Weg nach Villavicencio und noch über Los Llanas hinaus; hingegen liegen auf dem Weg dorthin weitere Attraktionen wie etwa geheimnisvolle Mumien.

San Bernardo

Die einzigartigen klimatischen Bedingungen des Anden-Hochlands haben dazu beigetragen, das quer durchs Land verteilt Mumien erhalten geblieben sind – einige davon fanden sogar ihren Weg ins Londoner British Museum. In der „Mumienstadt" **San Bernardo**, ca. 87 km südöstlich von Bogotá, können Besucher sie direkt vor Ort bestaunen. Vor einem Jahrhundert wurden mehrere Dutzend Leichname vom Friedhof hierher verfrachtet, da die Bestattungskosten nicht bezahlt worden waren. Die Totengräber fanden überraschenderweise Mumien vor – das Produkt eines einzigartigen Bodens und einer lokalen Ernährungsweise mit der *guatila*-Frucht. Einige der Mumien

LAGUNA DE GUATAVITA: GOLDSEE – VON WEGEN!

Traditionellerweise glaubten die Muisca, dass die Laguna de Guatavita – einst eingebettet in einen perfekt gerundeten Krater, umrahmt von grünen Bergen – durch einen Meteoriteneinschlag entstand. Er soll der Legende nach einen Goldgott mit auf die Erde gebracht haben, der fortan auf dem Grund des Sees residierte. Realistisch betrachtet waren wohl eher Vulkane an der Entstehung des Sees beteiligt. Mit diesem kleinen, runden See, der sich circa 50 km nordöstlich von Bogotá befindet, waren einst viele Hoffnungen verbunden, das mythische El Dorado zu finden. Die Laguna de Guatavita galt als heiliger See und diente dem Stamm der Muisca als rituelles Zentrum. Der Sage nach fand hier vor etwa 500 Jahren eine Zeremonie zur Krönung des neuen Herrschers Zipa statt, bei der der Stammeshäuptling mit Goldstaub bedeckt wurde. Dann warf man wertvolle Opfergaben in den See, so etwa fein gearbeitete *tunjos* (reich verzierte Goldgehänge und Statuetten), auf denen Wünsche eingraviert waren. Sodann warf sich Zipa selbst in die Gewässer der Lagune, um gottähnliche Macht zu erlangen. Viele solcher *tunjos* sind heute in Bogotás Museo del Oro („Goldmuseum") zu bestaunen.

Dieses Vorgehen löste bei den Spaniern einen Goldrausch aus, und so fanden sich viele Zuwanderer ein. Über die Jahre hinweg wurden viele mühsame und ergebnislose Anstrengungen unternommen, um die verborgenen Schätze zu bergen, die da derart verlockend auf dem Seegrund lagen.

In den 1560er-Jahren ließ ein wohlhabender Kaufmann namens Antonio de Sepúlveda an einem Seeufer eine noch heute sichtbare Kerbe schlagen, um das Wasser aus dem See abfließen zu lassen. Diese Aktion brachte jedoch nur 232 Goldpesos ein, und Sepúlveda starb als bankrotter Mann. Gegen Ende des 19. Jhs. gelang es einer englischen Gesellschaft, die Lagune zu entwässern. Es wurden aber nur 20 seltsame Objekte gefunden, die nicht annähernd so viel wert waren, um 4000 Britisch Pfund bzw. acht lange Investitionsjahre wettzumachen.

In den 1940er-Jahren suchten amerikanische Taucher mit Metalldetektoren nach den Goldschätzen, und so ging es weiter. Schließlich sprachen kolumbianische Behörden 1965 ein Verbot für solche Aktivitäten aus. Das heißt aber noch lange nicht, dass sich alle Goldsucher daran hielten. In den 1990er-Jahren war eine Genehmigung für den Zugang zum See erforderlich, um die Zahl der Besucher kontrollieren zu können. Viele von ihnen kreuzten mit ihrer Taucherausrüstung auf, um auf illegale Weise nach den verborgenen Schätzen zu suchen.

Trotz allen Ruhms spuckte Guatavita nie viel Gold aus. Kolumbiens bekanntestes Stück – die Balsa Muisca (auch im Museo del Oro) – wurde letztlich in einer Höhle nahe dem Dorf Pasca gefunden.

Heute herrscht Badeverbot im See; deshalb lässt sich die Zipa-Route auch nicht mehr weiterverfolgen; jedoch gibt es mehrere Aussichtspunkte entlang eines Wanderpfads oberhalb des Sees. Die Gegend liegt noch höher als Bogotá – und man merkt innerhalb einer Viertelstunde Fußmarsch bereits den Höhenunterschied im Vergleich zum Ausgangspunkt am Eingang zum Lagunenpark (Einheimische/ausländische Besucher 9500/14 000 COP; ⊘ Mo geschl.).

Mit öffentlichen Transportmitteln ist die Laguna de Guatavita eher schlecht zu erreichen. Wer es trotzdem versuchen will, steigt in einen Regionalbus am nördlichen Trans-Milenio-Terminal Portal del Norte. Dort fahren in Richtung Guatavita (via Sesquilé) circa alle 20 Minuten Busse ab (in der Haltebucht für Regionalbusse bzw. Intermunicipales; 8000 COP). Ungefähr 11 km nördlich von Bogotá biegt der Bus in eine rund 7 km lange Bergstraße Richtung See ab – dann heißt es aussteigen und zu Fuß weiterlaufen; nahe der Escuela Tierra Negra den Schildern am rechten Wegesrand folgen. Alternativ kann man auch bis nach Guatavita weiterfahren; sonntags verkehren dort zwischen Hauptplatz und See die preisgünstigen *colectivos* (Sammeltaxis). Individuelle Taxis sind dort kaum zu finden.

Wer mit dem Taxi anreisen will, sollte ab Bogotá eine Hin- und Rückfahrt zu einem fairen Preis aushandeln (Kostenpunkt: schätzungsweise um die 150 000 COP inklusive Wartezeit).

ℹ NICHT AUF EIGENE FAUST

Es sei davor gewarnt, Los Llanos ohne ortskundige Gästeführer zu durchstreifen. Die Sicherheitslage in Kolumbien und speziell in dieser Region ist sehr ungewiss und kann sich schnell ändern. Bevor die Reise losgeht, immer erst die aktuelle Lage bei den zuständigen Behörden und/oder Reisebüros überprüfen.

lassen sich in Glasvitrinen in der städtischen Friedhofskrypta bestaunen.

Tipp: Besser mit dem eigenen Fahrzeug hinfahren!

Los Llanos

Südöstlich von Bogotá flacht die zerklüftete Berglandschaft der Anden langsam ab, als hätte eine riesige Guillotine die Bergrücken abrupt gespalten – an ihren Ausläufern geht die Landschaft in ein ausgedehntes Weideland über: Los Llanos (die Ebenen).

Manchmal werden die Ebenen auch als die Serengeti Südamerikas bezeichnet. Es wimmelt nur so von wilden Tieren. Über 100 Säugetierarten und über 700 Vogelarten sind hier beheimatet – letztere Zahl entspricht dem Gesamtbestand der USA. Dem Nature Conservancy zufolge hat in Los Llanos eine der gefährdetsten Krokodilarten der Welt ihr Habitat, hier leben u. a. das Orinoco-Krokodil, die Orinoco-Schildkröte, das riesige Gürteltier, die Riesenotter, der Isidoradler und verschiedene Welse.

Die flachen Steppen machen aus der Region ein ideales Weideland. Die *Llaneros* (Kolumbiens Cowboys) verbringen unter strapaziösen Bedingungen Stunden mit dem Zusammentreiben von Vieh auf den riesigen Farmen, einige davon sind mehrere Tausend Hektar groß. Das harte, isolierte Leben der Cowboys ist Inbegriff einer einzigartigen kolumbianischen Lebensart, die sich fernab vom Mainstream herausgebildet hat. *Llaneros* assoziiert man mit den für sie typischen Strohhüten, den *coleo*-Rodeos, dem *joropo*-Tanz und ihrer amerikanischen Bluegrass-Volksmusik, bekannt als *música llanera*.

Die Ebenen von Los Llanos dehnen sich auf mehrere Verwaltungsbezirke des Landes aus: Arauca, Casanare, Guainía, Meta und Vichada. Noch im Jahr 2003 war der Zugang zu dieser Region ein No-go für Ausländer. Heute sind die größeren Städte sicher und handelsoffen. Wer allerdings so richtig in die Wildnis eintauchen will, sollte sich nach Casanare begeben. Der Wildtierbestand wie auch die Pflanzenwelt von Casanare kann sich mit dem riesigen Sumpfgebiet Pantanal im Herzen Brasiliens oder Los Llanos auf der venezolanischen Seite messen.

Leider werden einige Landstriche in Los Llanos trotz der jüngsten militärischen Erfolge immer noch von den FARC-Rebellen und anderen Guerillas kontrolliert. Vor Redaktionsschluss war individuelles Reisen in dieser Gegend ein leicht riskantes Unterfangen, doch kann man dort relativ ungestört reisen, wenn man im näheren Umkreis der Städte Villavicencio, Inirida, Puerto López, Puerto Gaitán, Orocue and Puerto Inirida bleibt.

Auch in Puerto Careño herrschen angenehme Verhältnisse – obwohl die Verbindungsstraße von Puerto López nach Puerto Careño an der Grenze zu Venezuela nach wie vor problematisch ist. Bereisbar ist auch Yopal, obwohl es hier zu einigen gewaltsamen Protesten kam und die Landwirtschaft unter den verheerenden Folgen von El Niño und der damit einhergehenden Dürre gelitten hat; hingegen ist die Gegend südlich von San José del Guaviare nach wie vor sehr gefährlich.

De Una Colombia Tours (S. 370) in Bogotá organisiert geführte Touren zum National- und Naturpark (PNN) El Tuparro sowie u. a. nach Cerros de Mavecure, Casanare, Guanía und Raudal Alto.

VILLAVICENCIO
✈ 8 / 385 000 EW. / 467 M HÖHE

Die vom kolumbianischen Militär schwer überwachte Autobahn führt ab Bogotá in Richtung Süden nach Villavicencio, auch „La Puerta al Llano", Eingangstor zu Los Llanos, genannt.

Die recht quirlige, doch nicht besonders interessante Stadt liegt 75 km südöstlich der Hauptstadt und hat ein ausgeprägtes Nachtleben und jede Menge Grillfleisch zu bieten. Die Stadt ist aber auch ein guter Ausgangspunkt für Erkundungstouren in die Tiefebenen; zwar ist es schon längst kein notwendiges Sprungbrett mehr für Abstecher zum Caño Cristales, doch bietet sie die wohl spannendste Flugreise der Welt, wobei Nervenkitzel absolut garantiert ist: ein Flug an Bord einer Douglas DC-3 aus den 1940er-Jahren, einem klapprigen Vintage-Propeller-Flugzeug mit zweimotorigem Antrieb!

🛏 Schlafen & Essen

Es gibt zahlreiche *Asaderos* (Restaurants mit Fleischgerichten vom Grill oder aus dem Backofen) welche die regionale Spezialität *mamona* (Kalbfleisch, gegrillt über dem Holzfeuer) anbieten.

Mochileros Hostel　　　　　　　HOSTEL **$**
(☑ 667-6723;　　　　www.mochileroshostel.com;
Calle 18 No 39-08;　B　24 000 COP,　EZ/DZ
45 000/75 000 COP, ohne Bad 35 000/65 000 COP,
inkl. Frühstück; 🖥) Das einzige Hostel in der ganzen Stadt ist eine nette Alternative angesichts der sonst hochpreisigen Unterkünfte im Barrio Balatá. In Gehweite befinden sich jede Menge gute Einkaufsmöglichkeiten, Restaurants und Bars. Die separaten Zimmer haben ein gutes Preis-Leistungs-Verhältnis. Zur Ausstattung gehört jeweils ein TV-Flachbildschirm bzw. Kabelfernsehen (jedoch fehlt es an Warmwasserzufuhr); außerdem ist da noch der luftige Patio im Eingangsbereich, wo man Leute treffen kann.

Von hier Haus lassen sich mehrtägige Touren nach Caño Cristales arrangieren (1 040 000 COP pro Pers. inklusive drei Übernachtungen).

El Ranchón del Maporal　　　　　KOLUMBIANISCH **$$**
(www.ranchondelmaporal.com; Vía A Restrepo, km 1; Hauptgerichte 18 500–41 300 COP; ⊘ Küche Di–Fr 17 Uhr–23, Sa & So 11–22 Uhr; 🖥) Dieses Trendlokal am Rand der Stadt versteht sich auf die Zubereitung von gutem Essen. Steaks und Meeresfrüchte schmecken großartig, und auch die regionaltypischen Cocktails munden in dem Open-air-Ambiente hervorragend. Am Wochenende sollte man sich die Meeresfrüchte-Spezialitäten à la *Llanero* nicht entgehen lassen, wie etwa die Cowboy-Fischsuppe *amarillo monseñor*. Je länger die Nacht, desto schöner die Gäste. Wenn am Wochenende DJs auflegen, verwandelt sich das Lokal zusehends in eine Bar bzw. einen Club.

ℹ Praktische Informationen

Turismo Villavicencio (☑ 670-3975; www.turismovillavicencio.gov.co; Calle 37 No 29-57, 6. OG) betreibt drei Touristeninformationen: am Flughafen, am Busbahnhof und an der Plazoleta Los Libertadores.

ℹ An- & Weiterreise

Ab Bogotá verkehren täglich zahlreiche Busse nach Villavicencio (21 000 COP, 3 Std.) und in Städte der Region Los Llanos, die noch weiter entfernt liegen, wie etwa Yopal (30 000 COP, 5 Std.), Puerto Gaitán (25 000 COP, 3 Std.), Puerto López (13 000 COP, 1½ Std.) und San José del Guaviare (40 000 Std., 6 Std.).

Charterflüge mit sechsitzigen Cessnas nach La Macarena (450 000 COP) zu einem Besuch der Wasserbecken des Caño Cristales starten ebenfalls von hier; samstags auch in einer „luxuriösen" Douglas DC-3, einem zweimotorigen Vintage-Propeller-Flugzeug aus den guten alten 1940er-Jahren!

CAÑO CRISTALES

Lange Zeit konnte man Kolumbiens beeindruckendstes ökologisches Wunder nicht einfach so besuchen – in den letzten Jahrzehnten verhinderten Guerrillas, paramilitärische und Armeeeinsätze im Verwaltungsbezirk von Meta den Besuch des **Parque Nacional Natural (PNN) Sierra de La Macarena**, besser bekannt unter dem Namen **Caño Cristales**. Seit 1989 blieb er für den Tourismus geschlossen. Auch wenn das offiziell noch immer zutrifft, haben ein paar umweltfreundliche Reiseveranstalter mit viel Pioniergeist im Jahr 2009 damit begonnen, Genehmigungen einzuholen, um das Naturwunder zur Besichtigung anbieten zu können. Seither locken sie mit sorgfältig ausgearbeiteten Touren in das Gebiet, obwohl die FARC-Rebellen nach wie vor in weiterem Umkreis ihr Unwesen treiben.

Der Caño Cristales in den Macarena-Bergen hat schon viele schöne Namen bekommen, angefangen bei „Fluss der fünf Farben" bis zu „Flüssiger Regenbogen". Warum all diese Huldigungen? Nun gut, die meiste Zeit wird man sich die berechtigte Frage stellen dürfen, aber für ein paar Monate im Jahr, nämlich zwischen Juli und November, sind die Wasserpegel gerade so hoch, dass ein einzigartiges biologisches Phänomen auftritt: Eine explosionsartige Vermehrung von Algen, für die eine einzigartige Pflanzenart namens *Macarenia clavigera* verantwortlich ist, bildet einen hellroten Unterwasserteppich, der das kristallklare Wasser in einen Cabernet-Fluss verwandelt. Der Kontrast zwischen der Mondlandschaft aus altem ausgehöhltem Flussbettfelsen und der Landschaftskulisse aus Savanne und Dschungel lässt das ganze Gebiet in Tausenden von unheimlichen Schattierungen schimmern.

Darüber hinaus gibt es hier zahlreiche Wasserfälle und natürliche Wasserbecken entlang dem Fluss, wo auch baden gut möglich ist. Auf der rund zahnminütigen Flussfahrt von La Macarena entlang dem Río Guayabero offenbart sich den Besuchern eine wahrhaft beeindruckende Wildnis: riesige Schildkröten und Leguane, Aras und *aguilas* (Kolumbiens Nationalvogel – im Gegensatz zum Nationalgetränk, dem Bier!) und Hoatzins (Schopfhühner), faszinierende tropische Fasane mit furchteinflößendem Blick!

Caño Cristales lässt sich allerdings nicht auf eigene Faust erkunden, sondern nur im Rahmen von geführten Touren oder über Reiseagenturen bzw. Gästeführer. **Aventure Colombia** (☏ 702-7069; www.aventurecolombia. com; Av Jiménez No 4-49, Büro 204, Bogotá) bietet drei- bzw. viertägige Touren an (1 150 000/ 1 300 000 COP) inklusive Flug, Hotel, Essen, örtliche Transfers und einem professionellen Guide.

De Una Colombia Tours (☏ 1-368-1915; www.deunacolombia.com; Carrera 24 No 39B-25, Büro 501, Bogotá) bietet schon ab 750 000 COP faszinierende Touren in die Region an.

Wer aber trotzdem auf eigene Faust nach La Macarena reisen will, hat folgende Möglichkeit: Satena (S. 371) bietet jetzt drei Mal die Woche Direktflüge ab Bogotá an (Mi 9.30, Fr und So 10.30 Uhr); die Kosten für den Hin- und Rückflug liegen in der Hauptsaison (Juli bis November) bei etwa 450 000 COP. Alternativ kann man auch mit dem Bus nach Villavicencio reisen (eine unkomplizierte Busfahrt ab Bogotá; 21 000 COP, 3 Std.) bzw. direkt am Flughafen **Ecoturismo Sierra de La Macarena** (☏ 8-664-3364; www.ecoturismomacarena.com; Aeropuerto Vanguardia, Villavicencio) kontaktieren. Dort werden u. a. Guides und Charterflüge (immer samstags) an Bord einer Douglas DC-3 organisiert, einem abenteuerlichen Vintage-Propeller-Flugzeug; denn ansonsten ist La Macarena als Stützpunkt für Ausflüge in die Region schwer erreichbar.

Caño Cristales ist kein Geheimtipp – Kolumbianer strömen an langen Wochenenden (inklusive Brückentage, hier entsprechend *puentes* genannt) scharenweise hierher, doch hält sich der Besucherstrom mit maximal 180 Personen pro Tag in Grenzen; solche Feiertagswochenenden sind also besser zu meiden.

PARQUE NACIONAL NATURAL (PNN) EL TUPARRO

Der **Parque Nacional Natural (PNN) El Tuparro** (www.parquesnacionales.gov.co; Kolumbianer/Ausländer 12 000/35 000 COP), ein 548 000 Hektar großes Naturreservat, liegt unmittelbar an der Grenze zu Venezuela. Sandige Flussufer und grünes Weideland sind Lebensraum für etwa 320 Vogelarten und darüber hinaus für Jaguare, Tapire und Ottern.

Die Anreise in den Park ist recht beschwerlich, jedoch könnte der Besuch sehr lohnend sein.

Boyacá, Santander & Norte de Santander

Gut essen

➡ Mercagán (S. 129)

➡ Mercado Municipal
(S. 103)

➡ Ristorante Al Cuoco
(S. 126)

➡ Gringo Mike's (S. 121)

➡ Piqueteadero Doña
Eustaquia (S. 118)

Schön
übernachten

➡ Refugio La Roca (S. 130)

➡ Suites Arco Iris (S. 102)

➡ Color de Hormiga Posada
Campestre (S. 124)

➡ Renacer Guesthouse
(S. 101)

➡ Finca San Pedro (S. 108)

Auf nach Boyacá, Santander & Norte de Santander!

Boyacá, Santander und Norte de Santander bilden die Region, in der die spanischen Konquistadoren sich zuerst ansiedelten. Es ist keine Übertreibung, sie als Kernland Kolumbiens zu bezeichnen. Hier sprang der Funke der Revolution über, der im Sieg am Puente de Boyacá gipfelte und letztendlich zur Unabhängigkeit Kolumbiens führte.

Inmitten der tiefen Schluchten, schnell fließenden Flüsse und schneebedeckten Berge gibt es viele Möglichkeiten für Extremsportarten. San Gil und die eisigen Gipfel des Parque Nacional Natural (PNN) El Cocuy sind Kolumbiens Zentren für Outdoor-Abenteuer. Doch den nachhaltigsten Eindruck hinterlassen die idyllischen Dörfer der Kolonialzeit – etwa das hübsche Villa de Leyva, das authentische Monguí, versteckt beim *páramo* des Lago de Tota, Kolumbiens größtem See, das ursprüngliche Playa de Belén in der Área Natural Única Los Estoraques und das perfekt erhaltene Barichara.

Reisezeit

Bucaramanga

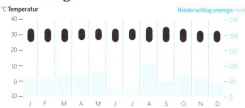

°C Temperatur
Niederschlagsmenge/mm

Jan. Die trockensten, freundlichsten Tage im PNN El Cocuy, Kolumbiens beliebtestem Nationalpark.

Feb. & März In der Woche vor der Semana Santa stehen die Parks in voller Blüte und es ist weniger voll.

Dez. Wie überall in Kolumbien erstrahlen die Dörfer im Glanz romantischer Beleuchtung.

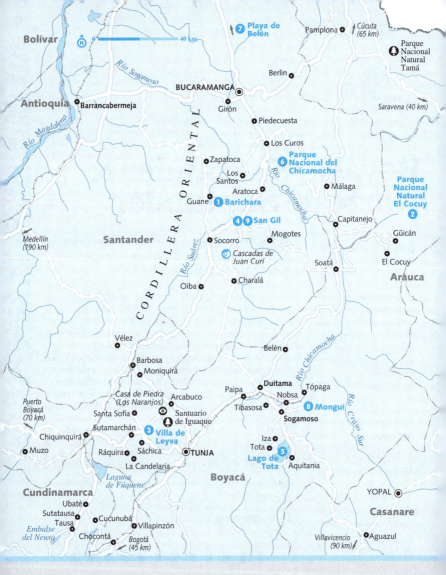

Bolívar

Antioquia

Barrancabermeja

Río Magdalena

Río Sogamoso

BUCARAMANGA

Girón

Piedecuesta

Berlin

Pamplona · Cúcuta (65 km)

Parque Nacional Natural Tamá

Saravena (40 km)

Los Curos

Zapatoca

Los Santos

Aratoca

Guane · **❶ Barichara**

Parque Nacional del Chicamocha **❻**

Río Chicamocha

Málaga

Capitanejo

Parque Nacional Natural El Cocuy **❷**

❹❾ San Gil

Mogotes

Güicán

Socorro

Cascadas de Juan Curí **❾**

El Cocuy

Medellín (190 km)

Santander

Soatá

Arauca

Charalá

Oiba

CORDILLERA ORIENTAL

Río Suárez

Vélez

Belén

Río Chicamocha

Barbosa

Moniquirá

Duitama

Casa de Piedra (Los Naranjos)

Arcabuco

Paipa

Nobsa · Tópaga

Tibasosa

❽ Monguí

Río Cravo Sur

Puerto Boyacá (70 km)

Santa Sofía

Sutamarchán

Santuario de Iguaque

Sogamoso

Chiquinquirá

❸ Villa de Leyva

Ráquira · Sáchica

TUNJA

Iza

Tota

❺ Lago de Tota

Muzo

La Candelaria

Aquitania

Laguna de Fúquene

Boyacá

YOPAL

Cundinamarca

Ubaté

Sutatausa

Tausa

Cucunubá

Villapinzón

Casanare

Embalse del Neusa

Chocontá

Bogotá (45 km)

Villavicencio (90 km)

Aguazul

Playa de Belén **❼**

40 km

Highlights

❶ Bummel durch das Kolonialdorf **Barichara** (S. 122)

❷ Blick auf Los Llanos vom **Parque Nacional Natural (PNN) El Cocuy** aus (S. 114)

❸ Tolle Restaurants, koloniales Straßenpflaster und Fossilien in **Villa de Leyva** (S. 97)

❹ Durchquerung des gewaltigen Cañon del Río Suárez in

San Gil (S. 117), entweder als Wildwasser- oder als extreme Mountainbike-Tour

❺ Wanderung durch die fantastischen *páramo*-Feuchtgebiete um den **Lago de Tota** (S. 104)

❻ Gleitschirmflug über den **Parque Nacional del Chicamocha** (S. 127)

❼ Erkundung der Felsformationen beim malerischen **Playa de Belén** (S. 134)

❽ Reise in die Vergangenheit im farbenprächtigen, altertümlichen **Monguí** (S. 108)

❾ Eine Partie *tejo* (S. 120) in San Gil, ein Spiel mit Metallplättchen und Schwarzpulver, entstanden in Boyacá

Geschichte

Die Muisca (Boyacá) und die Guane (Santander) lebten einst im Gebiet nördlich des heutigen Bogotá. Die Muisca besaßen gut entwickelte Acker- und Bergbautechniken und betrieben Handel mit ihren Nachbarn. Dabei hatten sie häufig Kontakt zu den spanischen Konquistadoren. Ihre Geschichten über Gold und Smaragde lieferten Stoff für den Mythos von El Dorado. Die Suche der Konquistadoren nach der berühmten Stadt führte zur Errichtung von Siedlungen, so gründeten die Spanier mehrere Städte, darunter Tunja im Jahr 1539.

Einige Generationen später erhoben sich kolumbianische Nationalisten erstmalig in Socorro (Santander) gegen die spanische Herrschaft; der Kampf um die Unabhängigkeit griff auf andere Städte und Regionen über. Hier ließen sich auch Simón Bolívar und seine Armee von Neureichen auf einen Kampf mit der spanischen Infanterie ein und errangen bei Pantano de Vargas und bei dem Puente de Boyacá entscheidende Siege. Wenig später entstand Kolumbiens erste Verfassung in Villa del Rosario, das zwischen der venezolanischen Grenze und Cúcuta gelegen ist.

ℹ An- & Weiterreise

Die Region ist mit öffentlichen Verkehrsmitteln sehr gut zu erreichen. Die meisten der Städte liegen an der sicheren, modernen Autobahn, die von Bogotá in Richtung Süden zur Karibikküste führt. Busse verkehren häufig, sie sind bequem und preiswert. Regelmäßig befahren Busse die Strecke über die Hauptautobahn von Bogotá nach Bucaramanga und darüber hinaus. In Cúcuta reisen viele aus Venezuela kommende Touristen in das Land ein.

Zwischen den größeren Städten der Region verkehren häufig Busse und Minibusse. Viele Städte, darunter auch Bucaramanga und Cúcuta, werden in verstärktem Maße von Billig-Airlines angeflogen. Der zum Zeitpunkt der Recherche noch in Bau befindliche Flughafen von San Gil soll 2015 eröffnet werden.

BOYACÁ

Das *departamento* Boyacá weckt in vielen Kolumbianern ein starkes Nationalgefühl. Hier errangen kolumbianische Truppen in der Schlacht von Boyacá die Unabhängigkeit von Spanien. Es gibt viele malerische Kolonialstädte, wer alle besuchen möchte, benötigt gut ein paar Tage. Boyacás Highlight ist der beeindruckende Parque Nacional Natural (PNN) El Cocuy, der 249 km nordöstlich von Tunja, der Hauptstadt des *departamento* liegt. Der Zugang wurde allerdings in jüngster Zeit ein wenig beschränkt.

Villa de Leyva

♪ 8 / 9645 EW. / 2140 M

In einem der hübschesten von der Kolonialzeit geprägten Orte Kolumbiens, Villa de Leyva, scheint die Zeit stehen geblieben zu sein. Die fotogene Siedlung wurde 1954 unter Denkmalschutz gestellt und ist als architektonische Einheit mit gepflasterten Straßen und weiß verputzten Häusern erhalten.

Die Schönheit des Ortes und das milde trockene Klima ziehen seit Langem Fremde an. Hernán Suárez de Villalobos gründete die Siedlung 1572 und benannte sie nach seinem Vorgesetzten, Andrés Díaz Venero de Leyva, dem ersten Präsidenten des Neuen Königreichs von Granada. Ursprünglich zogen sich hier Offiziere, hohe Geistliche und Adlige zurück.

In den vergangenen Jahren hat ein Zustrom reicher Besucher und Auswanderer dieses verborgene Kleinod stetig verändert. Boutiquehotels, Gourmetrestaurants und geschmacklose Touristenläden ersetzen die alten, in Familienbesitz befindlichen *hosterías* und Cafés und zerstören den ursprünglichen Charakter. Die Telenovela von 2007 *Zorro: La Espada y la Rosa* wurde hier gedreht und brachte dem Ort noch mehr Publicity. An Wochenenden sind die engen Straßen mitunter regelrecht verstopft von Tagesausflüglern aus Bogotá. Doch glücklicherweise verwandelt sich das Dorf an Wochentagen wieder zu einem friedlichen, ländlichen Platz, einem der schönsten in Kolumbien – voller Geschichte, Museen, Feste und anderen Attraktionen. Unbedingt auf den Reiseplan setzen.

⊙ Sehenswertes

Villa de Leyva ist ein ruhiger Ort, wie geschaffen dafür, um in den hübschen gepflasterten Straßen auf und ab zu bummeln, dem Klang der Kirchenglocken zu lauschen und den geruhsamen Rhythmus vergangener Zeiten zu genießen. Villa de Leyva ist auch berühmt für die Vielzahl an Fossilien aus der Kreidezeit und dem Mesozoikum, einem Erdzeitalter, in dem dieses Gebiet noch unter Wasser lag. Bei genauerem Hinsehen lässt sich feststellen, dass Fossilien auch als

Villa de Leyva

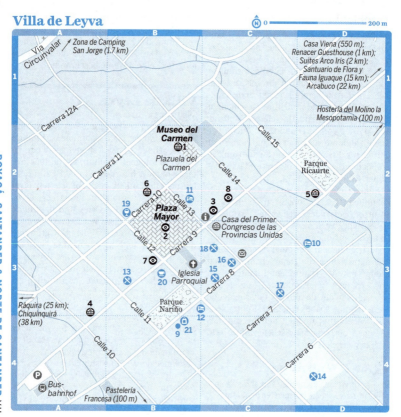

dekoratives Baumaterial unter anderem für Böden, Wände und Straßenpflaster eingesetzt worden sind.

Es lohnt sich, den Spaziergang durch einen Besuch der **Casa de Juan de Castellanos** (Carrera 9 No 13-15), der **Casona La Guaca** (Carrera 9 No 13-57) und der **Casa Quintero** (Ecke Carrera 9 & Calle 12) zu unterbrechen. Die drei sorgfältig restaurierten Herrenhäuser der Kolonialzeit nahe der Plaza beherbergen heute altmodische Cafés, Restaurants und Läden.

★ Plaza Mayor   PLATZ

Mit einer Fläche von 120 mal 120 m ist die Plaza Mayor einer der größten Stadtplätze in Amerika. Sie ist mit großen Steinen gepflastert und von großartigen kolonialen Bauten sowie einer schlichten Gemeindekirche umgeben. Nur ein kleiner im Mudéjar-Stil errichteter Brunnen in der Mitte, der fast 400 Jahre lang das Wasser für die Dorfbewohner lieferte, ziert den weiten Platz.

Anders als in den meisten kolumbianischen Orten, deren Hauptplätze nach historischen Helden benannt sind, heißt dieser einfach nur traditionell Plaza Mayor.

★ Museo del Carmen   MUSEUM

(Plazuela del Carmen; Eintritt 3000 COP; ⊙ Sa & So 10.30–13 & 14.30–17 Uhr) Das Museo del Carmen, eines der führenden Museen für sakrale Kunst, befindet sich im gleichnamigen Kloster. Es präsentiert kostbare Gemälde, Skulpturen, Altäre und andere religiöse Exponate ab dem 16. Jh.

Casa Museo de Luis Alberto Acuña MUSEUM

(www.museoacuna.com.co; Plaza Mayor; Erw./Kind 4000/2000 COP; ⊙ 9–18 Uhr) Das Museum präsentiert Arbeiten von einem der einflussreichsten Maler, Bildhauer, Schriftsteller und Historiker Kolumbiens, den vieles inspirierte, von Muisca-Mythen bis zu zeitgenössischer Kunst. Es wurde in dem Haus eingerichtet, in dem Acuña (1904–1993) die

Villa de Leyva

BOYACÁ, SANTANDER & NORTE DE SANTANDER VILLA DE LEYVA

letzten 15 Jahre seines Lebens verbrachte und bietet die umfassendste Sammlung seiner Werke in Kolumbien.

Casa Museo de Antonio Ricaurte MUSEUM
(Calle 15 No 8-17, Parque Ricaurte; ◎Mi–So 9–12 & 14–17 Uhr) GRATIS Antonio Ricaurte, der unter Bolívar kämpfte, erlangte Berühmtheit, weil er sich in der Schlacht von San Matteo (bei Caracas in Venezuela) 1814 selbst opferte. Als er bei der Verteidigung eines Waffenlagers von den Spaniern eingekreist worden war, ließ er sie in das Gebäude hinein, zündete dann die Schießpulverbehälter an und jagte damit alles in die Luft, einschließlich sich selbst. Dank seines Einsatzes wurde die Schlacht schließlich gewonnen. Hinter der Casa Museo de Antonio Ricaurte verbirgt sich Ricaurtes Geburtshaus, wo der Kriegsheld im Jahr 1786 das Licht der Welt erblickte.

Heute ist es ein Museum, in dem Möbel und Waffen aus jener Zeit präsentiert werden. Außerdem verfügt es über einen hübschen Garten.

Casa Museo de Antonio Nariño MUSEUM
(Carrera 9 No 10-25; ◎Do–Di 9–12 & 14–17 Uhr) GRATIS Antonio Nariño gilt als Wegbereiter der Unabhängigkeit Kolumbiens. In der Casa Museo de Antonio Nariño verbrachte Nariño die beiden letzten Monate seines Lebens, bevor er 1823 einer Lungenkrankheit erlag. Er war ein leidenschaftlicher Verteidiger der Menschenrechte und wird auch verehrt, weil er Thomas Paines *Rights of Man* ins Spanische übersetzte. Das Haus wurde in ein Museum mit Exponaten aus der Kolonialzeit und Erinnerungsstücken an diesen großen Kolumbianer umgewandelt.

🏃 Aktivitäten

Rund um Villa de Leyva bieten sich viele Möglichkeiten zum **Wandern**, außerdem einige längere Trekkingtouren im Santuario de Iguaque. Im Dorf beginnt ein großartiger Weg direkt hinter der Pension Renacer. Er führt an zwei Wasserfällen vorbei zu einem Aussichtspunkt mit einem fantastischem Blick über den Ort. Der Rundkurs dauert weniger als zwei Stunden.

Wer nicht zu Fuß gehen möchte, kann mit dem Rad fahren oder reiten; beides lässt sich bei einem der Tourenanbieter buchen. Fahrräder kosten etwa 15 000/25 000 COP pro halbem/ganzem Tag; der Preis für ein Pferd mit Führer liegt bei 30 000 COP pro Stunde (Leute im Ort bieten einen günstigeren Preis, erwähnen dabei aber nicht, dass der Guide in diesem Fall extra bezahlt werden muss).

Badestellen gibt es bei vielen der nahe gelegenen Wasserfälle; etwas außerhalb des Ortes befinden sich die **Pozos Azules** (Eintritt 5000 COP; ◎8–18 Uhr). Die spektakulärsten Wasserfälle der Region sind El Hayal, Guatoque und La Periquera; Letzterer war zur Zeit der Recherche für dieses Buch offiziell gesperrt, weil sich im Lauf der Jahre zu viele Unfälle – manche mit tödlichem Ausgang – ereignet hatten. Weitere Extremsportangebote der Region umfassen **Abseilen**, **Canyoning** und **Höhlenwandern**.

TUNJAS RÄTSELHAFTE DECKENGEMÄLDE

Gonzalo Suárez Rendón gründete Tunja 1539 an der Stelle einer vorspanischen Muisca-Siedlung namens Hunza. Die Bekanntheit der von Besuchern oft übersehenen Regional-hauptstadt beruht vor allem auf den Kirchen im Kolonialstil; bemerkenswert sind mauri-sche Stilelemente, wie sie in Spanien zwischen dem 12. und 16. Jh. unter muslimischem Einfluss entwickelt wurden. Studenten machen einen großen Teil der Bevölkerung aus und geben der Stadt ein jugendliches Flair.

In Tunja besitzen mehrere Herrenhäuser aus der Kolonialzeit, darunter die **Casa del Fundador Suárez Rendón** (Carrera 9 No 19–68; Eintritt 2000 COP; ⊙Mo–Sa 8–12 & 14–18 Uhr) und die **Casa de Don Juan de Vargas** (Calle 20 No 8–52; Eintritt 2000 COP; ⊙Di–Fr 9–12 & 14–17, Sa & So 9–12 & 14–16 Uhr), Decken, die mit außergewöhnlichen Ge-mälden geschmückt sind. Diese zeigen eine seltsame Mischung von Sujets aus verschie-denen Traditionen. Es gibt Szenen aus der Mythologie, menschliche Figuren, Tiere und Pflanzen, Wappen und Architekturdetails. Zeus und Jesus halten sich inmitten tropischer Pflanzen auf, ein Elefant steht unter einer Renaissance-Arkade. Wo gibt es sonst noch etwas Ähnliches? In Lateinamerika sucht man so etwas jedenfalls vergeblich!

Quelle dieses bizarren Schmucks war wohl Juan de Vargas selbst. Als Gelehrter be-saß er eine große Bibliothek mit Werken zur europäischen Kunst und Architektur, zum antiken Griechenland und Rom, zu Religion und Naturgeschichte. Und die Illustrationen dieser Bücher lieferten wohl den unbekannten Malern, den Schöpfern der Deckengemäl-de, ihre Motive. Da die Originalillustrationen in Schwarz-Weiß gehalten waren, beruht die Farbgebung offenbar auf dem Geschmack dieser anonymen Künstler.

Informationen zu Tunjas Kirchen aus der Kolonialzeit, wie **Capilla y Museo de Santa Clara La Real** (☑320-856-3658; Carrera 7 No 19–58; Eintritt 3000 COP; ⊙8–12 & 14–18 Uhr), **Iglesia de Santo Domingo** (Carrera 11 No 19–55) und **Templo Santa Bar-bara**, bietet die freundliche **Touristeninformation** (☑742-3272; www.turismotunja.gov. co; Carrera 9 No 19–68; ⊙8–18 Uhr) der Stadt an der Plaza de Bolívar.

Wer hierher reist, muss die Wetterbedingungen berücksichtigen: Tunja ist die höchst gelegene und kälteste Hauptstadt eines *departamento* in Kolumbien. Die preiswerteste Übernachtung bietet die **Hostería San Carlos** (☑742-3716; hosteriasancarlostunja@ gmail.com; Carrera 11 No 20–12; EZ/DZ/3BZ 40 000/60 000/75 000 COP; 🕾) in einem weit-läufigen kolonialen Haus, betrieben von einer freundlichen Patronin; und im **Hotel Casa Real** (☑743-1764; www.hotelcasarealtunja.com; Calle 19 No 7–65; EZ/DZ 62 000/86 000 COP; 🕾), eine Klasse besser mit hübsch möblierten Zimmern, angeordnet um einen netten Innenhof, und mit extra freundlichem Personal.

Busse von und nach Bogotá (19 000 COP, 2½–3 Std.) starten alle 10 bis 15 Minuten. Busse nach Norden, nach San Gil (25 000 COP, 4½ Std.), Bucaramanga (35 000 COP, 7 Std.) und noch ein Stück weiter fahren mindestens einmal pro Stunde. Um 21.15 Uhr fährt ein Bus nach Güicán ab. Minibusse nach Villa de Leyva (6500 COP, 45 Min.) verkeh-ren regelmäßig zwischen 6 und 19 Uhr und solche in Richtung Sogamoso (6500 COP, 1½ Std.) fahren von 5 bis 20 Uhr.

👉 Geführte Touren

An der Bushaltestelle bieten Taxis Rundtou-ren zu den Sehenswürdigkeiten der Umge-bung. Die Standardstrecken führen u. a. zu El Fósil, El Infiernito und dem Convento de Santo Ecce Homo (134 000 COP) oder nach Ráquira und La Candelaria (134 000 COP). Die Preise, die den Transport, den Guide und die Versicherung (aber keine Eintritts-gebühren) umfassen, gelten pro Person bei zwei Fahrgästen im Taxi. Für größere Grup-pen wird es dann preiswerter.

Colombian Highlands ÖKOTOUREN
(☑310-552-9079, 732-1201; www.colombianhigh lands.com; Av. Carrera 10 No 21-Finca Renacer) ✐ Dieses Reisebüro unter Leitung des Biolo-gen Oscar Gilède, der zugleich auch Eigen-tümer der Pension Renacer ist, hat eine Reihe unkonventionellerer Touren im An-gebot, darunter vor allem auch Ökotouren, Bergtouren, Nachtwanderungen, Vogelbe-obachtungen, Abseilen, Canyoning, Höhlen-wanderungen. Fahrräder und Pferde kann man ebenfalls hier mieten. Es wird Englisch gesprochen.

Ciclotrip FAHRRADVERLEIH

(☏ 320-899-4442; www.ciclotrip.com; Carrera 8 No 11-32; ☺ Mo–Fr 9–17, Sa & So 8–20 Uhr) Dieses empfehlenswerte Fahrradgeschäft/Reisebüro bringt seine Kunden zu all den üblichen Zielen, aber auch zu unbekannteren Wasserfällen und Sehenswürdigkeiten, darunter ein Weingut. Der Besitzer, Francisco, ist ein netter Typ und in Erster Hilfe und Bergrettung ausgebildet. Tagestouren kosten zwischen 21 000 und 50 000 COP. Es werden auch Fahrräder vermietet.

🎆 Feste & Events

Encuentro de Musica Antigua MUSIK

(Semana Santa) Beim Festival der Barockmusik finden Konzerte in den örtlichen Kirchen statt, u. a. in der Iglesia Parroquial und der Iglesia del Carmen.

Festival de las Cometas DRACHEN

(☺ Aug.) Einheimische und fremde Drachenliebhaber lassen bei diesem farbenfrohen Festival ihre Drachen um die Wette steigen.

Festival de Luces FEUERWERK

(☺ Dez.) Dieses Feuerwerksfestival findet in der Regel am ersten oder zweiten Dezemberwochenende statt.

🛏 Schlafen

In Villa de Leyva gibt es eine große Auswahl an Hotels in allen Preisklassen. Am Wochenende liegen die Übernachtungspreise höher, und es kann schwierig sein, ein Zimmer zu bekommen. Während der Hochsaison, einschließlich der Semana Santa und im Zeitraum vom 20. Dezember bis zum 15. Januar, können die Preise sich mehr als verdoppeln. Vorausplanung lohnt sich. Camping kostet in der Gegend etwa 15 000 COP pro Person, auch auf der herausragenden **Zona de Camping San Jorge** (☏ 732-0328; cam pingsanjorge@gmail.com; Vereda Roble; Zeltplatz pro Pers. Haupt-/Nebensaison 17 000/15 000 COP; 🏕), einem riesigen Platz für 120 Zelte mit Panoramablick auf die umliegenden Berge.

⭐**Renacer Guesthouse** HOSTEL **$**

(☏ 732-1201, 311-308-3739; www.colombian highlands.com; Av. Carrera 10 No 21-Finca Renacer; Zeltplatz pro Pers. mit/ohne Mietzelt 20 000/14 000 COP, B 22 000–24 000 COP, EZ/DZ ab 60 000/70 000 COP; @ 📶 🏊) Dieses hübsche Boutiquehostel, das 1,2 km nordöstlich der Plaza Mayor liegt, wurde von dem Biologen und Tourenorganisator Oscar Gilède von Colombian Highlands (S. 100) gegründet. Hier können sich Gäste wirklich zu Hause fühlen – ausgestattet ist es mit Hängematten im makellosen Garten, einer Gemeinschaftsküche mit einem gemauerten Ofen und blitzsauberen Schlafsälen und Zimmern.

Es gibt auch einen Schwimmteich und ein außerhalb gelegenes Café. Oscar übernimmt die Kosten für den Taxitransfer der Gäste vom Busbahnhof (5000 COP).

Casa Viena HOSTEL **$**

(☏ 314-370-4776; www.casaviena.com; Carrera 10 No 19-114; B 15 000 COP, EZ/DZ ohne Bad 28 000/38 000 COP, Zi. 45 000 COP; @ 📶) Hans und seine Familie waren bekannt für die Casa Viena in Cartagena, doch sie flohen vor der Hitze der Karibik und eröffneten diese kleine Pension direkt am Ortsrand. Da sie viel Zeit auf ihrer nahe gelegenen Farm verbringen, hat die Atmosphäre etwas gelitten, doch die vier einfachen Zimmer bieten im-

---

BOLÍVARS BRÜCKE

Der **Puente de Boyacá** ist eines der wichtigsten Schlachtfelder in der Geschichte des modernen Kolumbiens. Am 7. August 1819 besiegten die Truppen von Simón Bolívar entgegen jeder Erwartung das spanische Heer unter General José María Barreiro und besiegelten so Kolumbiens Unabhängigkeit.

Auf dem ehemaligen Schlachtfeld erheben sich heute mehrere Denkmäler. Am bedeutendsten ist das **Monumento a Bolívar**, eine 18 m hohe Skulptur, die den Helden Kolumbiens zeigt, umgeben von fünf Engeln, die für die *países bolivarianos* stehen, also für Venezuela, Kolumbien, Ecuador, Peru und Bolivien, jene Länder, die Bolívar befreit hat. Ganz in der Nähe brennt eine ewige Flamme für Bolívar.

Der Puente de Boyacá, die Brücke, nach der das Schlachtfeld benannt ist und über die einst Bolívars Truppen marschierten, um gegen die Spanier zu kämpfen, ist nur eine kleine einfach konstruierte Brücke, die 1939 rekonstruiert wurde.

Das Schlachtfeld liegt an der Hauptstraße von Tunja nach Bogotá, 15 km südlich von Tunja. Alle Busse, die hier entlangfahren, lassen Reisende auf Wunsch hier aussteigen.

NICHT VERSÄUMEN

SUTAMARCHÁN

Wer in der Gegend von Villa de Leyva unterwegs ist, sollte einen Stopp in **Sutamarchán** einlegen, der *longaniza*-Hauptstadt Kolumbiens, 14 km westlich von Villa an der Straße nach Ráquira. *Longaniza* ist eine regionale Wurstspezialität, ähnlich der portugiesischen *linguiça*. Im Ort werden die Würste überall gegrillt – also immer der Nase nach. Die besten Plätze für eine Verkostung sind die **Fabrica de Longaniza, Piqueteadero y Asadero Robertico** (Carrera 2 No 5–135, Sutamarchán; ab 15 000 COP; ⏱ Mo–Fr 8.30–19.30, Sa & So 7–20 Uhr) – die rustikale, würzigere Variante – und **El Fogata** (Carrera 5 No 5–55, Sutamarchán; 1/6 Personen 14 000/78 000 COP; ⏱ Mo–Fr 8–20, Sa & So ab 7 Uhr).

mer noch ein gutes Preis-Leistungs-Verhältnis, vor allem wenn längere Aufenthalte hier geplant sind.

★ Suites Arco Iris   BOUTIQUEHOTEL $$

(☎ 311-254-7919; www.suitesarcoiris.com; Km 2 Vila la Colorada; Zi. mit Berg-/Ortsblick inkl. Frühstück 152 000/264 000 COP; 🕿) Auf einem Hügel oberhalb des Ortes liegt dieses romantische Hotel mit 26 Zimmern, das wohl beste in Villa de Leyva. Die großen Zimmer, alle bunt und mit Kunst, aber unterschiedlich gestaltet, sind ausgesprochen schick und mit Jacuzzi, Terrasse, farbenfrohem Bad und Kamin ausgestattet. Die Aussicht - egal ob auf die Berge oder auf den Ort - ist hinreißend. Wer kein eigenes Auto hat, zahlt zusätzlich 24 000 bis 30 000 COP für eine Fahrt zum Ort und zurück.

Hospedería La Roca   GUESTHOUSE $$

(☎ 311-895-6470; jucasato9@hotmail.com; Plaza Mayor; Zi. pro Pers. inkl. Frühstück 65 000 COP; 🕿) Direkt an der Plaza Mayor bietet das freundliche La Roca 23 hübsche Zimmer, die um einen wunderschönen, mit Pflanzen bestückten Innenhof liegen. Alle Zimmer besitzen hohe Decken, einen Flachbildfernseher und ein modernes Bad mit warmem Wasser. In Anbetracht der Qualität und der Lage lässt sich kaum etwas Besseres finden.

Hospedería Don Paulino   GUESTHOUSE $$

(donpaulino@hotmail.com; Calle 14 No 7-46; Zi. pro Pers. inkl. Frühstück 50 000 COP; 🕿) Die-

se ausgezeichnete Unterkunft in mittlerer Preislage befindet sich am ruhigeren Ende des Ortes, aber nur zweieinhalb Blocks von der Plaza Mayor entfernt. Es gibt 15 Zimmer, die meisten liegen um einen hellen Hof und an Fluren mit Deckengewölbe. Die Zimmer sind zwar einfach, aber gut gestaltet und gepflegt – dafür sorgt der freundliche Geschäftsführer –, sie verfügen über saubere moderne Bäder, Fernseher und teilweise sorgfältig ausgewählte Antiquitäten.

Hostería del Molino La Mesopotamia   HISTORISCHES HOTEL $$

(☎ 732-0235; www.lamesopotamia.com; Carrera 8 No 15A-265; EZ/DZ/3BZ inkl. Frühstück 127 155/170 690/210 776 COP; 🕿🕿🕿) Diese alte Mühle von 1568 ist vier Jahre älter als Villa selbst und eines der schönsten Gebäude des Ortes. Einige Reisende haben sich zwar beklagt, z. B. über die Feuchtigkeit in den Zimmern, aber die Architektur, Möbel und Kunstwerke der Kolonialzeit wiegen manches auf. Hier kann man in geschichtsträchtigem Ambiente schlafen.

Posada de San Antonio   BOUTIQUEHOTEL $$$

(☎ 732-0538; www.hotellaposadadesanantonio. com; Carrera 8 11-80; EZ/DZ inkl. Frühstück 203 448/231 000 COP; @🕿) Natürliches Licht fällt bis in den letzten Winkel dieses mit Antiquitäten gut bestückten, bezaubernden Kolonialhauses von 1860, mit der beste Wahl in Villa. In den Zimmern sind stellenweise die Original-Backsteine zu sehen. Es gibt eine schöne offene Küche, ein Restaurant mit viel Flair, einen kleinen tragbaren Altar und natürlich einen hübschen Innenhof. Ein neues Spa bietet Massagen (80 000 COP), eine Dampfkabine und einen stimmungsvollen Jacuzzi; die beiden Letzteren sind außerhalb der Ferienzeit im Preis inbegriffen.

✖ Essen

Villa ist für Gourmets das Topziel in Boyacá. Es gibt im Ort mehrere Bereiche mit vielen Restaurants, die besten davon sind in der Casa Quintero und der Casona La Guaca zu finden.

★ Pastelería Francesa   BÄCKEREI, FRANZÖSISCH $

(Calle 10 No 6-05; Teilchen 1500–3600 COP; ⏱ Do–So 8–19 Uhr, Feb. & Sept. geschl.) Schon wenn man noch einen Block entfernt ist, steigt einem der köstliche Gebäckduft dieser authentischen französischen Bäckerei in die Nase: Croissants (hmm, die mit Mandeln), Baguettes, Obstkuchen, Quiches, Mini-Pizzas, Kaffee und heiße Schokolade. Wer während der Öffnungszeiten hinkommt, hat Glück – der Besitzer liebt seine Freizeit.

Restaurante Estar de la Villa KOLUMBIANISCH $

(Calle 13 No 8-75; Menüs 10 000 COP; ✆Mo–Fr 9–17, Sa & So 8.30–20 Uhr) Das Restaurant bietet peiswerte Menüs in guter Qualität, serviert in angenehm häuslicher Atmosphäre. Es gibt zwar eine Speisekarte, doch warum sich damit abmühen – das Menü ist perfekt, vor allem wenn es *sopa de colí* (Suppe aus grünen Bananen) gibt.

Don Salvador KOLUMBIANISCH $

(Markt; Mahlzeiten ab 7000 COP; ✆Sa 6–15 Uhr) Der geschäftige Samstagsmarkt von Villa bietet eine gute Gelegenheit, um die regionale *boyacense*-Küche kennenzulernen. An diesem Stand serviert Don Salvador die besten *mute* (Maissuppe mit einem Rinderfuß oder einem Hähnchenschenkel) und *carne asada* (Steak vom Grill).

Barcelona Tapas SPANISCH $$

(Carrera 9 No 11-57; Tapas 5500–12 000 COP, Hauptgerichte 8500–34 500 COP; ✆Mi & Fr 18–21, Sa & So 12–1 Uhr) Ignacio und Nina, ein sympathisches katalanisches Paar, das Spanien aus wirtschaftlichen Gründen verlassen hat, leisten in diesem Restaurant mit fünf Tischen in der Nähe der Plaza Mayor beste Arbeit. Eine perfekte Mahlzeit hier besteht aus gegrillten Garnelen mit knusprig gebratenem Knoblauch, gefolgt von Büffelmedaillons à la catalan serviert in einer extra scharfen Soße.

Restaurante Savia VEGETARISCH, BIO $$

(Carrera 9 No 11-75, Casa Quintero; Hauptgerichte 13 500–33 400 COP; ✆Di, So & Mo 12–19, Fr & Sa bis 24 Uhr; ✐) Das reizende Savia ist spezialisiert auf einfallsreiche vegetarische, vegane und Bio-Kost sowie regionales Kunstgewerbe derselben Provenienz. Doch auch Fisch- und Fleischesser kommen hier auf ihre Kosten – es gibt frischen Fisch und Meeresfrüchte, außerdem Geflügelgerichte. Rotes Fleisch wird allerdings nicht angeboten. Eine Tafel am Haus erinnert an das letzte Konzert des früheren Schlagzeugers von Elvis Presley, Bill Lynn, der 2006 in Villa de Leyva starb.

Restaurante Casa Blanca KOLUMBIANISCH $$

(Calle 13 No 7-16; Menüs 9500 COP, Hauptgerichte 15 000–25 500 COP; ✆8–21 Uhr) Dies ist eines der besseren Mittelklasserestaurants der Stadt. Mit Wartezeiten muss hier gerechnet werden!

★Mercado Municipal KOLUMBIANISCH $$$

(Carrera 8 No 12-25; Hauptgerichte 28 000–52 000 COP; ✆So, Mo & Mi 12–17, Do bis 21, Fr & Sa bis 22 Uhr) In diesem von einem Koch geführten Freiluftrestaurant in den Gärten eines Hauses aus der Kolonialzeit von 1740 wurden alte Kochtechniken wiederbelebt. Das Fleisch wird in einer *barbacoa* (Grill) einen Meter unter der Erde auf einem Holzfeuer gegart. Das Restaurant ist mehr und mehr dabei, eines der interessantesten Lokale von Boyacá zu werden. Die Schweinshaxe in Brombeersoße besitzt eine köstlich knusprige Schwarte, von der sich das zarte Fleisch mühelos ablösen lässt.

Doch nicht nur leckeres Fleisch steht auf der Speisekarte; es gibt auch Agnolotti (Pasta) mit Ricotta und Honig, eine rustikale Linsensuppe und einige himmlische Desserts, darunter einen Kokos-Karamell-Kuchen. *Buen provecho!*

La Bonita MEXIKANISCH $$$

(Ecke Carrera 9 & Calle 12, Casa Quintero; Hauptgerichte 11 000–42 000 COP; ✆So–Di, Do & Fr 12–22, Sa bis 23 Uhr) Dieses gehobene mexikanische Restaurant serviert herausragende Tacos (25 000–26 000 COP) – *cochinita pibil* (scharf gewürzte Schweinetacos), auch *carnitas* (geschmortes Schweinefleisch) – und eine leckere Tortillasuppe (12 000 COP). Es befindet sich in der Casa Quintero.

miCocina KOLUMBIANISCH $$$

(www.academiaverdeoliva.com/micocina-restaurante-villa-de-leyva; Calle 13 No 8-45; Hauptgerichte 17 000–48 000 COP; ✆So–Do 11–16, Fr & Sa bis 21 Uhr; ☎) Dieses farbenfrohe Restaurant mit Kochschule rühmt sich, hundertprozentig kolumbianisch zu sein. Und es ist tatsächlich der beste Ort, um typisch kolumbianische Küche über die üblichen *sancocho* und *patacones* hinaus zu kosten. Angeboten werden ein Mittagsmenü (10 000 COP) und eine Auswahl à la carte. Das Salatdressing mit Basilikum ist absolut das beste in der ganzen Stadt.

🍷 Ausgehen & Nachtleben

Die Partyszene in Villa konzentriert sich um die hübsche Plaza – Einheimische und Gäste sammeln sich auf den Stufen an der Carrera 9, die sich mit ihren zahlreichen Cafés in ein perfektes Straßenfest verwandelt.

Bolívar Social Club BAR

(Cocktails 14 000–18 000 COP; ✆Do 15–22, Fr & Sa bis 1, So 13–18 Uhr) Der erste Versuch in Villa, eine trendige Bar zu gestalten, erfolgte im Mercado Mu-

KERAMIKMARKT AM SONNTAG

25 km südwestlich von Villa de Leyva liegt **Ráquira,** die Töpferhauptstadt Kolumbiens, wo es von Keramikschüsseln, -krügen und -tellern bis hin zu Spielzeug und Weihnachtsdeko alles gibt. Bunt gestrichene Fassaden, Kunsthandwerksläden und aufgereihte frisch gebrannte Tongefäße geben der Hauptstraße des Provinzdorfs ein einladendes Flair. Im Ort und in der Umgebung befinden sich viele Töpferateliers, in denen Besucher hautnah erleben können, wie Keramikarbeiten entstehen. Ein Dutzend Kunsthandwerksläden um den Hauptplatz präsentieren etwa das gleiche Angebot, darunter Keramik, Hängematten, Körbe, Taschen, Ponchos, Schmuck und Schnitzarbeiten. Am schönsten ist ein Besuch am Sonntag, wenn der **Markt** in vollem Gange ist.

Ráquira liegt 5 km abseits der Straße Tunja–Chiquinquirá, an einer Seitenstraße, die bei Tres Esquinas abzweigt. Vier Minibusse verkehren von Montag bis Freitag zwischen Villa de Leyva und Ráquira (5500 COP, 45 Min., 7.30, 12.45, 15 und 16.50 Uhr), am Wochenende fährt noch ein fünfter. Eine Rundfahrt mit dem Taxi ab Villa de Leyva mit etwa einer Stunde Aufenthalt kostet zwischen 60 000 und 70 000 COP. Auch eine Handvoll Busse aus Bogotá kommen täglich hier an.

nicipal unter den wachsamen Augen von Simón Bolívar. Serviert werden das Bier kleiner Brauereien vom Fass und einfallsreiche Cocktails, untermalt von Musik von Eddie Vedder bis zu kitschigem Pop der 60er und zurück. Am Wochenende gibt es Livejazz und -rock und in der Hochsaison DJs.

La Cava de Don Fernando BAR
(Carrera 10 No 12-03; ⏲ So–Di 14–1, Fr & Sa bis 2 Uhr; ☎) Eine gemütliche Bar an der Ecke der Plaza Mayor, mit guter Musik, Kerzenlicht und einer ausgezeichneten Auswahl an Biersorten.

Sybarrita Cafe CAFÉ
(Carrera 9 No 11-88; Kaffee 1600–5000 COP; ⏲ 8.30–21 Uhr) Villa de Leyvas bestes Café, das täglich wechselnd Kaffee aus Kolumbiens erlesensten Anbauregionen serviert. Und das in einer Umgebung, die trotz des relativ neuen Entstehungsdatums absolut klassisch wirkt. An den wenigen Tischen drängen sich Einheimische und reisende Kaffeekenner gleichermaßen.

🔒 Shoppen

Unbedingt besuchen sollten Reisende den farbenprächtigen Markt, der jeden Samstag auf dem Platz drei Blocks südlich der Plaza Mayor abgehalten wird. Am schönsten, weil am belebtesten, ist er am Morgen. An Dienstagen gibt es einen Markt mit Bioprodukten.

Villa de Leyva besitzt eine Reihe von Kunsthandwerksläden, die für schöne Korbwaren und hochwertige gewebte Produkte, etwa Pullover oder *ruanas* (Ponchos) bekannt sind. Einige dieser Läden umgeben

die Plaza Mayor. Eine Reihe von Webern haben sich im Ort niedergelassen; ihre Arbeiten sind von hervorragender Qualität, ihre Preise vernünftig. Die meisten Kunsthandwerksläden haben nur am Wochenende geöffnet.

La Tienda Feroz KUNST & KUNSTHANDWERK
(www.latiendaferoz.com; Carrera 8 No 11-32; ⏲ Mo–Fr 9–17, Sa & So 8–20 Uhr) Dieser fantastische kleine Laden präsentiert die einzigartigen Werke von 27 kolumbianischen Künstlern (auch einige mexikanische Künstler sind darunter). Wer keine typischen Souvenirs erstehen möchte, ist hier genau richtig. Die Besitzer arbeiteten in den Bereichen Illustration, Animation und Industriedesign – und verfügen über ein hohes Maß an Kreativität.

ⓘ Praktische Informationen

Es gibt einige Geldautomaten an und in der Umgebung der Plaza.

4-72 (www.4-72.com.co; Ecke Carrera 8 & Calle 13; ⏲ 10–22 Uhr) Nicht wirklich ein Postamt, sondern eher eine Poststelle in einem Souvenirladen.

Polizei (☑ 732-0236; Ecke Carrera 10 & Calle 11) Das Polizeirevier von Villa.

Touristeninformation (Oficina de Turismo; ☑ 732-0232; Carrera 9 No 13-11; ⏲ Mo–Fr 8–12.30 & 14–18, Sa 8–18, So 9–17 Uhr) Im Angebot sind kostenlose Karten und Broschüren sowie Informationen auf Spanisch.

ⓘ An- & Weiterreise

Die Bushaltestelle befindet sich drei Blocks südwestlich der Plaza Mayor, an der Straße nach

EIN WUNDER!

Chiquinquirá ist die religiöse Hauptstadt Kolumbiens und zieht wegen eines Gemäldes der Jungfrau Maria, das im 16. Jh. Mittelpunkt eines Wunders war, ganze Massen katholischer Pilger an.

Der spanische Künstler Alonso de Narváez malte die *Rosenkranzmadonna* um 1555 in Tunja. Das Bild zeigt Maria, wie sie das Jesuskind auf dem Schoß hält, zu ihren beiden Seiten stehen der heilige Antonius von Padua und der Apostel Andreas. Kurz nach der Fertigstellung begann das Bild zu verblassen, ein Ergebnis des minderwertigen Materials und des undichten Kapellendachs. 1577 kam das Bild nach Chiquinquirá, wurde eingelagert und geriet in Vergessenheit.

Einige Jahre später entdeckte Maria Ramos, eine fromme Frau aus Sevilla, das Bild wieder. Obwohl es in einem schrecklichen Zustand war, setzte sich Ramos gern davor und betete. Am 26. Dezember 1586 erhielt das Gemälde vor ihren Augen und während ihrer Gebete seine alte Pracht zurück. Danach wuchs sein Ruhm rasch, und es geschahen immer mehr Wunder, die der Jungfrau zugeschrieben wurden.

1829 erklärte Papst Pius VII. die Jungfrau von Chiquinquirá zur Schutzpatronin von Kolumbien. Das von den Einheimischen liebevoll „La Chinita" genannte Bild wurde 1919 offiziell anerkannt, das Heiligtum 1927 zur Basilika erklärt. Papst Johannes Paul II. besuchte die Stadt 1986.

Die **Basílica de la Virgen de Chiquinquirá**, in der das **heilige Bild** ausgestellt wird, beherrscht die Plaza de Bolívar. Der Bau der riesigen klassizistischen Kirche begann 1796 und wurde 1812 abgeschlossen. Das dreischiffige Innere besitzt 17 Kapellen und einen kunstvollen Hochaltar, in den das Gemälde eingearbeitet ist. Das Bild misst nur 113 mal 126 cm und ist eines der ältesten Zeugnisse kolumbianischer Malerei.

Täglich zwischen 7 und 1 Uhr verkehren acht Busse von Villa de Leyva nach Chiquinquirá (7500 COP, 1 Std.). Busse in Richtung Bogotá fahren alle 15 Minuten ab (17 000 COP, 3 Std.).

Tunja. Minibusse verkehren zwischen Tunja und Villa de Leyva alle 15 Minuten von 5 bis 19.45 Uhr (6500 COP, 45 Min.). Mehr als ein Dutzend Busse fahren täglich direkt nach Bogotá (22 000 COP, 4 Std.), und zwar zwischen 4.30 und 17 Uhr (So zwischen 5 und 17 Uhr). Nach San Gil muss man in Tunja umsteigen (nicht in Arcabuco wie manche sagen – das dauert länger).

Rund um Villa de Leyva

Einige der nahe gelegenen Attraktionen wie archäologische Stätten, koloniale Baudenkmäler, Felszeichnungen, Höhlen, Seen und Wasserfälle sollten die Besucher keinesfalls versäumen.

Die Gegend ist absolut sicher. Die nächstgelegenen Sehenswürdigkeiten lassen sich unkompliziert zu Fuß, mit dem Fahrrad oder zu Pferd erreichen. Es ist aber auch möglich, mit Regionalbussen oder Taxis zu fahren oder eine Tour bei einem der Anbieter in Villa de Leyva zu buchen. Wer mit dem Taxi fährt, sollte vor dem Start mit dem Fahrer besprechen, welche Sehenswürdigkeiten besucht werden sollen, und was die Fahrt kostet.

Der **Convento del Santo Ecce Homo** (Eintritt 5000 COP; Di–So 9–17 Uhr), von Dominikanermönchen 1620 gegründet, ist ein großes Bauwerk aus Stein und Lehmziegeln mit einem hübschen Innenhof. Die Böden sind mit Steinen aus der Region gepflastert, in denen Ammoniten und Fossilien eingeschlossen sind, darunter auch versteinerter Mais und Blumen. Auch im Sockel einer Statue in der Kapelle finden sich Fossilien.

Das Prunkstück der Kapelle bildet der vergoldete Hauptaltar mit einem kleinen Ecce-Homo-Bild. Die originale hölzerne Decke steckt voller faszinierender Details: Die Darstellungen von Ananas, Adlern, Sonnen und Mond sollten helfen, die Indigenen zum Christentum zu bekehren. Ebenfalls beachtenswert ist die Darstellung eines Schädels und gekreuzter Knochen mit einer Art bolivianischer Mütze in der Sakristei und das Kruzifix im Kapitelsaal, das Jesus noch lebendig zeigt (mit geöffneten Augen), eine Seltenheit in Südamerika. Im westlichen Kreuzgang gibt es außerdem ein Wandgemälde von Jesus, auf dem er – je nach Blickwinkel – die Augen mal offen und mal geschlossen hält.

Das Kloster liegt 13 km von Villa de Leyva entfernt. Besucher nehmen am besten den morgendlichen Bus nach Santa Sofía; von der Haltestelle aus sind es 15 Minuten Fußweg bis zum Kloster. Eine Rundfahrt mit dem Taxi (bis zu vier Personen) von Villa de Leyva zu El Fósil, El Infiernito und Ecce Homo sollte einschließlich Wartezeit rund 60 000 bis 75 000 COP kosten.

El Fósil (www.museoelfosil.com; Erw./Kind 6000/4000 COP; ☺8–18 Uhr) ist ein beeindruckendes 120 Millionen Jahre altes Kronosaurus-Baby-Fossil und mit seinen 7 m das kompletteste Exemplar dieses prähistorischen Meeresreptils weltweit. Das Tier hatte wohl eine Gesamtlänge von ungefähr 12 m, der Schwanz ist jedoch heute nicht mehr erhalten. Das Fossil liegt an der Straße nach Santa Sofía, 6 km westlich von Villa de Leyva, und befindet sich damit noch immer an der ursprünglichen Stelle, wo es 1977 gefunden wurde. Zu Fuß dauert der Weg etwas mehr als eine Stunde; Besucher können aber auch den Bus nach Santa Sofía nehmen, von der Ausstiegsstelle sind es nur etwa 80 m bis zu El Fósil. Keinesfalls versäumen sollte man das neue **Centro de Investigaciones Paleontológicas** (CIP; www.centropaleo.com; Erw./Kind 8000/4000 COP; ☺Di–Do 9–12 & 14–17, Fr–So 8–17 Uhr) an der Hauptstraße direkt gegenüber von El Fósil – eine Einrichtung, die einen Einblick in die Ausgrabungsarbeiten gibt und beeindruckende Fossilien zeigt, darunter ein erstaunlich vollständiges Skelett eines *plesiosaurus* (eines Wasserbewohners aus dem Jura) sowie der einzige Zahn eines Säbelzahntigers, der je in Kolumbien gefunden wurde. Alles ist auch in Englisch beschriftet.

Die **Estación Astronómica Muisca** (El Infiernito; Erw./Kind 6000/5000 COP; ☺Di–So 9–12 & 14–17 Uhr) stammt aus den ersten nachchristlichen Jahrhunderten und diente den Muiscas dazu, die Jahreszeiten zu bestimmen. Das Monument, das an Stonehenge erinnert, besteht aus 115 zylindrischen Monolithen, die in einem Abstand von 1 m in zwei 9 m voneinander entfernten parallelen Reihen senkrecht im Boden stecken. Die *indígenas* maßen die Länge der von den Steinen geworfenen Schatten und lasen daran die Zeiten zum Pflanzen ab.

Santuario de Iguaque

Hoch über dem benachbarten Tal und in Dunst eingehüllt liegt eine unberührte Wildnis, die bei den Muisca als Geburtsstätte der Menschheit galt. Nach der Legende der Muisca tauchte die wunderschöne Göttin Bachué mit einem männlichen Baby in den Armen aus der Laguna de Iguaque auf. Als der Junge erwachsen war, heirateten sie, bekamen Kinder und bevölkerten die Erde. Im Alter verwandelte sich das Paar dann in Schlangen und tauchte wieder in den heiligen See ein.

Heute ist dieses Muisca-Paradies zum Nationalpark erklärt worden: der **Santuario de Flora y Fauna de Iguaque** (Kolumbianer/Ausländer 14 500/38 000 COP; ☺8–17 Uhr) hat eine Fläche von 67,5 km². Im Norden des Parks gibt es acht kleine Bergseen, darunter auch die Laguna de Iguaque, – sie alle liegen auf einer Höhe zwischen 3550 und 3700 m. Dieses einzigartige neotropische *páramo*-Ökosystem ist Heimat von Hunderten von Tier- und Pflanzenarten, aber am bekanntesten sind die *frailejones,* Espeletia-Arten, ein Halbstrauch, der typisch für diese Höhenlage der Anden ist.

Hier oben kann es mit Temperaturen zwischen 4 und 13 °C schön kalt werden. Obendrein ist es sehr feucht; die jährlichen Niederschläge erreichen bis zu 1648 mm. Die besten Monate für einen Besuch sind Januar, Februar, Juli und August – in jedem Fall sollten Besucher sich auch auf schlechtes Wetter einstellen. Pro Tag dürfen nur 50 Personen den Park betreten.

Das **Besucherzentrum** (B 38 000 COP, Zeltplatz pro Pers. 10 000 COP; ☺8–17 Uhr), 700 m oberhalb der Rangerstation, wird im Auftrag von **Naturar** (☎312-585-9092, 318-595-5643; naturariguaque@yahoo.es) betrieben. Es gibt ein Restaurant (Mahlzeiten 11 000 bis 16 000 COP) und einfache Unterkünfte: 48 Betten mit Wolldecken in Schlafsälen (doch es werden bald weniger sein, da zwei Doppelzimmer in Planung sind). Es gibt einen Campingplatz mit Bad (nur kaltes Wasser) und einer Küche näher bei der Rangerstation. Für Dezember, Januar, Juni, die zweite Oktoberwoche und Feiertage muss bei Naturar reserviert werden, ansonsten kann man einfach kommen. Es ist ein großartiger Ort, um in den Bergen zu chillen, nächtliche Besuche wilder Truthähne sind inklusive.

Wer von Villa de Leyva aus zum Park möchte, nimmt den Bus nach Arcabuco (Abfahrt 6, 7, 8, 10, 10.30, 15 und 16 Uhr) und bittet den Fahrer, ihn bei der Casa de Piedra (auch als Los Naranjos bekannt, 4000 COP) bei Kilometer 12 aussteigen zu lassen. Von hier führt eine holprige Straße zum Besucherzentrum (3 km). Die Wanderung vom Besucherzentrum zur Laguna de Iguaque dauert etwa drei Stunden. Ein gemächlicher Rundtrip ist in fünf bis sechs Stunden zu bewältigen. Wenn noch weitere Seen auf dem Programm stehen, dauert der Weg entsprechend länger. Colombian Highlands (S. 100) organisiert Tagestouren ab Villa de Leyva für 134 000 COP pro Person, wenn nur zwei Personen reisen; bei größeren Gruppen sinkt der Preis.

La Candelaria

🎣 8 / 300 EW. / 2255 M

Dieser Weiler inmitten trockener Hügel, 7 km hinter Ráquira, ist bekannt für das **Monasterio de La Candelaria** (Eintritt 5000 COP; ⏱ 9–12 & 14–17 Uhr). 1597 gründeten Augustinermönche das Kloster, das 1660 endgültig fertiggestellt wurde. Auch heute noch führen Mönche durch die Kapelle (bemerkenswert ist ein Gemälde der Virgen de la Candelaria aus dem 16. Jh. über dem Altar), durch ein kleines Museum, einen atemberaubend schönen Hof, einen Kreuzgang mit einer Sammlung von Gemälden aus dem 17. Jh. und durch die Höhle, in der die Mönche zunächst lebten. Einige der hier präsentierten Kunstwerke stammen möglicherweise von Gregorio Vásquez de Arce y Ceballos und den Brüdern Figueroa.

Eine Rundfahrt mit dem Taxi von Villa de Leyva nach Ráquira und La Candelaria – mit etwas Aufenthaltszeit in beiden Dörfern – kostet etwa 90 000 bis 100 000 COP (für bis zu vier Personen).

Möglich ist auch, den Weg nach Ráquira zu Fuß zurückzulegen (1 Std.). Der Weg beginnt am Hauptplatz von Ráquira, windet sich einen Hügel hinauf zu einem kleinen Schrein und führt dann hinunter zur Straße nach La Candelaria.

Lago de Tota & Umgebung

Etwa 130 km östlich von Villa de Leyva treffen Reisende auf die weitgehend unerschlossene Region, die in der Sprache der einheimischen Muisca, einer Chibcha-Sprache, „Sugamuxi" heißt – Tal der Sonne. Der Ökotourismus blüht in diesem Gebiet, das seinen Traditionen verhaftet bleibt und eine Seite Kolumbiens zeigt, die nicht vom Massentourismus beeinträchtigt ist. Der Ort Monguí ist am schönsten. In dieser Region herrscht die Natur, und es gibt wunder-bare Wanderungen um den Lago de Tota, Kolumbiens größten See. Die zahlreichen Dörfer aus der Kolonialzeit in der Nähe sind bisher fast unberührt vom internationalen Tourismus geblieben. Eine großartige Besonderheit ist die 3015 m hoch gelegene Playa Blanca, ein Strand mit weißem Sand, der plötzlich wie eine Fata Morgana in den Anden auftaucht.

Das *páramo*-Ökosystem der Region gibt es nur in einigen wenigen Ländern der Welt; ein Großteil davon liegt in Kolumbien. Es handelt sich um ein von Gletschern geschaffenes tropisches Ökosystem im Gebirge zwischen 3000 und 5000 m Höhe, das durch Seen und Ebenen mit Torfmooren und Feuchtgebieten gekennzeichnet ist, zwischen die sich Busch- und Waldgebiete mischen. Wie im Parque Nacional Natural (PNN) El Cocuy im Norden, wo auch *páramo* vorherrscht, bieten sich hier ebenfalls wunderbare Möglichkeiten für vielseitige Wandertouren.

Zu den lohnenden Wanderwegen der Region gehört der Páramo de Ocetá: 18 km durch das *páramo*-Ökosystem zu einem Aussichtspunkt mit einem spektakulären Blick über die Laguna Negra, und der Gran Salto de Candelas, 8 km Wanderung durch tropischen Wald zu einem wunderschönen 250 m hohen Wasserfall.

In dieser Region lässt sich auch der bedrohte Andenkondor besonders gut beobachten. Er wurde hier wieder angesiedelt, um die kolumbianische Population zu vergrößern. Die in jüngster Zeit gestaltete Ruta del Condor, ein 17 km langer Weg durch den Páramo de Guantiva, bietet die beste Chance, diese majestätischen Vögel zu sehen und zu beobachten.

Weitere Informationen zu möglichen Aktivitäten in der Region finden sich unter www.visitsugamuxi.com, das von einer örtlichen, nichtstaatlichen Organisation betrieben wird, die dabei hilft, den See vor Verunreinigung zu schützen.

Sogamoso

🎣 8 / 106 000 EW. / 2569 M

Sogamoso ist eine typische, eher langweilige kolumbianische Arbeiterstadt, doch früher war hier das religiöse Zentrum der Muiscas und auch heute ist es der beste Ausgangspunkt für die Erkundung der Region um den Lago de Tota. Die Stadt rühmt sich des einzigen archäologischen Museums zur Kultur der Muiscas in Kolumbien. Reisende und Yogabegeisterte bleiben hier oft länger als geplant in der einzigen großartigen Unterkunft der Stadt.

◉ Sehenswertes & Aktivitäten

Die Finca San Pedro arrangiert die verschiedensten Aktivitäten in der Umgebung des Lago de Tota, darunter Klettern, Bergseetauchen, Kondorbeobachtung, Gleitschirmfliegen, Reiten und Vogelbeobachtung.

Museo Arqueológico Eliécer Silva Célis
MUSEUM

(Calle 9A No 6-45; Erw./Kind 6000/5000 COP; ☺Mo–Sa 9–12 & 14–17, So 9–15 Uhr) Dieses ausgezeichnet gestaltete archäologische Museum entstand auf den Resten des Muisca-Friedhofs von Sogamoso und präsentiert die wichtigsten Chibcha sprechenden Kulturen, u. a. mittels Keramik, Skulpturen, Musik, vorgeschichtlicher Funde. Zu den interessantesten Exponaten zählen die mumifizierten Überreste eines *cacique* (Stammesoberhaupts) und die Schrumpfkopftechniken der Jivaros und Shiworas, die Betrachter schaudern lassen.

Auf dem Gelände liegt auch der Nachbau eines Sonnentempels, die Muisca-Nekropole, die 1537 von den Spaniern zerstört wurde (nach den Chroniken war das ein Unfall, herbeigeführt durch eine Besichtigung im Dunkeln mit Fackeln).

Playa Blanca
STRAND

(☏312-241-5616) Dieser von weißem Sand bedeckte Strand am südwestlichen Ufer des Bergsees Lago de Tota gehört zu den höchstgelegenen Stränden der Welt (3015 m). Hier kann man kostenlos zelten, doch die Einrichtungen lassen zu wünschen übrig. Direkt am Strand liegt ein gutes Restaurant, in dem Forellen serviert werden.

2014 ließ der Bürgermeister zusätzlich Sand heranschaffen, um ein Beachvolleyball-Turnier zu veranstalten; so wurde die Natur in den Dienst kommerzieller Zwecke gestellt. Die Stadt bemühte sich anschließend darum, den Strand wieder in den ursprünglichen Zustand zu versetzen.

Mehrere Busse fahren zum Strand; am *einfachsten* ist es, den Cootracero-Bus am Busbahnhof von Sogamoso zu nehmen (6000 COP, 1½ Std., stdl.).

Agama Yoga Colombia
YOGA

(☏312-567-7102; www.agamayogacolombia.com; Km 2 Via Lago de Tota (Aquitania), Sogamoso) Reisende loben diese unabhängig betriebene Yogaschule in den höchsten Tönen. Sie liegt auf dem Gelände der Finca San Pedro und bietet seriöse Yoga- und Tantrakurse in englischer Sprache ebenso wie Einrichtungen für Langzeitstudien mit Unterkunft, Küche und Gemeinschaftsräumen. Der Besitzer und Lehrer Juan Ananda verfeinerte seine Zenkenntnisse in ganz Asien. Der erste Tag ist kostenlos.

🛏 Schlafen

★ Finca San Pedro
GUESTHOUSE **$**

(☏312-567-7102; www.fincasanpedro.com; Km 2 Via Lago de Tota (Aquitania); B ab 25 000 COP, EZ/DZ/3BZ/4BZ inkl. Frühstück ab 50 000/70 000/100 000/120 000 COP; @🛜) Hier wurde nur 1,5 km außerhalb von Sogamoso eine Farm in ein ausgezeichnetes familiengeführtes Hostel umgewandelt. Der ländliche Charme bezaubert – Bougainvilleen, Phoenixpalmen und Araukarien zieren die Landschaft – und die Englisch sprechenden Besitzer helfen voller Enthusiasmus bei der Planung von Ausflügen und geben ihren Gästen das Gefühl, zur Familie zu gehören. Informationen zu Yoga und Freiwilligenarbeit erfragen.

ℹ An- & Weiterreise

Regelmäßig erreichen Busse von Bogotá (23 000 COP, 3–4 Std., stdl.) und Tunja (5500 COP, 1 Std., alle 15 Min.) Sogamoso. Ab Sogamoso betreibt **Cootracero** (☏770-3255; www.cootracero.com) alle 20 Minuten Busse nach Iza (2600 COP, 40 Min.) und Monguí (3500 COP, 1 Std.). Es gibt 6-mal täglich Busse nach San Gil (35 000 COP, 6 Std.), meist von **Concorde** (☏314-324-1233; www.cootransbol.com).

Monguí

☏8 / 5000 EW. / 2900 M

Um den Lago de Tota liegt eine Reihe von malerischen Kolonialdörfern, deren hübschestes Monguí ist, 14 km südöstlich von Sogamoso. Es wurde sogar einmal zum schönsten Dorf in Boyacá gewählt. Die ersten Missionare kamen 1555 in die Region, doch der Ort wurde erst 1601 gegründet. Er entwickelte sich zu einem Zentrum der Franziskaner, wovon noch eines der beeindruckendsten Bauwerke des Ortes zeugt, der Convento de los Franciscanos, der die herrliche Plaza beherrscht. Heute rühmt sich das Dorf seiner einheitlichen grünen und weißen Kolonialarchitektur, die nur

SUGAMUXIS MALERISCHE DÖRFER

In Sugamuxi gibt es eine ganze Reihe malerischer Dörfer, in denen es scheint, als ob die Zeit stehen geblieben sei. **Monguí** bietet Reisenden die beste Infrastruktur, doch einige andere Dörfer lohnen ebenfalls einen Besuch, vor allem **Iza**, 15 km südwestlich von Sogamoso. Der ausgesprochen ruhige Ort ist für seine leckeren Desserts bekannt. Alles begann mit *merengónes* (Baisers mit einheimischen Früchten), die vom Pickup verkauft wurden und entwickelte sich zu einer Tradition, insbesondere am Wochenende, wenn Süßschnäbel an der Plaza voll auf ihre Kosten kommen. Den Rest der Woche über ist Iza sehr ruhig. Wer in einem kolonialen Weiler, der noch vom Tourismus unberührt ist, bleiben möchte, sollte hier übernachten. Es gibt einige beliebte heiße Quellen, die im Mondlicht besonders romantisch sind. Dann nehmen die Einheimischen oft ein Bad in den naturbelassenen und unbewachten Teichen (eigentlich nicht erlaubt). Der beste Platz zum Übernachten sind die Boutique-*cabañas* der **Casitas Barro** (☎ 314-472-6272; www.casitasbarro.com; Carrera 6 No 3-57; EZ/DZ/3BZ 80 000/100 000/170 000 COP; ☎). Die preiswertere Alternative ist **La Posada del Virrey** (☎ 312-567-7373; www.laposadadelvir rey.galeon.com; Calle 4A No 4A-75; EZ/DZ/3BZ 40 000/70 000/90 000 COP), die traditionellste Unterkunft des Ortes. Sicherheitshalber sollten Reisende sich Proviant mitbringen. Es gibt zwar einige Restaurants, aber bislang bieten die meisten nur Mittagessen an.

Wer nach idyllischen Dörfern sucht, findet in der Gegend noch mehr davon: **Tópaga** (bekannt für die Teufelsskulptur in seiner Kirche und aus Kohle gefertigtes Kunsthandwerk); **Nobsa** (bekannt für Kunsthandwerk aus Boyacá) und **Tibasosa** (die *feijoa*- – Ananas-Guave – Hauptstadt Kolumbiens). Oder man besichtigt alle auf einmal im **Pueblito Boyacense** (www.pueblitoboyacense.co; Calle 29 No 26-75; Eintritt 500 COP; ☺8–22 Uhr), das zwar ein bisschen wie eine Filmkulisse wirkt, aber gut gemachte Nachbauten der schönsten Dörfer Boyacás in einem bequem zu erkundenden Themenpark zeigt. Es gibt hier ein Café, abends Livemusik und gute Kunsthandwerksläden. Am interessantesten ist vielleicht, dass hier tatsächlich Menschen leben!

gelegentlich von neueren Backsteinbauten unterbrochen wird, die an englische Landhäuser erinnern. All die schönen Fassaden werden geschmückt von leuchtend roten, nach Rosen duftenden Geranien und von Efeu. Es handelt sich um ein wirklich ganz bezauberndes *pueblo*, das an seinen Traditionen festhält, eine Art Miniaturausgabe von Villa de Leyva.

Das idyllische Dorf ist aber nicht nur für sein besonders hübsches Aussehen bekannt. Seit Anfang des 20. Jhs. gibt es hier auch die Tradition der handgefertigten Lederfußbälle. Heute exportiert der Ort mehr als 300 000 Fußbälle in lateinamerikanische Länder und die Fußballherstellung bietet den Bauernfamilien damit mehr als 100 Arbeitsplätze.

◉ Sehenswertes & Aktivitäten

Um die Plaza herum befinden sich mehrere dieser *fabricas* (Betriebe), in denen man auch bei der Herstellung der berühmten *monguiseño*-Fußbälle zuschauen und selbst ein Exemplar für den Eigenbedarf oder als Souvenir erwerben kann. Monguí ist darüber hinaus auch einer der Ausgangspunkte für den großartigen 8 km langen Wanderweg Páramo Ocetá (der andere Ausgangspunkt befindet sich im 12 km nördlich gelegenen, verblüffend ähnlich benannten Ort Mongua).

Convento de los Franciscanos   KLOSTER
(Plaza Principal) Der Bau dieses Franziskanerklosters, des dominierenden Gebäudes in Monguí, begann 1694 und dauerte 100 Jahre lang. Das eindrucksvolle Backsteingebäude schließt sich an die Basílica Menor de Nuestra Señora de Monguí an. In dieser Basilika, die über drei Schiffe verfügt, sind ein üppig vergoldeter Altar und die Virgen de Monguí, die im Jahr 1929 zur Patronin des Ortes gekrönt worden ist, die besonderen Sehenswürdigkeiten. Das Museo de Arte Religioso ist im Kloster untergebracht.

Ein etwas betulicher Priester entscheidet über die leider unregelmäßigen Öffnungszeiten von Kirche und Kloster. Zum Zeitpunkt der Recherche für dieses Buch waren sowohl Kirche als auch Kloster gerade wegen Renovierung geschlossen.

Sierra Nevada del Cocuy

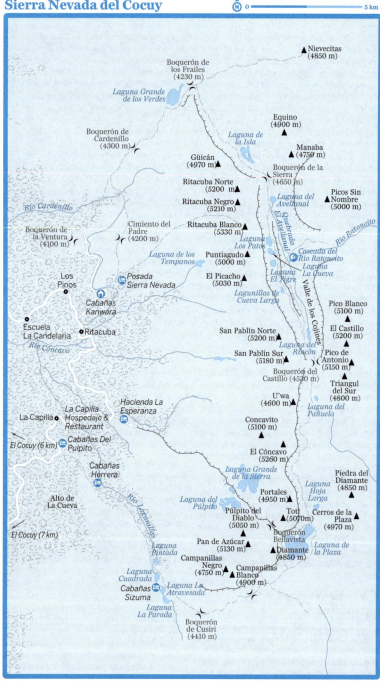

N   0   5 km

▲ Nievecitas
(4850 m)

Boquerón de
los Frailes
(4230 m)

*Laguna Grande
de los Verdes*

Equino
(4900 m) ▲

*Laguna de
la Isla*

Manaba
(4750 m) ▲

Boquerón de
Cardenillo
(4300 m)

Boquerón de la
Sierra
(4650 m)

Güicán
(4970 m) ▲

Picos Sin
▲ Nombre
(5000 m)

Ritacuba Norte
(5200 m) ▲

*Laguna del
Avellanal*

Río Cardenillo

Ritacuba Negro ▲
(5210 m)

Río Ratoncito

Boquerón de
la Ventura
(4100 m)

Cimiento del
Padre
(4200 m)

Ritacuba Blanco ▲
(5330 m)

*Laguna
Los Patos*

Cascada del
Río Ratoncito

*Laguna de los
Tempanos*

Puntiagudo ▲
(5000 m)

*Laguna
El Tigre*

*Laguna
La Cueva*

Los
Pinos

*Posada
Sierra Nevada*

El Picacho ▲
(5030 m)

*Lagunillas de
Cueva Larga*

Pico Blanco
(5100 m) ▲

*Cabañas
Kanwara*

El Castillo
(5200 m) ▲

Escuela
La Candelaria

Ritacuba

San Pablín Norte
(5200 m) ▲

*Laguna del
Rincón*

Pico de
Antonio
(5150 m) ▲

Río Cóncavo

San Pablín Sur ▲
(5180 m)

Boquerón del
Castillo (4530 m)

Triangul
del Sur
(4800 m)

*Hacienda La
Esperanza*

U'wa
(4600 m) ▲

*Laguna del
Pañuelo*

La Capilla

*La Capilla
Hospedaje &
Restaurant*

Concavito
(5100 m)
▲

El Cocuy (6 km)

*Cabañas Del
Pulpito*

El Cóncavo ▲
(5260 m)

*Cabañas
Herrera*

*Laguna Grande
de la Sierra*

Piedra del
Diamante
(4850 m) ▲

Alto de
La Cueva

*Laguna del
Púlpito*

Portales
(4950 m) ▲

*Laguna
Hoja
Larga*

El Cocuy (7 km)

Río Lagunillas

Púlpito del
Diablo
(5050 m) ▲

Tott ▲
(5070 m)

Cerros de la
▲ Plaza
(4970 m)

Boquerón
Bellavista

*Laguna de
la Plaza*

*Laguna
Pintada*

Pan de Azúcar ▲
(5130 m)

Diamante
(4850 m)

Campanillas
Negro
(4750 m) ▲

Campanillas
▲ Blanco
(4900 m)

*Laguna
Cuadrada*

*Cabañas
Sizuma*

*Laguna La
Atravesada*

*Laguna
La Parada*

Boquerón
de Cusiri
(4410 m)

🛏 Schlafen & Essen

Calicanto Real Hostal
GUESTHOUSE $

(☑ 311-811-1519; calicantoreal.hostal@gmail.com; Carrera 3; Zi. pro Pers. 30 000 COP; 📶) Mit Blick auf eines der malerischsten Ensembles von ganz Monguí – den steinernen Puente Real de Calicanto über den Fluss Morro – befindet sich dieses Guesthouse mit sechs Zimmern in einer altmodischen *casona* (einem weitläufigen alten Haus) mit kolonialem Charakter, ausgestattet mit Mobiliar im Stil der Zeit. Viele der Zimmer bieten einen beeindruckenden Blick auf die Brücke.

Hospedaje Ville de Monguí
GUESTHOUSE $

(☑ 311-260-2736; hostalvillademongui@gmail.com; Calle 5 No 4-68; EZ/DZ/3BZ 35 000/65 000/90 000 COP; @) Andere Unterkünfte bieten ein besseres Preis-Leistungs-Verhältnis, doch dieses Guesthouse mit fünf einfachen Zimmern, nur einen Block von der Plaza entfernt, verfügt zusätzlich über eine Küche für die Gäste. Wer sich also zum künftigen Chefkoch berufen fühlt, sollte vielleicht hierher kommen. Die Zimmer sind zwar ein bisschen eng, aber doch insgesamt recht freundlich.

La Casona
GUESTHOUSE $$

(☑ 311-237-9823; la_casona_mongui@hotmail.com; Carrera 4 No 3-41; Zi. pro Pers. inkl. Frühstück 45 000 COP; 📶) Die schmucken Tagesdecken fallen in diesem sauberen, familienfreundlichen Guesthouse mittlerer Preislage sofort ins Auge. Doch nicht nur das; jedes der sechs Zimmer hat einen Fernseher, heißes Wasser und einige Extras wie zum Beispiel kleine Weinflaschen und bessere Handtücher als in dieser Kategorie üblich, zu bieten.

Auch das beste Restaurant des Ortes ist hier zu finden mit Hauptgerichten zwischen 12 000 und 26 000 COP. Es bietet kolumbianische Spezialitäten à la carte und ein großartiges Mittagsmenü für 9000 COP. Außerdem sogar Cocktails wie Mojitos und *canelazos* (ein Heißgetränk aus Aguardiente, Rohrzucker, Zimt und Limettensaft). Und dazu wird noch der grandiose Ausblick mitgeliefert!

ℹ Praktische Informationen

Der nächste Geldautomat befindet sich in Sogamoso.

Monguí Touristeninformation (Calle 5 No 3-24; ⊙ Mo–Fr 8–12 & 14–18, Sa & So 10–12 & 14–16 Uhr) Hier gibt es einfaches Informationsmaterial, allerdings nur auf Spanisch, und die netten, informativen Ortsplan.

ℹ An- & Weiterreise

Minibusse nach Sogamoso (3500 COP, alle 20 Min.) fahren an der Plaza von Monguí ab. Zweimal täglich gibt es auch eine Busverbindung nach Bogotá, doch ein *Super Directo* ab Sogamoso ist wesentlich schneller.

Sierra Nevada del Cocuy

Obwohl sie außerhalb Kolumbiens nur wenige kennen, ist die Sierra Nevada del Cocuy einer der spektakulärsten Gebirgszüge Südamerikas. Dieses himmlische Stück Erde besitzt einige der dramatischsten Landschaften Kolumbiens, von schneebedeckten Bergen und brausenden Wasserfällen bis hin zu eisigen Gletschern und kristallklaren blauen Seen.

Die Region nimmt den höchsten Teil der Cordillera Oriental, des östlichen Teils der kolumbianischen Anden ein, der aus zwei parallelen Bergzügen besteht. Eine Kette herrlicher Täler liegt dazwischen. In der Sierra Nevada del Cocuy gibt es 21 Gipfel, von denen 15 mehr als 5000 m hoch aufragen. Der höchste, Ritacuba Blanco, erreicht eine Höhe von 5330 m.

Wegen des Klimas und der Topografie besitzt die Sierra Nevada del Cocuy ein Ökosystem mit einer faszinierenden Pflanzenvielfalt, die mehr als 700 Arten umfasst. Bekannt sind vor allem die *frailejónes*, von denen viele hier endemisch sind. Zur Tierwelt gehören Brillenbären, Pumas, Weißwedelhirsche und der berühmte Andenkondor, ein Symbol Kolumbiens. Diese Region ist auch die Heimat des einheimischen U'wa-Volkes, das noch immer in dieser rauen Gegend lebt.

1970 wurde ein großes Areal unberührten Landes zum Parque Nacional Natural (PNN) El Cocuy erklärt. Mit beeindruckenden 306 000 ha ist der PNN El Cocuy der fünftgrößte Nationalpark in Kolumbien. Er erstreckt sich über die *departamentos* Boyacá, Arauca und Casanare.

Die Berge sind relativ einfach zu erreichen und ideal für Trekkingtouren geeignet, allerdings vorwiegend für erfahrenere Wanderer. Als Ausgangspunkte für solche Touren bieten sich die hübschen Dörfer Güicán und El Cocuy an. In den beiden miteinander konkurrierenden Orten gibt es gute Essens- und Unterkunftsmöglichkeiten. Und auch wer nicht unbedingt zu einer Wanderung aufbrechen will, schätzt hier die Schönheit der landschaftlichen Kulisse.

VIRGEN MORENITA DE GÜICÁN

Güicán ist wegen des Wunders der Virgen Morenita de Güicán in ganz Kolumbien bekannt, der Erscheinung einer dunkelhäutigen Jungfrau Maria bei den indigenen U'wa. Die Geschichte beginnt im späten 17. Jh., als die spanischen Konquistadoren das Gebiet erreichten und versuchten, die U'wa zum Christentum zu bekehren. Doch diese beugten sich der spanischen Herrschaft nicht. Der U'wa-Häuptling Güicány, nach dem der Ort benannt ist, führte sein Volk stattdessen zu einer Klippe, von der sie in den Tod sprangen. Diese Klippe heißt heute El Peñol de Los Muertos. Güicánys Frau Cuchumba blieb verschont, weil sie schwanger war. Cuchumba und eine Handvoll Überlebender flohen in die Berge und versteckten sich in einer Höhle. Am 26. Februar 1756 kam es zu einer wunderbaren Erscheinung der Jungfrau Maria auf einem Stück Stoff. Maria war dunkelhäutig und trug den U'wa ähnliche Gesichtszüge, die sich daraufhin rasch zum Christentum bekehren ließen.

In Güicán entstand eine kleine Kapelle, um die Virgen Morenita aufzunehmen. Während eines der zahlreichen Bürgerkriege zwischen den rivalisierenden Orten Güicán und El Cocuy wurde die Virgen gestohlen. Versteckt wurde sie in El Cocuy, vermutlich hinter einer Hauswand, die heute zum Hotel La Posada del Molino gehört. Die Bewohner des Hauses wurden wiederholt von Unglücksfällen heimgesucht, bis die Virgen schließlich an Güicán zurückgegeben wurde, wo sie heute gut gesichert ist.

Das große Fest der Virgen Morenita findet alljährlich vom 2. bis 4. Februar statt und zieht zahlreiche Pilger von nah und fern an.

El Cocuy

8 / 5400 EW. / 2750 M

Das hübsche, von dramatisch hoch aufragenden Bergen umgebene Kolonialdorf El Cocuy bietet Reisenden als Ausgangspunkt für den Besuch des PNN El Cocuy viele Annehmlichkeiten, darunter mehrere Hotels und Restaurants sowie einige Bars. El Cocuy hat sich seinen kolonialen Charakter bewahrt: Fast jedes Haus des Ortes ist weiß verputzt mit meergrünen Verzierungen und hat ein mit roten Ziegeln gedecktes Dach.

🛏 Schlafen & Essen

In El Cocuy gibt es eine gute Auswahl an Hotels, die allesamt innerhalb von drei Blocks um den Hauptplatz herum liegen. Die meisten Restaurants hier gehören zu den Hotels. Am Abend verkaufen am Hauptplatz Straßenhändler *comida corriente* (Fastfood).

⭐ **La Posada del Molino** HISTORISCHES HOTEL $
(789-0377; www.elcocuylaposadadelmolino.com; Carrera 3 No 7-51; Zi. pro Pers. Haupt-/Nebensaison 40 000/25 000 COP, *cabaña* Hochsaison 250 000 COP; 🖥) Dieses 225 Jahre alte, renovierte koloniale Herrenhaus bietet sehr viel Atmosphäre fürs Geld. Das in den schwedischen Farben Blau und Gelb ausgestattete Innere erweckt seine bunte Geschichte zum Leben. In dem Hotel soll es spuken (unser

Fernseher schaltete sich nachts um 2.49 Uhr von alleine ein. Und nein, wir lagen nicht auf der Fernbedienung).

Einige Zimmer sind mit geschmackvollen Möbeln ausgestattet. Die neueren, einfacheren *cabañas* verfügen jeweils über fünf Betten. Zu den gebotenen Extras zählen Satellitenfernsehen, WLAN, Holzböden und renovierte Bäder sowie der mit Fossilien bestückte Innenhof, durch den sogar ein Bach fließt, dessen Murmeln den Gästen wunderbar beim Einschlafen behilflich ist. Hier kann man auch sehr gut essen (Mahlzeiten 6000 COP).

Casa Vieja HISTORISCHES HOTEL $
(313 876 8783; Carrera 6 No 7-78; Zi. pro Pers. ohne Bad 12 000 COP) Wie der Name schon besagt, befindet sich diese Budget-Unterkunft in einem alten Kolonialhaus. Der Besitzer, der Künstler Roberto Arango, hat den Gartenhof mit seinen eigenen Gemälden geschmückt und spielt häufig auch Livemusik für seine Gäste. Der Charakter und die Atmosphäre des Hauses entschädigen für die kahlen Zimmer.

Hotel Casa Muñoz HOTEL $
(789-0328; www.hotelcasamunoz.com; Carrera 5 No 7-28; Zi. pro Pers. Nebensaison 25 000 COP, DZ/4BZ Hauptsaison 80 000/120 000 COP) Am Hauptplatz des Ortes gelegen, bietet dieses relative neue Hotel saubere, bequeme Zim-

mer mit Kabelfernsehen, festen Betten und eigenen Bädern mit heißem Wasser, die alle um einen planlosen Betoninnenhof mit Geranien angeordnet sind. Im oberen Stockwerk finden sich auch Zimmer, die sich für größere Gruppen eignen. Es gibt außerdem einen schludrigen Gemeinschaftsraum mit Blick auf die Plaza.

Hotel Villa Real   HOTEL **$**
(📞 789-0038; Calle 7 No 4-50; EZ/DZ mit Bad 15 000/30 000 COP, ohne Bad 12 000/25 000 COP) Ein weitläufiges Hotel, gleich um die Ecke beim Hauptplatz, mit schlichten Zimmern und einem beliebten Restaurant, in dem es mittags Menüs für 6000 COP gibt.

ℹ Praktische Informationen

Banco Agrario de Colombia (Ecke Carrera 4 & Calle 8) Der einzige Geldautomat des Ortes.

Internet Central (Carrera 5 No 7-72; pro Std. 1500 COP; ⊙ 8–12 & 14–20 Uhr) Vier Computer mit Internetzugang an der Plaza.

Parque Nacional Natural (PNN) El Cocuy Headquarters (📞 789-0359; cocuy@parquesnacionales.gov.co; Calle 5A No 4-22; Kolumbianer/Ausländer 25 000/50 000 COP; ⊙ 7–11.45 & 13–16.45 Uhr) Alle Besucher des Parks müssen sich hier anmelden und ihre geplanten Touren registrieren lassen sowie nachweisen, dass ihre Versicherung auch oberhalb von 4000 m Höhe Gültigkeit hat und den Eintrittspreis bezahlen.

ℹ An- & Weiterreise

Alle Busse verkehren von ihren jeweiligen Büros (von denen viele Gemischtwarenläden sind) am Hauptplatz entlang der Carrera 5.

Die luxuriösen Busse von **Libertadores** (📞 313-829-1073; www.coflonorte.com; Carrera 5 No 728/32; ⊙ 8–12 & 14–20 Uhr) nach Bogotá starten vom Hotel Casa Muñoz am Hauptplatz täglich um 17.30 und 20 Uhr (45 000 COP, 9 Std.); in Bogotá fahren Busse nach El Cocuy um 18 und um 20.50 Uhr vom zentralen Busbahnhof ab. Abfahrt der Busse von **Concorde** (📞 313-463-0028; Carrera 5 No 7-16; ⊙ Mo–Sa 6–12 & 14–19, So 6–12 & 15–19 Uhr) nach Bogotá ist am Hauptplatz um 4 und 18 Uhr (45 000 COP, 11 Std.). Die *busetas* von **Fundadores** (📞 310-787-3394; www.expresopazderio.com.co; Carrera 4 No 7-60; ⊙ 8–12 & 14–20 Uhr) nach Bogotá starten um 4.30, 6, 11, 17 und 19.30 Uhr (40 000 COP, 11 Std.); von Bogotá nach El Cocuy verkehren sie täglich um 5, 6, 14, 18 und 20.30 Uhr.

Alternativ besteht die Möglichkeit, um 7.30, 12 oder 12.30 Uhr einen Cootradatil-Bus nach Soatá (15 000 COP, 4 Std.) zu nehmen, von wo es dann häufigere Verbindungen nach Bogotá gibt.

Nach Güicán fahren täglich um 11.30, 16 und 20 Uhr (3000 COP, 30 Min.) Busse von **Cootradatil** (📞 321-403-2465; Carrera 5 No 7-72; ⊙ 6–20 Uhr). Fundadores-Busse fahren von Bogotá nach Güicán; das letzte Stück ab El Cocuy (3000 COP, 30 Min.) um 4.30 und 18 Uhr.

Reisende nach Bucaramanga nehmen den Concorde-Bus bis Capitanejo (15 000 COP, 2 Std., 4–18 Uhr) und steigen dort um. Die Fahrt dauert etwa 14 Stunden meist auf Staubpisten. Zusätzlich verzögern Erdrutsche oft die Weiterfahrt. Es ist günstiger, nach Tunja zurückzufahren und dort in einen der Busse zu steigen, die häufig Richtung Norden fahren.

Güicán
📞 8 / 7416 EW. / 2880 M

Auch wenn Güicán nicht so fotogen ist wie das rivalisierende El Cocuy, hat es sich doch zum wichtigsten Ausgangspunkt für Trekkingtouren gemausert, vor allem weil es kürzere und einfachere Wege zum PNN El Cocuy bietet. Und wer nicht wandern möchte, findet hier viele andere Sehenswürdigkeiten und Attraktionen. Güicán ist das Zentrum der indigenen U'wa-Gemeinschaft. Eine wichtige Einnahmequelle stellt auch der religiöse Tourismus dar, der dem Wunder der Virgen Morenita de Güicán huldigt.

◉ Sehenswertes & Aktivitäten

Güicáns bekannteste Sehenswürdigkeit ist die **Virgen Morenita de Güicán**. Der Schrein der Morenita befindet sich in der Kirche **Nuestra Señora de la Candelaria** am Hauptplatz des Ortes, dem Parque Principal. Das Äußere des Gebäudes aus braunen Ziegelsteinen und falschem Marmor macht nicht viel her, doch das Innere ist reich verziert und in pastelligen Rosa-, Grün- und Blautönen ausgemalt.

Östlich des Ortes befindet sich eine 300 m hohe Klippe, **El Peñol de los Muertos**, von wo sich die U'wa bei der Ankunft der Konquistadoren in den Tod stürzten, um nicht unter spanischer Herrschaft leben zu müssen. Der Weg zur Klippe beginnt am Ende der Carrera 4. Eine Wanderung zum höchsten Punkt der Klippe dauert etwa zwei Stunden. Das diesem Massenselbstmord gewidmete **Monumento a la Dignidad de la Raza U'wa** befindet sich am Ortseingang.

🛏 Schlafen & Essen

Hotel El Eden   GUESTHOUSE **$**
(📞 311-808-8334;   www.guicanextremo.com; Transversal 2 No 9-58; Zeltplatz/Zi. pro Pers.

5000/25 000 COP) Dieses familiengeführte Guesthouse – eigentlich mehr Arche Noah als Garten Eden – ist bei Ausländern ganz besonders beliebt. Im Garten wimmelt es von Enten, Ziegen, Kaninchen, Papageien und Springmäusen; außerdem gibt es einen Forellenteich und die mit viel Holz ausgestatteten Zimmer riechen nach Wald. Die meisten verfügen über ein eigenes Bad, einige haben noch eine obere Etage. Das Eden liegt 12 Minuten Fußweg nördlich des Plaza. Der Weg führt die Carrera 4 Richtung Norden entlang, dann nach rechts auf die Straße, die rechts am Fußballfeld vorbeiführt. Dann die erste rechts, vorbei am Nationalparkbüro und dann die zweite links.

Brisas del Nevado HOTEL $

(☎789-7028; www.brisasdelnevado.com; Carrera 5 No 4-59; Zi. pro Pers. 35 000 COP, ohne Bad 20 000–25 000 COP) Im gemütlichsten Hotel des Ortes befindet sich auch Güicáns bestes Restaurant – es gibt leckere *huevos pericos* (Rühreier mit Tomaten und Frühlingszwiebeln) zum Frühstück. Die meisten Zimmer verfügen über ein eigenes Bad und einen Fernsehapparat. Die schönsten Zimmer sind die zwei privaten *cabañas* im Garten hinter dem Hauptgebäude. Die Preise für die Mahlzeiten reichen von 10 000 bis 17 000 COP.

Casa del Colibri GUESTHOUSE $

(☎311-517-1736; sirenamario@gmail.com; Calle 2 No 5-19; Zi. pro Pers. 20 000 COP) Hier ist man auf sich gestellt, aber wer nach einem preiswerten Zimmer sucht, ist hier genau richtig. Die vier Zimmer umgeben einen Hof mit blühenden Pflanzen und einer Madonnenstatue. Sie sind einfach ausgestattet, aber groß und verfügen über ein modernes Bad. Der Hausmeister kann auf Wunsch auch Mahlzeiten anliefern (6000 bis 7000 COP).

❶ Praktische Informationen

Banco Agrario de Colombia (Carrera 5) Der einzige Geldautomat des Ortes, neben dem Hotel Brisas del Nevado, einen halben Block von der Plaza entfernt.

Cafeteria La Principal (Carrera 5 No 3-09; pro Stunde 2000 COP; ◷8–20 Uhr; ☎) Dieser kleine Gemischtwarenladen, der gleichzeitig Büro der Fundadores-Busgesellschaft ist, bietet vier Computer mit Internetzugang und WLAN.

Parque Nacional Natural El Cocuy (☎789-7280; cocuy@parquenacionales.gov.co; Transversal 3 No 9-17; Kolumbianer/Ausländer 25 000/50 000 COP; ◷7–11.45 & 13–16.45 Uhr) Alle Besucher des Parks müssen hier den Eintrittspreis bezahlen und ihren geplanten Weg registrieren lassen. Es wird auch der Nachweis einer Versicherung verlangt, die im Bereich über 4000 m Höhe noch gültig ist. Ansonsten muss die Versicherung des Parks für 7000 COP pro Tag abgeschlossen werden, die allerdings keinen Transport mit dem Rettungshubschrauber einschließt (besser ist es, eine eigene Versicherung vorweisen zu können).

Zum Parkbüro geht es auf der Carrera 4 Richtung Norden, dann rechts auf die Straße am Fußballfeld vorbei, dann die erste Straße rechts zum Hügel nordöstlich des Ortes.

❶ An- & Weiterreise

Alle Busse kommen an ihren jeweiligen Büros an der Plaza an und fahren auch dort wieder ab, mit Ausnahme der Libertadores, deren Büro abseits der Plaza an der Carrera 5 liegt, auf der Seite der Casa Cural.

Die luxuriösen Busse von **Libertadores** (☎314-239-3839; www.coflonorte.com; Carrera 5 & Calle 4, Casa Cural) fahren täglich um 16.30 und 19 Uhr am Hauptplatz nach Bogotá ab (50 000 COP, 11 Std.); Busse von Bogotá nach Güicán starten am zentralen Busbahnhof von Bogotá täglich um 18 und um 20.50 Uhr (45 000 COP, 11 Std.). Die weniger bequemen Busse von **Concorde** (☎314-340-0481; www. cootransbol.com; Calle 4 No 4-20) verkehren täglich um 3 und um 17 Uhr nach Bogotá (45 000 COP, 11 Std.), die von **Fundadores** (☎314-214-9742; www.expresopazderio.com. co; Carrera 5 No 3-09; ◷8–20 Uhr) um 3.30, 5, 9, 16 und 18.30 Uhr (45 000 COP, 12 Std.). Abfahrt von Bogotá nach El Cocuy um 5, 6, 6.50, 17.50, 18, 19.30, 20 und 20.30.

Nach El Cocuy starten die lokalen Busse von **Cootradatil** (☎320-330-9536; Carrera 3 No 4-05) um 7, 11 und 14 Uhr (3000 COP, 40 Min.). Alternativ kann man einen der Busse in Richtung Bogotá nehmen, die auf ihrem Weg in die Hauptstadt alle durch El Cocuy fahren. Reisende nach Bucaramanga, Cúcuta, Santa Marta oder andere nordwestlich gelegene Orte nehmen am besten einen Bus in Richtung Bogotá bis Capitanejo und steigen dort um (es gibt um 23 Uhr einen Copetran-Bus, der bei Reisenden sehr beliebt ist).

Eine andere Möglichkeit wäre die Reise mit dem Flugzeug. Der am nächsten bei Capitanejo gelegene Flugplatz befindet sich in Málaga. Dort starten Charterflugzeuge (150 000 COP, 20 Min.).

Parque Nacional Natural (PNN) El Cocuy

Der Parque Nacional Natural (PNN) El Cocuy ist die Hauptattraktion in der Region der Sierra Nevada del Cocuy. Der 1977 eingerichtete Park erstreckt sich über die riesige Fläche von 306 000 ha. Die Westgrenze des

Parks liegt auf 4000 m Höhe, die Osthälfte fällt bis auf 600 m zu den kolumbianischen *llanos* (Ebenen) ab.

Der größte Teil des PNN El Cocuy ist von dem Ökosystem des *páramo* bedeckt. Dieses von Gletschern geformte neotropische System von Tälern, Ebenen und Bergseen schließt das größte Gletschergebiet Südamerikas nördlich des Äquators ein. Leider schmelzen die Gletscherfelder des Parks durch den Klimawandel rasch ab. Wenn das Abschmelzen mit derselben Geschwindigkeit weitergeht wie im Moment, nehmen Vertreter des Parks an, dass es hier in 20 bis 30 Jahren keine Gletscher mehr geben wird.

Trotz des rauen Lebensraums leben im PNN El Cocuy verschiedene Pflanzen- und Tierarten. Zu den hier heimischen Tieren zählen der Brillenbär, auch Andenbär genannt, Hirsche, Adler, Kondore, Bergtapire, Chinchillas und der herrlich gefleckte Ozelot. Unterschiedliches Strauchwerk bedeckt die Hochebenen, am bekanntesten ist die hier heimische Pflanze *frailejón* (Espeletia) mit ihren gelben Blüten.

Im Park gibt es 15 Gipfel, die mindestens eine Höhe von 5000 m erreichen. Der höchste ist der Ritacuba Blanco mit 5330 m. Die bekannteste Sehenswürdigkeit des Parks ist eine ungewöhnliche Felsformation, El Púlpito del Diablo (die Kanzel des Teufels, 5120 m). Der Park ist beliebt bei allen, die wandern, bergsteigen, campen, klettern und Gleitschirm fliegen wollen, wenngleich Letzteres nicht kommerziell angeboten wird (nur für private Sportler).

Von 1985 bis in die ersten Jahre dieses Jahrhunderts war der PNN El Cocuy von Guerillas besetzt, das änderte sich mit dem Eingreifen der kolumbianischen Armee. Heute ist der Park wieder sicheres Terrain (die wenig besuchte Gegend der östlichen Ebene in Arauca und Casanare möglicherweise noch nicht). Kolumbianische Soldaten haben einen Stützpunkt im Park und patrouillieren regelmäßig auf den Wegen. Der Frieden hat die Besucher rasch zu den Gipfeln zurückgebracht. Kletterten 2003 weniger als 100 Menschen im PNN El Cocuy, stieg diese Zahl Schätzungen zufolge bis 2010 deutlich auf 9000 an; 2013 sollen es nach Auskunft der Park-Ranger sogar 14 147 gewesen sein.

Die Beliebtheit des Parks hat sich als problematisch erwiesen. 2013 wurde die Hauptattraktion, der Rundwanderweg Güicán–El Cocuy, für Besucher geschlossen. Die Aussagen über die Gründe sind unterschiedlich: Angestellte des Parks, denen die Arbeit mit den Touristen zu viel wurde; U'wa-Indianer entlang des Weges, die genug davon hatten, dass Touristen durch ihr Land trampelten; die Beliebtheit des Wanderwegs und die damit zusammenhängende Infrastruktur, die dem Park, seinen Wegen und der umgebenden Natur großen Schaden zufügt. In Wirklichkeit ist es wohl eine Kombination dieser drei Gründe, doch wie auch immer: zur Zeit der Recherche war der Rundweg definitiv gesperrt – deshalb sollten Reisende im Vorfeld klären, wie die Situation bei ihrem Besuch ist. Andere Bereiche des Parks und mindestens zwölf Gipfel über 5000 m Höhe bleiben zugänglich.

Klettern im Cocuy

Die Berge des PNN El Cocuy liegen relativ nah beieinander und sind leicht zu erreichen. Der ganze Rundwanderweg Güicán–El Cocuy, der über verschiedene Pässe – der höchste davon ist der Boquerón de la Sierra (4650 m) – und zum mystischsten Ort des Parks, der Laguna de la Plaza, führt, wurde für unbestimmte Zeit geschlossen. Es gibt jedoch viele kürzere Tageswanderungen und wenigstens einen kürzlich eröffneten Weg für vier Tage. An der nördlichen Parkgrenze erreicht man die Schneegrenze in nur drei Stunden Wanderung.

Spezielle Erfahrungen sind nicht erforderlich. Doch die Vertreter des Parks empfehlen wegen der Höhenlage und des Geländes wenigstens ein bisschen Trekking-Erfahrung. Außerdem sollten Wanderer bei guter Gesundheit und mit guter Kondition ausgestattet sein. Der Zugang zum Park ist untersagt für Kinder unter 12 Jahren, für Schwangere und für Menschen mit Herz- oder Lungenkrankheiten.

Die beiden Orte, die als Ausgangspunkte für Wanderungen im PNN El Cocuy dienen, sind Erzrivalen: die Dörfer Güicán und El Cocuy. Alle Besucher des Parks müssen sich zuerst in den Büros des PNN El Cocuy in Güicán oder El Cocuy melden, ihre geplanten Wege registrieren lassen, ihren Versicherungsschutz nachweisen und den Eintritt bezahlen (Ausländer/Kolumbianer 50 000/25 000 COP). Nicht vergessen, sich nach der Wanderung zurückzumelden. Wenn Wanderer sich am geplanten Rückkehrtag nicht melden, werden von der Parkverwaltung Such- und Rettungsmaßnahmen eingeleitet.

Man muss zwar keinen Guide nehmen, aber es ist doch sehr empfehlenswert.

Reisezeit

Die einzige Zeit mit einigermaßen gutem Wetter sind die Monate von Dezember bis Februar. Den Rest des Jahres ist das Wetter durchwachsen, und in höheren Lagen, auch auf den höchsten Pässen, schneit es. Die Sierra Nevada ist für häufigen Wetterwechsel und für heftigen Wind bekannt.

❶ Ausrüstung

Alle Parkbesucher müssen vollständig autark sein, denn im Park gibt es weder Bewohner noch irgendwelche Serviceangebote. Das heißt also, dass Wanderer die komplette Ausrüstung für das Trekking im Hochgebirge mitbringen müssen, darunter ein gutes Zelt, einen Schlafsack für Temperaturen bis minus 10 °C, warme, wasserfeste Kleidung, gute Wanderstiefel, Taschenlampen, Erste-Hilfe-Set, Gaskocher und Nahrungsmittel. In El Cocuy oder Güicán ist keine entsprechende Ausrüstung zu bekommen, wahrscheinlich hat man in Bogotá mehr Glück. Der Rundweg führt (leider) nicht mehr über einen Gletscher; deshalb ist keine spezielle Ausrüstung dafür nötig.

Wer kein Zelt und keine Trekkingausrüstung hat, kann die Berge nur in einer Reihe von kurzen eintägigen Wanderungen erkunden. Ausgangspunkt dafür ist eine der *cabañas*. Diese Touren vermitteln aber nur einen ersten Eindruck von den großartigen Bergen.

☞ Geführte Touren

In jeder der *cabañas* bei den Bergen oder im Ecoturismo Comunitario Sisuma in El Cocuy kann man Guides anheuern. Bis zu acht Personen zahlen etwa 80 000 COP pro Tag für einen *campesino* (der nur den Weg zeigen kann) oder bis zu sechs Personen 100 000 bis 150 000 COP für einen offiziell akkreditierten Führer. Träger kosten etwa 60 000 bis 80 000 COP pro Tag (Pferde dürfen seit 2013 nicht mehr auf über 4000 m mitgenommen werden). Einzelne Wanderer und kleine Gruppen können sich mit anderen zusammenschließen, um die Kosten niedriger zu halten.

Auch wenn der wichtigste Rundwanderweg geschlossen ist, gibt es viele Tages- und Mehrtageswanderungen. Am spannendsten ist jetzt der Vier-Tage-Weg Paso del Conejo, der von der Valle de Lagunillas (3974 m) zur Laguna Grande de la Sierra (4444 m) verläuft. Zu dieser Wanderung können verschiedene Gipfel hinzugefügt werden, vor allem El Cóncavo (5260 m) und der Pan de Azúcar (5130 m). Die schönsten Tageswanderungen führen von der Hacienda La Esperanza zur Laguna Grande de la Sierra (mittelschwer; etwa 10 Std.); von den Cabañas Kanwara zum Cimiento del Padre (4200 m) und weiter zum Pass Boquerón de Cardenillo (mittelschwer; 4300 m; etwa 6–7 Std.);

und von den Cabañas Kanwara zum Fuß der Ritacubas (4800 m) oder zur Laguna de los Tempanos (schwierig; 4600 m). Für letzteren Weg sollten unerfahrene Bergwanderer unbedingt einen Führer anheuern, da es sehr steile Stellen und kaum befestigte Bereiche gibt, außerdem ist der Verlauf des Weges nicht immer gut zu erkennen.

Der erfahrene Bergsteiger Rodrigo Arias von **Colombia Trek** (☎ 320-339-3839; www.colombiatrek.com) ist ein ausgezeichneter, sehr empfehlenswerter Guide und einer der wenigen in den Bergen, der Englisch spricht. Er kann individuell zugeschnittene Touren organisieren, aber auch Packages, die alles umfassen, für Alleinreisende oder Gruppen. Für die vier Tage auf dem Paso del Conejo muss man mit 1 350 000 COP pro Pers. bei zwei Personen und einem Englisch sprechenden Führer oder 1 100 000 COP bei vier Personen und zwei Englisch sprechenden Führern rechnen, die Anfahrt von Bogotá oder anderswo her nicht eingeschlossen. Für einzelne Gipfel liegen die Preise zwischen 1 280 000 und 1 700 000 COP pro Pers., alles inklusive mit Englisch sprechenden Guides, je nach Anzahl der Gipfel und der Tage. Er verleiht auch Camping- und sonstige Ausrüstung.

Ecoturismo Comunitario Sisuma (☎ 321-345-7076; www.elcocuyboyaca.com) ist eine Organisation der Gemeinde für Guides und Dienstleistungen, die auch die einzigen *cabañas* innerhalb des Parks an der Laguna Pintada betreibt. Hier werden für 100 000 COP auch Fahrten im El Cocuy in die Berge arrangiert – zur Hacienda La Esperanza oder den Cabañas Lagunillas-Herrera.

🛏 Schlafen

Nach einem Besuch in El Cocuy oder Güicán gewöhnen sich die meisten Wanderer erst einmal an die Höhe und bleiben eine Nacht in einer der *cabañas*, die direkt außerhalb der Parkgrenzen liegen. Die bequemsten befinden sich am Nordende des Parks bei Güicán. Am bekanntesten sind die **Cabañas Kanwara** (☎ 311-231-6004, 311-237-2660; kabanaskanwara@gmail.com; Zi. pro Pers. 40 000 COP). Hütten in A-Form, in denen es jeweils zwischen acht und 14 Betten, einen Kamin und ein Bad gibt. Weniger empfehlenswert, aber dennoch sehr praktisch ist die **Posada Sierra Nevada** (☎ 311-237-8619; www.posadaenguican.com; Zi. pro Pers. 40 000 COP, Mahlzeiten 15 000 COP); sie befindet sich auf 3960 m und ist damit die am höchsten gelegene.

Halbwegs zwischen El Cocuy und Güicán in Alto de la Cueva befinden sich die Unterkünfte **Cabañas Del Pulpito** (☑313-309-9734; turismococuy@gmail.com; Zi. pro Pers. 30 000 COP) und die ländliche, noch als Farm bewirtschaftete **Hacienda La Esperanza** (☑313-473-0990, 310-209-9812; haciendala esperanza@gmail.com; Zi. pro Pers. inkl. Frühstück 35 000 COP).

Am Südende des Parks bieten die **Cabañas Lagunillas-Herrera** (☑310 294 9808; sierranevadaelcocuy@gmail.com; Zeltplatz/Zi. pro Pers. 5000/30 000 COP) vier Zimmer mit Bad und einen Campingbereich. Innerhalb der Grenzen des Parks gibt es an der Laguna Pintada die **Cabañas Sizuma** (☑321-345-7076; www.elcocuyboyaca.com; Zi. pro Pers. mit/ohne Bad 40 000/35 000 COP). Diese werden von einer Organisation lokaler Führer betrieben.

🛈 An- & Weiterreise

Von Güicán aus sind es fünf Stunden Wanderung bergauf zu den Cabañas Kanwara, wo der nördliche Teil der Rundtrekkingtour beginnt (man darf allerdings nicht weiter als bis zum Pass Boquerón de Cardenillo auf 4300 m Höhe gehen). Wer sich ein Auto zu den *cabañas* mietet, muss dafür zwischen 80 000 und 100 000 COP hinblättern. Einige *cabañas* bieten auch Transportmöglichkeiten an; die Preise unterscheiden sich je nach Fahrtziel und Gruppengröße.

Wenn es gar nicht anders geht, ist die Mitfahrt in einem *lechero* (5000–12 000 COP) eine preiswerte (Not-)Lösung. *Lecheros* drehen am Morgen ihre Runde, um auf den verstreuten Bergbauernhöfen die Milch einzusammeln. Es ist jedoch weder eine bequeme noch eine besonders sichere Fahrgelegenheit. Die Fahrzeuge starten an der Plaza in Güicán um 5 Uhr, erreichen die Plaza von El Cocuy um 6 Uhr und fahren dann gegen den Uhrzeigersinn zurück nach Güicán. Es gibt mehrere *lecheros*, durch Fragen lässt sich herausfinden, wer welches Ziel anfährt. Die meisten *lecheros* halten nicht direkt an den Cabañas; sie lassen ihre Mitfahrer an der nächstgelegenen Kreuzung aussteigen, der restliche Weg muss dann zu Fuß zurückgelegt werden. Im Übrigen ist die Anzahl der Mitfahrplätze natürlich beschränkt.

SANTANDER

Das *departamento* Santander im zentralen Norden ist ein Flickenteppich aus steilen, schroffen Bergen, tiefen Canyons, herabstürzenden Wasserfällen, wilden Flüssen und unerforschten Höhlen mit einem gemäßigten trockenen Klima. All das zusammengenommen, fällt es nicht schwer, sich vorzustellen, dass Naturliebhaber und Outdoor-Abenteurer gern hierher kommen. Wer Extremsport liebt, kann zwischen Wildwasser-Rafting, Gleitschirmfliegen, Höhlenerkundung, Abseilen, Wandern und Mountainbiken wählen. Weniger abenteuerlustige Besucher können den rustikalen Charme des kolonialen Barichara, einen Einkaufsbummel in Girón oder das Tanzen in den Nachtclubs der *departamento*-Hauptstadt Bucaramanga genießen.

San Gil

☑7 / 44 561 EW. / 1110 M

Für eine Kleinstadt ist in San Gil ganz schön viel los. Es ist die Outdoor-Hauptstadt Kolumbiens und ein Mekka für Extremsportler. Am bekanntesten ist die Gegend für das Wildwasser-Rafting, aber auch Gleitschirmfliegen, Höhlenerkundung, Abseilen und Trekking sind beliebt. Für weniger Abenteuerlustige bietet San Gil einen malerischen 300 Jahre alten Stadtplatz und den Parque El Gallineral, ein wunderschönes Naturschutzgebiet an den Ufern des Río Fonce.

San Gil ist vielleicht nicht der hübscheste Ort in Kolumbien, aber wer ein bisschen hinter die Fassade schaut, findet eine wunderbare Stadt mit natürlicher Schönheit und freundlichen Bewohnern. San Gil macht definitiv seinem Motto Ehre: „La Tierra de Aventura" (das Land der Abenteuer).

👁 Sehenswertes

Cascadas de Juan Curi　　　WASSERFALL

(Eintritt 7000–10 000 COP) Lohnend ist eine Tagestour zu diesem spektakulären 180 m hohen Wasserfall, wo man im natürlichen Becken an dessen Fuß schwimmen oder auf den Felsen relaxen kann. Abenteuerlustige können sich am Wasserfall abseilen; diese Aktivität kann bei einem der Tourorganisatoren gebucht werden. Juan Curi liegt 22 km von San Gil entfernt an der Straße nach Charalá. Busse nach Charalá fahren zweimal pro Stunde vom örtlichen Busbahnhof ab.

Auf Anfrage dürfen Fahrgäste bei „Las Cascadas" aussteigen; vom Haltepunkt führt eine 20 Minuten dauernde Wanderung zu den Fällen. Die meisten Reisenden wählen den preiswerteren (aber auch weniger abenteuerlichen) Weg durch den Parque Ecológico Juan Curi. Wer gerne isst, verbindet den Ausflug mit einem Halt in Valle de San José für den berühmten in *guarapo* (fermen-

San Gil

N 0 ————————— 500 m

BOYACÁ, SANTANDER & NORTE DE SANTANDER SAN GIL

San Gil

tiertem Zuckerrohrsaft) gekochten *chorizo im* **Piqueteadero Doña Eustaquia** (Calle 3 No 5-39, Valle de San José; *chorizo* 1300 COP; ⊙7–20 Uhr).

Pescaderito
OUTDOOR

GRATIS Diese kostenlose Gruppe von fünf Badestellen ist ein großartiger Platz, um einen Tag zu chillen. Die erste kann übersprungen werden, sie werden umso besser, je höher man kommt (die fünfte ist am besten; kein Tauchen ab der dritten). Für die Hinfahrt gibt es einen Bus am lokalen Busbahnhof zum Hauptplatz von Curití (2400 COP, alle 15 Min.), dann zu Fuß vier Blocks weiter und an der Kirche vorbei, anschließend führt der Weg etwa 40 Minuten am Fluss entlang (flussaufwärts) auf der Straße, die aus dem Ort hinausführt.

Dort ist auch ein guter Platz zum Zelten.

Parque El Gallineral
PARK

(📋 724 4372; Ecke Malecón & Calle 6; Erw./Kind 5000/3000 COP; ⊙8–17.30 Uhr) San Gils Prunkstück ist der geheimnisvolle Parque El Gallineral, ein 4 ha großer Park auf einer dreieckigen Insel zwischen zwei Armen von Quebrada Curití und Río Fonce. Fast alle 1876 Bäume sind mit langen silbrigen Strähnen eines Mooses namens *barbas de viejo* (Bart des alten Mannes) bedeckt. Die von den Ästen hängenden und durchscheinende Blattvorhänge bildenden Strähnen, die das Sonnenlicht filtern, erzeugen eine Szenerie wie aus J. R. R. Tolkiens Mittelerde.

Mehrere Wege und überdachte Brücken führen durch den städtischen Wald und über die Stromschnellen. Erschöpfte Wanderer können hier im Bassin eine Runde schwimmen oder sich eine *cerveza* (Bier) in einem der teuren Restaurants und Cafés gönnen.

Aktivitäten

Für Wildwasser-Rafting auf den lokalen Flüssen gibt es in San Gil mehrere Anbieter. Eine 10-km-Tour auf dem Río Fonce (Grad 1 bis 3) kostet 30 000 COP pro Person und dauert 1½ Stunden. Wer bereits Erfahrung mit Wildwassertouren mitbringt, kann auch die extremen Stromschnellen des Río Suárez in Angriff nehmen (125 000 COP, bis Grad 5). Die Mehrzahl der Anbieter hat darüber hinaus Gleitschirmfliegen, Höhlenerkundung, Reiten, Abseilen, Mountainbiken, Bungee-Jumping und Öko-Wanderungen in ihrem Programm.

★ Colombian Bike Junkies MOUNTAINBIKEN
(☎ 316-327-6101; www.colombianbikejunkies.com; inkl. Frühstück & Mittagessen 175 000 COP) Dieser neue Anbieter von extremen Mountainbiketouren mit kolumbianisch-ecuadorianischem Inhaber orientiert sich am Vorbild von Gravity in Bolivien. Im Angebot ist eine 50 km lange Überdosis Adrenalin auf zwei Rädern den Berg hinunter durch den Cañon del Río Suárez, mit Verpflegung durch Gringo Mike's. Die abenteuerliche Ganztagestour führt durch eine absolut fantastische Landschaft. Wer keine gepolsterte Radlerhose besitzt, sollte ernsthaft in Betracht ziehen, seine Hose mit Haushaltsschwämmen auszustopfen.

Colombia Rafting Expeditions RAFTING
(☎ 724-5800; www.colombiarafting.com; Carrera 10 No 7-83; ⏲ 8–18 Uhr) Der Rafting-Spezialist für den Río Suárez bietet auch Hydrospeed und Kayakfahren an. Die zentraler gelegene **Filiale** (Calle 12 No 8-32; ⏲ Mo–Sa 8–11 & 16–21 Uhr) hat lange geöffnet.

Macondo Adventures ABENTEUERSPORT
(☎ 724-8001; www.macondohostel.com; Carrera 8 No 10-35) Organisiert alle gängigen Abenteuersportarten, dazu eine hervorragende Gourmet-Tour, bei der es lokale Spezialitäten wie *cabra* (Ziege) und *carne oreada* (sonnengetrocknetes Rindfleisch) gibt.

Kurse

Connect4 SPRACHKURS
(☎ 724-2544; www.idiomassangil.com; Carrera 8 No 12-19) Bietet einen zehnstündigen Crashkurs, der sich an Reisende richtet (ab 198 000 COP), und Privatstunden (ab 32 000 COP pro Stunde).

Schlafen

In San Gil gibt es zahlreiche preiswerte Unterkünfte. Die Privatzimmer in den meisten Hostels sind so ansprechend, dass man nicht unbedingt in der mittleren Preisklasse buchen muss. Zusätzlich zu den Möglichkeiten hier gibt es viele weitere einfache und preiswerte Hotels an der Calle 10. Wer sich mehr verwöhnen lassen möchte, findet elegante Resorts am Ortsrand an der Vía Charalá oder der Vía Mogotes.

Macondo Guesthouse HOSTEL $
(☎ 724-8001; www.macondohostel.com; Carrera 8 No 10-35; B 20 000–25 000 COP, EZ mit Bad 55 000–65 000 COP, DZ mit Bad 65 000–75 000 COP, EZ/DZ ohne Bad 45 000/55 000 COP; @ 📶) Dieser Klassiker in San Gil bleibt ein lässiges, aber sicheres (CCTV) Hostel. Man hat ein bisschen das Gefühl, bei einem Freund zu übernachten. Hier gibt es einen herrlich begrünten Innenhof mit einem Jacuzzi für zehn Personen sowie eine Vielfalt an Schlafsälen und Zimmern, darunter drei Privatzimmer, die so manches Hotelzimmer übertreffen. Nicht die eleganteste Unterkunft, aber sehr typisch fürSan Gil.

Der australische Besitzer und das Personal sind eine reiche Quelle für Informationen und können alle Abenteuertouren in der Region buchen. Die Tejo-Dienstage, an denen dieses spektakuläre Geschicklichkeitsspiel gespielt wird, sollte sich niemand entgehen lassen. Ohne Vorausbuchung braucht man es hier allerdings gar nicht erst zu versuchen.

La Posada Familiar GUESTHOUSE $
(☎ 724-8136; laposadafamiliar@hotmail.com; Carrera 10 No 8-55; Zi. pro Pers. 35 000 COP; @ 📶) Señora Esperanza verhätschelt ihre Gäste in dieser kolumbianischsten aller Unterkünfte in San Gil. Das hübsche Guesthouse mit sechs Zimmern umgibt einen üppig mit Pflanzen bestückten Innenhof mit einem plätschernden Brunnen. Die gut gepflegten Zimmer sind schlicht, bieten aber moderne Bäder mit heißem Wasser. Es gibt auch eine kleine, aber schöne Gästeküche mit einer Spüle aus Hartholz.

NICHT VERSÄUMEN

ZEIT FÜR TEJO!

Schießpulver, Bleigewichte, Alkohol? Das ist überall eine brisante Mischung und in Kolumbien ist sie absolut legal. *Tejo*, eine ländliche Tradition mit Wurzeln in Boyacá, ist ein lautes, wildes präkolumbisches Spiel, bei dem 2 kg schwere, puckähnliche Gewichte (einst aus purem Gold, genannt *zepguagoscua*, heute aus Blei) in eine Lehmgrube geworfen werden, um dort einen Metallring, den *bocin*, zu treffen, der von dreieckigen Stücken Wachspapier, die mit Schießpulver gefüllt sind, umgeben ist.

Das Macondo Guesthouse (S. 119) in San Gil veranstaltet jeden Dienstag um 20 Uhr einen *tejo*-Abend (auch für Nicht-Gäste zugänglich), bei dem einige Bahnen beim **Comité Municipal de Tejo** (☏ 724-4053; Carrera 18 No 26–70) belegt werden. Es gibt auch jemanden, der die Regeln erklärt und sicherstellt, dass niemand etwas in die Luft jagt, was nicht in die Luft fliegen soll. Man sollte sich im Voraus dafür eintragen (die Gruppen sind schnell voll und auf 32 Personen begrenzt). Die Veranstaltung selbst ist kostenlos, aber es wird erwartet, dass die Gäste etwas trinken (oder eine Spende geben; Bier kostet 1800 COP und wird normalerweise kastenweise verkauft). Ausländer, die sich ordentlich benehmen, sind auch an anderen Wochentagen (am besten Mittwoch und Freitag) willkommen, das empfiehlt sich aber nur für jene, die mit *tejo* vertraut sind.

Wer Hostels mit vielen Ausländern meiden und eher mit Einheimischen zusammenkommen möchte, könnte es schlechter treffen.

Santander Alemán TV
GUESTHOUSE **$**

(☏ 724-0329; www.hostelsantanderaleman.com; Ecke Carrera 10 & Calle 15; B 18 000–20 000 COP, EZ/DZ 40 000/60 000 COP; @ ☎) Das beste der drei Guesthouses von Santander Alemán im Ort bietet eine Terrasse mit Panoramablick (daher der Name: Terrace Vista). Es liegt um die Ecke des *terminalito* (des lokalen Busbahnhofs). Die acht Doppelzimmer sind sauber und bequem. Das Haus ein bisschen besser als ein Hostel, aber der lockere Umgangston unter den Gästen ist der Gleiche.

Hostal de la Nueva Baeza
GUESTHOUSE **$**

(☏ 724-2606; hostaldelanuevabaeza@hotmail.com; Calle 9 No 8-49; Zi. mit/ohne Klimaanlage 40 000/35 000 COP; ✳ ☎) Frühaufsteher, die ein sehr bequemes Zimmer in einem ruhigen Haus aus der Kolonialzeit suchen, sollten dieses Guesthouse mit zehn Zimmern in Betracht ziehen. Die Aufmerksamkeit des Personals hält sich in Grenzen, doch in den Zimmern gibt es gewölbte Bambusdecken, neue Flachbildfernseher und sehr hübsche Bäder. Trotz des Preises gehört es in eine etwas bessere Kategorie, aber die nahen Kirchenglocken ersetzen den Wecker. Die Preise steigen in der Hauptsaison.

Hostal Le Papillon
HOSTEL **$**

(☏ 723-6350; hostallepapillon@hotmail.com; Calle 7 No 8-28; Zeltplatz pro Pers. 10 000 COP;

B 17 000 COP, EZ/DZ ohne Bad 25 000/40 000 COP; @ ☎) Dieses ruhige Hostel in einer ebenfalls ruhigen Straße ist eine sehr gute Wahl für Sparfüchse. Es wird von einem netten kolumbianisch-schweizerischen Paar geführt und bietet gute Schlafsäle, einige Privatzimmer mit Gemeinschaftsbad und hinter dem Haus eine Wiese mit Platz für Zelte und Hängematten. Zwei niedliche Katzen und ein Hund vertreiben sich hier die Zeit. Es wird sowohl Englisch als auch Französisch gesprochen.

Sam's VIP
HOSTEL **$$**

(☏ 724-2746; www.samshostel.com; Carrera 10 No 12-33; B 22 000 COP, EZ/DZ mit Bad 60 000/80 000 COP, ohne Bad 40 000/60 000 COP; @ ☎ ✷) San Gils schönstes Hostel liegt direkt an der Plaza und wird gerühmt, weil es mit seiner Ausstattung fast Boutique-Qualität erreicht. Das Personal ist sehr freundlich – die Gäste sollten es gelegentlich zu einem Drink am kleinen Pool mit Bergblick oder auf der Terrasse mit Blick auf die Plaza einladen. Es gibt außerdem eine kleine Küche für die Gäste, die aussieht, als sei sie geradewegs aus einem US-amerikanischen Vorort entsprungen.

✖ Essen

San Gil ist nicht gerade das kulinarische Highlight Kolumbiens, aber es gibt dennoch einige gute Restaurants, in denen hausgemachte Gerichte aus der Region serviert werden. Für Selbstversorger gibt es hier zwei Supermärkte: **Autoservice Veracruz**

(Calle 13 No 9-24; ⊘ Mo–Sa 8–21, So bis 14 Uhr) an der Plaza (gutes Angebot an frischem Obst und Gemüse) und **Metro** (⊘ So–Fr 8–21, Sa bis 22 Uhr) – San Gils größter Einkaufsmarkt, mit dem besserem Angebot an Non-Food-Produkten – im Centro Comercial El Puente, San Gils neuem modernem Einkaufszentrum.

★ **Gringo Mike's**　　　　　AMERIKANISCH **$**
(www.gringomikes.net; Calle 12 No 8-35; Burger 11 000–18 000 COP; ⊘ So–Di 8–12 & 17–22, Fr & Sa bis 23 Uhr; 🛜) In einem stimmungsvollen, von Kerzen erhellten Innenhof liegt dieses US-amerikanisch-britische Gemeinschaftsunternehmen, das heimwehkranke Reisende mit einem Übermaß an Gourmet-Burgern, reich mit Bacon belegten Sandwiches, Frühstücks-Burritos und französischem Kaffee versorgt. Die Liste der Highlights ist lang: der scharfe Jalapeño-Burger; der Salat mit Mango, Erdnuss, Blauschimmelkäse und Garnelen; der mexikanische Bacon-Burrito. Auch eine große Auswahl an tollen Cocktails und Gemüsegerichten.

★ **El Maná**　　　　　KOLUMBIANISCH **$**
(Calle 10 No 9-42; Menüs 11 500 COP; ⊘ Mo–Sa 11 bis 15.30 & 18–20.30, So bis 15.30 Uhr) Dieses beliebte, durch Mundpropaganda bekannt gewordene Lokal bietet die beste kolumbianische Küche der Stadt. Man schmeckt, mit wie viel Liebe die fantastischen Menüs – täglich sieben rund sieben zur Auswahl – zubereitet sind. Im Mittelpunkt des Angebots finden sich traditionelle Gerichte wie Hühnchen in Pflaumensoße, *estofado de pollo* (Hähncheneintopf) und gegrillte Forellen aus den Bergen. Wer den ganzen Tag unterwegs ist, wird bedauern, dass das Restaurant schon so früh schließt.

La Casa del Balcón　　　　KOLUMBIANISCH **$**
(Calle 12 No 9-19, 2. Stock; Frühstück 1500 bis 4000 COP; ⊘ Mo–Sa 8–23, So 9–10.30 Uhr; 🛜) Dieses niedliche kleine kolumbianische Lokal mit einem Balkon zur Plaza hin ist wunderbar für ein schmackhaftes, preiswertes Frühstück – *arepas*, verschieden zubereitete Eier, Espresso, Cappuccino – oder ein Bier am Spätnachmittag mit prima Ausblick.

Plaza de Mercado　　　　　　MARKT **$**
(Carrera 11; *arepas* 1500–1800 COP; ⊘ Mo–Mi 6–15, Do & So bis 14, Fr & Sa bis 16 Uhr) Wer essen möchte wie die Einheimischen, muss zu diesem quirligen Markt kommen, wo es reichlich *comida corriente*, Tamales und frisch gepresste Säfte gibt. Keinesfalls die gefüllten *arepas* verpassen, die es an einigen Ständen im Mittelgang beim Seiteneingang an der Calle 13 gibt – eines der leckersten Frühstücke der ganzen Stadt.

Sam's Gastro Pub & Steakhouse　　　　　STEAKHAUS **$$**
(Calle 12 No 8-71; Hauptgerichte 8000–22 000 COP; ⊘ Mo–Sa 12–14 & 18–22 Uhr; 🛜) Dieses bei Reisenden äußerst beliebte Lokal, das einem zweiten Hostel von Sam (Besitzer des bekannten Sam's) angeschlossen ist, serviert Rippchen und Burger. Aber das Highlight ist das ausgezeichnete Filet Mignon, das in zwei Größen (400 und 200 g) und mit einer Vielfalt an Soßen (Pfeffer und Parmesan sind besonders beliebt) im Angebot ist. Für Fleischliebhaber die perfekte Wahl.

🍷 Ausgehen & Nachtleben

Wer einen Espresso möchte, wird in einigen Cafés an der Plaza fündig, die inzwischen gute Maschinen haben, doch den besten Kaffee gibt es im Centro Comercial El Puente. Ein kaltes Bier am belebten Hauptplatz ist auch ein beliebter Zeitvertreib.

La Habana　　　　　　　　BAR
(Carrera 9 No 11-68, Local 212; ⊘ Mo–Do 18–24, Fr & Sa bis 2 Uhr) Die angesagte Location im zweiten Stock des Centro Comercial Camino Real ist ein wahres Juwel. Es handelt sich nicht nur um die beste Bar, die hohen Wände sind obendrein mit Gemälden lokaler Künstler dekoriert.

La Isla　　　　　　　　　BARS
(Vía San Gil-Bogotá, Km 1) Diese Tankstelle an der Straße, die aus der Stadt hinaus führt, ist der heißeste Tipp für die Abendstunden. Es gibt das One Shot (eine laute, hippe Bar), das Caña Brava (eine Karaoke-Lounge) und das Rodeo (eine Disko mit lateinamerikanischer und anderer Musik). Wer spät noch Hunger bekommt, findet eine Reihe von Lokalen, in denen Einheimische sitzen und trinken. Am besten ist es, früh zu kommen und etwas im mexikanischen Restaurant zu essen.

ℹ Praktische Informationen

Es gibt einige Geldautomaten an und in der Umgebung der Plaza (der vom Banco Agrario macht oft Probleme). Unter www.sangil.com.co findet man die offizielle Tourismus-Website.

4-72 (Carrera 10 No 10-50; ⊘ Mo–Fr 8–12 & 13–18, Sa 9–12 Uhr) Postamt.

Touristenpolizei (☏ 350-304-5600; Carrera 11 an der Calle 7) Polizei.

Barichara

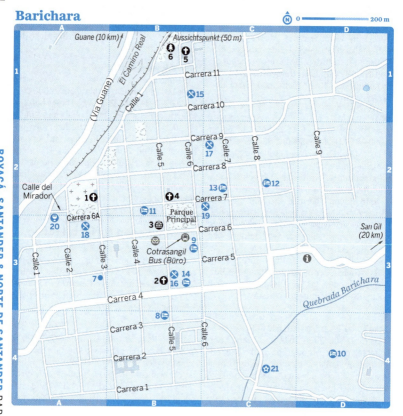

N 0   200 m

Guane (10 km)

Aussichtspunkt (50 m)

Carrera 11

Carrera 10

Carrera 9

Carrera 8

Carrera 7

Carrera 6

Carrera 5

Carrera 4

Carrera 3

Carrera 2

Carrera 1

Calle del Mirador

Parque Principal

Cotrasangil Bus (Büro)

San Gil (20 km)

Quebrada Barichara

❶ An- & Weiterreise

In San Gil gibt es Bushaltestellen mit mehreren Namen; Reisende kommen wahrscheinlich am Intercity-Busbahnhof an (*terminal principal*), 3 km westlich des Zentrums an der Straße nach Bogotá. Örtliche Busse verkehren regelmäßig zwischen Busbahnhof und Stadtzentrum. Oder man nimmt ein Taxi (3400 $ bis 3600 COP).

Häufig fahren Busse nach Bogotá (35 000 COP, 6 Std.), Bucaramanga (15 000 COP, 2½ Std.), Barranquilla (55 000 COP, 13 Std.), Cartagena (70 000 COP, 15 Std.), Santa Marta über Bucaramanga (60 000 COP, 13 Std.), Sogamoso (30 000 COP, 5 Std.), Medellín (85 000 COP, 12 Std.) und Cúcuta (50 000 COP, 9 Std.). **Copetran** (☐ 313-333-5740; www.copetran.com.co) bietet (gelegentlich) um 19.30 Uhr eine direkte Verbindung nach Santa Marta (60 000 COP, 12 Std.). Ansonsten steigen die meisten Reisenden in Ciénega, 40 Minuten von Santa Marta entfernt, um.

Cootrasangil besitzt zwei Busbahnhöfe. **Cootrasangil – Terminal** (☐ 724-2155; www.

cotrasangil.com; Ecke Calle 15 & Carrera 11) – vor Ort als „*terminalito*" bekannt – bietet von 6 bis 18.45 Uhr häufige Verbindungen nach Barichara (4200 COP, 45 Min.). Von diesem Busbahnhof aus starten u. a. auch Busse nach Guane (6000 COP, 1 Std., 8-mal tgl.) und Charalá (5000 COP, 1 Std., alle 30 Min. von 6.30 bis 16 Uhr). **Cootrasangil – Malecón** (☐ 724-3434; www.cootrasangil.co; Ecke Carrera 11 & Calle 8) – vor Ort bekannt als „Terminal Cootrasangil" – bietet von 4.30 bis 20 Uhr alle 20 Minuten Busse nach Bucaramanga (15 000 COP, 2 Std.) über den Parque Nacional del Chicamocha (8000 COP, 1 Std.).

Barichara

☐ 7 / 7651 EW. / 1336 M

Von einem Ort wie Barichara träumen Hollywoods Filmemacher. Eine spanische Kolonialstadt voller Atmosphäre, mit gepflasterten Straßen und weiß verputzten Häusern mit roten Ziegeldächern, die fast

Barichara

so neu aussehen wie vor rund 300 Jahren, als sie entstanden. Es ist kein Wunder, dass viele spanischsprachige Filme und Telenovelas hier gedreht werden. Zugegeben, der historische Eindruck ist zu einem guten Teil Restaurierungsarbeiten zu verdanken, die vorgenommen wurden, seit der Ort 1978 zum Nationalmonument erklärt wurde.

Barichara liegt 20 km nordwestlich von San Gil hoch über dem Río Suárez. Einer Legende nach erschien 1702 einem Bauer nauf einem Felsen auf seinem Feld ein Bild der Jungfrau Maria. Daraufhin wurde eine Kapelle erbaut, um an dieses Wunder zu erinnern. Drei Jahre später gründete der spanische Kommandant Francisco Pradilla y Ayerbe die Stadt Villa de San Lorenzo de Barichara; der Name kommt vom Guane-Wort *barachalá*, was so viel wie „Ort der Erholung" bedeutet.

Die natürliche Schönheit, das gemäßigte Klima und der lässige Lebensstil zogen schon immer Besucher in die Stadt. In den vergangenen Jahren entwickelte sich

Barichara zu einem Anziehungspunkt für wohlhabende Kolumbianer. Verglichen mit Villa de Leyva ist Barichara eleganter, aber weniger touristisch. Der Ort zählt ohne Zweifel zu den schönsten kleinen Kolonialstädten Kolumbiens.

⊚ Sehenswertes & Aktivitäten

Die Hauptattraktion von Barichara ist die Architektur.

Catedral de la Inmaculada Concepción   KIRCHE

(Parque Principal; ☺ 5.45–19 Uhr) Die im 18. Jh. aus Sandstein erbaute Kirche ist das aufwendigste Gebäude des Ortes und sie wirkt fast schon ein bisschen überdimensioniert. Das golden schimmernde Mauerwerk (das bei Sonnenuntergang in dunklen Orangetönen leuchtet) bildet einen Kontrast zu den weißen Häusern der Umgebung. Die Kirche besitzt einen Obergaden (eine zweite Reihe von Fenstern hoch oben im Schiff) – was für eine spanische Kolonialkirche sehr ungewöhnlich ist.

Capilla de Jesús Resucitado   KIRCHE, FRIEDHOF

(Ecke Carrera 7 & Calle 3) Nach der Restaurierung hat diese Friedhofskapelle unglücklicherweise durch einen Blitzschlag einen Teil ihres Glockenturms verloren. Der Friedhof neben der Kapelle besitzt einige sehr schön verzierte Grabsteine, die, für den Fall, dass er geschlossen sein sollte, auch vom Eingang aus zu sehen sind.

Casa de Cultura   MUSEUM

(Calle 5 No 6-29; Eintritt 1000 COP; ☺ Mi–Mo 8–12 & 14–18 Uhr) Dieses Haus aus der Kolonialzeit liegt um einen hübschen Patio am Hauptplatz und präsentiert eine bunt gemischte Sammlung aus Fossilien, Guane-Keramik, Gemälden, Schreibmaschinen, Werkzeugen und anderen Nippes.

Parque Para Las Artes   PARK

Ein hübscher kleiner Park, den Wasserläufe und -becken, Werke örtlicher Bildhauer und ein Amphitheater zieren. Im Sommer gibt es hier auch gelegentlich Livemusik. Vom Park aus bieten sich atemberaubende Ausblicke in das benachbarte Tal.

Fundación San Lorenzo   FÜHRUNGEN

(Taller de Papel; www.fundacionsanlorenzo.wordpress.com; Carrera 5 No 2-88; Führung 2000 COP) Diese kleine Papierfabrik gewährt Besuchern einen faszinierenden Einblick in den

AUF DEM CAMINO REAL NACH GUANE

Ein Muss ist die großartige Wanderung ins winzige Dorf Guane auf dem historischen **Camino Real**. Diese alte, mit Steinen gepflasterte Straße, vom indigenen Volk der Guane gebaut und über die Jahrhunderte immer wieder erneuert, wurde 1988 zum Nationalmonument erklärt. Von Barichara aus dauert die gesamte leichte Wanderung über 9 km etwa zwei Stunden. Die meiste Zeit geht es bergab, und gelegentlich wird die moderne Straße nach Guane gequert. Zuerst geht der Weg in einen mit Kakteen und Bäumen bestandenen Canyon hinunter, bei dessen Durchquerung höchstens Begegnungen mit grasenden Ziegen oder Kühen stattfinden, aber kaum mit anderen Menschen. Bemerkenswert sind die vielen Fossilien in den Steinen der Straße. El Camino Real beginnt am Nordende der Calle 4, wo ein Schild den Anfang des Weges kennzeichnet.

In dem verschlafenen Ort steht am hübschen Hauptplatz eine schöne ländliche Kirche, die **Iglesia Santa Lucía**, erbaut 1720. Auf der anderen Seite des Platzes befindet sich das einzigartige **Museum für Paläontologie und Archäologie** (Carrera 6 No 7-24; Eintritt 2000 COP; ⊙ 8–12 & 14–18 Uhr) mit einer Sammlung von mehr als 10 000 Fossilien, einer 700 Jahre alten Mumie, einigen Spitzschädeln, Guane-Artefakten und religiöser Kunst. Der Kurator verschließt die Vordertür und führt Besucher persönlich (auf Spanisch), wann immer jemand kommt. Also dranbleiben!

Tagsüber ziehen es die meisten Reisenden vor, nach Guane zu wandern und mit dem Bus zurückzufahren. Busse nach Barichara fahren zwischen 6 und 18.15 Uhr zehnmal täglich ab (1800 COP, 20 Min.).

Keinesfalls Wasser, Sonnenschutz und bequeme Schuhe vergessen.

---

vier Monate dauernden Herstellungsprozess von Papier aus *fique*. Das ist eine natürliche Faser, die aus den Blättern einer Agavenart gewonnen wird, die in den Anden wächst. Das in dieser Fabrik hergestellte Briefpapier und die anderen Papierprodukte sind großartige Souvenirs.

🛏 Schlafen

Barichara ist nicht der preiswerteste Ort (Reisende mit knapper Reisekasse sollten besser in San Gil übernachten), aber die Stadt belohnt jene, die bleiben. Die Preise können, wenn nicht anders angegeben, in der *temporada alta* (Hauptsaison) um bis zu 30 % steigen, etwa in der Zeit zwischen 20. Dezember und 15. Januar sowie in der Semana Santa. Während der Hauptsaison sollte man unbedingt vorher reservieren.

★ Tinto Hostel   HOSTEL $
(☎ 726-7725;   www.hostaltintobarichara.com; Carrera 4 No 5-39; B ab 20 000 COP, EZ/DZ ab 40 000/60 000 COP;   @ 🕾 ⊠) Baricharas bestes Hostel ist in einem schönen, mehrstöckigen Haus untergebracht. Es gibt drei Schlafsäle und drei Privatzimmer mit rustikalen Bädern, Gewölben und heißem Wasser. Die Gemeinschaftsräume – Gästeküche mit kunstvoller Keramik, Lounge, Platz für Hängematten und Terrasse – sind alle wun-

derbar. Von der Terrasse hat man einen fantastischen Ausblick. Überall gibt es kleine künstlerische Akzente. Hier lässt es sich eine Weile aushalten.

Color de Hormiga Hostel   HOSTEL $
(☎ 726-7156; www.colordehormiga.com; Calle 6 No 5-35; B/EZ/DZ 20 000/50 000/60 000 COP; 🕾) Dieses charmante Hostel gehört zu den besten in Barichara. Kleine, in Grün gehaltene Zimmer umgeben einen begrünten Innenhof und bieten kleine Design-Elemente wie hängende Stühle als Nachttische und moderne Bäder. Einziger Nachteil sind die kalten Duschen.

La Mansión de Virginia   GUESTHOUSE $
(☎ 315-625-4017;   www.lamansiondevirginia.com; Calle 8 No 7-26; EZ/DZ Mo–Do 40 000/50 000 COP, Fr–So 50 000/100 000 COP, jeweils inkl. Frühstück; 🕾) Ein ruhiges, freundliches Guesthouse mit sauberen bequemen Zimmern mit Fernsehern und erst kürzlich renovierten Privatbädern sowie einem wunderschönen Innenhof.

★ Color de Hormiga Posada
Campestre   GUESTHOUSE $$
(☎ 315-297-1621;   www.colordehormiga.com; Vereda San José; Zi. pro Pers. inkl. Frühstück 70 000 COP; 🕾) Nachdem er jahrelang Santanders beliebtestes Restaurant betrieben

hatte, hängte der Küchenchef José Hormiga seine Schürze an den Nagel und widmete sich seiner *finca,* einem tollen Guesthouse mit vier Zimmern. Es ist in einem 29 ha großen Naturschutzgebiet gelegen, in dem Tausende der berühmten *hormigas culonas* (eine Unterart der Blattschneiderameisen; s. unten) leben. Die rustikalen Zimmer sind mit schönen Betten, eindrucksvollen Frei- luft-Bädern und Regenduschen ausgestattet.

Wie nicht anders zu erwarten, be- reitet Jorge ausgezeichnete Mahlzeiten (15 000 COP) zu und ist ein rundum fan- tastischer Gastgeber. Der Weg führt 800 m über den Camino Real bergauf, vorbei an tollen Ausblicken. Er beginnt auf der Süd- seite der Calle 7 beim neuen Coliseo Puente Grande (gekennzeichnet durch einen farbig besprühten Felsen). Oder man nimmt einen *moto-carro* (Auto-Rikscha) für 8000 COP.

Hotel Coratá   HISTORISCHES HOTEL **$$**
(☎726-7110; hotelcorata@hotmail.com; Carrera 7 No 4-08; EZ/DZ mit Bad 80 000/120 000 COP, EZ ohne Bad 50 000 COP; @ ☎) Wer historische Häuser mag, wird sich sofort in das Coratá verlieben, ein 300 Jahre altes Gebäude, das mit Antiquitäten und Holzmöbeln ausge- stattet ist. Die Zimmer besitzen Gewölbede- cken, Fernseher und eigene Bäder. Vom Pa- tio, in dem das Frühstück serviert wird, bie- tet sich ein hinreißender Blick auf den Ort.

Carambolo   GUESTHOUSE **$$**
(☎316-701-6200; www.elcarambolo.com; Calle 5 No 3-27; EZ/DZ 70 000/130 000 COP; ☎) Die vier Zimmer dieses Guesthouse liegen um den namengebenden Sternfruchtbaum her- um, dessen Saft auch serviert wird. Den Un- terschied macht der freundliche Gastgeber.

La Nube Posada   BOUTIQUEHOTEL **$$$**
(☎726-7161; www.lanubeposada.com; Calle 7 No 7-39; EZ/DZ/Suite 224 000/259 000/775 862 COP; ⊜☎)

Hinter dem unscheinbaren Äußeren dieses Hauses aus der Kolonialzeit verbirgt sich ein unaufdringliches Boutiquehotel mit mini- malistischer Ausstattung. Die acht einfach möblierten Zimmer mit französischen Bet- ten und Gewölben, deren Holzbalken freilie- gen, umgeben einen Innenhof. Dort finden auch wechselnde Kunstausstellungen statt.

Das dazugehörige Gourmetrestaurant mit Bar zählt zu den besten der Stadt; es rühmt sich, Rum aus 14 Ländern im Angebot zu haben. In einem neuen Anbau befinden sich Suiten und ein Spa. Das einzige Manko sind die Bäder – sie würden in ein Holiday Inn passen, aber in Barichara verdienen Gäste etwas Besseres.

✗ Essen & Trinken

Barichara bietet eine gute Auswahl an inter- nationalen Speisen und lokalen Gerichten wie *cabrito* (gegrilltes Zicklein). Die große regionale Spezialität sind die berühmten *hormigas culonas.* Nachtleben findet prak- tisch nicht statt. Es gibt ein paar Kneipen, die Aguardiente, Bier und die örtliche Spe- zialität, *chicha de maíz,* ein alkoholisches Getränk aus Mais, verkaufen. Außerdem finden sich einige *casitas* (Stände) am Rand des Canyons entlang der Calle del Mirador, wo es sich wegen der atemberaubenden Aussicht lohnt, ein Bier zu trinken.

Shambalá   VEGETARISCH **$**
(Carrera 7 No 6-20; Hauptgerichte 11 000– 20 000 COP; ⊙Do–Di 12.30–16 & 18–21.30 Uhr; ☎✎) Ein winziges, extrem beliebtes Café, in dem vor allem vegetarische Gerichte frisch zubereitet werden. Die Auswahl umfasst Wraps, Reisgerichte und Pasta im mediter- ranen oder indischen oder Thai-Stil (man kann auch Hühnchen oder Shrimps dazu bestellen), dazu ausgezeichnete Säfte, Tees und Ähnliches.

BARICHARAS INSEKTEN ZUM ANBEISSEN

Von allen kulinarischen Traditionen Kolumbiens ist wohl keine so speziell wie die De- likatesse in Santander: *hormigas culonas* – wörtlich übersetzt „Ameisen mit dickem Hintern". Die Tradition reicht mehr als 500 Jahre zurück, als die indigenen Guane Amei- sen wegen ihrer angeblich aphrodisierenden und heilsamen Eigenschaften züchteten und aßen. Die riesigen dunkelbraunen Ameisen werden gebraten oder geröstet und ganz oder zu Pulver zermahlen verzehrt. In fast jedem Laden in Santander, aber vor allem in Barichara, San Gil und Bucaramanga werden Snacks aus gebratenen Ameisen verkauft. Eigentlich reift man sie im Frühling Saison, aber inzwischen findet man sie ganzjährig. Sie schmecken, na ja, wie knuspriger Schmutz gemischt mit altem Kaffeepulver. Der Ge- schmack ist definitv gewöhnungsbedürftig – aber man sollte es einmal ausprobieren.

GIRÓN

Zwischen den gepflasterten Straßen, den Pferdewagen sowie der entspannten Atmosphäre von **San Juan de Girón** und dem nur 9 km entfernten geschäftigen Bucaramanga liegen Welten. Die hübsche Stadt wurde 1631 am Ufer des Río de Oro gegründet und 1963 zum Nationalmonument erklärt. Heute lockt sie Künstler und Tagesausflügler an, die der Großstadt entfliehen wollen, dafür aber hohe Temperaturen in Kauf nehmen – Girón liegt in einem windstillen Winkel des Tales und es ist meist glühend heiß.

Ein Bummel in Girón lohnt sich: durch enge Kopfsteinpflasterstraßen, vorbei an alten weiß verputzten Häusern, schattigen Patios, kleinen steinernen Brücken und über die *malecón* (Promenade) am Ufer. Der Bau der **Catedral del Señor de los Milagros** am Parque Principal (dem Hauptplatz) begann 1646, wurde aber erst 1876 vollendet. Ein Muss sind auch die hübschen Plazas **Plazuela Peralta** und **Plazuela de las Nieves**, an der letzteren steht eine reizende Dorfkirche, die **Capilla de las Nieves**, die im 18. Jh. erbaut wurde.

Von Bucaramanga aus verkehren häufig Stadtbusse nach Girón (1850 COP). Der Festpreis für ein Taxi ab Bucaramanga beträgt 26 000 COP.

El Compa
KOLUMBIANISCH **$**

(Calle 5 No 4-48; Mahlzeiten 8000–18 000 COP; ⊙8–18 Uhr) Das beste Restaurant vor Ort: schlicht, nicht auf Touristen ausgerichtet und nicht gerade für freundlichen Service bekannt. Es gibt auf der Karte etwa 15 Gerichte der traditionellen, einfachen kolumbianischen Küche. Leckerer *cabrito*, *sobre barriga* (Steak aus der Flanke), Forelle, Hühnchen, *carne oreada* etc. werden serviert mit Bergen an Beilagen wie Salat, Maniok, *pepitoria* (Ziegeninnereien, Blut, gewürzter Reis – wir haben dankend verzichtet!) und Kartoffeln.

Filomena
CAFÉ **$**

(Carrera 9 No 6-34; Panini 10 000–16 000 COP; ⊙Di–Fr 18–22, Sa & So 13–22 Uhr; 🐾) Das Café bietet eine reiche Auswahl an Panini, Burgern und Salaten – super Proviant für eine Wanderung nach Guane.

★ Ristorante Al Cuoco
ITALIENISCH **$$**

(🖂 312-527-3628; Carrera 6A No 2-54; Hauptgerichte 19 000–28 000 COP; ⊙12–21.30 Uhr) Dieses recht elegante italienische Restaurant wird von einem freundlichen römischen Koch geführt. Die Speisekarte ist nicht sehr umfangreich (einige Arten Ravioli, Cannelloni, einige Hauptgerichte und zwei Desserts), doch die hausgemachte Pasta ist ausgezeichnet. An Wochenenden und Feiertagen sollte man reservieren.

7 Tigres
PIZZA **$$**

(Calle 6 No 10-24; Pizza 14 000–16 000 COP; ⊙Mo–Do 18–21.30, Fr–So 12–16 & 18–22 Uhr) Hier bekommen die Gäste eine leckere Pizza mit dünnem Boden. Am besten schmeckt die Mediterranea mit Auberginen, Oliven, Tomaten, Oregano und Pesto.

Iguá Náuno
BAR

(Calle del Mirador & Carrera 7; ⊙16.30–23 Uhr) Wer in Barichara in sein will, genießt seine Drinks bevorzugt hier. Es ist keine reine Bar, aber es gibt Importbiere (gute *micheladas*), einige Cocktails und einen stimmungsvollen Garten. Viele Gäste essen auch gerne hier; es wird eine gute Auswahl an vegetarischen Gerichten serviert.

🛍 Shoppen

In Barichara gibt es viele Boutiquen und Galerien. Der Ort ist bekannt für seine schönen Steinmetzarbeiten. In mehreren Läden an der Calle 5 werden Skulpturen und andere Dinge aus Stein angeboten.

ℹ Praktische Informationen

Es gibt zwei Geldautomaten an der Plaza.

4-72 (Carrera 6 No 4-90; ⊙8–12 & 14–18 Uhr) Postamt.

Polizei (🖂 726-7173; Carrera 7 No 5-51) Die Touristenpolizei agiert zeitweise auch von einem Kiosk am Parque Principal aus.

Touristeninformation (🖂 315-630-4696; www.barichara-santander.gov.co; Carrera 5; ⊙Mi–Mo 9–17 Uhr) An der Straße von San Gil am Ortsrand gelegen.

ℹ An- & Weiterreise

Busse zwischen Barichara und San Gil verkehren von 5 bis 18.45 alle 30 Minuten (4200 COP, 45 Min.). Sie starten am **Büro von Cotrasangil**

(📱726-7132; www.cotrasangil.com; Carrera 6 No 5-70) am Hauptplatz. Es gibt täglich zwischen 5.30 und 17.45 zehn Busse nach Guane (1800 COP, 15 Min.).

hen und auf den häufig verkehrenden Cotrasangil-Bus nach Bucaramanga (10 000 COP, 1 Std.) zu warten. Dieser verkehrt regelmäßig alle 30 Minuten und hält von sich aus nach Fahrgästen Ausschau.

Parque Nacional del Chicamocha

Auf halbem Weg zwischen San Gil und Bucaramanga befinden sich der spektakuläre Canyon von Río Chicamocha und der **Parque Nacional del Chicamocha** (www.parquenacionaldelchicamocha.com; Km 54, Vía Bucaramanga–San Gil; Erw./Kind 17 000/11 000 COP; ⏲Mi–Fr 10–18, Sa & So 9–18 Uhr; ♿), der auch liebevoll „Panachi" genannt wird. Die kurvenreiche Verbindungsstraße, die sich zwischen den beiden Orten an die Felsen schmiegt, ist eine der malerischsten Strecken in Kolumbien.

In dem im Jahr 2006 eröffneten Park gibt es ein **Museum für die Kultur der Guane**, mehrere Restaurants, ein 4D-Kino, eine Schlittschuhbahn, einen Kinderspielplatz, eine eher weniger interessante **Straußenfarm** (Eintritt 2000 COP; ♿) und das **Monumento a la Santandereanidad**, das an den revolutionären Geist der Bewohner von Santander erinnert. Doch die eigentliche Attraktion hier ist der majestätische Canyon selbst. Den besten Ausblick darauf, ohne auf festen Boden unter den Füßen verzichten zu müssen, bietet der **Mirador**, mit einem 360-Grad-Rundumblick auf die Landschaft. Wirklich aus der Vogelperspektive sieht man das Ganze bei der 22 Minuten dauernden Fahrt mit dem neuen **teleférico** (Fahrt hin & zurück inkl. Eintritt in den Park 42 000 COP; ⏲Mi & Do 9–11 & 13–17.30, Fr–So 9–16.30 Uhr; ♿). Die 6,3 km lange Strecke führt zunächst zum Grund des Canyons und dann auf der gegenüberliegenden Seite, die Mesa de los Santos (s. Kasten S. 130) wieder hinauf. Für Adrenalinjunkies lässt sich das Erlebnis auch mit extremem Schaukeln (12 000 COP), Ziplining (22 000 COP) oder Gleitschirmfliegen (170 000 COP) noch steigern. Letzteres ist eine überraschend ruhige und friedliche Angelegenheit. Außerdem lockt ein 6 Mio. US$ teurer Wasserpark.

Jeder Bus, der zwischen San Gil und Bucaramanga verkehrt, lässt Reisende am Park aussteigen. Wer wieder zurück in die Stadt möchte, stellt sich an die Straße und hält einen vorbeifahrenden Bus an. Um in Richtung Norden zu fahren, ist es noch besser zum Parkplatz beim Parkeingang zu ge-

Bucaramanga

📱7 / 524 000 EW. / 960 M

Mit etwa einer Million Einwohnern in der Stadt und im Einzugsbereich ist Bucaramanga, die Hauptstadt von Santander, eine der größten Städte Kolumbiens, umgeben von Bergen und überragt von langweiligen Wolkenkratzern.

Buca, wie die Stadt von den Einheimischen genannt wird, wurde 1622 gegründet und entwickelte sich um das Areal, das heute vom Parque García Rovira bedeckt wird. Die meiste Kolonialarchitektur ist längst verschwunden. Über die Jahrhunderte verlagerte sich das Stadtzentrum ostwärts, und heute bildet der Parque Santander das Herz von Bucaramanga. Weiter östlich sind neuere, elegante Viertel mit vielen Hotels und Nachtclubs entstanden.

Buca, das auch den Beinamen „Stadt der Parks" trägt, verfügt über reichlich hübsche Grünflächen und eignet sich gut, zum Aufladen der Batterien. Richtig zum Leben erwacht es am Abend, wenn Dutzende Clubs, Hunderte Bars und die Studenten von zehn Universitäten Party machen.

⊙ Sehenswertes & Aktivitäten

Museo Casa de Bolívar   MUSEUM
(Calle 37 No 12-15; Eintritt 2000 COP; ⏲Mo–Fr 8–12 & 14–18, Sa 8–12 Uhr) Dieses Museum, untergebracht in einem kolonialen Herrenhaus, in dem Bolívar 1828 zwei Monate verbrachte, präsentiert verschiedene historische und archäische Exponate, darunter Waffen, Dokumente, Gemälde, Mumien und Arbeiten des Volkes der Guane, die vor der Ankunft der Spanier in dieser Region lebten.

Mercado Central   MARKT
(Ecke Calle 34 & Carrera 16; ⏲Mo–Sa 4–18, So bis 14 Uhr) Bucas farbenprächtiger, gut organisierter zentraler Markt lohnt einen Bummel, vor allem wegen des Gastronomiebereichs im dritten Stock. Dort gibt es alle Arten regionaler Spezialitäten und viel Bergpanorama.

Colombia Paragliding   GLEITSCHIRMFLIEGEN
(📱312 432 6266; www.colombiaparagliding.com; Km 2, Vía Mesa Ruitoque) Der populärste

BOYACÁ, SANTANDER & NORTE DE SANTANDER PARQUE NACIONAL DEL CHICAMOCHA

Bucaramanga

500 m

N

El Parque del Agua (500 m)

AMERICA

Calle 34
Calle 35
Calle 36
Calle 37
Calle 39
Calle 41
Calle 42
Calle 44
Calle 45
Calle 48
Calle 49
Calle 50

Carrera 34
Carrera 33

Parque San Pío
Parque Las Palmas

SOTOMAYOR
NUEVO SOTOMAYOR

Carrera 29
Calle 44
Calle 27A

Calle 32
Carrera 31
Carrera 30
Carrera 29
Carrera 28
Carrera 27

Zona Rosa

LA AURORA

Parque Majores Públicas

Calle 31
Calle 34 Bus Stop
Calle 37 Bus Stop
Metrolínea Line

Av González Valencia

Museo de Arte Moderno de Bucaramanga

Parque de Los Niños
Parque de Los Niños
Touristen- polizei

ANTONIA SANTOS

Carrera 26
Carrera 25
Carrera 24
Carrera 23

Calle 31
Calle 30
Calle 34
Calle 35
Calle 36
Calle 37
Calle 39

BOLIVAR
Av La Rosita
Parque Bolívar

Calle 45
Calle 48
Calle 50

Parque Turbay
Parque Antonia Santos

Carrera 22
Carrera 21
Carrera 20
Carrera 19
Carrera 18
Carrera 17
Carrera 16

CENTRO

Parque Santander
Catedral de la Sagrada Familia
Parque Centenario

Colectivos
Chorreras-Centro Station
San Mateo Station

ALARCÓN

Calle 22
Calle 24
Calle 28
Calle 30

Av Quebrada Seca

Busbahnhof (4 km); Girón (9 km); (15 km)

Metrolínea Line
Carrera 15

GRANADA

Calle 22
Calle 24
Calle 28
Calle 30
Calle 31
Calle 33

Carrera 14
Carrera 13
Carrera 12
Carrera 11
Carrera 10

Calle 35
Calle 36
Calle 37
Calle 41
Calle 42

GARCIA ROVIRA

Parque García Rovira
Capilla de los Dolores
Carrera 9

Busse nach Girón & Busbahnhof
La Cevicheria (250 m)
Copetran
Fahrkartenbüro Sky Bar (1.6 km)

Bucaramanga

Sport in Bucaramanga ist das Gleitschirm-fliegen. Diese hochfliegende Aktivität findet vor allem auf der Ruitoque-Mesa statt. Colombia Paragliding bietet einen 10-/20-/30-minütigen Tandemflug für 50 000/80 000/100 000 COP. Wer mehr Zeit und Geld investieren möchte, kann in zwölftägigen Kursen eine internationale Lizenz als Gleitschirmflieger erwerben. Das Ganze kostet inklusive Unterkunft ab 2 800 000 COP. Der Besitzer und Lehrer Richi spricht Englisch.

🛏 Schlafen & Essen

Kasa Guane Bucaramanga　　HOSTEL **$$**
(☏657-6960; www.kasaguane.com; Calle 49 No 28-21; B ab 23 000 COP; EZ/DZ mit Bad 65 000/85 000 COP, ohne Bad 40 000/65 000 COP; @🛜) Zwei hilfsbereite Engländer führen diese Institution in Buca, die besser unter dem Namen KGB bekannt ist und in einem der hübschesten Viertel der Stadt liegt. Es gibt Schlafsäle und Privatzimmer, Bäder mit heißem Wasser, eine Küche, eine Waschküche, Hängematten, einen Fernsehraum mit Satelliten-TV, eine Terrasse mit Billardtisch – und sogar wohlriechende Seife!

An Wochenenden hat sich die Bar zu einem angesagten Treffpunkt entwickelt. Touristen und Einheimische stehen Schlange. Am Eingang wird eine Verzehrgebühr von 10 000 COP erhoben, von der 2000 COP an das lokale Sozialprojekt, Goals for Peace, gehen. Ein Prosit auf die Wohltätigkeit!

Nest　　HOSTEL **$$**
(☏678 2722; www.thenesthostel.com; Km 2 Via Mesa Ruitoque; B/EZ/DZ pro Pers. 35 000/70 000/95 000 COP; @🛜🛏) Das

Schwester-Hostel des KGB liegt direkt neben dem Startplatz von Colombia Paragliding, 20 Minuten Fahrt von der Innenstadt entfernt. Die Lage auf einem Hügel bietet einen fantastischen Blick auf die Stadt. Die Mehrzahl der Gäste nimmt an Gleitschirmkursen teil, doch das Hostel ist auch eine gute Wahl für alle, die Frieden und Stille suchen.

Im Preis sind Frühstück und Wäscheservice inbegriffen; es gibt eine herrliche Gästeküche und einen kleinen Pool.

Cure Cuisine　　LIBANESISCH **$**
(Carrera 37 No 41-08; Hauptgerichte 1500 bis 6500 COP, Combos 12 000–22 000 COP; ⊙11 bis 22 Uhr) Kolumbianer libanesischer Abstammung servieren hier Gerichte aus dem nahen Osten wie Falafel, Schawarma, Kibbeh, Taboulé, Baklava – all das gibt es und als Beilage einen ausgezeichneten Mandelreis. Die Käse- und Zwiebel-*fatayers* (kleine gebratene Pastetchen) schmecken besonders lecker.

★ **Mercagán**　　STEAKS **$$**
(www.mercaganparrilla.com; Carrera 33 No 42-12; Steaks 18 500–39 000 COP; ⊙Di, Mi & Fr 11.30 bis 23, Mo & Do bis 15, Sa bis 16 Uhr) Oft als bestes Steakhaus in ganz Kolumbien gepriesen, wird diese traditionelle *parrilla,* die von vier Brüdern in vier Filialen geführt wird, ihrem Ruf gerecht: perfekte Fleischstücke von der eigenen Farm gibt es in den Größen 200, 300 oder 400 g, serviert auf glühend heißen Eisenplatten.

Alles dreht sich um *lomo finito* (Filet). Die zweite Filiale am nahen **Parque San Pio** (Carrera 34 No 44-84; ⊙Mo & Do, 11–23, Di & Mi bis 15, Fr & Sa bis 24, So bis 22 Uhr) sollte an den Abenden offen sein, an denen die erste geschlossen hat.

La Cevichería　　MEERESFRÜCHTE **$$**
(www.lacevicheria.co; Carrera 37 No 52-17; Ceviche 19 500 COP; ⊙Mo–Do 12–22, Fr & Sa bis 23, So 18–22 Uhr; 🛜🍴) Wer genug von Fleisch, Reis und Maniok hat, kommt in dieses farbenfrohe, hübsche Lokal und stellt sich seinen eigenen Ceviche- und Salatteller zusammen. Es gibt auch vier vorbereitete Zusammenstellungen, die das Kopfzerbrechen über die perfekte Kombination ersparen. Großartige frisch gepresste Säfte, Tees und Smoothies.

🍷 Ausgehen & Nachtleben

Das Leben in Bucaramanga beginnt, wenn die Sonne untergeht. *La vida nocturna* (das Nachtleben) zieht Clubbesucher aus der ganzen Region an. In der Calle 48 zwischen

BOYACÁ, SANTANDER & NORTE DE SANTANDER BUCARAMANGA

FELSDACH

Santanders bester Aussichtspunkt ist das kleine Hostel namens **Refugio La Roca** (☑ 313-283-1637; www.refugiolarocacolombia.com; Km 22,7 Mesa de Los Santos; Zeltplatz 15 000 COP, Zi. mit Bad 90 000–120 000 COP, ohne Bad 75 000 COP; @ 🕾) 🖋, auf der Mesa de Los Santos, der Hochebene am gegenüberliegenden Endpunkt des *teleférico* im Parque Nacional del Chicamocha. Die Mesa bietet weit mehr Aktivitäten (Klettern, Wandern, Wasserfälle, Kaffee-*fincas*) als Chicamocha. Das Hostel steht buchstäblich am Rand des Abgrunds und ist teilweise direkt in den Fels hineingebaut. Beim Ausblick bleibt einem der Mund offen stehen, vor allem von den Privatzimmern mit Freiluftbad aus, die einen Gang zur Toilette zu einem echten Erlebnis machen. Das nachhaltig betriebene Hostel liegt bei der besten Kletter-Location der Region; es gibt auch Kletterkurse. Alexandra und Ricardo, das junge Paar, das die Unterkunft betreibt, bieten auch Abseilen, Slacklining, Yoga, einen gut ausgebildeten Küchenchef (Hauptgerichte 10 000–22 000 COP) und große Gastfreundschaft.

Von Bucaramanga aus nimmt man die Metrolínea P8, die über die Carrera 33 südlich nach Piedecuesta fährt, wo von 6 bis 19.45 Uhr stündlich Busse von **La Culona** (☑ 7-655-1182; Carrera 6 No 12–60) nach Los Santos starten (7000 COP, 1½ Std.). Den Busfahrer bitten, bei La Mojarra/Refugio La Roca aussteigen zu dürfen. Ab San Gil weiter mit dem *teleférico* – er endet 12 km südlich des Hostels (Abholung für 25 000 COP).

---

den Carreras 34 und 39 tut sich mit Sicherheit immer etwas. Wer es lieber traditioneller mag (Salsa, Vallenato und Merengue), kommt in der Zona Rosa (an der Carrera 32 zwischen den Calles 34 und 36) eher auf seine Kosten.

Doch die Dinge ändern sich hier schnell, und was bei unserem Aufenthalt angesagt war, ist vielleicht schon bald wieder geschlossen. Aber die hier genannten Adressen sind eher beständig und garantieren einen Abend, an dem man Spaß hat.

Coffeehouse San Fernando   CAFÉ
(Carrera 29 No 41-40; Kaffee 2000–10 000 COP; ☺ 10–20 Uhr; 🕾) 🖋 Von der Rainforest Alliance zertifizierter Kaffee von der Mesa de Los Santos. Guter Espresso.

La Birrería 1516   BAR
(Carrera 36 No 43-46; Bier 4500–22 000 COP; ☺ Mo–Do 10–24, Fr & Sa bis 1.30 Uhr) Hier gibt es eine gute Auswahl an importierten und im Land gebrauten Bieren (Tres Marías aus Bogotá stammt von einer kleinen Brauerei), die im luftigen Innenhof dieses Pubs/Restaurants genossen werden können. Das Essen ist durchschnittlich.

Vintrash   BAR
(Calle 49 No 35A-36; Gedeck Fr & Sa 10 000 COP; ☺ Mo–Mi 16–23, Di bis 24, Fr & Sa bis 3 Uhr; 🕾) Zwischen alten Ölfässern und hängenden Fahrrädern treffen sich hier die coolen Indie-Kids und jene, die sich zu ihnen hingezogen fühlen, bei toller, aber manchmal etwas

eigenartiger Musik (die Classics am Dienstagabend springen von NKOTB zu New Order) und alternativer Haltung.

Sky Bar   BAR
(Transversal Oriental & Calle 93, 18. Stock; Cocktails 18 000–20 000 COP; ☺ So–Do 9.30–22.30, Fr & Sa bis 23.30 Uhr) Bucaramangas schickste Bar ist im 18. Stock des neuen Holiday Inn untergebracht. Sie befindet sich im Freien und bietet einen atemberaubenden Blick auf die Stadt. Wirklich eine hübsche Location für einen Drink.

La 33   CLUB
(Carrera 33 No 44-27; Gedeck 10 000–15 000 COP; ☺ Fr & Sa 21–3 Uhr) Absolut angesagt für unter 30-Jährige, einer der heißesten Clubs der Stadt zur Zeit der Recherche (d. h. vermutlich gestern schon wieder out). Salsa, Merengue und Reggaetöne beherrschen den Rhythmus auf drei Stockwerken und der tiefer gelegenen Tanzfläche.

ⓘ Praktische Informationen

Es herrscht kein Mangel an Geldautomaten; viele liegen um den Parque Santander an der Calle 35 und in Sotomayor an der Carrera 29.

Clínica Foscal (www.foscal.com.co; Av. El Bosque No 23-60) Das beste Krankenhaus in Bucaramanga befindet sich in Floridablanca. Zweisprachiges Personal.

Touristenpolizei (☑ 634-5507; www.imct.gov. co; Parque de Los Niños; ☺ 8–12 & 14–19 Uhr) In der Biblioteca Pública Gabriel Turbay hat die Tourismuspolizei doppelte Funktion. Es gibt Karten und Broschüren, sie sprechen ein wenig Englisch und sind sehr hilfsbereit. Es gibt auch Puntos de Información Turística (PIT) am Flughafen und am Busbahnhof.

ⓘ An- & Weiterreise

BUS

Bucaramangas **Terminal TB** (☑ 637-1000; www.terminalbucaramanga.com; Transversal Central Metropolitana) liegt südwestlich des Stadtzentrums, auf halbem Weg nach Girón; häufig verkehren Stadtbusse mit dem Ziel „Terminal" von der Carrera 15 (1850 COP) oder man nimmt ein Taxi (7000–8000 COP). **Copetran** (☑ 644-8167; www.copetran.com.co) ist hier die große Busgesellschaft, die die meisten wichtigen Ziele bedient, wie Bogotá (60 000 COP, 10 Std.), Cartagena (90 000 COP, 13 Std.), Medellín (70 000 COP, 8 Std.), Santa Marta (70 000 COP, 11 Std.), Pamplona (30 000 COP, 5 Std.) und Cúcuta (36 000 COP, 6 Std.). Busse von **Cootrasangil** (www.cotrasangil.com) fahren nach San Gil (15 000 COP, 1½ Std.) über Parque Nacional del Chicamocha (10 000 COP, 1 Std.). Cootraunidos reisen stündlich Busse nach Ocaña (40 000 COP, 5 Std.), von wo es weitergeht nach Playa de Belén.

Wer nach Venezuela fahren möchte, nimmt besser einen Bus ab **El Parque del Agua** (Diagonal 32 No 30A-51); Abfahrt alle 30 Minuten (35 000 COP, 6 Std.).

FLUGZEUG

Der Palonegro-Flughafen ist auf der *meseta* (Plateau) hoch über der Stadt, 30 km westlich in Lebrija gelegen. Die Landung hier ist atemberaubend. Am Airport landen Flüge aus den meisten großen kolumbianischen Städten und international aus Panama City.

Colectivo-Taxis (10 000 COP; ⊙ Mo–Sa 6–18 Uhr) zum Flughafen parken beim Parque Santander an der Carrera 20. Sie starten zwischen 6 und 18 Uhr alle 15 Minuten. Der Festpreis für eine Taxifahrt vom Stadtzentrum zum Flughafen liegt bei 32 000 COP.

ⓘ Unterwegs vor Ort

METROLÍNEA

Das Netz von **Metrolínea** (www.metrolinea.gov. co; ⊙ Mo–Fr 5–22.30, Sa–So bis 21.30 Uhr), gestaltet nach dem Vorbild von Bogotás TransMilenio, bedient die Stadt Bucaramanga bis Piedecuesta, während die weiteren Strecken bis Girón, Ciudadela Real de Minas und entlang der Carrera 33 noch im Bau sind. Die Hauptlinie verläuft in nord-südlicher Richtung entlang der Carrera 15 und der Carrera 27 (an Letzterer handelt es sich eher um traditionelle Bushaltestellen). Für Touristen ist dies von geringer Bedeutung, sie

wird hauptsächlich auf der Strecke zur Mesa de los Santos genutzt. Eine einfache Fahrt kostet 1700 COP, aber man muss eine *Tarjeta Inteligente* (3000 COP) kaufen, wenn man an kleineren Haltestellen einsteigen will.

NORTE DE SANTANDER

Im *departamento* Norte de Santander trifft die Cordillera Oriental auf die heißen Tiefebenen, die sich bis ins benachbarte Venezuela erstrecken. Die landschaftlich reizvolle Strecke ab Bucaramanga steigt bis auf 3300 m bei der Provinzgrenzstadt Berling an, bevor sie steil nach Venezuela abfällt, vorbei am hübschen Pamplona. Fast 300 km nordöstlich liegt das winzige Playa de Belén, der malerischste Ort des *departamento*.

Pamplona

☑ 7 / 55 300 EW. / 2290 M

Vor spektakulärer Kulisse liegt das koloniale Pamplona in der tiefen Valle del Espíritu Santo in der Cordillera Oriental. Es wurde 1549 von Pedro de Orsúa und Ortún Velasco gegründet, eine reizende Stadt mit alten Kirchen, engen Straßen und quirligen Geschäften. Mit einer Durchschnittstemperatur von gerade einmal 16 °C, bietet es eine willkommene Abwechslung zu den nahe gelegenen heißen Städten Bucaramanga und Cúcuta und ist außerdem ein angenehmer Stopp auf dem Weg von oder nach Venezuela. Unglücklicherweise zerstörte 1875 ein Erdbeben einen großen Teil der Stadt. Heute ist die ansprechende Plaza eine Mischung aus rekonstruierter kolonialer und aus moderner Architektur. Es gibt eine überraschende Anzahl angesagter Cafés, Bars und Restaurants, wenn man die Größe und Lage des Ortes bedenkt.

⊙ Sehenswertes

Pamplona besitzt eine Reihe von Museen und fast alle sind in restaurierten Häusern aus der Kolonialzeit untergebracht. Es gibt rund zehn alte Kirchen und Kapellen in der Stadt, die Pamplonas religiösen Status in der Kolonialzeit bezeugen, auch wenn die meisten inzwischen leider von ihrem Glanz eingebüßt haben.

Museo de Arte Moderno Ramírez Villamizar
MUSEUM
(www.mamramirezvillamizar.com; Calle 5 No 5-75; Eintritt 1000 COP; ⊙ Di–So 9–12 & 14–18 Uhr)

EINREISE NACH VENEZUELA

Es gibt schlimmere Grenzübergänge als Cúcuta. Es ist zwar heiß und schwül, aber es ist eine Großstadt mit vielfältigen Restaurants, modernen Einkaufszentren, ordentlichen Hotels und angesagten Vierteln (vor allem an der Avenida Libertadores) und einem Flughafen. Damit bietet es mehr als die meisten südamerikanischen Grenzstädte. Reisende sehen wahrscheinlich ohnehin nur den absolut chaotischen Busbahnhof. 2016 soll ein neuer Busbahnhof mit Einkaufszentrum 9 km nördlich der Stadt eröffnet werden.

Von der *Muelle de Abordaje* (Einsteigzone) 1 im Busbahnhof verkehren Busse von Expresos Bolivarianos (alle 20 Min. von 4–17.30 Uhr) und Corta Distancia (alle 8 Min. von 5–18.30 Uhr) nach San Antonio del Táchira in Venezuela (1400 COP, 30 Min.). Ein Taxi kostet 10 000 bis 12 000 COP (obwohl mitunter auch weit höhere Preise verlangt werden). In der Migración Colombia (✆7-573-5210; www.migracioncolombia.gov.co; CENAF – Simón Bolívar) auf der linken Seite direkt vor der Brücke gibt es den kolumbianischen Ausreisestempel. Von dort geht es zu Fuß oder per Moto-Taxi (3000 COP) weiter.

Im August 2014 kamen Kolumbien und Venezuela überein, die Grenze von 21.30 bis 4.30 Uhr zu schließen. Das soll den groß angelegten Schmuggel von Benzin und Grundnahrungsmitteln verhindern. Beides wird in Venezuela von der Regierung subventioniert und ist sehr preiswert; alles wurde nach Kolumbien geschmuggelt und dort zu einem weit höheren Preis verkauft. Es gilt also, zum Zeitpunkt der Reise zu checken, ob die Schließungszeiten noch stimmen und entsprechend zu planen. Wenn Venezuela erreicht ist, müssen Reisende die Einreiseformalitäten beim Büro von SAIME (✆0276 771 1321; www.saime.gob.ve; Carrera 9 zwischen den Calles 6 & 7; ⊘24 Std.) im Zentrum von San Antonio del Táchira (nicht im SAIME-Büro direkt an der Brücke) erledigen. Am besten lässt man sich vom Moto-Taxi direkt dorthin bringen.

Beim Grenzübertritt von Kolumbien nach Venezuela muss die Uhr um 30 Minuten vorgestellt werden. Reisende aus den meisten europäischen Ländern (darunter Deutschland, Österreich und die Schweiz), den USA, Kanada, Australien brauchen kein Visum für Venezuela, ein Reisepass, der noch sechs Monate gültig ist, reicht aus. Zur Zeit der Recherche gab es wegen der erhöhten Zahl an militärischen Kontrollpunkten und der nächtlichen Schließung der Grenze keine Direktbusse nach Caracas – der Busbahnhof in San Antonio lag fast verlassen da. Man muss an der Plaza de PTJ (Carrera 7 & Av. Venezuela) in San Antonio, drei Blocks nordöstlich von SAIME (immerhin günstiger gelegen) einen Bus nach San Cristóbal (40 BsF, 1 Std.) nehmen und dort in einen Bus nach Caracas umsteigen.

Wenn möglich, sollte man viele US-Dollar mit nach Venezuela nehmen, die dort schockierend teuer (zum offiziellen Umtauschkurs) oder etwas günstiger (auf dem aktiven Schwarzmarkt namens *dólar paralelo*) sind. Es ist nicht schwierig, jemanden zu finden, der Dollar zum Schwarzmarktkurs tauscht – die aktuellen Kurse des *dólar paralelo* finden sich unter www.dollar.nu (damit man nicht über den Tisch gezogen wird).

Wer im Grenzgebiet übernachten muss, findet in Cúcuta mehr Auswahl als in San Antonio. Einige Angebote der Gegend:

Hotel Mary (✆7-572-1585; www.hotelmarycucuta.com; Av. 7 No 0–53, Cúcuta; DZ/3BZ 75 000/97 000 COP, EZ/DZ/3BZ mit Ventilator 50 000/60 000/75 000 COP; ❄@🖅) Das Mary ist ein sicheres Hotel mit 56 Zimmern, gegenüber dem Busbahnhof gelegen.

Hotel Don Jorge (✆7-771-1932; hoteldonjorge@hotmail.com; Ecke Calle 5 & Carrera 9, San Antonio del Táchira; DZ/3BZ/4BZ/Suite 550/600/750/800 BsF; ❄🖅) Sauber, ordentlich und praktisch – das Don Jorge besitzt mehr als 20 Jahre Erfahrung und bietet weiterhin gut gepflegte Zimmer zu einem vernünftigen Preis-Leistungs-Verhältnis, auch wenn sie nicht vorab gezeigt werden.

In einem 450 Jahre alten Herrenhaus präsentiert dieses Museum mehr als 40 Werke von Eduardo Ramírez Villamizar, einem der herausragenden Künstler Kolumbiens, der 1923 in Pamplona geboren wurde. Die Sammlung gibt einen guten Überblick über seine künstlerische Entwicklung vom Expressionismus der 1940er-Jahre bis hin zu

GRAN COLOMBIA

Etwa 10 km südöstlich von Cúcuta liegt an der Straße zur venezolanischen Grenze der friedliche Vorort Villa del Rosario. Hier trafen sich 1821 die kolumbianischen Gründerväter, um eine Verfassung für das neue Land Gran Colombia zu schaffen und Simón Bolívar als ersten Präsidenten einzusetzen. Geschichtsinteressierte möchten sich hier vielleicht etwas umsehen.

Der Ort dieses bedeutenden Ereignisses ist in einen Park umgewandelt worden, den **Parque de la Gran Colombia**. Hauptsehenswürdigkeit im Park ist die Ruine des **Templo del Congreso** (erbaut 1802), wo einst die Sitzungen des Kongresses abgehalten wurden. Das ursprüngliche Gebäude wurde durch das Erdbeben von 1875 fast völlig zerstört, und nur die Kuppel wurde wieder aufgebaut. Eine Marmorstatue von Bolívar wurde im wiedererrichteten Teil der Kirche aufgestellt.

Wer von Cúcuta zum Parque de la Gran Colombia will, nimmt den Bus nach San Antonio del Táchira (2000–1400 COP), der auf seinem Weg zur Grenze dort vorbeikommt. Busse mit der Aufschrift „Villa del Rosario" fahren nicht einmal in die Nähe des Parks.

den realistischen Skulpturen, die er in den letzten Jahrzehnten seines Lebens geschaffen hat. Er starb im Jahr 2004.

Museo Arquidiocesano de Arte Religios
MUSEUM

(Carrera 5 No 4-53; Eintritt 2000 COP; ☺Mi–Sa & Mo 10–12 & 15–17, So 10–12 Uhr) Das Museum präsentiert religiöse Kunst, u. a. Gemälde, Statuen und Altäre, aus der Region. Außerdem gibt es eine reiche Silbersammlung.

Casa Colonial
MUSEUM

(Calle 6 No 2-56; ☺Mo–Fr 8–12 & 14–18 Uhr) GRATIS Die Casa Colonial, eines der ältesten Gebäude der Stadt, stammt aus der frühesten spanischen Zeit. Die Sammlung umfasst vorkolumbische Keramik, koloniale religiöse Kunst, Arbeiten mehrerer indigener Gruppen wie der Motilones und der Tunebos (zwei indigene Gruppen, die im *departamento* Norte de Santander leben), dazu Antiquitäten.

Catedral
KIRCHE

(Parque Agueda Gallardo) Die Kathedrale aus dem 17. Jh. wurde 1875 durch ein Erdbeben schwer beschädigt und beim Wiederaufbau umgestaltet. Das fünfschiffige Innere (zwei äußere Schiffe wurden zu Beginn des 20. Jhs. ergänzt) ist bis auf den herrlichen Hauptaltar, der die Katastrophe überstand, ziemlich karg. Die zentrale Statue von San Pedro entstand 1618 in Spanien.

🛏 Schlafen & Essen

1549 Hostal
GUESTHOUSE $$

(☑568-0451; www.1549hostal.com; Calle 8B No 5-84; EZ/DZ inkl. Frühstück 80 000/130 000 COP;

@🛜) Pamplonas beste Unterkunft ist ein freundliches Boutique-Guesthouse mit sieben Zimmern in einem Haus aus der Kolonialzeit an einer hübschen Seitenstraße mit einem guten Restaurant/Bar. Die Zimmer sind ein bisschen klein, besitzen aber viel Atmosphäre durch regionale Kunst, kreativen Trödel, Kerzen und weiche Bademäntel. Das Personal ist zu Ausländern besonders freundlich.

El Solar
HOTEL $$

(☑568-2010; www.elsolarhotel.com; Calle 5 No 8-10; Zi. pro Pers. ab 60 000 COP; 🛜) Im Erdgeschoss liegen die einfacheren, preiswerteren Zimmer, über die knarrende Treppe geht es zu den teureren modernen Zimmern im ersten Stock mit fantastischen Fenstern und großen Küchen. El Solar verfügt über ein ausgezeichnetes Bar-Restaurant, das am Abend durch ein gemütliches, herabhängendes Feuerbecken geheizt wird. Hier gibt es das populärste *menú del día* der Stadt – wer nicht vor 13 Uhr kommt, hat das Nachsehen!

London Coffee
CAFÉ $

(Carrera 6 No 8-20; Kaffee 1000–4000 COP, Cocktails 10 000–12 000 COP; ☺So–Do 13.30–23.30, Sa bis 1 Uhr; 🛜) Das beste Café der Stadt, ein kleines trendiges Lokal mit gutem Espresso, Cocktails, importierten Bieren, süßen und pikanten Waffeln, Tapas und einem Gourmet-Menü mit *micheladas*.

★ Piero's
ITALIENISCH $$

(Carrera 5 No 8B-67; Pizza 13 000–35 000 COP, Pasta 9000–17 000 COP; ☺Mo–Sa 17–23.30, So 12–15 & 17–23.30 Uhr) Keine Ahnung, wie es sein kann, dass ein echter Italiener hier gestrandet ist, aber es ist so, und die grandiose Pizza und leckere Pasta beweisen es. Seltsamerweise fehlen hier die Klassiker (wo ist die Pizza Margherita?), aber die leicht auf den kolumbianischen Geschmack zugeschnittenen Varianten schmecken sehr gut, vor allem die Pasta.

Pizza und andere Backwaren frisch aus dem Ofen gibt es auch im Caffè Rimaní.

❶ Praktische Informationen

Eine Reihe von Geldautomaten gibt es um den Parque Agueda Gallardo.

4-72 (Calle 8 No 5-33; ☉ Mo–Fr 8–12 & 13–18, Sa 9–12 Uhr) Postamt.

❶ An- & Weiterreise

Pamplonas Busbahnhof befindet sich nur 750 m östlich des Hauptplatzes.

Pamplona liegt an der Straße Bucaramanga–Cúcuta. Busse von Cotranal fahren alle 20 Minuten nach Cúcuta (15 000 COP, 2 Std.). Regelmäßig verkehren Busse nach Bucaramanga (25 000 COP, 4½ Std.). Es gibt täglich mehrere direkte Busse nach Bogotá (55 000 COP, 14 Std.), ebenso zur Karibikküste. Um nach Ocaña und weiter nach Playa de Belén zu kommen, steigt man in Cúcuta um, wo alle 30 Minuten ein Bus von Cootraunidos Ocaña (35 000 COP, 5 Std.) startet.

Die Busfenster auf der rechten Seite bieten dramatische Ausblicke entlang der kürzlich befestigten, spektakulären Straße von Bucaramanga nach Pamplona.

Reisende, die zu Reisekrankheit oder zu Höhenkrankheit neigen, sollten auf jeden Fall vor der Fahrt entsprechende Medikamente einnehmen. Es empfiehlt sich auch unbedingt, einen Pullover mitzunehmen.

Playa de Belén

☑ 7 / 8395 EW. / 1450 M

Das winzige farblich abgestimmte *pueblo* von Playa de Belén scheint in die außerirdisch wirkende Landschaft aus Steinformationen im fernen Norden von Norte de Santander gemeißelt zu sein. Das traumhafte, verschlafene Dorf ist direkt an der Área Natural Única Los Estoraques, einem der kleinsten Naturschutzgebiete Kolumbiens, gelegen. Alles im Dorf, von der Architektur, über die Straßen und die Bürgersteige ist genauestens geplant, bis hin zu den sorgfältig bepflanzten Töpfen an der Wand, die viele der Häuser im Ort schmücken.

Playa de Belén ist zwar kein kolumbianisches Geheimnis, aber dennoch dringen nur wenige Ausländer so weit nach Norden in Norte de Santander vor. Wer sich zu einem Besuch von Playa de Belén entschließt, findet ein freundliches Dorf vor, das bisher nicht vom internationalen Tourismus vereinnahmt und geprägt ist.

◉ Sehenswertes

Área Natural Única Los
Estoraques   NATIONALPARK

(☉ 9–17 Uhr) Dieses 6 km^2 große Naturschutzgebiet, eines der kleinsten in Kolumbien, bietet ein sehr außerirdisches Szenario von verwitterten Sandsteinformationen, die in den Himmel ragen – Säulen, Sockel, Höhlen. Regenfälle und tektonische Gesteinsverschiebungen haben sie im Lauf der Zeit geschaffen. Mit etwas Fantasie erinnern sie an Kappadokien (ohne all die Menschen, die dort in Höhlen leben). Der Park liegt 350 m nördlich vom Ende der ausgebauten Carrera 3. Grundsätzlich war der Park zur Zeit der Recherche geschlossen, aber man kann trotzdem hineingehen. Es gibt vor Ort auch einige Guides, die für ein Trinkgeld Reisende durch den Park führen. Achtung: Es gibt hier Schlangen.

Mirador Santa Cruz   AUSSICHTSPUNKT

Einen schönen Blick auf das *pueblo* und die Felsformationen bietet dieser Aussichtspunkt, 15 Minuten Aufstieg östlich der Calle 4.

🛏 Schlafen & Essen

Casa Real   GUESTHOUSE $

(☎ 318-278-4486; karo27_03@yahoo.es; Vereda Rosa Blanca; Zi. pro Pers. mit Mahlzeiten 50 000 COP) Während des Besuchs im Rahmen der Recherchereise befand sich hier noch einiges im Bau. Diese kleine *finca* bietet einfache, aber freundliche preiswerte Unterkünfte. Das Haus liegt zwar außerhalb des *pueblo,* aber es gibt einen hübschen Patio und eine Gästeküche mit Blick auf Los Estoraques. Vom Ort sind es 700 m Fußweg in Richtung Norden entlang der Carrera 1.

Hotel Orquídeas Plaza   HOTEL $

(☎ 313-830-0442; Av. Los Fundadores No 0-71; EZ/DZ/3BZ 35 000/70 000/90 000 COP; 🕿 🖃) Eine freundliche Unterkunft am Eingang des Ortes. Über die Zimmer selbst gibt es nicht viel zu sagen, aber zum Hotel gehört ein Pool unterhalb eines Felsvorsprungs.

Hospedaje la Morisca   GUESTHOUSE $$

(☎ 313-369-5123; www.posadaenlaplaya.com; Calle Central 5–65; Zi. pro Pers. 70 000 COP; 🕿) Dies ist die bequemste Unterkunft im Ort; sechs Zimmer, ausgestattet mit dunklen Holzmöbeln, um einen winzigen Backstein-Innenhof herum. Das Frühstück kostet zusätzlich 8000 COP.

Los Arrayanes KOLUMBIANISCH $
(Carrera 3 No 1-57; Mahlzeiten 7000–10 0000 COP; 8.30–22 Uhr) Dies ist zwar nur ein durchschnittliches Restaurant und es gibt bessere (Donde Edgar, zum Beispiel), aber viele von ihnen haben nur am Wochenende geöffnet, während Los Arrayanes täglich offen hat.

❶ Praktische Informationen

Der nächstgelegene Geldautomat ist in Ocaña. **Touristeninformation** (317-644-8177; pitplayadebelen@gmail.com; Ecke Calle 1 & Carrera 2; Mo, Do & Fr 9–12 & 15–18, Sa &

So 9–12 & 14–17 Uhr) Gutes Informationsmaterial und hilfsbereites Personal – sogar auf Twitter zu finden!

❶ An- & Weiterreise

Cootrans Hacaritama (314-215-5316; Carrera 4 No 5-01) betreibt viermal täglich einen Kleinbus, der von Playa de Belén nach Ocaña fährt (6000 COP, 45 Min.), und zwar jeweils um 5.30, 6, 8 und 14.30 Uhr. Aus Ocaña fährt er wieder zurück, wenn er voll besetzt ist. Ansonsten verkehren bis 17 Uhr zum gleichen Preis *colectivo*-Taxis, die dann abfahren, wenn sie voll sind. Wer aus Cúcuta oder Bucaramanga kommt, muss nicht bis Ocaña fahren – einfach den Fahrer bitten, an der Kreuzung nach Playa de Belén aussteigen zu dürfen. Am Laden auf der anderen Seite der Straße warten schon Moto-Taxis, die die Reisenden die restlichen 11 km (5000 COP, 15 Min.) weiter befördern, selbst mit Gepäck.

Karibikküste

Gut essen

➡ Ouzo (S. 163)

➡ El Santíssimo (S. 151

➡ El Fuerte (S. 184)

➡ La Cevicheria (S. 150)

➡ Josefina's (S. 189)

Schön übernachten

➡ Hotel Casa San Agustin (S. 149)

➡ Dreamer (S. 172)

➡ Casa Marco Polo (S. 148)

➡ Finca Barlovento (S. 171)

➡ Masaya (S. 163)

Auf zur Karibikküste!

Von der Sonne verwöhnt und voller kultureller Highlights bietet Kolumbiens dramatische Karibikküste ganz unterschiedliche Ökosysteme – vom dichten Regenwald des Tapón del Darién (Darién Gap) an der Grenze zu Panama bis hin zur kargen Wüstenlandschaft der Halbinsel La Guajira. Kronjuwel dieser Küste ist die Kolonialstadt Cartagena: schöner und romantischer als jeder andere Ort in Kolumbien – trotz der vielen Besucher. Eine noch fast unentdeckte Version finden Reisende im Hinterland: Das wunderbar einsame, mitten im Regenwald gelegene koloniale Mompóx ist ein verschlafenes Nest, dessen Stern gerade erst im Aufstieg begriffen ist. Weitere Attraktionen sind der Parque Nacional Natural Tayrona mit seinen perfekten Sandstränden und unberührtem Regenwald, aber auch die aufregende und anstrengende Wanderung zur Ciudad Perdida, der „Verlorene Stadt". Hier stößt man auf die Überreste einer alten Zivilisation inmitten einer grandiosen Bergkulisse.

Reisezeit
Cartagena

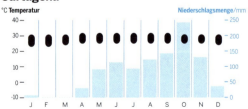

Dez. & Jan. Um Weihnachten ist es nicht so schwül, dann ist ein Strandurlaub am schönsten.

Feb. Barranquillas berühmter Karneval ist ein viertägiges ausgelassenes Fest.

Sept. & Okt. Die Preise sind am niedrigsten und die Ortschaften am wenigsten überlaufen.

CARTAGENA & UMGEBUNG

Die Hauptstadt des *departamento* Bolívar ist eine herbe Schönheit und von großer historischer Bedeutung. Cartagena ist auch eine große Hafenstadt und das Einfallstor zu den der Küste vorgelagerten touristischen Zielen wie dem nördlichen Abschnitt des Parque Nacional Natural Corales del Rosario y San Bernardo sowie zu verschlafenen Orten wie Mompóx im Landesinneren.

Cartagena

5 / 944 000 EW. / 2 M

Cartagena de Indias ist die unangefochtene Königin der Karibikküste. Die märchenhafte Stadt der Romantik und der Legenden liegt innerhalb einer 13 km langen, jahrhundertealten kolonialen Stadtmauer und ist makellos erhalten. Cartagenas Altstadt ist eine Unesco-Welterbestätte – ein Labyrinth aus Kopfsteinpflastergassen, von Bougainvilleen überwucherten Balkonen und imposanten, massiv gebauten Kirchen, die ihre langen Schatten auf die Plazas werfen.

Jenseits der Mauern liegt die äußere Stadt: die Stadt der Arbeiterklasse, voller Verkehr und Lärm und so chaotisch, dass man innerhalb weniger Minuten verwirrt und benommen ist. Hier wird Cartagena zur typischen südamerikanischen Arbeiterstadt. Weiter südlich, auf der Halbinsel Bocagrande – sozusagen Cartagenas „Miami Beach" – nippen modebewusste *cartagenos* in trendigen Cafés an ihrem Kaffee, dinieren in noblen Restaurants und wohnen in luxuriösen Anlagen mit Eigentumswohnungen, die diese Gegend wie Wegweiser in die Neue Welt prägen.

Cartagena ist ein Ort, an dem Besucher am besten gleich das Sightseeing-Programm über Bord werfen. Stattdessen empfiehlt es sich, egal zu welcher Tages- und Nachtzeit, durch die Altstadt zu schlendern, die geradezu sinnliche Atmosphäre der Stadt aufzusaugen und hin und wieder in einem der unzähligen Freiluftcafés der Hitze und Schwüle für einen Moment zu entfliehen.

Cartagena kann es im Wettstreit der mitreißendsten und gut erhaltenen Kolonialstädte durchaus mit Brasiliens Ouro Preto oder Perus Cuzco aufnehmen – hier zieht man ungern weiter, denn die Stadt hält ihre Besucher mit ihren hochbetagten Fingern fest und lässt sie einfach nicht mehr los.

Geschichte

Cartagena wurde 1533 von Pedro de Heredia an der Stelle der Karibensiedlung Calamari gegründet. Schnell wuchs es zu einer wohlhabenden Stadt heran. Doch schon 1552 zerstörte ein Großbrand viele der aus Holz errichteten Gebäude. Danach erlaubte die Stadtverwaltung nur noch Stein, Ziegel und Kacheln als Baumaterialien.

Innerhalb kürzester Zeit entwickelte sich Cartagena zum bedeutendsten spanischen Hafen an der Karibikküste und zum wichtigsten Einfallstor nach Südamerika. Die Spanier nutzten es zudem als Zwischenlager für die im Land erbeuteten Schätze, die von hier aus weiter nach Spanien verschifft wurden. Dies machte die Stadt jedoch gleichzeitig zu einem begehrten Ziel von Freibeutern aller Art, die in der Karibik ihr Unwesen trieben. Allein im 16. Jh. wurde Cartagena fünfmal vom Piraten belagert, so auch vom berühmt-berüchtigten Sir Francis Drake. Er plünderte im Jahr 1586 den Hafen und stimmte gegen die horrende Summe von 10 Mio. Pesos – die er in seine Heimat England verbrachte – „gnädigerweise" zu, die Stadt nicht dem Erdboden gleichzumachen.

Als Reaktion auf die Piratenüberfälle bauten die Spanier rund um die Stadt eine Reihe von Befestigungsanlagen, die sie vor späteren Belagerungen schützen sollten, so auch vor dem heftigsten Angriff im Jahr 1741 unter Edward Vernon. Blas de Lezo, ein spanischer Offizier, der in früheren Schlachten bereits einen Arm, ein Bein und ein Auge verloren hatte, führte die erfolgreiche Gegenwehr an. Mit gerade einmal 2500 schlecht ausgebildeten und ausgerüsteten Männern schaffte es Don Blas, 25 000 englische Soldaten und eine Flotte aus 186 Schiffen abzuwehren. In diesem Kampf verlor er sein zweites Bein und kurz darauf sein Leben. In die Geschichte Cartagenas ging er als der große Retter ein. Seine Statue steht heute stolz vor dem Castillo de San Felipe.

Trotz des hohen Preises, den die Piratenangriffe Cartagena abverlangten, gedieh die Stadt weiter. Dank des Canal del Dique, der 1650 gebaut wurde, um die Cartagena-Bucht mit dem Río Magdalena zu verbinden, wurde die Stadt zum wichtigsten Hafen für Schiffe, die flussaufwärts unterwegs waren. Ein Großteil der Waren, die ins Landesinnere verschifft wurden, passierte damals Cartagena. In der Kolonialzeit war die Stadt die bedeutendste Bastion des spanischen

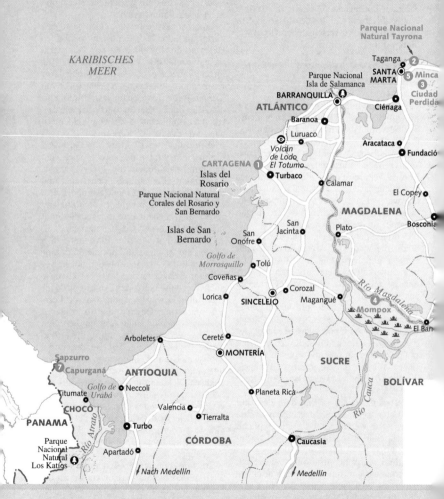

Highlights

① Ein gemütlicher Bummel durch die schöne historische Altstadt von **Cartagena** (S. 137) gleicht einer spannenden Reise in die Kolonialgeschichte des Landes

② Die Strände im **Parque Nacional Natural (PNN) Tayrona** (S. 169)

③ Die mehrtägige Wanderung durch dichten Regenwald zur geheimnisvollen **Ciudad Perdida** (S. 173), der präkolumbischen Hauptstadt des Tairona-Volkes

④ Ein Spaziergang durch das alte **Mompóx** (S. 182): Die zauberhafteste Kolonialstadt

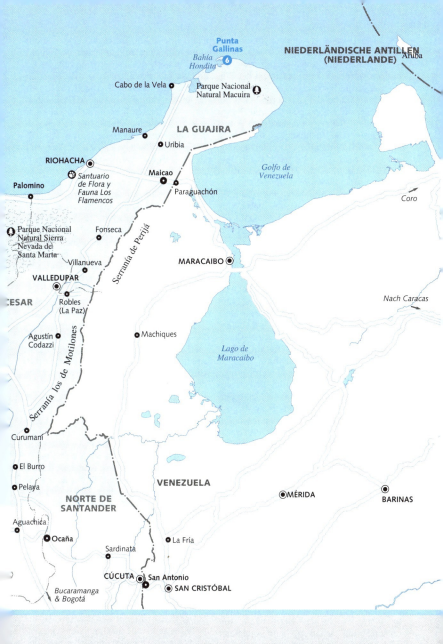

Punta
Gallinas
Bahía
Hondita
6

**NIEDERLÄNDISCHE ANTILLEN
(NIEDERLANDE)** Aruba

Cabo de la Vela

Parque Nacional
Natural Macuira

Manaure

LA GUAJIRA

RIOHACHA Uribia

*Golfo de
Venezuela*

Maicao

Palomino

*Santuario
de Flora y
Fauna Los
Flamencos*

Paraguachón

Coro

Parque Nacional
Natural Sierra
Nevada de
Santa Marta

Fonseca

Serranía de Perijá

Villanueva

MARACAIBO

VALLEDUPAR

ESAR Robles
(La Paz)

Nach Caracas

Agustín
Codazzi

Machiques

Serranía los de Motilones

*Lago de
Maracaibo*

Curumaní

El Burro

Pelaya

VENEZUELA

**NORTE DE
SANTANDER**

MÉRIDA

BARINAS

Aguachica

Ocaña

Sardinata

La Fría

CÚCUTA San Antonio

*Bucaramanga
& Bogotá*

SAN CRISTÓBAL

der Region ist ein neuer Tou-
ristenmagnet in Kolumbien

5 Das Bergdorf **Minca**
(S. 165) bietet eine willkommene Auszeit von der Hitze an
der Küste

6 Die wilde, küstennahe
Wüstenlandschaft von **Punta
Gallinas** (S. 180) entdecken.
Sie stellt Südamerikas atem-
beraubenden nördlichsten-
Punkt dar

7 Ein Besuch der beschaulichen Dörfer **Capurganá und
Sapzurro** (S. 187) und ihrer
exzellenten Stränden, die unweit der kolumbianisch-pana-
maischen Grenze liegen

Reichs in Übersee und prägte Kolumbiens Geschichte entscheidend mit.

Zu Zeiten der Unabhängigkeitsbestrebungen wurde die Unbeugsamkeit der Einwohner erneut geweckt. Cartagena war eine der ersten Städte, die sich bereits 1810 von Spanien unabhängig erklärten und Bogotá und andere Städte veranlassten, es ihnen gleichzutun. Die Unabhängigkeitserklärung wurde am 11. November 1811 unterzeichnet, doch die Stadt bezahlte teuer dafür. 1815 schickte man unter der Führung von Pablo Morillo spanische Truppen, um die Stadt zurückzuerobern und zu „befrieden", was nach einer vier Monate andauernden Belagerung schließlich auch Erfolg hatte. Bis dahin waren allerdings mehr als 6000 Bewohner verhungert oder an Krankheiten gestorben.

Im August 1819 bezwangen Simón Bolívars Truppen die Spanier in der Schlacht von Boyacá und verhalfen Bogotá zum Frieden. Cartagena indes musste bis zum Oktober 1821 auf seine Befreiung warten: Dann erst konnten patriotische Kräfte vom Meer her kommend endgültig die Stadt in ihre Hände bringen. Es war Bolívar, der Cartagena den wohlverdienten Beinamen verlieh: „La Heroica" – „die Heldenhafte".

Cartagena erholte sich und wurde erneut zum wichtigen Handels- und Verladezentrum. Der Wohlstand der Stadt lockte Einwanderer aus anderen Ländern an, viele Juden, Italiener, Franzosen, Türken, Libanesen und Syrer ließen sich hier nieder. Ihre Nachfahren sind heute Geschäftsleute, die in Cartagena z. B. Hotels und Restaurants führen.

◉ Sehenswertes

◉ Altstadt

Die Altstadt ist zweifellos Cartagenas Hauptattraktion, vor allem die innere ummauerte Stadt mit den Vierteln El Centro und San Diego. Das westlich gelegene El Centro war einst das Refugium der oberen Klassen, in San Diego im Nordosten lebte dagegen die Mittelklasse. In beiden Vierteln finden sich perfekt erhaltene Kirchen, Klöster, Plätze, Paläste und Herrenhäuser mit Balkonen und schattigen Patios, allesamt noch aus der Kolonialzeit und geschmückt mit farbenfrohen Blumen.

Getsemaní, die äußere ummauerte Stadt, wirkt zunächst weniger beeindruckend und architektonisch bescheidener. Da sie aber mehr Wohnhäuser hat und weniger herausgeputzt ist, bietet sie authentisches Flair und lohnt durchaus einen Erkundungsrundgang. In den letzten Jahren entwickelte sich das Viertel zum Hotspot der Rucksacktouristen. Leider setzte die Gentrifizierung erstaunlich schnell ein, trendige Restaurants, überquellende Cocktailbars und Salsa-Clubs schossen wie Pilze aus dem Boden. Inzwischen gibt es hier fast so viele Boutiquehotels wie in der inneren Altstadt. Die schöne Flaniermeile **Muelle Turístico de los Pegasos** verbindet Getsemaní mit der Altstadt.

Diese ist komplett von **Las Murallas** umgeben, den dicken Stadtmauern, die einst zu ihrer Verteidigung hochgezogen worden waren. Die Bauarbeiten begannen Ende des 16. Jhs. nach dem Angriff von Francis Drake – zuvor war Cartagena fast völlig ungeschützt. Da die Mauern wiederholt von Stürmen und Piratenattacken beschädigt wurden, dauerte es 200 Jahre, bis das Projekt schließlich vollendet war. 1786 war die Mauer fertig – nur 25 Jahre, bevor die Spanier schließlich vertrieben wurden.

Las Murallas sind ein herausragendes Beispiel militärischer Bautechnik und bemerkenswert gut erhalten – außer einem Abschnitt in La Matuna, den „fortschrittliche" Stadtobere unglücklicherweise Mitte des 20. Jhs. hatten schleifen lassen.

Ein gemütlicher Bummel durch die Altstadt gibt Gelegenheit, die architektonischen Details zu würdigen und das Leben in den Straßen und die Imbissstände zu genießen. Auf einem Spaziergang lassen sich neben den hier aufgeführten Sehenswürdigkeiten noch viele weitere Attraktionen entdecken – man muss einfach nur auf eigene Faust durch die hübschen Gassen und über die Plätze schlendern.

★ Palacio de la Inquisición   MUSEUM

(Plaza de Bolívar; Erw./Kind 16 000/13 000 COP; ◷ 9–18 Uhr) Der Inquisitionspalast ist heute eines der schönsten Bauwerke der Stadt, in der Vergangenheit jedoch war er Sitz der berüchtigten grausamen Inquisition, deren blutige Aufgabe es war, die Ketzerei im kolonialen Cartagena auszumerzen.

Der Palast ist heute ein Museum, das die Folterinstrumente des Inquisitors präsentiert, von denen einige wirklich schrecklich sind. Daneben werden aber auch präkolumbische Tonwaren und historische Objekte aus der Kolonialzeit sowie aus der Zeit der Unabhängigkeitskämpfe ausgestellt, darunter Waffen, Gemälde, Möbel und Kirchenglocken.

Obwohl sich hier schon seit 1610 der Sitz des Straftribunals der Inquisition befand, wurde der Palast erst 1776 fertiggestellt. Er ist ein schönes Werk spätkolonialer Architektur. Besondere Beachtung verdienen das steinerne Portal mit dem spanischen Wappen obenauf und die lang gezogenen Balkone an der Fassade.

An der Seite, vom Eingang aus um die Ecke, ist ein kleines Fenster mit einem Kreuz darüber zu sehen. Hier wurden damals Ketzer angeklagt, Voraussetzung dafür, dass die Inquisition das Verfahren gegen den Beschuldigten einleiten konnte. Das „Verbrechen" bestand zumeist in Zauberei, Hexerei oder Blasphemie. Wenn die Delinquenten für schuldig befunden wurden, verurteilte man sie in einem *auto-da-fé* (portugiesisch für „Glaubensgericht"; öffentliche Hinrichtung von Ketzern) zum Tode. Bis zur Unabhängigkeit 1821 fanden hier fünf Autodafés statt. Etwa 800 Personen wurden zum Tode verurteilt und hingerichtet. Über die indigene Bevölkerung richtete die Inquisition jedoch nicht.

Ein gutes Modell Cartagenas aus dem frühen 19. Jh. und eine interessante Sammlung alter Karten des Nuevo Reino de Granada aus verschiedenen Epochen sind ebenfalls ausgestellt. Die Beschriftungen sind ausnahmslos auf Spanisch gehalten, Besucher können sich aber für 35 000 COP einen Englisch sprechenden Führer nehmen. Der Preis gilt für bis zu fünf Personen – am besten also ein paar Leute zusammentrommeln.

Convento & Iglesia de San Pedro Claver
MUSEUM

(☑ 664 4991; Plaza de San Pedro Claver; Erw./Kind 9000/6000 COP; ⊙ Mo–Fr 9.30–12 & 15–17 Uhr) Das Kloster gründeten Jesuiten in der ersten Hälfte des 17. Jhs., ursprünglich als San Ignacio de Loyola. Später wurde es zu Ehren des in Spanien geborenen Mönchs Pedro Claver (1580–1654), der hier lebte und starb, umbenannt. Claver, der „Apostel der Schwarzen" und „Sklave der Sklaven", kümmerte sich sein ganzes Leben lang um die versklavten Menschen aus Afrika. 1888 wurde er als erster Vertreter der Neuen Welt heiliggesprochen.

Das Kloster ist ein monumentales dreistöckiges Gebäude rund um einen von Bäumen bestandenen Innenhof. Ein Teil ist als Museum zugänglich. Zur Sammlung gehören religiöse Kunst und präkolumbische Töpferwaren. Eine neue Abteilung widmet sich außerdem zeitgenössischen afro-karibischen Werken und zeigt wunderbare haitianische Gemälde und afrikanische Masken.

Besucher können auch die Zelle, in der San Pedro Claver lebte und starb, besichtigen und in der **Kirche** nebenan die schmale Treppe zur Chorempore hochsteigen. Führer (22 000 COP, englischsprachig, für bis zu sieben Personen) finden sich normalerweise am Kartenschalter. Die Iglesia de San Pedro Claver wurde in der ersten Hälfte des 18. Jhs. vollendet.

Hinter der eindrucksvollen Steinfassade verbirgt sich ein Innenraum mit schönen Buntglasfenstern und einem Hochaltar aus italienischem Marmor. Die sterblichen Überreste von San Pedro Claver liegen in einem gläsernen Sarg im Altar. Sein Schädel ist deutlich zu sehen.

Plaza de Bolívar
PLATZ

Der Platz mit Schatten spendenden Bäumen, ehemals die Plaza de Inquisición, wird von einigen der elegantesten, mit Balkonen ausgestatteten Kolonialhäusern eingerahmt. Er zählt zu den charmantesten Plätzen der Stadt und bietet eine wunderbare Zuflucht vor der karibischen Hitze. Mitten auf dem Platz steht eine Statue des namengebenden Simón Bolívar.

Museo del Oro Zenú
MUSEUM

(Plaza de Bolívar; ⊙ Di–Sa 9–17, So 10–15 Uhr) GRATIS Das Museum ist eine Art Miniaturausgabe des Museo del Oro, des berühmten Goldmuseums von Bogotá. Es ist zwar klein, präsentiert aber eine faszinierende Sammlung mit Gold und Keramik der Zenú (auch als Sinú bekannt). Die Zenú bewohnten vor der Eroberung durch die Spanier die Region der heutigen Departamentos Bolívar, Córdoba, Sucre und das nördliche Antioquia. Einige der Exponate sind wunderbar fein gearbeitet.

Für alle, die unterwegs nach Bogotá sind, bietet dieses Goldmuseum einen Vorgeschmack auf das weit größere und eindrucksvollere Pendant in der Hauptstadt. Da die Klimaanlage auf arktische Temperaturen eingestellt ist, kann man sich hier hervorragend abkühlen.

Iglesia de Santo Domingo
KIRCHE

(Plaza de Santo Domingo; Erw./Kind 12 000/8000 COP; ⊙ Di–Sa 9–19, So 12–20 Uhr) Die Iglesia de Santo Domingo ist angeblich die älteste Kirche der Stadt. Ursprünglich wurde sie 1539 auf der Plaza de los Coches errichtet, doch nachdem der Originalbau einem Feuer zum Opfer gefallen war, baute

Cartagena Altstadt

KARIBISCHES
MEER

Av Santander

Playa del Tejadillo

Metrocar
Busse zum
Busbahnhof

Las Murallas

Calle del Curato

Calle del Torno

Calle de las
Bovedas

43

Plaza de
San Diego

Stuard

SAN
DIEGO

Del Tejadillo

19

Sargento
Mayor

6

Cochera
del Hobo

30

48

3917

C del Santísimo

18

31

C de los
7 Infantes

Merced

Estanco del
Aguardiente

Calle Don Sancho

Calle del
Cuartel

Plaza
Fernandez
de Madrid

47

De la Factoría

21

EL
CENTRO

Calle San
Agustín
Chiquita

Calle Segunda de Badillo

29

22

Calle de
los Puntales

50

Calle de
la Bomba

Calle de
la Moneda

55

La Soledad

35

Calle de
la Mantilla

Estanco del
Tabaco

Del
Porvenir

Calle Gastelbondo

54

65

36

Calle Primera
de Badillo

44

Av Carlos Escallón

52

Plaza de
Santo Domingo

57

66

5

Calle De Ayos

42

Del Coliseo

Dolores

51

Calle de los
Estribos

Palacio de la
Inquisición

3

28

Del
Colegio

Playa de la Artillería

Av Santander

Calle Baloco

41

32

1

13

Proclamación

Román

15

Calle de la
Inquisición

11

Velz Daníes

Candilejo

64

16

Plaza de
los Coches

Vicaria
Santa

De las Damas

Amargura

59

Muelle
Turístico de
los Pegasos

Parque del
Centenario

Sta Teresa

67

San Juan de Dios

14

63

Plaza Santa
Teresa

12

4

10

Plaza de
la Aduana

Av del Mercado

Santa Orden

GETSEMANÍ

Plaza de San
Pedro Claver

Centro de
Convenciones

40

Calle Larga

Parque
de la
Marina

Av Blas de Lezo

9

60

Av del Arsenal

Bahía De
Las Ánimas

Bocagrande (1 km)

A   B   C   D

man die Kirche 1552 an ihrer jetzigen Stelle wieder auf.

Die Bauherren verpassten ihr ein besonders breites Hauptschiff und ein schweres Dach. Leider waren sie keine guten Statiker, sodass das Gewölbe schon bald Risse bekam. Massive Stützpfeiler an den Mauern waren nötig, um das Bauwerk vor dem Einsturz zu bewahren. Auch der Glockenturm machte Probleme, was nicht zu übersehen ist: Er ist eindeutig schief.

Der hohe Innenraum wirkt groß. Den Barockaltar im rechten Seitenschiff ziert eine aus Holz geschnitzte Christusfigur. Im Boden vor dem Hochaltar und in den beiden Seitenschiffen befinden sich alte Grabsteine, die größtenteils aus dem 19. Jh. stammen.

Bis vor Kurzem war die Kirche ausschließlich zu den Gottesdienstzeiten geöffnet, doch inzwischen ist es möglich, den ganzen Tag über die 20-minütige Audiotour (die in vielen Sprachen erhältlich ist) zu absolvieren.

Puerta del Reloj   TOR

Das Tor – ursprünglich wurde es Boca del Puente genannt – war der wichtigste Zugang zur inneren ummauerten Stadt. Eine Zugbrücke über dem Graben verband das Tor mit Getsemaní. In seinen seitlichen Bögen, die heute als Fußgängerdurchgänge geöffnet sind, waren früher eine Kapelle und eine Waffenkammer untergebracht. Der Turm im republikanischen Stil mit vierseitiger Uhr wurde 1888 hinzugefügt.

Plaza de los Coches   PLATZ

Auf der dreieckigen Plaza de los Coches, die früher Plaza de la Yerba hieß und gleich hinter der Puerta del Reloj liegt, fand einst der Sklavenmarkt statt. Den Platz säumen alte farbenfroh gestrichene Häuser mit Balkonen und Arkaden aus der Kolonialzeit im Erdgeschoss. Beim Bogengang El Portal de los Dulces sind heute Stände mit regionalen Süßwaren zu finden. Die Statue des Stadtgründers Pedro de Heredia thront in der Mitte des Platzes.

Plaza de la Aduana   PLATZ

Der größte und älteste Platz in der Altstadt diente einst als Paradeplatz. Zu Kolonialzeiten standen hier alle wichtigen Regierungs- und Verwaltungsgebäude. Das alte Königliche Zollhaus hat man restauriert, es fungiert heute als Rathaus. Das Zentrum des Platzes schmückt eine Statue von Christoph Kolumbus.

KARIBIKKÜSTE CARTAGENA

Cartagena Altstadt

Museo de Arte Moderno   MUSEUM

(Museum der Modernen Kunst; Plaza de San Pedro Claver; Erw./Kind 5000/3000 COP; ⊘ Mo–Fr 9–12 & 15–19, Sa 10–13, So 16–21 Uhr) Das perfekt proportionierte Museum für Moderne Kunst ist in einem schön umgestalteten Teil des früheren Königlichen Zollhauses aus dem 17. Jh. untergebracht. Gezeigt werden in Wechselausstellungen Stücke aus der eigenen Sammlung, darunter Werke von Alejandro Obregón und Enrique Grau. Obregón war einer der berühmtesten kolumbianischen Maler, der in Cartagena zur Welt kam, Grau ein einheimischer Kunstmaler, der dem Museum einige Werke vererbte. Auch die Skulpturen und die abstrakte Kunst lohnen einen Blick. Im Obergeschoss finden regelmäßig Wechselausstellungen statt.

Museo Naval del Caribe   MUSEUM

(Calle San Juan de Dios No 3-62; Erw./Kind/Stud. 8000/4000/2000 COP; ⊘ 9–17.30 Uhr) 1992, zum 500. Jahrestag von Kolumbus' Entdeckung der Neuen Welt, eröffnete das Museo Naval del Caribe seine Pforten. Es befindet sich in einem großen Gebäude aus der Kolonialzeit, das in seinem „ersten Leben" ein Jesuitenkolleg war.

Kernstück des Museums ist eine umfangreiche Sammlung rekonstruierter Stadtansichten und Schiffsmodelle aus mehreren Jahrhunderten. Echte Artefakte sucht man jedoch fast vergeblich – immerhin gibt es ein paar hübsche Torpedos. Wer sich nicht speziell für die Geschichte der Seefahrt interessiert, empfindet die Ausstellung möglicherweise als etwas langweilig. Führungen in englischer Sprache (25 000 COP) sind auf Anfrage hin möglich.

Catedral KATHEDRALE
(Calle de los Santos de Piedra; Erw./Kind 12 000/8000 inkl. Audioguide; ⊙10.30–19 Uhr; Ⓟ) 1586, elf Jahre nach dem Baubeginn der Kathedrale von Cartagena, zerstörten Francis Drakes Kanonen Teile des Gebäudes, sodass das Gotteshaus erst 1612 fertiggestellt werden konnte. Zwischen 1912 und 1923 ließ der erste Erzbischof von Cartagena Umbaumaßnahmen durchführen: Das Bauwerk wurde mit Stuck versehen und so bemalt, dass er wie Marmor aussah, der Turm bekam eine Kuppel.

Bei einer späteren Restauration wurde der schöne Kalkstein der Originalfassade wieder freigelegt. Abgesehen von der Turmkuppel präsentiert sich die Kathedrale daher heute wieder in ihrer ursprünglichen Form. Sie ähnelt einer Festung und ist in drei Schiffe und massive halbrunde Bogengänge mit hohen Steinsäulen gegliedert. Der Blattgoldaufsatz am Hauptaltar stammt aus dem 18. Jh. Wer möchte, kann sich einen 25-minütigen Audio-Guide ausleihen.

Iglesia de Santo Toribio de Mangrovejo KIRCHE
(Calle del Curato) Santo Toribio zählt zu den kleineren Kirchen Cartagenas. Die Decke des zwischen 1666 und 1732 errichteten Gotteshauses ist mit Mudéjar-Täfelung verkleidet. Während Vernons Angriff 1741 flog eine Kanonenkugel durch ein Fenster, als die Kirche gerade voll betender Besucher war. Glücklicherweise gab es jedoch keine Todesopfer. Die Kugel ist heute in einer verglasten Nische in der linken Kirchenwand zu sehen. Die Kirche wurde 2014 grundlegend renoviert und erstrahlt nun wieder in altem Glanz.

Las Bóvedas HISTORISCHES BAUWERK
(Playa del Tejadillo) Las Bóvedas besteht aus 23 Verliesen, die 1792 bis 1796 in die 15 m dicke Stadtmauer eingelassen wurden. Das letzte größere Bauprojekt aus der Kolonialzeit sollte militärischen Zwecken dienen. Die Spanier nutzten die Verliese als Lagerräume für Munition und Proviant. Später, in der republikanischen Zeit, wurden sie zum Gefängnis umfunktioniert.

Heute beherbergen die Räume Läden für Kunsthandwerk und Souvenirs, die vornehmlich Touristen anlocken sollen.

Casa de Rafael Núñez MUSEUM
(⊙Di–Fr 9–17, Sa & So 10–16 Uhr) GRATIS In diesem hübschen Haus gleich hinter den Mauern von Las Bóvedas wohnte der frühere Präsident, Richter und Poet Rafael Núñez (1825–1894). Er verfasste den Text zu Kolumbiens Nationalhymne und war einer der Väter der Verfassung von 1886, die (mit ein paar Änderungen) bis 1991 in Kraft war. Das aus Holz errichtete weiß und grün gestrichene Haus zeigt heute als Museum Dokumente und persönliche Habseligkeiten aus dem Besitz von Núñez. Es fällt schwer, Núñez nicht um das schöne überdachte Esszimmer im Freien oder den riesigen Balkon zu beneiden. In der Kapelle gegenüber, der Ermita del Cabrero, ist seine Urne verwahrt.

Monumento a la India Catalina STATUE
Das Denkmal am Hauptzugang zur Altstadt vom Festland aus zollt den Kariben Tribut, die auf diesem Land lebten, ehe die Spanier kamen. Die Bronzestatue zeigt Catalina, eine schöne Karibin, die bei der Ankunft der Spanier als Übersetzerin für Pedro de Heredia fungierte. Die 1974 geschaffene Statue ist das Werk des spanischen Bildhauers Eladio Gil, der viele Jahre seines Lebens in Cartagena verbracht hat.

Muelle Turístico HAFEN
Der Muelle Turístico de la Bodeguita wird häufig mit der Flaniermeile Muelle Turístico de los Pegasos ganz in der Nähe verwechselt. Hinter der Adresse verbirgt sich Cartagenas alter Hafen an der Bahía de las Ánimas. Heute legen hier nur noch Ausflugsboote zur Playa Blanca und zur Isla del Rosario ab (es gibt hier ein Büro für Reservierungen), sonst ist nicht viel los. Der neue Hafen für alle großen Schiffe wurde auf der Insel Manga gebaut.

⊙ Spanische Forts

Cartagenas Altstadt ist eine Festung für sich, aber auch außerhalb gibt es an strategisch wichtigen Punkten militärische Befestigungsanlagen.

★Castillo de San Felipe de Barajas FESTUNG
(Av. Arévalo; Erw./Kind 17 000/8000 COP; ⊙8 bis 18 Uhr) Das *castillo* ist die größte Festung, die die Spanier jemals in ihren Kolonien

errichteten. Noch immer dominiert es einen großen Teil von Cartagenas Stadtbild und sollte die erste Wahl in puncto Festungsbesichtigungen sein.

Das ursprüngliche Bauwerk, 1630 in Auftrag gegeben, war noch recht klein. 1657 begann man auf dem 40 m hohen Hügel San Lázaro mit den Bauarbeiten. 1762 wurden umfangreiche Erweiterungen durchgeführt, bis schließlich der gesamte Hügel von dem mächtigen Bollwerk bedeckt war. Es erwies sich tatsächlich als unbezwingbar und konnte niemals eingenommen werden – trotz zahlreicher Versuche, es zu stürmen.

Um an Proviant zu gelangen und um das Castello nötigenfalls evakuieren zu können war die Festung mit einem komplizierten Tunnelsystem ausgestattet. Die Tunnel waren so konstruiert, dass sie Geräusche ins ganze System weiterleiteten, sodass der leiseste Tritt eines Angreifers zu hören war und man sich außerdem problemlos untereinander verständigen konnte.

Ein paar Tunnel sind heute beleuchtet und für die Öffentlichkeit zugänglich – ein einmaliges gespenstisches Erlebnis! Im Rahmen einer Audio-Tour (10 000 COP, in Englisch) erfahren die Besucher mehr über die ausgefallenen Erfindungen von Antonio de Arévalo, dem Militärtechniker, der den Bau des Forts leitete.

Von Getsemaní ist es nur ein kurzer Fußmarsch zur Festung. Wer es eilig hat, kann auch ein Taxi nehmen (6000 COP). Von Februar bis November ist am letzten Sonntag im Monat der Eintritt frei.

Fuerte de San Sebastián del Pastelillo

FESTUNG

GRATIS Die Festung am westlichen Ende der Insel Manga wurde Mitte des 16. Jhs. als eine der ersten Verteidigungsbastionen der Stadt errichtet. Sie ist recht klein und nicht allzu interessant, liegt aber unweit der Altstadt – von Getsemaní aus auf der anderen Seite der Brücke.

Heute ist im Fort der Club de Pesca zu Hause, in dessen kleinem Hafen heimische und ausländische Boote ankern.

◎ Convento de la Popa

Convento de la Popa

KLOSTER

(Erw./Kind 8000/6000 COP; ◎ 8–18 Uhr) Das Kloster steht auf einem 150 m hohen Hügel, dem höchsten Punkt der Stadt. In der Kapelle hängt ein schönes Bildnis von Cartagenas Schutzheiliger, La Virgen de la Candelaria.

Und der Patio voller Blumen ist einfach zauberhaft. Grausam ist indes die Statue des aufgespießten Padre Alonso García de Paredes, eines Priesters, der zusammen mit fünf spanischen Soldaten ermordet wurde, als er das Wort Gottes lehren wollte. Die Aussicht von oben über die gesamte Stadt ist grandios.

Der landläufige Name des Klosters bedeutet „Konvent des Hecks" – nach der augenfälligen Ähnlichkeit des Hügels mit dem hinteren Teil eines Schiffskörpers. Offiziell heißt das Kloster, das 1607 von Augustinermönchen gegründet wurde, allerdings Convento de Nuestra Señora de la Candelaria. Ursprünglich stand hier nur eine kleine Holzkapelle, die jedoch zwei Jahrhunderte später, als man kurz vor Pablo Morillos Belagerung den Hügel befestigte, durch ein stabileres Gebäude ersetzt wurde.

Zum Kloster hinauf führen eine im Zickzack verlaufende Straße (keine öffentlichen Verkehrsmittel) und Wege, die die Haarnadelkurven der Straße abschneiden. Zu Fuß würde der Weg nach oben eine halbe Stunde dauern, Sicherheit und Gesundheit sprechen jedoch dagegen – der Marsch käme nämlich einer Wüstenwanderung gleich! Bequemer ist es mit dem Taxi (45 000 COP).

Wer höflich, aber bestimmt zu feilschen versteht, bezahlt wahrscheinlich nur halb so viel wie die Taxifahrer zunächst einmal verlangen.

◎ Mercado Bazurto

Mercado Bazurto

MARKT

(Av. Pedro de Heredia; ◎ 24 Std.) Nur für abenteuerlustige Zeitgenossen zu empfehlen ist Cartagenas labyrinthartiger zentraler Markt. Schmutzig und spannend zugleich, ist er ein Angriff auf alle Sinne. An zahllosen Ständen wird hier einfach alles angeboten, was man sich so vorstellen kann: Obst und Gemüse, Fleisch und Fisch, unzählige Snacks und kühle Getränke. Besucher sollten auffälligen Schmuck besser zu Hause lassen und gut auf Kamera und Geldbeutel achten. Ein Taxi von der Altstadt zum Markt kostet 7000 COP.

Mit etwas Glück findet man Cecilias Restaurant, in dem manchmal ausgefallene Dinge wie Flussschildkröten, Hai oder Rinderzunge auf der Karte stehen. In der Gegend ist das Lokal als Pescado Frito bekannt, am besten die Einheimischen nach dem Weg fragen. Auch wer nichts kauft, bekommt einen faszinierenden Einblick in den Alltag echter *cartagenos*.

🏃 Aktivitäten

Cartagena hat sich dank der ausgedehnten Korallenriffe entlang der Küste zu einem wichtigen Tauchzentrum entwickelt. La Boquilla, gleich vor der Stadt, ist bei Kitesurfern sehr beliebt.

Kitesurf Colombia KITESURFEN

(☑ 311-410-8883; www.kitesurfcolombia.com; Carrera 9, hinter dem Edificio Los Morros 922, Cielo Mar) Die Kitesurfing-Schule befindet sich am Strand hinter dem Flughafen, abseits der Hauptstraße nach Barranquilla. Sie bietet auch Windsurfen, Surfen, Kajaktouren und andere Aktivitäten an.

Diving Planet TAUCHEN

(☑ 300-815-7169, 320-230-1515; www.diving-planet.org; Calle Estanco del Aguardiente No 5-09) Die 5-Sterne-PADI-Tauchschule bietet für 300 000 COP Ausflüge mit zwei Tauchgängen vor den Islas del Rosario an. Transport, das nötige Equipment, ein Mittagessen und zertifizierte Tauchlehrer sind im Preis enthalten. Bei einer Online-Buchung gibt es Preisnachlässe.

Vélo Tours RADFAHREN

(☑ 300-276-5036, 664-9714; Calle don Sancho; Touren pro Pers. 80 000–100 000 COP) Im Angebot dieser innovativen Fahrradagentur stehen Fahrradtouren durch die Stadt, Nachtfahrten, Ausflüge zu den verschiedenen Festungen und zur Küste. Die Fahrräder können aber auch für Touren auf eigene Faust ausgeliehen werden (24 Std. 80 000 COP).

Kurse

Centro Catalina Spanish School SPRACHKURSE

(☑ 310-761-2157; www.centrocatalina.com; Calle de los 7 Infantes No 9-21) Die empfehlenswerte Spanisch-Schule befindet sich in beneidenswerter Lage im Herzen der ummauerten Altstadt. Sie bietet ganz unterschiedliche Kurse an, der Preis für einen einwöchigen Kurs mit insgesamt 20 Unterrichtsstunden beginnt bei 229 US\$. Unterkünfte und verschiedenste Aktivitäten können auf Wunsch arrangiert werden.

Nueva Lengua SPRACHKURSE

(☑ 660-1736; www.nuevalengua.com; Calle del Pozo No 25-95, Getsemaní) Die Sprachkurse in dieser zwanglosen Schule beginnen bereits bei 200 US\$ die Woche für insgesamt 15 Unterrichtsstunden.

✶✶ Feste & Events

Fiesta de Nuestra Señora de la Candelaria PROZESSION

(☉ 2. Feb) Am Tag der Schutzheiligen von Cartagena findet am Convento de la Popa eine feierliche Prozession statt, bei der die Gläubigen brennende Kerzen tragen. Schon in den neun Tagen zuvor, den sogenannten *novenas*, ziehen Pilgerscharen zum Kloster.

Concurso Nacional de Belleza SCHÖNHEITSWETTBEWERB

(www.srtacolombia.org; ☉ 11. Nov.) Mit dem landesweiten Beauty Contest wird Cartagenas Unabhängigkeitstag gefeiert. Am 11. November steht der Höhepunkt der Feierlichkeit an: die Wahl zur Miss Kolumbien. Doch schon Tage zuvor wird in den Straßen getanzt, musiziert und in schrillen Kostümen umhergezogen: Die ganze Stadt ist außer Rand und Band. Das Fest, auch als „Carnaval de Cartagena" oder „Fiestas del 11 de Noviembre" bekannt, ist Cartagenas wichtigstes jährliches Ereignis.

🛏 Schlafen

Cartagena hat eine ganz ordentliche Auswahl an Unterkünften. Trotz der vielen Touristen sind die Preise – verglichen mit anderen großen Städten – recht vernünftig geblieben. Wer es sich leisten kann, sollte in einem der schön restaurierten Kolonialhäuser absteigen, die als Luxus-Boutiquehotels die Szene anführen. Selbst in der Hauptsaison von Ende Dezember bis Ende Januar sind in der Regel noch Zimmer zu bekommen.

Die meisten Besucher nächtigen innerhalb der historischen Stadtmauern. Getsemaní, ist das Viertel mit den meisten preoswerten Unterkünften, die sich in der Calle de la Media Luna konzentrieren. In El Centro und San Diego wiederum liegen die luxuriöseren Hotels.

Chill House HOSTEL $

(☑ 660-2386; www.chillhousebackpackers.hostel.com; Calle de la Tablada, Parque Fernandez de Madrid, No 7-12, San Diego; B ab 21 000 COP, Zi. mit/ohne Klimaanlage 90 000/70 000 COP; ❄ 🛜) Einen günstigeren Schlafplatz wird man im Herzen der Altstadt nicht finden! Es ist zwar alles recht eng, aber dafür umso geselliger. In der Lobby steht ulkigerweise ein Gerät für Krafttraining.

Das Hostel steht an einem schönen Platz mit ein paar guten, preiswerten Restaurants – da es im Chill House selbst keine Küche gibt, ist das durchaus von Bedeutung.

Casa Viena
HOSTEL **$**

(☑ 668-5048; www.casaviena.com; Calle San Andrés No 30-53, Getsemaní; B 20 000 COP, EZ/DZ 40 000/70 000 COP, EZ/DZ ohne Bad 35 000/50 000 COP; ✱ @ ⛱) Das altmodische Hostel unter österreichischer Leitung steht an einer lauten Straße in Getsemaní – Ohrstöpsel sind da die beste Einschlafhilfe. Der vollgestellte Schlafsaal könnte mal einen neuen Anstrich vertragen, dafür sind Internetzugang und Kaffee kostenlos. Alles geht sehr ungezwungen zu, wozu auch die Gemeinschaftsküche ihren Teil beiträgt. Besser kann man es in Cartagena in dieser Preisklasse kaum treffen.

★ Casa Marco Polo
BOUTIQUEHOTEL **$$**

(☑ 316-874-9478; casamarcopolo@hotmail.com; Calle de los 7 Infantes No 9-89; EZ/DZ/3BZ inkl. Frühstück 150 000/160 000/200 000 COP; ✱ ⛱) Die Casa in der Altstadt bietet ein super Preis-Leistungs-Verhältnis: Das Privathaus ist ein wunderschön renoviertes und umgestaltetes Kolonialgebäude mit nur drei individuell gestalteten Gästezimmern. Jedes der Zimmer verfügt über ein eigenes Bad, ist geschmückt mit schönem traditionellem Kunsthandwerk und hat Zugang zu einer grandiosen Dachterrasse. Zusätzliche Pluspunkte sind das warme Wasser und eines der besten Frühstücke in ganz Kolumbien.

★ Hotel Casa del Mango
BOUTIQUEHOTEL **$$**

(☑ 660-6486; www.casadelmangocartagena.com; Calle del Espiritu Santo No 29-101; EZ/DZ inkl. Frühstück 120 000/150 000 COP; ✱ ⛱) Das zauberhafte Hotel, ein schönes rustikales Holzgebäude innerhalb der Mauern eines alten Anwesens aus der Kolonialzeit, ist eine der besten Mittelklasseunterkünfte in Getsemaní. Am beeindruckendsten sind die zwei Zimmer im vorderen Teil, die sich über zwei Ebenen erstrecken. Eines davon hat sogar eine eigene Dachterrasse und vier Betten. Da diese beiden Zimmer teilweise offen gehalten sind, haben sie keine Klimaanlage.

Casa Villa Colonial
HOTEL **$$**

(☑ 664 5421; http://casavillacolonial.com; Calle de la Media Luna No 10–89, Getsemaní; EZ/DZ 100 000/150 000 COP; ✱ ⛱) Angesichts der Ausstattung ein echtes Schnäppchen: persönlicher 4-Sterne-Service, schöne Gemeinschaftsbereiche mit bequemen Sofas und geräuscharme Klimaanlagen. Die besten Zimmer haben kleine Balkone zum Innenhof. In der kleinen Küche, die die Gäste benutzen dürfen, gibt es einen hervorragenden Kaffee.

El Genovés Hostal
HOSTEL **$$**

(☑ 646-0972; www.elgenoveshostal.com; Calle Cochera del Hobo No 38-27, San Diego; B 30 000 bis 35 000 COP, Zi. ab 171 000 COP, alle inkl. Frühstück; ✱ ⛱ ⛭) Das El Genovés ist eine willkommene Neuerung in San Diegos Hostelszene. In dem charmanten, farbenfrohen Haus gibt es einen Zwölfbett- und einen Vierbett-Schlafsaal sowie mehrere Doppel- und Dreibett-Zimmer mit eigenen Bädern. Im Innenhof lockt ein Tauchbecken und ganz oben eine kleine Dachterrasse. Die Gemeinschaftsküche ist gut ausgestattet.

Media Luna Hostel
HOSTEL **$$**

(☑ 664-3423; www.medialunahostel.com; Calle de la Media Luna No 10-46, Getsemaní; B mit/ohne Klimaanlage 35 000/30 000 COP, Zi. 120 000 COP; ✱ @ ⛱ ⛭) Das Boutiquehostel ist zweifellos das Zentrum der Backpacker-Szene in Getsemaní. Es gibt einen großen Innenhof und eine tolle Dachterrasse – hier steigt jeden Mittwochabend Cartagenas größte Single-Party. Die Zimmer sind einwandfrei gepflegt, die Betten bieten gute Matratzen und sauberste Bettwäsche. Wer feiern will, ist hier goldrichtig.

El Viajero Cartagena
HOSTEL **$$**

(☑ 660-2598; www.hostelcartagena.com; Calle de los 7 Infantes No 9-45; B ab 36 000 COP, DZ 170 000 COP, EZ/DZ ohne Bad 81 000/162 000 COP, alle inkl. Frühstück; ✱ ⛱) Das große Backpacker-Hotel ist eines der zentralst gelegenen und geselligsten Hostels der Stadt. Alle Zimmer sind klimatisiert – angesichts der Hitze und der verlangten Preise ein absoluter Traum! Die Betten sind nicht zu weich, die Küche ist gut organisiert und blitzsauber, und im schönen offenen Innenhof geht es recht fröhlich zu.

Casa Relax
HOTEL **$$**

(☑ 664-1117; www.cartagenarelax.com; Calle del Pozo No 29B-119, Getsemaní; Zi. inkl. Frühstück ab 150 000 COP; ✱ ⛱ ⛭) Ein guter Ort, um in (restauriertes) Kolonialflair einzutauchen, ohne gleich Hab und Gut verpfänden zu müssen. Das von einem pfeiferauchenden, zuweilen etwas mürrischen französischen Herrn geführte Haus ist hier vor allem wegen des großen Pools, des Billardtisches, der Gemeinschaftsküche und der drolligen Papageien aufgeführt.

Hostal Santo Domingo
HOSTEL **$$**

(☑ 664-2268; hsantodomingopiret@yahoo.es; Calle Santo Domingo No 33-46, El Centro; EZ/DZ/3BZ inkl. Frühstück 90 000/130 000/150 000 COP;

✻☂) Durch einen Kunsthandwerksladen gelangt man in dieses freundliche kleine Hostel. Läge es in Getsemaní, könnte es für die recht einfachen Zimmer nur halb so viel verlangen – aber es befindet sich nun einmal in einer schönen Straße im Stadtzentrum, nur einen Steinwurf von einigen der attraktivsten Gebäude in ganz Lateinamerika entfernt.

⭐ Hotel Casa San Agustin LUXUSHOTEL $$$

(📞681-0000; www.hotelcasasanagustin.com; Calle de la Universidad; Zi. inkl. Frühstück ab 740 000 COP; ✻☂☒) Seit der Eröffnung 2012 gilt dieses Hotel als Cartagenas nobelste Unterkunft. Schon die zentrale Lage ist einfach grandios, aber das einzigartige Gebäude (dessen rechteckiger Pool vom früheren Aquädukt der Stadt durchschnitten wird) schafft eine derart ungewöhnliche Atmosphäre, dass es die gesamte Konkurrenz auf die hinteren Plätze verweist. Das Hotel mit einer umwerfenden Bibliothek bietet – wenig überraschend – prunkvolle Gästezimmer mit Marmorbädern samt allem Designer-Schnickschnack und einer Regendusche. Die iPads auf den Zimmern, die riesigen Balkone und die massiven, aus Holz gebauten Himmelbetten runden das positive Bild ab.

San Pedro Hotel Spa BOUTIQUEHOTEL $$$

(📞664-5800; www.sanpedrohotelspa.com.co; Calle San Pedro Martir No 10-85; Zi. inkl. Frühstück 490 000 COP; ✻☂☒) Das San Pedro in einem herrlichen umgebauten Kolonialhaus bietet Zimmer voller Antiquitäten, eine grandiose Dachterrasse mit Whirlpool und einen kleinen Pool im Innenhof. Das originellste Element ist wohl die tolle Gemeinschaftsküche, in der jeder Gast Meisterkoch spielen darf. In dem nicht eben unbeträchtlichen Preis ist eine Handmassage inbegriffen.

La Passion HOTEL $$$

(📞664-8605; www.lapassionhotel.com; Calle Estanco del Tabaco No 35-81, El Centro; Zi. inkl. Frühstück ab 325 000 COP; ✻☂☒) Ein französischer Filmproduzent betreibt das Hotel in einem Anfang des 17. Jhs. errichteten Wohnhaus im republikanischen Stil. Ein paar der acht individuell eingerichteten Zimmer haben römische Bäder und Duschen im Freien. Bestes Beispiel für den exzentrischen, wenn auch insgesamt stilvollen Gesamteindruck ist die Kanuschaukel im Innenhof. Der Pool und die Dachterrasse mit Blick auf die Kathedrale machen den Eindruck perfekt.

Hotel Casa Lola BOUTIQUEHOTEL $$$

(📞664-1538; www.casalola.com.co; Calle del Guerrero No 29-108, Getsemaní; Zi. inkl. Frühstück ab 465 000 COP; ✻☒) Die Luft in diesem stilvollen Boutiquehotel mit seinen zehn Gästezimmern ist geschwängert von Räucherstäbchenduft und schwankt in Sachen Design zwischen Kunst und Kitsch. Sein Highlight ist zweifelsohne die sich über mehrere Ebenen erstreckende Dachterrasse mit zwei kleinen Pools und toller Aussicht auf die Stadt. Auch die Zimmer sind wunderschön eingerichtet, und das gesamte Hotel wirkt größer, als es eigentlich ist.

Bantú HOTEL $$$

(📞664-3362; www.bantuhotel.com; Calle de la Tablada No 7-62, San Diego; EZ/DZ inkl. Frühstück ab 466 000/556 000 COP; ✻@☂☒) Zwei wunderbar restaurierte Wohnhäuser aus dem 15. Jh. bilden zusammen dieses zauberhafte Open-Air-Boutiquehotel mit Bögen aus freiliegendem Mauerwerk, Original-Steinwänden und vielen Pflanzen. Die 23 elegant und stilvoll eingerichteten Zimmer mit lokaler Kunst passen sich hervorragend in das alte Gemäuer ein. Weitere Pluspunkte sind der zentrale hübsche Innenhof, der Pool sowie Dusche und Whirlpool auf dem Dach – und die Herren vom Personal mit ihren beinahe schon ulkigen Uniformen.

Casa Canabal BOUTIQUEHOTEL $$$

(📞660-0666; www.casacanabalhotel.com; Calle Tripita y Media No 31-39, Getsemaní; Zi. inkl. Frühstück ab 340 000 COP; ✻☂☒) Luxus zu erschwinglichen Preisen bietet dieses Hotel in Getsemaní, das elegante Design und die Alte-Welt-Höflichkeit des aufmerksamen Personals prägen. Die schönen, minimalistisch ausgestatteten Zimmer haben hohe Decken, viel Holz und stilvolle Bäder. Das größte Plus ist definitiv die wunderbare Dachterrasse mit Bar, Pool und Spa (in dem natürlich jeder Gast gratis eine Willkommensmassage erhält).

Centro Hotel HOTEL $$$

(📞664-0461; www.centrohotelcartagena.com; Calle del Arzobispado No 34-80, El Centro; EZ/DZ inkl. Frühstück ab 176 000/220 000 COP; ✻☂) Das einfache, aber saubere Centro Hotel liegt nur ein paar Schritte von der Plaza de Bolívar entfernt. Die gepflegten Zimmer mit hübsch gefliesten Böden sind um einen Hof angeordnet, in dem eine hohe Palme steht. Einige Zimmer haben Romeo-und-Julia-Balkone zur Straße hin.

✕ Essen

In Cartagena kann man gut essen – ob mittags ein *comida corriente* (Tagesmenü) für 12 000 COP in einem gut gefüllten Lokal um die Ecke oder abends ein Gourmet-Mahl in einem Boutiquehotel aus der Kolonialzeit.

In der Innenstadt hat man keine Probleme, Kleinigkeiten zum Essen zu bekommen: In vielen Snackbars in der Altstadt gibt es lokale Spezialitäten wie *arepas de huevo* (mit Ei gefüllte gebratene Maisfladen), *dedos de queso* (frittierte Käsesticks), *empanadas* (Teigtaschen mit Fleisch- oder Käsefüllung) und *buñuelos* (frittierte Mais-Käse-Bällchen). Probieren sollte man auch die einheimischen Süßwaren an den Ständen, die das Portal de los Dulces an der Plaza de los Coches säumen.

In den Restaurants wird zu den meisten Fleisch- und Fischgerichten *arroz con coco* (Reis mit Kokos) serviert. Obststände sind überall zu finden.

✕ El Centro & San Diego

★ Crepe Xpress   CRÊPES $

(Calle Baloco No 220; Crêpes 6000–12 000 COP; ⊘16–22 Uhr) In diesem bezaubernden kleinen Lokal gibt es perfekte Crêpes: außen knusprig, innen saftig. Die Gäste können sich ihre Crêpes selbst zusammenstellen, es dürfte allerdings schwer sein, die Kombination aus Spinat, Käse und karamellisierten Zwiebeln zu schlagen. Nach besseren Crêpes muss man sich gar nicht mehr umsehen – in Cartagena wird man keine finden.

Espíritu Santo   KOLUMBIANISCH $

(Calle del Porvenir No 35-60; Hauptgerichte 10 000–14 000 COP; ⊘11.30–15.30 Uhr) Außen weist nichts darauf hin, aber hinter der Mauer erstreckt sich ein extrem beliebtes höhlenartiges Mittagsrestaurant. Oft hat man den Eindruck, halb Cartagena trifft sich hier wegen der einfachen, aber unglaublich leckeren *comidas corrientes*. Zu den Standardgerichten zählen das Fischfilet in Kokosmilch, das gebratene Rindfleisch und die exzellenten Salate. Die Portionen sind groß, das Preis-Leistungs-Verhältnis ist grandios.

La Mulata   KOLUMBIANISCH $

(⌨ 664-6222; Calle Quero No 9-58, El Centro; Menü 15 000 COP; ⊘Mo–Sa 11.30–16 Uhr; ☎) Das stilvolle Lokal bietet hervorragende und sehr günstige *comidas corrientes*. Das Tagesmenü in dem für diesen Preis eigentlich zu hippen Ambiente besteht aus einer Handvoll

exzellent zubereiteter Gerichte und frischen Säften. La Mulata ist seit seinen Anfangstagen mit gerade einmal ein paar Tischen ständig gewachsen, aber noch immer ist es eines der besten und preiswertesten Restaurants der Stadt.

Girasoles   VEGETARISCH $

(⌨ 664-5239; Calle de los Puntales No 37-01, San Diego; Menüs 7000 COP; ⊘Mo–Fr 7.30–18, Sa 8–16 Uhr; ☎✐) Das vegetarische Restaurant mit angeschlossenem Reformkostladen bietet ein täglich wechselndes fleischfreies Menü.

★ La Cevicheria   FISCH & MEERESFRÜCHTE $$

(⌨ 664-5255; Calle Stuart No 7-14, San Diego; Hauptgerichte 20 000–60 000 COP; ⊘Mi–Mo 12–23 Uhr; ☎) Das Lokal ist klein und nicht leicht zu finden, aber sein Ceviche ist der Beste auf dieser Seite des Himmels, und seine Chilisoße würde sogar der Teufel fürchten. Jedes Gericht wird mit viel Enthusiasmus und Eleganz zubereitet. Der Oktopussalat mit Erdnusssoße ist unglaublich lecker, ebenso der Reis mit schwarzer Tintenfischtinte und der peruanische Fisch-Krabben-Ceviche.

Señor Toro   STEAKHAUS $$

(⌨ 656-4077; Calle Santo Domingo No 35-55; Hauptgerichte 20 000–60 000 COP; ⊘12–24 Uhr; ☎) Dieses zentral gelegene Steakhaus ist in Sachen Fleischeinkauf und -zubereitung das rigoroseste der Stadt. Nirgendwo sonst findet man derart perfekt medium-rare gebratenes Porterhouse-Steak oder Entrecôte. Für alle, die kein Steak wollen, stehen aber auch Ceviche und Burger auf der Karte.

El Bistro   EUROPÄISCH $$

(⌨ 664-1799; Calle de Ayos No 4-46, El Centro; Sandwiches ab 10 000 COP, Hauptgerichte 18 000 bis 47 000 COP; ⊘Mo–Sa 9–23 Uhr) Das vielseitige, beliebte Lokal voller Kuriositäten hat eine große Speisekarte. Die Mittagsmenüs bestehen aus einer Suppe und einer sättigenden Hauptmahlzeit. Unbedingt probieren: die besonders gute *limonada de coco* (Kokoslimonade).

Pastelería Mila   BÄCKEREI $$

(Calle de la Iglesia No 35-76; Frühstück 14 000 bis 20 000 COP, Mittagessen 11 000–30 000 COP; ⊘Mo–Sa 9–22, So 10–20 Uhr; ☎) Cartagenas schickste Konditorei im Herzen der Altstadt serviert Frühstück und Mittagessen. Die auf alt getrimmten Wände und Holzbalken sorgen für ein zeitgemäßes Flair, die Lederbänke für einen herrschaftlichen Touch. Das

Kombi-Frühstück besteht aus Pfannkuchen mit *dulce de leche,* saurer Sahne, Rühreiern und knusprigem Speck.

Sopa y Seco KOLUMBIANISCH, ITALIENISCH $$

(☎660-2213; Calle del Cuartel No 36-17, El Centro; Hauptgerichte mittags 12 000–15 000 COP, Hauptgerichte abends 22 000–43 000 COP; ☺12–15 & 18–24 Uhr) Tagsüber werden in dem legeren, aber schön gestalteten kolumbianischen Lokal einfache Mittagessen serviert. Besonders gut sind etwa das *filete de pescado al ajillo* (Fischfilet in Knoblauch) und die Spezialität des Hauses (für sehr hungrige Gäste): *pargo rojo,* ein ganzer Red Snapper.

Abends dann eröffnet ein anderer Speisesaal als italienisches Restaurant namens Da Roberta Scacco Matto, das gehobene italienische Klassiker auftischt.

★ El Santísimo KOLUMBIANISCH, FUSIONSKÜCHE $$$

(☎550-1531; www.elsantisimo.com; Calle del Torno No 39-76, San Diego; Hauptgerichte 39 000–45 000 COP; ☺Mo–Sa 12–23, So 13–16 & 19–24 Uhr) Ein bezauberndes, kultiviertes Flair umgibt das El Santísimo, eines der innovativsten Restaurants in Cartagena. Die Speisekarte ist eine Reise durch die kolumbianische Küche, die sich unterwegs neue Zutatenkombinationen ausdenkt und Klassiker neu erfindet.

Im Preis für das Abendessen sind für zwei Stunden alle Alkoholika eingeschlossen – ein super Deal, wenn man zum Essen Wein trinken möchte. Ein eindrucksvolles kulinarisches Erlebnis – sehr zu empfehlen.

Agua de Mar TAPAS $$$

(☎664-5798; Calle del Santísimo No 8-15; Tapas 10 000–25 000 COP; ☎⏰) Dieses fantastische, originelle Restaurant ist eines der interessantesten der Stadt mit – der Name weist schon darauf hin – vielen Wasserelementen und einer sehr coolen Gin-Bar (wo der nette Wirt individuelle Gin-Tonic-Kreationen mischt, die sowohl das Bewusstsein als auch den Geldbeutel der Gäste sprengen). Die Gourmet-Tapaskarte ist voller interessanter Geschmacksmischungen mit besonders viel Seafood, aber auch zahlreichen vegetarischen Kleinigkeiten.

La Vitrola FISCH & MEERESFRÜCHTE $$$

(☎660-0711; Calle Baloco No 2-01, El Centro; Hauptgerichte 25 000–70 000 COP; ☺Mittag- & Abendessen) Das perfekt ausgeleuchtete und komfortabel eingerichtete 400 Jahre alte, zum Fischrestaurant umfunktionierte Kolonialhaus ist zu Recht in der Stadt berühmt. Der Zackenbarsch *mero Don Román* mit Tamarinden-Nam-Pla-Chili-Soße ist die Spezialität des Hauses, aber auch der Teriyaki-Oktopus mundet hervorragend. Nicht zu verachten ist die Weinkarte und die kubanische Livemusik. Der Dresscode verlangt angemessene Kleidung, d. h. keine Shorts.

✖ Getsemaní

★ Gastrolab Sur KARIBISCH, MEDITERRAN $

(Calle del Espiritu Santo No 29-140; Hauptgerichte 8000–16 000 COP; ☺17–23 Uhr) Das Lokal ist leicht zu übersehen: Es befindet sich hinter dem Kulturzentrum Ciudad Móvil (dem lebhaften Mittelpunkt des wiederbelebten Getsemaní-Viertels) in einem schön beleuchteten Garten mit Kiesboden.

Serviert werden leckere *aranchinas* (Reisbällchen) mit verschiedenen Beigaben (zu empfehlen ist *tríptico,* eine Kombination aus allen drei Geschmacksrichtungen), *bruschettas costeñas* und Pizzas. Man kann aber auch einfach nur etwas trinken. Das Personal ist superfreundlich.

Restaurante Coroncoro KOLUMBIANISCH $

(☎664-2648; Calle Tripita y Media No 31-28, Getsemaní; Hauptgerichte 7000–13 000 COP; ☺7.30–22 Uhr) Diese *Comida-corriente*-Institution in Getsemaní ist immer voller hungriger Anwohner, die sich hier günstige Menüs und köstliche Tagesgerichte schmecken lassen.

Casa de las Novias BÄCKEREI $

(Calle Larga No 8B-126; ☺8–20 Uhr; ☎) Ein herrlich bizarrer Ort für einen Kaffee und ein Stück Kuchen: Das zauberhafte Café gehört zu einem Hochzeitsplaner-Büro. Bei einer sehr kalt eingestellten Klimaanlage schlürft man aus fein bemalten Porzellantassen Macchiatos, während man das perfekte Kleid für den schönsten Tag im Leben aussucht.

Gato Negro CAFÉ $

(☎660-0958; Calle San Andrés No 30-39, Getsemaní; Hauptgerichte 6000–9000 COP; ☺Mo–Sa 7–14 Uhr; ☎) Das beliebte Café in Getsemaní setzt den Schwerpunkt auf die einfache, aber gute Frühstückskarte – Omeletts, Crêpes, Müsli und europäisches Frühstück –, es gibt aber auch ein Mittagsmenü. An den Wänden des Kolonialhauses hängen Werke zeitgenössischer Kunst.

I Balconi PIZZERIA $$

(☎660-9880; Calle del Guerrero No 29-146, Obergeschoss, Getsemaní; Pizzas 12 500–26 000 COP; ☺Di–So 16–24 Uhr) Im I Balconi über der

Havana-Bar wird die beste Pizza Cartagenas serviert. Der italienische Wirt ist derart besessen von hochwertigen Zutaten, dass er einen einheimischen Käser eingestellt hat und ihm die Herstellung von Gorgonzola und Parmesan beibrachte. Die Resultate sind fabelhaft. Der Service ist super, und der Gastraum mit cooler Kunst an den Wänden wirkt sehr luftig.

La Guacha
STEAK $$$

(☎ 664-1683; Calle del Espiritu Santo No 29-07, Getsemaní; Hauptgerichte 27 000–50 000 COP; ⊙ Mo–Sa 18–23.30 Uhr; 🐾) Manchmal muss es einfach ein großes, blutiges Steak und ein Glas kräftiger Malbec sein. Wenn diese Gelüste aufkommen, sollte man hier vorbeischauen.

In dem kühlen, eleganten Raum mit seinen hohen Decken und den freiliegenden Mauerwerk wird qualitativ hochwertiges Fleisch verarbeitet (besonders *punta de anca*, das beste Stück aus der Oberschale des Rinds). Das Fleisch wird in stilvoll geschnittenen und kunstvoll gebratenen Stücken serviert, die vor Geschmack nur so triefen. Bei dieser Qualität wahrlich ein Schnäppchen!

🍷 Ausgehen

Cartagenas Barszene konzentriert sich an der Plaza de los Coches in El Centro – hier hört man Salsa und Vallenato – und entlang der Calle del Arsenal in Getsemaní, wo die Clubs größer und die Preise höher sind. Am Wochenende ist am meisten los, dann heizt sich die Stimmung allerdings erst nach Mitternacht auf.

Unterhaltsam sind die abendlichen Touren in den *chivas* (den typisch kolumbianischen Bussen) mit Vallenato-Band und All-you-can-drink-*aguardiente* (langsam, Leute!). Die *chivas* fahren um ca. 20 Uhr von verschiedenen Hotels in Bocagrande los und setzen die Fahrgäste nach drei bis vier Stunden an einem Club ab. Die Buchung ist in den meisten Touragenturen und Hostels möglich.

★ Café Havana
CLUB

(Ecke Calles del Guerrero & de la Media Luna, Getsemaní; Eintritt 10 000 COP; ⊙ Do–Sa 20–4, So 17–2 Uhr) Das Café Havanna bietet alles: Live-Salsa mit kubanischen Trompetern, starke Drinks, eine prächtige hufeisenförmige Theke, an der brillante Exzentriker stehen, holzvertäfelte Wände und surrende Ventilatoren an der Decke.

Hier machte Hillary Clinton 2012 während des Amerika-Gipfels Party, und das völlig zu Recht: Das Café Havana ist nach wie vor die beste Bar der Stadt.

★ Bazurto Social Club
CLUB

(www.bazurtosocialclub.com; Av. del Centenario No 30-42; Eintritt 5000 COP; ⊙ Mi–Sa 19–3.30 Uhr) In diesem herrlich trubeligen Club tanzen die Einheimischen unter einem gigantischen leuchtenden roten Fisch zu Live-*champeta*. Besucher mischen sich darunter, nippen an starken Cocktails und lauschen der Gerüchteküche Getsemanís. Die Musik ist mitreißend, und selbst die Gäste, die eigentlich gar nicht tanzen wollten, wippen nach ein paar Drinks begeistert mit.

Laboratorio
COCKTAILBAR

(Calle de la Media Luna No 10-20; ⊙ Di–So 18–4 Uhr; 🐾) Die Bar in der Media Luna zeichnet sich durch gedämpftes Licht, Regale voller eingelegtem Gemüse und anderen Delikatessen, eine grandiose Cocktailkarte sowie charmantes, schnelles Personal aus. Die Happy Hour dauert von 18 bis 22 Uhr – was will man mehr?

Tu Candela
CLUB

(☎ 664-8787; El Portal de los Dulces No 32-25, El Centro; ⊙ 20–4 Uhr) Der Club bietet eine Mischung aus Reggaeton, Vallenato, Merengue und anständigem Salsa. Es geht eng zu, aber die Atmosphäre ist cool und alles ist möglich. In diesem Club nahm 2012 der Kokain- und Prostitutionsskandal rund um einige von Barrack Obamas Secret-Service-Beamten seinen Lauf. Für den Eintrittspreis gibt es Cocktails an der Bar.

Donde Fidel
BAR

(☎ 664-3127; El Portal de los Dulces No 32-09, El Centro; ⊙ 11–2 Uhr) Das Soundsystem in diesem Schuppen soll mit seinen Bässen schon erwachsene Männer zum Weinen gebracht haben – das schafft allerdings auch die außergewöhnliche Salsa-Sammlung von Don Fidel: Salsa ist Musik der Liebe, des Verlusts und Klagens. In dieser Bar, einer Institution in Cartagena, tanzen knutschende Pärchen in Nischen unter den Porträts des Wirtes mit Grimassen schneidenden Megastars. Die große bestuhlte Terrasse eignet sich ideal zum Leutebeobachten.

Bar Ético
CLUB

(Calle de la Media Luna No 10-56; Eintritt 10 000 COP; ⊙ 21–3 Uhr) Die Dunkelheit in diesem Salsa-Club wird von Spotlights unterbrochen, in deren Licht tanzende junge Paare den im Eintrittspreis enthaltenen Aguardiente auskosten. Im Hinterzimmer wird am Wochenende Livemusik gespielt. Trotz der Lage am Backpacker-Strip Media Luna sind hier fast keine Ausländer zu sehen.

Il Italiano CLUB

(☑ 664 7005; Av. del Arsenal No 8B-137, Getsemaní; Eintritt 15 000 COP; ⏲ 21–4 Uhr) Dieser große Club mit mehreren Räumlichkeiten ist eine Kuriosität. Ist das jetzt ein Rockclub? Ein Salsa-Laden? Eine House-Disko mit stampfendem Beat? Ein Vallenato-Club? Mister Babilla ist alles zugleich – und immer voll und flirty. Am besten die Einrichtung ignorieren, und ab auf die Tanzfläche!

Quiebra-Canto CLUB

(☑ 664 1372; Camellon de los Martines, Edificio Puente del Sol, Getsemaní; ⏲ Di–Sa 19–4 Uhr) Dieser exzellente Schuppen für Salsa, Son und Reggae in Getsemaní ist vollgepackt mit Gästen in allen Größen und Körperformen. Vom Club im zweiten Stock lässt sich der Pegasos und der Uhrenturm überblicken. Puristen behaupten, die Salsa hier sei mitreißender als im Café Havana, das Publikum sei hier allerdings weniger attraktiv.

Café del Mar BAR

(☑ 664-6513; Baluarte de Santo Domingo, El Centro; Cocktails 18 000–35 000 COP; ⏲ 17 Uhr bis frühmorgens) Meeresbrisen bringen willkommene Kühle in diese touristische Open-Air-Lounge auf der westlichen Stadtmauer. Wer dazugehören will, muss sich aufbrezeln und 10 000 COP für ein Bier berappen. Die Aussicht ist unschlagbar.

La Casa de la Cerveza BAR

(☑ 664-9261; Baluarte San Lorenzo del Reducto, Getsemaní; ⏲ 16–4 Uhr) Auch diese schicke Bar hoch auf der Stadtmauer bietet einen atemberaubenden Blick auf das Castillo de San Felipe. Die Drinks sind teuer – da zahlt man ganz offensichtlich für den Ausblick mit.

☆ Unterhaltung

Cartagenas Fußballteam, Real Cartagena, spielt im **Estadio Olímpico Jaime Merón León** (Villa Olímpico), 5 km südlich der Innenstadt. Spiele finden das ganze Jahr über statt, Eintrittskarten gibt es beim Stadion. Das Taxi dort hinaus kostet ca. 12 000 COP.

Shoppen

In Cartagena findet sich eine große Auswahl an Läden für meist hochwertiges Kunsthandwerk und Souvenirs. Das größte Einkaufszentrum für Touristen innerhalb der Stadtmauern ist **Las Bóvedas** (S. 145) mit Handwerk, Kleidung, Souvenirs und vielem mehr. Zu den besten Läden hier gehören **Artesanías India Catalina II** (No 6) für Haushaltswaren und Kunst, **D'Yndias** (No 15) für erstklassige Hängematten und Handtaschen sowie **La Garita** (No 23) für farbenfrohes Geschirr, T-Shirts und andere hochwertige Waren.

Ábaco BÜCHER

(☑ 664-8338; Ecke Calle de la Iglesia & de la Mantilla; ⏲ Mo–Sa 9–21, So 15–21 Uhr) Hier findet man eine gute Auswahl an Büchern über Cartagena und ein paar Titel in englischer Sprache, darunter alle Werke von Gabriel García Márquez. Daneben gibt es italienisches Bier, spanischen Wein und einen starken Espresso.

Colombia Artesanal KUNSTHANDWERK

(www.colombiaartesanal.com; Callejón de los Estribos No 2-78) Unter diesem Namen führen mehrere Läden in der Altstadt ein exzellentes Sortiment bunt gefärbter kolumbianischer Kunstwerke aus dem ganzen Land. Die Verkäufer kennen sich wirklich gut aus und bieten faszinierende Einblicke in die Herstellung und die Geschichte eines jeden einzelnen Stücks. Für viele ist es der beste Ort, um Kunsthandwerk zu kaufen.

Upalema KUNSTHANDWERK

(☑ 664-5032; Calle San Juan de Dios, Edificio Rincon No 3-99, El Centro; ⏲ Mo–Sa 9.30–22, So 10–22 Uhr) Die exklusiven handgefertigten Haushaltsartikel und Kunstwerke von Upalema sind wirklich einzigartig und werden auch nirgendwo reproduziert. Nicht billig, aber von unübertroffener Qualität.

ℹ Praktische Informationen

GEFAHREN & ÄRGERNISSE

Cartagena ist die sicherste Großstadt Kolumbiens – etwa 2000 Polizisten patrouillieren allein in der Altstadt. Dennoch sollten Reisende ihre Reichtümer nicht offen zeigen und abends in weniger frequentierten Gegenden wie Getsemaní und besonders La Matuna auf der Hut sein.

Es ist aber wahrscheinlicher, dass Bettler am Straßenrand nerven, als dass man Opfer eines Verbrechens wird. Aufdringliche, illegale Straßenverkäufer, die aggressiv Touristenplunder, Frauen oder Kokain anbieten, sind hier definitiv das größte Ärgernis. Ein einfaches „*No quiero nada*" („Ich will nichts") reicht meist, um sie zu verscheuchen.

GELD

Casas de cambio (Wechselstuben) und Banken gibt es im historischen Zentrum zuhauf, vor allem rund um die Plaza de los Coches und die Plaza de la Aduana. Es lohnt sich, zuvor die Wechselkurse zu vergleichen. Überall in Cartagena treiben sich „Geldwechsler" herum, die „fantastische" Kurse anbieten. Sie sind jedoch ausnahmslos Betrüger – in keinem Fall auf der Straße Geld tauschen! In El Centro und San Diego sind Geldautomaten Mangelware, dafür stehen einige an der Avenida Venezuela.

NOTFALL

Hospital Naval de Cartagena (☑ 655-4306; Carrera 2 No 14-210, Bocagrande; ⊙ 24 Std.) Krankenhaus mit Überdruckkammer.

POST

4-72 (Calle 8B, Edificio Villa Anamaria, Local 1, Bocagrande; ⊙ Mo–Fr 8–17, Sa 8–12 Uhr) Postamt.

REISEBÜROS

Aventure Colombia (☑ 314-588-2378, 660-9721; www.aventurecolombia.com; Calle de la Factoría No 36-04; ⊙ Mo–Do 9–12 & 14–19, Fr & Sa 9–19 Uhr) Die supernette französisch-kolumbianische Agentur mit Englisch sprechenden Mitarbeitern bietet Ausflüge rund um Cartagena und an die Küste an, darunter nach La Guajira, Ciudad Perdida und zum PNN Tayrona. Sehr zu empfehlen.

TOURISTENINFORMATION

Touristeninformation (Turismo Cartagena de Indias; ☑ 660-1583; www.turismocartagenadeindias.com; Plaza de la Aduana; ⊙ Mo–Sa 9–12 & 13–18, So 9–17 Uhr) Das Personal in der Hauptstelle ist zuvorkommend und hilfsbereit und spricht Englisch. Kleinere Infostände gibt es an der Plaza de San Pedro Claver und an der Plaza de los Coches sowie in den Verwaltungsstellen am Muelle Turístico.

VISA

Ministerio de Relaciones Exteriores (☑ 666-0172; Carrera 20B No 29-18, Pie de la Popa; ⊙ 8–12 & 14–17 Uhr) Büro für Einwanderung und Visaverlängerung, ca. 1 km östlich der Altstadt. Wer ein Visum benötigt, sollte für die Formalitäten mindestens einen halben Tag einplanen.

❶ An- & Weiterreise

BUS

Für die Fahrt nach Barranquilla oder Santa Marta bietet sich der **Berlinastur-Terminal** (www.berlinastur.com; bei Calle 47 & Carrera 3) an, eine kurze Taxifahrt von der Altstadt entfernt. Klimatisierte Minibusse fahren von 5 bis 20 Uhr alle 20 Minuten von hier nach Barranquilla (18 000 COP, 2 Std.) und weiter nach Santa Marta (36 000 COP, 4 Std.).

Eine noch komfortablere Option nach Santa Marta ist der Bus von **MarSol** (☑ 656-0302; www.transportesmarsol.net), der zwischen Cartagena und Santa Marta pendelt (42 000 COP, 3 Std.). Er holt die Fahrgäste an ihrer Unterkunft in Cartagena ab, umfährt Barranquilla und setzt die Passagiere bei ihrer Unterkunft in Santa Marta ab. Diese Route wird zweimal täglich bedient; einfach mindestens einen Tag im Voraus anrufen und einen Sitzplatz reservieren.

Für Busse zu anderen Orten sowie billigere Fahrten nach Barranquilla und Santa Marta muss man Cartagenas Busbahnhof aufsuchen. Er befindet sich am östlichen Stadtrand, weit weg vom Zentrum – die Fahrt dorthin dauert (außer nachts) eine Dreiviertelstunde.

Mehrere Busunternehmen fahren tagsüber nach Bogotá und Medellín. **Expreso Brasilia** (☑ 663-2119; www.expresobrasilia.com) steuert Bogotá (ab 80 000 COP, 18 Std., 6 Busse tgl.) und Medellín (ab 40 000 COP, 12 Std., 6 Busse tgl.) an. **Unitransco** (☑ 663-2067) fährt nach Barranquilla (12 000 COP, 2½ Std., stündl.) mit Weiterfahrt nach Santa Marta (25 000 COP, 4 Std., stündl.). **Caribe Express** (☑ 371-5132) fährt um 7 Uhr morgens nach Mompóx (50 000 COP, 6 Std., tgl.) und um 6.30 Uhr nach Tolú (25 000 COP, 3 Std., tgl.). Darüber hinaus gibt es täglich weitere Busse nach Barranquilla mit Umsteigemöglichkeit nach Santa Marta. Nach Montería startet alle 45 Minuten ein Expreso-Brasilia-Bus zwischen 6.30 und 15.30 Uhr (50 000 COP, 5 Std.).

Wer im täglichen Bus nach Mompóx keinen Platz bekommt und die Alternativroute über Mangangue nehmen möchte, wählt den **Torcoroma**-Bus (☑ 663-2379), der von 5.30 bis 12 Uhr alle 30 Minuten fährt (40 000 COP, 3 Std.), oder nimmt den Expreso-Brasilia-Bus um 10.30 Uhr (40 000 COP).

Nach Riohacha auf der Halbinsel La Guajira fahren mehrmals am Tag Busse von **Rapido Ochoa** (☑ 663-2119; 35 000 COP, 8 Std.). Dies ist auch die beste Art, um nach Venezuela zu kommen: in Riohacha in den Bus nach Maracaibo umsteigen, wo wiederum Busse nach Caracas losfahren.

Für Überlandfahrten nach Panama nimmt man den Bus nach Montería (50 000 COP, 5 Std.) und steigt dort in einen Bus nach Turbo um (30 000 COP, 5 Std.). Wer es nicht schafft, Cartagena bis 11 Uhr vormittags zu verlassen, läuft Gefahr, den letzten Bus nach Turbo zu verpassen, und muss dann in Montería übernachten!

In Turbo kann man am nächsten Morgen mit dem Schiff nach Sapzurro fahren, wo wiederum Boote nach Obaldia ablegen.

FLUGZEUG

Alle großen kolumbianischen Fluggesellschaften bieten Flüge zwischen Cartagena und anderen großen Städten an, z. B. Bogotá, Cali, Medellín und San Andrés. Internationale Flüge verkehren nach Panama, Miami, Fort Lauderdale und New York. Im Terminal gibt es vier Geldautomaten und eine *casa de cambio* (in der Ankunftshalle der Inlandsflüge), in der man Bargeld wechseln und Reiseschecks einlösen kann.

SCHIFF

Eine beliebte Art, nach Panama zu reisen, ist ein Segeltörn. Verschiedene Boote fahren von Cartagena durch den San-Blas-Archipel nach Panama und zurück, allerdings ohne festen Fahrplan. Der Ausflug dauert normalerweise fünf Tage und schließt einen dreitägigen Aufenthalt auf den San-Blas-Inseln zum Schnorcheln und Inselkunden ein. Die Touren kosten pro Person ca. 450 bis 650 US$ (all inclusive). Da viele Faktoren bei der Preisgestaltung eine Rolle spielen, kann der Endpreis von der hier genannten abweichen.

Die Boote legen in den panamaischen Häfen Protobelo und Porvenir an, ein paar fahren nach Colón – in dieser rauen Stadt sollte man allerdings überallhin ein Taxi nehmen und keinesfalls zu Fuß durch die Straßen laufen. Von allen drei Häfen gelangt man leicht nach Panama City.

Blue Sailing (☑ 321-687-5333, 310-704-0425; www.bluesailing.net; Calle San Andrés No 30-47), eine kolumbianisch-amerikanische Agentur, hat in den letzten Jahren das Geschäft revolutioniert, indem sie das zuvor unkontrollierte Business zu reglementieren versucht hat. Zurzeit betreibt Blue Sailing 22 Segelboote und verspricht, dass alle für die sichere Fahrt auf hoher See ausgerüstet sind. Zudem kontrolliert man rund um die Uhr die Standorte der Schiffe und beschäftigt ausschließlich lizenzierte Kapitäne. Es empfiehlt sich also, ein Segelboot über Blue Sailing für den Ausflug zu buchen, um sicher – und legal – nach Panama zu segeln. Normalerweise legen täglich drei bis vier Boote ab, auch in der Nebensaison. Am besten schreibt man eine E-Mail an Blue Sailing und nennt darin den bevorzugten Termin. Die Mitarbeiter holen die Gäste dann mit dem Boot ab.

Auch andere Agenturen in Cartagena bieten Überfahrten an, man sollte sich aber zuvor von den Sicherheitseinrichtungen an Bord überzeugen und nach der Lizenz des Kapitäns fragen. Am besten vor Ort und im Internet alles Wesentliche über Schiffe und Crew recherchieren, ehe man in See sticht.

Reisende, die keine fünf Tage Zeit haben, sind auf der 1000-Personen-Fähre von **Ferry Xpress** (☑ 368-0000; www.ferryxpress.com) gut aufgehoben, die regelmäßig zwischen Cartagena und Colón pendelt (Sitz/Kabine einfach 99/155 US$, 18 Std.). Die Fähre legt dienstags und donnerstags ab und fährt am Montag und Mittwoch ab Colón wieder zurück. Sie befördert auch Autos.

ⓘ Unterwegs vor Ort

ZUM/VOM FLUGHAFEN

Auf der 3 km langen Strecke zum bzw. vom Flughafen in Crespo verkehren regelmäßig Lokalbusse. Es gibt auch *colectivos* nach Crespo (1500 COP) sowie komfortablere, klimatisierte Shuttledienste namens Metrocar (2000 COP). Beide fahren am Monumento a la India Catalina ab. (Die Metrocar-Busse tragen grüne Markierungen.)

Bei Taxifahrten muss man für Fahrten zum Flughafen einen Aufschlag von 4000 COP bezahlen. Vom Zentrum zum Flughafen kostet es insgesamt 9000–12 000 COP, in umgekehrter Richtung gilt nach Getsemaní, San Diego und El Centro ein Fixpreis von 10 000 COP.

ZUM/VOM BUSBAHNHOF

Große grün-rot markierte Metrocar-Busse verkehren alle 15 bis 30 Minuten zwischen Innenstadt und Busbahnhof (2500 COP, 40 Min.). Im Zentrum fahren sie an der Avenida Santander ab. Ein Taxi vom Busbahnhof nach El Centro kostet 15 000 COP (ab 20 Uhr mit 5000 COP Aufschlag).

Fuerte de San Fernando & Batería de San José

Auf der Südspitze der Isla de Tierrabomba, an der Einfahrt in die Bahía de Cartagena durch die Bocachica-Meerenge, thront **Fuerte de San Fernando** (Eintritt 9000 COP). Die Festung bewachte einst, zusammen mit der **Batería de San José** auf der anderen Seite der Meerenge, die Zufahrt in die Bucht. Zwischen denbeiden Forts wurde im 18. Jh. eine schwere Kette gespannt, um Überraschungsangriffe zu vereiteln.

Ursprünglich gab es zwei Einfahrten in die Bucht von Cartagena: Bocachica und Bocagrande. Bocagrande war teilweise von einer Sandbank versperrt, an der zwei Schiffe untergingen. Nach Vernons Angriff wurde eine Unterwassermauer errichtet, um diese natürliche Barriere zu verstärken und die Enge für Schiffe unpassierbar zu machen. Noch heute können hier keine Schiffe durchfahren – alle müssen durch Bocachica in den Hafen einlaufen.

Das Fuerte de San Fernando wurde 1753 bis 1760 erbaut und so gestaltet, dass es jedweder Belagerung standhielt. Die Fes-

Rund um Cartagena

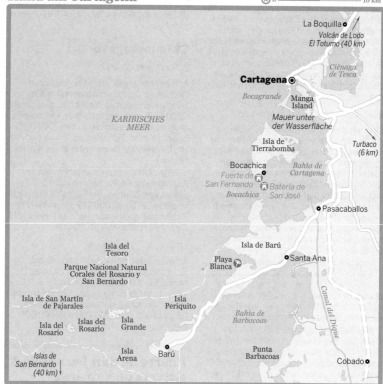

tung hatte ihren eigenen Hafen, außerdem Kasernen, Sanitäranlagen, Küche, Lazarett, Lagerräume für Proviant und Waffen, zwei Brunnen, eine Kapelle und sogar ein Gefängnis – viele der historischen Gebäude stehen noch heute.

Die Festung ist nur über das Wasser zu erreichen. Wassertaxis in diese Richtung starten am Muelle Turístico de la Bodeguita (S. 145) in Cartagena (10 000 COP). Für einen Führer sind weitere 10 000 COP zu veranschlagen.

Islas del Rosario

Die Inselgruppe rund 35 km südwestlich von Cartagena besteht aus 27 kleinen Koralleninseln, darunter wirklich winzigen Inselchen. Der gesamte Archipel ist von Korallenriffen umgeben, und die Farbe des Meeres changiert hier von Türkis bis Violett. Die ganze Gegend wurde zum Nationalpark er-

klärt, der den Namen Parque Nacional Natural (PNN) Corales del Rosario y San Bernardo trägt. Leider haben Warmwasserströme die Riffe rund um die Islas del Rosario im Laufe der Zeit erodieren lassen, sodass das Tauchen hier inzwischen nicht mehr ganz so schön ist wie früher.

Aber Wassersport ist nach wie vor sehr beliebt, und die zwei größten Inseln, Isla Grande und Isla del Rosario, haben schöne Lagunen im Landesinneren und bieten ein paar touristische Einrichtungen wie Hotels und eine Ferienanlage.

☞ Geführte Touren

Die meisten Touristen besuchen den Park im Rahmen eines eintägigen Bootsausflugs zu den Inseln. Schiffe starten das ganze Jahr über am Muelle Turístico de la Bodeguita (S. 145) in Cartagena, sie legen täglich zwischen 8 und 9 Uhr ab und kehren etwa zwischen 16 und 18 Uhr zurück.

Das Ausflugsbüro am *muelle* (Pier) bietet solche Touren an (pro Pers. 70 000 COP). Auch über viele weitere kleinere Unternehmen können entsprechende Ausflüge am Pier gebucht werden, meist zu niedrigeren Preisen. Einige günstige Unterkünfte in Cartagena bieten ebenfalls Ausflüge (für weniger Geld) an – meist für rund 40 000 COP. Die Ausflüge beinhalten in der Regel ein Mittagessen, nicht jedoch die anfallenden Hafengebühren und den Eintritt in den Nationalpark bzw. ins Aquarium; am besten vorher detailliert nachfragen.)

Die Boote nehmen alle ungefähr die gleiche Route zu den Inseln, gewisse Unterschiede gibt's nur zwischen kleinen und großen Booten. Alle fahren jedoch durch die Bahía de Cartagena und dann durch die Bocachica-Meerenge zwischen Batería de San José und Fuerte de San Fernando hindurch aufs offene Meer hinaus.

Dann schippern sie zwischen den Inseln entlang (unterwegs gibt's Erklärungen auf Spanisch) bis zur kleinen **Isla de San Martin de Pajarales**, wo ein Aquarium (30 000 COP) besucht werden kann. Wer auf den Besuch im Aquarium verzichtet, kann stattdessen im Schatten dösen oder im Meer baden, bis die Fahrt weitergeht.

Nächste Station ist die **Playa Blanca** auf der Isla de Barú, wo es ein Mittagessen gibt und rund zwei Stunden zur freien Verfügung stehen.

🛏 Schlafen & Essen

Auf den Inseln gibt es ein paar touristische Einrichtungen, die zum Übernachten, Sonnenbaden, Schwimmen, Tauchen und Schnorcheln – oder einfach zum Abhängen in der Hängematte – einladen.

Eco Hotel Las Palmeras   PENSION $$
(☎ 314-584-7358; Isla Grande; Hängematte/Zi. pro Person inkl. Vollpension 70 000/110 000 COP) 🌿 Die auf Ökotourismus ausgerichtete Anlage auf der Isla Grande wird von der charmanten Ana Rosa geführt. Alles ist sehr einfach und rustikal gehalten, dennoch kann man hier wunderbar der Welt entfliehen. Die Lagunen in der Nähe bieten sich zum Kanufahren an, zudem gibt es gute Schnorchelgründe. Der beste Strand der Insel, die Playa Bonita, liegt nur fünf Gehminuten entfernt.

Hotel San Pedro de Majagua   HOTEL $$$
(☎ 650-4460; www.hotelmajagua.com; Isla Grande; Zi. & Bungalows ab 380 000 COP; ❄🌐) Das luxuriöse Hotel auf der Isla Grande bietet schicke Steinbungalows mit minimalistischer Einrichtung und Schmuck an.

Es gibt zwei Strände und ein Restaurant. Man fühlt sich fast wie auf einer privaten Insel – ein wirklich traumhaftes Erlebnis.

Playa Blanca

Der Strand macht seinem Namen alle Ehre: Dies ist in der Tat ein hübscher Streifen zuckerigen weißen Sands und einer der schönsten Strände bei Cartagena. Leider wird das Gelände zusehends erschlossen, und während der Hauptsaison ist der Strand inzwischen extrem überfüllt.

Der Strand auf der Isla de Barú, rund 20 km südwestlich von Cartagena, ist einer der Haltepunkte im Rahmen der Bootsausflüge zu den Islas del Rosario. Wenn diese Boote kommen, fallen zugleich Touristen und Strandverkäufer ein – und der ansonsten idyllische Strand wird für zwei Stunden zur Einkaufszone (das Einzige, was sich hier zu kaufen lohnt, ist jedoch *cocada*, eine süße Kokosnascherei in verschiedenen Geschmacksrichtungen). Okay, seien wir fair: Die Händler verdienen auf diese Weise ihren Unterhalt, auch wenn ihr Werben oft recht lästig ist.

Schnorcheln ist hier besonders schön, weil das Korallenriff gleich vor dem Strand anfängt. Ausrüstung kann man sich am Strand für 5000 COP ausleihen.

🛏 Schlafen & Essen

Am Strand gibt es ein paar rustikale Unterkünfte, vor 10 Uhr sowie nach 16 Uhr ist es hier herrlich einsam. Ein paar Restaurants servieren frischen Fisch und Reis für ca. 20 000 COP.

La Estrella   HÜTTEN $
(☎ 312 602 9987; Hängematte 10 000 COP, Zi. ab 50 000 COP) Wer nah am Wasser schlafen möchte, ist bei José, einem freundlichen Einheimischen, genau richtig. Er bietet hübsche Zelte unter Strohdächern für drei bis vier Personen, typische Hängematten (mit Moskitonetz) und Hütten mit Sandboden.

ℹ An- & Weiterreise

Eine organisierte Tour bietet die einfachste Möglichkeit, zur Playa Blanca zu gelangen – weit ruhiger ist es jedoch, wenn gerade keines der Ausflugsboote dort ist. Am besten an der Avenida El Lago, hinter Cartagenas Mercado Bazurto, ein Taxi nehmen (7000 COP) und den

Fahrer bitten, an den Bootsanlegestellen zur Playa Blanca zu halten. Die Boote starten (wenn genügend Fahrgäste an Bord sind) täglich außer sonntags zwischen 7.30 und 9.30 Uhr. Die Fahrt dauert eine Stunde und kostet ca. 25 000 COP – jedoch sollten Passagiere nicht zahlen, ehe sie den Strand erreicht haben.

Alternativ ist es möglich, an der Ecke von Avenida Luis Carlos Lopes und Calle del Concolon in La Matuna in einen Bus (1500 COP) mit der Aufschrift „Pasocaballos" zu steigen (diese Busse fahren den ganzen Tag hindurch) und den Fahrer zu bitten, einen an der Fähre (1500 COP) über den Canal del Dique aussteigen zu lassen. Auf der anderen Seite fahren Mototaxis (15 000 COP) zur Playa Blanca. Auf dieser Route sollte man mit drei Stunden Fahrzeit rechnen.

La Boquilla

La Boquilla, ein kleines Fischerdorf und ein Paradies für Kitesurfer, liegt 7 km nördlich von Cartagena an der nördlichen Spitze einer schmalen Halbinsel. Diese wird auf der einen Seite vom Meer, auf der anderen Seite von der Ciénaga de Tesca umspült. Wer es schafft, um 4 Uhr morgens aufzustehen, sieht die Einheimischen in der *ciénaga* (Lagune) mit ihren berühmten *atarrayas* (runden Fischernetzen) arbeiten, die in ganz Kolumbien, hauptsächlich aber an der Karibikküste, gebräuchlich sind.

Fünf Gehminuten von der Bushaltestelle entfernt liegt **El Paraíso**, ein toller Platz für einen Strandtag. Einheimische fahren Touristen auch gerne durch die schmalen Kanäle, die sich durch die Mangrovenwälder etwas nördlich vom Dorf schneiden. Der Preis ist Verhandlungssache und wird erst bei der Rückkehr bezahlt.

Am Strand finden sich in **strohgedeckten Hütten** ein paar Restaurants, die am Wochenende gern von Cartagenern besucht werden, die meisten schließen aber für den Rest der Woche. Zum Fisch werden hier üblicherweise *arroz con coco* und *patacones* (gebratene Kochbananen) gereicht.

Von der India Catalina in Cartagena aus starten regelmäßig Stadtbusse nach La Boquilla (2000 COP, 30 Min.).

Volcán de Lodo El Totumo

Der faszinierende 15 m hohe Hügel ca. 50 km nordöstlich von Cartagena schaut wie die Miniaturversion eines Vulkans aus. Tatsächlich spuckt er statt Lava und Asche jedoch Schlamm.

Der Krater ist mit lauwarmem Matsch gefüllt, der die Konsistenz von Schlagsahne hat. Wer mag, kann in den Krater steigen und ein erfrischendes Schlammbad nehmen – die darin enthaltenen Mineralien sollen heilsame Kräfte haben. Danach läuft man die 50 m zur Lagune und wäscht sich den Matsch wieder ab.

Der Vulkan ist von Sonnenaufgang bis Sonnenuntergang zugänglich, ein Schlammbad kostet 5000 COP. Besucher sollten genügend Kleingeld parat haben, um den Einheimischen, die einen hier verwöhnen, ein Trinkgeld geben zu können: Sie verabreichen dilettantische Massagen, spülen den Schlamm ab, halten Kameras und machen Fotos – alles in allem ein großer Spaß.

ℹ️ An- & Weiterreise

El Totumo liegt an der Grenze der Departamentos Atlántico und Bolívar, ungefähr in der Mitte zwischen Barranquilla und Cartagena. Letzteres ist der bei Weitem beliebtere Ausgangspunkt für Ausflüge zum Vulkan, weil es dort bessere öffentliche Verkehrsmittel und zahlreiche Touranbieter gibt.

Die bequemste und schnellste Art, El Totumo zu besuchen – und obendrein nicht teurer als die Fahrt auf eigene Faust –, ist eine organisierte Tour. Mehrere Reisebüros in Cartagena bieten Minibus-Ausflüge zum Vulkan an (ohne Mittagessen 30 000 COP, mit Mittagessen 40 000 COP). Die Touren können in fast allen Hotels gebucht werden.

NORDÖSTLICH VON CARTAGENA

Die Departamentos Atlántico und Magdalena liegen im Nordosten von Cartagena, wo sich das höchste Küstengebirge der Welt, die Sierra Nevada de Santa Marta, aus dem Meer erhebt. Das immer malerischer werdende Santa Marta, eine Kolonialstadt an der Küste, und die schöne Küsten- und Berglandschaft in der Umgebung gehören zu Kolumbiens Hauptreisezielen. Zu den meistbesuchten Attraktionen zählen der Parque Nacional Natural Tayrona und die Ciudad Perdida.

Santa Marta

📄 5 / 448 000 EW. / HÖHE 2 M

Santa Marta ist Südamerikas älteste noch bestehende Stadt und die zweitwichtigste

BARRANQUILLA: KOLUMBIENS GRÖSSTE PARTY

Barranquilla ist eine lebhafte, von Industrie geprägte Hafenstadt, die in Form eines gewundenen Bandes entlang der Mangroven und des Karibischen Meers angelegt ist. Sie schwitzt und schuftet unter der sengenden Sonne und hat sich hauptsächlich dem Geldverdienen verschworen. Berühmtheit erlangte die Stadt als Geburtsort der Popgöttin Shakira und durch ihren **Karneval** (www.carnavaldebarranquilla.org; ⊘ Feb.).

Das hiesige Karnevalstreiben wird in der Größe nur noch von dem in Rio de Janeiro übertroffen und ist somit Südamerikas zweitwichtigster Karneval. Er findet (wie in Europa) in den vier Tagen vor Aschermittwoch statt, weshalb sich das Datum jedes Jahr ändert. Wie beim Karneval in Rio de Janeiro ist er von Straßenkapellen, Maskerade und fantastischen Kostümen, von Livedarbietungen und einer zügellosen Atmosphäre geprägt. Die Stadt trinkt und tanzt sich quasi selbst in Grund und Boden. Häufig geht es recht rau zu, und Teilnehmer sollten immer auf ihre Habseligkeiten achtgeben – wer es aber schafft, alle Hemmungen fallen zu lassen, erlebt hier das Highlight seiner Reise.

Barranquilla ist eine sehr große Stadt und hat entsprechend auch unsichere Viertel (Barrios). Die meisten günstigen Unterkünfte liegen rund um den Paseo Bolívar (Calle 34), aber diese Gegend ist zwielichtig – worauf schon die vielen Soldaten hinweisen, die sogar tagsüber hier patrouillieren. Wer in angenehmerer Umgebung nächtigen möchte, dem sei das El Prado empfohlen.

Allen Karnevalsbesuchern ist zu raten, schon Monate im Voraus ein Zimmer zu reservieren, sonst ist alles ausgebucht. Eine Unterkunft, die aus Barranquillas ansonsten eher langweiliger Hotelszene heraussticht, ist das charmante, von Italienern betriebene **Meeting Point Hostel** (☏ 320-502-4459, 318-2599; www.themeetingpoint.hostel.com; Carrera 61 No 68-100; B/Zi. ab 15 000/40 000 COP; ✳ 🛜).

Außerhalb der Karnevalszeit gibt es kaum einen Grund, Barranquilla zu besuchen. Meist sehen Reisende nur den Busbahnhof, von wo sie ins weit attraktivere Santa Marta oder ind hübsche Bergdorf Minca fahren. Was von Barranquilla im Gedächtnis bleibt, ist der chaotische Verkehr.

KARIBIKKÜSTE SANTA MARTA

Kolonialstadt an Kolumbiens Karibikküste. Doch trotz ihrer langen Geschichte und ihres bezaubernden Zentrums hat die Stadt einen schlechten Ruf. Schuld ist die – berechtigte – Kritik vieler Reisender an der unschönen Zersiedlung und dem chaotischen Verkehr.

Das Geheimnis Santa Martas besteht darin, das zu nutzen, was an der Stadt positiv ist – Hotels, Restaurants und Bars und die Ausflüge in die wunderschöne Umgebung. Als Basis dafür eignet sich Santa Marta hervorragend. Wer jedoch hier seinen gesamten Urlaub verbringen möchte, wird schnell enttäuscht sein.

Allerdings verströmt auch Santa Marta selbst durch die Verkehrsberuhigung vieler Straßen im Zentrum und die Erneuerung des hübschen Parque de los Novios inzwischen etwas mehr Charme. Manche verbringen hier letztendlich dann doch mehr Zeit, als sie ursprünglich wollten. Das Klima ist heiß, aber trockener als in Cartagena, die abendliche Meeresbrise sorgt für Abkühlung und macht Spaziergänge angenehm.

Geschichte

Rodrigo de Bastidas hisste 1525 an dieser Stelle eine spanische Flagge. Er hatte bewusst einen Platz am Fuß der Sierra Nevada de Santa Marta gewählt, um leicht an die angeblich unendlichen Goldschätze der indigenen Tairona heranzukommen.

Sobald die Spanier mit der Plünderung der Sierra begannen, stellten sich die Anwohner ihnen mutig entgegen. Ende des 16. Jhs. waren die Tairona jedoch ausgerottet, und viele ihrer fantastischen Goldobjekte lagen – eingeschmolzen – in den Truhen der spanischen Krone.

Santa Marta war auch eines der ersten Tore ins Landesinneren der Kolonie. Von hier aus brach Jiménez de Quesada 1536 zu seinem mühsamen Marsch hoch zum Magdalena-Tal auf, wo er zwei Jahre später Bogotá gründete.

Aufgrund des Krieges mit den Tairona und wiederholter Plünderungen durch Piraten hatte Santa Marta in seiner Kolonialzeit wenige glorreiche Momente und wurde schon bald von der jüngeren, fortschritt-

Santa Marta

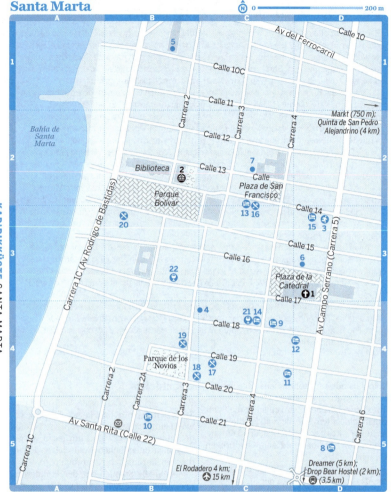

N   0   200 m

Av del Ferrocarril

Calle 10

Calle 10C

Calle 11

Calle 12

Calle 13

Bahía de Santa Marta

Markt (750 m);
Quinta de San Pedro
Alejandrino (4 km)

Biblioteca

Parque
Bolívar

Calle
Plaza de San
Francisco

Calle 14

Calle 15

Calle 16

Plaza de la
Catedral

Calle 17

Calle 18

Parque de los
Novios

Calle 19

Calle 20

Calle 21

Av Santa Rita (Calle 22)

El Rodadero 4 km;
15 km

Dreamer (5 km);
Drop Bear Hostel (2 km);
(3,5 km)

KARIBIKKÜSTE SANTA MARTA

---

licheren Nachbarstadt Cartagena in den Schatten gestellt.

Ein wichtiges Datum in Santa Martas Geschichte, dessen heute landesweit gedacht wird, ist der 17. Dezember 1830, als Simón Bolívar hier starb, nachdem er sechs lateinamerikanischen Ländern die Unabhängigkeit gebracht hatte.

Sehenswertes

Auf der Avenida Rodrigo Bastidas (Carrera 1C), der wichtigsten Touristen-Seepromenade, tobt bis spät in der Nacht das Leben. Von hier bietet sich ein großartiger Blick über die Bucht und zur kleinen Felseninsel El Morro vor der Küste. Die meisten Besucher tummeln sich zwischen Meer und Avenida Campo Serrano (Carrera 5), der Hauptgeschäftsstraße.

Der Strandort El Rodadero, 5 km südlich vom Zentrum, ist bei kolumbianischen Urlaubern sehr beliebt. Regelmäßig verkehren Busse auf der 15 Minuten langen Strecke zwischen Innenstadt und El Rodadero.

Museo del Oro   MUSEUM
(Calle 14 No 1-37; ⊙ 11–18 Uhr) GRATIS Das Goldmuseum befindet sich in einem schönen kolonialen Herrenhaus, der Casa de la Adu-

Santa Marta

ana (Zollhaus); 2014 wurde es komplett renoviert. Es präsentiert eine interessante Sammlung an Tairona-Objekten, hauptsächlich Ton- und Goldwaren, sowie Artefakte der indigenen Kogi und Arhuaco. Nicht versäumen sollte man das imposante Modell der Ciudad Perdida – besonders wenn man plant, später das Original zu besuchen.

Catedral   KIRCHE
(Ecke Carrera 4 & Calle 17) Die massive, weiß getünchte Kathedrale wirbt damit, Kolumbiens ältestes Gotteshaus zu sein. Die Bauarbeiten begannen zwar bereits kurz nach der Stadtgründung, waren jedoch erst Ende des 18. Jhs. abgeschlossen. Entsprechend vereinigt die Kathedrale Einflüsse verschiedener architektonischer Stilepochen. Sie birgt die Asche des Stadtgründers Rodrigo de Bastidas (vom Eingang aus gleich links). Simón Bolívar wurde hier 1830 ebenfalls bestattet, 1842 überführte man seine Überreste jedoch in seinen Geburtsort Caracas.

Quinta de San Pedro Alejandrino   MUSEUM
(☑ 433-1021; www.museobolivariano.org.co; Av. Libertador; Erw./Kind 12 000/10 000 COP; ⊙ 9.30

bis 16.30 Uhr) In der Hacienda am Stadtrand verbrachte Simón Bolívar seine letzten Tage, hier starb er auch. Zu jener Zeit gehörte das Anwesen einem Spanier, der Kolumbiens Unabhängigkeitsbestrebungen unterstützte. Er lud Bolívar ein, sich vor seiner geplanten Reise nach Europa in seinem Haus auszuruhen.

Auf dem Gelände wurden mehrere Denkmäler errichtet, die an Bolívar erinnern. Das beeindruckendste ist eine massive, zentral stehende Konstruktion namens **Altar de la Patria**.

Gleich rechts davon präsentiert das **Museo Bolivariano** Werke, die Künstler aus verschiedenen lateinamerikanischen Ländern spendeten, hauptsächlich aus den von Bolívar befreiten Nationen Kolumbien, Venezuela, Panama, Ecuador, Peru und Bolivien. Zu den Highlights im Haus gehört eine absolut dekadente Marmorbadewanne.

Auf der im frühen 17. Jh. gegründeten Hacienda wurde Zuckerrohr angebaut und verarbeitet. Sie hat eine eigene *trapiche* (Zuckerrohrpresse) und eine *destilería* (Brennerei).

Auch die wunderschönen Gärten, in denen Santa Martas 22 ha großer **Jardín Botánico** angelegt wurde, lohnen einen Besuch. Die *quinta* liegt im östlichsten Vorort Mamatoco, ca. 4 km vom Stadtzentrum entfernt. Mit dem Bus (1500 COP) von der Carrera 1C im Hafen ist die Hacienda in 20 Minuten erreicht.

👉 Geführte Touren

Im Ausflugsangebot ab Santa Marta dreht sich fast alles um die Wanderungen zur Ciudad Perdida. Die gleichen Unternehmen können auch andere Wanderungen, etwa Touren für Vogelbeobachter oder Mountainbiker sowie Besuche in Minca und im Parque Nacional Natural Tayrona organisieren.

Individuell zugeschnittene Wanderungen in die Bergwelt stellt der (nur Spanisch sprechende) Guide **José „Chelo" Gallego** (☑ 316-232-5366; jose087301@hotmail.com) zusammen.

Zwei sehr empfehlenswerte Veranstalter sind **Aventure Colombia** (☑ 430-5185; www.aventurecolombia.com; Calle 14 No 4-80) und Expotur (S. 167).

🛏 Schlafen

In Santa Marta schossen in den letzten Jahren sowohl Hostels als auch Boutiquehotels aus dem Boden, sodass Reisende inzwischen

RITUELLER RAUSCH: KOKABLÄTTER

Wer die Karibikküste hoch- und runterfährt, sieht in Lokalbussen immer wieder Mitglieder des Kogi-Volks mit Taschen voller Muschelschalen. Sie sammeln sie jedoch nicht zur Dekoration. Die Kogi in der Sierra Nevada de Santa Marta benutzen die Muscheln stattdessen für ihre heilige, ritualisierte Methode, Koka zu konsumieren, bekannt als *poporo*.

Wenn Kokablätter zu Kokain verarbeitet und in dieser Form geschnupft, geraucht oder injiziert werden, wirken die darin enthaltenen aktiven Alkaloide sehr stimulierend. Werden die Blätter jedoch nur gekaut, haben sie kaum Wirkung. Kaut man sie aber zusammen mit einer alkalischen Substanz, multiplizieren sich ihre aktiven Inhaltsstoffe und befähigen einen, meilenweit ohne Pause oder Essen zu marschieren, auch in großen Höhen – sehr praktisch, wenn man im höchsten Küstengebirge der Welt lebt.

Für den *poporo* werden Tausende von Muscheln, *caracucha* genannt, gesammelt, über einem Feuer geröstet und dann zu feinem Pulver zerrieben. Dieser Muschelkalk wird in einen ausgehöhlten Flaschenkürbis, *totuma*, aufbewahrt, der die Weiblichkeit symbolisiert. Männer erhalten solch ein Gefäß, wenn sie erwachsen werden.

Die Frauen dieser Stämme sammeln Kokablätter und trocknen sie, indem sie sie zusammen mit heißen Steinen in *mochilas* (kübelförmige, gewebte Umhängetaschen) füllen. Die Männer stopfen sich große Büschel Blätter in den Mund und tauchen ein Stäbchen in die *totuma*, um damit etwas Muschelkalk aufzunehmen, den sie dann vom Stäbchen absaugen. Die überschüssige Spucke-Pulver-Mischung wird außen auf den Flaschenkürbis gerieben, um ihn wachsen zu lassen – ein Symbol für Weisheit. Die Koka-Kalk-Mischung kauen die Kogi bis zu 30 Minuten lang. Durch den alkalisierten Speichel setzen die Kokablätter ihre aktiven Komponenten frei, wodurch die Konsumenten in leichten Kokainrausch fallen. Die Kogi glauben, dass der *poporo* Wissen einflößt – so, als würde man Bücher lesen oder Vorlesungen besuchen.

viel Auswahl haben. Eine Warnung: In manchen Straßen nördlich der Calle 10C sollte man nach Einbruch der Dunkelheit nicht mehr zu Fuß unterwegs sein.

The Dreamer
HOSTEL **$**

(☎ 433-3264; www.thedreamerhostel.com; Diagonal 32, Los Trupillos, Mamatoco; B ab 20 000 COP, DZ ab 70 000 COP; ✳🛜🌊) Die Zimmer dieses noblen, durchdacht gestalteten Hostels gruppieren sich um einen der besten Pools der Stadt. Sogar die Schlafsäle haben Klimaanlage, ein sauberes Gemeinschaftsbad und gute Betten. Dementsprechend ist die Unterkunft bei anspruchsvollen Reisenden sehr beliebt. Die italienischen Besitzer leiten auch die Küche – somit kann man sicher sein, dass auch das Essen fantastisch ist.

The Dreamer liegt etwas außerhalb der Stadt, aber ideal für Trips zur Ciudad Perdida, in den Parque Nacional Natural Tayrona, Minca und zu einigen der besseren Strände der Region. Man erspart sich hier einfach das in der Stadt herrschende Verkehrschaos, wann immer man irgendwohin möchte.

Drop Bear Hostel
HOSTEL **$**

(☎ 435-8034; www.dropbearhostel.com; Carrera 21 No 20-36; B mit Klimaanlage/Ventilator 28 000/22 000 COP, Zi. mit Klimaanlage/Ventilator 90 000/75 000 COP; ✳@🛜🌊) Die Unterkunft befindet sich zwar im ehemaligen Haus einer Drogenkartell-Familie, doch das helle, luftige Hostel ist alles andere als zwielichtig. Bei Interesse führt der australische Besitzer Gabe seine Gäste gern durchs ganze Haus. Er glaubt übrigens, dass noch irgendwo in den Mauern Geld versteckt ist ...

Das Drop Bear befindet sich zwar in einem etwas ungünstig gelegenen Stadtteil, doch die großen Zimmer, der tolle Pool und das supernette Flair sorgen dafür, dass Gäste immer wieder gerne wiederkommen. Das Taxi von hier ins Zentrum kostet 6000 COP.

Ein paar der privaten Zimmer, die seit ihrer Blütezeit in den 1980er-Jahren kaum verändert wurden, sind wirklich großartig, und manche Bäder größer als die meisten Hotelzimmer in Kolumbien.

Ein definitiv ungewöhnlicher Ort, an dem sich sowohl relaxen als auch Party machen lässt und der sicherlich jedem gefällt, der Charakter zu schätzen weiß.

Aluna
HOSTEL **$**

(☎ 432-4916; www.alunahotel.com; Calle 21 No 5-72; B 25 000 COP, EZ/DZ 70 000/90 000 COP, ohne Klimaanlage 50 000/70 000; ✳🛜) Das nette Aluna bietet gut proportionierte Schlaf-säle, gemütliche Zimmer und geräumige, luftige Gemeinschaftsbereiche. In der gut ausgestatteten Küche gibt es Schließfächer. Die beste Bücher-Tauschbörse der Küste lässt auf eine intelligente, belesene Klientel schließen. Besitzer Patrick hat in Paso del Mango ganz in der Nähe ein Anwesen, das ein wahres Paradies für Vogelbeobachter ist.

Wer mag, kann im Café im Erdgeschoss ein Frühstück einnehmen, das allerdings nicht im Übernachtungspreis enthalten ist.

★**Masaya**   BOUTIQUEHOSTEL **$$**
(☏ 423-1770; www.masaya-experience.com; Carre-ra 14 No 4-80; B 22 000–33 000 COP, Zi. inkl. Früh-stück 110 000–140 000 COP; ❋ @ ☎ ⊠) Das fa-belhafte Neumitglied in Santa Martas Hos-telszene ist schwerlich zu toppen! Ein altes Wohnhaus mitten in der Stadt wurde clever und stilvoll in ein mehrstöckiges Hostel ver-wandelt, das absolut preiswerte Schlafsäle und – für Reisende mit dickerem Geldbeu-tel – traumhaft schöne Privatzimmer bietet. Zudem gibt es eine gut besuchte Dachbar, drei Tauchbecken, eine große Freiluftküche und unzählige Angebote für Aktivitäten. Das Frühstück auf dem Dach kostet für Schlafsaalgäste 7500 COP extra. Das Perso-nal ist zuvorkommend und kompetent, das Flair großartig.

★**La Casa del Farol**   BOUTIQUEHOTEL **$$**
(☏ 423-1572; www.xarmhotels.com; Calle 18 No 3-115; Zi./Suite inkl. Frühstück ab 160 000/350 000 COP; ❋ ☎ ⊠) Das Boutiquehotel mit zwölf Gäste-zimmern in einem 1720 erbauten Haus wird von der energischen Sandra geführt, einer Spanierin aus Barcelona, die Santa Martas Hotelszene heimlich, still und leise revolu-tioniert hat.

Die großen Zimmer sind individuell de-koriert und nach Städten benannt, alle ha-ben alte Fliesenböden, hohe Decken und Dachbalken. Die Mitarbeiter sind unifor-miert und der Inbegriff an Höflichkeit. Die fantastische Dachterrasse bietet einen schö-nen Blick auf die Kathedrale und zahlreiche Sonnenliegen.

Sandra betreibt noch drei weitere stilvoll umgebaute Wohnhäuser im Stadtzentrum mit ähnlichen Preisen: das **Casa del Agua** (☏ 432-1572; www.lacasadelagua.com.co; Calle 18 No 4-09; ❋ ☎ ⊠), das **Casa del Arbol** (☏ 422-4817; www.lacasadelarbol.com.co; Calle 21 No 3-115; ❋ ☎ ⊠) und das **Casa del Piano** (☏ 423-1572; www.xarmhotels.com; Calle 19 No 4-76; ❋ ☎ ⊠).

La Brisa Loca   HOSTEL **$$**
(☏ 431-6121; www.labrisaloca.com; Calle 14 No 3-58; B mit /ohne Klimaanlage ab 35 000/20 000 COP, Zi. mit /ohne Bad 100 000/80 000 COP; ❋ @ ☎ ⊠) Das „Verrückte Lüftchen" ist bei jungen, fröhlichen Reisenden beliebt, die die rund 100 Betten des Hostels belegen. Es gibt Säle mit vier bis zehn Schlafplätzen sowie mehre-re Privatzimmer. Alle haben feste Matratzen, hohe Decken, schöne alte Fliesen und Spin-de, in denen die Gäste sogar ihre Handys in sicherer Verwahrung aufladen können, wäh-rend sie unterwegs sind. Der Mittelpunkt des Hostels ist die turbulente Bar mit netter Atmosphäre, Billardtisch und anzüglichen Cartoons an den Wänden. Kürzlich entstan-den zusätzliche Räume auf dem Dach, wo an Wochenenden große Partys steigen. An der Rezeption steht häufig die super hilfsberei-te Lola mit rasiermesserscharfem Witz und unschätzbaren Informationen über Santa Marta.

Casa Verde   HOTEL **$$**
(☏ 431-4122;   www.casaverdesantamarta.com; Calle 18 No 4-70; Zi. inkl. Frühstück 174 000 bis 232 000 COP, Suite 290 000 COP; ❋ ☎ ⊠) Ideal für jene Reisende, die der entspannte, aber aufmerksame Besitzer (der übrigens selbst hier wohnt) „Backpacker im Ruhestand" nennt: ein hübsches Haus mit sechs gut ge-stalteten, weiß getünchten Gästezimmern, Kieselwänden, eleganten Bädern und knis-ternder Bettwäsche. Wer im kühlen Pool bei der Lobby döst, fühlt sich geradezu wie ein römischer Kaiser.

✗ Essen

In Santa Marta wird mit das beste Essen an der Küste gekocht. Der Zuzug von latein- und nordamerikanischen Gastronomen hat die Speisekarten vereinfacht, man legt Wert auf ein schönes Ambiente, klassische Ge-richte und eine stilvolle Präsentation. Eine große Auswahl an Restaurants findet sich rund um den Parque de los Novios.

★**Ouzo**   MEDITERRAN **$$**
(☏ 423-0658; Carrera 3 No 19-29, Parque de los Novios; Hauptgerichte 17 000–38 000 COP; ⊙ Mo bis Sa 18–23 Uhr; ☎) Das Ouzo hat eine kurze, klassisch griechisch-italienische Speisekar-te mit hervorragenden Holzofenpizzas und eine gute Weinkarte. Der Oktopus wird zwei Stunden lang in Knoblauchbrühe gegart und dann über Kohlenglut scharf angebra-ten. Durch das clever geplante Interieur bleibt die Hitze in der Küche. Toller Service.

El Bistró
INTERNATIONAL $$

(Calle 19 No 3-68; Hauptgerichte 18 000 bis 30 000 COP; ⏱11–23 Uhr; 🛜) Das zauberhafte neue Restaurant am Parque de los Novios hat eine zweisprachige Speisekarte (alles ist auf Englisch übersetzt) mit Klassikern wie Tatar, Lammhüfte, Filet Mignon sowie einer Reihe köstlicher Gerichte mit Fisch und Meeresfrüchten. Die Portionen sind groß. Die Plätze auf dem Gehsteig eignen sich ideal zum Leutebeobachten.

Agave Azul
MEXIKANISCH $$

(☑431-6121; Calle 14 No 3-58; Hauptgerichte 18 000–25 000 COP; ⏱Mo-Sa Abendessen; 🛜) Okay, das hier ist nicht wirklich Mexiko. Aber wer in die perfekt zubereitete Tostada beißt, die mit dem zartesten Fleisch der Stadt, den süßesten, cremigsten Avocados und einem scharfen, knackigen Salat belegt ist, glaubt (zumindest kurz), dort zu sein. Alle Gerichte werden wunderbar präsentiert. Auch die Steaks sind ausgezeichnet.

Radio Burger
BURGER $$

(Parque de los Novios; Hauptgerichte 15 000 bis 25 000 COP; ⏱17–23 Uhr; 🛜) In dem witzigen kleinen Restaurant befand sich einst Santa Martas allererster Rundfunksender. Heute zollt man dieser Tatsache mit Burgern und unzähligen alten Radios Tribut. Die leckeren Burger kann man sich auch an Tischen direkt auf dem Platz schmecken lassen.

Tierra Negra
KOLUMBIANISCH $$$

(☑422-8421; www.tierranegra.co; Calle 15 No 1C-40, Parque Bolívar; Hauptgerichte 28 000 bis 50 000 COP; ⏱Mo-Sa 12–15 & 19–24 Uhr; 🛜) Das fabelhafte Lokal am oberen Ende einer bescheidenen Treppe an Santa Martas Hauptplatz ist nicht leicht zu finden. Es bietet schöne Räumlichkeiten (sowohl drinnen als auch im Freien) und ein einfallsreiches Speiseangebot mit Schwerpunkt auf Fisch und Meeresfrüchten. Es gibt auch eine imposante Auswahl an Fleisch wie das geschmorte Lamm in Pfirsichsauce. Tierra Negra zählt zu den besten Restaurants der Stadt.

🍸 Ausgehen & Nachtleben

Der Parque de los Novios dient als zwangloser Treffpunkt, bei dem Leute jeden Alters ein kühles Bierchen trinken, Freunde treffen, flirten und plaudern, ehe sie losziehen, um bis in den Morgen zu tanzen und zu feiern.

Crabs
BAR

(Calle 18 No 3-69; ⏱Mi-Sa 20–3 Uhr) Eine ständig volle Bar mit Billardtisch, Raucherterrasse, Bier und Drinks zu ordentlichen Preisen sowie Videoclips, die die obskureren Monsters of Rock feiern.

La Puerta
CLUB

(Calle 17 No 2-29; ⏱Di & Mi 18–1, Do–Sa 18–3 Uhr) Hier mustern sich Studenten und Gringos gegenseitig und betrinken sich fröhlich nach harmloser kolumbianischer Art. Soca, Salsa, House, Hip-Hop und Reggae heizen auf der rammelvollen Tanzfläche ein. Die kräftigen Ventilatoren lassen die Tanzenden gar dramatisch windumtost und noch attraktiver aussehen – vor allem nach einer halben Flasche *aguardiente*.

ℹ️ Praktische Informationen

4-72 (☑421-0180; Calle 22 No 2-08; ⏱Mo-Fr 8–12 & 14–18, Sa 8–12 Uhr) Postamt.

Aviatur (☑423-5745; www.new.aviatur.com; Calle 15 No 3-20; ⏱Mo-Fr 8–12 & 14–16 Uhr) Übernimmt die Reservierungen für den genehmigungspflichtigen Campingplatz und die nobleren Unterkünfte (Ecohabs) im Parque Nacional Natural Tayrona.

Fondo de Promoción Turística de Santa Marta (☑422-7548; Calle 10 No 3-10, El Rodadero; ⏱Mo-Fr 8–12 & 14–18, Sa 8–12 Uhr) Santa Martas Touristenbüro bietet Reisenden die besten Informationen.

Policía Nacional (☑421-4264; Calle 22 No 1C-74)

ℹ️ An- & Weiterreise

BUS

Der Busbahnhof befindet sich am südöstlichen Stadtrand. Von der Carrera 1C im Zentrum fahren regelmäßig Minibusse dorthin, die Taxifahrt kostet 6000 COP.

Die großen Busunternehmen bieten tägliche Verbindungen in folgende Städte:

Barranquilla 12 000 COP, 2 Std., stündl.

Bogotá 80 000 COP, Fahrzeit 18 Std.

Cartagena 25 000 COP, 4 Std., bis 17.30 Uhr stündl.

Medellín 110 000 COP, 15 Std.

Zudem fahren bis 17 Uhr alle 30 Minuten Busse nach Riohacha (20 000 COP, 2½ Std.) mit Weiterfahrt nach Maicao (25 000 COP, 4 Std.), der letzten kolumbianischen Stadt vor der venezolanischen Grenze. Hier kann man in Busse nach Maracaibo (Venezuela) umsteigen. In Maicao sollten sich Reisende nicht zu lange Zeit außerhalb der Busstation aufhalten – die Stadt ist zwar viel sicherer geworden, aber noch immer das Verteilerzentrum für Schmuggelware aus Venezuela.

Es gibt außerdem täglich sechs Direktverbindungen nach Tolú (50 000 COP, 7 Std.) und drei nach Bucaramanga (80 000 COP, 9 Std.).

Auch vom Marktplatz in Santa Marta, in der Calle 11 und der Carrera 12 (nur einen kurzen Fußmarsch vom Zentrum entfernt), fahren Busse ab.

FLUGZEUG

Der Flughafen liegt 16 km südlich der Stadt an der Straße von Barranquilla nach Bogotá. Stadtbusse mit der Aufschrift „El Rodadero Aeropuerto" fahren von der Carrera 1C in 45 Minuten zum Flughafen. Angeflogen werden u. a. Bogotá und Medellín.

Avianca (☎ 421-4018; www.avianca.com; Carrera 2A No 14-47; ⊙ Mo–Fr 8–18, Sa 9–13 Uhr)
Viva Colombia (www.vivacolombia.org; im Flughafen)

Minca

☎ 5

Minca liegt in 600 m Höhe in der Sierra Nevada, ein kleines Bergdorf, das für organisch angebauten Kaffee und – vielleicht noch wichtiger – für seine weit milderen Temperaturen als das stickige Santa Marta berühmt ist. Minca ist eine gute Ausgangsbasis für Mountainbiketouren, für Vogelbeobachtungen und Wanderungen in der Sierra Nevada. Es gibt viel frische Bergluft, mehr als 300 Vogelarten und grandiose Ausblicke.

Das hübsche Dorf hat sich in den letzten Jahren zu einem beliebten Reiseziel entwickelt. Rucksackreisende erholen sich hier von der tropischen Hitze im Tiefland.

🏃 Aktivitäten

Die beliebtesten Aktivitäten der Urlauber hier sind die Vogelbeobachtung und das Mountainbiken.

Marcos Torres López VOGELBEOBACHTUNG
(☎ 314-637-1029; marcostorres92@yahoo.com. co) Marcos spricht zwar kein Englisch, hat aber das schärfste Auge aller Guides in Minca. Auf seine Ausflüge zum Vogelbeobachten begleiten ihn inzwischen Vogelliebhaber aus der ganzen Welt. Für einen Tagesausflug nach El Dorado inklusive Mittagessen und Transport verlangt er gerade einmal 150 000 COP.

Francisco Troncoso VOGELBEOBACHTUNG
(☎ 422-0500, 317-851-3155; francisco_troncoso@ hotmail.com) Francisco Troncoso ist ein renommierter, Englisch sprechender Guide für Hobbyornithologen. Seine Ausflüge kosten 205 000 COP am Tag, mit Transport 325 000 COP.

Jungle Joe Minca Adventures TOUREN
(☎ 317-308-5270; www.junglejoeminca.com) Joe Ortiz organisiert Autoreifen- oder Kanufahrten auf dem Wasser, Ausritte, Abseil-, Mountainbike- und Vogelbeobachtungstouren. Er spricht Englisch und ist so zuvorkommend, dass seine ehemaligen Kunden in den höchsten Tönen von ihm schwärmen.

Lucky Tours MOUNTAINBIKING
(☎ 310-397-5714) Die auf Mountainbikefahrten spezialisierte Agentur im Tienda Café de Minca leitet Andrés, der seine Kunden auf hervorragende Fahrten mitnimmt. Bei der „Kraken"-Tour radelt er mit ihnen durch elf verschiedene Ökosysteme, eine weitere Weltklasse-Route ist die „Clockwork Orange"-Strecke.

Fidel Travels TOUREN
(☎ 311-683-2099; www.fideltravels.com) Fidel Travels hat gleich neben der Kirche sein Büro und bietet Ausflüge zur Vogelbeobachtung, Besuche auf der Kaffeefarm La Victoria und Fahrten zum El Pozo Azul, einem phänomenalen Badeplatz, an.

🛏 Schlafen & Essen

In Minca gibt es Pensionen und kleine Hotels zuhauf, die Zimmersuche dürfte also kein Problem sein.

★ Casa Elemento FERIENANLAGE $
(☎ 313-587-7677, 311-655-9207; www.casaelemento.com; oberhalb von Minca; B 25 000 COP, DZ ab 70 000 COP; 🛏) Die Casa Elemento befindet sich im wahrsten Sinn hoch über Minca: Schon der Weg zu diesem fantastischen Ort ist ein Abenteuer und sorgt dafür, dass sich nur die wirklich Unerschrockenen auf den Weg dorthin machen.

Die von einem internationalen Team betriebene Unterkunft hat eine unglaubliche Lage mit spektakulärem Blick und ist der perfekte Platz, um für ein paar Tage der Welt zu entfliehen. Von Minca ist man mit dem Motorradtaxi (15 000 COP) in 30 Minuten oben. Die Unterbringung ist einfach und im Hostel-Stil gehalten, es gibt einen kleinen Pool, Toiletten mit Blick in den Urwald und ein betriebsames Restaurant mit Bar.

Im Zentrum des Interesses steht eine riesige Hängematte, in der ein Dutzend Personen bequem Platz finden, um Drinks und die Aussicht zu genießen. Zwischen den Bäumen sind Seilbrücken und Plattformen angebracht – perfekt zum Beobachten der Vogelwelt.

Der mangelnde Handyempfang fördert die Geselligkeit der Gäste, deren Hauptbeschäftigung ansonsten im Abschalten und Relaxen besteht. Wer will, kann nach Minca hinuntermarschieren, den Weg hoch sollten nur wirklich gut Trainierte zu Fuß gehen.

Casa Loma
HOTEL $

(☎ 313-808-6134; www.casalomaminca.com; Hängematte 15 000 COP, Zi. ohne Bad ab 65 000 COP) Die rustikale Casa Loma auf dem Hügel hinter der Kirche wirkt wie ein einziges gigantisches Baumhaus. Sie bietet wunderbare Blicke ins Tal sowie ein junges, nettes Management-Team. Alle Zimmer haben Moskitonetze und sehen wohl so aus, wie man sich mit zwölf sein künftiges Domizil erträumt hat. Das *Mirador*-Zimmer mit seinem fabelhaften Balkon ist kaum zu toppen.

Es gibt ein italienisches Restaurant, und weiter den Hügel hoch steht ein neues Haus mit ein paar Ferienwohnungen.

Hotel Minca
HOTEL $$

(☎ 317-437-3078; www.hotelminca.com) Dieses Haus mit 13 Gästezimmern kommt in Minca einem formellen Hotel noch am nächsten. Die großen, einfachen Zimmer befinden sich in einem im Kolonialstil gehaltenen Gebäude, das früher ein Kloster war und von dichter Vegetation umgeben ist.

Das Frühstück auf dem Balkon wird von einem unglaublichen Spektakel begleitet, wenn Hunderte von Kolibris heranfliegen, um aus den Behältern mit Zuckerwasser zu naschen, die das Personal extra für sie aufgehängt hat.

Lazy Cat
INTERNATIONAL $

(Calle Principal Diagonal; Hauptgerichte 12 000 bis 20 000 COP; ⊙ Sa–Do 12–22 Uhr, Dez.–Feb. ab 8 Uhr; ☎) Das von einem englisch-kolumbianischen Paar geführte Lokal mitten im Ort ist ein Favorit unter Rucksackreisenden. Hier werden Quesadillas, Salate, Gourmetburger und ein grandioser Mango-Käsekuchen serviert. Es gibt einen Balkon mit Blick über das Tal, und die namengebenden faulen Katzen sieht man tatsächlich meistens irgendwo dösen. Das Frühstück kostet in der Hauptsaison 8000 COP.

★ Casa d'Antonio
SPANISCH $$$

(☎ 312-342-1221; www.hotelrestaurantecasadantonio.com; Hauptgerichte 22 000–58 000 COP; ⊙ Mittag- & Abendessen; ☎) Fünf Gehminuten von Mincas Ortszentrum entfernt steht dieses zauberhafte Haus, in dem Antonio aus Málaga leckere spanische Meeresfrüchtegerichte zubereitet – beispielsweise *paella de mariscos* (für 2 Pers. 48 000 COP) oder *pulpo a la gallega* (Oktopus auf galizische Art). Gespeist wird auf der Veranda. Ein Muss ist der köstliche Zitronenkuchen.

Antonio bietet auch günstige Unterkünfte (pro Pers. 35 000 COP) an. Der Weg hinter dem Hotel Minca den Hügel hoch führt zu seiner Casa.

❶ An- & Weiterreise

Colectivos (mittelgroße Busse) und Sammeltaxis (7000 COP, 45 Min.) nach Minca fahren in Santa Marta vor dem Markt an der Ecke Calle 11 und Carrera 12 ab. Schneller und dabei nicht kostspieliger sind *mototaxis*, die jedoch in Yucal, einem Ortsteil am Stadtrand Santa Marta, losfahren. Das bedeutet, dass man fürs Taxi vom Zentrum nach Yucal bereits 6000 COP berappen muss.

Taganga
☎ 5 / 5000 EW.

Taganga ist ein abschreckendes Beispiel für die Überentwicklung kleiner Ortschaften. Das einst winzige Fischerdorf in einer schönen, tief eingeschnittenen, hufeisenförmigen Bucht liegt rund 5 km nordöstlich von Santa Marta. Vor rund zehn Jahren hat es anscheinend den Jackpot geknackt, als es zu einer bedeutenden Backpacker-Destination wurde. In der Folge lockte es viele Kolumbianer und Ausländer an, für die zahlreiche Hostels und Restaurants der mittleren Preisklasse sowie andere Läden errichtet wurden. Das Geschäft boomte, aber kaum einer der Einheimischen bekam etwas vom großen Kuchen ab. Als Folge wurden den Rucksackreisenden Drogen verkauft, was die Dorfbevölkerung noch weiter gesellschaftlich spaltete.

In den letzten Jahren hat sich Taganga vom nahezu obligatorischen Stopp auf dem „Gringo Trail" zu einem eher deprimierenden Ort entwickelt, der teilweise aussieht, als hätte eine Bombe eingeschlagen. Es gibt viele Notleidende, die Straßen sind nach Einbruch der Dunkelheit unsicher, und das Dorf wirkt zusehends zweigeteilt. Dennoch kommen nach wie vor ein paar Urlauber, die hier billig unterkommen, Party machen und zum Tauchen gehen wollen, und jene, die das Dorfflair – im Gegensatz zum Stadtleben im nahen Santa Marta – zu schätzen wissen.

Der Strand ist schmutzig und lädt nicht gerade zum Baden ein, aber die Strände des Parque Nacional Natural Tayrona sind mit

ARACATACA: MAGIE & WIRKLICHKEIT

Willkommen in Macondo! Laut Einheimischen, Landkarten, Busfahrer und Regierungsbeamten heißt der Ort in Wirklichkeit Aracataca, auch entschieden sich die Anwohner 2006 in einem Referendum gegen eine Umbenennung. Aber jeder, der Gabriel García Márquez' Meisterwerk *Hundert Jahre Einsamkeit* gelesen hat, weiß wahrscheinlich, dass die Geburtsstadt des Schriftstellers das Vorbild für seine fiktive Stadt Macondo war, die in dem Roman so wunderbar beschrieben wird.

Zwar sind Cartagena und Mompóx die wichtigsten Orte in Kolumbien, die mit Gabriel García Márquez assoziiert werden – das prächtige Mompóx sieht heute sogar fast so aus wie das fiktive Macondo –, doch Aracataca ist ein Muss für jeden echten Márquez-Fan. Die in weiten Teilen moderne Stadt hat in Sachen Atmosphäre oder Architektur wenig zu bieten, dafür steht hier die interessante **Casa Museo Gabriel García Márquez** (☑5-425-6588; Carrera 6 No 5-46; ☺ Di–So 8–13 & 14–17 Uhr) GRATIS mit einer guten Ausstellung.

Das Museum befindet sich in einem Nachbau des Geburtshauses des Schriftstellers, in dem er 1927 zur Welt kam – das Originalhaus wurde von der Familie verkauft und schon vor Jahrzehnten abgerissen. Das heutige Gebäude ist also nur eine Kopie, die aber mit viel Liebe zum Detail eingerichtet wurde. In jedem Zimmer stehen Tafeln, auf denen Szenen aus Marquéz' Büchern beschrieben sind, die ebendort spielen und die Verbindung des Hauses mit dem Werk des Autors verdeutlichen.

Reisende können auf eigene Faust vom Marktplatz in Santa Marta mit dem Bus nach Aracataca fahren (80 000 COP, 1½ Std.). Oder sie schließen sich einer der empfehlenswerten Touren von **Darlis Contreras** (☑300-343-7366) an. Sie spricht zwar nur Spanisch, führt ihre Gäste aber durch die gesamte Stadt und verweist auf Plätze, die mit Gabriel García Márquez in Verbindung stehen.

Booten schnell erreicht, und das Tauchen ist noch immer preisgünstig.

Unserer Meinung nach sind Reisende in Santa Marta, im Nationalpark Tayrona oder in Minca weit besser aufgehoben, aber immerhin gibt es hier zwei exzellente Restaurants, und für manche mag ja Tagangas Vibe genau das Richtige sein.

🏃 Aktivitäten

Taganga ist ein beliebtes Tauchrevier mit vielen Tauchschulen, die Kurse und Tauchfahrten anbieten. Viertägige Open-water-PADI-Kurse kosten zwischen 600 000 und 750 000 COP. Leider gibt es aber auch viele schlechte Anbieter.

Aquarius Diving Club　　　　TAUCHEN
(☑422-2263; www.aquariusdivingclub.com; Calle 13 No 2-06) Das Fünf-Sterne-PADI-Tauchzentrum mitten im Ort verlangt für Ausflüge mit zwei Tauchgängen 150 000 COP und für All-inclusive-Fahrten aufs offene Meer 650 000 COP.

Poseidon Dive Center　　　　TAUCHEN
(☑421-9224; www.poseidondivecenter.com; Calle 18 No 1-69) Bei der gut ausgerüsteten, professionellen Tauchschule kosten Open-water-Kurse 720 000 COP.

👉 Geführte Touren

In Sachen Ausflüge in die Ciudad Perdida ist Taganga noch immer beliebt und durchaus wettbewerbsfähig.

Expotur　　　　TOUREN
(☑421-9577; www.expotur-eco.com; Calle 18 No 2A-07) Die Niederlassung dieser hervorragenden Agentur mit Hauptsitz in Santa Marta bietet Ausflüge zur Ciudad Perdida, nach La Guajira und in den Parque Nacional Natural Tayrona an, außerdem Mountainbiketouren und Fahrten mit Schwerpunkt auf der Vogelbeobachtung.

Magic Tour　　　　TOUREN
(☑317-679-2441, 421-9429; www.magictourcolombia.com; Calle 14 No 1B-50) 🚶 Das renommierte Tourunternehmen mit Zentrale in Santa Marta betreibt in Taganga eine Filiale für Ausflüge nach Ciudad Perdida, nach La Guajira und in den Nationalpark Tayrona.

Turcol　　　　TOUREN
(☑421-9027; www.turcoltravel.com; Calle 19 No 5-40) Die Firma Turcol ist einer der ältesten Veranstalter mit Wanderungen zur Ciudad Perdida, bietet aber auch Ausflugsfahrten in den Nationalpark Tayrona und nach La Guajira an.

🛏 Schlafen

Casa de Felipe
HOSTEL $

(☑ 316-318-9158, 421-9120; www.lacasadefelipe.com; Carrera 5A No 19-13; B 20 000–23 000 COP, EZ/DZ ab 50 000/60 000 COP, Apartment 100 000 COP; @🛜) Das Hostel unter französischer Leitung ist die beste günstige Unterkunft im Ort. Es ist auch sehr gut abgesichert, bei Dunkelheit sollte man aber dennoch ein Taxi dorthin nehmen. In dem attraktiven Haus inmitten üppiger Gärten oberhalb der Bucht gibt es hervorragendes Personal, schöne Zimmer, eine gute Bar, eine Küche, Kabelfernsehen, zahlreiche Hängematten, ein exzellentes Frühstück und eine fröhliche Gästeschar aus aller Welt.

Divanga
PENSION $$

(☑ 421-9092; www.divanga.com; Calle 12 No 4-07; B 32 000–44 000 COP, EZ/DZ pro Pers. inkl. Frühstück ab 74 000/94 000 COP; 🛜🏊) Im Divanga, einem weiteren stimmungsvollen Hotel in französischer Hand, schmückt einheimische Kunst die Wände und Türen der Zimmer, die sich fast alle um einen Pool gruppieren. Auf der Dachterrasse mit Bar weht immer eine angenehme Meeresbrise. Hier geht es weniger fröhlich-lautstark zu als in der Casa de Felipe – wem Ruhe wichtig ist, der sollte also hier übernachten.

🍴 Essen

In Taganga gibt es zwei hervorragende Restaurants sowie zahlreiche billige Speiselokale am Meer.

★ Babaganoush
INTERNATIONAL $$

(Carrera 1C No 18-22; Hauptgerichte 15 000 bis 25 000 COP; ⊙ Mi–Mo 12–23 Uhr; 🕿) Das gemütliche Dachrestaurant bietet tolle Aussicht über die Bucht sowie ein vielseitiges Speiseangebot, das etliche Gäste immer wieder hierher lockt. Zu empfehlen sind etwa die exzellente Kürbissuppe, das perfekt gegarte Filet Mignon oder das grandiose grüne Thai-Curry. Das Lokal befindet sich auf dem Hügel an der Straße Richtung Santa Marta.

Pachamama
FRANZÖSISCH $$

(☑ 421-9486; Calle 16 No 1C-18; Hauptgerichte 15 000–30 000 COP; ⊙ Mo–Sa 18–23 Uhr; 🕿) Das Pachamama befindet sich auf einem kleinen ummauerten Gelände in einer ruhigen Seitenstraße. Das Restaurant im Tiki-Stil hat ein herrlich relaxtes Flair und schaut wie eine Indoor-Strandbar aus. Aber so leger es auch ist: Der französische Küchenchef hat eine der kreativsten Speisekarten an der Küste zusammengestellt. Die Langusten in Speck und Estragon sind sensationell, und das Thunfisch-Carpaccio ist schlicht perfekt.

ℹ Praktische Informationen

In den letzten Jahren ist Taganga merklich unsicherer geworden. Reisende sollten zu jeder Tageszeit auf der Hut sein und die Hauptstraßen nicht verlassen, wenn sie allein unterwegs sind. Auch wenn die Playa Grande nur 15 Gehminuten vom Ort entfernt liegt, sollte man nicht zu Fuß hingehen – schon am helllichten Tag wurden hier Leute ausgeraubt. Nach Einbruch der Dunkelheit sollte man generell ein Taxi nehmen, egal wohin man will.

In Taganga gibt es nur einen Geldautomaten, und der ist ständig defekt oder leer. Die nächsten verlässlichen Geldautomaten befinden sich in Santa Marta.

Parque Nacional Natural Tayrona

Die Touristeninformation liegt direkt am Strand, gleich am Ortsanfang an der Hauptstraße.

ℹ An- & Weiterreise

Taganga ist leicht zu erreichen. Von den Carreras 1C und 5 in Santa Marta fahren regelmäßig Minibusse dorthin (1500 COP, 15 Min.). Ein Taxi kostet 10 000 COP.

Von Taganga verkehrt täglich ein Boot von der Touristeninformation nach Cabo San Juan del Guía im Parque Nacional Natural Tayrona. Es fährt um 11 Uhr los und kehrt um 16 Uhr zurück. In der Hauptsaison fährt das Boot dreimal täglich. Die einfache Fahrt dauert 1 Stunde und kostet 45 000 COP. Gleich bei der Ankunft in Cabo San Juan ist übrigens der Parkeintritt zu entrichten (Erw./Stud. und Pers. unter 26 Jahre 38 000/7500 COP).

Parque Nacional Natural (PNN) Tayrona

🎵 5 / 5000 EW.

Der Parque Nacional Natural Tayrona, einer der beliebtesten Nationalparks des Landes, umschließt die Karibikküste am Fuß der Sierra Nevada de Santa Marta in einer urwaldartigen Umarmung. Der Park erstreckt sich von der Bahía de Taganga bei Santa Marta die Küste entlang bis zur Mündung des Río Piedras (35 km weiter östlich) und bedeckt rund 12 000 ha Land und 3000 ha Meer. Die landschaftliche Vielfalt reicht von Sandstränden an der Küste im Norden bis zum Regenwald auf 900 m Höhe am südlichen Rand des Parks. Ganz im Westen ist es trocken, hier bestimmen hellbraune Hügel und an extreme Trockenheit angepasste Pflanzen das Bild. Der mittlere und der

östliche Abschnitt des Parks sind feuchter und fruchtbarer und größtenteils von Regenwald bedeckt. Die regenreichsten Monate sind der Mai und der Juni sowie die Zeit zwischen September und November. Im Nationalpark leben mindestens 56 gefährdete Tierarten, die meisten außer Sichtweite des Menschen tief im Wald.

Die Region war einst die Heimat der Tairona, von denen Archäologen im Park einige Hinterlassenschaften entdeckt haben. Am bedeutendsten sind die Ruinen der präkolumbischen Stadt Pueblito (in der Sprache der Tairona Chairama), die vermutlich eine der größten Siedlungen der Tairona war. Hier grub man Überreste von über 500 Wohnstätten aus, in denen schätzungsweise einst um die 4000 Menschen lebten.

Für viele Besucher sind die herrlichen Strände die größte Attraktion des Parks. Die Sandstrände mit Schatten spendenden Kokospalmen liegen an tief eingeschnittenen Buchten vor schöner Bergkulisse. Aufgrund der heftigen Strömungen ist jedoch an den meisten Stränden das Schwimmen nicht möglich, nur an ein paar wenigen Abschnitten kann man – aber mit großer Vorsicht! – baden und schnorcheln.

Die roten Flaggen sind unbedingt zu beachten: Wo immer sie zu sehen sind, ist das Meer generell zu meiden. Alljährlich ertrinken viele leichtsinnige Schwimmer, die Warnungen missachten. Die Schnorchelausrüstung kann man im Park ausleihen. Insektenschutz ist absolut notwendig, außerdem sollte man in der Gegend vor Schlangen auf der Hut sein.

Was weiterhin bei der Planung zu bedenken ist: In der Hauptsaison kommen Unmengen von (einheimischen) Touristen in den Park. Die bei Weitem beste Zeit für einen Besuch ist daher die Nebensaison von Februar bis November. Zu allen anderen Zeiten vergeht einem angesichts der Horden von Besuchern der Spaß am Besuch.

⊙ Sehenswertes

Der Nationalpark Tayrona hat mehrere Tore, an denen der Eintritt (Erw./Pers. bis 26 J./ Stud. 38 000/7500/7500 COP) bezahlt wird. Die Eintrittskarte gilt einen ganzen Tag; es ist aber durchaus möglich, bis 17 Uhr am Tag des Kaufs den Park zu verlassen und ihn an einem anderen Eingang wieder zu betreten. An den Eingängen wird man eventuell auf Alkohol und Glasflaschen durchsucht, die Mitnahme ist im Park verboten.

Der Osten mit den meisten Attraktionen und Besuchereinrichtungen ist mit Abstand der beliebteste und meistbesuchte Teil des Parks. Die wichtigste Zufahrt ist **El Zaíno**, der Zugang liegt an der Küstenstraße in Richtung Riohacha 34 km östlich von Santa Marta. Von dort führt eine 4 km lange geteerte Straße gen Nordwesten nach **Castilletes**, dem längsten Strand des Parks. Hier gibt es auch die erste Übernachtungsmöglichkeit. Ein Lieferwagen ist ständig auf der Strecke unterwegs und verlangt für die Mitfahrt nur 2000 COP.

Ein paar Kilometer die Straße hinab liegt, ebenfalls am Meer, **Cañaveral**. Hier gibt es einen Campingplatz, noble Cabañas und ein Restaurant. Die Strände sind sehr schön – goldfarben, mit klarem blauem Wasser –, allerdings ohne Schatten. Das Baden kann aufgrund der tückischen Strömungen gefährlich sein.

Die meisten Besucher gehen von Cañaveral zu Fuß ins 45 Minuten westlich gelegene **Arrecifes**, wo sie günstige Unterkünfte und Restaurants vorfinden – inzwischen sind dies die preisgünstigsten und bestgeführten im Park. Die Strömungen sind hier genauso gefährlich wie in Cañaveral, aber in der Nähe gibt es einige sichere Strände. Wer von Cañaveral nicht nach Arrecifes laufen möchte, kann sich ein Pferd ausleihen (einfache Strecke 20 000 COP).

Von Arrecifes aus sind es zehn Gehminuten bis nach **La Aranilla**. Die herrliche, winzige Bucht mit körnigem Sand wird von massiven Findlingen gesäumt, im Wasser glitzert Katzengold. Wer den Strand entlang in Richtung Nordwesten geht, erreicht nach 20 Minuten **La Piscina**, eine tief eingekerbte Bucht mit ruhigem Wasser. Hier ist das Schwimmen und Schnorcheln gefahrlos möglich.

Eine weitere 20-minütige Wanderung führt zum **Cabo San Juan del Guía**, einem schönen Kap mit tollem Strand. Das Kap ist die bei Weitem meistfrequentierte Gegend im gesamten Park. Es gibt ein Restaurant und einen Campingplatz. In einem Holzgebäude auf einem Felsen mitten am Strand locken Hängematten zu einer sehr stimmungsvollen Nacht unterm Sternenzelt.

Vom Kap führt ein reizvoller Weg hoch nach **Pueblito**, mit schönem Blick auf den herrlichen tropischen Regenwald. Pueblito liegt zwar nur gut eine Stunde entfernt, der Weg bergauf ist aber anstrengender als andere Wege im Park – zumeist führt er über große Steine. Die Wanderung ist nicht ein-

fach, und wenn es regnet oder viel Gepäck transportiert werden muss, sollte man besser darauf verzichten. Von Pueblito ist außer kleinen Resten von Steinwegen und Hausfundamenten nicht viel erhalten geblieben, aber der Besuch lohnt sich dennoch, vor allem für all diejenigen, die keine Wanderung zur Ciudad Perdida planen.

Von Pueblito aus führt ein Weg weiter gen Südwesten nach Calabazo an der Hauptstraße. Nach fünf Minuten teilt sich der Weg: rechts geht es runter zur **Playa Brava**.

Weitere Parkeingänge befinden sich beispielsweise in **Palangana**, von wo man mit dem eigenen Wagen über eine holprige Straße nach **Bahía Neguange** gelangt. Von dort fahren Boote zur nahe gelegenen **Playa Cristal**, einem wunderschönen Palmenstrand mit mehreren Fischrestaurants, in denen man sich nach dem Baden mit frischem Fisch und einem kühlen Bier stärken kann. Die Hin- und Rückfahrt kostet 70 000 COP pro Boot – am besten vereinbart man mit dem Kapitän einen Zeitpunkt für die Rückfahrt; die Boote fahren ständig hin und her.

🛏 Schlafen & Essen

Castilletes, der erste Ort nach dem Parkeingang El Zaíno, bietet einen Campingplatz mit Meerblick. Während Cañaveral als bevorzugter Urlaubsort der Gutsituierten gilt, ist Arrecifes bei Familien und Leuten, denen Ruhe und saubere Bäder wichtig sind, beliebt. In Cabo San Juan del Guía sind die meisten Rucksackreisenden anzutreffen.

🛏 Castilletes

Camping Castilletes　　CAMPINGPLATZ **$**
(☎ 313-653-1830; www.campingcastilletespnn
tayrona.blogspot.com; Stellplatz/Zelt pro Pers.
15 000/25 000 COP) Der Zeltplatz liegt an einem 1,5 km langen Strand, der zugleich der bevorzugte Nistplatz der Schildkröten im Park ist. Das Baden ist gefahrlos im September und Oktober möglich (den Rest des Jahres sollten hier nur trainierte Schwimmer ins Wasser gehen). Wer das Gepäck abstellen und sich ausschlafen möchte, trifft hier eine gute Wahl.

🛏 Cañaveral

Campingplatz　　CAMPINGPLATZ **$**
(Stellplatz pro Pers. 15 200 COP) Der Campingplatz liegt direkt neben den Pferdeställen, weshalb nichts von der tropischen Meeresbrise zu spüren ist. Betrieben wird er von

der Agentur Aviatur, in deren Niederlassungen in Santa Marta (S. 164) und Bogotá Stellplätze reserviert werden können. Man kann aber auch einfach vorbeischauen, allerdings nur mit eigenem Zelt.

Ecohabs   HÜTTEN $$$
(📞 344-2748; 4-Pers.-Cabaña inkl. Frühstück ab 642 000 COP; 🛜) Die luxuriösen Cabañas befinden sich fünf Gehminuten vom Parkplatz entfernt, der das Ende der befahrbaren Straße im Nationalpark markiert. Jede der zweistöckigen, in der Tairona-Bauweise gestalteten Hütten verfügt über eine Minibar, eine große schattige Terrasse, kleine Flachbildfernseher und eine spektakuläre Aussicht. Mit Abstand der hübscheste Platz zum Übernachten, aber leider überteuert.

🛏 Arrecifes

Camping Don Pedro   CAMPINGPLATZ $$
(📞 317-253-3021, 315-320-8001; campingdonpedro@hotmail.com; Hängematte 12 000 COP, Stellplatz pro Pers. mit/ohne Mietzelt 14 000/12 000 COP, Cabaña inkl. Frühstück 100 000 COP) Von den drei Möglichkeiten zum Schlafen und Essen in Arrecifes ist dies die beste. Der Platz ist über einen 300 m langen Pfad erreichbar, der direkt vor Arrecifes vom Hauptweg abzweigt.

Das weitläufige Gelände ist gepflegt und dicht mit Obstbäumen bestanden. Den Gästen stehen Kochgelegenheiten zur Verfügung. Hervorragend zubereitete Mahlzeiten, z. B. mit sehr gutem Fisch, kosten im Schnitt auch nur 12 000 COP. Alle Gäste werden herzlich empfangen.

Yuluka   CAMPINGPLATZ $$$
(📞 344-2748; www.aviatur.com; Hängematten 30 000 COP, Stellplatz pro Pers. 15 000 COP, 6-Pers.-Cabaña inkl. Frühstück ab 432 000 COP) Der Platz ist mit Abstand die beste Option für Camper, die hier Sanitäreinrichtungen auf 5-Sterne-Niveau und ein Gourmet-Restaurant vorfinden (in dem das Hauptgericht schon mal mehr als eine Übernachtung kosten kann). Die Hütten für bis zu sechs Personen sind hochwertig ausgestattet, haben aber keinen Meerblick. Eine Reservierung über Aviatur in Santa Marta (S. 164) ist obligatorisch – spontan anzureisen geht nicht.

🛏 Cabo San Juan del Guía

Camping Cabo San Juan del Guía   CAMPINGPLATZ $$
(📞 314-385-2546, 312-604-2941; www.cecabosanjuandelguia.com.co; Stellplatz 15 000 COP, Hänge-

matte mit/ohne Aussicht 25 000/20 000 COP, Zi. 150 000 COP) Die meisten Backpacker landen auf diesem Campingplatz, auf dem es in der Hauptsaison zugeht wie auf einem Musikfestival. Zur Anlage gehören zwei wunderschöne Badestrände und ein Restaurant. Für 25 000 COP kann man im *mirador* auf einem Felsen über dem Strand in einer Hängematte schlafen – die grandiose Sicht auf das Meer, die umliegenden Strände und Berge sind im Preis enthalten. Ganz oben im *mirador* gibt es zusätzlich noch zwei Doppelzimmer.

🛏 Playa Cristal

Estadero Doña Juana   FISCH & MEERESFRÜCHTE $$
(Hauptgerichte 20 000–40 000 COP; ⏱ Nebensaison 11–16 Uhr, Hauptsaison 7–16 Uhr) Von Bahía Neguange fahren Boote hinüber zur herrlichen Playa Cristal (früher als Playa del Muerto – Strand der Toten – bekannt; kein Wunder, dass man sich für eine Namensänderung entschied). Dort steht Doña Juanas provisorisch wirkendes Strandrestaurant. Die Gäste werden in die Küche geführt und dürfen sich einen Fisch aussuchen, der 20 Minuten später lecker zubereitet auf den Tisch kommt.

🛏 Los Naranjos

★ Finca Barlovento   HOTEL $$$
(📞 313-293-6733; http://barloventotayrona.com; EZ/DZ 250 000/270 000 COP) Der allerschönste Übernachtungsplatz in dieser Gegend – vielleicht sogar in ganz Kolumbien – befindet sich direkt am Nationalpark Tayrona an der Playa Los Naranjos. In der atemberaubenden Landschaft, in der der Río Piedras aus der Sierra Nevada hervorbricht und sich in die Karibik ergießt, klammert sich ein architektonisch einzigartiges Haus an einen Felsen. Die Finca Barlovento bietet Freiluftbetten auf Terrassen über dem Meer – direkt unter den Matratzen brechen sich die Wellen! Hervorragend ist aber auch das Essen aus dem hoteleigenen Restaurant.

Palomino
📞 5 / 4000 EW.

Palomino macht bei der Durchfahrt auf dem Highway zwischen Santa Marta und Riohacha nicht viel her, aber auf der einen Seite des bebauten Gebiets versteckt sich einer der perfektesten Strände ganz Kolumbiens, und auf der anderen Seite erheben sich die dramatischen Berge der Sierra Nevada, die das Wayúu-Volk noch immer vor Außenstehenden abschirmen will. Palomino ist eine großartige Ausgangsbasis, um sowohl Strand als auch Berge zu erkunden. Es gibt viele Unterkünfte und ein Backpacker-Flair, das man nicht an vielen Orten entlang der Küste findet.

Die Stadt liegt zwischen den Flüssen San Salvador und Palomino, die von der Sierra Nevada de Santa Marta herabfließen. An den Stränden sind Wayúu-Fischer zu sehen, die nach traditionellen Methoden mit Netzen auf Fang gehen, während das Volk im bergigen Hinterland noch so lebt wie vor Jahrhunderten.

Angesichts von sieben verschiedenen Ökosystemen zwischen dem Strand und den Gletschern der Sierra Nevada ist es kaum verwunderlich, dass hier der Ökotourismus auf dem Vormarsch ist.

Leider ist es nur selten möglich, an diesem schönen Strand im Meer zu schwimmen, weil die Strömungen tückisch sind. Die roten Flaggen sind unbedingt zu beachten – sind sie zu sehen, sollte man an Land bleiben. Aber auch an allen anderen Tagen ist im Wasser Vorsicht angesagt.

Da das Meer sich nicht zum Baden eignet, kommen die meisten Besucher nach Palomino, um in den Berge zu wandern.

🛏 Schlafen & Essen

Solange nichts anderes angegeben ist, befinden sich die empfohlenen Unterkünfte am Strand. Die Angestellten helfen alle beim Organisieren von Ausflügen in die Berge, bei denen man wandern bzw. Floß- oder Wildwasserfahrten unternehmen kann.

La Casa de Rosa
CAMPINGPLATZ $

(☑ 315-445-9531; Stellplatz mit/ohne Zelt 8000/6000 COP, Hängematte 8000 COP) Dies ist der einfachste Campingplatz an der Küste – geduscht wird mit Brunnenwasser aus Eimern. Die kessen Schwestern Milena und Paolina sind süßer als *panela* (roher Zuckerrohrsaft) und kochen ihren Gästen ein Mittagessen, wenn diese es morgens bestellen. Wenn Milena jemanden *wirklich* mag, schlachtet sie für ihn vielleicht sogar ein Huhn.

Jaguar Azul
HOSTEL $

(☑ 313-800-9925; www.jaguarazulpalomino.com; B 20 000 COP, EZ/DZ 50 000/60 000 COP; 🛜) 🖋 Hier wird eine gänzlich andere Art des Tourismus gepflegt. Das Jaguar Azul steht nicht am Strand, sondern auf der anderen Seite der Hauptstraße in einem Barrio namens La Sierrita. Zur Auswahl stehen einfache Zimmer mit Ventilator, eine Gemeinschaftsküche und ein großer Garten voller Obstbäume. Und das Ganze vor einer schönen Bergkulisse.

Hierher kommen nicht Strandurlauber, sondern Reisende, die die Bergwelt erkunden wollen. Das Hostel ist ideal, um Touren und andere Aktivitäten zu arrangieren. Allerdings ist es schlecht ausgeschildert – fährt man von Santa Marta kommend in den Ort, geht es an der Tankstelle auf der rechten Straßenseite nach rechts, etwas weiter die Straße runter befindet sich das Hostel auf der linken Seite.

★ The Dreamer
HOSTEL $$

(www.thedreamerhostel.com; B 25 000 COP, DZ ab 110 000 COP; 🛜 🏊) Das exzellente neue Hostel am Strand wird vom gleichen Team betrieben wie das Original gleichen Namens in Santa Marta. Um einen weitläufigen Garten mit fantastischem Pool liegen geräumige Unterkünfte mit Fliesenböden und Strohdächern. Hier geht es sehr gesellig zu, die Gäste können sich mit verschiedensten Aktivitäten die Zeit vertreiben und sich in der rührigen Bar und im ganztags geöffneten hervorragenden Restaurant stärken.

Reserva Natural El Matuy
HÜTTEN $$

(☑ 315-751-8456; www.elmatuy.com; Cabaña pro Pers. inkl. Vollpension 170 000 COP) Zur Auswahl stehen zwei Arten von wunderbar rustikalen Strandhütten, die alle mit bestickten Bettüberwürfen, Outdoor-Bädern und -Duschen sowie Veranden mit Hängematten ausgestattet sind. In den neueren finden bis zu sechs Personen Platz, in den älteren bis zu drei. Da die einzigen Lichtquellen Kerzen sind und es keine Möglichkeit gibt, Akkus aufzuladen, ist dies der perfekte Ort, um die Welt mal komplett hinter sich zu lassen.

Finca Escondida
HOSTEL $$

(☑ 310-456-3159, 315-610-9561; www.chilland surfcolombia.com; Hängematte 15 000 COP, B 25 000 COP, Zi. ab 80 000 COP; 🛜) Der große, von einem netten internationalen Team betriebene Strandkomplex bietet unterschiedlich große Unterkünfte. Die Besseren sind riesig und haben große Balkone. Die Holzgebäude, die sich über Gärten mit Obstbäumen verteilen, haben rustikales Flair. Den Gästen werden zahlreiche Aktivitäten – von Surfen bis Pilates – angeboten.

Das angeschlossene Restaurant mit Tischen direkt am Strand ist eines der besten am Ort und serviert exzellenten Fisch und Meeresfrüchte sowie eiskaltes Bier.

La Sirena
LODGE $$
(☎310-718-4644; www.ecosirena.com; Zi./Cabaña inkl. Frühstück ab 80 000/120 000 COP; ☎) 🧘
Die luftigen Hütten am Strand bieten viel Platz und gesundheitsbewusste, ganzheitliche Schwingungen. Die Zimmer haben Outdoor-Bäder und Moskitonetze. Die größeren Cabañas sind den verlangten Aufpreis wirklich wert. Die Betreiber der Anlage inmitten eines beschaulichen Gartens nehmen ihre Verantwortung der Umwelt gegenüber sehr ernst. In der Hauptsaison gilt ein Mindestaufenthalt von zwei Nächten. Das kleine, hauptsächlich auf Vegetarier ausgerichtete Café ist ebenfalls sehr zu empfehlen.

Hukumeizi
HOTEL $$
(☎315-354-7871; www.turismoguajira.com; Cabaña pro Pers. inkl. Vollpension/Frühstück 250 000/150 000 COP; ☎☎) Weiße Vorhänge bauschen sich an den Eingängen der riesigen, minimalistisch dekorierten Zimmer, die wunderbar den Elementen ausgesetzt sind. Die Betten sind gewaltig, die Duschen ultramodern, und sogar die Sofas am Strand sind überdacht. Die Anlage hat einen großen Garten, einen super Pool am Strand und einen passend dramatischen Eingangsbereich.

Suá
KOLUMBIANISCH $$
(Hauptgerichte 12 000–28 000 COP; ☺Mi–So 12–21 Uhr) Das Restaurant an der Hauptstraße durch Palomino ist eines der wenigen am Ort, das nicht zu einem Hotel gehört. Auf der zweisprachigen (spanisch/englischen) Speisekarte stehen einfallsreiche Gerichte wie Rotfeuerfisch in Kokos-Orangen-Ingwer-Soße, in Knoblauch, Meersalz und Butter marinierte Garnelen und Rinderlende in Rotwein-Gewürz-Soße.

Das leider schlecht ausgeschilderte Lokal befindet sich gegenüber der Ayatawacoop-Tankstelle.

ℹ An- & Weiterreise

Von Santa Marta fährt der Mamatoco-Bus nach Palomino (7000 COP, 2 Std.). Hier steigt man an der Tankstelle aus und geht zu Fuß zum Strand, alternativ kann man die 500 m auch mit dem Mototaxi zurücklegen (2000 COP). Die Busse und Motorräder fahren den ganzen Tag bis spätabends.

Ciudad Perdida

Was könnte geheimnisvoller sein als die Entdeckung einer uralten verlassenen Stadt? Die Ciudad Perdida („Verlorene Stadt") verschwand um die Zeit der spanischen Eroberung und wurde erst in den 1970er-Jahren „wiederentdeckt".

Die archäologische Stätte tief in den Bergen der Sierra Nevada de Santa Marta ist nur zu Fuß zu erreichen – auf einer der aufregendsten und atemberaubendsten Wanderungen in ganz Kolumbien.

Die Stadt mit dem indigenen Namen Teyuna wurde von den Tairona an den nördlichen Hängen des Gebirges erbaut. Heute ist die Ciudad Perdida eine der größten je entdeckten präkolumbischen Städte auf dem amerikanischen Kontinent.

Teyuna entstand zwischen dem 11. und dem 14. Jh., ihre Ursprünge sind jedoch noch viel älter und reichen vermutlich bis ins 7. Jh. zurück. Mit einer Fläche von rund 2 km^2 ist Teyuna die größte bis dato gefundene Tairona-Siedlung und vermutlich das wichtigste politische und wirtschaftliche Zentrum, in dem einst 2000 bis 4000 Einwohner gelebt haben dürften.

Im Zuge ihrer Landnahme löschten die Spanier die Tairona aus. Ihre Siedlungen verschwanden spurlos unter dichter tropischer Vegetation – so auch die Ciudad Perdida. Wiederentdeckt wurde sie Mitte der 1970er-Jahre von *guaqueros* (Grabräubern). Ein Einheimischer, Florentino Sepúlveda, und seine zwei Söhne Julio César und Jacobo, stolperten auf einer ihrer räuberischen Expeditionen buchstäblich über die Reste der Stadt.

Die Nachricht verbreitete sich wie ein Lauffeuer, und schon bald kamen weitere *guaqueros* in die Ciudad Perdida. Zwischen zwei Gangs brachen bewaffnete Rivalitäten aus, bei denen u. a. Julio César ums Leben kam. 1976 schickte die Regierung Soldaten und Archäologen, um die Stätte zu sichern und ihr ihre Geheimnisse zu entlocken, doch noch jahrelang kam es immer wieder zu Kämpfen und Plünderungen. In dieser Zeit nannten die *guaqueros* den Ort *Infierno Verde* (Grüne Hölle).

Ciudad Perdida erstreckt sich über die steilen Hänge des oberen Río-Buritaca-Tals in Höhen zwischen 950 und 1300 m. Der zentrale Teil der Stadt liegt auf einem Bergkamm, von dem aus mehrere steinerne Wege in die anderen Stadtteile hinabführen.

DIE VERLORENE ZIVILISATION

In präkolumbischer Zeit war die Sierra Nevada de Santa Marta an der Karibikküste Heimat mehrerer indigener Gesellschaften. Das dominanteste und fortschrittlichste Volk war das der Tairona, die zur Sprachfamilie der Chibcha gehörten. Die Tairona haben sich, so glaubt man, ab dem 5. Jh. n. Chr. zu einer eigenständigen Kultur entwickelt. Tausend Jahre später, kurz bevor die Spanier kamen, waren die Tairona eine überlegene Zivilisation mit komplexen gesellschaftlichen und politischen Organisationen sowie hoch entwickelten technischen Fähigkeiten.

Die Tairona lebten an den nördlichen Hängen der Sierra Nevada, wo sie Hunderte von Siedlungen errichteten – alle nach demselben Muster. Aufgrund des bergigen Geländes mussten sie viele von hohen Mauern gestützte Steinterrassen anlegen, auf die sie ihre strohgedeckten Holzhäuser bauten. Ein Netzwerk aus Steinplattenwegen und Treppen verband diese Terrassen miteinander.

Kürzlich durchgeführte Studien haben auf den Berghängen rund 300 Tairona-Siedlungen lokalisiert, die einst über Steinwege verbunden waren. Unter all diesen Stätten ist die 1975 entdeckte Ciudad Perdida die größte. Sie war wohl die Hauptstadt der Tairona.

Die Tairona-Kultur war 1499 die erste hoch entwickelte Zivilisation, auf die die Spanier in der Neuen Welt stießen. Hier in der Sierra Nevada staunten die Eroberer das erste Mal über das viele Gold vor Ort – der Mythos von El Dorado war geboren.

Die Spanier zogen kreuz und quer durch die Sierra Nevada, trafen dabei aber auf indigene Völker, die sich ihnen mutig entgegenstellten. Die Tairona verteidigten sich erbittert, wurden in den 75 Jahren unentwegter Kriege jedoch nahezu vollständig dezimiert. Eine Handvoll Überlebender verließ die Dörfer und floh in die höher gelegenen Gebiete der Sierra. Ihre Spuren sind für immer verloren.

Tayronas Holzhäuser sind schon lange verschwunden, aber die Steinkonstrukte, darunter Terrassen und Treppen, sind erstaunlich gut erhalten geblieben.

Die meisten der ca. 170 Terrassen dienten wohl einst als Fundamente von Häusern. Auf den größten Terrassen auf dem zentralen Kamm fanden jedoch rituelle Zeremonien statt. Der größte Teil dieser Stätte liegt allerdings unangetastet unter der Erde, da die Ureinwohner inzwischen keine weiteren Ausgrabungen erlauben.

Bei archäologischen Grabungen wurden verschiedene Objekte der Tairona gefunden (glücklicherweise fanden die *guaqueros* nicht alles), hauptsächlich einige Töpferwaren (für Zeremonien wie für den Haushalt), Goldarbeiten und einzigartige Halsketten aus Halbedelsteinen.

Einige dieser Artefakte sind im Museo del Oro (S. 160) in Santa Marta und im größeren Pendant in Bogotá ausgestellt. Wer es möglich machen kann, sollte zuerst das Goldmuseum in Santa Marta besuchen und anschließend die Ciudad Perdida erkunden.

👉 Geführte Touren

Früher hatte nur eine einzige Agentur, Turcol, Zutritt zur Ciudad Perdida. Doch 2008 vertrieb das kolumbianische Militär die paramilitärischen Organisationen aus der Region, wodurch sich auf der Route zur Ciudad Perdida ein gesunder Wettbewerb um die Kunden entwickeln konnte.

Inzwischen bieten hauptsächlich vier Agenturen – mit Sitz in Santa Marta bzw. Taganga – die vier- bis sechstägigen Wanderungen zu den antiken Ruinen an. Sich allein oder mit einem selbstständigen Guide auf den Weg zu machen, ist nicht möglich. Wer sich bezüglich der Legitimierung eines Guides oder einer Agentur unsicher ist, sollte nach dem Zertifikat der OPT (Operación de Programas Turísticos) fragen. Dieses Dokument muss jeder legitimierte Guide vorweisen können.

Als sich der Markt 2008 öffnete, begann die Abwärtsspirale: Mit den Preisen sank auch die Qualität. Die Regierung schritt ein und regulierte Preise und Service. Der offizielle Preis für die Tour liegt nun bei 700 000 COP – wenn eine Agentur weniger verlangt, wird dem Guide die Differenz vom Lohn, von seiner Kranken- oder Lebensversicherung abgezogen.

Im Preis enthalten sind Transport, Verpflegung, Unterkunft (normalerweise Matratzen mit Moskitonetzen, wenngleich manche Agenturen für eine Nacht immer noch Hängematten bieten), Proviantträger, nur

WANDERUNG ZUR CIUDAD PERDIDA: AUSRÜSTUNG

Die folgenden Gegenstände sind in die Kategorien „unbedingt nötig" und „optional" unterteilt. Da die meisten Camps irgendeine Art von generatorbetriebener Aufladestation haben, ist es übrigens gar nicht lächerlich, Handys und Ladekabel für den Akku mitzunehmen (aber nur, um mit dem Telefon zu fotografieren – auf dem gesamten Weg gibt es keinen Handyempfang!). Generell sollte man so wenig wie möglich mitnehmen, mit zu viel Gepäck ist die Wanderung zu beschwerlich.

Unbedingt nötig

➡ Taschenlampe
➡ Wasserflasche (1,5 l)
➡ Insektenschutzmittel
➡ Sonnenschutzmittel
➡ Lange Hosen
➡ Ein frisches T-Shirt pro Tag
➡ Mehrere Paar Socken und Unterwäsche zum Wechseln
➡ Zwei Paar Schuhe (am besten Wanderschuhe und – für Flussdurchquerungen – wasserfeste Trekkingsandalen)
➡ Mehrere Plastiktüten (sehr nützlich für den Transport nasser Kleidung)
➡ Handtuch
➡ Medikamente wie Ciprofloxacin und Loperamide (Antibiotikum und Durchfallmittel)
➡ Antihistamin (für Mückenstiche) und Blasensalbe
➡ Pflaster und Verbandsmaterial für Blasen an den Füßen

Optional

➡ Schirmmütze
➡ Wasserdichter Rucksackschutz
➡ Jogginghose oder Pyjama für den Abend
➡ Zip-Beutel, um darin Sachen trocken zu halten
➡ Ein Buch oder eine Zeitschrift für den Abend
➡ Ohrstöpsel (für die gemeinsam verbrachten Nächte)
➡ Spielkarten

Spanisch sprechende Führer und alle anfallenden Gebühren.

Wer die Tour in kürzerer Zeit schafft, bezahlt dafür nicht weniger. Die meisten Gruppen brauchen vier Tage, weniger fitte Wanderer und jene, die sich einfach mehr Zeit lassen möchten, sind fünf Tage unterwegs. Sechs Tage sind das Maximum. Wir empfehlen die Vier-Tage-Variante.

Absolut nötig ist das stärkste Insektenschutzmittel, das man finden kann und das alle paar Stunden erneut aufgetragen werden sollte. Das im Land erhältliche Nopikex ist sehr gut und schützt besser als viele stärkere ausländische Produkte. Lange Hosen und langärmelige T-Shirts empfehlen sich

vor allem für die Ciudad Perdida selbst, wo die Mücken ganz besonders gierig sind.

Die Gruppenwanderung mit bis zu 15 Personen findet ganzjährig statt, sobald genügend Leute zusammen sind. In der Hauptsaison startet fast täglich eine Tour. In der Nebensaison bündeln die vier Agenturen ihre Anmeldungen und bilden gemeinsame Gruppen, jedoch schickt jede Agentur ihren eigenen Guide mit. Andere Unternehmen fungieren nur als Agenten der vier Agenturen; es gibt daher keinen Grund, sie zu nutzen.

In der ersten Septemberhälfte ist übrigens jedweder Zutritt zur Ciudad Perdida verboten, weil sich die indigenen Völker dann dort zu Reinigungszeremonien treffen.

Die Wanderung

Morgens versammeln sich die Teilnehmer in Santa Marta, von wo sie ins Dorf El Mamey (Machete) gefahren werden, wo die Straße endet. Im Ort wird vor dem Aufbruch zu Mittag gegessen. Die Wanderung hoch zur Ciudad Perdida dauert in der Regel eineinhalb Tage. In der Ruinenstadt selbst bleiben die Besucher einen halben Tag, für den Rückweg sind zwei weitere Tage veranschlagt. Insgesamt werden 40 km zurückgelegt. In der Trockenzeit kann der Zeitplan etwas abweichen. Am besten fragt man die Agentur nach dem detaillierten Plan. Auf dem Hin- und dem Rückweg ist man auf derselben Route unterwegs, was eigentlich schade ist. Die Agenturen stehen deshalb in Verhandlung mit den indigenen Bewohnern, um eine zweite Wanderroute zu erschließen.

Die Wanderung ist anstrengend, aber gut zu schaffen. Zwar sind pro Tag nur 5 bis 8 km zurückzulegen, aber fast immer geht es steil auf- oder abwärts. Unterwegs kraxelt man an schwindelerregenden Schluchten entlang und klammert sich dabei an Schlingpflanzen. Wer Wanderstöcke dabei hat, sollte sie auf diese Wanderung mitnehmen.

Die Regenzeit sorgt für ganz andere Probleme: anschwellende Flüsse, dicker Schlamm, in dem die Stiefel stecken bleiben, und eingestürzte Stege. Einige Aufstiege sind in der sengenden Dschungelhitze brutal und man sehnt sich Schatten herbei. Scheint die Sonne nicht, können die Wege wiederum sehr schlammig sein – man tauscht also Schweiß gegen einen unsicheren Tritt. (Die trockenste Zeit ist von Ende Dezember bis Februar/Anfang März.)

Je nach Saison muss am dritten Tag der zuweilen knöcheltiefe Río Buritaca gleich mehrfach durchquert werde. Und zuletzt müssen sich die Mutigen noch die glitschigen, moosbewachsenen Steinstufen, 1260 an der Zahl, zur Ciudad Perdida hochquälen.

Das unterwegs servierte Essen ist überraschend gut und die Unterkünfte komfortabel. Meist liegen sie angenehm an Flüssen, in deren natürlichen Becken man sich erfrischen kann. Und die Landschaft ist einfach grandios. Dies ist eine der Touren, die mindestens genauso sehr wegen des Weges selbst unternommen werden wie wegen des eigentlichen Ziels. Und für viele – das sagen jedenfalls diejenigen, die ihn schon gelaufen sind – ist der Weg das eigentliche Ziel.

Die archäologische Stätte selbst liegt auf einer von Urwald umgebenen Hochebene

und fasziniert vom ersten Augenblick an. Meist ist man mit seiner Gruppe und den paar vor Ort stationierten kolumbianischen Soldaten allein in den Ruinen unterwegs.

Die Berge gelten den hier lebenden indigenen Völkern als heilig – Besucher sollten entsprechend keinen Müll liegen lassen (und jeden unterwegs gefundenen Abfall ebenfalls mitnehmen) und sich in der Ciudad Perdida respektvoll benehmen.

Tourunternehmen

★ **Expotur** WANDERUNGEN
(☑ 420-7739; www.expotur-eco.com; Carrera 3 No 17-27, Santa Marta) Das einzige Unternehmen, das jeder Gruppe einen Englisch sprechenden Übersetzer beistellt, ist auch in Sachen Mitarbeiterpolitik vorbildlich und eine von nur zwei Agenturen, die für ihre Guides Sozialabgaben leisten. Sie arbeitet mit zertifizierten einheimischen Führern zusammen, die während der Touren in ständigem Funkkontakt zur Agentur stehen, und hat über zehn Jahre Ciudad-Perdida-Erfahrung.

Expotur unterhält Niederlassungen in Taganga (S. 167) und Riohacha (S. 178).

Magic Tour WANDERUNGEN
(☑ 421-5820; Calle 16 No 4-41, Santa Marta) Die sehr empfehlenswerte Agentur spielte eine Vorreiterrolle bezüglich der guten Behandlung ihrer Tour-Guides und bezahlt ihnen Sozial-, Kranken- und Rentenversicherung. Zudem tut sie viel, damit die Erträge aus dem Tourismus den indigenen Völkern zugutekommen. Die Guides stammen aus den Bergen, sind kundig und zertifiziert. In Taganga (S. 167) gibt es eine Filiale.

Guias y Baquianos Tour WANDERUNGEN
(☑ 431-9667; www.guiasybaquianos.com; Hotel Miramar, Calle 10C No 1C-59, Santa Marta) Die Agentur im Hotel Miramar gehörte zu den ersten Unternehmen, die Trekkingtouren zur Ciudad Perdida anboten. Sie beschäftigt Guides mit mindestens zehn Jahren Erfahrung (häufig aber auch doppelt so lange) und pflegt enge Beziehungen zu den indigenen Gemeinden, mit denen sie zusammenarbeitet. Viele der Führer haben selbst Farmen in der Sierra Nevada.

Turcol WANDERUNGEN
(☑ 421-2256; www.turcoltravel.com; Calle 13 No 3-13 CC San Francisco Plaza, Santa Marta) Bei Turcol hat man die längste Erfahrung auf der Ciudad-Perdida-Route: Seit den 1990er-Jahren bietet die Firma die Wanderungen in die Verlorene Stadt an. Die professionellen

Guides leisten harte Arbeit für ihre Wandergruppen. Auch Turcol hat eine Filiale in Taganga (S. 167).

❶ An- & Weiterreise

Die Ciudad Perdida liegt Luftlinie ca. 40 km südöstlich von Santa Marta. Sie versteckt sich tief im dichten Wald inmitten zerklüfteter Berge, weit entfernt von jeglicher menschlichen Siedlung und ohne Zufahrtswege. Die einzige Möglichkeit, sie zu erreichen, ist der Fußmarsch. Der Weg beginnt in El Mamey, 90 Autominuten von Santa Marta entfernt.

HALBINSEL LA GUAJIRA

Britische Piraten, niederländische Schmuggler und spanische Perlentaucher haben immer wieder versucht, die Halbinsel La Guajira – einen großen Streifen kargen Lands, der Kolumbiens nördlichsten Punkt bildet – zu erobern. Doch ohne großen Erfolg, denn niemand konnte die indigenen Wayúu unterwerfen, die clever entweder mit den Eindringlingen Handel trieben oder gegen sie Krieg führten. Aufgrund ihrer komplexen und eigenständigen politischen und wirtschaftlichen Strukturen konnten die Wayúu ihr Land erfolgreich verteidigen – auf Pferden und mit Feuerwaffen (zur Überraschung der Spanier).

In dieser Diesel-und-Staub-Landschaft weht ein strenger Wind der Gesetzlosigkeit. Ihr Symbol sind die Plastiktüten, die sich hier oft in Büschen verfangen. Schmuggler kommen nämlich gern mit ihren Waren auf dem Weg nach Venezuela hier vorbei.

Und dann sind da die Wayúu, die autonom am Rand des Kontinents in kleinen Familiendörfern als *rancherías* leben.

Die Halbinsel gliedert sich in drei Abschnitte: Baja Guajira (Unter-Guajira) mit der Hauptstadt Riohacha, Media Guajira an der Grenze mit Venezuela, und Alta Guajira mit einsamen Paradiesen wie Cabo de la Vela und Punta Gallinas, wo Wüste und Meer derart mustergültig aufeinandertreffen, dass dies als die atemberaubendste Punkt der gesamten Karibikküste gilt.

Riohacha

🎵 5 / 213 000 EW.

Riohacha ist das Tor zur semiariden Wüstenregion La Guajira im Norden und war früher Endstation der Reisen durch Kolumbien. Doch in den letzten Jahren entwickelte sich auf der Halbinsel der Öko-Tourismus; seither hat sich Riohacha zu einem kleinen Zentrum für Reisende gemausert. Wer in Riohacha übernachtet, kann die einsamen und wunderschönen nördlichen Gefilde dieses Landes erkunden.

Die Stadt wimmelt nicht gerade vor Unterhaltungsangeboten, ist aber trotzdem ganz nett. Außerdem gibt es einen 5 km langen Strand mit Kokospalmen, und der 1937 errichtete lange Pier lädt zum Abendspaziergang ein.

◉ Sehenswertes & Aktivitäten

Die Küstenstraße Calle 1 ist die Hauptdurchfahrtsstraße der Stadt. Zwei Blocks vom Strand entfernt, zwischen Carrera 7 und 9, liegt Riohachas Hauptplatz, liegt der **Parque José Prudencio Padilla**. Hier erhebt sich die **Catedral de Nuestra Señora de los Remedios**, in der sich seit Kolonialzeiten ein hochverehrtes Bildnis der Jungfrau am Hochaltar befindet.

Der 1,2 km lange **Fußgängerpier**, der im Jahr 1937 gebaut wurde, ist ein bemerkenswertes Beispiel maritimer Architektur. Am Wochenende sind der **malecón** (die Strandpromenade) und die Parallelstraße Carrera 1 abends voller Leute, die die Restaurants und Bars aufsuchen. Wenn es nicht regnet, verkaufen hier traditionell gekleidete Wayúu-Frauen Kunsthandwerk.

Die Hauptattraktion der Stadt ist jedoch der Ausflug zum **Santuario de Flora y Fauna Los Flamencos** `GRATIS`. Der Weg von Santa Marta nach Riohacha führt am 700 ha großen Naturschutzgebiet vorbei, das 25 km außerhalb der Stadt in Camarones liegt. In dieser ruhigen Oase leben rosa Flamingos – in der Regenzeit (im Zeitraum von September bis Dezember) steigt ihre Zahl auf bis zu 10 000 Vögel. In den vier Lagunen im Park leben meist Gruppen von bis zu 2000 Flamingos zusammen.

Der Eintritt in den Park ist kostenlos, wer aber die Flamingos sehen möchte, braucht dazu ein Kanu (1–3 Personen 30 000 COP, jede weitere Person 15 000 COP), um zu ihnen hinauszufahren. Die Bootsführer wissen für gewöhnlich, wo sich die Vögel gerade aufhalten, fahren aber nur bis zu einer bestimmten Grenze hinaus.

Eine Warnung: Ist gerade keine Flamingo-Saison, gibt es unterwegs nicht gerade viel zu sehen.

👉 Geführte Touren

Expotur
ABENTEUERTOUREN

(☎ 728-8232; www.expotur-eco.com; Carrera 3 No 3A-02) Die Filiale der exzellenten Agentur in Santa Marta ist auf die Touren nach Punta Gallinas und über die gesamte Halbinsel La Guajira spezialisiert. Sie unterhält hervorragende Beziehungen zu den Wayúu und beschäftigt Englisch sprechende Führer.

Kaí Ecotravel
ABENTEUERTOUREN

(☎ 311-436-2830; www.kaiecotravel.com; Hotel Castillo del Mar, Calle 9A No 15-352) Dieser hervorragende Veranstalter öffnete La Guajira für den Ökotourismus und pflegt seit Jahren gute Beziehungen zu den Wayúu, die ihm Zutritt zu Punta Gallinas und dem Parque Nacional Natural Macuira gewähren, die beide unter Wayúu-Kontrolle stehen.

Kaí Ecotravel ist die beste Adresse für Touren auf der Halbinsel sowie für Übernachtungen bei indigenen Familien. Falls es freie Sitzplätze gibt, bietet sie zudem eine Transportmöglichkeit nach Cabo de la Vela.

🛏 Schlafen & Essen

La Casa de Mamá
PENSION $

(☎ 727-2859; Calle 9 No 3-51; Zi. mit Klimaanlage/Ventilator 70 000/40 000 COP; ❄🐾) Mamás Pension bietet – solange hier niemand ein Hostel eröffnet – das beste Preis-Leistungs-Verhältnis vor Ort. Die Zimmer sind schlicht, haben aber alle ein eigenes Bad. Die Atmosphäre ist sehr nett und familiär, die Gäste dürfen sich in der Küche auch selbst etwas kochen.

Taroa Hotel
HOTEL $$$

(☎ 729-1122; www.taroahotel.com; Calle 1 No 4-77; EZ/DZ inkl. Frühstück 193 000/235 000 COP; ❄🐾) Das brandneue „Lifestyle-Hotel" hat die Messlatte im verschlafenen Riohacha um ein paar Sprossen höher gelegt.

Das moderne, luxuriöse Hotel beschäftigt ausschließlich Wayúu-Mitarbeiter, wirkt aber durch und durch international. Das Hochhaus direkt am Strand bietet riesige Zimmer mit Minibar, Flachbildfernseher, Kaffeemaschine und Balkon. Der perfekte Ort, um für die nächste La-Guajira-Tour Energie zu tanken!

Donde Aurora
KOLUMBIANISCH $

(Carrera 8, zw. No 23-24; Hauptgerichte 8000 COP; ⏲ 18.30-21.30 Uhr) Wer die Wayúu-Spezialität *friche* – im eigenen Blut und mit Innereien geschmortes Zicklein – probieren möchte,

sollte ein Taxi zum Lokal Donde Aurora nehmen. Aber möglichst früh, denn meist ist um 19 Uhr schon alles verkauft. Die Hütte mit Blechdach hat kein Schild, keinen Namen, keine Hausnummer und keine Speisekarte, aber das Essen ist fantastisch.

La Casa del Marisco
FISCH & MEERESFRÜCHTE $$

(Calle 1 No 4-43; Hauptgerichte 20 000 bis 40 000 COP; ⏲ 11-22 Uhr; 🐾) Das Restaurant direkt am Meer ist den ganzen Tag voller Einheimischer, die sich köstlich zubereitete Meeresfrüchte frisch aus dem Meer schmecken lassen. Zu den Spezialitäten gehören mehrere Sorten von Fischauflauf, *calamari al gusto* und *fritura de mariscos* (gebratene Meeresfrüchte).

Mantequilla
WAYÚU $$

(Calle 7 No 11-138; Hauptgerichte 15 000–25 000 COP; ⏲ Mo–Do 11–15 & 18–22, Fr–So 11–22 Uhr; 🐾) Dieses helle, blitzblanke Lokal wird zwar so schnell keinen Preis für seine Atmosphäre einheimsen, seine Speisekarte mit vielen Fleischgerichten begeistert jedoch jeden, der an der Küste eine Überdosis Fisch und Meeresfrüchte abbekommen hat. Auf der vielseitigen (und nicht speziell Wayúu-typischen) Karte stehen auch Wraps, Sandwiches und Pasta.

ℹ Praktische Informationen

Touristeninformation (☎ 727-1015; Carrera 1 No 4-42; ⏲ Mo–Fr 8–12 & 14–18 Uhr) Das außergewöhnlich nette Touristenbüro am Meer hilft Besuchern gerne bei allen Fragen hinsichtlich Unterkünften, Restaurants und Touren über die Halbinsel La Guajira weiter. Es verkauft auch schöne Wayúu-Handtaschen und Hängematten.

ℹ An- & Weiterreise

BUS

Der Busbahnhof befindet sich an der Ecke der Avenida El Progreso und der Carrera 11, etwa 1 km vom Zentrum entfernt. Ein Taxi dorthin kostet 5000 COP.

Expreso Brasilia (☎ 727-2240) fährt alle 30 Minuten nach Santa Marta (18 000 COP, 2½ Std.) und Barranquilla (25 000 COP, 5 Std.), stündlich nach Cartagena (35 000 COP, 7 Std.) und alle 45 Minuten nach Maicao an der venezolanischen Grenze (9000 COP, 1 Std.). Einmal am Tag, um 15.30 Uhr, fährt ein Bus via Valledupar (25 000 COP, 4 Std.) nach Bogotá (90 000 COP, 18 Std.).

Copetran (☎ 313-333-5707) bietet ähnliche Verbindungen nach Santa Marta, Cartagena und

Bogotá sowie zweimal am Tag nach Bucaraman-ga (85 000 COP, 12 Std.).

Cootrauri (☎ 728-0000; Calle 15 No 5-39) betreibt *colectivos*, die losfahren, sobald alle Plätze besetzt sind. Sie verkehren täglich von 5 bis 18 Uhr nach Uribia (12 000 COP, 1 Std.), wo man für das letzte Stück nach Cabo de la Vela (10 000–15 000 COP, 2½ Std.) umsteigen muss. Wer dem Fahrer sagt, dass er nach Cabo will, wird an Umsteigeplatz abgesetzt. Der letzte Wagen nach Cabo de la Vela fährt in Uribia um 13 Uhr los.

Es ist auch möglich, mit Privatpersonen nach Cabo zu fahren (bis zu 4 Pers., 400 000 COP – wer feilscht, zahlt eventuell weniger), die die Strecke hin und zurück an einem Tag meistern. Dabei absolvieren sie allerdings die Highlights in halsbrecherischem Tempo, um nicht zu sagen: Sie rauschen daran vorbei.

Der Veranstalter Kaí Ecotravel (S. 178) nimmt Fahrgäste für 50 000 COP auf seinen täglichen Fahrten mit nach Cabo, wenn noch Sitzplätze frei sind.

Wer den Santuario de Fauna y Flora Los Flamencos besuchen möchte, nimmt am Kreis-verkehr Francisco El Hombre (bei Almacen 16 de Julio) ein *colectivo* in Richtung Camarones und lässt sich am Parkeingang absetzen.

FLUGZEUG

Der Flughafen liegt 3 km südwestlich der Stadt. Ein Taxi von der Innenstadt dorthin kostet 6000 COP.

Avianca (☎ 727-3627; www.avianca.com; Calle 7 No 7-04; ☺ Mo–Fr 8–18, Sa 9–13 Uhr) fliegt zweimal täglich nach Bogotá bzw. von Bogotá nach Riohacha.

Cabo de la Vela

☑ 5 / 1500 EW.

Das abgelegene Wayúu-Fischerdorf Cabo de la Vela liegt 180 km nordwestlich von Rio-hacha und war bis vor Kurzem kaum mehr als eine staubige Siedlung der Wayúu. Sie leben dort in traditionellen Hütten aus Kak-tusholz, die sich in Richtung Meer aneinan-derreihen.

In den letzten Jahren hat sich Cabo je-doch zum Hort des Ökotourismus gemau-sert. Inzwischen bietet es zahlreiche Unter-künfte im indigenen Stil. Noch immer gibt es Strom ausschließlich aus dem Generator, nur ein paar Festnetz- und Internetan-schlüsse und auch sonst kaum Möglichkei-ten zum Zeitvertreib. Doch die Umgebung ist eine der schönsten Landschaften Kolum-biens. Das Kap, nach dem das Dorf benannt ist, besteht aus vielen felsigen Klippen und

Sandstränden, alles vor der Kulisse der über-wältigenden ocker- und aquamarinfarbenen Wüstenszenerie. Dennoch: Wer Ruhe sucht, sollte Cabo an Ostern sowie im Dezember und Januar meiden, wenn die Kolumbianer hier Party machen.

⊙ Sehenswertes & Aktivitäten

Wayúu wie Touristen besuchen **El Faro**, einen kleinen Leuchtturm am Rand einer Landzunge, und genießen dort die Postkar-ten-Sonnenuntergänge. Unbestreitbar ist die Aussicht hier atemberaubend! Vom Dorf aus sind es 45 Gehminuten bis zum Leucht-turm – vielleicht fährt auch ein Dorfbewoh-ner für rund 30 000 COP den Weg hin und zurück. Nicht vergessen: viel Wasser, Insek-tenschutzmittel und eine Kopfbedeckung mitnehmen.

Gleich hinter El Faro liegt **Ojo del Agua**, ein schöner halbmondförmiger Strand mit dunklem Sand, der von 5 m hohen Klippen gesäumt wird. Seinen Namen verdankt der Strand einem kleinen Süßwasserbecken, das den Wayúu heilig ist.

Doch das Juwel dieser Gegend ist die **Playa del Pilón**, mit Abstand der schöns-te Strand von Cabo. Hinter der erstaunlich rostorangefarbenen Sandfläche erheben sich schroffe Klippen, die – vor allem bei Sonnenaufgang und -untergang – in einem spektakulären Grünblau leuchten. In der Regenzeit, wenn sich das Grün der Wüsten-flora dazumischt, ist die Szenerie geradezu filmreif (in der Hauptsaison ist der Strand allerdings mit 1000 Touristen und ein paar Kitesurfern bevölkert).

Pilón de Azucar, ein 100 m hoher Hügel am Strand, ist der beste Aussichtspunkt der Gegend: Von oben lässt sich ganz Alta Gua-jira mit der Bergkette Serranía del Carpin-tero im Hintergrund überblicken. Wie ein Tropenstrand an der Felsküste Irlands – so schaut es hier aus. 1938 stellten spanische Perlentaucher auf dem Hügel eine Statue von Cabos Schutzpatronin, **La Virgen de Fátima**, auf.

Cabo de la Vela gilt auch als Zentrum der Kitesurfer. **Kite Addict Colombia** (☎ 320-528-1665; www.kiteaddictcolombia.com) bietet individuell zugeschnittene Kurse mit Einzel-unterricht und Ausrüstung für 100 000 COP die Stunde. Die Kitesurfing-Schule befindet sich am Strand beim Schild „Area de Kite Surf". Da das Wasser hier flach und eben ist, eignet sich der Spot gut für Anfänger.

📖 Schlafen & Essen

In Cabo de la Vela gibt es über 60 Posadas, die zu einem von der Regierung finanzierten Öko-Tourismus-Projekt gehören. Die Unterkünfte befinden sich in Wayúu-Hütten aus *yotojoro*, dem Kern des Cardón-Kaktus, der hier in der Wüste wächst. Gäste haben die Wahl zwischen kleineren Hängematten, größeren, wärmeren traditionellen Wayúu-*chinchorros* (vor Ort gewebten Hängematten) und Betten mit eigenem Bad (fließendes Wasser gibt es jedoch eher selten). Eigene Handtücher müssen mitgebracht werden.

Fast alle Posadas sind zugleich Restaurants, in denen mehr oder weniger überall das Gleiche serviert wird: Fisch oder Ziege für 10 000 bis 15 000 COP und Hummer zum tagesaktuellen Marktpreis.

Posada Pujuru PENSION $
(☎300-279-5048, 310-659-4189; posadapujuru@gmail.com; Hängematte/chinchorro 10 000/15 000 COP, EZ/DZ 25 000/50 000 COP) Die *posada ecoturística* am Strand vermietet zehn gut gestaltete Hütten als Privatzimmer und Gepäckschließfächer für jene, die in Hängematten schlafen. Die Generatoren sind von 18 bis 22 Uhr in Betrieb. Im Restaurant (Hauptgerichte 10 000–15 000 COP) gibt es leckeren *pargo rojo* (Red Snapper). Die Garnelen mit Reis sind jedoch fettig – also lieber nicht bestellen!

Hostería Jarrinapi PENSION $
(☎311-683-4281; Hängematte 15 000 COP, Zi. pro Pers. 35 000 COP, Hauptgerichte 15 000 bis 40 000 COP) Die Hostería Jarrinapi, eine der zentraler gelegenen Unterkünfte in Cabo, hat sehr schöne öffentliche Bereiche und tadellos gepflegte Zimmer mit Fliesenböden (in dieser Gegend nicht selbstverständlich!). Angesichts der Rezeption und des fließenden Wassers fühlt man sich fast wie in einem richtigen Hotel. Die Generatoren sorgen die ganze Nacht dafür, dass sich die Ventilatoren drehen und die Gäste ruhig schlafen können.

Ranchería Utta PENSION $
(☎313-817-8076, 312-678-8237; www.rancheriautta.com; Hängematte/chinchorro/cabaña pro Pers. 15 000/22 000/35 000 COP) Die Cabañas mit offenen bzw. Bambus-„Wänden" stehen eng beieinander und bieten wenig Privatsphäre, liegen aber direkt am Strand, in ruhiger Lage außerhalb des Dorfs. Die saubere, gut geführte Unterkunft ist vor allem bei kleinen Reisegruppen beliebt, die nach Punta Gallinas unterwegs sind. Zur Anlage gehört ein ordentliches Restaurant.

ℹ️ An- & Weiterreise

Die Fahrt nach Cabo de la Vela ist nicht gerade die leichteste Reise in Kolumbien, die meisten Besucher schließen sich daher organisierten Touren an. Trotzdem ist es natürlich auch möglich, auf eigene Faust dorthin zu reisen: Von Riohacha nimmt man ein *colectivo* von Cootrauri (S. 179) nach Uribia. Die starten zwischen 5 und 18 Uhr immer dann, wenn alle Plätze belegt sind (12 000 COP, 1 Std.). Der Fahrer lässt seine Fahrgäste vor der Panadería Peter-Pan raus, wo Lkws und Geländewagen nach Cabo fahren (10 000–15 000 COP, 2½ Std.). Mit normalen Pkws ist die Strecke nicht zu schaffen.

Punta Gallinas

Punta Gallinas ist Südamerikas nördlichster Punkt und bietet eine der umwerfendsten Landschaften des Kontinents. Doch diese einsame, wilde und karge Schönheit ist nicht jedermanns Sache.

Nach Punta Gallinas gelangt man über die **Bahía Hondita**, wo dunkelbraunorangefarbene Klippen eine smaragdgrüne Bucht mit breitem natürlichem Strand umrahmen. Dahinter hat sich eine Kolonie rosaroter Flamingos häuslich eingerichtet. Außer ihnen leben noch acht Wayúu-Familien in dieser von kräftig grüner Vegetation durchsetzten Wüstenszenerie, die ansonsten nur Ziegenherden und Heuschreckenschwärme anzieht.

Wo der Kontinent auf die Karibik stößt, erheben sich vor dem glitzernden türkisblauen Meer gewaltige, bis zu 60 m hohe Sanddünen – wie ein fünf Stockwerke hoher Tsunami in falscher Richtung. Dies ist die **Playa Taroa**, Kolumbiens schönster und am wenigsten zertrampelter Strand. Am besten einfach eine Düne herunterrutschen und direkt ins Wasser gleiten.

Wer in der Abenddämmerung durch die Wüste zurückwandert, stößt ab und zu auf Scherben uralter Tontöpfe und Berge verbrannter Muschelschalen – Zeugnisse einfacher Mahlzeiten am Lagerfeuer vor Tausenden von Jahren.

📖 Schlafen & Essen

In der Gegend um Punta Gallinas gibt es nur wenige Übernachtungsmöglichkeiten. Am nördlichsten Punkt selbst gibt es gar nichts, aber kurze Jeepfahrten entfernt wird man fündig.

Hospedaje Alexandra
PENSION **$**
(☏ 318-500-6942, 315-538-2718; hospedaje-alexandra@hotmail.com; Hängematte/chinchorro/cabaña pro Pers. 15 000/20 000/30 000 COP) Von der wunderbaren Lage direkt an der Bucht eröffnen sich Blicke auf Flamingos und dichte Mangrovenwälder. Die Unterkunft bietet bezaubernde Hütten und hervorragendes Essen.

Hospedaje Luzmila
PENSION **$**
(☏ 312-626-8121, 312-647-9881; luzmilita10@gmail.com; Hängematte/chinchorro pro Pers. 15 000/20 000 COP, Zi. pro Pers. 30 000 COP) Das Luzmila präsentiert sich mit umwerfender Aussicht über die Bucht und modernen, aber immer noch recht einfachen Unterkünften.

ℹ An- & Weiterreise

Punta Gallinas ist fast ausschließlich im Rahmen organisierter Touren zu erreichen, auch wenn die Anreise auf eigene Faust technisch durchaus machbar ist. Nahezu das ganze Jahr über können Geländewagen von Cabo de la Vela aus die vier- bis fünfstündige Fahrt nach La Boquita an der Spitze der Bucht (gegenüber den Posadas) unternehmen. Wer sich vorher anmeldet, wird von Posada-Mitarbeitern mit dem Boot abgeholt (für Gäste kostenlos).

Wenn die Straßen wegen Regens unpassierbar sind, lässt sich Punta Gallinas nur im Rahmen einer dreistündigen Bootsfahrt von Puerto Bolívar aus erreichen. Puerto Bolívar liegt eine kurze Autofahrt von Cabo de la Vela entfernt bei der Kohlengrube El Cerrejón.

Wer sich für die Tour interessiert, sollte Aventure Colombia (S. 154) in Cartagena bzw. Kaí Ecotravel (S. 178) oder Expotur (S. 178) in Riohacha kontaktieren.

VALLEDUPAR

Im lang gezogenen, fruchtbaren Tal zwischen der Sierra Nevada de Santa Marta im Westen und Venezuelas Serranía del Parijá im Osten liegt Valledupar. Die Stadt befindet sich nach wie vor außerhalb des Touristenradars, der Fremdenverkehr spielt keine sehr große Rolle.

In den dunklen Zeiten der kolumbianischen Unabhängigkeitskämpfe war Valledupar quasi von der Außenwelt abgeschnitten und eine Art Geisel der Guerillas, die damals die Berge kontrollierten.

Doch die Stadt mit ihrem kleinen, gut erhaltenen Zentrum aus der Kolonialzeit, ein paar tollen Möglichkeiten für Outdoor-Spaß und einem geschäftigen Nachtleben entwickelt sich langsam zur Urlauberdestination.

Das Land der Viehherden und Cowboys könnte man auch als das kulturelle Herz Kolumbiens bezeichnen: Für die Kolumbianer ist Valledupar Ursprungsort und Wiege, Kindergarten und Hochschule des *vallenato*, der an der Küste allgegenwärtigen, temperamentvollen, vom Akkordeon dominierten Volksmusik, die von Liebe, Politik und dem Kummer erzählt, seine Frau (oder sein Pferd) an einen anderen Mann zu verlieren.

🏃 Aktivitäten

Valledupar ist ein Ort zum Relaxen und Kräftetanken und ein super Zwischenstopp auf der Rundreise von Santa Marta über die Halbinsel La Guajira nach Mompóx.

Balneario La Mina
SCHWIMMEN
(7000 COP) 🌿 Der Río Badillo fließt in bizarren Kurven von der Sierra Nevada hinab und bildet schließlich dieses tolle Schwimmbecken. Wichtig ist hier ausreichend Insektenmittel mitzunehmen! Achtung: In der Regenzeit muss man mit stark anschwellenden Wassermassen rechnen. Wer hier baden möchte, nimmt an der Carrera 6 im Stadtzentrum ein *colectivo* in Richtung Atanquez und lässt sich in La Mina absetzen. Die *colectivos* fahren zwischen 11 und 14 Uhr. Zurück geht es per *mototaxi* (10 000 COP), die letzten fahren um 16 Uhr.

In der Region gibt es auch eine interessante Frauen-Kooperative unter Leitung von Maria Martinez, die alle nur La Maye nennen. Alle Einnahmen aus dem Verkauf der hochwertigen Webtaschen kommen den lokalen Frauen zugute, die ihre Männer und Söhne in den Unabhängigkeitskämpfen verloren haben. Im Hof ihres einfachen Hauses serviert La Maye außerdem einen billigen (10 000 COP), aber fantastischen *sancocho de gallina*, einen Hähncheneintopf, der über dem Holzfeuer gekocht wird.

Balneario Hurtado
SCHWIMMEN
An Sonn- und Feiertagen kommen die Vallenatos, um im Río Guatapurí zu schwimmen, zu kochen und zu plaudern: ein super-entspannter Familienausflug. Es gibt auch ein paar einfache Restaurants und umherziehende Imbissverkäufer. Das Bad liegt am Parque Lineal; Busse starten von Cinco Esquinas im Stadtzentrum.

✨ Feste & Events

Festival de la Leyenda Vallenata   MUSIK

(☺ Apr.) Das Festival de la Leyenda Vallenata ist eine vier Tage dauernde Orgie aus *vallenato* und Old-Parr-Whisky – einem Lieblingsdrink der Einwohner. Sie mögen ihn so sehr, dass viele ihre Stadt Valle de Old Parr nennen.

🛏 Schlafen & Essen

Während des alljährlichen Festival de la Leyenda Vallenata im April sind die Zimmer viermal so teuer wie sonst – und schon ein Jahr im Voraus ausgebucht.

★ Provincia Hostel   HOSTEL $$

(☑ 580-0558; www.provinciavalledupar.com; Calle 16A No 5-25; B/EZ/DZ/3BZ 23 000/60 000/80 000/100 000 COP; 🌬🛜) Das freundliche, sichere, saubere und charmante Provincia ist die beste Unterkunft der Stadt – für jede Reisekasse. In die Einzel- und Doppelzimmer dringt kein natürliches Licht, dafür aber Lärm aus der Küche und dem Gemeinschaftsbereich, und dennoch: Sie sind super gemütlich. Und die Schlafsäle bieten ein tolles Preis-Leistungs-Verhältnis. Die Gäste können sich Fahrräder ausleihen, der Besitzer gibt außerdem gerne Tipps für Tagesausflüge.

Compae Chipuco   KOLUMBIANISCH $

(Carrera 6 No 16-05; Hauptgerichte 7000 COP; ☺ 7–20 Uhr) Von der Plaza Alfonso López aus gesehen gleich um die Ecke befindet sich dieses charmante Lokal: Unter einem riesigen Mangobaum genießen die Gäste eine wirklich gute *comida corriente* mit Fisch, Fleisch oder Hühnchen. Der Service ist schnell, das Essen einfach und herzhaft.

El Varadero   KUBANISCH $$$

(☑ 570-6175; Calle 12 No 6-56; Hauptgerichte 30 000–40 000 COP; ☺ 12–15 & 18–22 Uhr; 🛜) In diesem Restaurant mit Fotos einheimischer Promis an den Wänden wird sehr gutes (nicht nur) kubanisches Seafood serviert: Der Hummersalat als Vorspeise ist großartig, ebenso die Knoblauchmuscheln. Wie wäre es mit einem kulinarischen Ausflug ins Nachbarland mit Meeresfrüchten Al Macho auf peruanische Art mit gelbem Paprika?

ℹ An- & Weiterreise

Der **Busbahnhof** (Carrera 7 & Calle 44) befindet sich eine halbstündige Taxifahrt (5000 COP) vom Zentrum entfernt, alternativ kann man an der Carrera 7 und der Calle 17 jeden Bus mit dem Ziel „Terminal" nehmen.

Fernbusse fahren in folgende Städte:

Bucaramanga 80 000 COP, 8 Std.
Cartagena 40 000 COP, 5½ Std.
Medellín 100 000 COP, 12 Std.
Mompóx 60 000 COP, 5 Std.
Riohacha 20 000 COP, 3 Std.
Santa Marta 22 000 COP, 2 Std.

SÜDÖSTLICH VON CARTAGENA

Die Gegend im Südosten von Cartagena, die der gewaltige Río Magdalena dominiert, ist dicht bewaldet und nur spärlich besiedelt. Der einzige Anziehungspunkt für Reisende ist die prächtige Kolonialstadt Mompóx, eine Art Zeitkapsel aus Kolumbiens Geschichte und ein Ort, der die Anreise definitiv lohnt.

Mompóx

Mompóx (auch Mompós genannt) ist jedoch weniger eine unheilbare mittelalterliche Krankheit als vielmehr ein Wurmloch in die Vergangenheit und eine der besterhaltenen Kolonialstädte des Landes.

Der Niedergang des abgeschieden im Landesinneren, am Ufer des Río Magdalena gelegenen Städtchens begann Mitte des 19. Jhs., als der Schiffsverkehr neu geregelt wurde und Mompóx zum bedeutungslosen Provinznest abstieg. Die Ähnlichkeiten mit García Márquez' fiktionaler Stadt Macondo sind frappierend, und tatsächlich ist Mompóx viel besser geeignet, um der Atmosphäre des Romans *Hundert Jahre Einsamkeit* nachzuspüren, als Márquez' Heimatstadt Aracataca.

Im 21. Jh. nun blüht dieses nahezu vergessene Juwel wieder auf, und in den letzten Jahren entstanden viele neue Boutiquehotels und Restaurants. Mompóx ist die bezauberndste Stadt im Norden Kolumbiens, seine verfallenden Fassaden und farbenfrohen Kirchen ähneln eher der Havannas Altstadt als dem polierten und herausgeputzten Cartagena. Das Beste an Mompóx ist die große Entfernung zu den wichtigsten Touristenpfaden, wodurch es sich ein wunderbar ursprüngliches Flair bewahrt hat. Häufig meinen Besucher, sie seien die einzigen Ausländer in der Stadt.

Geschichte

1540 gründete Alonso de Heredia (der Bruder von Pedro de Heredia, dem Gründer Cartagenas) die Stadt am rechten Arm des Río Magdalena. Mompóx entwickelte sich zum wichtigen Handelszentrum und verkehrsreichen Hafen, wo alle Waren von Cartagena durch den Canal del Dique und den Río Magdalena ins Landesinnere der Kolonie transportiert wurden. Die Stadt gedieh, sie prägte die Münzen der Kolonie und wurde für ihre Goldschmiedearbeiten berühmt – von deren Vermächtnis noch heute Mompóx' prächtiger Filigranschmuck zeugt. 1810 erklärte sich Mompóx als erste Stadt in Kolumbien unabhängig.

Gegen Ende des 19. Jhs. wurde der Schiffsverkehr auf den anderen Arm des Flusses, den Brazo de Loba, umgeleitet – Mompóx' Blütezeit war vorbei, die Stadt plötzlich isoliert.

◎ Sehenswertes

Die schönste Beschäftigung ist ein Bummel durch die wunderbar verfallenen Straßen, entlang den schönen Ufer des Río Magdalena, und dabei einfach die Farben, Geräusche und Gerüche wahr- und aufzunehmen.

Die Uferstraße Carrera 1 wird auch Calle de la Albarrada genannt, die Hauptdurchfahrtsstraße – Carrera 2 – heißt Calle del Medio.

Iglesia de Santa Bárbara   KIRCHE
(Carrera 1 & Calle 14) Die ungewöhnliche, 1613 erbaute Kirche am Fluss ist zweifellos das auffälligste Bauwerk der Stadt. Sie präsentiert großäugige Löwen und Greifvögel und einen kuriosen Glockenturm mit rundumlaufendem Balkon. Die in der Kirche lebenden Fledermäuse und Schwalben fliegen sogar während der Messe ständig hinein und heraus.

Museo del Arte Religioso   MUSEUM
(Carrera 2 No 17-07; Eintritt 4000 COP; ⊙Di–Sa 8–11.45 & 14–16 Uhr) Mompóx' wichtigstes Museum zeigt eine herrliche Sammlung aus religiösen Gemälden, Gold- und Silberkreuzen sowie anderen sakralen Objekten. Es erstreckt sich über mehrere Räume in einem prächtigen Kolonialhaus.

Palacio San Carlos   HISTORISCHES BAUWERK
(Carrera 2 & Calle 18) Dieses schöne Gebäude, ehemals ein Jesuitenkloster und heute das Rathaus, stammt von 1600. Davor steht die bemerkenswerte Statue eines befreiten Skla-

ven mit zerrissenen Ketten. Die Inschrift „*Si a Caracas debo la vida, a Mompox debo la gloria*" („Wenn ich Caracas mein Leben verdanke, dann verdanke ich Mompóx meinen Ruhm") stammt von Bolívar höchstpersönlich und bezieht sich auf die Tatsache, dass etwa 400 Männer aus Mompóx die Kerntruppe seiner siegreichen Revolutionsarmee bildeten.

Cementerio Municipal   FRIEDHOF
(Calle 18; ⊙8–12 & 14–17 Uhr) Mompóx' Friedhof ist eine der Attraktionen der Stadt. Weiß getünchte Grabmale und Gebeinnischen sind hier gestapelt, manchmal zu sechst übereinander, und bilden eine nahezu durchgängige Mauer rund um eine Kapelle in der Mitte.

★✯ Feste & Events

Zwei alljährlich stattfindende Veranstaltungen lohnen die Reise nach Mompóx: Die Feierlichkeiten zur **Semana Santa** (Karwoche) gehören zu den aufwändigsten im ganzen Land, während das neue **Mompox Jazz Festival** Anfang Oktober eines der besten kleinen Musikfestivals Kolumbiens ist.

🛏 Schlafen

Es gibt ein paar Boutiquehotels für die wohlhabenderen Wochenendgäste, aber auch Reisende mit schmalerem Geldbeutel werden fündig.

Hostal La Casa del Viajero   HOSTEL **$**
(☎684-0657; www.hotelenmompos.besaba.com; Carrera 2 No 13-54; B mit/ohne Klimaanlage 20 000/25 000 COP, Zi. 35 000 COP; ❊🛜) Diese weitläufige und nette Unterkunft hat alles, was preisbewusste Reisende brauchen: eine Gemeinschaftsküche, einen Innenhof mit Hängematten, eine zentrale Lage und geräumige Schlafsäle – einer hat sogar einen großartigen Balkon. Für die langen Nächte in Mompóx steht eine Karaoke-Anlage zur Verfügung.

★ La Casa Amarilla   BOUTIQUEHOTEL **$$**
(☎310-606-4632, 685-6326; www.lacasaamarillamompos.com; Carrera 1 No 13-59; B/EZ/DZ/3B-Z/4BZ/Suite inkl. Frühstück 25 000/90 000/145 0 00/175 000/200 000/185 000 COP; ❊🛜) Das schöne Hotel wurde von einem britischen Journalisten und seiner kolumbianischen Frau in einem restaurierten Wohnhaus aus dem 17. Jh. geschaffen. Es hat mehrere wunderbar stimmungsvolle Zimmer, am schönsten sind aber die großen Suiten ganz oben:

Sie sind der perfekte Ort für den romantischen Urlaub.

Das Frühstück ist eine fröhliche, gesellige Angelegenheit; das lächelnde Personal serviert es an einem großen Esstisch in der Küche mit Blick in den Garten. Die Mitarbeiter sprechen Englisch und sind eine Fundgrube nützlicher Informationen über Mompóx. Sie tun ihr Bestes, damit die Gäste sich zu Hause fühlen. Eine Reservierung wird empfohlen.

Hotel Portal de la Marquesa
BOUTIQUEHOTEL $$$

(☏ 685-6221; www.portaldelamarquesa.com; Carrera 1 No 15-27; Zi./Suite inkl. Frühstück 179 000/208 000 COP; ❄🛜) Das eindrucksvolle Gebäude am Fluss ist eines der schönsten der Stadt. Die Umwandlung zum Hotel gelang hervorragend, wovon nicht zuletzt die prächtigen öffentlichen Bereiche zeugen. Die Gästezimmer – von denen es gerade mal drei plus eine Suite mit eigenem Tauchbecken gibt – sind ebenfalls großartig, wenngleich die glänzenden modernen Böden und die vereinzelten Ikea-Möbel ihnen keinen Gefallen tun.

✖ Essen

Comedor Costeño
KOLUMBIANISCH $

(Carrera 1 No 18-45; Hauptgerichte 7000 COP; ⏱7–17 Uhr) Das rustikale Restaurant am Fluss beim Markt bietet wunderbare Menüs, z.B. auf verschiedene Arten zubereiteten *Bocachico*-Fisch. Daneben gibt es leckere gesunde Fleisch- und Fischgerichte mit selbst gemachter *ají picante* (scharfe Peperonisoße). Zu den Mittagsgerichten gibt es eine exzellente Suppe, Salat und die üblichen drei stärkehaltigen Beilagen.

★ El Fuerte
EUROPÄISCH $$$

(☏ 685-6762, 314-564-0566; Carrera 1 No 12-163; Hauptgerichte ab 40 000 COP; ⏱Fr–So Abendessen) Wer es irgendwie einrichten kann, sollte sich an einem Wochenende in Mompóx aufhalten, denn dann hat das beste Restaurant der Stadt (in der Regel) geöffnet. Mit seinem schön gestalteten Interieur, einem charmanten mehrsprachigen Wirt und einem hervorragenden Angebot aus hauptsächlich hausgemachten Spezialitäten ist es eine Attraktion für sich. Wir empfehlen die exzellente Pizza, die liebevoll zubereiteten Pastagerichte und die überwältigenden Desserts.

In der Nebensaison ist eine Reservierung unerlässlich, damit die Wirtsleute wissen, dass überhaupt jemand kommt. In der Hauptsaison muss ein Tisch reserviert werden, weil man sonst keinen Platz bekommt. Am Flussufer weist eine riesige Gabel auf das El Fuerte hin.

ℹ An- & Weiterreise

Mompóx liegt sehr abgeschieden, keine Frage, es gibt aber eine direkte Busverbindung von und nach Cartagena, und mit etwas Aufwand gelangt man auch von anderen Orten per Bus dorthin. Die meisten Reisenden reisen von Cartagena kommend mit dem Bus von Caribe Express (S. 154) an, der dort täglich um 7 Uhr abfährt (50 000 COP, 8 Std.).

Wer bei Caribe Express keinen Platz bekommt, kann die Alternativroute via Magangué wählen: Busse von Torcoroma (S. 154) fahren in Cartagena von 5.30 bis 12 Uhr alle 30 Minuten in Cartagena los (40 000 COP, 3 Std.), ein Expreso-Brasilia-Bus (S. 154) startet um 10.30 Uhr (40 000 COP, 3 Std.). Bei Ankunft in Magangué muss man die Straße entlang weitermarschieren und am Fluss rechts abbiegen, um am Schalter gegenüber dem El Punto del Sabor eine Fahrkarte für eine *chalupa* (Boot) nach Bodega (700 COP, 20 Min., regelmäßige Verbindungen bis ca. 15 Uhr) zu kaufen. Von Bodega aus fahren *colectivos* nach Mompóx (12 000 COP, 45 Min.). Manche *chalupas* fahren auch von Magangué direkt nach Mompóx. Nach Magangué fahren auch Busse von Medellín (103 000 COP, 12 Std., tgl. 8.45 Uhr).

Nach El Banco Magdalena verkehren Busse von Santa Marta (35 000 COP, 6 Std., tgl. 13 Uhr) und von Bogotá aus (100 000 COP, 14 Std., tgl. 17 Uhr). In beiden Fällen steigt man in El Banco in einen der an der Haltestelle wartenden Geländewagen, die nach Mompóx weiterfahren (Sitzplatz 35 000 COP, 1½ Std.).

SÜDWESTLICH VON CARTAGENA

Unberührte Strände und verkehrsarme Straßen kennzeichnen die Karibikküste südwestlich von Cartagena – eine Gegend, die in den letzten 20 Jahren aufgrund mangelnder Sicherheit kaum Touristen gesehen hat. Heute sind Gebiete wie Tolú und die Islas de San Bernardo sicher und stehen in den Startlöchern, um nicht mehr nur Kolumbianern, sondern auch immer mehr Ausländern einen angenehmen Aufenthalt zu bescheren.

Bei einer Fahrt durch die Nordküsten-Departamentos Sucre, Córdoba, Antioquia und Chocó verändert sich die Landschaft merklich. Sumpfiges Weideland mit verstreut stehenden saftigen Kapokbäumen, den Boden überwuchernden Mangroven und kristallklare Lagunen säumen die Küste des Golfo de Morrosquillo, während sich der Regenwald nahe dem Tapón del Darién (Darién Gap) bis zum azurblauen Wasser und den Stränden des Golfo de Urabá erstreckt. Hier beginnt hinter den malerischen Dörfern Capurganá und Sapzurro der Nachbarstaat Panama.

Tolú

📍 5 / 48 000 EW.

Auch wenn es auf den ersten Blick nicht so scheint: Das beschauliche Tolú, Hauptort des Golfo de Morrosquillo, ist eines der meistbesuchten Urlaubsziele Kolumbiens. In der Hauptsaison bevölkern Kolumbianer den Ort wegen seines Kleinstadtflairs, der Strände und Grünflächen. Ausländer sind jedoch ein eher seltener Anblick. Den Rest des Jahres ist der Ort eine gute Möglichkeit, um mal vom „Gringo-Trail" abzuweichen und wie die Einheimischen Ferien zu machen.

Tolú ist eine kleine Stadt, in der die Einheimischen eher mit dem Rad als mit dem Auto unterwegs sind. Die Fahrradtaxis, *bicitaxis*, sind wahre Kunstwerke: Jedes ist individuell geschmückt – und aus großen, voll aufgedrehten Lautsprechern klingt Salsa und Reggaeton.

Tolús lang gezogener *malecón* mit vielen Bars, Restaurants und kleinen Kunsthandwerksständen ist die perfekte Flaniermeile. Der größte Reiz für Besucher aus dem Ausland besteht jedoch in der Nähe des Ortes zu den Islas de San Bernardo, die zum Parque Nacional Natural (PNN) Corales del Rosario y San Bernardo gehören.

Die malerischen Strände der Isla Múcura mit Mangroven und postkartengleichen Kokospalmen zählen zu den zauberhaftesten Stränden der Küste.

👁 Sehenswertes & Aktivitäten

Tolú ist die wichtigste Ausgangsbasis für Tagesausflüge zu den Islas de San Bernardo. In der Hauptsaison quillt die Stadt über von kolumbianischen Urlaubern, die am Golfo de Morrosquillo, der sich bis nach Coveñas erstreckt, essen und trinken. In Coveñas gibt es zwar weniger Einrichtungen, dafür aber bessere Strände. Dort stehen vielerorts strohüberdachte Tische, an denen sich Gäste nachmittags ganz entspannt einen oder zwei Drinks genehmigen können.

Wem der Sinn nach Natur steht, der sollte die wunderbare **Ciénega de Caimanera** auf halbem Weg zwischen Tolú und Coveñas besuchen. Das 1800 ha große Naturschutzgebiet ist ein Süß- und Salzwassersumpf mit fünf verschiedenen Mangrovenarten. Die Wurzeln der Roten Mangrove drehen und winden sich wie hyperaktive Spaghettistränge im und auf dem Wasser. Eine Kanufahrt in dieser Region ist eine schöne Art, eineinhalb Stunden auf dem Wasser zu verbringen: Man mäandert durch künstliche Mangroventunnel und klaubt die Austern direkt von den Wurzeln.

Wer nach Ciénega reisen möchte, nimmt irgendeinen Bus (2000 COP) in Richtung Coveñas und bittet den Fahrer, bei La Boca de la Ciénega anzuhalten. Kanu-Guides warten auf der Brücke auf Touristen. Sie verlangen 20 000 COP für bis zu zwei Personen, bei größeren Gruppen nur noch 8000 COP pro Person.

Tolús Strände machen nicht viel her – besser sind jene im 20 km südlich gelegenen Coveñas. Zur **Playa Blanca** fährt von Coveñas aus ein Mototaxi. *Colectivos* starten vom Supermercado Popular an der Ecke Carrera 2 und Calle 17 in Tolú alle zehn Minuten für 2500 COP. Und nach **Punta Bolívar** sind es von Coveñas aus mit dem Mototaxi nur fünf Minuten (4000 COP).

🛏 Schlafen & Essen

Tolú hat zwar viele Hotels, in denen Kolumbianer Urlaub machen, aber eigentlich gibt es kaum einen Grund, hier zu übernachten. Doch manchmal ist man auf dem Weg zu den Islas de San Bernardo dazu gezwungen. Auf keinen Fall darf man Tolú verlassen, ohne die am besten gebackenen *arepas* Kolumbiens, gefüllt mit Eiern und gewürztem Fleisch, zu probieren. Zubereitet werden sie an Doña Mercedes' Imbissstand an der südöstlichen Ecke des Platzes beim Expreso-Brasilia-Büro. Sie sind herrlich knusprig und lecker!

Villa Babilla HOSTEL $
(📞 312 677 1325; www.villababillahostel.com; Calle 20 No 3-40; EZ/DZ 40 000/60 000 COP; 📶) Das Hostel/Hotel unter deutscher Leitung steht drei Blocks vor der Küste. Das Highlight des freundlichen Ortes ist die Open-Air-Fernsehlounge mit Strohdach. Zudem gibt's eine Küche, Wäscheservice und den ganzen Tag kostenlosen Kaffee.

Die Villa Babilla hat kein Schild, ist aber leicht zu erkennen, weil sie das höchste Gebäude im ganzen Block ist.

El Velero
HOSTEL $$

(☎ 312-658-0129, 286-0058; www.host alelvelero.com; Carrera 1 No 9-30; EZ/DZ 50 000/80 000 COP; ❉ ☎ ☀) Das „Segelboot" liegt direkt am Strand vor Anker, mit den Wellen gleich vor der Tür. Die Gäste werden herzlich empfangen und in komfortablen Zimmern untergebracht. Alle sind mit Fernseher, Kühlschrank und blitzsauberem Bad ausgestattet.

La Red
FISCH & MEERESFRÜCHTE $$

(Ecke Calle 20 & Carrera 2; Hauptgerichte 8000 bis 30 000 COP; ☺ Frühstück, Mittag- & Abendessen) Hier sollte man Red Snapper in Knoblauch und Butter bestellen – der Fisch schwamm wenige Stunden zuvor noch im Meer. Den Service könnte man, um höflich zu sein, mit „bedächtig" umschreiben, die Dekoration ist Schildkrötenpanzer-Schick.

ⓘ Praktische Informationen

Hospital de Tolú (☎ 288-5256; Calle 16 No 9-61; ☺ 24 Std.)

Mundo Mar (☎ 288-4431; Carrera 1 No 14-40) Die gut geführte Agentur bietet täglich Touren zu den Islas de San Bernardo (35 000 COP) an. Abfahrt ist um 8.30 Uhr, Rückkehr gegen 16 Uhr.

Touristeninformation (☎ 286-0599; Carrera 2 No 15-40; ☺ 8–12 & 14–18 Uhr) Sie befindet sich in der *alcaldía* (Rathaus) an der Westseite der Plaza Pedro Heredia. Die Mitarbeiter öffnen, wenn es ihnen gerade gefällt.

ⓘ An- & Weiterreise

Expreso Brasilia/Unitransco (☎ 288-5180), **Rapido Ochoa** (☎ 288-5257) und **Caribe Express** (☎ 288-5223) teilen sich eine kleine Bushaltestelle an der Südwestseite der Plaza Pedro de Heredia. Stündlich fahren Busse nach Cartagena (30 000 COP, 3 Std.) und Montería (20 000 COP, 2 Std.). Wer weiter nach Turbo und an die panamaische Grenze möchte, fährt nach Montería und steigt dort in den Bus nach Turbo um.

Islas de San Bernardo

Die zehn Inseln, die den San-Bernardo-Archipel vor der Küste Tolús bilden, sind bei Weitem spektakulärer und interessanter als ihre Nachbarinseln, die Islas del Rosario im Norden, mit denen sie zusammen den Parque Nacional Natural (PNN) Corales del Rosario y San Bernardo bilden.

Einst waren die Inseln die Heimat der karibische *indígenas,* die es lange Zeit schafften, den Archipel vor ausländischen Touristen geheim zu halten. Heute werden die *indígenas* aber immer stärker von kolumbianischen Urlaubern verdrängt. Die malerischen Inseln mit ihrem kristallklaren Wasser, den Mangrovenlagunen und herrlich weißen Sandstränden sind eine einzigartige Oase der Ruhe und Entspannung an der Karibikküste.

☞ Geführte Touren

Tagesausflüge zur Inselgruppe starten täglich um ca. 8.30 Uhr am Muelle Turístico in Tolú. Die ganztägigen Touren führen an einer der am dichtesten besiedelten Inseln der Welt, **Santa Cruz del Islote**, vorbei: Hier leben bis zu 1000 Menschen, zumeist Fischer, in einer tropischen, gerade einmal 1200 m² großen Barackenstadt am Meer. Auch die Isla Tintípan, die größte Insel des Archipels, steht auf dem Programm.

Die meisten touristischen Einrichtungen finden sich auf der **Isla Múcura**, wo die Boote für drei Stunden anlegen. Dort können die Passagiere eine Schnorchelausrüstung ausleihen (5000 COP), relaxen, sich ein Mittagessen und ein Bier genehmigen (nicht im Tourpreis enthalten) oder einfach nur durch die Mangroven wandern.

Der beste Strand zum Baden und Schnorcheln befindet sich auf der **Isla Palma**, wo der Ausflug mit dem Besuch des Aquariums endet. Allerdings ist dies eher ein rustikaler Zoo als eine Wasserwelt (auch wenn es tatsächlich ein Aquarium mit allerdings recht trüben Scheiben gibt). Neben Unterwassertieren leben hier auch Affen, rosafarbene Flamingos, unzählige Vögel (u. a. viele frei umherfliegende Aras) und sogar ein Büffel! Irgendwie seltsam, aber nicht uninteressant.

⌂ Schlafen & Essen

In der Hauptsaison sind Zimmerreservierungen obligatorisch – und die Preise können weit höher liegen als hier angegeben.

Donde Wilber
HÜTTEN $$

(☎ 316-605-5840; Isla Múcura; Hütte pro Pers. 30 000 COP, inkl. Vollpension 90 000 COP) Wer zur einzigen günstigen Unterkunft auf den Inseln gelangen will, fragt an der Anlegestelle auf der Isla Múcura am besten nach Angelo. Er bringt einen durchs Dorf zu ein paar sehr klapprigen Buden und einer rustikalen Hütte am Strand. Die Unterkunft hat höchstens einen Stern verdient, ist aber relaxt und freundlich und wird von Einheimischen geführt – das heißt, das Geld der Gäste bleibt auf der Insel. Das Donde Wilber organisiert Angel- und Schnorchelausflüge, und die Aussicht ist phänomenal.

Punta Faro   HOTEL $$$

(☎ in Bogotá 1-616-3136; www.puntafaro.com; Isla Múcura; Zi. pro Pers. inkl. Vollpension ab 590 000 COP; ✳🛜) Für die schöne Lobby und die Gästezimmer in diesem nobelsten Hotel des Archipels wurde viel Mangrovenholz verwendet. Hier steigen wohlhabende Kolumbianer und Geschäftsreisende ab, die auch in Cartagena abgeholt werden. Es gibt einen eigenen Strand, drei Restaurants und zwei Bars. Sportequipment wie Kajaks und Schnorchelausrüstung ist im Preis enthalten.

Turbo

☎ 4 / 140 000 EW.

Die Stadt Turbo, 373 km nordwestlich von Medellín, gehört zum Departamento Antioquia. Wer morgens ein Boot nach Capurganá oder Sapzurro nehmen will, muss in der rauen Hafenstadt übernachten. Hier gibt es absolut nichts, was zu einem längeren Aufenthalt einlädt, und Reisende sollten nach Einbruch der Dunkelheit tunlichst im Hotel bleiben.

🛏 Schlafen & Essen

Bei den Anlegestellen gibt es ein paar kleine, kaum unterscheidbare Cafés, in denen man von 5 Uhr morgens bis zur Abenddämmerung essen kann.

Hotel El Velero   HOTEL $$

(☎ 312-618-5768, 827-4173; Carrera 12 No 100-10; Zi. ab 80 000 COP; ✳🛜) Ganz in der Nähe der Anlegestelle für Boote nach Capurganá steht das Hotel El Vero, definitiv Turbos beste Unterkunft. Die Gästezimmer sind klein, aber sehr behaglich, und bieten saubere, frische Bettwäsche und eine gut sortierte Minibar. Nach der langen Reise nach Turbo kommen sie einem wie ein Stück vom Himmel vor.

ℹ An- & Weiterreise

In Cartagena muss man vor 11 Uhr einen Bus nach Montería nehmen (50 000 COP, 5 Std.) und dort in den Bus nach Turbo (30 000 COP, 5 Std.) umsteigen. Dort gibt es keinen zentralen Busbahnhof, die meisten Busunternehmen befinden sich aber an der Calle 101. Busse zurück nach Montería verkehren zwischen 4.30 und 16 Uhr.

Zwischen 5 und 22 Uhr fahren stündlich Busse von Turbo nach Medellín (62 000 COP, 8 Std.).

Boote nach Capurganá (55 000 COP, 2½ Std.) und Sapzurro (60 000 COP, 2½ Std.) legen täglich ab 7 Uhr im Hafen ab.

Capurganá & Sapzurro

☎ 4 / 2000 EW.

Kolumbiens außergewöhnliche Karibikküste endet mit einer Fanfare: Die idyllischen, entspannten Dörfer Capurganá und Sapzurro und ihre Strände verstecken sich in einer abgeschiedenen Ecke im Nordwesten des Landes und gehören zu seinen wunderbarsten – und seltenst besuchten – Highlights. Die Ortschaften zwischen dicht bewaldeten Bergen und tiefblauem Wasser locken vor allem Einheimische an, die sich hier vom chaotischen kolumbianischen Alltag erholen.

Schon die Anreise ist Teil des Abenteuers: Sowohl Capurganá als auch Sapzurro sind nur auf recht langen Bootsfahrten von Turbo oder per Flug von Medellín aus zu erreichen. Dementsprechend sind die Strände nach wie vor die leersten in ganz Kolumbien. Aufgrund der Unzugänglichkeit und der Sicherheitsprobleme in der Vergangenheit kommen die meisten Feriengäste aus dem eigenen Land. Doch das hat sich inzwischen geändert, beide Dörfer sind sicher, und der Fremdenverkehr boomt.

Ein Urlaub hier ist eine tolle Alternative zu den Stränden des Parque Nacional Natural Tayrona, die in der Hauptsaison häufig ungemütlich überlaufen sind. Wer hier die exzellenten Strände und Naturpfade in der Gegend erkunden möchte, bleibt schnell statt ein paar Tagen eine ganze Woche. Das Korallenriff vor der Küste ist fantastisch, und inzwischen gibt es mehrere Tauchschulen, die immer mehr Tauchgründe für die Tauchgäste erschließen.

Wer auf dem Landweg oder von Panama aus anreist, kann in diesen zwei ruhigen Dörfern mit ihren leuchtend weißen Stränden und einem großen Angebot an Outdoor-Aktivitäten einen Zwischenstopp einlegen.

Unbedingt genügend Bargeld mitbringen: In beiden Dörfern gibt es keine Geldautomaten.

🏃 Aktivitäten

Capurganá hat bessere Tauchplätze als Taganga, das eigentlich wichtigste Tauch-

KARIBIKKÜSTE TURBO

DER LANGE WEG NACH PANAMA

Von Kolumbien nach Panama zu fahren, ist nicht möglich – die Panamericana (Carretera Panamericana) endet vor dem Tapón del Darién. Immer wieder ignorieren Verrückte die Gefahren und versuchen, mit Geländewagen oder sogar zu Fuß die 87 km lange Strecke zu meistern, und riskieren dabei unschöne Begegnungen mit Guerillas, Paramilitärs oder Drogenhändlern.

Es ist aber durchaus möglich und relativ sicher, Panama überwiegend auf dem Landweg zu erreichen – mit ein paar eingeschobenen Bootsfahrten und einem kurzen Flug. Zur Zeit der Recherche zu diesem Buch war die folgende Route gesichert und ruhig – dennoch sollten Reisende immer im Voraus aktuelle Sicherheitswarnungen checken und stets an der Küste bleiben.

➡ Busfahrt nach Turbo: Die Strecke Medellín–Turbo (62 000 COP, 8 Std.) ist inzwischen ungefährlich, eine Fahrt aber immer noch ausschließlich bei Tag zu empfehlen. Von Cartagena aus fährt man nach Montería (50 000 COP, 5 Std.) und steigt dort in den Bus nach Turbo um (30 000 COP, 5 Std.). Die Busse verkehren zwischen 7 und 17 Uhr in regelmäßigem Rhythmus, man muss aber in Cartagena vor 11 Uhr losfahren, um nicht in Montería schlafen zu müssen. Die Übernachtung in Turbo ist zwar kein tolles Erlebnis, aber Teil des Abenteuers.

➡ Bootsfahrt von Turbo nach Capurganá (55 000 COP, 2½ Std.): Passagiere müssen mindestens eine Stunde vor der Abfahrt vor Ort sein, um noch Fahrkarten zu bekommen. Gut festhalten – die Überfahrt kann ganz schön unruhig werden. Wer mehr als 10 kg Gepäck dabeihat, muss 500 COP pro Kilogramm Aufpreis bezahlen.

➡ Bootsfahrt von Capurganá nach Puerto Olbaldía in Panama (30 000 COP, 45 Min.). Am Tag zuvor ist beim Ministerio de Relaciones Exteriores (☑311-746-6234; www.migracioncolombia.gov.co; ⊕ Mo–Fr 8–17, Sa 9–16 Uhr) in der Nähe von Capurganás Hafen der Ausreisestempel abzuholen (es hat so früh am Morgen, wenn die Boote abfahren, noch nicht geöffnet). Die Boote legen in Capurganá täglich um 7.30 Uhr ab – spätestens um 7 Uhr sollten die Fahrgäste am Dock sein. Auch diese Fahrt kann je nach Wetterbedingungen unangenehm werden.

➡ Im panamaischen Einreisebüro in Puerto Olbaldía bekommen Reisende den Einreisestempel in den Pass. Weiter geht es per Flug mit Air Panama (☑in Panama +507-316-9000; www.flyairpanama.com) zum Inlandsflughafen Albrook in Panama City. Täglich gibt es drei Flüge dorthin. Da Puerto Olbaldía nicht viel zu bieten hat, sollte man so bald wie möglich nach Panama City aufbrechen.

zentrum an der Küste: Das Riff ist besser in Schuss, und von August bis Oktober hat man bis zu 25 m weit Sicht. Zwischen Januar und März ist die See recht rau.
Bei Dive & Green (☑311-578-4021, 316-781-6255; www.diveandgreen.com) und im Centro de Buceo Capurganá (☑314-861-1923; centrodebuceocapurgana@gmail.com; Luz de Oriente) kosten Ausflüge mit zwei Tauchgängen zwischen 170 000 und 190 000 COP, für einen Nacht-Tauchgang werden 110 000 COP verlangt

❶ Praktische Informationen

Capurganá Tours (☑824-3173) Das Englisch sprechende Personal in diesem sympathischen Reisebüro bucht Flüge nach Panama und Exkursionen in die Gegend. Es zahlt auch gegen Kreditkarten Bargeld aus, was sehr praktisch ist, da es in Capurganá keine Bank gibt. Auch Fahrten von Turbo zu Zielen in ganz Kolumbien lassen sich hier organisieren.

Ministerio de Relaciones Exteriores (☑311-746-6234; Capurganá; ⊕ Mo–Fr 8–17, Sa 9–16 Uhr) Das Ministerium an Capurganás Hauptstraße regelt Einreiseformalitäten für alle, die nach Panama reisen wollen. Die Öffnungszeiten werden recht flexibel gehandhabt.

❶ An- & Weiterreise

Boote von Turbo nach Capurganá (55 000 COP, 2½ Std.) und Sapzurro (60 000 COP, 2½ Std.) fahren täglich ab 7 Uhr. Häufig verkehren mehrere Boote am Tag, manchmal sogar vier oder fünf, das Boot um 7 Uhr morgens fährt jedoch – sofern das Wetter passt – immer. Da sich die Boote recht schnell mit Einheimischen füllen, sollten

Reisende mindestens eine Stunde vorher da sein oder nach Möglichkeit tags zuvor einen Sitzplatz reservieren. Weil die Überfahrt zuweilen eine nasse und möglicherweise auch recht unruhige Angelegenheit ist, sollte man sein Gepäck in einem Müllbeutel gut aufbewahren (Straßenverkäufer bieten sie für 1000 COP an).

Pass und – da es in Capurganá und Sapzurro keinen Geldautomaten gibt – genügend Bargeld sind mitzuführen. Zurück in Turbo sollten Reisende den Einheimischen, die lauthals anbieten, ihnen zum Bus zu „helfen", geflissentlich aus dem Weg gehen – sie arbeiten auf Kommissionsbasis und zocken ihre Opfer ab.

Searca (www.searca.com.co) und **TAC** (www.taccolombia.com) bieten Flüge ab Medellín (einfach 400 000 COP), in der Nebensaison montags und freitags und in der Hauptsaison bis zu drei Flüge am Tag.

San Blas Tours (☎ 321-505-5008; www.sanbladsadventures.com) organisiert Touren zum Guna-Yala-Archipel in Panama. Start ist in Sapzurro oder an der Grenze. Teilnehmer müssen sich in Capurganá den Ausreisestempel besorgen.

Capurganá

Capurganá liegt am nordwestlichen Rand des Departamento Chocó an der Einfahrt in den Golfo de Urabá. Es bietet mehr touristische Infrastruktur als Sapzurro – an Unterkünften herrscht hier kein Mangel, und doch ist das Dorf überraschend entspannt – außer während der Semana Santa (Karwoche) sowie im November und Dezember.

◉ Sehenswertes & Aktivitäten

El Cielo, eine einstündige Dschungelwanderung von Capurganá aus in die Berge, führt an mehreren natürlichen Schwimmbecken und Wasserfällen vorbei, wo mit etwas Glück Brüllaffen und Totenkopfäffchen, Tukane und Papageien zu sehen sind. Auf der schönen, ebenfalls eine Stunde dauernden Küstenwanderung nach **Aguacate** wird an ruhigen Stränden ein Halt eingelegt.

Der wunderbare Strand namens **Playa Soledad** wiederum ist Ziel einer dreistündigen Wanderung von Capurganá gen Osten. Wem das zu lang ist, kann mit einem der Fischerboote, die an Capurganás Hauptstrand liegen, die kurze Strecke über das Wasser dorthin fahren.

🛏 Schlafen & Essen

Da Restaurants in Capurganá Mangelware sind, bieten die meisten Hotels All-inclu-sive-Pakete. Ein paar billige Lokale finden sich beim Fußballplatz. Die Hotelbesitzer warten häufig an der Anlegestelle auf potenzielle Gäste. Sie sind ein cooles Grüppchen, keine Nepper.

Für einen Drink am Abend bieten sich die Bars am Fußballplatz an.

⭐ **Posada del Gecko** PENSION $
(☎ 313-651-6435, 314-525-6037; www.posadadelgecko.com; EZ/DZ/3BZ/4BZ 25 000/70 000/95 000/120 000 COP; 🛜) Die nette Pension bietet einfache Zimmer mit viel Holz sowie elegantere Optionen mit Klimaanlage und eigenem Bad. Der Besitzer organisiert dreitägige Touren zu den San-Blas-Inseln (185 US$). Das dazugehörige Restaurant mit Bar serviert authentische Pizza und Pasta und ist ideal für einen Drink, im Hintergrund läuft Independent-Musik.

Hostal Capurganá HOSTEL $
(☎ 316-482-3665; www.hostalcapurgana.net; Calle de Comercio; B 18 000 COP, Zi. inkl. Frühstück pro Pers. 35 000 COP) An der Hauptstraße, gleich hinter der Anlegestelle, steht dieses Hostel mit sechs Zimmern mit Ventilator, eigenem Bad und Zutritt in einen zauberhaften grünen Innenhof. Dies ist das einzige Haus im Dorf, das Kreditkarten akzeptiert (falls man versäumt hat, genügend Bares mitzunehmen). Das kenntnisreiche Personal hilft gern bei der weiteren Reiseplanung.

Campamento Wittenberg HOTEL $
(☎ 311-436-6215; Hängematte 10 000 COP, Zi. pro Pers. 20 000 COP) Direkt an der Grenze zu Panama steht dieses freundliche Hotel unter französischer Leitung. Es bietet einfache Gästezimmer, gesundes Frühstück, Angelausflüge und Segelkurse. Der nette, professionell arbeitende Besitzer ist schon seit Jahren in Kolumbien und sehr hilfsbereit.

Luz de Oriente HOTEL $$
(☎ 310-371-4902; www.luzdeoriente.com; Playa Blanca; Zi. pro Pers. inkl. Halbpension 72 000 COP; 🛜) Die von Ventilatoren gekühlten Gästezimmer des Hotels am Hafen sind sauber und ordentlich und bieten alle Meerblick. In der Bar gibt es einen klasse Mojito, und als Gast fühlt man sich so nah am Strand einfach mitten im Geschehen.

⭐ **Josefina's** FISCH & MEERESFRÜCHTE $$
(Hauptgerichte 20 000–40 000 COP; 🕒 12 bis 21.30 Uhr) An der ganzen Küste findet sich kein besseres Seafood – und kein herzlicherer Empfang – als bei Josefina. Ihr Krebs

DER GOLFO DE URABÁ

Am Golfo de Urabá schmiegen sich ein paar kleine Dörfer an den Rand des Tapón del Darién. In **Acandí**, **Triganá** und **San Francisco** gibt es ein paar ordentliche, erschwingliche Unterkünfte, ruhige Strände und schöne Wanderrouten. Alle drei Orte sind von Turbo aus mit dem Boot zu erreichen.

In Acandí kommen von März bis Mai Hunderte von Lederschildkröten an Land, um ihre Eier abzulegen. Sie werden bis zu 2 m lang und 750 kg schwer.

Im winzigen San Francisco kann man in **Ralle's Hostel** (☑ 314-703-5151; B 25 000 COP, Hütte pro Pers. 50 000 COP) nächtigen, in Triganá in der **Hostería Triganá** (☑ 314-615-6917) oder in den **Anayansi Cabañas** (☑ 320-697-9025). Beide bieten Zimmer und Hütten für weniger als 40 000 COP pro Person, je nach Saison.

in scharfer Kokos-Sahne-Soße, in einem unglaublich knusprigen, waffeldünnen Kochbananenkörbchen serviert, schmeckt grandios, ebenfalls die *crema de camarón* (Garnelencremesuppe) und ihre Version der *langostinos* (Langusten). Das Lokal befindet sich in einer unscheinbaren Hütte an Capurganás Hauptstrand.

Sapzurro

Wer es bis hierher geschafft hat, sucht aller Wahrscheinlichkeit nach Ruhe und Abgeschiedenheit inmitten einer spektakulären natürlichen Kulisse. Für diese Urlauber ist Sapzurro die reizvollste Destination an diesem Abschnitt der kolumbianischen Küste. Der Ort ohne Flugplatz, mit nur ein paar wenigen Booten am Tag hinüber zum „Festland" und einer Atmosphäre, in der anscheinend niemand irgendwelche Verpflichtungen hat, ist einer der entspanntesten Plätze des Landes.

Der Dorfstrand ist zwar auch hübsch, aber schon ein kurzer Spaziergang über den Hügel nach Panama führt zum berühmtesten Strand in dieser Gegend: **La Miel** (Pass mitnehmen – dort gibt es einen militärischen Kontrollpunkt). Die Wanderung führt über mehrere steile Stufen über die Grenze und auf der anderen Seite wieder hinunter

(am Fuß des Hügels rechts abbiegen und dem Fußweg folgen). Der kleine Strand präsentiert sich mit perfektem weißem Sand, azurblauem Wasser und ein paar kleinen Lokalen, die mit frischem Fisch und kaltem Bier locken.

🛏 Schlafen & Essen

La Gata Negra PENSION $
(☑ 320-610-5571; www.lagatanegra.net; Sapzurro; Zi. pro Pers. 20 000–45 000 COP) Die „Schwarze Katze", so die Übersetzung des Namens, ist ein wunderschönes Holzhaus unweit des Dorfstrands unter italienischer Leitung. Die drei Gästeunterkünfte mit Gemeinschaftsbad werden von Ventilatoren gekühlt. Die Preise variieren je nach Saison und Personenanzahl in den Räumen: In einer Cabaña können dank Doppelbett und Stockbetten bis zu vier Personen schlafen. Die italienische Hausmannskost des Besitzers Giovanni ist ein weiterer Grund, hier zu übernachten.

Zingara PENSION $
(☑ 320-687-4678; www.hospedajesapzurrozingara.com; Zi. pro Pers. 25 000–45 000 COP; 🛜) Clemencia, die Eigentümerin, sorgt dafür, dass sich die Besucher in ihrem aus Holz errichteten Gästehaus sofort wohlfühlen. Die zwei Zimmer sind zur Bergseite hin ausgerichtet und haben jeweils ein eigenes Bad, Moskitonetze und Balkone mit Blick auf Obstbäume. Das Zimmer ganz oben ist das schönste: Es bietet Platz für fünf Personen, und von seinem riesigen Balkon hat man eine prächtige Aussicht. Das Zingara liegt an dem Fußweg, der den Hügel hoch nach Panama führt.

⭐ **La Punta del Arrecife** PENSION $$
(☑ 320-687-3431, 314-666-5210; luzdelaselva52@yahoo.es; Zi. pro Pers. inkl. Frühstück 65 000 COP) Das wundervolle Gästehaus über einem Riff am Dorfrand (über den erhöhten Fußweg aus dem Dorf zu erreichen) ist von einem prächtig verwilderten Garten umgeben. Die Besitzer Rubén und Myriam sind charmante, witzige Einsiedler, die der modernen Welt den Rücken gekehrt haben.

Ihre Gäste schlafen in hinreißenden, einfachen Zimmern mit viel Holz und geschmackvollem Kunsthandwerk. Rubén und Myriam bauen viele ihrer Lebensmittel selbst an und ermutigen ihre Gäste, so gut es geht abzuschalten. Zum Strand von Cabo Tiburón sind es nur ein paar Gehminuten, und das Riff direkt vor der Tür ist ein toller Platz zum Schnorcheln.

⭐**La Posada** HOSTEL **$$**
(☎312-662-7599; www.sapzurrolaposada.com;
Sapzurro; EZ/DZ ab 65 000/130 000 COP, Zeltplatz
oder Hängematte pro Pers. 10 000 COP) Die kom-
fortabelste und bestgeführte Unterkunft im
Dorf hat einen schönen Garten mit blühen-
den Guaven, Kokospalmen und Mangobäu-
men, Open-Air-Duschen für die Camper und
attraktive, luftige Zimmer mit Holzböden
und freiliegenden Balken sowie Hängemat-
ten auf den Balkonen.

Besitzer Mario spricht gut Englisch, seine
Frau kocht (Hauptgerichte 17 000 COP – wer
essen möchte, muss aber vorher Bescheid
geben).

Mario hat vor, ein paar Baumhäuser zu
bauen, und er organisiert Überfahrten nach
Cartagena (24 Std., im Segelboot), zu ver-
schiedenen Häfen in Panama und zu den
Islas de San Bernardo.

Restaurante Doña Triny KOLUMBIANISCH **$**
(Menü 17 000 COP; ⊘12–21 Uhr) Direkt an der
Anlegestelle der Boote aus Capurganá steht
dieses bei Einheimischen wie bei Touristen
beliebte Fischrestaurant. Das Menü besteht
aus einer Suppe, einem Hauptgang mit
Fisch oder Meeresfrüchten und einem lecke-
ren Dessert.

San Andrés & Providencia

Gut essen

➜ Restaurante La Regatta (S. 200)

➜ Caribbean Place (S. 207)

➜ Gourmet Shop Assho (S. 199)

➜ Donde Francesca (S. 201)

➜ Café Studio (S. 208)

Schön übernachten

➜ El Viajero San Andrés (S. 198)

➜ Deep Blue (S. 207)

➜ Frenchy's Place (S. 206)

➜ Casa Harb (S. 199)

➜ Sirius Hotel (S. 208)

Auf nach San Andrés & Providencia!

San Andrés und Providencia heißt eine Inselgruppe und damit auch eine kolumbianische Provinz, die nur etwa 150 km vor der nicaraguanischen Küste liegt. Die Inseln sind historisch eng mit England verbunden.

Ihre traumhaften Landschaften machen sie zu kleinen Inselparadiesen: Besucher finden hier abgelegene Strände, unberührte Korallenriffe und eine verführerische Inselatmosphäre. Und sie müssen nicht tief graben, um die 300 Jahre alte englisch-kreolische Raizal-Kultur zu entdecken.

San Andrés, die größte Insel der Inselgruppe und gleichzeitig ihr wirtschaftliches und administratives Zentrum, zieht viele Touristen auf der Suche nach zollfreien Schnäppchen an. Es ist jedoch nicht schwer, den Menschenmengen aus dem Weg zu gehen. Providencia bietet ebenfalls türkisblaues Wasser und große Korallenriffe, ist aber weniger kommerzialisiert. Hier ist das koloniale Erbe in den kleinen Inseldörfern aus bunten Holzhäusern noch immer lebendig.

Reisezeit
San Andrés

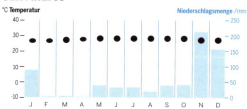

Jan.–Juni In der Trockenzeit entgehen Reisende den karibischen Orkanen.

April–Juli In der Zeit der Krabbenwanderung sind die Straßen in Providencia häufig gesperrt.

Juni–Dez. Außerhalb der Weihnachtszeit fallen die Preise auf beiden Inseln.

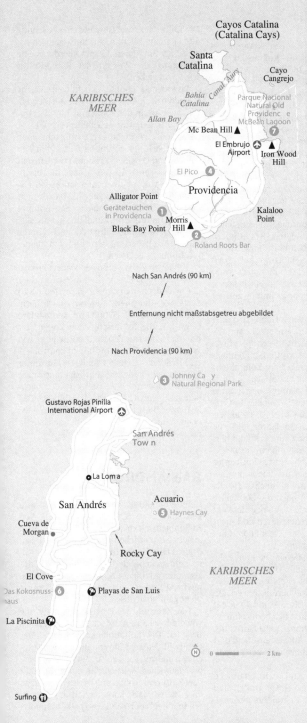

Highlights

1 Tauchen in Providencias blauen Gewässern (S. 202) und dort Kolumbiens schönste Korallenriffe und interessantesten Meereslebewesen bestaunen

2 Ein Abend in **Roland Roots Bar** (S. 207) mit seinen ansteckenden Reggae-Rhythmen

3 Ein Spaziergang über den unberührten Strand der traumhaften Insel **Johnny Cay** (S. 195). Sie ist Teil des 4 ha großen Parque Regional Johnny Cay

4 Eine Wanderung durch das Land der Leguane auf den **El Pico** (S. 205): Von seinem Gipfel genießt man einen atemberaubenden Blick auf Providencia

5 Mit den Stachelrochen bei Sonnenuntergang vor **Haynes Cay** (S. 196) schwimmen gehen

6 Das **Kokosnusshaus** (S. 200) und der Naturgarten in West View

7 Eine Bootsfahrt durch die dichten Mangrovensümpfe in Providencias schönem **Parque Nacional Natural Old Providence McBean Lagoon** (S. 203)

Geschichte

Die ersten Bewohner der Inseln waren vermutlich niederländische Kolonisten, die sich gegen Ende des 16. Jhs. auf Providencia niederließen. 1631 wurden sie von den Engländern vertrieben, die die Inseln vollständig kolonisierten. Die Engländer brachten schwarze Sklaven aus Jamaika mit und bauten Tabak und Baumwolle an. Die Raizal sind die Nachkommen von Verbindungen zwischen den Briten und ihren Sklaven. Die Spanier, die wütend auf den englischen Erfolg auf den Inseln waren, versuchten 1635 erfolglos, die Inselgruppe zu erobern.

Ihre strategische Lage machte die Inseln besonders für Piraten attraktiv; sie lauerten in den Gewässern spanischen Galeonen auf, die mit Gold und anderen Reichtümern beladen waren. Der berühmte Pirat Henry Morgan schlug 1670 sein Lager auf Providencia auf und überfiel von hier aus sowohl Panama als auch Santa Marta. Der Legende zufolge ist sein Schatz noch immer auf der Insel versteckt.

Bald nach Kolumbiens Unabhängigkeit erhob das junge Land Anspruch auf die Inseln. Nicaragua bestritt diesen allerdings energisch. Der Konflikt wurde 1928 schließlich in einem Vertrag gelöst, der Kolumbiens Anspruch auf die Inseln bestätigte.

Die geografische Isolation sorgte lange dafür, dass der einzigartige englische Charakter der Inseln intakt blieb. Dies änderte sich erst in den 1950er-Jahren, als eine Fluglinie die Verbindung zum Festland herstellte. 1954 erklärte Kolumbien die Inseln zu einem zollfreien Gebiet, was Tourismus, Kommerz, Unternehmer und die kolumbianische Kultur auf die Inseln brachte. Sie alle verdrängten nach und nach die 300 Jahre alte Raizal-Kultur, da die Insulaner nicht auf den Tourismus vorbereitet waren und nicht mal ansatzweise mit den Neuankömmlingen konkurrieren konnten.

Zu Beginn der 1990er-Jahre erließ die Regionalregierung deshalb Obergrenzen für die Neuansiedlung auf den Inseln, um die rasant wachsende Zuwanderung zu verlangsamen und die lokale Kultur und Identität zu bewahren. Inzwischen machen Kolumbianer vom Festland dennoch zwei Drittel der Bevölkerung von San Andrés aus. Seit 1991 sind Englisch und Spanisch die beiden offiziellen Amtssprachen.

Der touristische und wirtschaftliche Boom hat San Andrés einen großen Teil seines ursprünglichen Charakters gekostet.

Die Kultur der Insel ist heute eine Mischung aus lateinamerikanischen und englisch-karibischen Einflüssen. Es gibt allerdings eine Bewegung, die Wurzeln der Raizal-Kultur wiederzubeleben.

Providencia konnte sich hingegen seine koloniale Kultur wesentlich besser bewahren, auch wenn der Tourismus hier den traditionellen Lebensstil ebenfalls bedroht.

Obwohl es nicht sehr wahrscheinlich ist, dass sich der politische Status von San Andrés und Providencia ändern wird, macht Nicaragua seine Ansprüche auf die Inseln nach wie vor vor dem Internationalen Gerichtshof in Den Haag geltend. Das Gericht bestätigte 2007 Kolumbiens Souveränität über die Hauptinseln, kündigte aber an, sich zu einem späteren Zeitpunkt noch einmal mit den Hoheitsgewässern und den kleineren Inseln zu befassen.

2005 wurde die Seaflower Marine Protected Area (MPA) eingerichtet, um den Erhalt der wichtigen maritimen Ökosysteme des Seaflower Biosphere Reserve zu sichern. Die MPA umfasst 65 000 km² kristallklare Gewässer, die in verschiedene Zonen mit unterschiedlichen Nutzungsformen – von vollständigem Schutz bis hin zu kontrollierter Fischerei – eingeteilt sind. Das Ziel dieser Einteilung besteht im Schutz der maritimen Artenvielfalt und gleichzeitig in der nachhaltigen Entwicklung des Archipels. Das Seaflower Biosphere Reserve ist Kolumbiens erste derartige Einrichtung und gleichzeitig die größte ihrer Art in der Karibik.

SAN ANDRÉS

📖 8 / 68 000 EW.

Gerade einmal 150 km östlich von Nicaragua, aber etwa 800 km nordwestlich von Kolumbien gelegen, bedeckt die in der Form an ein Seepferdchen erinnernde Insel San Andrés eine Fläche von 27 km². Die von Kokospalmen geprägte Insel ist die größte des gesamten Archipels. Sie wirkt wie ein karibisches Paradies, doch leider ist die Realität nicht ganz so idyllisch.

Das Zentrum der Provinzhauptstadt, die wie die Insel San Andrés heißt, ist ein gutes Beispiel: Die Kolumbianer nennen dieses Gebiet El Centro, während die englischsprachigen Raizal es als North End bezeichnen, ein deutliches Zeichen für einen Konflikt der Kulturen. Völlig unbestritten ist aber, dass dieser stark kommerzialisierte Stadtteil in absehbarer Zeit kein Postkartenmotiv werden wird, denn es handelt sich um eine ziemlich öde Ansammlung von Betonkästen voller Duty-Free-Läden, die nur hin und wieder von den unvermeidlichen Hotels und Restaurants unterbrochen wird.

In San Andrés ist aber noch nicht alles verloren. Am Hafen findet sich eine hübsche Backsteinpromenade – ein schöner Ort, um einen Drink zu nehmen oder einen Abendspaziergang zu machen. Und das wahre Paradies liegt nur eine kurze Kanufahrt entfernt: Die unglaublich idyllische Insel Johnny Cay befindet sich nur 1,5 km vor der Küste. In der Hauptsaison kann es hier so voll wie am Mittelmeer sein, in allen anderen Monaten aber gehört Johnny Cay zu den absoluten Höhepunkten des Archipels.

Außerhalb der Hauptstadt ist die Insel San Andrés sehr schön. Eine 30 km lange malerische Straße führt an der Küste entlang um die Insel herum, während mehrere kleinere Straßen das Binnenland erschließen. Es gibt noch zwei weitere Städtchen auf der Insel: La Loma in der bergigen Mitte der Insel und San Luis an der Ostküste. Beide Orte sind weit weniger touristisch als die Stadt San Andrés und begeistern u. a. mit einigen schönen englisch-karibischen Holzhäusern. Überall an der Küste gibt es tolle Reviere zum Schnorcheln oder Tauchen. Die Wassertemperatur und die Sichtverhältnisse sind in der gesamten Karibik unerreicht gut.

Besucher brauchen nur ein oder zwei Tage, um die Raizal von den Festlands-Kolumbianern unterscheiden zu können. Die Raizal sind mit nur noch einem Drittel der Inselbevölkerung mittlerweile in der Minderheit. Doch ihre langsam verschwindende Kultur, die von englischen Siedlern, afrikanischen Sklaven und karibischen Einflüssen geprägt wurde, verleiht San Andrés einen einzigartigen Charakter, der sich deutlich von dem auf dem kolumbianischen Festland unterscheidet.

👁 Sehenswertes

Johnny Cay Natural Regional Park
STRAND

Die unter Naturschutz stehende, nur 4 ha große Insel Johnny Cay liegt etwa 1,5 km nördlich der Stadt. Die Insel ist mit Kokospalmhainen besetzt und wird von einem wunderbar weißen Sandstrand eingefasst. Hier kann man herrlich in der Sonne baden, Schwimmer sollten wegen der gefährlichen Strömungen aber sehr vorsichtig sein.

San Andrés 0 ▬▬▬▬ 2 km

Die Insel kann recht überlaufen sein, sodass sich die Touristen mit den etwa 500 einheimischen Leguanen um die Plätze streiten müssen. Besucher können auf Johnny Cay auch etwas essen. Die Boote legen am Hauptstrand von San Andrés ab (hin & zurück 15 000 COP); die letzte Rückfahrt ist in der Hauptsaison um 17 Uhr, in der Nebensaison schon um 15.30 Uhr.

La Piscinita
STRAND

(West View; Eintritt 2000 COP) Auch unter dem Namen West View bekannt, ist der Strand La Piscinita – er liegt unmittelbar südlich

San Andrés (Stadt)

von El Cove – ein guter Tipp für Schnorchler. Das Wasser ist meist ruhig, es sind viele Fische (die Tauchern aus der Hand fressen) zu sehen, und es gibt etwas Infrastruktur in Form eines Restaurants mit traditioneller Küche und einem Verleih von Schnorchelausrüstung. Wenn die See rau ist, können die Besucher die Fische allerdings nur vom Land aus füttern.

La Loma
DORF

Die Ortschaft im Inneren von San Andrés ist auch unter dem englischen Namen „The Hill" bekannt und gehört zu den ursprünglichsten Plätzen der Insel. Der Ort ist bekannt für seine Baptistenkirche, die 1847 errichtet wurde und damit die erste auf der Insel war. Sie wurde 1896 in großen Teilen aus Kiefernholz aus Alabama wiederaufgebaut. Die Gegend lohnt einen Spaziergang: Hier ist alles noch weitgehend frei von kolumbianischen Einflüssen.

Hoyo Soplador
GEYSIR

An der Südspitze der Insel liegt der Hoyo Soplador, ein kleiner Geysir, der durch ein natürliches Loch in den Korallenfelsen Meerwasser in die Luft bläst (manchmal bis zu 20 m hoch). Dieses Phänomen ist nur zu bestimmten Zeiten zu beobachten, wenn Wind und Gezeiten günstig sind. Ganz in der Nähe findet alljährlich im Januar ein bedeutender Surfwettbewerb statt.

San Luis
DORF

San Luis an der Ostküste der Insel bietet weiße Sandstrände und einige schöne traditionelle Holzhäuser. Das Meer hier eignet sich ideal zum Schnorcheln, obwohl es manchmal etwas rau sein kann. San Luis hat kein echtes Zentrum und besteht im Grunde nur aus einer 3 km langen Reihe von mehr oder weniger windschiefen Häusern. Der Ort ist eine sehr angenehm ruhige Alternative zur Stadt San Andrés.

Acuario
STRAND

Neben Haynes Cay vor der Ostküste von San Andrés ist Acuario ein beliebtes Ziel von Bootsausflügen (hin & zurück 15 000 COP). Die Gewässer sind seicht und ruhig und damit ebenfalls ein ideales Schnorchelrevier. Wer seine Ausrüstung nicht dabeihat, kann sich Schnorchel und Taucherbrille am Strand leihen.

Cayo Bolívar
INSEL

25 km vor San Andrés liegt dieses unberührte Fleckchen eines karibischen Traums – eine winzige, von weißen Sandstränden umgebene Palmeninsel. Die Raizal nennen sie Courtown Cay und man kann sie im Rah-

San Andrés (Stadt)

men eines Tagesausflugs besuchen. Es gibt dort keine Einrichtungen – Cayo Bolívar ist noch eine richtige Robinson-Crusoe-Insel. Wer sich für den Besuch entscheidet, sollte daher ausreichend Proviant und Getränke mitnehmen und an Sonnencreme denken, da es kaum Schattenplätze gibt.

Cueva de Morgan HÖHLE
(Eintritt 5000 COP) In dieser Höhle soll der Pirat Henry Morgan einen Teil seines Schatzes vergraben haben. Die Höhle ist 120 m lang, aber mit Wasser gefüllt, sodass nur der Eingang zu sehen ist. Die Magie angeblicher Reichtümer zieht aber ungebrochen viele Touristen an.

Weitere Attraktionen sind die *mento*-Tänzer, die den traditionellen Calypso aufführen, sowie die *Schottische*, eine Art Insel-Polka.

Aktivitäten

San Andrés ist wegen der schönen Korallenriffe ringsum ein wichtiges Tauchzentrum mit über 35 Tauchrevieren.

Banda Dive Shop TAUCHEN
(513-1080; www.bandadiveshop.com; Hotel Lord Pierre, Av. Colombia, Stadt San Andrés) Ein besonders freundlicher Tauchladen, der zwei Tauchgänge für 180 000 COP und PADI-open-water-Tauchscheine für 800 000 COP anbietet. Die Firma hat die besten Angebote auf der Insel.

Chamay's Nautica WASSERSPORT
(513-2077; Via San Luis Km 4, San Luis) Chamay's Nautica ist der Laden schlechthin für Wassersportler, die sich hier stundenweise u. a. Kajaks (30 000 COP), Surfbretter (80 000 COP) und Kiteboards (110 000 COP) ausleihen können.

Karibik Diver TAUCHEN
(318-863-9552, 512-0101; www.karibikdiver.com; Av. Newball No 1-248, Stadt San Andrés) Die kleine Tauchschule unter deutscher Leitung bietet hochwertige Ausrüstung und einen individuell abgestimmten Service. Zwei Tauchgänge kosten alles inklusive 180 000 COP, ein PADI-Tauchschein 770 000 COP.

San Andrés Divers TAUCHEN
(312-448-7230; www.sanandresdivers.com; Av. Circunvalar, Km 9) Der große Tauchladen mit eigener Tauchschule liegt zwar nicht so zentral wie die anderen, hat aber einen sehr guten Ruf und bietet PADI-Tauchscheine für 800 000 COP an. Zwei Tauchgänge kosten inklusive Ausrüstung 160 000 COP. Das Büro befindet sich im Hotel Blue Cove, das Übungsbecken und das Tauchzentrum liegen ein Stück weiter an der Hauptstraße.

Geführte Touren

Coonative Brothers BOOTSFAHRT
(512-2522, 512-1923) Die Bootkooperative am Stadtstrand von San Andrés bietet Ausflugsfahrten nach Johnny Cay (10 000 COP) und Acuario (10 000 COP) sowie eine kombinierte Fahrt zu beiden Inseln (15 000 COP). Dienstags bis samstags startet eine Tagesfahrt zum Cayo Bolívar (170 000 COP inkl. Mittagessen), los geht es um 8 Uhr, zurück ist man gegen 17 Uhr.

San Andrés Diving & Fishing MEERESTIERE
(316-240-2182; sanandresfishing@gmail.com; 3-Std.-Touren 75 000 COP) Der Name sagt eigentlich schon alles. Jaime Restrepo unternimmt sehr beliebte Ausflüge zum Haynes Cay, wo seine Kunden mit Stachelrochen schwimmen können. Zum Paket gehört auch eine Runde Schnorcheln im offenen

Meer und Getränke. Der zwanglose Ausflug ist auf zehn Teilnehmer beschränkt. Das Boot legt um 14.15 Uhr an der Marina des Portofino im Barracuda Park in der Stadt San Andrés ab. Eine Reservierung ist verpflichtend.

Crucero Rivel
BOOTSFAHRT

(📱512-8840; Av. Newball, Stadt San Andrés) Der Veranstalter bietet täglich um 8.30 Uhr Fahrten nach Acuario und Johnny Cay (20 000 COP) sowie Tagesausflüge zum Cayo Bolívar (180 000 COP) einschließlich Mittagessen und Getränke an.

🛏 Schlafen

Die Mehrheit der Unterkünfte befinden sich in der Stadt San Andrés. Darüber hinaus gibt es ein paar Hotels in San Luis, auf der restlichen Insel nur einige wenige Zimmer. Die Unterkünfte sind zum größten Teil teurer als auf dem Festland, inzwischen gibt es aber zumindest ein paar Hostels für Reisende mit kleinerem Geldbeutel. In der Hochsaison steigen die Preise.

🛏 San Andrés (Stadt)

El Viajero San Andrés
HOSTEL **$$**

(📱512-7497; www.elviajerohostels.com; Av. 20 de Julio 3A-12; B/Zi. mit Frühstück 35 000/140 000 COP; ❄️📶) Das erste Hostel auf der Insel ist eine der besten Unterkünfte. Es bietet eine lebhafte Bar, zuvorkommende Mitarbeiter mit sachkundigen Tipps und eine günstige Lage im Zentrum der Stadt. Alle Schlafsäle haben ein eigenes Bad und Klimaanlage, die sauberen, einfachen (wenn auch ziemlich kahlen) Zimmer sind mit Plasmafernsehern und erstklassigen Matratzen ausgestattet.

Apartahotel Tres Casitas
HOTEL **$$**

(📱512 5813; www.apartahoteltrescasitas.com; Av. Colombia No 1–60; Zi. pro Pers. mit Halbpension 120 000 COP; ❄️📶🏊) In dem hübschen gelb-blauen Schindelhaus wohnen die Gäste in extragroßen Zimmern, allesamt mit Küchenzeile und getrenntem Wohnbereich, einige sogar mit Balkon mit Meerblick. Die Preise beinhalten ein Frühstück und das Abendessen. Das Haus ist auf jeden Fall eines der charmanteren Unterkünfte in der Stadt San Andrés.

Cli's Place
PENSION **$$**

(📱512-0591; luciamhj@hotmail.com; Av. 20 de Julio No 3-47; EZ/DZ/3BZ 70 000/130 000/180 000 COP; ❄️📶) Die von Raizal betriebene Unterkunft ist Teil des Programms *Posada Nativa*, bei

dem Besucher bei Einheimischen nächtigen. Cli spricht Englisch und vermietet acht einfache Zimmer, einige mit Kochnische. Das Haus erreicht man über die Gasse neben dem Park gegenüber vom Pollo Kikiriki. Ein Frühstück kostet zusätzliche 10 000 COP pro Person.

Posada Henry
PENSION **$$**

(📱512-6150; libiadehenry@hotmail.com; Av. 20 de Julio No 1-36; EZ/DZ 40 000/80 000 COP) Die zentral gelegene Pension gehört ebenfalls zum Programm *Posada Nativa*, das Reisenden ermöglicht, bei Einheimischen zu übernachten. Die Zimmer mit Ventilatoren und Fliesenböden haben alle ein Bad und Kühlschrank und sind in leuchtenden Inselfarben gehalten. Ein Frühstück wird hier nicht serviert.

Red Cay Hotel
HOTEL **$$**

(📱512-4349; www.hotelredcay.com; Av. 20 de Julio; EZ/DZ 70 000/140 000 COP) Trotz des schäbigen Äußeren sind die Zimmer eigentlich ganz akzeptabel. Sie sind klein, aber sauber und gut ausgestattet, haben eine (eiskalte) Klimaanlage und liegen im Stadtzentrum. Das Haus hat zudem eine Dachbar, serviert aber kein Frühstück.

Hotel Portobelo
HOTEL **$$**

(📱512-7008; www.portobelohotel.com; Av. Colombia No 5A-69; EZ/DZ mit Frühstück 165 000/240 000 COP; ❄️📶) Das schlichte Strandhotel ist eines von vier Häusern am Strand unter dem gleichen Management. Die einfachen Zimmer, einige mit Meerblick (50 000 COP extra und etwa 20 m² größer), haben Kabelfernsehen und neue Klimaanlagen. Das Beste ist die Lage.

Hotel Mary May Inn
HOTEL **$$**

(📱512-5669; www.marymayinn.com; Av. 20 de Julio 3-74; EZ/DZ 85 000/120 000 COP; ❄️📶) Das kleine und freundliche Haus zwei Straßenblöcke vom Strand entfernt vermietet neun einfache, aber behagliche Zimmer rund um einen hübschen Innenhof. Die Einrichtung ist wie eine Reise zurück in die 1950er-Jahre.

Decameron los Delfines
BOUTIQUEHOTEL **$$$**

(📱512-4083; www.decameron.com; Av. Colombia No 16-86; Zi. pro Pers. alles inkl. 349 000 COP; ❄️📶🏊) Das erste Boutiquehotel der Insel und auch das erste der Decameron-Kette vermietet 36 Zimmer, es ist ruhig, diskret und sehr beliebt bei Paaren. Los Delfines bietet ein Restaurant über dem Wasser, einen kleinen Pool und Zimmer mit einer schicken Einrichtung. Die hochmoderne Architektur könnte genauso gut in einem Hotel in Los Angeles stehen.

Noblehouse Hotel HOTEL $$$
(☎ 512-8264; www.sanandresnoblehouse.com; Av. Colón No 3-80; EZ/DZ mit Frühstück 189 000/ 200 000 COP; ❄ 🛜) Das Hotel unter italienischem Management hat eine recht bunt zusammengewürfelte Einrichtung: mal New-England-Stil, mal arabisch-maurisch angehaucht. Die 15 großen und kitschigen Zimmer sind komfortabel, die meisten haben aber kein Tageslicht. Dennoch ist es eine gute Option für Leute, die in der Stadt nächtigen wollen, zudem ist das Personal äußerst hilfsbereit. Das Haus liegt nur einen Häuserblock vom Strand entfernt.

🛏 San Andrés (Insel)

Es gibt etliche Hotels und Pensionen außerhalb der gleichnamigen Stadt, die meisten liegen an der Küstenstraße. Sie sind tendenziell preiswerter als die Hotels in der Inselhauptstadt und haben eine ruhigere und karibischere Atmosphäre.

Posada Nativa Green Sea PENSION $
(☎ 512-6313, 317-751-4314; Harmony Hall Hill; Zi. pro Pers. 40 000 COP; ❄) Die Besitzerin Flory Perez hat noch niemals in ihrem Leben die Insel verlassen. Die Anlage besteht aus kleinen Hütten für Selbstversorger und besticht eher durch Privatsphäre und Ruhe als durch Luxus. Die Gäste können sich aber immerhin über eine kleine Terrasse und eine Küche freuen.

Casa Harb HOTEL $$$
(☎ 512-6348; www.casaharb.com; Calle 11 No 10-83; DZ mit Frühstück ab 890 000 COP; ❄ 🛜 ❄) Das Hotel in einer stattlichen Villa im republikanischen Stil hinter dem Flughafen ist wohl die luxuriöseste Herberge der Insel. Die fünf Suiten sind individuell und mit stark asiatischem Einschlag gestaltet (viele dunkle Holzmöbel) und haben tiefe Badewannen. Wie der Preis schon vermuten lässt, richtet es sich an eine exklusive Klientel.

Hotel Playa Tranquilo BOUTIQUEHOTEL $$$
(☎ 513-0719; www.playatranquilo.com; Km 8, Via El Cove; Zi. mit Frühstück 290 000–350 000 COP; ❄ 🛜 ❄) Ein Buddha wacht hier über einen kleinen Pool und stimmt auf das Boutiquehotel ein. Die hinreißenden Zimmer kombinieren Moderne mit Tradition, einige haben

Küche und Wohnzimmer und eignen sich damit ideal für Familien mit Kindern.

Zum Haus gehört eine Tauchschule, allerdings gibt es keinen Strand, wie es der Hotelname suggeriert: Das Haus liegt zwar tatsächlich am Meer, aber es gibt keinen Sand.

Cocoplum Hotel HOTEL $$$
(☎ 512-2121; www.cocoplumhotel.com; Via San Luis No 43-39; EZ/DZ mit Frühstück 194 000/ 264 000 COP; ❄ ❄ ❄) Das vielfarbige, ruhige Strandresort mit karibischer Architektur liegt an einem hinreißenden privaten, weißen Sandstrand mit Palmen. Das hauseigene Restaurant, das auch Nichtgäste willkommen heißt, serviert den ganzen Tag über frische Mahlzeiten.

Rocky Cay, ein gutes Schnorchelrevier, liegt ganz in der Nähe.

San Luis Village Hotel HOTEL $$$
(☎ 513-0196; www.hotelsanluisvillage.com; Av. Circunvalar No 71-27, San Luis; EZ mit Frühstück 341 000–390 000 COP, DZ mit Frühstück 410 000 bis 460 000 COP; ❄ 🛜 ❄) Das sehr komfortable 18-Zimmer-Hotel liegt direkt am Wasser mit einem Strand vor der Haustür. Zum Luxus gehören heißes Wasser, Flachbildfernseher und zu jedem Zimmer ein eigener Balkon oder eine Terrasse. Bei dem Preis ist es nicht gerade ein Schnäppchen, aber eine der besten Unterkünfte für alle, die sich Strandnähe wünschen.

🍴 Essen

Der karibische Einfluss auf der Insel zeigt sich in Zutaten wie Brotfrucht, frittierter Kochbanane und der allgegenwärtigen Meeresschnecke. Reisende sollten auf jeden Fall auch das wohl traditionellste Gericht, *rundown* (oder *rondón* im lokalen Kreolisch), probieren. Die Suppe besteht aus leicht paniertem Fisch, Kochbanane, Maniok und anderen Zutaten, alles gekocht in Kokosmilch.

🍴 San Andrés (Stadt)

★ Gourmet Shop Assho EUROPÄISCH $$
(Av. Newball; Hauptgerichte 30 000–60 000 COP; 🕐 Mo & Mi–Sa 12.30–24, Di ab 16.30, So ab 18 Uhr; 🛜) Das Lokal mit dem merkwürdigen Namen ist eine überraschende Entdeckung in der Stadt. Es zeichnet sich durch eine sehr schöne Einrichtung und ein beeindruckendes Speiseangebot aus: Statt des üblichen Grillfleischs mit Reis und Kochbanane gibt es hier blutige Steaks, wunderbar gewürzte

DAS KOKOSNUSSHAUS

Hinter dem Restaurant West View (wo man einen einfachen *rondón*, eine Art Eintopf, für 26 000 COP bekommt) befinden sich ein kurioses **Haus** und ein Ökoparkprojekt unter Leitung des vornehmen Mr. Forbes. Das ganze Haus inklusive der gesamten Dekoration besteht aus Teilen der Kokosnuss: Boden, Wände, Decken, Betten, der Schreibtisch, die Stühle, Lampen, die Flügel des Ventilators, die Vorhänge und Vorhangstangen, die Türgriffe, Garderobenhaken, sogar die künstlichen Blumen und ihre Vasen – alles wurde aus Materialien, die aus der Kokosnuss gewonnen werden, hergestellt. Sogar die Lichtschalter sind aus dem Holz des Kokosbaums gefertigt!

Mr. Forbes erzählt bei einem Glas köstlichen Kokosweins gern, dass jeder Teil des Kokosbaums vom Zeitpunkt des Pflanzens an sinnvoll verwendet werden kann, bis er 50 Jahre später stirbt. Er hat sich schon sein ganzes Leben danach gesehnt, dieses Kokosnusshaus zu bauen, und zwar seitdem er als Junge von seinem Vater bestraft worden war, weil er zwei Kokosnüsse gestohlen hatte. Seine Strafe? Er musste den ganzen Tag mit ausgestreckten Armen in jeder Hand eine Kokosnuss halten.

Mr. Forbes ist Architekt, Designer, Zimmermann und Erbauer des Hauses. Es steht in einem friedlichen Garten inmitten einheimischer Bäume und Obststräucher, unter denen die Kokospalme natürlich einen Ehrenplatz einnimmt. Gäste können hier auch wohnen. Es war allerdings selbst nach mehreren Gläsern Kokoswein unmöglich, ihm einen Preis zu entlocken. Mr. Forbes kletterte aber immerhin auf einen Baum und warf ein paar Kokosnüsse herunter.

Meeresfrüchte, diverse Salate und vegetarische Gerichte. Sehen lassen kann sich auch die exzellente Weinkarte. Wer gerne Kaffee trinkt: Hier wird der beste Kaffee der Insel gebrüht.

Miss Celia O'Neill
Taste FISCH & MEERESFRÜCHTE $$
(Av. Colombia; Hauptgerichte 20 000–40 000 COP; ⊙ mittags & abends) Eine gute Wahl für einheimische Gerichte wie *rondón* oder gedünstete Krebse und Fische, serviert in einem farbenfrohen Haus mit großem Garten und Veranda gegenüber vom Club Náutico.

Perú Wok PERUANISCH $$
(www.peruwok.com; Av. Colombia No 00001, Big Point; Hauptgerichte 20 000–40 000 COP; ⊙ mittags & abends; ☎) Das neue Restaurant bietet eine große Auswahl peruanisch-asiatischer Fusiongerichte. Die Speisekarte ist bebildert und daher leicht zu benutzen; zum Angebot gehören Ceviche, Meeresfrüchte, Reis-, Wok- und Grillgerichte. Das schicke, moderne Ambiente hebt es von den meisten anderen Restaurants ab, neben dem kühlen Gastraum gibt es auch eine luftige Terrasse mit Meerblick.

Mr Panino ITALIENISCH $$
(Edificio Breadfruit, local 106-107, Av. Colón; Hauptgerichte 15 000–40 000 COP; ⊙ mittags & abends) Parmaschinken, Käse und eine Theke mit italienischen Spezialitäten, darunter Sandwiches, Pasta, Risotto und ein großartiges Tintenfisch-Carpaccio: Trotz des touristisch klingenden Namens ist der Laden in der Stadt authentisch – und die Panini mit Olivenöl einfach spitze.

★ Restaurante La
Regatta FISCH & MEERESFRÜCHTE $$$
(☎ 512-0437; www.restaurantelaregatta.com; Av. Newball; Hauptgerichte 30 000–80 000 COP; ⊙ mittags & abends; ✐) Das beste Restaurant der Insel befindet sich in einem aus Holz gebauten Ponton-Gebäude über dem Wasser im Club Náutico in San Andrés. Trotz einer heftigen Prise Piratenkitsch verströmt es mit seinen weißen Tischdecken eine formelle Atmosphäre. Die Köche arbeiten hervorragend: Das Essen ist himmlisch gut! So zum Beispiel das perfekt zubereitete Kokosnuss-Curry *marinera*. Abends sollte man einen Tisch reservieren.

Fisherman Place FISCH & MEERESFRÜCHTE $$$
(☎ 512-2774; Av. Colombia; Hauptgerichte 15 000–50 000 COP; ⊙ 12–16 Uhr) Das Strandrestaurant in San Andrés ist eine ausgezeichnete Möglichkeit, die örtlichen Fischer zu unterstützen und gleichzeitig gut zu essen. *Rondón* und Backfisch sind die beliebtesten Gerichte der Gäste, der Hummer ist angesichts seines günstigen Preises aber wohl der beste Tipp.

Mahi Mahi   THAILÄNDISCH $$$
(Hotel Casablanca, Av. Colombia; Hauptgerichte 25 000–85 000 COP; ☺mittags & abends; ☎) Das schicke thailändische Restaurant am Wasser gehört zum Hotel Casablanca und sorgt mit seinen würzigen Currys und Gerichten mit Inseltouch für eine willkommene Abwechslung von den üblichen kolumbianischen Gerichten. Neben dem preisgünstigeren thailändischen Speisen gibt es auch teurere kolumbianische Meeresfrüchtespezialitäten.

San Andrés (Insel)

Grog   FISCH & MEERESFRÜCHTE $$
(Rocky Cay; Hauptgerichte 20 000–35 000 COP; ☺Mi–Mo 10–18 Uhr) Das freundliche kleine Lokal mit im Schatten stehenden Tischen auf dem Strand hat ein hervorragendes Angebot an Fischgerichten, darunter Ceviche, Reis- und Wokgerichte und leckere Vorspeisen. Wie zu erwarten ist der namensgebende Drink (hier von Aguila und Club Colombia repräsentiert) ebenfalls sehr populär.

Restaurante
West View   FISCH & MEERESFRÜCHTE $$
(☑513-0341; Circunvalar Km 11, West View; Hauptgerichte 20 000–45 000 COP; ☺9–18 Uhr) Das Lokal am West View wirkt schlicht, kocht aber hervorragendes Essen. Empfehlenswert ist das Fischfilet – und ein Besuch des blühenden Naturgartens, in dem ein Exemplar einer jeden Obstbaumart von der Insel wächst.

★**Donde Francesca** FISCH & MEERESFRÜCHTE $$$
(San Luis; Hauptgerichte 28 000–50 000 COP; ☺9–18 Uhr; ☎) Das luftige Lokal direkt am Strand mag zwar nur eine Bretterbude sein, aber es serviert absolut köstliches, traditionell karibisches Essen wie *langostinos al coco* (panierte und mit Koskosnuss frittierte Langusten), *pulpo al ajillo* (Tintenfische mit Knoblauch) und panierte und frittierte Calamari.
Das Lokal bietet Duschen und Umkleidekabinen, sodass die Gäste ein Essen mit einem Bad im Meer verbinden können.

El Paraíso   FISCH & MEERESFRÜCHTE $$$
(San Luis; Hauptgerichte 25 000–50 000 COP; ☺9–17 Uhr; ☎) El Paraíso liegt an einem tollen, weißen Sandstrand und ist ein etwas gehobeneres Restaurant im Vergleich zu den schlichteren Strandbuden, aber die frischen Meeresfrüchte sind von der gleichen exzellenten Qualität.

Duschen und Umkleidekabinen gibt's hier auch, also ein tolles Plätzchen, um den Tag zu verbringen.

☆ Unterhaltung

Am östlichen Ende der Avenida Colombia in der Stadt San Andrés gibt es viele Nachtlokale, hier muss man allerdings mit betrunkenen kolumbianischen Urlaubern und ohrenbetäubender Musik rechnen. Wir empfehlen einige der besseren Adressen.

Banzai   COCKTAILBAR
(Av. Newball, local 119, San Andrés; ☺19–2 Uhr) Wer nicht in einen Club gehen, aber trotzdem etwas trinken möchte, ist im Banzai richtig. Die Cocktailbar ist auch bei den Einheimischen sehr beliebt. Die gut zubereiteten Drinks werden zu Reggae serviert. Die Bar ist schick, aber nicht zu ausgefallen.

Blue Deep   CLUB
(Sunrise Beach Hotel, Av. Newball, San Andrés; Eintritt nach 23 Uhr 15 000 COP; ☺Do–Sa 21.30 bis 3 Uhr) Die größte Disko der Stadt bietet Livemusik (Salsa und Reggae) und Platz für rund 700 Tänzer. Die Gäste sind eine gute Mischung aus Einheimischen und Touristen, die nach ein paar Rumpunsch zu viel manchmal nicht mehr ganz sicher auf den Beinen stehen.

Éxtasis   CLUB
(☑512 3043; Hotel Sol Caribe San Andrés, Av. Colón, San Andrés; Eintritt 25 000 COP; ☺Mo–Do 21.30–3, Fr & Sa bis 4 Uhr) Eine gute Disko mit Fernsehbildschirmen (auf denen natürlich Fußball läuft) und drei Reihen Salonsessel für all die, die lieber nur zusehen wollen. Vom Eintritt können 12 000 COP in Cocktails angelegt werden.

ℹ Praktische Informationen

4-72 (Av. Newball, Edificio Cámara de Comercio, local 101, Stadt San Andrés; ☺Mo–Fr 8–12 & 14–18, Sa 8–12 Uhr) Postamt.
Touristeninformation (Secretaría de Turismo; ☑513-0801; Av. Newball, Stadt San Andrés; ☺Mo–Fr 8–12 & 14–18 Uhr) Gegenüber vom Restaurante La Regatta; die Angestellten sprechen Englisch und sind sehr hilfsbereit. Es gibt auch einen Informationsstand (Ecke Av. Colombia & 20 de Julio).

ℹ An- & Weiterreise

FLUGZEUG
Der Flughafen von San Andrés, der Aeropuerto Internacional Gustavo Rojas Pinilla, liegt nord-

westlich des Zentrums von San Andrés. Reisende müssen auf dem Festland einen Touristenausweis (44 000 COP) kaufen, bevor sie für ihren Flug nach San Andrés einchecken können.

Die Fluglinien **Avianca** (☏ 512 3349; Av. Colón, Edificio Onaissi, San Andrés; ☺ Mo–Fr 8–12 & 14–18, Sa 8–13 Uhr) und **Copa** (☏ 512 7619; www.copaair.com; Sucursal Centro Comercial San Andrés, San Andrés; ☺ Mo–Fr 8–12 & 14–18, Sa 9–13 Uhr) bieten Flüge von und nach San Andrés.

Direktflüge gibt es zu folgenden Orten:

Barranquilla Ab 320 000 COP

Bogotá Ab 400 000 COP

Cali Ab 430 000 COP

Cartagena Ab 365 000 COP

Medellín Ab 390 000 COP

Panama City Ab 525 000 COP

Satena (☏ 512-3139; www.satena.com; Aeropuerto Internacional Gustavo Rojas Pinilla) fliegt in der Nebensaison täglich zweimal zwischen San Andrés und Providencia (hin & zurück ab 400 000 COP), in der Hauptsaison bis zu sechsmal täglich. Die zu Decameron gehörende Fluglinie **Searca** (www.searca.com.co) fliegt ebenfalls diese Strecke.

SCHIFF/FÄHRE

Catamaran Sensation (☏ 318-347-2336, 310-223-5403; Bay Point Bdg, Suite 6, Av. Newball; Fahrkarte einfach 65 000 COP) bietet vier Schifffahrten pro Woche zwischen San Andrés und Providencia. Der Katamaran legt montags, mittwochs, freitags und sonntags um 7.30 Uhr am Muelle de la Casa de Cultura vor dem Verkaufsbüro ab und kehrt am gleichen Tag um 15.30 Uhr zurück. Die Überfahrt dauert drei Stunden und kann extrem rau sein. Es ist möglich, mit dieser Verbindung Providencia als Tagesausflug zu besuchen, aber nicht unbedingt zu empfehlen: Providencia verdient einen mehrtägigen Besuch. Wer nur ein paar Stunden auf der Insel verbringt, wird möglicherweise gar nicht verstehen, was an ihr so reizvoll ist.

Die Fahrkarten sind oft ausverkauft, selbst in der Nebensaison. Es ist also wichtig, vorher anzurufen und einen Platz zu reservieren.

TAUCHEN VOR SAN ANDRÉS & PROVIDENCIA

Taucher sind begeistert von dem, was es alles in den Gewässern vor San Andrés und Providencia zu sehen gibt. Die Kurse mögen in Taganga auf dem Festland preiswerter sein, die Korallen und die Vielfalt des maritimen Lebens können es hier aber mit fast allen anderen Tauchrevieren in der Karibik aufnehmen.

Sowohl San Andrés als auch Providencia besitzen ausgedehnte Korallenriffe – 15 bzw. 35 km lang sind sie. Die Riffe an beiden Inseln sind berühmt für ihre Schwämme, die hier in einer faszinierenden Vielfalt an Formen, Größen und Farben auftreten. Weitere Attraktionen sind Barrakudas, Haie, Meeresschildkröten, Hummer, Rochen und Red Snapper. Wracktaucher tauchen zu den Wracks der *Blue Diamond* und der *Nicaraguense*, die beide vor San Andrés gesunken sind.

Die fünf besten Tauchreviere im Überblick:

Palacio de la Cherna Eine steile Meeresschlucht südöstlich von San Andrés, die von 12 auf über 300 m Tiefe abfällt. Papageienfische, Tigerbarsche, Königskrabben, Hummer und sogar Ammen- und Riffhaie sind häufig zu sehen.

Cantil de Villa Erika Südwestlich von San Andrés, zwischen 12 und 45 m tief. In diesem farbenfrohen Riff sind Schwämme, Weich- und Hartkorallen, Meeresschildkröten, Mantas und Adlerrochen sowie Seepferdchen zu Hause.

Piramide Ein seichter Tauchgang im Riff an der Nordseite von San Andrés. Piramide ist ein Paradies für Stachelrochen. Die Vielzahl an Fischen, Tintenfischen und Muränen macht dieses Revier zu einem der schönsten vor der Insel.

Tete's Place Große Schwärme von mittelgroßen Meerbarben, Grunzern, Schulmeister-Schnappern und Gemeinen Husaren frequentieren das Meer 1 km vor der Bahía Suroeste auf Providencia.

Manta's Place Trotz des Namens bevölkern keine Mantas dieses Revier vor Providencia. Dafür schweben hier Stachelrochen mit einer Spannbreite von bis zu 5 m durchs Wasser. Taucher, die den Sand unter sich genau beobachten, werden Felder von Röhrenwürmern sehen, in denen Braune Röhrenaale sich im Sand verstecken, wenn Menschen in die Nähe kommen.

ℹ️ Unterwegs vor Ort

ZUM/VOM FLUGHAFEN

Der Flughafen liegt in der gleichnamigen Stadt und ist vom Stadtzentrum zu Fuß in zehn Minuten oder mit dem teuren Taxi/Mototaxi für 15 000/7000 COP zu erreichen. Mit wenig Gepäck kann man die Strecke laufen: vom Ausgang des Terminals links, dann rechts auf die Hauptstraße, die in die Avenida Colombia übergeht. Im Flughafen gibt es eine Gepäckaufbewahrung (Gepäckstück/24 Std. 4000 COP).

BUS

Auf der Insel fahren Busse auch ins Binnenland nach El Cove. Sie sind das preiswerteste Verkehrsmittel (pro Fahrt 2000 COP) für all diejenigen, die nicht zu Fuß gehen möchten. Die Busse setzen Reisende in der Nähe aller wichtigen Attraktionen ab. Ein Bus mit dem Ziel San Luis fährt an der Ostküste entlang bis zur Südspitze der Insel. Dies ist die beste Verbindung nach San Luis und zum Hoyo Soplador. Der Bus nach El Cove fährt ins Binnenland und kommt dabei durch La Loma und setzt seine Fahrgäste vor der Baptistenkirche ab. Reisende können von hier aus in wenigen Fußminuten die Cueva de Morgan und La Piscinita erreichen. Beide Busse haben in der Stadt Haltestellen am Ende der Carrera 5.

FAHRRAD

Radfahren auf San Andrés ist eine wunderbare Art, ein Gefühl für die Insel zu bekommen. Die Straßen sind asphaltiert und es gibt kaum Verkehr. Für Leihfahrräder werden pro halben/ganzen Tag Preise ab etwa 10 000/20 000 COP verlangt.

MOTORROLLER

Auf eigene Faust lässt sich die Insel am besten mit dem Motorroller (Tag ab 60 000 COP) oder einem Golfwagen (Tag ab 100 000 COP) erkunden. Viele Verleiher sind in der Avenida Newball in der Stadt und an der Spitze der Insel zu finden. Die meisten liefern das Fahrzeug auch bis vors Hotel. Umschauen lohnt sich, da die Preise und Konditionen recht unterschiedlich sind. Empfehlenswert ist **Rent A Car Esmeralda** (☎ 315-303-7037; Av. Colombia).

TAXI

Eine Inselrundfahrt im Taxi kostet ca. 70 000 COP.

PROVIDENCIA

☎ 8 / 5000 EW.

Providencia liegt 90 km nördlich von San Andrés und ist eine herrlich abgeschiedene und traditionell karibische Insel mit atemberaubender Landschaft, hinreißenden goldenen Sandstränden, freundlichen Einwohnern und exzellenten Tauchrevieren. Das Beste ist jedoch, dass sie umständlich zu erreichen ist, was garantiert, dass dieses Stückchen Paradies nicht von Pauschaltouristen überlaufen ist: Die einzigen Anreisemöglichkeiten nach Providencia sind ein kurzer Flug in einem klapprigen, 20-sitzigen Flugzeug oder die dreistündige Überfahrt mit dem Katamaran, beides ab San Andrés.

Die wenigen touristischen Angebote konzentrieren sich in den winzigen Dörfern Aguadulce und Bahía Suroeste an der Westküste. Hier gibt es kleine Häuser, Hotels, *cabañas* sowie ein paar Restaurants. Die ganze Insel lässt sich zwar an einem einzigen Tag erkunden, aber viele Besucher bleiben dann doch länger als geplant und verbringen ihre Zeit mit Tauchen, Wandern oder einfach in einer Hängematte mit einem Club Colombia.

Da die Insel keine direkte Verbindung zum kolumbianischen Festland hat, gibt es hier nicht annähernd so viel kulturelle Fremdeinflüsse wie auf San Andrés. Dadurch blieben Traditionen und Gebräuche mehr oder weniger intakt. Überall auf der Insel ist noch das englische Kreol zu hören und Ortsschilder tragen noch die alten englischen Namen statt der spanischen. All das verleiht Providencia zusammen mit einer atemberaubenden Landschaft inmitten eines türkisblauen Ozeans durchaus das Anrecht, ein Paradies genannt zu werden.

👁 Sehenswertes

Die schönsten Strände Providencias sind die Strände Bahía Suroeste, Bahía Aguadulce und Bahía Manzanillo am Südrand der Insel. Die Straßenschilder benutzen allerdings noch die englischen Namen (South West Bay, Fresh Water Bay, Manchaneel Bay), was etwas verwirrend sein kann.

Parque Nacional Natural (PNN) Old Providence McBean Lagoon   PARK

(Eintritt 14 500 COP) Die Regierung hat 1995 zum Schutz des Ökosystems auf einer 10 km² großen Fläche ein Naturschutzgebiet eingerichtet. Etwa ein Zehntel der Fläche wird von Mangroven an der Küste östlich vom Flughafen eingenommen. Der Rest des Parks liegt vor der Küste und schließt auch die kleinen Inseln Cayo Cangrejo und Cayo Tres Hermanos ein. Auf einem 800 m langen Ökologiepfad lernt man, die verschiedenen Mangrovenarten und die Fauna des Parks kennen.

Providencia

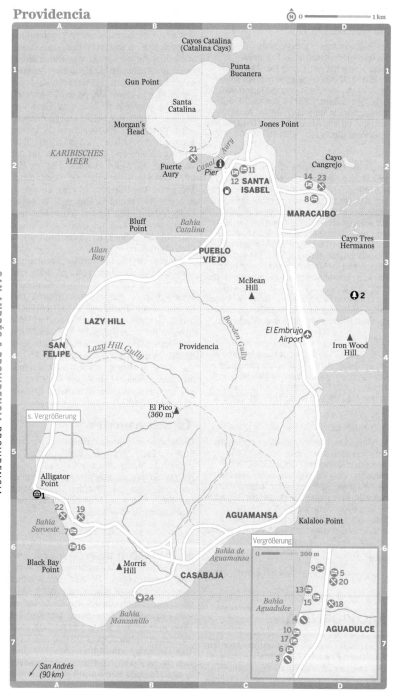

N 0 ▬▬▬▬▬▬▬ 1 km

Cayos Catalina
(Catalina Cays)

Punta
Bucanera

Gun Point

Santa
Catalina

Morgan's
Head

Jones Point

*KARIBISCHES
MEER*

21 ✕

Canal Aury

Fuerte
Aury

Pier

11

12

SANTA
ISABEL

Cayo
Cangrejo

14 23

8

MARACAIBO

Bluff
Point

*Bahía
Catalina*

PUEBLO
VIEJO

Cayo Tres
Hermanos

*Allan
Bay*

McBean
Hill
▲

❷2

LAZY HILL

Lazy Hill Gully

Bowden Gully

Providencia

El Embrujo
Airport ✈

Iron Wood
Hill ▲

SAN
FELIPE

s. Vergrößerung

El Pico
(360 m) ▲

Alligator
Point

🏛1

22 ✕

19

*Bahía
Suroeste*

7

16

Black Bay
Point

Morris
Hill ▲

AGUAMANSA

Kalaloo Point

*Bahía de
Aguamansa*

Vergrößerung

0 ▬▬ 200 m

CASABAJA

24

*Bahía
Manzanillo*

9

5

20 ✕

13

15

18 ✕

*Bahía
Aguadulce*

4

10

17

6

3

AGUADULCE

San Andrés
(90 km)

Providencia

Santa Catalina
INSEL

Auf dieser Insel gibt es einige winzige, verlassene Strände. Ein Abstecher lohnt sich allein schon, um Morgan's Head, eine einem menschlichen Gesicht ähnelnde Klippe zu sehen. Das lässt sich am besten vom Wasser aus erkennen. Am Fuß der Klippe befindet sich eine unterirdische Höhle.

Die Küste verändert sich erheblich mit den Gezeiten. Bei Flut werden manche Strände sehr schmal, manche verschwinden sogar vollständig. Wer die hübsche Küste der Insel kennenlernen möchte, nimmt jenseits der Ponton-Brücke den Fußweg auf der linken Seite.

Leuchtturm
GALERIE

(www.lighthouseprovidencia.com; High Hill; ⊙Mo bis Sa 17–21 Uhr) 🖉 Die kommunale Kunstgalerie mit tollem Blick aufs Meer ist gleichzeitig ein kleines Bildungszentrum, Café und sozialer Treffpunkt. Sie zeigt nach Einbruch der Dunkelheit mit einem Projektor Dokumentarfilme (die faszinierende, wenn auch bizarre Doku über die hiesige Krabbenwanderung sollte man sich unbedingt anschauen), serviert guten Kaffee und einige Inselsnacks und fördert das Umweltbewusstsein bei Einheimischen und Besuchern.

🏃 Aktivitäten

Tauchen & Schnorcheln
Schnorcheln und Tauchen sind die beiden größten Attraktionen der Insel. Tauchausflüge und -kurse können mit empfehlenswerten lokalen Anbietern vereinbart werden.

Sirius Dive Shop
TAUCHEN

(📞514-8213; www.siriusdivecenter.com; Bahía Suroeste) Der Sirius Dive Shop liegt an der Bahía Suroeste auf dem Gelände des Sirius Hotels und bietet einen Open-water- und einen Fortgeschrittenenkurs für 750 000 COP an. Ein zweifacher Tauchgang mit hochwertiger Ausrüstung kostet 170 000 COP. Auch Nachttauchgänge werden angeboten (170 000 COP).

Felipe Diving Shop
TAUCHEN

(📞514-8775; www.felipediving.com; Aguadulce) Schnorchelausrüstung wird in Aguadulce verliehen (10 000 COP). Tauchausflüge und -kurse bietet dieser Laden an, der von einem einheimischen Raizal geführt wird. Ein Open-water- oder Fortgeschrittenenkurs kostet 800 000 COP.

Sonny Dive Shop
TAUCHEN

(📞318-274-4524; www.sonnydiveshop.com; Aguadulce) Sonny's Dive Shop in Aguadulce bietet Open-water- und Fortgeschrittenenkurse für 800 000 COP an. Zwei Tauchgänge kosten 160 000 COP.

Wandern
Das bergige Binnenland mit seiner eindrucksvollen Vegetation und zahlreichen kleinen Tieren ermöglicht Wanderern schöne Touren. Es gibt wahrscheinlich keinen anderen Ort in Kolumbien, an dem so viele farbenfrohe Eidechsen im Buschwerk zu sehen sind. Vorsicht ist bei einem weit verbreiteten Busch mit spektakulären hornförmigen Dornen geboten: Die Ameisen, die darin leben, wehren sich mit schmerzhaften Bissen. Auf der Insel gibt es außerdem viele Moskitos.

Auf keinen Fall auslassen sollten Besucher den **Nationalpark El Pico** mit seinem atemberaubenden 360-Grad-Panorama von

El Pico (360 m) aus. Der beliebte Wanderweg beginnt in Casabaja. Interessierte sollten sich über die Wegführung informieren, weil sich im unteren Bereich viele Pfade kreuzen (weiter oben gibt es dieses Problem dann nicht mehr). In Casabaja gibt es auch Führer: Einheimische begleiten Wanderer für wenig Geld bis zum Gipfel. Für den Aufstieg sollte man mit etwa eineinhalb Stunden rechnen. Unbedingt ausreichend Trinkwasser mitnehmen!

✵✵ Feste & Events

Krabbenwanderung   NATUR
(☉ April–Jul) Die eindrucksvolle Wanderung findet zweimal jährlich zwischen April und Juli in einem Zeitraum von ein bis zwei Wochen statt. Zuerst krabbeln die erwachsenen Schlammkrabben zu den Stränden hinab, legen ihre Eier und kehren dann in die Hügel zurück. Einige Wochen später verlassen die Jungkrabben das Meer und folgen ihnen in die Berge. Die Straßen sind dann meist tagelang gesperrt, um die Krabben auf ihrer Wanderung zu schützen.

Auf der Insel unterwegs zu sein ist in dieser Zeit sehr schwierig; eigentlich herrscht völliger Stillstand … aber es ist ein faszinierendes Naturschauspiel. Die Krabben sind jedoch auch zu anderen Jahreszeiten zu sehen, also Augen auf!

Kulturfest   VOLKSFEST
(☉ Juni) Providencias wichtigstes Fest findet in der letzten Juniwoche statt. Es besteht aus Musik und Tanz, einer Motorradparade und einem Spaß-Schönheitswettbewerb für Leguane.

🛏 Schlafen & Essen

Unterkunft und Essen sind auf Providencia generell teuer, sogar noch teurer als auf San Andrés. Selbstversorger können sich in Aguadulce und Santa Isabel in kostspieligen Supermärkten eindecken, deren Angebot naturgemäß recht beschränkt ist.

🏖 Aguadulce

Das Dörfchen mit 20 Häusern bietet Ruhe, Frieden und einen zauberhaften Strand. Es gibt über ein Dutzend Unterkünfte, viele mit eigenem Restaurant. Die Decameron-Kette hat, was immer man davon halten mag, einen Großteil der besten Häuser übernommen. Individualreisende könnten also in der Hochsaison Pech haben – es ist daher immer ratsam, ein Zimmer zu reservieren.

Mr Mac   HOTEL $$
(☎ 316-567-6526, 316-695-9540; posadamistermack@hotmail.com; Aguadulce; Zi. pro Pers. mit Küche & Ventilator/Klimaanlage 50 000/70 000 COP) Mr Mac ist die preiswerteste Unterkunft der Insel, und selbst wenn die Zimmer eher feucht und verwohnt sind, ist sie noch immer ein guter Deal. Das grün gestrichene Holzhaus liegt über dem Wasser, auf der Veranda hängen reichlich Hängematten. Die besseren der großen Zimmer haben eine Klimaanlage und eine Kochnische. Man kann hier schwimmen, aber ein Sandstrand im klassischen Sinne fehlt.

★ Frenchy's Place   APARTMENT $$$
(☎ 315-709-6910, 318-306-1901; estemayo29@gmail.com; Aguadulce; Apt. 80 000 COP) Das reizvoll rustikale, aus Holz gefertigte Apartment wird von der Pariserin Marie („Frenchy" genannt) geführt und ist wohl die urigste Unterkunft auf der Insel. Die Wohnung hat einen tollen Balkon zum Meer hin, zwei Schlafzimmer (ein Doppel-, ein Einzelzimmer), eine Küche, ein Bad und ein Wohnzimmer voller Nippes. Das zum Glück nur wenig bekannte Inseljuwel sollte frühzeitig gebucht werden.

Cabañas Aguadulce   HÜTTEN $$$
(☎ 514-8160; www.cabanasaguadulce.com; Zi. pro Pers. mit Frühstück 120 000 COP; ❄ 🛜 🏊) Jede dieser komfortablen, weiß-gelb-blauen cabañas hat zwei Tiernamen, eine eigene schattige Terrasse und zwei Etagen mit Betten im oberen Stockwerk. Zur Anlage gehören ein kleiner, fischförmiger Pool und ein lässiges Restaurant. Für Einzelreisende kommt es im Endeffekt recht günstig.

Sol Caribe Providencia   HOTEL $$$
(☎ 514-8036; www.solarhoteles.com; Aguadulce; Zi. pro Pers. mit Frühstück 155 000 COP; ❄ 🛜 🏊) Das leuchtend gelbe Hotel ist das beste in Aguadulce. Es bietet ein nettes Restaurant am Meer, Zimmer mit schönem Holzmobiliar und farbenfroher karibischer Kunst. Das Haus liegt nahe am Strand.

Cabañas Miss Elma   HOTEL $$$
(☎ 310-566-3773; Aguadulce; Zi. pro Pers. mit Frühstück 130 000 COP; ❄ 🛜) Die freundliche, familiengeführte Anlage mit bunten Gemeinschaftsräumen und einem wunderbar zwanglosen Strandrestaurant liegt direkt am kleinen, aber hübschen Strand von Aguadulce. Die Zimmer sind geräumig, haben Kühlschränke und einige von ihnen auch einen Blick aufs Meer.

Posada del Mar
HOTEL **$$$**

(☑514-8454; www.posadadelmarproviden-cia.com; Aguadulce; EZ/DZ mit Frühstück 120 000/200 000 COP; @🕾) Das zur Decameron-Kette gehörende Hotel wirkt noch immer klein, ist aber größer als eine echte *Posada* (Gasthaus) vermuten lässt. Das Haus ist bunt gestrichen und gepflegt, die Zimmer haben kleine Balkone mit Meerblick und es gibt einen Garten mit Zugang zum Wasser.

Hotel El Pirata Morgan
HOTEL **$$$**

(☑514-8232; www.elpiratamorganhotel.org; Aguadulce; EZ/DZ mit Frühstück 158 000/198 000 COP; ❋🕾🖾) Eine solide Wahl im Ortszentrum mit dem am besten bestückten Supermarkt der Insel (gleich gegenüber gelegen). Das Haus hat nicht das karibische Flair wie die anderen Unterkünfte und eine eher veraltete Einrichtung, aber der Empfang ist sehr freundlich und die Zimmer sind sauber. Das Hotel-Restaurant ist eines der wenigen der Insel, das sonntags geöffnet ist.

Blue Coral Pizza
PIZZA **$$**

(☑514-8224; Aguadulce; Hauptgerichte 15 000 bis 40 000 COP; ⊙Mi–Mo 17–22 Uhr) Das zwanglose und recht preisgünstige Freiluftlokal serviert neben der namensgebenden Pizza auch Panini und Meeresfrüchte. Es ist zudem auch eines der wenigen Restaurants, die an den sehr ruhigen Sonntagabenden auf Providencia geöffnet sind.

★Caribbean Place
FISCH & MEERESFRÜCHTE **$$$**

(☑311-287-7238; Aguadulce; Hauptgerichte 30 000–75 000 COP; ⊙Mo–Sa 12.30–16 & 19 bis 22 Uhr) Ein von Weinflaschen gesäumter Weg führt zu diesem zauberhaften Restaurant, einem der kulinarischen Highlights der Insel. Die wunderbaren Meeresfrüchte sind zwar teuer, aber der in Bogotá ausgebildete Koch Martin Quintero kreiert erfolgreich hochwertiges Essen in einer zwanglosen Atmosphäre. Zu den Highlights zählen auf vielerlei Art zubereitete Schlammkrabben, Langusten, Garnelen und verschiedene Aufläufe mit Fisch und Meeresfrüchten. Eine Reservierung ist unbedingt angebracht.

🛏 Santa Isabel, Santa Catalina & Maracaibo

In Santa Isabel gibt es merkwürdigerweise nur wenig Tourismus, trotz der hinreißenden Lage in einer malerischen Bucht mit Pontonbrücke zur kleinen Insel Santa Catalina. Eine Erklärung mag der fehlende Strand sein. Ein Besuch lohnt sich dennoch,

um durch den idyllischen Ort zu schlendern und um Santa Catalina zu erkunden. Im verschlafenen Maracaibo nur ein Stück weiter eröffnen immer mehr Hotels.

Hotel Flaming Trees
HOTEL **$$**

(☑514-8049; Santa Isabel; EZ/DZ 60 000 /120 000 COP; ❋) Die beste Wahl in Santa Isabel ist dieses recht hübsche, rosa und blau gestrichene Hotel, das nach den in leuchtenden Rottönen blühenden Flammenbäumen im Garten benannt ist. Es hat neun geräumige Zimmer mit Holzboden, Kühlschrank, Fernseher und lokaler Kunst. Das Frühstück kostet 12 000 COP extra.

Hotel Old Providence
HOTEL **$$**

(☑514-8691; grecy06@hotmail.com; Santa Isabel; EZ/DZ/3BZ 70 000/120 000/150 000 COP; ❋) Das Hotel vermietet relativ große und gute Zimmer mit Bodenfliesen, Kühlschrank und Kabelfernseher, einige sogar mit Balkon. Die öffentlichen Räume haben zweifellos schon bessere Zeiten gesehen.

Posada Coco Bay
PENSION **$$**

(☑311-804-0373; posadacocobay@gmail.com; Maracaibo; EZ/DZ ab 90 000/140 000 COP; ❋🕾) Die tolle, rustikale Unterkunft mit Blick auf den Cayo Cangrejo und Hängematten auf den Holzbalkonen ist eine hervorragende Wahl für ein relaxtes Inselgefühl. Die Zimmer sind tipptopp, haben Moskitonetze und einige sogar eine Küche. Es gibt hier zwar keinen Strand, aber Schwimmen ist dennoch möglich.

Deep Blue
LUXUSHOTEL **$$$**

(☑514-8423; www.hoteldeepblue.com; Maracaibo; EZ/DZ/Suite mit Frühstück ab 395 000/

SAN ANDRÉS & PROVIDENCIA PROVIDENCIA

560 000/705 000 COP; ❄☎☒) Das Deep Blue ist mit Abstand Providencias schickstes Hotel. Es bietet 13 geräumige Zimmer mit Marmorböden, Regenduschen, Flachbildfernsehern und Toilettenartikeln von L'Occitane. Die Zimmer der oberen Preiskategorie haben sogar kleine Infinity-Pools auf dem Balkon, für alle anderen gibt es einen gemeinsamen Whirlpool auf dem Dach mit großartigem Blick auf den Cayo Cangrejo. In der Maracaibo Bay selbst gibt es keinen Strand. Weitere Extras sind kostenlose Kajaks und ein ebenso kostenloser Transportservice um 10 Uhr zu jedem beliebigen Strand auf der Insel; die Rückfahrt erfolgt jeweils um 16 Uhr.

Don Olivio
FISCH & MEERESFRÜCHTE $$

(Santa Catalina; Tagesgerichte 20 000 COP; ☺mittags) Don Olivio serviert auf der Terrasse eines Hauses auf der Insel Santa Catalina köstliche Meeresfrüchte und andere hausgemachte Gerichte – prima für ein relaxtes Mittagessen bei der Erkundung dieses wunderbaren Fleckchens.

Restaurante Deep Blue
KARIBISCH $$$

(Maracaibo; Hauptgerichte 25 000–70 000 COP; ☺12–22 Uhr) Das Restaurant bietet nicht nur einen umwerfenden Blick auf den Cayo Cangrejo, sondern auch ein beeindruckendes und einfallsreiches Speiseangebot. Höchst empfehlenswert sind die *canastillas de mariscos* (Fisch, Garnelen und Calamari im Kochbananenkörbchen, übergossen mit einer Tomaten-Schnittlauch-Soße mit Kokosmilch und Kokosreis). Der Service kann etwas dauern, ein Essen auf die Schnelle ist also nicht zu erwarten.

🛏 Bahía Suroeste

Das Dorf an einer hinreißend schönen Bucht ist nach Aguadulce das zweitbeliebteste Touristenziel, hat aber nur ein paar Hotels. Der palmengesäumte Strand ist jedoch absolut paradiesisch und da es hier zwei der besten Restaurants gibt, ist er ein schöner Rückzugsort. Wer sich an einem Samstagnachmittag auf der Insel aufhält, sollte unbedingt zum wöchentlichen sattellosen Pferderennen am Strand kommen, es beginnt gegen 14 Uhr.

Sirius Hotel
HOTEL $$$

(☎514-8213; www.siriushotel.net; Bahía Suroeste; EZ/DZ Cabañas mit Frühstück ab 105 000/170 000 COP, EZ/DZ mit Frühstück ab 130 000/230 000 COP; ❄☎) Das schäbige

Hotel war ganz klar einmal ein strahlendes und gepflegtes Haus. Die Zimmer sind noch immer extrem sauber, aber sie bräuchten dringend einen neuen Anstrich und eine Modernisierung. Abgesehen davon ist das Hotel perfekt, um ruhige Tage am schönen Strand mit Nichtstun zu verbringen. Von den meerseitigen Zimmer genießt man einen herrlichen Blick auf karibische Sonnenuntergänge.

Cabañas Miss Mary
HOTEL $$$

(☎514-8454; www.hotelmissmary.com; Bahía Suroeste; EZ/DZ mit Frühstück 120 000/200 000 COP; ❄☎) Miss Mary vermietet hübsch aufgemachte Zimmer direkt am Strand, jedes mit großer Veranda und Hängematten. Kabelfernsehen und (selten fließendes) Heißwasser sind vorhanden. Das Haus ist komfortabel und die Zimmer mit Meerblick sind toll, was etwas fehlt ist die Atmosphäre.

★Café Studio
FISCH & MEERESFRÜCHTE $$

(☎514-9076; Bahía Suroeste; Hauptgerichte 23 000–50 000 COP; ☺Mo-Sa 11–22 Uhr) Das beste Restaurant der Insel wird von einem kanadisch-raizalischen Paar geführt und das Essen, unvergesslich und auch preisgünstig, ist ein Hochgenuss. Zu den Highlights zählen Krebs auf Inselart, Hummerschwänze in Knoblauchsoße und Wellingtons Meeresschnecken in einer hausgemachten, kreolischen Sauce mit Wildnesseln aus dem eigenen Garten. Für den umwerfend guten Capuccinokuchen sollte man auf alle Fälle Platz lassen!

El Divino Niño
FISCH & MEERESFRÜCHTE $$

(Bahía Suroeste; Hauptgerichte 20 000 bis 44 000 COP; ☺12–18 Uhr) Das einfache Restaurant am schönsten Strand der Insel ist ein großartiges Fleckchen für ein langes Mittagessen direkt am Strand. Hier werden frischer Fisch, Hummer, Krebs und die hervorragende Meeresfrüchteplatte *plato mixto* zu einem kalten Bier serviert.

Die laute Musik nervt an so einem friedlichen Ort, aber was soll's: Das ist schließlich Kolumbien!

ℹ Praktische Informationen

Die beiden einzigen Geldautomaten der Insel sowie die einzige **Tankstelle** befinden sich in Santa Isabel.

Touristeninformation (☎514-8054; Santa Isabel; ☺Mo-Fr 9–12 & 14–17 Uhr) In der Nähe des Landungsstegs.

An- & Weiterreise

Die Fluggesellschaften Satena (S. 202) und **Searca** (www.searca.com.co) fliegen beide zwischen San Andrés und Providencia (hin & zurück ab 400 000 COP), in der Nebensaison zweimal täglich und in der Hochsaison sogar mehrmals täglich. Es ist wichtig, in der Hochsaison das Flugticket im Voraus zu kaufen. Zu beachten ist auch, dass das Höchstgewicht für Gepäck auf 10 kg beschränkt ist; was darüber liegt, wird extra berechnet.

Catamaran Sensation (S. 202) bietet vier tägliche Bootsverbindungen zwischen Providencia und San Andrés.

Unterwegs vor Ort

ZUM/VOM FLUGHAFEN

Fahrzeuge warten am Flughafen auf die landenden Flugzeuge und verlangen einen Einheitstarif von 23 000 COP für alle Entfernungen. Wer nicht so viel zahlen will, kann ein Stück weit zu Fuß laufen und dann ein *colectivo* oder einen Pickup an der Straße anhalten; sie kosten 2500 COP. Wer viel Gepäck dabei hat, wird auf diese Variante wahrscheinlich gern verzichten. Bis Aguadulce und Bahía Suroeste sind es vom Flughafen mit dem *colectivo* 15 Minuten Fahrt.

COLECTIVO

Ohne eigenes Fahrzeug ist es schwer, auf der Insel herumzukommen. *Colectivos* fahren stündlich in beide Richtungen die Straße entlang; der Fahrpreis für jedes Ziel beträgt 2500 COP. Da die Busse eher selten fahren, halten oft Einheimische an und bieten eine Mitfahrgelegenheit an.

MOTORROLLER

Das beste Transportmittel ist ein Motorroller (Tag 70 000 COP). Vermietet werden sie bei **Moto Rent Airport** (☎ 315-308-9566, 514-8943) in einem Haus neben dem Flughafen (links auf die Hauptstraße das zweite Haus links), im Hotel El Pirata Morgan (S. 207) in Aguadulce und bei Cabañas Miss Mary (S. 208) in Bahía Suroeste.
Providencia Tours (☎ 314-310-1326) in Aguadulce vermietet auch Golfwagen (Tag 180 000 COP). Die einzige Tankstelle auf der Insel liegt am Ortsrand von Santa Isabel.

TAXI

Taxis sind schwer zu bekommen und im Vergleich zum Festland ziemlich teuer. Vom Flughafen nach Santa Isabel oder Aguadulce werden 25 000 COP verlangt. Wer selbst ein Taxi ruft, muss mehr zahlen; wer Zeit hat zu warten, bis eines anhält, kommt sehr viel billiger davon.

Medellín & Zona Cafetera

Gut essen

➡ Carmen (S. 221)

➡ Helena Adentro (S. 253)

➡ Itaca (S. 221)

➡ La Fogata (S. 248)

➡ Verdeo (S. 221)

Schön übernachten

➡ Hotel Casa Victoria (S. 220)

➡ 61 Prado (S. 219)

➡ Finca Villa Nora (S. 250)

➡ Ciudad de Segorbe (S. 252)

➡ Hacienda Venecia (S. 239)

Auf nach Medellín!

Willkommen im *país paisa*, wie diese spannende Region mit Kaffeeplantagen und Blumenfarmen, wucherndem Nebelwald, pulsierenden Universitätsstädten und dem geschäftigen Medellín genannt wird. Der Landstrich ist einer der dynamischsten Kolumbiens. In Medellín, der zweitgrößten Metropole des Landes, ragen in der Mitte eines tiefen Tals die Türme hoch in den Himmel – greifbare Beispiele für den Ehrgeiz, der diese Stadt zum Vorreiter für Kolumbiens Neuanfang gemacht hat. Mit einem perfekten Klima, tollen Restaurants, Museen, öffentlichen Kunstwerken und dröhnenden Diskos bezaubert die attraktive Stadt jeden sofort.

Weiter im Süden erstreckt sich die Zona Cafetera, ein Kaleidoskop aus alten Dörfern, hübschen Kaffeefarmen, herrlichen Naturschutzgebieten und majestätischen Bergen. Der Kaffee ist hier mehr als eine Einnahmequelle – er ist ein Lebensstil. Wer ihn probiert hat, sieht seine Tasse Kaffee am Morgen plötzlich mit ganz anderen Augen.

Reisezeit
Medellín

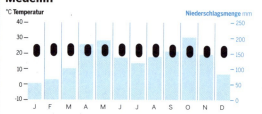

Jan.–März An klaren Tagen lassen sich die Gipfel des Parque Nacional Natural Los Nevados sehen.

Aug. Die Straßen von Medellín gleichen während der Feria de las Flores einer Farbexplosion.

Okt.–Dez. Die Kaffeepflücker der Zona Cafetera strömen zur Erntezeit auf den Farmen zusammen.

National-, Provinz- & Regionalparks

Als Urvater der Nationalparks gilt der Parque Nacional Natural Los Nevados, der sich bis auf eine Höhe von über 5000 m hinaufzieht. Der Recinto del Pensamiento, Los Yarumos und die Reserva Ecológica Río Blanco in der Nähe von Manizales beeindrucken mit herrlichen Orchideenarten und Schmetterlingen. Östlich von Pereira liegen der Santuario Otún Quimbaya und der Parque Ucumarí, die beide nur selten besucht werden. Weiter südlich sollte man das imposante Valle de Cocora in der Nähe von Salento mit in den Himmel ragenden Wachspalmen besuchen.

ℹ️ Anreise & Unterwegs vor Ort

Der Flughafen von Medellín ist die wichtigste internationale Drehscheibe für den Flugverkehr in dieser Gegend. Die Flughäfen Pereira und Armenia wickeln beide ebenfalls internationale Flüge ab. In der Region bestehen zudem gute Busverbindungen nach Bogotá, Cali und zur Karibikküste.

Bei Starkregen (meist im April/Mai und Sept./Okt.) empfiehlt es sich, Langstrecken nicht auf der Straße zurückzulegen, denn es kommt häufig zu Erdrutschen, zuletzt im Mai 2015, als der Ort Santa Margarita fast ausgelöscht wurde.

MEDELLÍN

🎵 4 / 3 MIO. EW. / 1494 M HÖHE

Medellín hat das Potenzial einer Stadt der doppelten Größe. Es liegt in einem schmalen Tal, wo die Skyline nach dem Himmel zu greifen scheint. Vor der Kulisse zerklüfteter Berggipfel, die in allen vier Himmelsrichtungen die Stadt einrahmen, ragen Apartment-Hochhäuser und Bürotürme auf. Dem angenehmen Klima hat Medellín auch seinen Beinamen zu verdanken: Stadt des ewigen Frühlings. Und die moderaten Temperaturen bewirken wirklich, dass die Einheimischen bei der Arbeit wie auch in der Freizeit stets beschwingt daherkommen. Medellín ist ein geschäftiger Industrie- und Handelsstandort, in dem vor allem Textilien hergestellt und Schnittblumen exportiert werden. An den Wochenenden gibt sich die Stadt jedoch betont leger: Die zahlreichen Diskos locken dann die Schönen und Reichen an.

Medellín erstreckt sich in nördlicher und südlicher Richtung in der Ebene des Aburrá-Tals. Weiter oben in den Hügeln liegen die Slums. Aufgrund seiner *paisa*-Wurzeln – die Bevölkerung stammt schließlich ursprünglich aus der Provinz Antioquia – legt Medellín gegenüber dem restlichen Kolumbien eine relative Gleichgültigkeit an den Tag und gibt sich ganz kosmopolitisch: Die Verkehrspolizisten tragen italienisch angehauchte Hüte, die wie die Kreissägen der Gondoliere anmuten, in den Diskos läuft eher Techno und Reggaeton als Salsa und Vallenato, und die Stadt wirft auch gern mal einen Blick nach Übersee, um sich für ihr nächstes öffentliches Kunstwerk inspirieren zu lassen.

Geschichte

Die Spanier kamen bereits in den 1540er-Jahren ins Valle de Aburrá, Medellín wurde allerdings erst 1616 gegründet. Historiker gehen davon aus, dass es sich bei den ersten Siedlern um Juden aus Spanien handelte, die vor der Inquisition geflohen waren. Sie teilten das Land in kleine Haciendas auf, die sie dann selbst bewirtschafteten – ganz im Gegensatz zu der auf Sklaverei gegründeten Plantagenkultur, die einen Großteil Kolumbiens prägte. Diese frühen *paisas* mit starken Autarkiebestrebungen machten sich als harte Arbeiter mit enorm ausgeprägtem Unabhängigkeitsdenken einen Namen – Wesenszügen, die sie in der gesamten Zona Cafetera verbreiteten.

Medellín avancierte 1826 zur Hauptstadt von Antioquia, blieb aber dennoch lange Zeit ein Provinzkaff – Erklärung dafür, dass die Kolonialgebäude hier nie so prächtig und zahlreich waren wie andernorts. Die Stadt begann erst Anfang des 20. Jhs. rasant zu wachsen. Auslöser waren die Eisenbahn sowie die boomende Kaffeeindustrie, ein überaus lukratives Geschäft, das einen schnellen Wandel der Stadt bewirkte. Minenbesitzer und Kaffeebarone investierten ihren Profit in die neue Textilindustrie – was sich schnell bezahlt machte. Innerhalb weniger Jahrzehnte konnte sich Medellín so zu einer großen Metropole entwickeln.

In den 1980er-Jahren trat dann die dunkle Seite des Unternehmertums zutage. Unter der Gewaltherrschaft Pablo Escobars wurde Medellín zur Kapitale des weltweiten Kokainhandels. Schießereien waren an der Tagesordnung, die Mordrate gehörte zur höchsten der Welt. Ein langsames Ende der Gewalt kam dann mit dem Tod Escobars im Jahr 1993.

Highlights

1 Ein Besuch des **Valle de Cocora** (S. 254), in dem majestätische Wachspalmen hoch in den Himmel wachsen

2 Eine Fahrt mit der Seilbahn hoch über den Dächern von **Medellín** (S. 211). Anschließend sollte man die vielen tollen Restaurants und Bars der Stadt erkunden

3 Ein Ausflug zu einer Plantage in der **Zona Cafetera** (S. 232) und dort selbst beim Kaffeepflücken helfen

4 Ein Bad in den kochend heißen Thermalquellen von **Termales San Vicente** (S. 246) hoch oben in den Bergen

5 Ein Übernachtung in **Río Claro** (S. 232) in einem Hotelzimmer, das auf den offenen Regenwald hinausgeht und in dem man das Tosen des Flusses hört

6 Eine Wanderung inmitten der mächtigen Gletscher des **Parque Nacional Natural Los Nevados** (S. 240)

7 Der sagenhafte Blick über den Stausee Embalse Guatapé vom Monolithen **Piedra del Peñol** (S. 227)

8 Eine Nachmittag auf der pulsierenden Plaza im Zentrum von **Jardín** (S. 230), wo eine Tasse Arabica-Kaffee aus lokalem Anbau köstlich schmeckt

Santa Fe de Antioquia
San Pedro
Bello
Antioquia
Urrao
MEDELLÍN
Itagüí
Amagá
Concordia
Santa Bárbara
Serranía de Baudó
Río Arao
Bolívar
La Pintada
QUIBDÓ
Andes
Jardín **8**
Río Baudó
Supía
Riosucio
Chocó
Risaralda
Anserma
Tadó
Istmina
Apia
Condoto
Parque Nacional Natural Tatamá
Chinchir
Termales de Santa Rosa
La Virginia
Santa Rosa de Cabal
CORDILLERA OCCIDENTAL
PEREIRA
Santuario Otún Quimbaya
Zona Cafetera **3**
Filandia
Sale
Montenegro
Río San Juan
La Unión
Parque Nacional del Café
ARMEN
La Tebaida
Aeropuerto Internacio El Edén
Trujillo
Sevilla
Río Munguidó
San Isidro
Tuluá
Bajo Calima
Embalse Calima
Darién
Buenaventura
Buga
Bahía de Buenaventura
Loboguerrero
Parque Nacional Natural Las Hermosas
Valle del Cauca
Yumbo
Palmira
CALI
Parque Nacional Natural Farallones de Cali
Florida
Río Cauca
Parque Nacional Natural Nevado del Huila

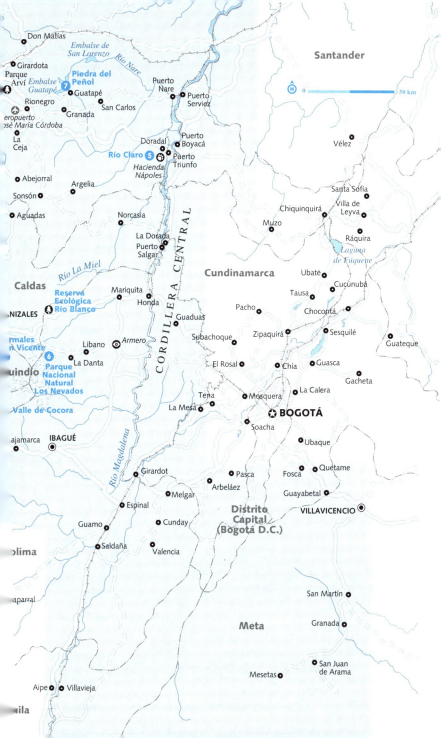

Medellín

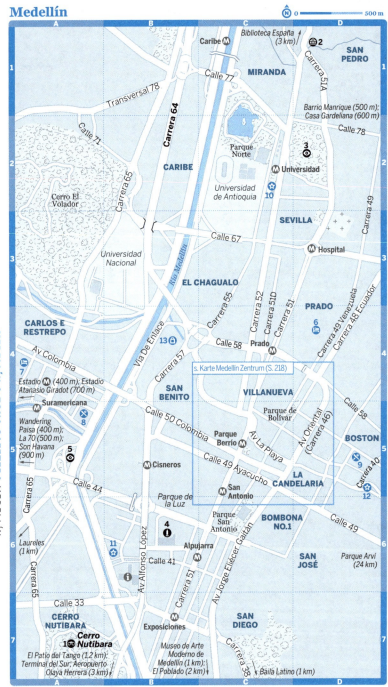

Caribe Ⓜ

Biblioteca España (3 km)

2

SAN PEDRO

Carrera 51A

Calle 77

MIRANDA

Transversal 78

Calle 71

Carrera 64

Barrio Manrique (500 m); Casa Gardeliana (600 m)

Calle 78

Parque Norte

3

CARIBE

Carrera 65

Cerro El Volador

Universidad de Antioquia

Ⓜ **Universidad**

10

SEVILLA

Carrera 49

Universidad Nacional

Río Medellín

Calle 67

Ⓜ **Hospital**

EL CHAGUALO

Carrera 55

Carrera 52

Carrera 51D

Carrera 51

PRADO

Carrera 49 Venezuela

Carrera 48 Ecuador

6

CARLOS E RESTREPO

Av Colombia

Vía De Enlace

13

Calle 58

Prado Ⓜ

Calle 58

7

Estadio Ⓜ *(400 m); Estadio Atanasio Girardot (700 m)*

Ⓜ **Suramericana**

Carrera 57

SAN BENITO

s. Karte Medellín Zentrum (S. 218)

VILLANUEVA

Parque de Bolívar

Av Oriental (Carrera 46)

BOSTON

8

Wandering Paisa (400 m); La 70 (500 m); Son Havana (900 m)

5

Calle 50 Colombia

Parque Berrío

Av La Playa

Carrera 40

9

Carrera 65

Ⓜ **Cisneros**

Calle 49 Ayacucho

LA CANDELARIA

12

Calle 44

Parque de la Luz

Ⓜ **San Antonio**

Calle 49

Laureles (1 km)

11

4

Parque San Antonio

BOMBONA NO.1

Carrera 65

Av Alfonso López

Calle 41

Alpujarra Ⓜ

Carrera 51

Av Jorge Eliécer Gaitán

SAN JOSÉ

Parque Arví (24 km)

Ⓘ

Calle 33

CERRO NUTIBARA

Ⓜ **Exposiciones**

SAN DIEGO

Carrera 38

1 **Cerro Nutibara**

El Patio del Tango (1,2 km); Terminal del Sur; Aeropuerto Olaya Herrera (3 km)

Museo de Arte Moderno de Medellín (1 km); El Poblado (2 km)

Baila Latino (1 km)

Medellín

◉ **Highlights**

◉ **Sehenswertes**

🛏 **Schlafen**

🍴 **Essen**

🎭 **Unterhaltung**

🛍 **Shoppen**

Heute zählt Medellín zu den für Reisende unkompliziertesten Zielen des Landes.

◉ Sehenswertes

⭐ **Plazoleta de las Esculturas** PLAZA
(Plaza Botero; Karte S. 218) Der öffentliche Platz vor dem Museo de Antioquia beherbergt 23 große Bronzeskulpturen des renommierten Künstlers Fernando Botero (geb. 1932), der in Medellín zur Welt kam. Wer weitere Werke von Botero sehen möchte, sollte sich die legendäre Skulptur **La Gorda** (Die Dicke) vor der Banco de la República in Parque Berrío ansehen. Drei weitere Plastiken Boteros finden sich im Parque San Antonio, darunter der **Pájaro de Paz** (Friedensvogel): Er steht neben einer früheren Inkarnation, die durch einen terroristischen Bombenanschlag zerstört wurde.

⭐ **Cerro Nutibara** AUSSICHTSPUNKT
(Karte S. 214) Ganz oben auf einem 80 m hohen Hügel, 2 km südwestlich vom Stadtzentrum, befindet sich das kitschige **Pueblito Paisa**, die Miniaturausgabe einer typischen Gemeinde in der Provinz Antioquia.
Die Aussicht über die Stadt von der angrenzenden Plattform ist sagenhaft. Neben dem Aussichtspunkt befindet sich das **Museo de la Ciudad** (Karte S. 214; Eintritt 1000 COP; ⏱10–18 Uhr), ein kleines Museum,

das sich der Geschichte von Medellín widmet und vor allem alte Fotoaufnahmen der Stadt zeigt.
Am besten fährt man mit dem Taxi auf den Hügel hinauf und legt dann den Rückweg zu Fuß zurück, um auf diese Weise auch den **Parque de las Esculturas** zu besichtigen, in dem viele moderne, abstrakte Skulpturen verschiedener Künstler aus ganz Südamerika stehen.

Museo de Antioquia MUSEUM
(Karte S. 218; 📞 251-3636; www.museodeantioquia.org.co; Carrera 52 No 52-43; Eintritt 10 000 COP; ⏱Mo–Sa 10–17.30, So 10–16.30 Uhr) Der Palacio Municipal beherbergt das zweitälteste Museum des Landes (das älteste ist das Museo Nacional in Bogotá). Das prachtvolle Art-déco-Gebäude gilt auch als eines der schönsten seiner Art. Zur Sammlung gehören präkolumbische, koloniale und moderne Kunst, jedoch auch viele Werke, die Fernando Botero, ein Sohn der Stadt, gestiftet hat.

Parque Arví PARK
(www.parquearvi.org; Veredas Mazo & Piedras Blancas, Santa Elena) 🚡 Der Parque Arví lässt sich mit der tollen neuen Seilbahn, der Arví Metrocable (Linea L), ab dem Autobahnkreuz Santo Domingo bequem erreichen (einfach 4600 COP, 15 Min.). Der Park, ein weitläufiges Gebiet mit wilder Berglandschaft in Santa Elena, stellt ein gutes Kontrastprogramm zur Stadt dar. In dem 17,61 km² großen Naturschutzpark gibt es Wanderwege, Seilrutschen, Seen und ein *mariposario* – ein Schmetterlingshaus. Am Info-Point für Touristen beginnen stündlich von 10 bis 15 Uhr kostenlose Spaziergänge mit einem Führer. Montags ist die Seilbahn wegen Wartungsarbeiten außer Betrieb. Da die Sehenswürdigkeiten alle weit auseinanderliegen, macht es Sinn, möglichst früh am Tag den Park zu besuchen.

Biblioteca España GEBÄUDE
(📞 385-6717; Carrera 33B No 107A-100; ⏱Mo–Fr 8–19, So 11–17 Uhr) Diese riesige Bibliothek wurde hoch oben an einem Berghang in einem Viertel am Stadtrand erbaut und ist eines der bekanntesten Wahrzeichen und zugleich ein Symbol für den gelungenen Neuanfang von Medellín. Während der Recherchen zu diesem Reiseführer war das gesamte Gebäude in ein Schutznetz gehüllt, nachdem gravierende architektonische Probleme festgestellt worden waren. Aber einen Abstecher ist die Biblioteca dennoch wert, denn man bekommt hier oben eine ganz

andere Seite der Stadt zu sehen. Vom Park gleich nebenan kann man die schöne Aussicht auf sich wirken lassen. Das Gebäude befindet sich neben der Metrocable (Seilbahn)-Station im Viertel Santo Domingo.

Jardín Botánico
GÄRTEN

(Karte S. 214; www.botanicomedellin.org; Calle 73 No 51D-14; ⊙ 9–17 Uhr) GRATIS In dem 14 ha großen Botanischen Garten wachsen rund 600 verschiedene Baum- und Pflanzenarten, außerdem gibt es einen See, ein Herbarium und ein Schmetterlingshaus. Der Park zählt zu den schönsten Grünflächen der Stadt, wo man ein paar herrliche Stunden fern der Hektik der Großstadt verbringen kann. Die Gärten sind von der Metrohaltestelle Universidad aus problemlos zu erreichen.

Museo de Arte Moderno de Medellín (MAMM)
GALERIE

(☑ 444-2622; www.elmamm.org; Carrera 44 No 19A-100; Eintritt 8000 COP; ⊙ Di–Fr 9–17.30, Sa 10–17.30, So 10–16.30 Uhr) Das „El MAMM" in einem restaurierten Industriegebäude in Ciudad del Río präsentiert Wechselausstellungen zeitgenössischer Kunst. Während der Recherchen zu diesem Reiseführer war gerade ein großer neuer Trakt im Bau, der einmal die Dauerausstellung beherbergen soll.

Casa Museo Pedro Nel Gómez
MUSEUM

(Karte S. 214; ☑ 444-2633; Carrera 51B No 85-24; ⊙ Mo–Sa 9–17, So 10–16 Uhr) GRATIS Das interessante Museum befindet sich in dem Haus, in dem der Künstler einst lebte und arbeitete. Zu sehen gibt es eine umfangreiche Sammlung von Werken des produktiven einheimischen Malers Pedro Nel Gómez (1899–1984), gelegentlich jedoch auch andere hochkarätige Ausstellungen. Es finden zudem regelmäßig Kunst-Workshops statt.

Basílica de la Candelaria
KIRCHE

(Karte S. 218; Ecke Carrera 50 & Calle 51) Medellíns bedeutendste Kirche wacht über den Parque Berrío. Sie wurde in den 1770er-Jahren an genau der Stelle errichtet, an der zuvor eine Kirche aus Holz gestanden hatte. Sehenswert ist die in Deutschland hergestellte Orgel, die mit dem Schiff den Río Magdalena hinauf nach Medellín gebracht und dann auf dem Rücken eines Pferdes an Ort und Stelle transportiert wurde.

Ermita de la Veracruz
KIRCHE

(Karte S. 218; Ecke Calle 51 Boyacá & Carrera 52 Carabobo) Die edle Kolonialkirche wurde mit Spendengeldern europäischer Einwande-

rer erbaut und 1803 geweiht. Sie weist eine Steinfassade auf und hat einen in Weiß und Gold gehaltenen Kirchenraum.

Monumento a la Raza
MONUMENT

(Karte S. 214; Calle 44, Centro Administrativa La Alpujarra) Das beeindruckendste Werk von Rodrigo Arenas Betancur in Medellín erzählt die Geschichte von Antioquia in dramatisch geschwungenem Metall.

Catedral Metropolitana
KIRCHE

(Karte S. 218; Carrera 48) Medellíns neoromanische Kathedrale am Parque de Bolívar wurde 1931 vollendet. Der geräumige, allerdings recht düstere Kirchenraum weist spanische Buntglasfenster auf.

🏃 Aktivitäten

Rund um Medellín herrscht eine starke Thermik, und das bedeutet, dass man hier hervorragend Gleitschirmfliegen kann. Alle Unternehmen, die Paragliding im Programm haben, befinden sich in San Felix in Bello. Ein Bus in diese Richtung startet vom Terminal del Norte (2800 COP, 45 Min.). Die Fahrt mit dem Taxi kostet ungefähr 35 000 COP.

Zona de Vuelo
PARAGLIDEN

(☑ 388-1556, 312-832-5891; www.zonadevuelo. com; Km 5,6 Via San Pedro de los Milagros) Dieser erfahrene Veranstalter bietet Tandemflüge (85 000–105 000 COP) sowie zweiwöchige Kurse (1 500 000 COP) an.

Psiconautica
ABENTEUERSPORTARTEN

(☑ 426-4948, 312-795-6321; www.aventurapsico nautica.com; Km 5,6 Via San Pedro de los Milagros) Der Abenteuerladen im gleichen Komplex wie Zona de Vuelo hat sich auf Klettern, Canyoning und Abseilen spezialisiert, aber bietet auch Paragliden an – alles aus einer Hand. Die erfahrenen zweisprachigen Guides organisieren Ausflüge in die Berge und Wanderungen im ganzen Land.

🎓 Kurse

Universidad EAFIT
SPRACHKURSE

(☑ 261-9399; www.eafit.edu.co; Carrera 49 No 7 Sur-50) Diese Privatuniversität bietet Intensiv- und halb-intensiven Spanischunterricht in Gruppen an. Auf Wunsch kann man auch Einzelunterricht nehmen.

Baila Latino
TANZKURSE

(☑ 448-1338; www.academiabailalatino.com; Carrera 43 No 25A-233; Einzelunterricht Std. 45 000 COP, Gruppenunterricht pro Monat

217

PROFIT MIT PABLO

Selbst nach seinem Tod verdient der legendäre Kokain-Warlord Pablo Escobar Gaviria noch Geld. Als die Rucksackreisenden wieder nach Medellín strömten – was erst der Sturz des Medellíner Kartellbosses möglich machte –, sahen ein paar Jungunternehmer ihre Stunde gekommen. Sie veranstalteten Touren mit dem Motto Escobar, die zu den einschlägigen Orten seiner Blutherrschaft über die Stadt führten: zu seinen Luxusdomizilen und seinen Büros, zu dem Haus in der Vorstadt, wo er erschossen wurde, sowie zu seinem Grab. Konventionellere Tourenveranstalter griffen die Idee bald auf, und sogar Mitglieder der Familie Escobar führen nun Exkursionen durch, auf denen die Teilnehmer mit dem Bruder des *capo* (Boss) über dessen Vorlieben diskutieren können.

Es erübrigt sich eigentlich anzumerken, dass viele Kolumbianer von der – in ihren Augen – Glorifizierung dieses blutrünstigen Terroristen wenig begeistert sind, schließlich jagte er Flugzeuge in die Luft und bezahlte seinen Handlangern für jeden getöteten Polizisten ein Kopfgeld. Andere hingegen akzeptieren Escobar als bedeutende historische Persönlichkeit und vergleichen diese Touren mit Stadtspaziergängen in anderen Städten, wie sie beispielsweise in München zum Thema „Hitler und der Nationalsozialismus" durchgeführt werden.

Die meisten dieser Touren dauern etwa einen halben Tag, wobei Preise und Qualität erheblich differieren können. Wer sich entschließt, an einer Tour zum Thema Escobar teilzunehmen, dem sei Paisa Road empfohlen: Dieser Veranstalter bekommt immer positive Kritiken für seine informativen, unvoreingenommenen Touren.

Einen noch besseren Eindruck vom Ausmaß des Reichtums, Ehrgeizes und zweifelhaften Geschmacks Escobars vermittelt die **Hacienda Nápoles** – eine riesige Farm vier Stunden außerhalb von Medellín. Escobar machte sie zu seinem Privatreich, bestehend aus mehreren Herrschaftshäusern, einer Stierkampfarena sowie exotischen „Haustieren" wie Giraffen, Zebras und mehreren Flusspferden.

Nachdem die Regierung Escobar unter Druck gesetzt hatte, wurde die Hacienda Nápoles sich selbst überlassen. Die Flusspferde entkamen in die freie Wildbahn und schafften es irgendwie zu überleben. Heute stehen sie im Mittelpunkt eines neuen **Safari-Abenteuerparks** (☎1800-510-344; www.haciendanapoles.com; Eintritt 32 000–60 000 COP), der hier seine Tore öffnete. Die ganze Anlage ist wirklich bizarr. Die Besucher können eine Runde durch Escobars verlassenes Herrschaftshaus drehen und seine von Bomben gesprengten Fahrzeuge betrachten, wobei in der Ferne ein Tyrannosaurus rex aus Zement brüllt. Es gibt auch allerlei Karussells für die Kleinen, einen Wasserpark und ein Schmetterlingshaus, dazu eine Ausstellung mit Grafiken, die zeigen, mit welcher Gewalt Escobars Herrschaft einherging. Das alles ist abgedreht und alleine deshalb schon den Ausflug wert.

Der Abzweig zur Hacienda Nápoles befindet sich 1 km von Doradal entfernt an der Autobahn Medellín–Bogotá. Von hier sind es noch 2 km auf einer unbefestigten Straße bis zum Park. Von der Stadt kostet ein Taxi 10 000 COP. Am besten lässt man sich vom Fahrer die Telefonnummer für die Rückfahrt geben. Den Park kann man problemlos im Rahmen eines Tagesausflugs von Río Claro besichtigen.

65 000 COP) Hier lernen Tanzwütige Salsa und andere tropische Rhythmen bei netten und engagierten Lehrern.

☞ Geführte Touren

Real City Tours GEFÜHRTER STADTSPAZIERGANG (☎ 319-262-2008; www.realcitytours.com) Dieses Unternehmen, das von engagierten jungen Einheimischen betrieben wird, bietet einen kostenlosen Spaziergang durch das Stadtzentrum an; die detaillierten Erklärungen auf Englisch vermitteln die Hintergründe zu den wichtigsten Sehenswürdigkeiten.

Die Stadtführer (Guides) sollten natürlich für ihre Bemühungen ein entsprechendes Trinkgeld bekommen. Auch ein „grüner Ausflug" zum größten Obst- und Gemüsemarkt Medellíns steht auf dem Programm, der allerdings nicht gratis ist. Es ist unbedingt erforderlich, sich über das Internet für die Teilnahme an der Stadttour im Vorfeld anzumelden.

MEDELLÍN & ZONA CAFETERA MEDELLÍN

Medellín Zentrum

Karte: Medellín Zentrum mit Straßen wie Calle 56 Zea, Calle 57 Argentina, Carrera 52, Av 1 de Mayo, Calle 54 Juanambú, Plazuela de Zea, VILLANUEVA, Parque de Bolívar, Plazoleta de las Esculturas, Parque Berrío, LA CANDELARIA, Parque del Periodista, GUAYAQUIL, MEDELLÍN, San Antonio, BOMBONA NO.1.

Paisa Road
GEFÜHRTE EXKURSIONEN

(☎ 317-489-2629; www.paisaroad.com) Das Unternehmen veranstaltet die originale Pablo-Escobar-Tour (40 000 COP), jedoch auch gesellige Exkursionen zu Fußballspielen (50 000 COP) am Wochenende: Die Teilnehmer sitzen dann bei einem Spiel der Nationalliga zwischen den leidenschaftlichsten Anhängern der beiden Mannschaften.

✸ Feste & Events

Festival Internacional de Tango
TANZ

(www.festivaldetangomedellin.com; ☉ Juni) Die Stadt feiert ihre Liebe zum Tango mit Wettbewerben, Konzerten und Workshops.

Festival de Poesía de Medellín
LITERATUR

(www.festivaldepoesiademedellin.org; ☉ Juli) Das schöne und größte internationale Festival lockt alljährlich Dichter und Dichterinnen aus allen Ecken der Welt an. Gegründet wurde das Poesiefestival 1991, als Kolumbien im Umbruch war: Mit Poesie wollten die Gründer ein Zeichen gegen Gewalt, Verbrechen, Mord in dem krisen- und bürgerkriegsgeschüttelten Land setzen.

Feria de las Flores
KULTUR

(www.feriadelasfloresmedellin.gov.co; ☉ Aug.) Medellíns spektakulärste Veranstaltung dauert eine ganze Woche lang. Höhepunkt ist das Desfile de Silleteros, bei dem bis zu 400 *campesinos* (Bauern) aus den Bergen in die Stadt strömen, um mit Blumen auf dem Rücken durch die Straßen zu ziehen.

Festival Internacional de Jazz
MUSIK

(Medejazz; www.festivalmedejazz.com; ☉ Sept.) Viele Bands aus Nordamerika kommen zu diesem Festival. In der Regel finden auch ein paar kostenlose Konzerte statt.

Alumbrado Navideño
RELIGIÖS

(☉ Dez. & Jan.) Die Stadt erstrahlt in bunter Weihnachtsbeleuchtung; Tausende Lichterketten spannen sich dann über die Straßen und am Río Medellín entlang.

🛏 Schlafen

El Poblado ist schnell zum angesagten Viertel avanciert, in dem die meisten Rucksackreisenden logieren. Es liegt in der Nähe der Bars und Restaurants und ist in der Regel sicher – sogar spät in der Nacht. Wer keine Lust auf Partystimmung hat oder Medellín in weniger geordneten Bahnen erleben möchte, logiert in der ruppigeren Innenstadt.

Zwischen diesen beiden Polen rangiert das Viertel rund um „La Setenta": Dort ist nicht so viel los wie in El Poblado, aber im Vergleich zum Zentrum geht es hier deutlich gesitteter zu.

Black Sheep HOSTEL $
(Karte S. 224; ☎ 311-1589, 317-518-1369; www. blacksheepmedellin.com; Transversal 5A No 45-133; B 22 000–25 000 COP, EZ/DZ 60 000/80 000 COP, ohne Bad 50 000/65 000 COP; @ 🖨) Das praktisch in der Nähe der Metro Poblado gelegene, gut geführte Hostel gibt sich angenehm gesellig, ohne jedoch zu umtriebig zu sein. Es gibt diverse Gemeinschaftsbereiche, beispielsweise eine hübsche neue Terrasse und eine gute Auswahl an gemütlichen, modernen Einzel- und Doppelzimmern. Die Mitar-

beiter kennen sich sehr gut aus und helfen vor allem gern beim Arrangieren von Freizeitaktivitäten oder bei der Umsetzung von Reiseplänen weiter. Der vor Ort abgehaltene Spanischunterricht wird sehr gelobt.

61 Prado GUESTHOUSE $
(Karte S. 214; ☎254-9743; www.61prado.com; Calle 61 No 50A-60; EZ/DZ/Suite 55 000/ 75 000/85 000 COP; @ 🖨) Das elegante Gästehaus im historischen Viertel Prado ist ein tolles Standquartier, um die Sehenswürdigkeiten des Zentrums zu erkunden. Die sorgsam renovierten Zimmer sind geräumig, haben hohe Decken und einen künstlerischen Touch. Der von Kerzen erleuchtete Speisesaal bietet ein schönes Ambiente, um ein Essen aus dem Restaurant zu genießen, das sich ebenfalls hier befindet. Die Gäste können aber auch die gut ausgestattete Küche nutzen.

Casa Kiwi HOSTEL $
(Karte S. 224; ☎268-2668; www.casakiwi.net; Carrera 36 No 7-10; B 20 000–24 000 COP, EZ/ DZ 60 000/80 000 COP, ohne Bad 40 000/ 60 000 COP; @ 🖨 🏊) Die Casa Kiwi ist dank ihrer beneidenswerten Lage am Rand der *zona rosa* in El Poblado bei all jenen Gästen sehr beliebt, die das berühmte Nachtleben von Medellín kennenlernen möchten. Zur Auswahl stehen diverse elegante Einzel- und Doppelzimmer sowie Schlafsäle, die eher standardmäßig eingerichtet sind.

Zu den ansprechenden Gemeinschaftseinrichtungen gehören eine weitläufige Terrasse, ein kleiner Fernsehraum (im Stil eines Kinos), ein kleiner Pool zum Erfrischen auf dem Dach, eine lebhafte Bar und eine sagenhafte Veranda, die auf die Straße hinausgeht.

Die Casa Kiwi organisiert auch ganztägige Raftingausflüge (180 000 COP) auf dem Río Buey sowie auf dem Río San Juan im ländlichen Antioquia.

Wandering Paisa HOSTEL $
(☎436-6759; www.wanderingpaisahostel.com; Calle 44A No 68A-76; B 21 000–25 000 COP, EZ/ DZ 55 000/60 000 COP; @ 🖨) Das dynamische Hostel unter der Leitung zweier Amerikaner liegt direkt bei den Bars und Restaurants in der La 70 und ist eine tolle Wahl für Leute, die ein Mittelding zwischen den hellen Lichtern von El Poblado und der chaotischen Innenstadt suchen.

Eine kleine Bar gehört zum Hostel. Das sehr engagierte Management organisiert ständig gesellige Events und Gruppenausflüge. Fahrräder zur Erkundung der Umgebung stehen ebenfalls zur Verfügung.

Grand Hostel
HOSTEL $

(Karte S. 224; ☑ 444-6612; www.grandhostelme dellin.com; Transversal 6 No 45-70; B 20 000 bis 25 000 COP, EZ/DZ 70 000/90 000 COP, ohne Bad 50 000/60 000 COP; ☎) Die ruhige Bleibe befindet sich in der Nähe der Metrohaltestelle Poblado. Das nette Hostel steht bei Reisenden hoch im Kurs, die sich ein gemütliches Standquartier wünschen. Die Zimmer im Haupttrakt des Hauses sind hell und ansprechend eingerichtet; die Einzel- und Doppelzimmer mit Gemeinschaftsbad hinten sind dunkel und es fehlt ihnen eine ordentliche Belüftung.

Palm Tree Hostal
HOSTEL $

(Karte S. 214; ☑ 444-7256; www.palmtreemedellin. com; Carrera 67 No 48D-63; B 25 000 COP, Zi. ohne Bad 66 000 COP; @☎) Medellíns originales Backpacker-Hostel in einem Mittelschichtsviertel in der Nähe der Metro und vieler billiger Lokale bietet einfache, aber gemütliche Zimmer. Das Personal ist sehr freundlich.

Happy Buddha
HOSTEL $$

(Karte S. 224; ☑ 311-7744; www.thehappybuddha. co; Carrera 35 No 7-108; B/Zi./2BZ inkl. Frühstück 30 000/110 000/120 000 COP; ☎) Das neue Hostel besticht mit einer Einrichtung vom Feinsten und schickem, modernem Design. Es liegt am Rand der *zona rosa* in El Poblado und ist in kurzer Zeit zu einer beliebten Unterkunft für Reisende avanciert, die ebenso viel Wert auf das Nachtleben wie auf Komfort legen.

Es gibt zwei Aufenthaltsbereiche – eine angenehme Terrasse und eine Lounge mit Sofas –, eine Tischtennisplatte und einen Billardtisch. Zu den Extras zählen das einmal wöchentlich stattfindende kostenlose Grillfest sowie Tanzunterricht.

In House Hotel
HOTEL $$

(Karte S. 224; ☑ 444-1786; www.inhousethehotel. com; Carrera 34 No 7-109; EZ/DZ/3BZ inkl. Frühstück 138 000/155 000/212 000 COP; @☎) Das kleine Hotel mit einem hervorragenden Preis-Leistungs-Verhältnis hebt sich von anderen Unterkünften im geschäftigen Poblado sehr positiv ab. Die schicken, hellen Zimmer bieten Kiefernholzmöbel, einen Arbeitstisch und große Fenster. Der Service ist freundlich und professionell, und das kontinentale Frühstück bereits im Preis enthalten. Die Zimmer nach vorne hinaus haben einen Balkon, für die Zimmer nach hinten

hinaus spricht, das sie ruhiger sind. Auf der Terrasse stehen gemütliche Sofas.

Hotel Casa Victoria
HOTEL $$$

(☑ 268-5099; www.hotelcasavictoria.com; Carrera 32 No 1 Sur-13; EZ/DZ/Suite inkl. Frühstück 168 240/175 240/226 240 COP; ✳@☎) Das noble Hotel am Hügel unterhalb von El Tesoro bietet geräumige Zimmer mit Parkettboden und riesigen Fenstern, von denen sich ein herrlicher Blick über die Stadt bietet. Die Suiten verfügen über eigene Terrassen. Interessant zu wissen: Am Wochenende gibt's einen erheblichen Preisnachlass.

Hotel Dann Carlton
HOTEL $$$

(Karte S. 224; ☑ 444-5151; hotelesmedellin. danncarlton.com; Carrera 43A No 7-50; EZ/DZ 229 000/363 000 COP, Suite ab 621 000 COP; ✳☎✳) Das professionell geführte Hotel mit hochwertigen Zimmern und Suiten sowie jeder Menge Extras wie frischen tropischen Früchten und eleganten Blumenarrangements hebt sich weit von allen anderen Quartieren ab. Vor allem die Suiten fallen riesig aus; sie haben ein Wohnzimmer, einen begehbaren Schrank und ein großes Bad.

✗ Essen

El Poblado ist voller recht feudaler Restaurants. Südwestlich vom Zentrum finden sich im Viertel Laureles rund um die Avenida Nutibara viele schlichte Speiselokale.

Selbstversorger sollten der **Plaza Minorista** (Karte S. 214; Ecke Carrera 57 & Calle 55) einen Besuch abstatten – dort steht die große Markthalle, in der man in frischem Obst und Gemüse schwelgen kann.

✗ El Poblado

Cafe Zorba
INTERNATIONAL $

(Karte S. 224; Calle 8 No 42-33; Pizza 11 500 bis 18 500 COP; ⊙17–23.45 Uhr; ☎) Das trendige Café im Freien liegt am Rand des Parque La Presidenta und serviert hervorragende Holzofenpizza, Salate und Dips, aber auch köstliche Desserts.

Das Cafe Zorba ist aber auch eine tolle Adresse, um nach dem Abendessen noch einen Drink zu nehmen.

El Taxista
KOLUMBIANISCH $

(Karte S. 224; Carrera 43B No 10-22; Mahlzeiten 6500 COP; ⊙7–16 Uhr) Händler sitzen in diesem schlichten Lokal ohne viel Schnickschnack unweit des Parque Poblado Schulter an Schulter neben Geschäftsleuten im Businessoutfit. Aus der Küche, wo Frauen frenetisch frittieren, kommen billige traditionelle *paisa*-Gerichte auf den Tisch.

Verdeo
VEGETARISCH $$

(Karte S. 224; www.ricoverdeo.com; Carrera 35 No 8A-3; Hauptgerichte 14 500–21 800 COP; ☺ Di–So 12–22, Mo 12–16 Uhr; ✈) ✈ Man muss kein Vegetarier sein, um seine Freude an den kreativen Gerichten zu haben, die in diesem tollen Restaurant in Poblado gezaubert werden. Die Gäste haben die Qual der Wahl unter köstlichen vegetarischen Schawarma, Burgern, Ravioli und Salaten.

Der angeschlossen Lebensmittelladen ist super, um sich mit Biogemüse, Tofu und anderen Produkten einzudecken, die in den Supermärkten vor Ort sonst nicht oder nur schwer erhältlich sind.

Il Castello
ITALIENISCH $$

(Karte S. 224; ☎ 312-8287; Carrera 40 No 10A-14; Hauptgerichte 16 000–28 000 COP; ☺ Mo–Sa 12–14.30 & 18–22.30 Uhr) Wer authentisches italienisches Essen schätzt, wird in diesem schlichten Bistro fündig. Die Holzofenpizza schmeckt schon lecker, aber die Pastagerichte sind unübertrefflich gut, und zwar vor allem die Ravioli. Dazu passt hervorragend eine Flasche Wein von der umfangreichen Weinkarte.

Mondongos
KOLUMBIANISCH $$

(Karte S. 224; www.mondongos.com.co; Calle 10 No 38-38; Hauptgerichte 21 000–28 000 COP; ☺ Mo–Sa 11.30–21.30, So 11.30–20 Uhr) In Medellín strömen die Familien nur so in diesem eher unscheinbar wirkende Speiselokal, um sich eine *sopa de mondongo* (Kuttelsuppe) zu bestellen. Sie wird mit Avocado, Banane, Zitrone und *arepas* (Maiskuchen) serviert, die je nach Gusto und Ritual des jeweiligen Gastes in den Suppenteller kommen oder eingestippt werden. Besonders nett ist es hier Sonntagmittag.

Eine Filiale befindet sich in der La 70.

Bahía Mar
MEERESFRÜCHTE $$

(Karte S. 224; Calle 9 No 43B-127; Hauptgerichte 20 000–40 000 COP; ☺ Mo–Sa 12–22, So 12–15 Uhr) Das hervorragende Meeresfrüchtelokal serviert eine Vielzahl an Meeresfrüchtegerichten in einem eher schlichten karibischen Ambiente.

★ Carmen
INTERNATIONAL $$$

(Karte S. 224; ☎ 311-9625; www.carmenmedellin.com; Carrera 36 No 10A-27; Hauptgerichte 39 000 bis 50 000 COP; ☺ Mo 12–15, Di–Fr 12–15 & 19 bis 22.30, Sa 19–22.30 Uhr) Das Restaurant unter

---

KALORIEN ZÄHLEN: BANDEJA PAISA

Die Kalorienbombe *bandeja paisa* (*paisa*-Platte) ist in ganz Kolumbien als typischstes Gericht Antioquias und der Zona Cafetera bekannt. Worüber sich aber nicht so leicht ein Konsens herstellen lässt, sind die Bestandteile. Das Gericht hat seine Ursprünge bei armen Bauern; sie verdrückten eine kalorienreiche Mahlzeit am Tag, die ihnen ausreichend Energie für die Arbeit im kühlen Bergklima spenden sollte. Heutzutage kommt das Gericht in verschiedenen Variationen in allen Restaurants des Landes auf den Tisch. Die Puristen vertreten allerdings die Auffassung, dass eine echte *bandeja paisa* nur aus Reis, roten Bohnen, Hackfleisch, Schweinebauch, Avocado, Spiegelei, Kochbananen, Wurst, *arepas* (Maisfladen), *hogao* (warmes Tomaten-Chutney) und Blutwurst bestehen darf. All diese Zutaten müssen auf einen einzigen ovalen Teller getürmt werden.

---

der Leitung eines amerikanisch-kolumbianischen Paares – beide sind Meisterköche! – serviert erlesene internationale Küche mit ausgeprägt kalifornischem Einfluss. Das Restaurant selbst besteht aus mehreren unterschiedlichen Speisebereichen – einem intimen Speiseraum an der offenen Küche, einem Treibhaus und einem Patio hinten.

Die Ober sprechen Englisch und erteilen gern Ratschläge, welcher Wein von der umfangreichen Weinkarte am besten zum gewünschten Essen passt. Man sollte unbedingt einen Tisch reservieren.

✕ Innenstadt von Medellín

★ Itaca
KOLUMBIANISCH $

(Karte S. 214; Carrera 42 No 54-60; Menü 8500 COP; Hauptgerichte 10 000–25 000 COP; ☺ Mo–Sa 12–15 & 18–22, So 12–17 Uhr) Das kleine Lokal am Rand der Innenstadt macht äußerlich nicht viel her. Umso mehr überrascht es, dass hier sagenhafte Gourmetteller zubereitet werden, und das zu Schnäppchenpreisen. Eine Speisekarte gibt es nicht; man sagt einfach dem netten Küchenchef Juan Carlos, was es sein soll, und dann zaubert er aus den frischen Zutaten vom Markt einen modernen kolumbianischen Klassiker.

Ein Namensschild sucht man vergebens – man findet es trotzdem leicht: einfach nach der blauen Tür Ausschau halten!

Wer mag, probiert eine Portion hausgemachte Würstchen – sie sollen die besten in ganz Antioquia sein.

Salón Versalles KOLUMBIANISCH $
(Karte S. 218; www.versallesmedellin.com; Pasaje Junín 53-39; Mahlzeiten 13 900 COP; ⊙Mo–Sa 7–21, So 8–18 Uhr) Das Restaurant – eine Institution in Medellín – ist für seine leckeren Empanadas auf argentinische Art berühmt, serviert jedoch auch ein gutes Menü und ist überhaupt eine tolle Adresse, um eine Ruhepause von der Hektik im Stadtzentrum einzulegen. Hier kommen alle gern her – Rentner, die knapp bei Kasse sind, genauso wie Jungunternehmer aus den umliegenden Büros. Allein schon, um das bunte Völkchen zu beobachten, lohnt sich der Besuch des Salón Versalles.

Ciao Pizza Gourmet ITALIENISCH $$
(Karte S. 214; Ecke Calle 49 & Carrera 64A, Carlos E Restrepo; Hauptgerichte 12 000–27 000 COP; ⊙Mo–Sa 12–21.30, So 12–19.30 Uhr) Die Gäste dieses Restaurants im Viertel können draußen an den Tischen auf der kleinen Plaza Platz nehmen, um sich die herrlichen Pizzas und selbst gemachten Pastagerichte schmecken zu lassen, die der italienische Küchenchef mit Perfektion zubereitet. Das Restaurant liegt etwas versteckt hinter dem Suramericana-Gebäude.

Café Colombo Credenza KOLUMBIANISCH $$$
(Karte S. 218; Carrera 45 No 53-24, 10. Stock; Hauptgerichte 23000–31000 COP; ⊙Mo–Sa 12–22 Uhr) Das legere Bistro in der obersten Etage des Gebäudes, in dem sich das Centro Colombo Americano befindet, serviert hochwertige Mahlzeiten mit herrlichem Panoramablick auf die Stadt. Das Colombo Credenza ist aber auch nett, um am frühen Abend einen Cocktail zu trinken.

 ## Ausgehen & Nachtleben

Die *zona rosa* der Stadt erstreckt sich rund um den Parque Lleras in El Poblado – ein geballter Wirrwarr aus gehobenen Restaurants und Bars. Einige der exklusivsten Bars von Medellín befinden sich in und um die **Río Sur-Mall** (Carrera 43A No 6 Sur-26), genauer gesagt an dem Abschnitt der Avenida El Poblado, die als Milla de Oro (Goldene Meile) bekannt ist. Weniger protzig sind die Bars in der Umgebung der La 33

und La 70 unweit des Viertels Laureles. Wer Bohemien-Flair bevorzugt, sollte die verschiedenen Kneipen rund um den Parque del Periodista im Zentrum besuchen. Viele Nachtlokale liegen konzentriert im ehemaligen Industrieviertel, dem Barrio Colombia, und an der Autopista Sur – der Autobahn, die in Richtung Süden aus der Stadt führt.

Pergamino CAFÉ
(Karte S. 224; www.pergamino.co; Carrera 37 No 8A-37; ⊙Mo–Fr 8–21, Sa 9–21 Uhr) Es lohnt sich, vor dem beliebten Café Schlange zu stehen, um etwas zu ergattern – im Pergamino gibt's nämlich den besten Kaffee in ganz Medellín. Zur Auswahl steht die gesamte Palette an heißen und kalten Getränken, die allesamt aus Kaffeebohnen bester Qualität hergestellt werden. Die Bohnen stammen von kleinen Farmen im ganzen Land. Wer möchte, kann hier auch eine Tüte Kaffeebohnen für zu Hause erstehen.

Trilogia Bar CLUB
(www.trilogiabar.com; Carrera 43G No 24-08; ⊙20.30–3.30 Uhr) Wer Lust hat, sich die Nacht um die Ohren zu schlagen, sollte in diesem Club im Barrio Colombia vorbeischauen. Hier spielen Bands auf einer Drehbühne alle möglichen Musikstile aus Kolumbien, und die beschwipsten Einheimischen singen mit. Besonders unterhaltsam ist es in der Gruppe, vorher sollte man über die Website einen Tisch reservieren, damit einem der Spaß auch wirklich nicht entgeht.

El Acontista BAR
(Karte S. 218; www.elacontista.com; Calle 53 Maracaibo No 43-81; ⊙So geschl.) Die entspannte Café-Bar in der Nähe des Parque del Periodista lockt ein eher intellektuelles Publikum an. Das Acontista ist eine super Adresse, um bei einem Drink ein gutes Gespräch zu führen. Montags wird hier Livejazz gespielt, im Obergeschoss befindet sich ein Buchladen.

Calle 9 + 1 BAR
(Karte S.224; Carrera 40 No 10-25; ⊙21 Uhr bis open end) Die hippe, alternative Bar gruppiert sich um einen weitläufigen überdachten Hof. DJs legen für das künstlerisch angehauchte Publikum elektronische Indie-Musik auf – hier herrscht ein ganz anderes Flair als in den meisten eher konservativen Bars in der Umgebung des Parque Lleras.

Son Havana CLUB
(Carrera 73 No 44-56; ⊙Mi–Sa 20.30–3 Uhr) Das Son Havana ist die Bar der Wahl für

eingefleischte Salsafans. Der beliebte Club gleich bei der La 70 hat ein tolles tropisches Flair. Da sich die kleine Tanzfläche schnell füllt, tanzen die Stammgäste irgendwann zwischen den Tischen. Es ist recht dunkel hier – kein Problem also, wenn jemand die Tanzschritte nicht so gut kann. Donnerstags und samstags, wenn Livebands spielen, wird es immer brechend voll.

Berlín
KNEIPE
(Karte S. 224; ☑266-2905; Calle 10 No 41-65; ☺18–2 Uhr) Das Berlín ist die einzige richtige Kneipe in El Poblado mit schummriger Beleuchtung, Billardtischen und Rock-Oldies. Eine willkommene Abwechslung von den zig identischen Neonbars, die in dieser Gegend vorherrschen.

Eslabon Prendido
CLUB
(Papayera; Karte S. 218; Calle 53 No 42-55; ☺21–3 Uhr) Die schlichte Salsabar steht bei Backpackern und der Expat-Gemeinde von Medellín hoch im Kurs. Dienstags und donnerstags wird es voll, denn dann spielen Bands Livemusik. Im Club geht es sehr gesellig zu: Einen Tanzpartner muss man also nicht unbedingt mitbringen.

Luxury
CLUB
(Carrera 43G No 24-15; ☺Do–So 22.30–4 Uhr) Das Luxury, einer der hippsten Clubs im Barrio Colombia, ist voller junger *paisas,* die zu Reggaeton und Hip-Hop abtanzen. Den VIP-Bereich in der oberen Etage kann man getrost vergessen – die Post geht definitiv unten ab. Wer kein Reggaeton-Fan ist, sollte sich vorher ordentlich einen antrinken.

Bendito Seas
CLUB
(Karte S. 224; Calle 10A No 38-21; ☺Do–Sa 22–4 Uhr) Der schnörkellose Club, er liegt ein paar Blocks vom Parque Lleras entfernt, ist voller Jungvolk, das zu allen möglichen Stilrichtungen Kolumbiens und zu Reggaeton abtanzt, und zwar vor allem donnerstags, wenn die Bar mit einer Flatrate lockt.

☆ Unterhaltung

Kino

Teatro Lido
KINO, THEATER
(Karte S. 218; ☑251 5334; www.medellincultura. gov.co; Carrera 48 No 54–20) Das 1945 gegründete und inzwischen renovierte Filmtheater am Parque de Bolívar zeigt regelmäßig kostenlose Dokumentar- und alternative Filme; es finden hier aber auch Konzerte und andere kulturelle Events statt.

❶ WAS LÄUFT WO IN MEDELLÍN?

Planepoly (www.planepoly.com) Eine umfassende Website mit einer Auflistung von Veranstaltungen und Kinoprogrammen.

Opcion Hoy (www.opcionhoy.com) Zusammenstellung von Unterhaltungsangeboten mit kulturellem Schwerpunkt.

Medellín en Escena (www.medellinen escena.com) Auflistung von Theaterveranstaltungen.

Medellín Zona Rosa (www.medellinzona rosa.com) Zusammenstellung von Konzertprogrammen und Informationen zum Nachtleben.

Parque de los Deseos
KINO
(Karte S. 214; ☑516 6404; www.fundacioneprn. org.co; Carrera 52 No 71–11) Für das kostenlose Open-Air-Kino in einem schicken Betonareal gegenüber vom Jardín Botánico sollte man sich ein weiches Sitzkissen mitbringen. Die Filme werden in der Regel dienstags und am Wochenende um 18.30 Uhr gezeigt.

Tango
Der frühere Lieblingstanz der *paisas,* die sich nicht für Kolumbianer im eigentlichen Sinn hielten, schwebt nun gleichsam durch die Erinnerungen der älteren Generation – und von Leuten mit Hang zur Nostalgie.

Casa Gardeliana
TANZ
(☑444-2633; Carrera 45 No 76-50; Eintritt frei; ☺Mo-Fr 9–17 Uhr) Die Casa Gardeliana im Barrio Manrique galt jahrelang als die Tango-Location von Medellín, in der Tango-Orchester aufspielten und Tanzshows gezeigt wurden. Gelegentlich finden solche Events auch heute noch statt, doch ist die Casa Gardeliana nun im Grunde ein kleines Tango-Museum und eine Tanzschule. Sie bietet sowohl Tanzkurse (33 000 COP/Monat) als auch Einzelunterricht (Std. 40 000 COP).

El Patio del Tango
TANZ
(☑235-4595; www.patiodeltango.com; Calle 23 No 58-38; Hauptgerichte 28 000 COP; ☺Mo–Mi 12–20, Do–Sa 12–1.30 Uhr) Das Steak-Restaurant, das wie eine typische Tango-Kneipe in Buenos Aires aufgemacht ist, gilt als die bedeutendste Bühne in Medellín. Wer freitags oder samstags hier eine Liveshow miterleben möchte, sollte unbedingt frühzeitig reservieren. Das Lokal befindet sich ein paar Blocks vom Tierpark entfernt.

El Poblado

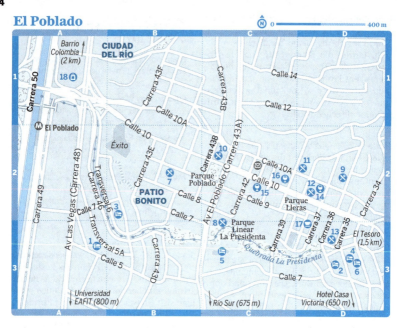

El Poblado

🛏 Schlafen
1 Black Sheep A3
2 Casa Kiwi D3
3 Grand Hostel B2
4 Happy Buddha D3
5 Hotel Dann Carlton C3
6 In House Hotel D3

🍴 Essen
7 Bahía Mar B2
8 Cafe Zorba C3
9 Carmen D2
10 El Taxista C2

11 Il Castello D2
12 Mondongos D2
13 Verdeo D3

🍷 Ausgehen & Nachtleben
14 Bendito Seas D2
15 Berlín C2
16 Calle 9 + 1 .... C2
17 Pergamino D3

🛍 Shoppen
18 Centro Commercial
Monterrey A1

Sport

Medellín hat zwei Fußballmannschaften: **Independiente Medellín** (DIM; www.dimoficial.com) und **Atlético Nacional** (www.atlnacional.com.co). Beide spielen im **Estadio Atanasio Giradot** in der Nähe der Metrostation Estadio (wie sie passenderweise heißt).

Der Großraum Medellín hat eine eigene Mannschaft, den **Envigado Fútbol Club** (www.envigadofutbolclub.net); er spielt in der südlichen Gemeinde Envigado.

Theater

Medellín verfügt neben Bogotá über die lebhafteste Theaterszene Kolumbiens.

Teatro Metropolitano   THEATER

(Karte S. 214; ☎ 232-2858; www.teatrometropolitano.com; Calle 41 No 57-30) Im größten und modernsten Theater von Medellín finden Konzerte, Opern- und Ballettaufführungen statt; auch das Symphonieorchester von Medellín ist im Teatro Metropolitano zu Hause. Hier findet beispielsweise auch das Jazz-Festival der Universität statt.

Theatro Pablo Tobón Urib   THEATER

(Karte S. 214; ☎ 239-7500; www.teatropablotobon.com; Carrera 40 No 51-24) Das Teatro Pablo Tobón Uribe ist die bedeutendste Mainstream-Bühne der Stadt.

Shoppen

Centro Comercial Palacio
Nacional
SHOPPINGCENTER

(Karte S. 218; Ecke Carrera 52 & Calle 48) Das palastartige Gebäude in der Innenstadt wurde 1925 erbaut und später in ein Einkaufszentrum mit über 200 günstigen Läden umgewandelt. Sie bieten vor allem Kleidung und Schuhe.

In der Umgebung des Einkaufszentrums – von Einheimischen hat es den Spitznamen „El Hueco" (Das Loch) erhalten – finden sich ebenfalls Unmengen an Billigläden.

Centro Artesanal
Mi Viejo Pueblo
KUNSTHANDWERK

(Karte S. 218; Carrera 49 No 53-20; ⊙Mo–Sa 9–19.30, Fr & Sa bis 20, So 10–18 Uhr) Dieser auf Touristen ausgerichtete Markt für Kunsthandwerk offeriert eine breite Auswahl an Souvenirs, beispielsweise handgefertigte Hängematten, Taschen und Trachten.

Mercado de San Alejo
MARKT

(Karte S. 218; Parque de Bolívar; ⊙1. Sa im Monat) Der bunte Kunsthandwerksmarkt ist eine gute Adresse für alle auf der Suche nach einem Schnäppchen oder einfach für einen netten Bummel.

Centro Commercial Monterrey
ELEKTRONIK

(Karte S. 224; Carrera 48 No 10-45) Eine große Shoppingmall mit jeder Menge günstiger Elektronikartikel.

❶ Praktische Informationen

In der ganzen Stadt gibt es zahlreiche Geldautomaten, beispielsweise im Parque Berrío im Zentrum, in der Avenida El Poblado sowie rund um den Parque Lleras.

Medellín macht es seinen Besuchern mit seinem Netz von Puntos de Información Turística (PIT) leicht, an touristisch relevante Informationen heranzukommen. Überall arbeiten freundliche, bewanderte, zweisprachige Mitarbeiter. Neben den unten aufgeführten Infopunkten gibt es auch noch Zweigstellen im Pueblito Paisa sowie an allen Flughäfen und Busbahnhöfen.

4-72 (Karte S. 224; Calle 10A No 41-11; ⊙Mo–Fr 8–12 & 13–18, Sa 9–12 Uhr) Postamt in El Poblado.

Clínica Las Vegas (☑315-9000; www.clinica lasvegas.com; Calle 2 Sur No 46-55) Professionelle Privatklinik mit Personal, das etwas Englisch spricht.

Clínica Medellín (☑311-2800; www.clinica medellin.com; Calle 7 No 39-290) Privatklinik in El Poblado mit Mitarbeitern, die halbwegs Englisch können. Eine Zweigstelle befindet sich im Zentrum von Medellín.

Migración Colombia (☑345-5500; www. migracioncolombia.gov.co; Calle 19 No 80A-40, Barrio Belén; ⊙Mo–Fr 8–16 Uhr) Zuständiges Amt für eine Visumverlängerung. Von El Poblado aus fährt der Bus Circular Sur 302/303 über die Avenida Las Vegas dorthin.

PIT Plaza Botero (Karte S. 218; www.medellin. travel; Ecke Carrera 51 & Calle 53; ⊙Mo–Sa 8–17 Uhr) Die Touristeninformation liegt gleich vor der Plazoleta de las Esculturas.

PIT Plaza Mayor (Karte S. 214; ☑261-7277; www.medellin.travel; Calle 41 No 55-80; ⊙Mo bis Fr 8–18 Uhr) Haupttouristeninformation im Palacio de Exposiciones.

❶ An- & Weiterreise

BUS

Medellín hat zwei Busbahnhöfe. **Terminal del Norte**, 3 km nördlich vom Stadtzentrum, wickelt die Busverbindungen in den Norden, Osten und Südosten ab, beispielsweise nach Santa Fe de Antioquia (13 000 COP, 2 Std.), Cartagena (130 000 COP, 13 Std.), Santa Marta (130 000 COP, 16 Std.) und Bogotá (60 000 COP, 9 Std.). Der Busbahnhof lässt sich gut mit der Metro von El Poblado aus erreichen (an der Station Caribe aussteigen) oder natürlich mit dem Taxi (8000 COP).

Terminal del Sur, 4 km südwestlich vom Stadtzentrum, wickelt alle Busverbindungen in den Westen und Süden ab, so auch nach Manizales (35 000 COP, 5 Std.), Pereira (35 000 COP, 5 Std.), Armenia (40 000 COP, 6 Std.) und Cali (50 000 COP, 9 Std.). Von El Poblado ist man mit dem Taxi (6000 COP) schnell dort.

FLUGZEUG

Medellín hat zwei Flughäfen. Alle internationalen Flüge und Inlandsflüge in wichtige Städte starten am **Aeropuerto Internacional José María Córdova**, der 35 km südöstlich von Medellín in der Nähe der Stadt Ríonegro liegt. Verbindungen nach Europa bestehen über Bogotá.

Shuttlebusse vom Zentrum zum Flughafen verkehren im 15-Minuten-Takt (8600 COP, 1 Std., 5–21 Uhr). Die **Bushaltestelle** (Karte S. 218; Carrera 50A No 53-13) befindet sich in der Stadt hinter dem Hotel Nutibara. Ein Taxi schlägt mit 60 000 COP zu Buche.

Der kleinere **Aeropuerto Olaya Herrera** liegt gleich neben dem Busbahnhof Terminal del Sur. Über ihn werden die regionalen Inlandsflüge abgewickelt, darunter auch Verbindungen zu Destinationen in El Chocó.

❶ Unterwegs vor Ort

BUS

Medellín hat ein gutes innerstädtisches Busnetz. Für die Bedürfnisse der meisten Backpacker reichen die Metro und die Taxis aber bereits aus. Fast alle Linien beginnen in der Avenida Oriental und dem Parque Berrío und verkehren bis gegen 22 oder 23 Uhr.

FAHRRAD

Medellín hat ein nagelneues kostenloses Fahrradsystem mit dem Namen **Encicla** (www.encicla.gov.co). Besucher können sich für kurze Ausflüge ein Fahrrad nehmen, wozu ein Pass erforderlich ist. Ein Netz von neuen Fahrradwegen ist in der zweiten Phase des Projekts geplant. Die Website verrät, wo genau sich die Fahrradstationen befinden und wie man sich anmeldet.

METRO

Die **Metro** (www.metrodemedellin.gov.co; einfach 1900 COP; ☺ Mo–Sa 4.30–23, So 5–22 Uhr) von Medellín ist der einzige Nahverkehrszug in Kolumbien. Sie ging 1995 in Betrieb und besteht aus einer 23 km langen Nord-Süd-Linie sowie einer 6 km langen Ost-West-Linie. Die Züge verkehren abgesehen von den 5 km durch die Innenstadt auf Bodenniveau. Im Zentrum fahren sie auf einer Trasse über den Straßen. Das Metrounternehmen betreibt auch drei Seilbahnen; diese sogenannten Metrocables wurden eingerichtet, um die Armenviertel in den umliegenden Hügeln verkehrstechnisch zu erschließen. Die Fahrten in den großen Gondeln sind nicht nur praktisch, um die Stadt zu erkunden, sondern bieten auch einen tollen Ausblick über Medellín. Für die beiden Hauptlinien von Metrocables gelten die normalen Metro-Fahrkarten, auf der Strecke nach Arví benötigt man eigene Fahrkarten.

TAXI

Taxis gibt es in Medellín in Hülle und Fülle; alle sind mit einem Gebührenzähler ausgestattet. Die Mindestgebühr beträgt 4700 COP. Ein Taxi vom Zentrum nach El Poblado kostet etwa 10 000 COP.

RUND UM MEDELLÍN

Guatapé

♪ 4 / 4230 EW. / 1925 M

Der hübsche Urlaubsort Guatapé liegt am Ufer des Embalse Guatapé, eines weitläufigen, künstlich angelegten Stausees. Bekannt ist der Ort für die freskenartigen Verzierungen an den Fassaden der traditionellen Häuser. Die untere Hälfte vieler Gebäude ist mit bunten Basreliefs bemalt, die Menschen, Tiere und allerlei Schnörkel zeigen.

Guatapé bietet sich für einen schönen Tagesausflug von Medellín an – die Busfahrt dauert nur zwei Stunden. Einmal dort, ist genügend geboten, um sich eine Weile gut zu amüsieren, insofern jemand Spaß an einer beschaulichen Pause fern der Großstadt hat. Am Wochenende herrscht dort Partystimmung, dann ist Guatapé voller kolumbianischer Touristen. Ein Tipp: Unter der Woche lässt sich die Natur rund um die Stadt erheblich entspannter erkunden als am Wochenende.

◉ Sehenswertes

Einen Block südlich vom Hauptplatz verläuft die **Calle de los Recuerdos**, eine Straße mit Kopfsteinpflaster, die sich den Hügel hinaufzieht. Hier kann man die schönsten Beispiele der mit Fresken verzierten Häuser bewundern.

Iglesia del Calma   KIRCHE

Die Iglesia del Calma hat eine griechisch-römische Fassade und einen Kirchenraum mit poliertem Holz. Das Gotteshaus soll – laut Überlieferung – als eine Art Buße von einem Mann errichtet worden sein, der einen Orangendieb getötet hatte.

Casa del Arriero   SEHENSWERTES GEBÄUDE

(Carrera 28) Das älteste und größte Haus in Guatapé wird bis heute von den Nachfahren der ursprünglichen Besitzer bewohnt. Sie lassen die Eingangstür in der Regel offen, damit Besucher einen Blick in den Innenhof in der Mitte werfen können. Interessant sind die verzierten Falttüren, die typisch für Guatapé sind.

🏃 Aktivitäten

Mehrere Unternehmen am *malecón* bieten Bootsausflüge auf dem Stausee an. Die Standardtour führt an La Cruz vorbei, einem Monument, das an die überflutete alte Ortschaft Peñol erinnert (von vielen jedoch irrtümlich für einen Teil der ehemaligen Kirche gehalten wird) sowie an der Isla de las Fantasias. Die meisten größeren Boote verfügen über ein gutes Soundsystem und eine Tanzfläche, halten jedoch nirgendwo an. Alle Unternehmen verlangen etwa 10 000 COP pro Person für den Ausflug; preiswerte Getränke werden an Bord verkauft.

Es ist auch möglich, kleinere Boote zu chartern (90 000 COP für bis zu sechs Passagiere), um sich die Sehenswürdigkeiten im Rahmen eines privaten Ausflugs genauer anzusehen.

Zu den Zwischenstopps gehört der Besuch eines Museums, das sich mit der Entstehung des Stausees beschäftigt, und – auf Wunsch – auch die verlassene Farm von Pablo Escobar, die Finca La Manuela; dort kann man in der restaurierten Disko-Bar einen Drink nehmen.

Eine **Seilrutsche** (pro Fahrt 10 000 COP; ⊙ Mo–Fr 13–18, Sa–So 9–18 Uhr) verläuft von einem großen Hügel am Ortseingang am Seeufer entlang. Ein hydraulisches System befördert die Kunden vom *malecón* nach oben – man muss den Hügel also nicht zu Fuß erklimmen.

🛏 Schlafen & Essen

Die hier angegebenen Preise gelten für Aufenthalte übers Wochenende; unter der Woche geben die meisten Unterkünfte eine Ermäßigung.

★ El Encuentro   HOSTEL $

(☎ 311-619-6199;   www.hostelelencuentro.com; Vereda Quebrada Arriba; B 22 000 COP, EZ/DZ ab 55 000/65 000 COP, Suite ab 95 000 COP; 🖥) Das Hostel ist eine tolle Kombination aus beschaulichem Ambiente, sagenhafter Aussicht und Gärten, die sich bis zu einem privaten Seezugang hinunterziehen, wo man dann schwimmen kann. Jedenfalls fühlt man sich hier eher wie in einer extravaganten Enklave und nicht wie in einem Hostel. Einige der eleganten Zimmer haben einen eigenen Balkon mit Seeblick.

Die Mitarbeiter organisieren interessante Wanderungen in die Berge der Umgebung. Das El Encuentro liegt zehn Minuten zu Fuß von der Ortschaft entfernt – wer seine Taschen schleppen muss, nimmt also besser ein Moto-Taxi (3000 COP).

Guatatur   HOTEL $$

(☎ 861-1212; www.hotelguatatur.com; EZ/DZ ab 50 000/100 000 COP, Suite 224 000 COP; 🖥) Das Resort mit moderaten Preisen in der Nähe der Plaza hat sich auf Wochenendangebote für Gäste aus Medellín spezialisiert; unter der Woche kann man tolle Schnäppchen ergattern. Mehrere Zimmer haben Seeblick; die Suiten locken mit einem Whirlpool und sogar noch schönerer Aussicht.

Donde Sam   INDISCH, INTERNATIONAL $$

(Calle 32 No 31-57; Menü 8000 COP, Hauptgerichte 18 000–22 000 COP; ⊙ 9–21 Uhr) Das weitläufige Restaurant im zweiten Stock bietet einen herrlichen Blick über den See – und das Essen ist sogar noch besser als der Blick. Die

Gäste können sich von den authentischen, frisch zubereiteten indischen und Thai-Gerichten das Passende aussuchen, aber auch italienische, chinesische und mexikanische Speisen bestellen. Vegetarier kommen hier ebenfalls auf ihre Kosten, und die Preise sind in Anbetracht der Qualität vollkommen in Ordnung.

La Fogata   KOLUMBIANISCH $$

(Hauptgerichte 13 000–20 000 COP; ⊙ 7–21 Uhr) Das beliebte Restaurant gegenüber vom See mit einem erhöhten Speisebereich im Freien serviert hochwertiges *paisa*-Essen, darunter auch ein Frühstück (9000 COP), das wirklich satt macht. Empfehlenswert ist *trucha* (Forelle), oder, wenn der Magen richtig knurrt, eine *bandeja paisa*.

❶ Praktische Informationen

Es gibt in Guatapé zwei Geldautomaten, nämlich in der Nähe der Plaza und neben der Bushaltestelle.

Touristeninformation (☎ 861-0555; Alcaldía; ⊙ 8–13 & 14–18 Uhr) Die Info in der *Alcaldía* (Rathaus) am Hauptplatz erteilt wochentags Auskunft. Am Wochenende übernimmt diese Funktion eine kleine Hütte am Wasser, eine weitere Zweigstelle öffnet am Eingang von La Piedra.

❶ An- & Weiterreise

Wer im Rahmen eines Tagesausflugs von Medellín kommt, sollte zuerst die Piedra del Peñol erklimmen und dann Guatapé erkunden, denn nachmittags kann es wolkig und regnerisch werden.

Busse von und nach Medellín (12 000 COP, 2 Std.) verkehren etwa stündlich. *Colectivos* (Sammeltaxis oder -minibusse) pendeln häufig zwischen dem Abzweig nach Piedra del Peñol und Guatapé (1500 COP, 10 Min.) hin und her; man kann aber auch mit einem Moto-Taxi (10 000 COP) die ganze Strecke bis zum Eingang zurücklegen.

Wer an einem Wochenende von Guatapé nach Medellín zurückfahren möchte, sollte die Rückfahrkarte sofort nach der Ankunft kaufen, denn die Busse werden erfahrungsgemäß schnell voll. Der Fahrkartenschalter befindet sich an der Uferpromenade.

Piedra del Peñol

2100 M

Der 200 m hohe **Granitmonolith** (El Peñon de Guatapé; Aufstieg 10 000 COP; ⊙ 8–17.40 Uhr) ragt in der Nähe des Embalse Guatapé auf. Er wird dank der hitzigen Rivalität zwischen den beiden Orten auf beiden Seiten auch als El Peñon de Guatapé bezeichnet. Eine Ziegeltreppe mit 659 Stufen führt durch eine breitere Spalte seitlich am Felsen steil nach oben. Von dort bietet sich ein herrlicher Blick über die Region – die Ausläufer des Stausees ragen wie Finger in die weiten grünen Berge hinein.

Von Medellín kommend, sollte man nicht in der Ortschaft Peñol aussteigen, sondern vielmehr den Fahrer bitten, einen bei „La Piedra" abzusetzen, d. h. zehn Minuten weiter die Straße hinunter. Dort nimmt man die Straße, die sich an der Tankstelle vorbei bis zum Parkplatz am Fuß des Felsens bergauf schlängelt (1 km). Taxifahrer und Pferdebesitzer versuchen einen davon zu überzeugen, dass der Aufstieg lang und anstrengend ist; und steil geht es zwar durchaus hinauf, weit ist es jedoch nicht.

Am Fuß des Felsens finden sich viele Lokale, Touristenbuden, die allerlei Schnickschnack verkaufen, und mehrere Restaurants, die ein Mittagessen servieren (8000 bis 12 000 COP). Ganz oben auf dem Felsen wird in mehreren Läden Obstsaft, Eis und *salpicón* (Obstsalat in Wassermelonensaft) angeboten.

Santa Fe de Antioquia

📍 4 / 23 600 EW. / 550 M

Die verschlafene Kolonialstadt ist die älteste Siedlung der Region und war einst die Hauptstadt der Provinz Antioquia. Sie wurde 1541 von Jorge Robledo gegründet. Die Uhr stand 1826 still, als die Regierung nach Medellín verlegt wurde. Da der Ort so viele Jahre lang im Schatten der Nachbarstadt stand (die 80 km weiter östlich liegt), fiel die koloniale Innenstadt nie der Abrissbirne zum Opfer und präsentiert sich deshalb heute so schmuck wie damals im 19. Jh. Die schmalen Straßen werden von einstöckigen, weiß getünchten Häusern gesäumt; viele gruppieren sich um einen hübschen Patio. Ein schöner und typischer Anblick sind auch die kunstvollen Schnitzarbeiten um die Fenster und Türen.

Santa Fe de Antioquia bietet sich für einen schönen Tagesausflug von Medellín aus an. Und wer schon einmal in der Stadt ist, sollte unbedingt auch die lokale Süßigkeit *pulpa de tamarindo* probieren, ein beliebtes süß-saures Konfekt, das aus Tamarinden hergestellt wird, die aus einem Tal in der Nähe stammen.

⊙ Sehenswertes

Puente de Occidente   BRÜCKE

Die ungewöhnliche, 291 m hohe Brücke über den Río Cauca befindet sich 5 km östlich der Stadt. Bei ihrer Fertigstellung 1895 war sie eine der ersten Hängebrücken in Nord- und Südamerika. Ihr Konstrukteur José María Villa war auch am Entwurf der Brooklyn Bridge in New York beteiligt.

Der Fußmarsch bergab dauert 45 Minuten, er ist heiß und langweilig. Am besten nimmt man deshalb ein Moto-Taxi (hin & zurück 15 000 COP). Der Fahrer wartet, während man die Brücke überquert. Ein Tipp: Hinter dem Zugang sollte man unbedingt den Trampelpfad hinaufsteigen, um von oben ein Foto von der gesamten Brücke zu machen.

Iglesia de Santa Bárbara   KIRCHE

(Ecke Calle 11 & Carrera 8; ⊙ 17–18.30 & So Morgenmesse) Die interessante Kirche von Santa Fe mit einer wunderschönen Barockfassade wurde in der Mitte des 18. Jhs. von den Jesuiten errichtet. Im Kirchenraum beeindruckt ein Altaraufsatz über dem Hochaltar, dem der Zahn der Zeit allerdings anzusehen ist.

Museo Juan del Corral   MUSEUM

(📞 853-4605; Calle 11 No 9-77; ⊙ 9–12 & 14 bis 17.30 Uhr, Mi geschl.) GRATIS Der Besuch dieses interessanten Museums zur Regionalgeschichte lohnt sich, vor allem wegen des perfekt erhaltenen Anwesens aus der Kolonialzeit, in dem es sich befindet.

Museo de Arte Religioso   MUSEUM

(📞 853-2345; Calle 11 No 8-12; Eintritt 3000 COP; ⊙ Fr–So 10–13 & 14–17 Uhr) Das Museum ist in einem ehemaligen Jesuitenkolleg untergebracht, das in den 1730er-Jahren erbaut wurde; es steht direkt neben der Iglesia de Santa Bárbara. Sehenswert ist eine edle Sammlung sakraler Kunst, darunter Gemälde von Gregorio Vásquez de Arce y Ceballos.

⭐ Feste & Events

Semana Santa   RELIGIÖS

(Karwoche; ⊙ Ostern) Wie die meisten traditionellen Städte, die aus den frühen Tagen der Eroberung durch die Spanier datieren, begeht auch Santa Fe de Antioquia die Semana Santa (Karwoche) mit feierlichem Pomp. Unterkünfte sollte man dann weit im Voraus buchen.

Fiesta de los Diablitos   KULTURELL

(⊙ Dez.) Das beliebteste Fest der Stadt findet alljährlich an den letzten vier Tagen des

Santa Fe de Antioquia

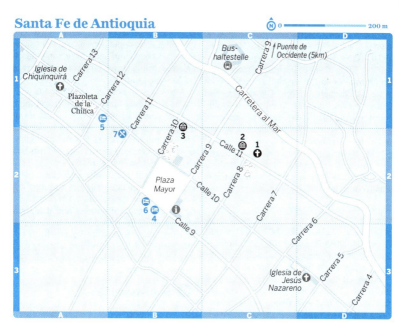

N 0 _____ 200 m

Santa Fe de Antioquia

Sehenswertes
1 Iglesia de Santa Bárbara.....................C2
2 Museo de Arte Religioso.....................C2
3 Museo Juan del Corral........................B1

Schlafen
4 Hotel Caserón Plaza...........................B2
5 Hotel Mariscal Robledo......................A1
6 Hotel Plaza...B2

Essen
7 Restaurante Portón del Parque.........B2

Jahres statt. Gefeiert wird mit Musik, Tanz, Umzügen und – wie bei fast jedem Fest in diesem Land – mit einem Schönheitswettbewerb.

🛏 Schlafen & Essen

Die Mehrzahl der Reisenden besucht Santa Fe de Antioquia nur im Rahmen eines Tagesausflugs. Die Stadt bietet jedoch mehr als ein Dutzend Hotels für jeden Geldbeutel. Aufgeführt sind nachfolgend jeweils die Wochenendpreise; während der Woche vermieten die Hoteliers ihre Zimmer meist zu einem deutlich ermäßigten Preis.

Hotel Plaza
HOSTEL $
(☑ 853-2851; Plaza Mayor; Zi. pro Pers. 35 000 COP; 🛜) Das günstige Hotel in einem alten Kolonialgebäude am Hauptplatz bietet ein gutes Preis-Leistungs-Verhältnis, bedenkt man seine hervorragende Lage. Die vor Kurzem renovierten Zimmer sind im Allgemeinen gut, viele haben allerdings kein Fenster. Ein weiterer Nachteil: Die Toilette befindet sich praktisch in der Dusche.

Hotel Caserón Plaza
HOTEL $$
(☑ 853-2040; www.hotelcaseronplaza.com.co; Plaza Mayor; Zi. 150 000–216 000 COP; ✳🛜✲) Das Hotel Caserón Plaza am Hauptplatz der Stadt war einst das Wohnhaus eines Mitglieds des hiesigen Landadels.

Die Zimmer gruppieren sich um einen attraktiven Hof, hinter dem Haus befinden sich ein hübscher Pool und ein Garten. Die Zimmer im Obergeschoss fallen geräumiger aus und bieten einen schönen Blick auf die Berge; die Bäder sind allerdings winzig.

Unter der Woche sind die Preise in Ordnung, am Wochenende allerdings überteuert. Die Klimaanlage kostet 10 000 COP Aufschlag.

Tagesausflügler können hier für 30 000 COP eine Mahlzeit einnehmen und dürfen dann auch den Pool benutzen.

★ **Hotel Mariscal Robledo** HOTEL **$$$**
(☑ 853-1563; www.hotelmariscalrobledo.com; Ecke Carrera 12 & Calle 10; Zi. pro Pers. inkl. 2 Mahlzeiten 190 000 COP; ☐ ✱ @ ☎ ⛶) Das feudalste Hotel von Santa Fe liegt in privilegierter Lage am Parque de la Chinca und strotzt nur so vor nostalgischem Charme. Die geräumigen Zimmer sind voll mit Antiquitäten – die meisten kann man sogar kaufen! – und zeugen von schlichter Kolonialeleganz. Oben auf dem Dach befindet sich ein Aussichtspunkt, zudem locken ein sagenhafter, großer Pool und ein recht hübscher Innenhof. Den dicksten Minuspunkt bekommen die Elektroduschen.

Restaurante Portón del Parque
KOLUMBIANISCH **$$**
(☑ 853-3207; Calle 10 No 11-03; Hauptgerichte 22 000–28 000 COP; ⊘ 12–20 Uhr) Das Restaurant in einem eleganten Kolonialgebäude mit hohen Decken und einem Hof voller Blumen gilt weithin als die beste Adresse der Stadt. Die Wände sind vollgepflastert mit relativ minderwertigen Kunstwerken, doch aus der Küche kommen hochwertige kolumbianische Traditionsgerichte sowie die beliebtesten internationalen Klassiker.

❶ Praktische Informationen

Bancolombia (Carrera 9 No 10-72) Der Geldautomat liegt einen halben Block vom Hauptplatz entfernt.

Punto Informacion Turistica (PIT; ☑ 853-4139; Plaza Mayor; ⊘ 8–12 & 14–18 Uhr) Hier gibt's nützliche Infos zu Unterkünften, außerdem bekommt man Adressen von Kunsthandwerkern und Juwelieren.

❶ An- & Weiterreise

Es verkehren stündlich Busse (10 000 COP, 2 Std.) und Minibusse (14 000 COP, 1½ Std.) von/zum Terminal del Norte in Medellín. Der letzte Minibus fährt gegen 19.30 Uhr nach Medellín ab.

Jardín

☑ 4 / 14 100 EW. / 1750 M
Jardín hat sich selbst zum schönsten Städtchen in Antioquia gekürt. Und es ist wirklich ein bezaubernder, ländlicher Ort mit bunt gestrichenen, eingeschossigen Häusern, umgeben von kleinen Kaffeefarmen, die sich an die Hänge der majestätischen, grünen Berge klammern.

In der Innenstadt liegt die luftige Plaza mit Kopfsteinpflaster, die von der gewalti-

gen neogotischen Kirche dominiert wird. Hier stehen jede Menge bunte Holztische und Stühle, an denen Obsthändler köstliche Cocktails mixen und Senioren einen Plausch halten, nur unterbrochen von wohldosierten Schlückchen Kaffee.

Am Abend hat es den Anschein, als würde die ganze Stadt hier zusammenkommen, um bei einem Drink das gesellige Beisammensein zu pflegen, während beleibte Männer mittleren Alters mit Sombrero ihre geschniegelten und gestriegelten Pferde um sich herumtänzeln lassen.

Ein Besuch hier sollte sich aber nicht auf diese Kleinstadtidylle beschränken. Es lohnt sich, die spektakuläre Landschaft in der Umgebung zu erkunden und dabei auf verborgene Höhlen und Wasserfälle zu stoßen und die interessante Vogelwelt zu beobachten. Und für Abenteuerlustige gibt es eine breite Palette an Sportarten, die sie hier ausüben können.

❂ Sehenswertes

★ **Cerro Cristo Rey** AUSSICHTSPUNKT
Diesen Aussichtspunkt mit der weißen Christusstatue sieht man schon vom Zentrum aus. Am besten nimmt man die moderne Seilbahn (hin & zurück 5000 COP), um dann den herrlichen Blick über die Stadt und die Berge darunter zu genießen. Oben befindet sich ein Laden, in dem ein kühles Bier und Snacks erhältlich sind.

Basilica Menor de la Inmaculada Concepción
KIRCHE
Die imposante neogotische Kirche ragt über der Plaza in der Stadtmitte auf und wirkt in einer so kleinen Stadt schon mehr als deplatziert. Die grauen Granitfassaden samt zwei Kirchtürmen mit Aluminium-Ummantelung stehen in starkem Kontrast zur sonst so farbenfrohen Umgebung. Der Kirchenraum in auffälligem Blau präsentiert sich mit Bögen und Kapitellen mit Blattgold.

☝ Aktivitäten

Cueva del Esplendor WANDERN, REITEN
(Eintritt 6000 COP) Die spektakuläre Höhle auf einer Höhe von 2200 m beeindruckt mit einem 10 m hohen Wasserfall, der durch ein Loch in der Decke tost. Die Höhle lässt sich nur mit dem Pferd oder zu Fuß über matschige und oft schmale Bergpfade erreichen. Bis zum Höhleneingang dauert die Wanderung von der Stadt aus drei Stunden, zwei Stunden ist man hoch zu Ross unterwegs.

Der Wasserfall beginnt etwa 70 m oberhalb des Eingangs, stürzt über verschiedene Stufen herab, um sich dann in ein kleines Wasserbecken am Fuß der Höhle zu ergießen, wobei Wolken von Sprühnebel aufsteigen. Wagemutige können hier ein Bad nehmen, das Wasser ist allerdings eiskalt.

Der Ausflug hoch zu Ross kostet pro Person etwa 60 000 bis 65 000 COP; ein traditionelles Mittagessen ist im Preis enthalten.

Als Guide empfiehlt sich beispielsweise **Bernardo Lopez** (☏ 314-714-2021), der seine Teilnehmer in der Stadt mit den Pferden abholt.

Ebenfalls empfohlen werden kann **Jaime Marín** (☏ 314-780-4070, 313-719-1017): Er bringt seine Gäste mit dem Jeep zu seiner Farm; von dort dauert der Ausritt zum Höhleneingang nur noch eine Stunde.

Condor de los Andes ABENTEUFRTOUREN
(☏ 310-379-6069; condordelosandes@colombia. com; Carrera 6 No 1-100) Das dynamische Unternehmen für Abenteuertouren bietet eine breite Palette an Aktivitäten an, die den Adrenalinspiegel steigen lässt, also beispielsweise Abseilen in der Cueva del Esplendor (97 000 COP) und an der Cascada la Escalera (65 000 COP).

Es werden auch authentische Kaffee-Exkursionen und eine informative Tour durch die Stadt veranstaltet. Ein gemütliches Hostel gehört mit dazu. Die Zimmer befinden sich in einem hübschen Kolonialgebäude inmitten eines schönen Gartens (B 25 000 COP, Zi. pro Pers. 35 000–40 000 COP). Das Hostel liegt direkt am Ortseingang.

Tienda de Parapente PARAGLIDEN
(☏ 311-362-0410; armandovuelo@gmail.com; Calle 15, Av. la Primavera; Tandemflüge 80 000 COP; ⊙ 10–18 Uhr) Es macht Spaß, bei einem Tandemflug mit dem Gleitschirm über den unglaublich grünen Bergen und den sorgsam gedeckten Dächern des Städtchens zu schweben. Und so kommt man zum Büro: einfach hinter der Kirche fünf Blocks bergauf gehen.

🛏 Schlafen & Essen

Das Abenteuerunternehmen Condor de los Andes vermietet gemütliche Hostelzimmer.

Wer den typischen Snack der Region probieren möchte, sollte abends zur Plaza in der Ortsmitte gehen und an einem der Stände *callo y oreja frito* (frittierte Schweineohren und Rindereingeweide) frisch aus dem Bottich mit blubberndem Öl probieren.

Balcones del Parque HOTEL $$
(☏ 845-6844; www.balconesdelparque.com; Calle 9 No 2-75; Zi. pro Pers. inkl. Mahlzeiten 60 000–80 000 COP; ☎) Das Hotel mit gutem Preis-Leistungs-Verhältnis an der zentralen Plaza (genannt: el Parque) bietet ordentliche Zimmer mit hohen Holzdecken, wobei die Bäder allerdings etwas winzig geraten sind. Am besten bittet man um ein Zimmer mit Balkon; die Räumlichkeiten nach innen sind oft dunkel. Unter der Woche gelten ermäßigte Preise.

Hotel Jardín HOTEL $$
(☏ 310-380-6724; www.hoteljardin.com.co; Carrera 3 No 9-14; Zi./Apt. pro Pers. 40 000/50 000 COP; ☎) Das bunt gestrichene Hotel an der zentralen Plaza bietet Zimmer und Apartments mit Küche, die sich um einen hübschen Hof gruppieren. Wirklich schön sind der weitläufige Balkon mit Aussicht auf den Park und die rückwärtige Veranda mit Bergblick. Einigen Zimmern im Erdgeschoss mangelt es an Tageslicht. Man sollte deshalb versuchen, eines in der oberen Etage mit Fenster zur Straße hinaus zu ergattern.

Hostal Selva y Cafe HOSTEL $$
(www.hostalselvaycafe.co; Casa del Lago, Vereda La Salada; B/EZ/DZ 27 000/80 000/90 000 COP; ☎) Das kleine Hostel liegt ein kurzes Stück zu Fuß von der Stadt entfernt in beschaulicher Natur. Vermietet werden gemütliche Zimmer in einem netten, zweistöckigen Haus. Die Mitarbeiter organisieren interessante Aktivitäten wie Ausflüge zur Vogelbeobachtung in den Nebelwald, Wanderungen in die umliegende Natur, Yogaunterricht, Ausritte und Kaffeeexkursionen. Das Hostel lässt sich in 15 Minuten von der Stadt aus zu Fuß erreichen, aber man kann natürlich auch ein Moto-Taxi (3000 COP) nehmen.

Pastellate INTERNATIONAL $
(Carrera 4 No 3-45; Hauptgerichte 7000 bis 12 000 COP; ⊙ Di–So 12–20.30 Uhr) Das reizende Café serviert köstliche kleine Mahlzeiten zu anständigen Preisen. Die Desserts sind vom Feinsten!

🛍 Shoppen

Dulces del Jardín SÜSSIGKEITEN
(dulcesdeljardin@hotmail.com; Calle 13 No 5-47) Diese dem Hüftgold förderliche Süßigkeitenfabrik ist in der ganzen Provinz Antioquia für ihre vielen verschiedenen *arequipe* (Süßspeise aus Milche und Zucker), Eingemachtes und Fruchtbonbons bekannt.

ℹ Praktische Informationen

Bancolombia (Calle 8 No 3-33) Ein Geldauto-mat befindet sich an der Plaza.

Punto Informacíon Turistica (Ecke Carrera 3 & Calle 10; ⏱ 9–13 & 14–17 Uhr, Di geschl.) Hilfreiche Touristeninformation, die sich direkt um die Ecke der Kirche befindet.

ℹ An- & Weiterreise

Etwa ein Dutzend Busse (18 000 COP, 3 Std.) fährt täglich vom Terminal del Sur in Medellín nach Jardín. In Jardín fahren die Busse an den Büros in der Calle 8 ab. Man sollte unbedingt im Voraus die Rückfahrkarte kaufen, zur Hauptverkehrszeit sind die Plätze schnell ausgebucht.

Wer in Richtung Süden zur Eje Cafetera (Kaffeeachse) in der Zona Cafetera weiterfährt, kann die Direktverbindung von **Rapido Ochoa** (☎ 845-5051; Calle 8 No 5-24) nach Manizales (37 000 COP, 5 Std.) um 6.25 Uhr nutzen. Eine Alternative ist, mit dem Bus nach Río Sucio (19 000 COP, 3 Std.) zu fahren und dort dann nach Manizales umzusteigen.

Río Claro

350 M

Zwei Kilometer südlich der Autobahn Medellín–Bogotá, genauer gesagt drei Stunden östlich von Medellín und fünf Stunden westlich von Bogotá, liegt die **Reserva Natural Cañon de Río Claro** (☎ 313-671-4459, 4-268-8855; www.rioclaroelrefugio.com; Km 152 Autopista Medellín–Bogotá; Eintritt 10 000 COP, Zeltplatz pro Pers. 15 000 COP, Zi. pro Pers. inkl. 3 Mahlzeiten 80 000–140 000 COP). Der Fluss hat hier eine imposante Schlucht aus dem Marmorflussbett gefräst. Man kann eine spannende Höhle besichtigen, zum Wildwasserraften gehen, mit der Seilrutsche fahren oder auch einfach nur schwimmen oder am Fluss entlangwandern. Bei Rucksackreisenden, die gern Vögel beobachten, ist diese Gegend ebenfalls sehr beliebt – von Kolibris bis zu Reihern kann man hier eine große Vielfalt an Vögeln beobachten.

Im Naturreservat finden sich verschiedene Unterkunftsmöglichkeiten. Die spektakulärsten lassen sich in 15 Minuten zu Fuß flussaufwärts vom Restaurant aus erreichen: Die Zimmer gehen auf den offenen Dschungel hinaus, die Gäste sinken zum Geräusch des tosenden Flusses in den Schlaf und schlummern beim nächtlichen Grillenkonzert. Am nächsten Morgen steigt dann aus dem von Dschungel überwucherten Cañon der Dunst auf. Nur wer frühzeitig bucht, bekommt ein Zimmer mit Flussblick.

Unweit der Autobahn gibt es noch eine Unterkunft im Stil eines Motels; rundherum findet man allerdings keine Natur mehr, und der ständige Autolärm ist nervig.

Die **Caverna de los Guácharos** (Führung 20 000 COP), eine spektakuläre Höhle gleich in der Nähe, sollte sich niemand entgehen lassen. Hier öffnet sich – hoch und hohl wie eine Kathedrale – eine Höhle nach der anderen. Durch das rund 1 km lange Höhlensystem plätschert ein Bach. Die Eingänge bewachen schrille, kreischende *guácharos*, Nachtvögel, die an Fledermäuse erinnern. Die Besucher bekommen eine Schwimmweste verpasst – sehr sinnvoll, denn einen Teil der Strecke muss man wirklich schwimmend zurücklegen.

Der Fluss eignet sich auch hervorragend zum Raften (25 000 COP). Allerdings fährt man eher gemächlich durch eine prächtige Naturkulisse – für eingefleischte Wildwasserfahrer vielleicht etwas enttäuschend. Über den Fluss sind Seilrutschen verspannt. Über den Dschungel gleitend (20 000 COP) vergeht der Nachmittag im wahrsten Sinn wie im Flug. Badezeug, ein Handtuch und eine Taschenlampe sollte man mitbringen.

Am Wochenende ist das Reservat meist voller kolumbianischer Schüler – unter der Woche geht es deutlich ruhiger zu. Bier wird im Restaurant verkauft.

ℹ Praktische Informationen

Das Naturschutzgebiet liegt 24 km westlich von Doradal; dort gibt es ein paar billige Hotels und Internetcafés in der Nähe des Hauptplatzes. Der nächstgelegene Geldautomat befindet sich in Puerto Triunfo, mit dem Taxi oder Bus 15 Minuten weiter östlich.

ℹ An- & Weiterreise

Viele Busse, die auf der Strecke Medellín–Bogotá verkehren, halten – mit Ausnahme einiger größerer Expresslinien – am Eingang des Naturreservats. Wer aus einer anderen Richtung kommt, sollte nach Doradal fahren; von dort fährt dann ein Bus zum Haupteingang (5000 COP, 20 Min.).

ZONA CAFETERA

Willkommen im Land des Kaffees! Kolumbien ist berühmt für seinen Kaffee, doch nirgendwo sonst sind die preisgekrönten Bohnen von solcher Bedeutung wie in den Provinzen Caldas, Risaralda und Quindío, die gemeinsam das Herz der Zona Cafetera bilden. Das Gebiet ist übrigens auch unter dem Begriff Eje Cafetero (Kaffee-Achse) bekannt. Hier kurven Jeeps voll besetzt mit schnauzbärtigen Kaffeepflückern herum, in den Cafés plaudern in Ponchos gekleidete Senioren und trinken dazu eine Tasse heißen Arabica-Kaffee nach der anderen.

Viele *fincas* (Kaffeefarmen) haben sich dem Tourismus verschrieben und heißen nun Besucher auf ihren Plantagen herzlich willkommen. Diese können dort verfolgen, wie der Anbau von Kaffee funktioniert. Besonders interessant gestaltet sich der Besuch natürlich während der Erntezeit (April–Mai & Okt.–Dez.), wenn es auf den Farmen wie im Bienenstock zugeht.

Die Region wurde im 19. Jh. von *paisas* kolonialisiert, genauer gesagt während der *colonización antioqueña*, und ist seitdem kulturell Medellín verbunden – was sich in vielem bemerkbar macht, von der Architektur bis hin zur Kochkunst.

Das Gebiet beeindruckt auch mit seiner wunderschönen Natur. Überall bieten sich herrliche Ausblicke – vor allem Salento und das angrenzende Valle de Cocora, ein weitläufiges Tal, sind atemberaubend.

Der Parque Nacional Natural Los Nevados erreicht die stolze Höhe von 5000 m und bietet eine Fülle von Wandermöglichkeiten über den beeindruckenden und faszinierenden *páramo* (Hochebene). Der *páramo* ist ein tropisches montanes Ökosystem, in Kolumbien liegt rund die Hälfte des weltweiten Verbreitungsgebietes dieser faszinierenden Vegetationsform.

Manizales

🎵 6 / 388 530 EW. / 2150 M

Manizales, der nördliche Punkt der Eje Cafetero (Kaffeeachse), ist eine angenehm kühle, mittelgroße Universitätsstadt, die rundum von grüner Berglandschaft umgeben ist. Die Hauptstadt der Provinz Caldas wurde 1849 von einer Gruppe Kolonisten aus Antioquia gegründet, die damals dem Bürgerkrieg entkommen wollte. Die frühe Entwicklung der Stadt wurde durch zwei Erdbeben in den Jahren 1875 und 1878 sowie durch einen Brand 1925 beeinträchtigt. Aus diesem Grund gibt es hier nicht viel zu sehen, was von historischem Interesse wäre – die eigentliche Attraktion sind die Aktivitäten in der Natur ringsum sowie das spannende Nachtleben von Manizales.

👁 Sehenswertes

⭐ Monumento a Los Colonizadores
MONUMENT

(Av. 12 de Octubre, Chipre) Das wuchtige Monument oben auf einem Hügel im Stadtteil Chipre, das den Gründern der Stadt gedenkt, wurde aus 50 t Bronze geschaffen. Das Werk ist sehr beeindruckend, die eigentliche Attraktion ist jedoch die spektakuläre Aussicht über die Stadt und den Parque Nacional Natural Los Nevados.

Torre Panoramico
AUSSICHTSPUNKT

(Av. 12 de Octubre, Chipre; Eintritt 3000 COP; ⊙ 9 bis 21 Uhr) Der 30 m hohe Aussichtspunkt, der wie ein Raumschiff anmutet, bietet einen 360-Grad-Panoramablick über die dramatische Bergszenerie, die Manizales umgibt. Und so kommt man hin: Einen beliebigen Bus von der Cable Plaza nach Chipre nehmen; es fährt ständig einer ab.

Plaza de Bolívar
PLAZA

Auf dem Hauptplatz der Stadt steht die obligate Statue von Simón Bolívar, ein Werk von Rodrigo Arenas Betancur. Sie wird von den Einheimischen auch Bolívar-Cóndor genannt, denn der Bildhauer versah den Gründer Kolumbiens mit den charakteristischen Merkmalen dieses Vogels.

Der Palacio de Gobierno, ein hübsches, neoklassizistisches Gebäude, das 1927 erbaut wurde, steht an der Nordseite der Plaza.

Catedral de Manizales
KIRCHE

(Zugang zum Turm Erw./Kind 10 000/7000 COP; ⊙ 9–20 Uhr) Die Südseite der Plaza de Bolívar wird von der seltsamen, aber dennoch beeindruckenden Catedral de Manizales dominiert. Die Bauarbeiten an dieser Kathedrale aus Stahlbeton begannen 1929 – sie ist eine der ersten Kirchen dieser Art in Lateinamerika. Der Hauptturm mit einer Höhe von 106 m ist der höchste Kirchturm des Landes. Wer ihn erklimmt, wird mit einem herrlichen Blick über die Stadt belohnt.

Iglesia de Inmaculada Concepción
KIRCHE

(Ecke Calle 30 & Carrera 22) Die Anfang des 20. Jhs. erbaute, elegante Kirche beeindruckt mit ihrem wunderschönen Innenraum aus geschnitztem Holz, der an einen Schiffsrumpf erinnert.

🏃 Aktivitäten

Manizales ist ein günstiger Standort, um Trekkingtouren in den Nationalpark Los Nevados zu organisieren.

Manizales

500 m

500 m

Zona Rosa

Aguas de Manizales 4

Av Kevin Ángel

Cable Plaza

Carrera 23 (Av Santander)

Carrera 23C 13

15

Calle 67

Calle 66

Calle 65B

Calle 65A

9

10

Calle 67

Carrera 23

Calle 45B
s. Zona Rosa
(Ausschnitt)

La Nubia (8 km)
Recinto de Pensamiento (11 km)

Bahnhof (3 km)

Calle 61

11

Calle 62

Calle 59

17

14

Calle 58

Palo Grande

Carrera 25

Calle 65

PALERMO

Calle 67

Carrera 21

Carrera 26A

Calle 38

Carrera 26A

Av Paralela

Calle 34

Calle 33

Calle 32

Calle 31

Calle 30

CAMPOAMOR

Carrera 20

Calle 33B

Touristen-
Information 19

3

Carrera 21

Carrera 22

Carrera 23

Carrera 24

Calle 29

DELICIAS

Calle 30

Calle 29

Calle 28

Calle 27

Carrera 18

Carrera 12

Carrera 13

Carrera 14

Carrera 15

Carrera 16

Carrera 17

Calle 27

Calle 26

Calle 25

Calle 24

Calle 23

12

18

16

Carrera 25

Carrera 26

Calle 24

Calle 23

Calle 22

Calle 21

CENTRO

5

2

8

7

Calle 22

Calle 21

Calle 20

SAN
ANTONIO

Carrera 9B

Calle 20

Calle 19

Carrera 20

Carrera 21

Carrera 22

Carrera 23

Calle 19

Calle 18

Calle 17

Calle 16

Carrera 25

Carrera 26

Calle 18A

Calle 19

Carrera 19

Calle 18

Calle 17

Calle 16

Calle 15

Calle 14

Calle 13

Calle 12

Carrera 13A

Carrera 14

Carrera 15

Carrera 16

Carrera 17

Carrera 18

Av Gilberto Alzate

Calle 14

Calle 13

LAS
AMERICAS

Carrera 11

Carrera 12

Carrera 13

Carrera 25

Carrera 26

Calle 12B

Calle 12

Calle 10

Calle 11

Av Centenario

LOS
AGUSTINOS

Carrera 10

Calle 12

Av 12 de Octobre

Calle 6

Calle 6

Carrera 8

Calle 9

Monumento a
Los Colonizadores

1

6

Calle 9

Calle 6

Calle 5A

Calle 5

Calle 4A

Calle 4

Calle 3B

Carrera 16

Carrera 22

Carrera 24

Manizales

Kumanday Adventures   ABENTEUERTOUREN
(☎ 315-590-7294, 887-2682; www.kumanday.com; Calle 66 No 23B-40) Der Veranstalter von Abenteuertouren mit Komplettservice hat sein Büro im gleichnamigen Hostel. Er bietet Trekkingtouren im Nationalpark Los Nevados sowie Bergtouren im ganzen Land an. Außerdem stehen malerische Mountainbiketouren durch die Kaffeefarmen in der Nähe auf dem Programm, außerdem eine halsbrecherische Abfahrt vom Rand des Nevado del Ruiz (4050 m) nach Manizales, die den Adrenalinspiegel in die Höhe schnellen lässt, sowie dreitägige Radtouren durch die Anden. Ausrüstung zum Bergsteigen und Zelte können ausgeliehen werden.

Ecosistemas   ABENTEUERTOUREN
(☎ 312-705-7007, 880-8300; www.ecosistemas travel.com.co; Carrera 21 No 20-45) Der erfahrene Outdoorladen bietet Exkursionen und Mehrtagestouren in den Nationalpark Los Nevados an, beispielsweise Wanderungen auf den Gipfel des Nevado Santa Isabel und des Nevado del Tolima. Das Unternehmen ist aber auch ein Spezialist für Besuche auf den Kaffeefarmen der Region.

✦✦ Feste & Events

Feria de Manizales   KULTUR
(☉ Jan.) Bei diesem alljährlich abgehaltenen Fest finden die üblichen Umzüge, Kunsthandwerksmärkte und – wie kann es anders sein? – ein Schönheitswettbewerb statt.

Festival Internacional de Teatro   THEATER
(☉ Aug.) Das seit 1968 einmal jährlich veranstaltete Festival ist eines der beiden bedeutenden Theaterfestivals in Kolumbien (das andere findet in Bogotá statt). Es dauert etwa eine Woche; kostenloses Straßentheater ist im Programm vorgesehen.

🛏 Schlafen

Die meisten Quartiere liegen rund um die Cable Plaza; dort befindet sich auch eine große Shoppingmall und die meisten der besten Restaurants der Stadt.

Mountain Hostels   HOSTEL $
(☎ 887-0871, 887-4736; www.manizaleshostel.com; Calle 66 No 23B-91; B 20 000–23 000 COP, EZ/DZ/3BZ 60 000/65 000/90 000 COP; ☎) Nur ein kurzes Stück zu Fuß von der *zona rosa* (Ausgehviertel) entfernt liegt dieses sehr gute Hostel, das sich über zwei Gebäude verteilt. Es ist eines der wenigen Hostels, in dem Rucksackreisende und Kolumbianer unter einem Dach wohnen. Es gibt diverse Aufenthaltsbereiche zum geselligen Beisammensein sowie Patios hinter dem Haus mit Hängematten. Die Mitarbeiter sind gern behilflich, Aktivitäten in der Umgebung zu organisieren. Die Zimmer im Gebäude mit der Rezeption sind am gemütlichsten.

Kumanday Hostal   HOSTEL $
(☎ 315-590-7294, 887-2682; www.kumanday.com; Calle 66 No 23B-40; B inkl. Frühstück 25 000 COP, EZ/DZ inkl. Frühstück 50 000/70 000 COP; ☎) Das nette, kompakte Hostel in der Nähe der *zona rosa* vermietet einfache, aber saubere und gemütliche Zimmer.

Estelar Las Colinas   HOTEL $$$
(☎ 884-2009; www.hotelesestelar.com; Carrera 22 No 20-20; EZ/DZ 160 000/218 000 COP; P ☎) Das moderne Hotel aus Glas und Beton

gilt als die nobelste Adresse im Stadtzentrum. Ein sonderlich schöner Anblick ist das Estelar Las Colinas zwar nicht, aber dafür sind die Zimmer groß und komfortabel, und ein edles Restaurant findet sich hier auch. Das üppige Frühstücksbüffet ist im Preis inbegriffen. Von den Zimmern in den oberen Etagen bietet sich eine schönere Aussicht, außerdem sind sie heller. Am Wochenende kann man Preisnachlässe bekommen.

Varuna Hotel
HOTEL $$$

(☎ 881-1122; www.varunahotel.com; Calle 62 No 23C-18; EZ/DZ 203 000/251 000 COP; ☎) Die Unterkunft ist bei Geschäftsleuten sehr beliebt. Die minimalistischen Zimmer haben polierte Parkettböden. Zur Cable Plaza sind es bloß ein paar Schritte zu Fuß. Im Restaurant werden Frühstück, Mittag- und Abendessen serviert. Am besten um ein Zimmer weiter oben bitten, denn dort ist die Aussicht schöner. Am Wochenende bekommt man in der Regel eine Ermäßigung.

Essen

La Suiza
BÄCKEREI $

(Carrera 23B No 26–57; Hauptgerichte 8500 bis 17 500 COP; ⊙ Mo–Sa 9–20.30, So 10–19.30 Uhr) In dieser besuchenswerten Bäckerei werden köstliche Pasteten und sogar selbst gemachte Schokolade verkauft. Auf der Karte finden sich Frühstücksvarianten und leichte Mittagsgerichte wie Crêpes mit Champignons und Sandwiches mit Hühnchen. Eine Zweigstelle befindet sich in der Nähe der Cable Plaza.

Rushi
VEGETARISCH $

(Carrera 23C No 62-73; Mahlzeiten 7000 bis 9000 COP; ⊙ Mo–Sa 8–21 Uhr; ☑) Das hippe vegetarische Restaurant serviert leckere Säfte und interessante fleischlose Gerichte, die in der offenen Küche vor den eigenen Augen zubereitet werden. Das wechselnde Mittagsmenü ist für den Preis echt ein Schnäppchen.

Spago
ITALIENISCH $$

(☎ 885 3328; Calle 59 No 24a–10; Hauptgerichte 17 000–33 000 COP; ⊙ 12–15 & 18–22 Uhr) In Sachen internationale Küche ist Manizales nicht gerade gut bestückt, doch dieses moderne Bistro überzeugt dann doch mit seinem leckeren italienischen Essen im Stil von Hausmannskost. Der Geschmack ist subtil, die Zutaten sind frisch, und das Personal gibt sich professionell. Die Auswahl an Weinen kann sich ebenfalls sehen lassen.

♟ Ausgehen & Nachtleben

Die Hauptteil der *zona rosa* befindet sich in der Avenida Santander in der Nähe der Cable Plaza. Ein Schwung nostalgischer Tangobars wartet in der sogenannten Calle de Tango (Calle 24) auf Gäste.

Einen Besuch wert sind **Los Faroles** (Calle 24 No 22-46; ⊙ Fr–Sa 20–2 Uhr) und das benachbarte **Reminiscencias** (Calle 24 No 22-42; ⊙ Fr–Sa 21–2 Uhr). Ohne Abend- bzw. Anzugsschuhe kommt niemand rein.

Bar La Plaza
CAFÉ, BAR

(Carrera 23B No 64–80; ⊙ Mo–Mi 11–23, Do–Sa bis 2 Uhr) Tagsüber wird hier Feinkost verkauft, abends öffnet eine Bar; ein guter Ort, um in eine lange Nacht zu starten. In der Regel wird es hier rasch voll, und gegen 21 Uhr muss man schon warten, um überhaupt einen Tisch zu ergattern. Da die Musik nicht übermäßig laut ist, steht einem guten Gespräch nichts im Wege. Hier herrscht eine lockere Atmosphäre, wie in Studentenkreisen eben üblich.

Auf den Tisch kommen Gourmet-Sandwiches (5900–14 800 COP) und leckere Käse-Salami-Platten. Die Cocktails sind ebenfalls sehr empfehlenswert.

Prenderia
BAR

(Carrera 23 No 58-42; ⊙ Do–Sa 20–2 Uhr) Eine wunderbar legere Bar, in der talentierte einheimische Musiker für ein älteres, lockeres Publikum spielen. Probieren sollte man den *carajillo* – einen starken Espresso mit einem kräftigen Schuss Rum. Aber danach bloß nicht vom Barhocker fallen!

Bar C
CLUB

(Via Acueducto Niza; ⊙ Do–Sa 21–5 Uhr) Wenn sämtliche Bars in Manizales um 2 Uhr dicht machen, strömen alle, die noch irgendwie stehen können, in diese beliebte Bar. Sie befindet sich rund 3 km östlich der Cable Plaza oben auf einem Berg mit einem fantastischen Blick auf die Stadt und den Sternenhimmel.

DJs legen überwiegend die verschiedenen Musikstile des Landes auf und begeistern damit die vielen Studenten, die sich hier zu später Stunde treffen.

☆ Unterhaltung

Teatro Los Fundadores
THEATER

(☎ 878-2530; www.ccclosfundadores.com; Ecke Carrera 22 & Calle 33) Das führende Mainstream-Theater von Manizales; im Gebäude befindet sich auch ein Kino.

KAFFEE AUS KOLUMBIEN

Kolumbien ist der drittgrößte Kaffeeexporteur der Welt und der einzige große Produzent, der ausschließlich Arabica-Bohnen anbaut. Diese Kaffeebohne brachten Anfang des 18. Jhs. Jesuiten aus Venezuela nach Kolumbien. Sie wurde zuerst in einem Gebiet kultiviert, dem heutigen Norte de Santander entspricht, und breitete sich dann über das ganze Land aus.

Die lokalen Gegebenheiten erwiesen sich für den Anbau von Arabica-Kaffee als ideal. Aufgrund von Kolumbiens Lage unweit des Äquators besteht die Möglichkeit, den Kaffee auch in hohen Bergregionen anzubauen, wo die Bohnen langsamer reifen. Das Ergebnis sind härtere, konzentriertere Bohnen, die beim Rösten ein starkes Aroma bekommen. Wegen der häufigen Niederschläge in dieser Region blühen die Büsche fast ständig, sodass zwei Ernten pro Jahr möglich sind. Zudem gedeihen die Pflanzen auch sehr gut in der Vulkanerde, die einen hohen Anteil an organischen Materialien enthält.

Die Hauptorte des in Kolumbien angebauten Arabica-Kaffees heißen Tipica, Bourbon, Maragogipe, Tabi, Caturra und Colombia. Da die Bohnen eines Baumes zu unterschiedlichen Zeitpunkten reif werden, muss kolumbianischer Kaffee stets von Hand gepflückt werden. Diese Aufgabe übernehmen kleine Trupps von *recolectores* (Kaffeepflückern), die von einer Region zur nächsten ziehen – dorthin, wo eben gerade Erntezeit ist.

Die starken Regenfälle haben auch zur Folge, dass die Bohnen nicht im Freien getrocknet werden können wie anderswo. Sie werden stattdessen in nassem Zustand verarbeitet oder „gewaschen", wobei die Frucht, die die Bohne umgibt, vor dem Trocknen entfernt wird. Dieses Verfahren entzieht der Bohne viel Säure, sodass das Endprodukt letztendlich ein erheblich besseres Aroma aufweist.

Auch wenn das Land als bedeutender Kaffeeproduzent gilt, sind die Kolumbianer außerhalb der Zona Cafetera keine großen Kaffeetrinker. Die besten Bohnen werden daher für den Export gepflückt. Wer Kaffee kaufen möchte, um ihn als Andenken mit nach Hause zu nehmen, sollte einfach ein paar Farmen besuchen und Bohnen aus einem einzigen Anbaugebiet direkt beim Plantagenbesitzer erstehen.

Praktische Informationen

In der Gegend um den zentralen Markt nördlich der Stadt tummeln sich gern die Diebe – von daher empfiehlt es sich, auf den Besuch zu verzichten.

Unbedingt auf die ungestrichenen bzw. gekennzeichneten Verkehrskegel auf den Gehsteigen aufpassen: Jeder haut sich mindestens einmal das Schienbein an.

Auf der Cable Plaza finden sich mehrere Geldautomaten.

4-72 (Carrera 23, No 60-36; ⌚ Mo–Fr 8–12 & 13–18, Sa 9–12 Uhr)

Banco de Bogotá (Ecke Carrera 22 & Calle 22) Zentral gelegene Bank mit Geldautomat.

Touristeninformation (☎ 873-3901; www.ctm.gov.co; Ecke Carrera 22 & Calle 31; ⌚ 7–19 Uhr) Die Touristeninformation hat sehr engagierte Mitarbeiter und jede Menge Stadtpläne, Landkarten und Broschüren vorrätig.

An- & Weiterreise

BUS

Der blitzblanke, moderne **Busbahnhof** (☎ 878-7858; www.terminaldemanizales.com; Carrera 43 No 65-100) von Manizales befindet sich südlich des Stadtzentrums und ist mit der Innenstadt durch eine effiziente Seilbahn (1500 COP) verbunden, die einen tollen Blick über Manizales ermöglicht. Eine zweite Seilbahnlinie verkehrt vom Busbahnhof zur Villa María am anderen Ende des Tals. Wer in der Nähe der Cable Plaza logiert, nimmt direkt am Busbahnhof (6500 COP) am besten ein Taxi.

Es verkehren regelmäßig Busse nach Cali (38 000 COP, 5 Std.), Bogotá (50 000 COP, 8 Std.) und Medellín (35 000 COP, 5 Std.).

Minibusse nach Pereira (9000 COP, 1¼ Std.) und Armenia (17 000 COP, 2¼ Std.) fahren etwa im 14-Minuten-Takt.

FLUGZEUG

Der Flughafen **Aeropuerto La Nubia** (☎ 874-5451) liegt 8 km südöstlich des Stadtzentrums an der Straße nach Bogotá. Man kann den Stadtbus nach La Enea nehmen und dann noch fünf Minuten zu Fuß bis zum Terminal gehen oder aber alternativ mit dem Taxi fahren (10 000 COP). Verspätungen und abgesagte Flüge sind wegen Nebels an der Tagesordnung: Wer hier abfliegt, sollte also keine zeitlich knappen Anschlussflüge buchen.

Rund um Manizales

⊙ Naturschutzgebiete

Recinto del Pensamiento

Der 11 km von Manizales entfernte im Nebelwald liegende **Naturpark** (☎ 6-889-7073; www.recintodelpensamiento.com; Km 11 Vía al Magdalena; Eintritt mit/ohne Sessellift 17 400/13 000 COP; ☺ Di–So 9–16 Uhr) beeindruckt mit einem wunderschönen *mariposario* (Schmetterlingshaus), mehreren kurzen Wanderwegen durch den Wald mit vielen Orchideen verschiedener Arten sowie einem Garten mit Heilpflanzen. Außerdem bekommen die Besucher Plantagen mit *guadua* und *chusqué*, zwei kolumbianischen Bambusarten, zu sehen. Hier befindet sich auch eine *telesilla* – eine Art Sessellift, der auf den Gipfel des Berges hinauffährt, über den sich der Park erstreckt.

Im Eintrittspreis enthalten sind die – obligatorischen – Dienste eines Guides von 2½ Stunden; einige der Führer können auch etwas Englisch. Die Vogelwelt hier ist überaus beeindruckend – Exkursionen zum Beobachten der Vögel (8000 COP) müssen von 6 bis 9 Uhr vorgebucht werden; es empfiehlt sich, grüne oder braune Klamotten anzuziehen. Ein Fernglas wird gestellt.

Zum Recinto Del Pensamiento fährt von der Cable Plaza in Manizales ein Bus mit dem Fahrtziel „Sera Maltería" (1550 COP, 30 Min., alle 10 Min.); ein Taxi kostet 8000 COP.

Reserva Ecológica Río Blanco

Ungefähr 3 km nordöstlich von Manizales erstreckt sich dieses 3600 ha große Nebelwald-Schutzgebiet (2150–3700 m). Es beeindruckt nicht nur mit seiner Nebelwaldvegetation, sondern auch durch seine große Artenvielfalt. Zahlreiche Spezies stehen unter Schutz, beispielsweise der *orso andino* (Brillenbär). In diesem Park leben 362 Vogelarten, darunter 13 der insgesamt 80 endemischen Arten – Arten, die ausschließlich in Kolumbien vorkommen. Das Naturschutzgebiet zieht Ornithologen aus der ganzen Welt an, doch auch Amateure sind begeistert von der Fülle an Kolibris sowie von den schönen Schmetterlingen und Orchideen, die es in der beschaulichen Stille des Nebelwalds zu entdecken gibt.

Die Reserva Ecológica Río Blanco eignet sich gut für einen wunderschönen Halbtagesausflug, am besten gleich frühmorgens, da es am Nachmittag oft regnet.

Vor dem Besuch ist es erforderlich, in der Touristeninformation von **Aguas de Manizales** (☎ 311-775-5159, 887-9770; practi_cuentas@aguasdemanizales.com.co; Av. Kevin Ángel No 59-181) im Voraus eine (kostenlose) Genehmigung für zwei Tage zu beantragen. Die Mitarbeiter der Touristeninformation arrangieren dann die Dienste eines einheimischen Führers (Spanisch/Englisch halber Tag 30 000/45 000 COP) für die Vogelbeobachtung. Er erwartet die Besucher am Eingang und bringt sie ins Reservat. Wer einfach nur wandern will, nimmt sich einen Guide für den zweistündigen Erkundungspfad, der pro Gruppe 20 000 COP kostet.

Es besteht auch die Möglichkeit, im Reservat in landestypischen Häusern zu übernachten (Zi. kolumbianischer/ausländischer Gast 35 000/70 000 COP). Preiswerte Mahlzeiten (8500–13 500COP) lassen sich mit den lokalen Anwohnern vereinbaren. Unterkünfte sind im Voraus zu buchen. Wer hier übernachtet, muss jedoch keine Besuchsgenehmigung erwerben.

Ein Taxi zum Haupteingang kostet von Manizales aus etwa 25 000 COP. Am besten lässt man sich vom Fahrer die Telefonnummer für die Rückfahrt geben, denn in dieser Gegend fährt kaum ein Auto.

Los Yarumos

Dieser 53 ha große, städtische **Abenteuerpark** (☎ 6-875-3110; Calle 61B No 15A-01; ☺ Di–So 8.30–17.30 Uhr) auf einem Hügel oberhalb von Manizales bietet einen tollen Panoramablick auf die Stadt, Waldwege und Seilrutschen. Es bieten sich zahlreiche Möglichkeiten, kurze Spaziergänge durch den Sekundärwald zu unternehmen, beispielsweise eine geführte, zweistündige Wanderung zu vier kleinen Wasserfällen (8000 COP). An weiteren Aktivitäten stehen Abseilen (15 000 COP) und eine 80 m hohe Hängebrücke über dem Baumkronendach (6000 COP) zur Auswahl, bei denen so mancher schon einen Höhenkoller bekommen hat.

Der Park ist jedoch auch schön, um sich an einem klaren Nachmittag, wenn die Gipfel des Nationalparks Los Nevados zu sehen sind, einfach einmal auszuruhen.

Eine neue Seilbahn verbindet den Park direkt mit der Cable Plaza; sie hat allerdings mit technischen Schwierigkeiten zu kämpfen und verkehrt deshalb nur unregelmäßig. Ein Spaziergang zum Abenteuerpark dauert 40 Minuten, 4000 COP verlangen die Taxifahrer dorthin.

 Kaffeefarmen

Hacienda Venecia

Die **Hacienda** (☎ 320-636-5719; www.haciendavenecia.com; Vereda el Rosario, San Peregrino; Haupthaus Zi. mit/ohne Bad 250 000/340 000 COP, Hostel B 30 000 COP, Zi. mit/ohne Bad 95 000/80 000 COP; ✈) hat schon zahlreiche Preise für ihren Kaffee gewonnen.

Sie bietet Besuchern eine Kaffeetour (45 000 COP) auf Englisch an, die eine informative Präsentation zum Thema kolumbianischer Kaffee, eine Einführung in die Beurteilung von Kaffee und seine Zubereitung sowie einen Rundgang durch die Plantage umfasst. Anschließend können die Besucher sich noch in den Pool stürzen. Auch ein landestypisches Mittagessen für 12 000 COP kann bestellt werden. Im Preis für die Kaffeetour ist der Transport vom/zum jeweiligen Hotel in Manizales bereits inbegriffen.

Die Plantage erstreckt sich um ein gut erhaltenes *paisa*-Farmhaus mit herrlicher Aussicht, das zu einem reizenden Boutiquehotel umgestaltet wurde. Die Gärten sind sehr gepflegt, und einen Teich mit Seerosen und einen blauen Rundpool gibt es außerdem. Die Zimmer sind mit Büchern, Antiquitäten und alten Fotografien vollgestopft; die Veranda, die ums ganze Haus verläuft, ist mit Hängematten und Schaukelstühlen bestückt, in denen die Gäste den Abend gemütlich ausklingen lassen können.

Die Alternative sind weniger romantische, aber saubere und gemütliche günstige Zimmer in einem neuen Gebäude am anderen Flussufer gegenüber vom Haupthaus. Auch wer dort schläft, hat einen Pool.

Hacienda Guayabal

Auf dieser **Kaffeefarm** (☎ 314-772-4900; www.haciendaguayabal.com; Km 3 Vía Peaje Tarapacá, Chinchiná; Zi. pro Pers. inkl. Frühstück 60 000 COP, Vollpension 95 000 COP; ✈) in der Nähe von Chinchiná nimmt der Arbeitsalltag einen gemächlichen Gang – und somit bietet sie sich an, um sich umgeben von *cafetero*-Kultur so richtig zu entspannen.

Auf der Kaffeetour (Spanisch/Englisch 30 000/35 000 COP) wird der Herstellungsprozess von Kaffee von der Pflanze bis zur Tasse nachvollzogen. Sie ist etwas persönlicher als vergleichbare Touren auf größeren Farmen gehalten, und die Führer sind sehr daran interessiert, ihr Wissen an die Gäste weiterzuvermitteln. Als Andenken kann man noch eine Tüte Kaffee erstehen.

Es empfiehlt sich, seinen Besuch so zu planen, dass man über Mittag da ist – das traditionelle, rustikale Essen schmeckt einfach köstlich, auch Vegetarier kommen voll auf ihre Kosten. Anschließend kann man noch länger bleiben und im Pool planschen oder schwimmen gehen. Auch die Möglichkeiten, Vögel zu beobachten, sind hier vorzüglich – am besten bittet man um eine Liste, auf der die über 120 verschiedenen, auf der Farm dokumentierten Arten übersichtlich zusammengestellt sind.

Für alle, die gern länger bleiben möchten, gibt es einfache, funktionale Unterkünfte in einem modernen Haus oben auf einem Hügel mit herrlichem Blick über die Plantagen ins Umland.

Und so kommt man hin: Man nimmt zunächst den Bus von Manizales nach Chinchiná (3000 COP, 30 Min.). An der Hauptplaza von Chinchiná steigt man dann in den Bus um, der mit „Gayabal Peaje" (1100 COP, 10 Min., 15- bis 30-Minutentakt) beschildert ist. Man bittet den Fahrer, vor der Mautstelle an der „Tienda Guayabal" aussteigen zu dürfen. Von hier ist es noch ein 1 km langer Fußweg die schmale Straße zwischen den Häusern hinunter.

 Thermalbäder

Termales El Otoño

Dieses Resort im oberen Preissegment mit einem **Thermalbadkomplex** (☎ 6-874-0280; www.termaleselotono.com; Km 5 Antigua Via al Nevado; Eintritt Tag 30 000 COP; ☉ 7–24 Uhr) bietet mehrere große Thermalbecken und liegt landschaftlich reizvoll zwischen eindrucksvollen Berggipfeln. Das zur Anlage gehörende Hotel bietet die üblichen, typischen Hotelzimmer, es gibt aber auch Luxuscottages mit rustikaler Holzdecke, offenem Kamin und privatem Thermalbecken.

Die verschiedenen Thermalbecken stehen allen Gästen offen, man kann also einfach auch ohne Übernachtung einen Tag hier verbringen. Ein wirkliches Naturerlebnis bietet die Anlage nicht, dazu ist sie dann doch zu erschlossen und zu hektisch, aber für einen entspannenden Tag fern der Stadt taugt der Badekomplex allemal.

Die **Ecotermales El Otoño** (Eintritt 15 000/20 000 COP; ⊘ Di–Do 13–22, Fr 13–24, Sa 10–24, So 9–22 Uhr) liegen auf der anderen Seite des Parkplatzes. Mit ebenfalls mehreren Becken sind sie jedoch zweifelsohne schöner, denn es wurde weniger Beton verbaut, auch der Bergblick ist dramatischer. Während der Stoßzeiten muss man all diese Annehmlichkeiten allerdings mit Horden von Besuchern teilen. Zur Auswahl stehen drei Thermalbecken, das oberste gleich in der Nähe vom Eingang ist am heißesten. Alle sind von luftigen Holzhütten umgeben. In einem Café werden Mahlzeiten und Getränke serviert.

Die Anfahrt erfolgt mit dem Bus (1650 COP, 30 Min.) ab der Avenida Kevin Ángel unterhalb der Cable Plaza oder Carrera 20 im Zentrum von Manizales. Ein Taxi ab der Cable Plaza schlägt mit etwa 15 000 COP zu Buche.

Termales Tierra Viva

Diese kleinen **Thermalbäder** (☎ 6-874-3089; www.termalestierraviva.com; Km 2 Vía Enea-Gallinazo; Eintritt 12 000–14 000 COP; ⊘ 9–23.30 Uhr) liegen am Ufer des Río Chinchiná gleich vor den Toren von Manizales. Hier stehen zwei Thermalbecken aus Stein in einem hübschen Garten, der Kolibris und Schmetterlinge anlockt, zur Auswahl. Das erhöht gelegene Open-Air-Restaurant ist hervorragend, und in einem kleinen Spa werden Massagen angeboten. Unter der Woche geht es in den Thermalbädern beschaulich zu, am Wochenende sind sie oft ein bisschen überfüllt.

Wer hier eine Weile bleiben möchte, kann sich in einem der vier schicken, modernen Zimmer mit Bambusausstattung und großen Fenstern mit Blick über den Fluss einmieten; der Preis ist gut (Zi. 165 000 COP).

Die Anfahrt erfolgt problemlos. Im Zentrum von Manizales nimmt man einfach den Bus, der auf der Strecke Enea–Gallinazo (1650 COP) verkehrt. Ein Taxi kostet um die 10 000 COP.

Parque Nacional Natural (PNN) Los Nevados

2600–5325 M

Der 583 km² große **Nationalpark** (www.parquesnacionales.gov.co; Eintritt für Einheimische/Ausländer 14 000/37 500 COP) zieht sich an einem Grat mit schneebedeckten Vulkangipfeln entlang und bietet Zugang zu den herrlichsten Regionen der kolumbianischen Anden. In den unterschiedlichen Höhenlagen beeindruckt die Natur mit Nebelwäldern und *páramo* sowie Gletschern auf den höchsten Berggipfeln. Von Norden nach Süden sind das El Ruiz (5325 m), El Cisne (4750 m), Santa Isabel (4965 m), El Quindío (4750 m) und El Tolima (5215 m).

Hier entspringen 37 Flüsse, die 3,5 Mio. Menschen in vier Provinzen mit Wasser versorgen. Die Gletscher im Park gehen allerdings zurück; welche Auswirkungen dies auf die Umwelt hat, ist mittlerweile Gegenstand der Forschung.

Die besten Monate, um Los Nevados im Schnee zu sehen, sind der Oktober und November sowie die Monate März bis Mai. In den anderen Monaten ist es meist trocken und windig – günstige Bedingungen zum Wandern bei klarer Sicht.

Während der Recherchen zu diesem Buch war ein Großteil des nördlichen Parkareals um den Nevado del Ruiz aufgrund von vulkanischen Aktivitäten gesperrt. Diese Einschränkungen können sich natürlich ändern. Am besten erkundigt man sich, bevor man sich auf den Weg macht, in Manizales nach den aktuellen Gegebenheiten.

Zum Glück für Naturfreunde ist der Südteil des Parks derzeit geöffnet und bietet sich für viele spannende Tagesausflüge und mehrtägige Wanderungen an. Von Potosi aus befinden sich die Haupteingänge in der Nähe von Santa Rosa de Cabal sowie beim Refugio La Pastora im Parque Ucumarí. Von dort führt ein 12 km langer Pfad bergauf zur herrlichen Laguna del Otún. Ein weiterer Zugang liegt im Valle de Cocora unweit von Salento. Dort windet sich ein Pfad hinauf auf den *páramo* um den Paramillo del Quindío (4750 m).

☞ Geführte Touren

Die meisten Parkeingänge lassen sich nicht mit öffentlichen Verkehrsmitteln erreichen. Es besteht zwar die Möglichkeit, vom Parque Ucumarí oder auch vom Valle de Cocora in den Park zu wandern, doch ist es oft praktischer, in Manizales oder Salento ein Pauschalangebot mit Führer und Transport zu wählen.

Sowohl der Anbieter Ecosistemas (S. 233) wie auch Kumanday Adventures (S. 233) in Manizales bieten Tagesausflüge zum Nevado del Ruiz und Nevado de Santa Isabel an, aber auch Mehrtageswanderungen durch den Park sowie die Besteigung verschie-

Parque Nacional Natural Los Nevados

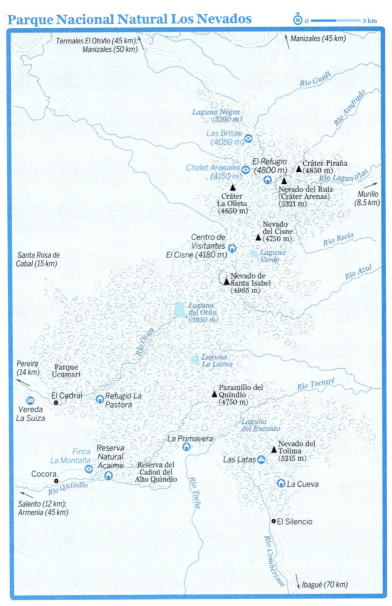

dener anderer Gipfel. Es ist auch möglich, Wanderungen in Manizales zu beginnen und in Pereira oder im Valle de Cocora in der Nähe von Salento zu beenden. Am besten bittet man das Unternehmen, den Rucksack zu transportieren, um sich den Weg zurück zu ersparen.

In Salento bietet **Paramo Trek** (311-745-3761; paramotrek@gmail.com; www.paramotrek.com; Calle 5#1-37) verschiedene ein- oder

mehrtägige Wanderungen in den Nationalpark mit Zugang über die Valle de Cocora
an. Die Führer sind zweisprachig.

Nevado del Ruiz

Der Nevado del Ruiz ist der höchste Vulkan
der Bergkette. Bei seinem Ausbruch am
13. November 1985 kamen mehr als 20 000
Menschen ums Leben, die Ortschaft Armero
am Río Lagunillas wurde komplett von der
Landkarte radiert. Der Vulkan war davor zuletzt 1845 ausgebrochen, allerdings mit weniger katastrophalen Folgen. Da der Vulkan
momentan immer wieder grummelt, mussten die Aktivitäten in diesem Teil des Parks
eingeschränkt werden.

Die Hauptzugangsstraße in den Park
führt von Norden heran. Sie zweigt an der
Straße Manizales–Bogotá in La Esperanza,
31 km östlich von Manizales, ab. Der Eingang zum Park befindet sich in Las Brisas
(4050 m), wo man sich im Büro des Rangers
registrieren lässt.

Während der Recherchen zu diesem
Reiseführer war der Zugang nur von Donnerstag bis Sonntag gestattet, und zwar von
8 bis 14 Uhr. Alle Besucher mussten den
Park bis spätestens 15.30 Uhr wieder verlassen. Außerdem war es den Besuchern
nur erlaubt, einen kurzen, 5 km langen
Straßenabschnitt durch den *páramo* zum
Valle de las Tumbas (4350 m) zu befahren.
Reiseveranstalter bieten noch Exkursionen
(100 000–130 000 COP) in diesem Teil des
Parks an; sie sind allerdings eher für Pauschaltouristen gedacht. Die Teilnehmer verbringen den ganzen Tag in den Fahrzeugen;
es ist nicht gestattet, auszusteigen und auch
nur ein kurzes Stück zu wandern.

Falls die Vorschriften aufgehoben wer-
den, müsste wieder die Möglichkeit beste-
hen, mehr von diesem Gebiet zu erkunden.
Der Vulkan hat derzeit drei Krater: Arenas,
La Olleta und Piraña. Den ersten, Arenas
(5321 m), kann man besteigen. Der erlosche-
ne Olleta-Krater (4850 m) auf der anderen
Straßenseite ist mit Schichten von sandiger
Erde in mehreren Farben bedeckt und in der
Regel schneefrei.

Nevado de Santa Isabel

Der inaktive, kuppelförmige Vulkan über-
spannt die Provinzen Caldas, Risaralda und
Tolima; er ist mit Gestein und oben mit einem 2 km² großen Gletscher bedeckt, der
Quelle des Río Otún.

Dieser Gletscher ist der niedrigste, der sich
in Kolumbien halten konnte, verzeichnet
aber deutliche Eisrückgänge.

Der Vulkan ist durch das Dorf Potosí in
der Nähe von Santa Rosa de Cabal zugänglich. Es ist möglich, den Gletscherrand im
Rahmen eines Tagesausflugs von Manizales
aus zu erreichen, was allerdings eine echte
Herausforderung ist: Man fährt zunächst
mit einem Fahrzeug rund drei Stunden auf
einer unbefestigten Straße bis auf eine Höhe
von 4050 m hinauf.

Dann beginnt der dreistündige Aufstieg
durch den imposanten *páramo* bis zur
Schneegrenze. Die Exkursionen beginnen
in Manizales etwa um 5 Uhr in der Früh;
erst gegen 19 Uhr sind die Teilnehmer wieder zurück. Pro Person kostet die Tour rund
160 000 COP, Frühstück und Mittagessen
sind im Preis inbegriffen.

Wer so einen Tagesausflug plant, sollte
sich im Klaren sein, dass der enorme Höhenunterschied sich stark auf die Kondition
auswirkt. Den Anweisungen des Guide ist
deshalb unbedingt Folge zu leisten. Für den
Aufstieg auf den Gipfel (4965 m) ist keine
besondere technische Erfahrung notwendig, es ist jedoch ratsam, einen kundigen
Bergführer anzuheuern. Außerdem ist es
empfehlenswert, sich zu akklimatisieren, indem man ein oder zwei Tage in großer Höhe
verbringt, bevor man den Aufstieg beginnt.

Nevado del Tolima

Der Nevado del Tolima (5215 m), der zweit-
höchste Vulkan der Bergkette, ist wegen seines klassisch-symmetrischen Kegels von allen der schönste. An einem klaren Tag ist er
sogar im fernen Bogotá noch zu sehen. Der
letzte Vulkan ereignete sich 1943.

Für Leute ohne Bergerfahrung lässt sich
der Berg am besten durch das Valle de Cocora erreichen. Erfahrene Bergsportler ziehen
meist den Südaufstieg vor, den sie über Ibagué, die unattraktive Hauptstadt der Provinz
Tolima, ansteuern.

Für welche Variante sich der Einzelne
auch entscheidet, dieser Mehrtagestrek ist
in jedem Fall eine konditionelle Herausforderung. Bedingt durch den Zustand des
Gletschers ist dieser Aufstieg auch technisch
schwieriger als die anderen Gipfel im Nationalpark Los Nevados. Ein erfahrender
Guide und Bergausrüstung sind daher un-
abdingbar.

Ein empfehlenswerter Bergführer ist German „Mancho" (☏ 312-211-7677, 312-268-4130;

La Primavera); er ist in der kleinen Berghütte La Primavera stationiert und in dieser Gegend auch aufgewachsen.

In Ibagué kann man es bei **David „Truman" Bejarano** (313-219-3188, 315-292-7395) versuchen, einem erfahrenen Bergführer, der auch die Besteigung anderer Gipfel im ganzen Land anbietet.

Pereira

6 / 457 000 EW. / 1410 M

Die geschäftige Großstadt ist nicht gerade das typische Touristenziel. Die meisten Besucher kommen nur aus einem einzigen Grund: um hier Geschäfte zu machen.

Pereira wurde 1863 als Hauptstadt von Risaralda gegründet und gilt als Boomtown der Zona Cafetera – ein wichtiges Wirtschaftszentrum, das vor allem für sein aufregendes Nachtleben bekannt ist. An Sehenswürdigkeiten ist nicht viel geboten, aber wer einfach einmal eine schnelllebige und gleichzeitig freundliche kolumbianische Stadt abseits der Touristenpfade kennenlernen möchte, ist mit Pereira gut bedient.

Die Stadt fungiert auch als Sprungbrett in den Parque Ucumarí und den Santuario Otún Quimbaya, zwei Naturschutzgebiete der Spitzenklasse, sowie zu den Thermalquellen von Santa Rosa und San Vicente.

Sehenswertes & Aktivitäten

Die Innenstadt ist mit Sehenswürdigkeiten nicht gerade gesegnet. Mitten auf dem Hauptplatz, der über den Handel und Wandel der Stadt wacht, thront Rodrigo Arenas Betancurs **Bolívar Desnudo** (Plaza Bolívar). Die 8,5 m hohe und 11 t schwere Bronzestatue zeigt den Befreier nackt zu Pferde, wie er seinen Hengst mit wahnwitziger Leidenschaft vorantreibt, die Schenkel in die Flanken des Tieres gestemmt.

Jardín Botánico   GÄRTEN
(321-2523; www.utp.edu.co/jardin; Vereda la Julita; Eintritt 1–3 Besucher 20 000 COP, ab 4 Besuchern pro Pers. 6000 COP; Mo–Fr 8–16, Sa 9–13, So 11–13 Uhr) Im Botanische Garten im Areal der Universidad Tecnológia de Pereira gedeihen Orchideen, exotische Bambusarten und Heilpflanzen. Er bietet eine willkommene Pause von der Hektik der Stadt. In der Eintrittsgebühr ist eine Führung bereits enthalten.

Finca Don Manolo   FARM
(313-655-0196; www.cafedonmanolo.com; Vereda El Estanquillo; Tour 20 000 COP) Gleich vor den Toren Pereiras lohnt der Besuch dieser Kaffeefarm an einem Berghang – sie ist ein Familienbetrieb. Die interessante Tour vermittelt den gesamten Produktionsprozess von der Pflanzung bis zur Ernte. Anschließend bekommen die Teilnehmer eine Tasse frisch gebrühten Farmerkaffee und Gebäck serviert, die sie mit einer herrlichen Aussicht genießen können. Der nette Besitzer Don Manolo führt die Besucher immer höchstpersönlich herum. Man sollte vorher anrufen, damit er auch zu Hause ist.

Ein Taxi von der Stadt dorthin kostet etwa 8000 COP. Man kann aber auch im Busbahnhof nach dem Bus Ausschau halten, der mit „Vereda El Estanquillo" ausgeschildert ist.

Schlafen

Kolibrí Hostel   HOSTEL $
(331-3955; www.kolibrihostel.com; Calle 4 No 16-35; B 22 000 COP, Zi. mit/ohne Bad 65 000/50 000 COP;) Dank seiner sagenhaften Lage gleich am Hauptabschnitt der *zona rosa* bietet dieses nagelneue Hostel alles, was ein Rucksackreisender so braucht. Es hat verschiedene gemütliche Zimmer und eine tolle Terrasse mit Bergpanorama. Die engagierten Besitzer sind immer gern behilflich, Aktivitäten in Pereira und Umgebung zu organisieren. Eine leckere preiswerte Mahlzeit kommt im entspannten Restaurant vor dem Haus im Freien auf den Tisch.

Hotel Cumanday   HOTEL $
(324-0416; Carrera 5 No 22-54; EZ/DZ 35 000/45 000 COP;) Das kleine, ordentliche Hotel liegt einen Tick über den anderen günstigen Unterkünften in der Innenstadt und bietet mit heißem Wasser, Kabelfernseher und einem Wäscheservice wirklich viel fürs Geld. Am besten bittet man um ein Zimmer nach hinten hinaus mit Blick auf den rückwärtigen Patio.

Hotel Condina   HOTEL $$
(333-4484; www.luxorhoteles.com; Calle 18 No 6-26; EZ/DZ mit Klimaanlage 99 000/119 000 COP, mit Ventilator 83 000/107 000 COP;) Das mittelgroße Hotel in einer umtriebigen, aber autofreien Straße im Herzen der Innenstadt hat wirklich ein super Preis-Leistungs-Verhältnis. Die hellen, modernen Zimmer mit grellbunten Bettbezügen, Arbeitstisch, Klimaanlage oder Ventilator (je

nach Zimmertyp) haben große, tipptopp gepflegte Bäder. Die Einrichtung übertrifft die Erwartungen, die man angesichts des Preises an ein solches Hotel hat, bei Weitem.

Hotel Abadia Plaza
HOTEL $$$

(☐ 335-8398; www.hotelabadiaplaza.com; Carrera 8 No 21-67; EZ/DZ inkl. Frühstück 232 200/238 200 COP; ❄ @ 🖥) Das schicke Hotel in der Innenstadt ist eine tolle Wahl hinsichtlich Komfort und professionellem Service. An den Wänden hängen schöne Kunstwerke (alles Originale), es gibt ein gut ausgestattetes Fitnesscenter und feudale Zimmer mit Marmorbad und Lärmschutzfenstern. Unter der Woche reduzieren sich die Preise auf etwa ein Drittel.

✖ Essen

★ Vegetariano La 23
VEGETARISCH $

(Calle 23 No 9-60; Mahlzeiten 6000–9500 COP; ❂ Mo–Fr 11–14 Uhr; 🖉) Eine unbeschilderte Treppe führt hinauf zum Vegetariano La 23 in einem unscheinbaren Haus im Zentrum der Stadt. Das anheimelnde, vegetarische Restaurant ist eine Institution in Pereira. Auf den Tisch kommen köstliche fleischlose Mahlzeiten. Die Speisekarte wechselt ständig, bietet aber immer eine große Auswahl an Körnern und Gemüsen frisch vom Erzeuger.

Grajales Autoservicios
CAFETERIA $

(Carrera 8 No 21-60; Hauptgerichte 10 000 COP; ❂ 24 Std.) Dieses große Selbstbedienungsrestaurant mit dazugehöriger Bäckerei hat rund um die Uhr geöffnet. Die Gäste können sich ihr Mittag- oder Abendessen am Büffet selbst zusammenstellen. Auch zum Frühstücken ist die Cafeteria eine gute Wahl.

El Mirador
ARGENTINISCH $$$

(☐ 331-2141; www.elmiradorparrillashow.com; Entrada Av. Circunvalar Calle 4; Hauptgerichte 24 000 bis 38 000 COP; ❂ Mo–Do 11–21, Fr & Sa 11–1 Uhr) Das feudale Restaurant im Freien befindet sich außerhalb der Stadt oben auf einem Berg mit Aussicht auf die Lichter von Pereira. Das Essen ist überwiegend argentinisch und die Weinkarte umfangreich.

🍸 Ausgehen & Unterhaltung

Der Sector Circunvalar ist gespickt mit Bars und kleinen Diskos und mittlerweile die angesagte Partyhochburg von Pereira. In der Innenstadt finden sich einige Bars, die bei Bohemiens beliebt sind. Das Nachtleben spielt sich ein Stück außerhalb in La Badea ab.

★ Rincón Clásico
BAR

(Ecke Carrera 2 & Calle 22; ❂ Mo–Sa 16–23 Uhr) Musikliebhaber aller Altersstufen steigen in diese winzige Eckkneipe hinunter, um zu zechen und zu Tango, Bolero und anderen Klassikern mitzusingen. Die Sammlung des nicht mehr ganz jungen Besitzers beläuft sich auf unglaubliche 7000 Schallplatten. Don Olmedo legt hier schon seit mehr als einem halben Jahrhundert auf. Er spielt alles, solange es ein altbekannter Ohrwurm ist – man kann es sich also sparen, ihn um einen Reggaeton zu bitten!

El Parnaso
BAR

(Carrera 6 No 23-35; ❂ Mo–Sa 14–24 Uhr) Einen langen Korridor geht es hinunter, dann steht man in dieser künstlerisch angehauchten Gartenbar mit offenem Kamin. Serviert werden leckere Pizzas und Burger. Der hippe Indierock ist gedämpft genug, um noch nett plaudern zu können.

Bar Celona
BAR

(Av. Circunvalar No 1-76, La Rebeca; ❂ 15–2 Uhr) Die anspruchslose Kneipe am äußersten Ende der Avenida Circunvalar spielt eine Mischung aus Latin und internationalen Hits, die dem Publikum gefällt. Kein Wunder, wenn die ganze Meute plötzlich bei einem tollen Titel plötzlich mitsingt. Der hübsche Patio hinter dem Haus ist eine lebhafte Location, um in den Abend zu starten. Auf zig Fernsehern laufen Sportveranstaltungen.

Leña Verde
SALSACLUB

(La Badea; ❂ Fr & Sa 9–18 Uhr) Die beliebte *salsateca* (Salsa-Tanzlokal) lockt ein breites Publikum an – von Burschen in überweiten Hosen bis hin zu romantischen Softies im engen Shirt und mit gezwirbeltem Schnauzbart. Ein Ziel haben allerdings alle hier: sich volllaufen zu lassen und die ganze Nacht hindurch zu tanzen. Wichtig zu wissen: Seinen Tanzpartner sollte man besser selbst mitbringen – hier ist es sicherer, sich nicht einfach mit Fremden einzulassen.

❶ Praktische Informationen

Am Busbahnhof, rund um die Plaza Bolívar und in der Avenida Circunvalar gibt es mehrere Geldautomaten.

4-72 (Carrera 9 No 21-33; ❂ Mo–Fr 8–12 & 14–18, Sa 9–12 Uhr)

Touristeninformation (☐ 324-8753; www. pereiraculturayturismo.gov.co; Ecke Carrera 10 & Calle 17; ❂ Mo–Fr 8–12 & 14–18 Uhr) Sie befindet sich im Centro Cultural Lucy Tejada. Eine Zweigstelle gibt's am Flughafen.

ⓘ An- & Weiterreise

FLUGZEUG

Der internationale Flughafen Pereira, der **Aeropuerto Matecaña** (☎314-8151), liegt 5 km westlich des Stadtzentrums und ist in 20 Minuten mit dem Stadtbus erreichbar. Ein Taxi kostet 12 000 COP; Copa bietet Direktflüge nach Panama an.

BUS

Der **Busbahnhof** (☎321-5834; Calle 17 No 23-157) befindet sich 1,5 km südlich vom Stadtzentrum. Viele Stadtbusse fahren in nicht einmal zehn Minuten dorthin. Es bestehen regelmäßige Busverbindungen nach Bogotá (50 000 COP, 9 Std.). Zahlreiche Busse fahren nach Medellín (35 000 COP, 6 Std.) und Cali (24 000 COP, 4 Std.). Minibusse starten im 15-Minuten-Takt nach Armenia (7000 COP, 1 Std.) und Manizales (9000 COP, 1¼ Std.).

ⓘ Unterwegs vor Ort

Busse von **Megabus** (www.megabus.gov.co; einfach 1800 COP) fahren in Pereira durch das Stadtgebiet und außerhalb bis nach Dosquebradas. Das Busnetz ähnelt dem TransMilenio von Bogotá und dem Mio von Cali, ist jedoch weniger weitläufig.

Die Mindestgebühr für ein Taxi liegt bei 4000 COP; nach 19 Uhr verlangen die Fahrer einen Aufschlag von 700 COP.

Termales de Santa Rosa

☑ 6 / 1950 M

Die spektakulären **Thermalquellen** (☎320-680-3615, 364-5500; www.termales.com.co; Erw./Kind Fr–So 42 000/21 000 COP, Mo–Do 30 000/15 000 COP; ⏰9–22 Uhr) liegen am Fuß dreier Wasserfälle, von denen es der höchste auf stolze 170 m bringt. Das Hotel mit Touristenkomplex im Stil eines Schweizer Chalets wurde 1945 eröffnet und wirkt wie aus einer anderen Welt. Das große Schwimmbecken steht allen Besuchern offen, während die Hotelgäste einen eigenen mittelgroßen Pool unterhalb der ursprünglichen Wasserquelle sowie zwei kleinere Becken nutzen dürfen. Dazu kommen außerdem ein komplettes Spaangebot, eine Bar und eine Cafeteria.

Das zur Anlage gehörende **Hotel Termales** (☎321-799-8186, 365-5500; www.termales.com.co; Zi. pro Pers. inkl. Frühstück 100 000 bis 170 000 COP; P🛈) weist drei separate Trakte auf. Die Unterkünfte im Originalgebäude, der Casa Finca, erscheinen überteuert, denn sie sind abgewohnt, und viele Zimmer haben nur eine Gemeinschaftsdusche.

Die Quartiere im Montañas-Trakt gleich nebenan sind nur unwesentlich teurer, jedoch erheblich besser, bieten mehr Platz und Blick auf den Wasserfall. Die luxuriösesten Zimmer befinden sich im Cabaña-Trakt, zu dem ein privates Thermalbecken auf einer erhöht gelegenen Terrasse mit Aussicht über den Fluss gehört. Unter der Woche können sich die Gäste über Ermäßigungen freuen.

Das **Termales Balneario** (☎314-701-9361; www.termales.com.co; Eintritt Erw./Kind 32 000/16 000 COP; ⏰9–21 Uhr), 1 km die Straße hinunter in Richtung Stadt, gehört zum Hotel Termales und wird auch von ihm geführt. Die Anlage ist billiger, jedoch nicht weniger beeindruckend als Santa Rosa: Hier teilt sich ein 25 m hoher Wasserfall in mehrere Arme auf und tost neben den vier Thermalbecken entlang. Es gibt außerdem mehr Grünflächen und weniger Beton. In einer Café-Bar werden die unzähligen einheimischen Besucher mit Essen, Bier und Alkoholischem versorgt.

Dieses Thermalbad bietet keine Unterkünfte im Areal selbst, mehrere kleine Hotels scharen sich jedoch im Umkreis von 500 m um den Eingang.

Ausprobieren sollte man die nette **Cabaña El Portal** (☎320-623-5315; Zi. pro Pers. 30 000 COP). Sie bietet heißes Wasser und Satellitenfernsehen sowie herzhafte preiswerte Mahlzeiten. Die Mitarbeiter können Tipps für Ausritte (Std. 15 000 COP) in die Umgebung geben.

Ein Stück weiter die Straße hinunter bietet **Mamatina** (☎311-762-7624; mamatina.src@hotmail.com; La Leona Km 1 Via Termales; EZ/DZ inkl. Frühstück 35 000/70 000 COP, Suite 120 000 COP) vor den Toren von Santa Rosa de Cabal moderne, gemütliche Zimmer und einen schönen Blick auf die Farmen in der Umgebung. Das dazugehörige beliebte Grillrestaurant bietet sich an, um *chorizos santarosanos* zu probieren – die hiesigen Würstchen sollen die besten in ganz Kolumbien sein.

ⓘ An- & Weiterreise

Die Thermalbecken liegen 9 km östlich von Santa Rosa de Cabal an der Straße von Pereira nach Manizales. Stadtbusse (1300 COP, 45 Min.) fahren an der Hauptplaza in Santa Rosa de Cabal von 6 bis 18 Uhr im 2-Stunden-Takt ab und eine Stunde später vom Hotel Termales wieder zurück.

Tagsüber besteht häufig eine Busverbindung auf der Strecke von Santa Rosa nach Pereira (2500 COP, 40 Min.). Busse nach Manizales

(7000 COP, 11 Std.) halten an der Tankstelle an der Straße Pereria–Chinchiná, vier Blocks von der Plaza entfernt.

Termales San Vicente

⏹ 6 / 2250

Dieses **Thermalbad** (www.sanvicente.com.co; Eintritt Erw./Kind 30 000 /12 000 COP, Zi. pro Pers. inkl. Frühstück 74 000–198 000 COP; ⊘ 8–24 Uhr) liegt am Ausgangspunkt eines steilen, bewaldeten Tals rechts und links von einem kalten Bach. Bis Santa Rosa de Cabal sind es gerade einmal 18 km in Richtung Osten, aber man hat das Gefühl, viel weiter weg zu sein.

Insgesamt besteht die Anlage aus fünf Thermalbecken (37° C), von denen zwei ausschließlich den Hotelgästen vorbehalten sind. Viele Besucher hängen im Hauptbecken aus Beton herum, obwohl die Piscina de las Burbujas, ein natürliches Thermalwasserbecken am Eingang, eigentlich viel schöner ist. Ein kurzes Stück zu Fuß das Tal hinunter liegen die spektakulären Pozos del Amor. Dort mischt sich das Thermalwasser mit dem rauschenden Bach, wodurch natürliche Thermalbecken inmitten von dichtem Wald entstehen– ein romantischeres Ambiente kann man sich kaum vorstellen.

Zum Komplex gehören auch drei natürliche Saunen, die über 80 bis 90° C heißen Quellen errichtet wurden. Mittlerweile werden auch umfassende Kurbehandlungen angeboten.

Die Auswahl an Unterkünften ist groß. Es gibt eine ganze Palette an unterschiedlichen Hütten – von rustikal Holz bis hin zu minimalistischen modernen Häusern mit Kamin und privatem Thermalbecken. Außerdem gibt es noch schlichte Hotelzimmer und günstige Zimmer über der Rezeption. Im Preis sind der Eintritt zu den Thermalbädern und das Frühstück inbegriffen.

Die Bäder werden vom **Buchungsbüro** (⏹ 333-6157; Av. Circunvalar No 15-62; ⊘ Mo–Fr 8–17, Sa 8–15 Uhr) in Pereira geführt, das auch Auskünfte erteilt. Ein Tagesausflug (Erw./Kind 60 000/40 000 COP) beinhaltet den Hin- und Rücktransport von Pereira, den Eintritt, Mittagessen und ein Erfrischungsgetränk.

Der Bus fährt am Büro um 8 Uhr ab und um 17 Uhr zurück. Eine andere Möglichkeit ist, am Markt – La Galería – in Santa Rosa de Cabal einen Jeep zu mieten (einfach 50 000 COP, bis zu sechs Fahrgäste).

Santuario Otún Quimbaya

In diesem Reservat, 18 km südöstlich von Pereira, steht eine 489 ha große Fläche mit enormer biologischer Vielfalt unter Schutz, und zwar auf einer Höhe von 1800 bis 2400 m. Im Reservat am Río Otún wurden über 200 Vogel- und Schmetterlingsarten gefunden sowie neben diversen anderen Säugetieren auch zwei seltene Affenarten. Im Schutzgebiet wurden mehrere Wanderwege am Fluss entlang und durch den Wald angelegt; ortskundige Guides, die allerdings nur Spanisch sprechen, stehen zur Verfügung (40 000–45 000 COP pro Gruppe).

Die Eintrittsgebühr (5000 COP) wird im **Besucherzentrum** (Vereda La Suiza; B/Zi. 2BZ 32 000/70 000/80 000 COP) entrichtet; hier gibt es auch Unterkünfte und Mahlzeiten sowie Elektrodusche (24-Std. Strom), jedoch keine Zentralheizung. Ein offenes Feuer und Alkohol sind verboten. Die Zimmer im Obergeschoss sind besonders empfehlenswert – sie haben einen kleinen Balkon, und man hört die Vögel singen. Reservieren kann man sie über die hervorragende Tourismusorganisation der Gemeinde **Yarumo Blanco** (⏹ 310-379-7719, 314-674-9248; www. yarumoblanco.co).

Von **Transporte Florida** (⏹ 334 2721; Calle 12 No 9–40, La Galería, Pereira) fahren täglich *chivas* (die landestypischen Busse; 4000 COP, 1½ Std.) um 7, 9 und 15 Uhr von Pereira aus zum Besucherzentrum in der Kleinstadt Vereda La Suiza, am Wochenende auch um 12 Uhr mittags. Die *chivas* um 9 und 15 Uhr fahren vom Besucherzentrum weiter nach El Cedral, wo sie sofort wenden und den Rückweg antreten. Das *chiva*-Terminal liegt in einem gefährlichen Stadtteil; aus diesem Grund sollte man den Taxifahrer bitten, in den Parkplatz hineinzufahren.

Parque Ucumarí

Der Park wurde 1984 gleich an der Westgrenze des Nationalparks Los Nevados ins Leben gerufen; in dem 42 km² großen Areal steht das zerklüftete, bewaldete Land um den Mittellauf des Río Otún (rund 30 km südöstlich von Pereira) unter Naturschutz. Mehr als 185 verschiedene Vogelarten wurden hier gesichtet.

Die Hütten der Schutzhütte **Refugio La Pastora** (B/Zeltplatz pro Pers. 22 000/5000 COP) liegen auf 2500 m Höhe im Herzen des Parks; sie bietet Schlafsäle und hervorragende Mahlzeiten zu günstigen Preisen. Die Atmosphäre ist sehr entspannt. Man kann den Hüttenwirt auch bitten, ein Lagerfeuer zu machen – Wein und etwas zu essen sollte man selbst mitbringen.

In den grünen Hügeln wurden Lehrpfade angelegt, sodass die Besucher nun die wild wuchernde Vegetation und die reiche Tierwelt im Park zu Fuß kennenlernen können; in rund 30 Minuten lässt sich von der Schutzhütte aus auch ein großer Wasserfall erreichen – ein lohnenswertes Ziel für einen kurzen Spaziergang.

Von La Pastora aus kann man am Río Otún flussaufwärts wandern; der Weg führt durch eine Schlucht in den Nationalpark Los Nevados. Sogar die **Laguna del Otún** (3950 m) lässt sich erreichen, für die 12 km, die stetig bergauf führen, sollte man mit sechs bis acht Stunden Gehzeit rechnen. Auch wenn es für Guttrainierte möglich ist, den anstrengenden Hin- und Rückweg an einem Tag zu schaffen, ist es doch empfehlenswerter, die Wanderung auf zwei Tage aufzusplitten. Übernachten kann man dann entweder im Zelt oder im schlichten Haus „Los Machetes": Es gehört einer Familie, die für ihre Gastfreundschaft bekannt ist. Wer länger bleibt, kann auch noch Abstecher in den *páramo* unternehmen. Die Bedingungen sind allerdings schwierig – man braucht einen Führer, der den Weg kennt.

Im Park selbst gibt es keine Rezeption mit Telefon, es besteht jedoch die Möglichkeit, im Voraus bei Yarumo Blanco (S. 246) anzurufen, um ein Quartier im *refugio* zu reservieren und sich einen Führer für die Trekkingtour zu organisieren. Das Unternehmen vermittelt auch Guides (Tag 100 000 COP), verleiht Zelte, z. B. für die mehrtägige Wanderung zum Lago del Otún und weiteren Zielen.

Und so kommt man von Pereira aus dorthin: Zunächst mit *chivas* von Transporte Florida (S. 246) nach El Cedral (5800 COP) fahren. Von dort sind es dann noch weitere 5 km, d. h. rund 2½ Stunden zu Fuß. Wem das zu anstrengend ist, kann ein Pferd mieten (einfach 20 000 COP).

Armenia

📞 6 / 290 000 EW. / 1640 M

Wie in den Nachbarstädten, sollte man auch hier nicht zu viel Sehenswürdigkeiten erwarten. Armenia hat sich nie richtig von einem verheerenden Erdbeben, das 1999 die

FESTE & EVENTS

Desfile de Yipao (🕐 Okt.) Bevor es losgeht noch schnell den Kamera-Akku aufgeladen – diese Art Fotos will sich bestimmt keiner entgehen lassen. Der Yipao, ein wichtiges Element der alljährlichen Geburtstagsfeierlichkeiten von Armenia, ist eine ungewöhnlicher Umzug: Jeeps, die eigentlich für die Arbeit benutzt werden, werden mit Tonnen von Kochbananen, Kaffee und Haushaltswaren beladen und fahren dann im Konvoi durch die Stadt. Spektakulär sind die Kunststücke der Jeepfahrer, die auf ihren auf zwei Rädern fahrenden Jeeps unterm Fahren auch noch Kunststücke vorführen.

gesamte Innenstadt dem Erdboden gleich machte, erholt. Das Zentrum wirkt irgendwie provisorisch – beispielsweise die rasch wiederaufgebaute Kathedrale aus Fertigbetonelementen.

Das eigentliche Stadtzentrum hat sich inzwischen etwas in Richtung Norden verlagert und erstreckt sich jetzt entlang der Avenida Bolívar. Die meisten Backpacker halten sich in Armenia gerade so lang auf, wie sie sie für das Umsteigen in einen anderen Bus brauchen. Die Stadt bietet jedoch ein schönes Museum und herrliche Botanische Gärten, die interessant genug sind, um ein oder zwei Tage dort zu verbringen.

⊙ Sehenswertes

Jardín Botánico del Quindío GÄRTEN
(📞 742-7254; www.jardinbotanicoquindio.org; Km 3 Vía al Valle, Calarcá; Eintritt Erw./Kind 17 000/8000 COP; 🕐 9–16 Uhr) Der hervorragende, 15 ha große Botanische Garten von Armenia hat den schönsten *mariposario* der ganzen Zona Cafetera. Dieses 680 m² große Schmetterlingshaus in der Form eines gigantischen Schmetterlings beherbergt bis zu 2000 dieser Insekten (und rund 50 verschiedene Arten). Interessant sind auch der 22 m hohe Aussichtsturm, dazu Farne, Orchideen, ein Guadua (Bambus)-Wald sowie eine umfangreiche Sammlung von Palmenarten.

Der Weg dorthin: Im Zentrum von Armenia an der Plaza de la Constitución oder in der Avenida Bolívar steigt man in einen Bus, der mit „Mariposario" (1600 COP, 40 Min.) beschildert ist.

Im Eintrittspreis sind die Dienste eines Guide inbegriffen – alle Führer arbeiten unentgeltlich und wissen deshalb ein Trinkgeld sehr zu schätzen. Der günstigste Zeitpunkt für einen Besuch ist der Morgen, dann sind die Schmetterlinge am aktivsten.

Museo del Oro Quimbaya
MUSEUM

(☏ 749-8169; museoquimbaya@banrep.gov.co; Av. Bolívar 40N-80; ⊘ Di–So 10–17 Uhr) GRATIS In diesem hervorragenden Goldmuseum, das auch eine edle Keramiksammlung beherbergt, wird Schmuck der vorkolumbischen Quimbaya-Kultur gezeigt. Das Museum liegt im Centro Cultural, 5 km nordöstlich des Stadtzentrums. Mit dem Bus 8 oder 12, der auf der Avenida Bolívar in Richtung Norden verkehrt, kommt man dorthin.

Parque de la Vida
PARK

(☏ 746-2302; Ecke Av. Bolívar & Calle 7N; Eintritt 1000 COP; ⊘ 7–19 Uhr) Wem der viele Beton zu viel wird, kann eine Pause in diesem beschaulichen Park einlegen. Er liegt in einem Tal mitten in der Stadt und bietet sowohl Gärten als auch Waldgebiete, dazu mehrere kleinere Seen und einen Bach, der munter durchs Gelände plätschert. Achtung vor den *guatins:* Die großen Nagetiere sind ziemlich frech und haben schon manch einem das Picknick weggeschnappt.

🛏 Schlafen

Casa Quimbaya
HOSTEL $

(☏ 732-3086; www.casaquimbaya.com; Calle 16N No 14-92; B 23 000 COP, EZ/DZ 50 000/70 000 COP; @🛜) Dank der praktischen Lage in der Nähe der Universität, der Bars und Restaurants ist dieses entspannte Hostel für Budgetreisende die erste Wahl in Armenia. Die beliebte Bar sorgt allerdings für einen gewissen Lärmpegel. Ein großer Pluspunkt ist das wirklich zuvorkommende Management, das gern beim Organisieren von Aktivitäten in der ganzen Provinz behilflich ist.

Hotel Casa Real
HOTEL $

(☏ 734-0606; Carrera 18 No 18-36; EZ/DZ 25 000/31 000 COP; 🛜) Das nette Hotel im Zentrum liegt über ein paar Geschäften in einer gut besuchten Einkaufsstraße. Es ist nicht irgendwie ausgefallen, bietet jedoch Annehmlichkeiten, die es sonst zu diesem Preis nicht gibt, also beispielsweise heißes Wasser, Kabelfernsehen und WLAN. Die Zimmer nach hinten hinaus sind ruhiger, die nach vorne hinaus bekommen dafür mehr Tageslicht ab.

Armenia Hotel
HOTEL $$$

(☏ 746-0099; www.armeniahotelsa.com; Av. Bolívar No 8N-67; EZ/DZ/3BZ 199 000/254 000/ 310 000 COP; ✳@🛜) Das Hotel gilt als die beste Adresse der Stadt. Die neun Etagen gruppieren sich um ein Atrium mit Glaskuppel. Die geräumigen Zimmer sind mit schicken Bambusmöbeln ausgestattet; viele bieten einen tollen Blick auf die Cordillera Central oder über die Stadt. Im Freien lockt ein beheizter Pool zum Planschen, und unten sorgt ein Restaurant mit Komplettservice für das leibliche Wohl.

🍴 Essen

Im Zentrum von Armenia haben tagsüber viele billige Lokale geöffnet, ebenso in der Umgebung der Universidad de Quindío, wo zahlreiche Bars und kleine Speiselokale die Studentenszene bedienen.

Natural Food Plaza
VEGETARISCH $

(www.naturalfoodplaza.com; Carrera 14 No 4-51; Hauptgerichte 9000–15 000 COP; ⊘ 7.30–18.30 Uhr, Sa geschl.; 🖊) Das köstlich kochende vegetarische Café ist die reinste Oase in einer Stadt, die für Vegetarier sonst nur eine bescheidene Auswahl zu bieten hat. Hier lockt ein hervorragendes Mittagsbüfett (9000 COP), aber es gibt auch super Burger und vegetarische Varianten typischer Gerichte.

La Fonda Antioqueña
KOLUMBIANISCH $

(Carrera 13 No 18–59; Hauptgerichte 12 000 bis 15 000 COP; ⊘ Mo–Sa 8–18, So 8–15 Uhr) Einen Block von der Plaza de Bolívar entfernt liegt dieses hervorragende *paisa*-Restaurant. Auf den Tisch kommt liebevoll zubereitete Traditionskost, beispielsweise *bandeja paisa* und am Wochenende auch *sancocho* (Suppe oder Eintopf). Das *almuerzo ejecutivo* (Tagesgericht zu Mittag; 7000 COP) wechselt täglich und bietet wirklich viel fürs Geld. Unbedingt *mazamorra* probieren, einen typischen Nachtisch aus gekochtem Mais mit einem Schuss Milch und *panela* (Saft aus unbehandeltem Rohrzucker).

La Fogata
KOLUMBIANISCH $$

(Carrera 13 No 14N-47; Hauptgerichte 23 000 bis 34 000 COP; ⊘ Mo–Sa 12–22, So 12–17 Uhr) Dieses Restaurant ist eines der berühmtesten Lokale der Stadt – und das aus gutem Grund. Hier werden hervorragende Steaks und Meeresfrüchte serviert, aber auch *vuelve a la vida,* eine Fischsuppe, die angeblich wie ein Aphrodisiakum wirken soll. Die Auswahl an Weinen ist ebenfalls gut.

Ausgehen & Unterhaltung

Armenia hat eine lebhafte Kneipenszene, die allerdings den Rivalen Manizales oder Pereira im Kaffeeland nicht das Wasser reichen kann. In der Umgebung der Universidad de Quindío, nordöstlich des Zentrums an der Straße nach Pereira, gibt es mehrere billige Bars. Die meisten Nachtlokale liegen in der *zona rosa* auf einem Hügel außerhalb der Stadt.

★ **La Fonda Floresta** BAR
(Av. Centenario; ⏱ Fr & Sa 20–3 Uhr) Die beliebte Bar im Stil eines traditionellen antioquischen Dorfes mit Antiquitäten, die von der Decke baumeln, und Partylämpchen allenthalben lockt ein gemischtes Publikum an, das an kleinen Tischen sitzt und zecht. Sobald der Alkoholspiegel stimmt, wird das ganze Lokal zu einer großen Tanzfläche umfunktioniert. Die Bar lässt sich mit dem Taxi vom Zentrum aus in zehn Minuten erreichen.

Club 3:00AM CLUB
(Km 1 Via Circasia; ⏱ Fr & Sa 14.30–7.45 Uhr) In diesen Club gleich vor der Stadtgrenze – und somit unbehelligt von irgendwelchen Sperrstundenverordnungen – zieht das hippe Partyvolk, um weiterzufeiern, wenn sonst schon alles dicht gemacht hat.

ℹ **Praktische Informationen**

4-72 (Calle 22 No 15-17; ⏱ Mo–Fr 8–18, Sa 9–12 Uhr)
Banco Avenida Villas (Ecke Carrera 14 & Calle 15N) Geldautomat im Norden der Stadt.
Banco de Bogotá (Calle 21 No 17-02) Betreibt einen Geldautomat im Stadtzentrum.
Touristeninformation (Corporación de Cultura y Turismo; Plaza de Bolívar; ⏱ 9–12 & 14–17 Uhr) Die Touristeninformation im dritten Stock des Gobernación-del-Quindío-Gebäudes hat sehr hilfsbereite Mitarbeiter und bietet jede Menge Informationen. Am Busbahnhof und am Flughafen finden sich darüber hinaus einige praktische Info-Points (PITS).

ℹ **Anreise & Unterwegs vor Ort**

FLUGZEUG

Der Aeropuerto Internacional El Edén (S. 367) liegt 18 km südwestlich von Armenia in der Nähe der Stadt La Tebaida. Ein Taxi kostet etwa 26 000 COP. Abgewickelt werden hier Inlandsflüge. Mit Iberia besteht die Möglichkeit, von Madrid nach Bogotá und weiter nach Armenia zu fliegen. Spirit bietet Direktflüge nach Fort Lauderdale in Florida.

BUS

Der **Busbahnhof** (www.terminaldearmenia.com; Calle 35 No 20-68) befindet sich 1,5 km südwestlich des Stadtzentrums. Der Busbahnhof wird regelmäßig von Stadtbussen angesteuert, die die Carrera 19 (1500 COP) entlangfahren.

Es fahren viele Busse nach Bogotá (40 000 COP, 8 Std.), Medellín (35 000 COP, 5 Std.) und Cali (22 000 COP, 3½ Std.). Minibusse verkehren regelmäßig nach Pereira (8000 COP, 1 Std.) und Manizales (17 000 COP, 2½ Std.).

TAXI

Tagsüber ist die Innenstadt voller Händler und Leuten, die einkaufen. Sobald es dunkel wird, ist die Sicherheit allerdings ein wichtiges Thema. Taxis sind eine billige und sichere Möglichkeit, zum gewünschten Ziel zu gelangen. Der Mindestpreis beträgt 3500 COP.

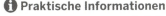

Rund um Armenia

So klein sie ist, bietet die winzige Provinz Quindío doch eine Fülle an Sehenswürdigkeiten: hübsche Kaffeefarmen, sagenhafte Ausblicke und einige amüsante Themenparks für Besucher aller Altersstufen. Der Kaffeefarm-Tourismus nahm hier seinen Anfang, und so sind nun Hunderte von *fincas* um das Wohl ihrer Gäste bemüht. Es gibt viele Broschüren, in denen diese Fincas zusammengestellt und auch bewertet sind. Die Touristeninformation hält ebenfalls eine lange Liste an Angeboten bereit. Eine weitere Informationsquelle ist das **Haciendas del Café** (www.clubhaciendasdelcafe.com).

⊙ **Sehenswertes & Aktivitäten**

Recuca FARM
(☎ 310-830-3779; www.recuca.com; Vereda Callelarga, Calarcá; Touren 18 000 COP; ⏱ 9–15 Uhr) Diese innovative Kaffeefarm führt Besichtigungstouren durch, die einen guten Einblick ins Leben auf einer *finca* vermitteln. Die Besucher werden in traditionelle Kleidung gesteckt, schnallen sich einen Korb um – und dann geht es erst einmal ab in die Plantage zum Kaffeepflücken. Anschließend bekommen sie auf der Hacienda erklärt, wie die Kaffeeproduktion im Detail vonstatten geht. Auch ein paar Volkstänze kann man hier lernen. Kitschig ist das alles natürlich schon, aber dennoch ein Spaß. Wer hier zu Mittag essen möchte (14 000 COP), sollte auf jeden Fall vorab einen Tisch reservieren.

Vom Busbahnhof in Armenia kann man jeden Bus (1600 COP) nehmen, der nach Río

NOSTALGIE AUF VIER RÄDERN

Wer sich eine Weile in der Zona Cafetera aufhält, wird aller Wahrscheinlichkeit nach auch ein paar Mal in einem klassischen Willys-Jeep aus dem Zweiten Weltkrieg durch die Gegend rumpeln.

Diese alten Kisten sehen nicht nur irre aus, wenn sie im Pulk an der Plaza der Stadt geparkt stehen, sie sind in ländlichen Gebieten der Zona Cafetera auch noch immer das wichtigste Transportmittel. Mit Willys wird so ziemlich alles befördert – von Fahrgästen über Schweine bis hin zu Kochbananen, Möbeln und – wie kann es anders sein? – Kaffee. Im Gegensatz zu einem Bus ist ein Willys-Jeep auch nie wirklich voll: Kein Wunder also, wenn der Fahrer locker 16 Personen, wenn nicht noch mehr, hineinpackt.

Die ersten Jeeps, die 1950 in Kolumbien ankamen, waren ausgesonderte Armeefahrzeuge aus den USA. Um die Fahrzeuge an die Farmer in der Zona Cafetera zu verkaufen, wurde eine Jeep-Ausstellung ins Leben gerufen: Die Fahrer chauffierten die Autos in allen möglichen Städten die Treppen zu den Kirchen hinauf und hinunter und steuerten die schwer beladenen Autos durch Hindernisparcours auf den Plätzen. Der Verkauf funktionierte prompt – und so begann eine Liebesgeschichte, die bis heute andauert.

Willys-Jeeps sind ein integraler Bestandteil der kolumbianischen Kultur auf dem Land; ein *yipao* ist ein anerkanntes Maß für Agrarprodukte in Kolumbien und entspricht etwa 20 bis 25 Säcken Orangen, eben einer Jeep-Ladung. Wer diese Fahrzeuge in ihrer ganzen Pracht bestaunen möchte, sollte sich den legendären Yipao-Umzug ansehen. Dann werden aufgemotzte Jeeps mit Agrarprodukten und Möbeln beladen, die dann auf den Hinterrädern durch die Stadt kurven. Weitere Infos siehe unter www.willyscolombia.com.

Verde fährt; man bittet einfach den Fahrer, einen am Eingang zur Farm abzusetzen. Von dort sind es dann noch 2 km zu Fuß durch die Kochbananenfarmen. Man kann den Wachmann aber auch bitten, einen Jeep (8000 COP/Fahrzeug) zu rufen. Ein Taxi von Armenia kostet etwa 30 000 COP.

Parque Nacional del Café   VERGNÜGUNGSPARK
(☑6-741-7417; www.parquenacionaldelcafe.com; Km 6 Via Montenegro; Eintritt 23 000–56 000 COP; ⏲Mi–So 9–18 Uhr) Dieser Themenpark hat überraschenderweise nicht viel mit Kaffee zu tun, dafür lockt er mit einer Achterbahn und einer Wasserrutsche. Ein kleines Kaffeemuseum gibt es dann aber doch, außerdem einen Autoscooter und einen Reitpfad.

Am Eingang bietet sich vom 18 m hohen Aussichtsturm ein herrlicher Blick über Armenia. Von der Seilbahn kann man den Park aus der Vogelperspektive betrachten; sie verbindet das Museum mit den nachgebauten Häusern einer typischen Ortschaft in der Provinz Quindío. Vom Busbahnhof in Armenia fahren Busse im 15-Minuten-Takt (2000 COP, 30 Min., 7–18 Uhr) zum Park.

🛏 Schlafen

Hacienda Combia   FARMAUFENTHALT $$
(☑6-748-8403; www.combia.com.co; EZ/DZ inkl. Frühstück ab 113 000/144 000 COP; @🛜🏊) Das professionell geführte Hotel auf einer großen noch aktiven Kaffeefarm liegt in der Nähe des Jardín Botánico del Quindío in Armenia. Das Hotel bietet einen fantastischen Bergblick und Einrichtungen vom Feinsten, darunter beispielsweise eine Poollandschaft und ein Spa. Hier geht es nicht so persönlich zu wie auf kleineren Farmen, aber für diesen Preis wird sich schwerlich besserer Komfort auftreiben lassen. Der Kaffee hier ist das einzig Wahre – er wird seit Generationen von derselben Familie produziert.

Die Zimmer im alten Farmhaus haben mehr Flair als im neuen Teil. Im weitläufigen Restaurant im Freien kommen typische Mahlzeiten aus der Region auf den Tisch. An der großartigen, kostspieligen Kaffeetour (95 000 COP, 4 Std.) können auch Gäste teilnehmen, die nicht im Haus logieren. Ein Taxi zur Hacienda kostet von Armenia aus rund 25 000 COP.

Finca Villa Nora   FARMAUFENTHALT $$$
(☑311-389-1806, 310-422-6335; www.quindio fincavillanora.com; Vereda la Granja, Quimbaya; EZ/DZ inkl. Frühstück & Abendessen 220 000/320 000 COP; 🏊) Diese Kaffee-, Avocado- und Guavenfarm zwischen Armenia und Pereira bietet komfortable Zimmer in einem wunderschönen alten Farmhaus mit rot-weißen Verzierungen; rund um das ganze Gebäude verläuft eine Veranda. Die Besitzer betreiben die Farm und die Finca

und kümmern sich persönlich um das Wohl ihrer Gäste. Hier herrscht eine beschauliche Atmosphäre mit viel Flair. Die Mitarbeiter können auf Wunsch den Privattransfer von den Flughäfen Armenia oder Pereira organisieren.

Salento

📍 6 / 4000 EW. / 1900 M

Die kleine Ortschaft inmitten herrlich grüner Berge liegt 24 km nordöstlich von Armenia. Sie lebt von der Kaffeeherstellung, von der Forellenzucht und – immer mehr – von den Touristen, die von den malerischen Straßen, der typischen *paisa*-Architektur und der Nähe zum spektakulären Valle de Cocora begeistert sind. Der Ort wurde 1850 gegründet und ist einer der ältesten der Provinz Quindío.

Die Hauptstraße Calle Real (Carrera 6) ist voll von *artesanías* (Ständen mit Kunsthandwerk) und Restaurants. Am Ende dieser Straße führen ein paar Treppen zum Alto de la Cruz hinauf, einem Hügel mit einem Kreuz. Von dort reicht der Blick bis zum grünen Valle de Cocora und den umliegenden Bergen. An einem klaren Tag – meist früh am Morgen – sind in der Ferne oft die schneebedeckten Gipfel der Vulkane zu sehen.

🏃 Aktivitäten

Ausritte sind in Salento ein beliebter Freizeitspaß; leider sind Touristen bereits Reitunfälle passiert. Man sollte deshalb immer mit einem erfahrenen Guide ausreiten. Deckt die eigene Reiseversicherung Ausritte nicht ab, sollte man sicherstellen, dass der Guide eine entsprechende Versicherung hat.

Álvaro Gomez   REITEN
(📞 759-3343, 311-375-8293) Der erfahrene Guide veranstaltet entlang der alten, unfertigen Bahngleise Ausritte zu den nahe gelegenen Wasserfällen, einen längeren Tagesausritt nach Cocora sowie mehrtägige Ausritte mit Übernachtung. Für einen halben Tag verlangt er pro Person 40 000 COP.

Kasa Guadua   WANDERN
(📞 313-889-8273; www.kasaguaduanaturalreserve. org) In diesem Privatreservat, das eine halbe Stunde zu Fuß außerhalb der Stadt liegt, stehen 14 ha tropischer Anden-Nebelwald unter Naturschutz.

Die engagierten Besitzer veranstalten informative Wanderungen auf diversen Pfaden, die sie selbst führen (15 000 bis 25 000 COP pro Besucher). Während der Recherchen zu diesem Reiseführer wurden gerade neue Unterkünfte in erhöht liegenden Hütten mitten im Wald gebaut.

Los Amigos   TEJO
(Carrera 4 No 3-32; ⏰ 15–23 Uhr) Wer in Stimmung ist, Bier zu trinken und es richtig krachen zu lassen, sollte es den Einheimischen gleichtun und diesen *tejo*-Club mit viel Flair besuchen. Und dazu den schicksten Schnauzbart tragen!

👉 Geführte Touren

Mehrere Kaffeefarmen vor Ort veranstalten Kaffeetouren für Besucher, die mehr über den Herstellungsprozess des beliebten Frühstücksgetränks wissen möchten. Empfehlenswerte Farmen finden sich auf dem Land in der Nähe von Vereda Palestina. Von Salento kommt man in rund 45 Minuten zu Fuß dorthin; es geht meistens bergab. Ausgangspunkt ist der Park in der Ortsmitte von Salento. Von dort hält man sich einen Block gen Norden, dann geht es gen Westen über eine gelbe Brücke und immer die Hauptstraße entlang.

Von dort besteht die Möglichkeit, eine halbe Stunde ins Tal nach Boquia an der Straße Armenia–Salento hinunterzumarschieren und mit dem *regelmäßig* verkehrenden Bus (1000 COP) wieder zurück nach Salento zu fahren.

Ein Privatjeep von Salento zu den Farmen in der Nähe von Vereda Palestina kostet etwa 24 000 COP.

Don Elías Organic Farm   KAFFEETOUREN
(in der Nähe von Vereda Palestina; Tour 5000 COP) Der charismatische, einheimische Kaffeebauer Don Elías bietet eine tolle Führung durch seine traditionelle Biofarm an. Bei ausreichend guten Sprachkenntnissen sollte man sich der Tour auf Spanisch anschließen, die Don Elias immer höchstpersönlich führt.

El Ocaso   KAFFEETOUREN
(📞 310-451-7194; www.fincaelocasosalento.com; in der Nähe von Vereda Palestina; Tour 8000 COP) Die nobelste Kaffeetour in der Umgebung von Salento findet auf einer weitläufigen Farm mit einem hübschen alten Farmhaus statt. Die Teilnehmer besuchen zuerst die Plantage und verfolgen dann den Prozess, wie die Bohnen für den Markt verarbeitet werden. Die Touren dauern etwa eine Stunde und beginnen um 9, 11, 13 und 15 Uhr. Am Wochenende gibt es auch eine Tour auf Englisch.

🛏 Schlafen

Tralala
HOSTEL $

(☎ 314-850-5543; www.hosteltralalasalento.com; Carrera 7 No 6-45; B 20 000–22 000 COP, EZ/DZ 50 000/65 000 COP, ohne Bad 40 000/50 000 COP; 🛜) Das kleine, gut geführte Hotel in einem fröhlich renovierten Kolonialhaus wurde ganz eindeutig von jemandem konzipiert, der genau weiß, was Rucksackreisende sich wünschen. Hier finden sie bequeme Matratzen, heiße Duschen, zwei Küchen, eine umfangreiche DVD-Bibliothek und ein schnelles WLAN. Und für schlammige Wanderungen kann man sich sogar Gummistiefel ausleihen.

La Floresta Hostel
HOSTEL $

(☎ 759-3397; www.laflorestahostel.com; Carrera 5 No 10-11; B 18 000–20 000 COP, EZ/ DZ 44 000/54 000 COP, ohne Bad 34 000/44 000 COP; 🛜) Das nette Hotel gleich jenseits der gelben Brücke in der Ortsmitte von Salento gehört einem Einheimischen und hat ein wirklich hervorragendes Preis-Leistungs-Verhältnis. Die Zimmer sind gut ausgestattet und gemütlich, und der weitläufige Garten, in dem man sogar sein Zelt aufschlagen darf, ist mit Hängematten bestückt und bietet eine schöne Aussicht auf die Berge. In La Floresta werden auch gute Räder vermietet, mit denen sich die Umgebung erkunden lässt.

★ Ciudad de Segorbe
HOTEL $$

(☎ 759 3794; www.hostalciudaddesegorbe. com; Calle 5 No 4–06; EZ/DZ inkl. Frühstück 70 000/95 000 COP; 🅿🛜) Allein schon die eleganten Zimmer mit Parkettboden und winzigem Balkon mit Bergblick lohnen den Besuch des zweistöckigen Hotels, doch erst der herzliche spanisch-kolumbianische Wirt macht aus dem beschauliche kleine Hotel zu etwas wirklich Besonderem. Das hervorragende Frühstück wird im Innenhof serviert.

La Serrana
HOSTEL $$

(☎ 316-296-1890; www.laserrana.com.co; Km 1,5 Via Palestina; B 23 000–25 000 COP; EZ/DZ 80 000/85 000 COP, ohne Bad 70 000/75 000 COP; 🅿🛜) Das Hostel oben auf einem beschaulichen Hügel in einer Milchfarm bietet einen sagenhaften Blick übers Tal. Die Einrichtungen sind vom Feinsten, die Atmosphäre sehr angenehm. Das Restaurant serviert preiswerte Mahlzeiten, und ein hübscher Patio, in dem man sein Zelt aufschlagen darf, ist ebenfalls vorhanden.

Außerdem stehen hier luxuriöse fest installierte Zelte (EZ/DZ/3BZ 65 000/ 70 000/80 000 COP). Der 20-minütige Fußmarsch vom Ort lohnt sich auf alle Fälle! Wer mit schwerem Gepäck unterwegs ist, mietet sich einen Jeep (6000 COP).

🍴 Essen & Ausgehen

Am Wochenende ist die Plaza voller Imbissstände, die regionale Spezialitäten anbieten wie Forelle und knusprige *patacones* (frittierte Kochbananen), die in *hogao* (warmemTomaten-Chutney) nur so schwimmen.

La Eliana
INTERNATIONAL $

(Carrera 2 No 6-65; Hauptgerichte 10 000 bis 14 000 COP; ⏱12–21 Uhr) Hier gibt es hochwertiges Frühstück in zig Varianten plus Gourmetpizza, Sandwiches und – wenn einem der Sinn nach Abwechslung steht – echt indische Currys. Die Portionen fallen groß aus, und die Preise sind anständig angesichts der guten Qualität. Unbedingt probieren sollte man das köstliche Orangengebäck.

Rincón del Lucy
KULUMBIANISCH $

(Carrera 6 No 4-02; Mahlzeiten 6000 COP) Die Gäste sitzen an tollen aus Baumstämmen zusammengezimmerten Tischen, um sich eine Mahlzeit mit dem besten Preis-Leistungs-Verhältnis des ganzen Ortes schmecken zu lassen: Fisch, Rindfleisch oder Hühnchen, die jeweils mit Reis, Bohnen, Kochbanane und Suppe serviert werden.

Billar Danubio Hall
BAR

(Carrera 6 No 4-30; ⏱Mo–Fr 8–24, Sa & So 8–2 Uhr) Die Bar verkörpert sämtliche lateinamerikanische Kleinstadtfantasien. Alte Männer in ganz und gar nicht witzig gemeinten Ponchos und Cowboy-Hüten nippen an ihrem *aguardiente* (Anisschnaps) und spielen Domino. Die Gäste ergehen sich in nostalgischen Gesängen, sobald ein Lied gespielt wird, das an den Liebeskummer vergangener Tage erinnert.

Die Bar ist eine Bastion unbeirrbar männlicher Verhaltensmuster, und dementsprechend werden Frauen gern als Kuriosität behandelt – aber *Caballeros* sind sie natürlich alle.

Café Jesús Martín
CAFÉ

(www.cafejesusmartin.com; Carrera 6A No 6-14; ⏱8–21 Uhr) Das sehr empfehlenswerte Café serviert einen 1A-Espresso aus Kaffeebohnen, die in der Fabrik des Besitzers geröstet wurden. Das Ambiente ist schon sehr geschniegelt, deshalb ist es kein Wunder, dass sich Einheimische kaum einmal hierher verirren. Auch Wein, Bier und leichtere Mahlzeiten können bestellt werden. Und es lohnt sich nachzufragen, ob vielleicht gerade eine der hochkarätigen Kaffeeverkostungen stattfindet.

Donde Mi Apá   BAR
(Carrera 6 No 5-24; ⊗ Mo–Do 16–23, Sa 13–2, So 13–23 Uhr) In diese Kneipe kommt das hart arbeitende Bergvolk, um sich nach einem stressigen Arbeitstag im Büro abzufüllen. Die Gaststube ist vollgestopft mit allerlei Nippes und Antiquitäten aus der gesamten Zona Cafetera.

Hinter der Bar beeindruckt eine irre Sammlung von 18 000 alten Schallplatten aller Genres der *musica vieja* (alte Musik).

ABSTECHER

FILANDIA

Das gemächliche Filandia ist ein traditioneller Kaffeeort, der es an Charme in jeder Hinsicht mit seinem berühmten Nachbarn Salento aufnehmen kann, der nur ein kleines Stück entfernt liegt. Hierhin verirrt sich allerdings nur ein Bruchteil der Besucher, die täglich in Salento einfallen. Filandia bietet aber die am schönsten erhaltene Architektur dieser Region, außerdem den *mirador* (Aussichtspunkt) Colina Iluminada (Km 1 Via Quimbaya; Eintritt 3000 COP; ⊗ Mo–Fr 14–19, Sa & So 10–19 Uhr), eine beeindruckende, 19 m hohe Holzkonstruktion, die einen atemberaubenden Blick über die drei Provinzen ermöglicht – an einem klaren Tag sogar bis zum Parque Nacional Natural Los Nevados.

Zahlreiche kleine Kaffeefarmen, die fast alle Besucher herzlich willkommen heißen, liegen rund um die Ortschaft. Besichtigungen und Quartiere dort lassen sich über die Touristeninformation (✆ 6-758-2195; Calle 6 No 6-04; ⊗ Mo–Fr 7–12 & 13.30–16.30 Uhr) im Alcaldia-Gebäude gleich um die Ecke von der Plaza arrangieren. Die Touristeninformation vermittelt auch Ausritte (25 000 COP).

Naturfreunde sollte den Cañon del Río Barbas und die Reserva Natural Bremen – La Popa besuchen, zwei unerschlossene, bewaldete Areale mit Unmengen Vögeln. Sogar Brüllaffen bekommt man hier manchmal zu sehen.

Turaco (✆ 315-328-0558; turaco@hotmail.es; Calle 7 No 4-51) bietet geführte Wanderungen zu beiden Schutzgebieten an, aber auch Exkursionen zu Wasserfällen und Kaffeefarmen in der Region. Fünf Wanderer bezahlen einen Betrag von etwa 80 000 COP.

In der Ortschaft gibt es mehrere Unterkünfte, die wirklich viel fürs Geld bieten; am schönsten ist die beschauliche Posada del Compadre (✆ 315-354-5253; Carrera 6 No 8-06; Zi. inkl. Frühstück 60 000–70 000 COP); sie befindet sich in einem wunderschön restaurierten Kolonialgebäude mit sagenhaftem Bergblick von der Terrasse hinter dem Haus. Wer eine günstige Unterkunft sucht, sollte sein Glück im Hostal Colina de Lluvia (✆ 312-715-6245; aguadelluvia@outlook.com; Carrera 4 No 5-15; B 25 000 COP, Zi. mit/ohne Bad 65 000/45 000 COP) versuchen.

Und Freunde guten Essens sollten unbedingt Helena Adentro (Carrera 7 No 8-1; Hauptgerichte 9000–18 000 COP; ⊗ Mi–Do 12–22, Fr 12–24, Sa 12–1 Uhr) einen Besuch abstatten – eine hippe Bar, in der hervorragende, moderne kolumbianische Gerichte gekocht und tolle Cocktails serviert werden.

Filandia ist für seine Flechtkörbe aus Bananenblättern bekannt, eine Kunst, die auf die Körbe zurückgeht, die in der guten alten Zeit während der Ernte von den Kaffeepflückern benutzt wurden. Interessierte bekommen genauere Informationen bei einem Besuch des Centro de Interpretación de la Cestería de Bejucos (✆ 312-234-4055; Ecke Carrera 5 & Calle 6, Casa del Artesano; ⊗ 14–18 Uhr) GRATIS Das Zentrum ist eine Art Museum mit Galerie, das sich der Handwerkskunst verschrieben hat. Eine andere Möglichkeit ist, in den vielen Ateliers im Barrio San José vorbeizuschauen, wo man das eine oder andere Stück direkt bei den *artesanos* erstehen kann. Manch einer erklärt Interessierten sogar, wie man selbst so einen Korb fertigt.

Busse von bzw. nach Armenia (4200 COP, 45 Min.) verkehren im 20-Minuten-Takt bis 20 Uhr. Es besteht bis 19 Uhr auch stündlich eine Direktverbindung nach Pereira (5300 COP, 1 Std.). Von Salento kommend, kann man in Las Flores einen Bus nehmen; dort mündet die Straße nach Salento in die Hauptschnellstraße.

❶ Praktische Informationen

Banco Agrario de Colombia (Carrera 7) Ein Geldautomat steht an der Plaza.

Bancolombia (Carrera 6) Betreibt ebenfalls einen Geldautomat an der Plaza.

❶ An- & Weiterreise

Minibusse verkehren etwa im 20-Minuten-Takt von bzw. nach Armenia (3800 COP, 45 Min., 6–20 Uhr). Die Busse fahren an der Plaza ab, nur sonntags nicht, dann verkehren sie vom Busbüro in der Carrera 2. Man kann von Armenia auch ein Taxi (30 Min., 50 000 COP) nehmen.

Von Pereira (6000 COP, 1½ Std.) starten Direktbusse um 6.50, 13.30 und 16.30 Uhr. Von Salento fahren sie um 7.50, 12.50, 14.50 und 17.50 Uhr nach Pereira zurück. Am Wochenende verkehren diese Busse im Stundentakt. Wer von Pereira kommt, kann auch einen Bus mit dem Ziel Armenia nehmen und in Las Flores aussteigen; man überquert dann die Straße und steigt in einen Bus, der auf der Strecke Armenia – Salento unterwegs ist.

Valle de Cocora

In einem Land, das vor herrlichen Landschaften nur so strotzt, zählt das Tal von Cocora zu den schönsten. Das breite grüne Tal wird von zackigen Berggipfeln gesäumt und erstreckt sich östlich von Salento bis zu den niedrigeren Ausläufern des Nationalparks Los Nevados. Überall sind *palmas de cera* (Wachspalmen) zu sehen, die größte Palmenart der Welt, die bis zu 60 m Höhe erreicht. Die Palme ist der Nationalbaum Kolumbiens und bietet in den dunstigen grünen Hügeln einen atemberaubenden Anblick.

Die beliebteste Wanderung ist die 2½-stündige Tour vom kleinen Nest Cocora zur **Reserva Natural Acaime** (Eintritt inkl. Erfrischungsgetränk 5000 COP). Dort angekommen, befindet sich der Pfad auf der rechten Seite (wenn man ins Tal hineingeht), also in entgegengesetzter Richtung von Salento. Der erste Teil der Strecke führt durch Grasland, der zweite durch dichten Nebelwald.

In Acaime kann man einen heißen Kakao (mit Käse, eine kolumbianische Spezialität) trinken und die vielen Kolibris bestaunen. Wer übernachten will, findet dort einfache Unterkünfte.

Etwa 1 km, bevor man Acaime erreicht, passiert man den Abzweig zur **Finca La Montaña**, eine schweißtreibende, einstündige Wanderung, die einen ziemlich steilen Berg hinaufführt. Von dort geht es dann auf einem einfachen Pfad wieder nach Cocora (1½ Std.) hinunter.

Der Rundweg lohnt sich, denn es bieten sich von oben spektakuläre Ausblicke über das Tal, außerdem verläuft der Weg mitten durch Wachspalmen. Es besteht auch die Möglichkeit, in Cocora ein Pferd zu mieten, um mit einem Führer nach Acaime (45 000 COP pro Pers.) zu reiten.

Jeeps fahren am Hauptplatz von Salento um 6.10, 7.30, 9.30, 11.30, 14 und 16 Uhr nach Cocora (3400 COP, 30 Min.) und jeweils eine Stunde später wieder zurück. Am Wochenende bestehen weitere Verbindungen. Man kann sich auch privat einen Jeep für etwa 27 000 COP leihen.

Cali & Südwest-Kolumbien

Auf nach Cali & Südwest-Kolumbien!

Abgelegen und berüchtigt für seine Sicherheitsprobleme, wird Südwest-Kolumbien vom Tourismus oft links liegen gelassen, doch die faszinierende Region gehört auf jeden Reiseplan: Afrikanische trifft hier auf Andenkultur, präkolumbische auf moderne – ein Land der Kontraste, das die Sinne berührt und Reisenden zahllose schöne Erlebnisse bereitet.

Die Sicherheitssituation hat sich bedeutend verbessert. Einst gefährliche Reiseziele können wieder besucht werden. Dort befinden sich die interessantesten archäologischen Stätten des Landes und viele der schönsten Kolonialbauten. Die Artenvielfalt der Region ist enorm. Eine Tagesreise kann die Ökosysteme von Wüste, Urwald und *páramo* (Hochebene) umfassen. Für Naturliebhaber gibt es aktive Vulkane, heiße Quellen und imposante Bergzüge.

Gut essen

➡ Hotel Camino Real (S. 272)

➡ Platillos Voladores (S. 262)

➡ Lulodka (S. 262)

➡ Donde Richard (S. 277)

Heiß tanzen

➡ Zaperoco (S. 263)

➡ New York (S. 273)

➡ Tin Tin Deo (S. 263)

➡ Viejoteca Pardo Llada (S. 263)

Reisezeit

Cali

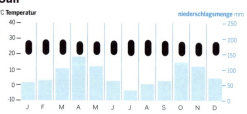

Aug. Afro-kolumbianische Rhythmen reißen Cali mit beim Festival Petronio Álvarez.

Juli–Sept. Heiße Aufwinde geben einen Extra-Kick beim Kitesurfen am Lago Calima.

Dez. & Jan. Wandern bei klarem Himmel im Parque Nacional Natural (PNN) Puracé.

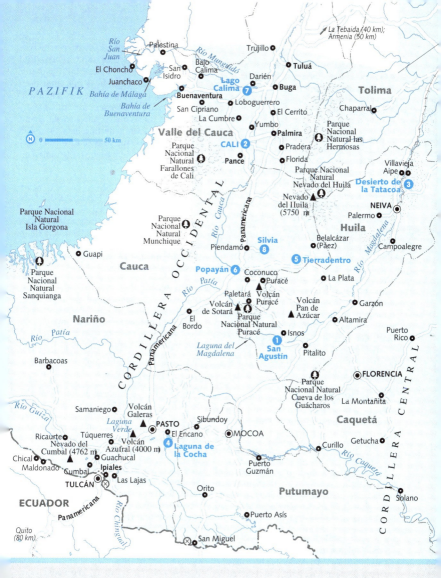

Highlights

1 In phänomenaler Naturkulisse bei **San Agustín** (S. 274) präkolumbische Riesenskulpturen bestaunen

2 In den Salsa-Bars von **Cali** (S. 258) locker die Hüften schwingen

3 Den Nachthimmel in Kolumbiens kleinster Wüste

Desierto de la Tatacoa (S. 281) betrachten

4 Mit dem Boot über die **Laguna de la Cocha** (S. 286) zur Insel Corota fahren

5 Die Berglandschaft von **Tierradentro** (S. 278) erwandern und altertümliche Grabstätten aufsuchen

6 Durch die Straßen von **Popayán** (S. 267) mit ihren Kolonialbauten schlendern

7 Die Aufwinde an den Bergen am **Lago Calima** (S. 266) zum Kitesurfen nutzen

8 Die einheimische Guambiano-Kultur auf dem Markt in **Silvia** (S. 270) erleben

CALI

📱 2 / 2,5 MIO EW. / 969 M

Als Cover für eine Tourismusbroschüre eignet sich Cali nicht, aber es bietet Besuchern alles, was andere Städte nur versprechen. Es ist eine angesagte, packende Stadt, deren Lebhaftigkeit einen in ihren Bann zieht und so schnell nicht wieder loslässt.

Das Kennenlernen wird dem Besucher nicht leicht gemacht – Tourismus scheint hier niemandem so wichtig –, doch wer sich bemüht, findet ein buntes Nachtleben, gute Restaurants und viel Unterhaltung vor, besonders abends, wenn der kühle Wind aus den Bergen die Hitze vertreibt.

Calis afro-kolumbianisches Erbe ist reichhaltig; nirgendwo sonst im Land leben so viele verschiedene Rassen harmonisch miteinander. Von den verarmten Barrios bis hin zu den glänzenden großen Clubs bewegt sich alles im Salsa-Rhythmus. Musik ist hier mehr als Unterhaltung, sie ist das Band, das die Stadt zusammenhält.

Caleños sind sehr stolz auf ihre pulsierende Kultur mit dem aufrührerischen Geist, der sich in dem Slogan *Cali es Cali y lo demás es loma, ¿oís?* (Cali ist Cali, und der Rest [von Kolumbien] ist bloß Gebirge. Alles klar?) äußert.

👁 Sehenswertes

Iglesia de la Merced   KIRCHE
(Ecke Carrera 4 & Calle 7; ⏰ 6.30–10 & 16–19 Uhr) Der Baubeginn 1545 macht sie zur ältesten Kirche der Stadt. Ein hübsches, weiß getünchtes Gebäude im spanischen Kolonialstil, mit schmalem, langem Kirchenschiff und einfacher Bauweise in Holz und Gipsputz. Über dem schwer vergoldeten barocken Altar steht die Virgen de las Mercedes, die Schutzpatronin der Stadt.

Museo Arqueológico la Merced   MUSEUM
(📞 885-4665; Carrera 4 6–59; Erw./Kind 4000/2000 COP; ⏰ Mo–Sa 9–13 & 14–18 Uhr) Im ehemaligen Kloster La Merced untergebracht, dem ältesten Gebäude Calis, enthält dieses interessante Museum eine Sammlung präkolumbischer Keramiken der großen Kulturen Zentral- und Südkolumbiens.

Museo de Arte Moderno La Tertulia GALERIE
(📞 893-2939; www.museolatertulia.com; Av. Colombia 5 Oeste-105; Eintritt 4000 COP; ⏰ Di–Sa 10–18, So 14–18 Uhr) Ausstellungen zeitgenössischer Malerei, Skulpturen und Fotografien – 15 Gehminuten vom Stadtzentrum aus entlang am Río Cali.

Zoológico de Cali   ZOO
(📞 488-0888; www.zoologicodecali.com.co; Ecke Carrera 2A Oeste & Calle 14 Oeste; Erw./Kind 15 000/10 000 COP; ⏰ 9–16.30 Uhr) Größter und bester Zoo des Landes mit einer breiten Auswahl an einheimischen Tierarten, wie z. B. *chiguiro* (Wasserschwein), *oso hormiguero* (Ameisenbär), Affen sowie einem *mariposario* (Schmetterlingshaus). Der Zoo liegt 2 km südwestlich des Zentrums im Barrio Santa Teresita und ist am besten mit dem Taxi zu erreichen.

Iglesia de San Antonio   KIRCHE
Die kleine, 1747 erbaute Kirche steht auf der Anhöhe Colina de San Antonio westlich der Altstadt. Sie enthält wertvolle *tallas quiteñas*, geschnitzte Holzplastiken von Heiligen im Stil der Quito-Schule aus dem 17. Jh. Der Park um die Kirche bietet schöne Ausblicke über die Stadt.

Cristo Rey   DENKMAL
Die riesige Christus-Statue auf dem Cerro las Cristales ähnelt dem noch größeren Monument in Rio und ermöglicht einen Rundblick auf die Stadt. Hin- und Rückfahrt mit dem Taxi kosten etwa 50 000 COP. Zu Fuß zu gehen, ist nicht empfehlenswert.

Museo del Oro   MUSEUM
(Calle 7 No 4-69; ⏰ Di–Sa 10–17 Uhr) GRATIS Das Museum liegt einen Block östlich der Iglesia de la Merced und zeigt eine kleine, aber feine Sammlung von Gold- und Keramik-Artefakten der Calima-Kultur.

Iglesia de San Francisco   KIRCHE
(Ecke Carrera 6 & Calle 10) Der klassizistische Bau geht zurück auf das 18. Jh. und ist bekannt für den angrenzenden **Torre Mudéjar** (Ecke Carrera 6 & Calle 9), einen ungewöhnlichen Backstein-Glockenturm, der als Paradebeispiel kolumbianischer Mudéjar-Architektur gilt.

Iglesia de la Ermita   KIRCHE
(Ecke Av. Colombia & Calle 13) Die neugotische Kirche über dem Río Cali beherbergt das Gemälde *El Señor de la Caña* (Der Herr des Zuckerrohrs) aus dem 18. Jh., dem viele Wunder zugeschrieben werden.

🏃 Aktivitäten

Colombia Walking Tours   GEFÜHRTE TOUREN
(📞 310-398-5513; www.colombiawalkingtours.com) GRATIS Diese Gruppe engagierter junger Stadtführer bietet montags und freitags eine kostenlose Führung durch die Innenstadt.

Beginn ist um 16 Uhr vor der Iglesia de la Merced. Auf Wunsch werden auch andere Touren durch Cali organisiert.

Club Social Los Amigos
TEJO (SPIEL)

(☎442-1258; Calle 49 No 8A-23; ☉Di–So 15 bis 24 Uhr) Eine große Bar für Arbeiter östlich der Stadtmitte, mit drei *canchas de tejo* sowie *canchas de sapo* (ein Spiel, bei dem Metallscheiben in die Löcher einer hölzernen Zielkiste geworfen werden) und Billardtischen. Eine Taxifahrt dorthin kostet ungefähr 10 000 COP.

Wandern

Ein absolutes Muss in Cali ist eine Wanderung zum **Cerro de las Tres Cruces** mit den drei Kreuzen oberhalb der Stadt. Die Aussicht von dort ist spektakulär. Von Grenada aus ist es eine anstrengende zwei- bis dreistündige Rundtour in Richtung Nordwesten (reichlich zum Trinken mitbringen!) oder per Taxi (35 000 COP).

18 km westlich der Stadt, am Kilometerstein **Km 18**, gibt es zahlreiche Bars und Restaurants. Auf 1800 m Höhe ist es hier angenehm kühl, und der angrenzende Nebelwald ist ein wichtiges Vogelschutzgebiet (Details zu den Arten unter www.mapalina.com) mit großer Artenvielfalt. Die Wanderung von dort zum Städtchen **Dapa** (4 Std.) abseits der Landstraße Cali–Yumbo ist recht angenehm. Bei den vielen Abzweigungen sollte man stets die nach links nehmen.

Km 18 wird regelmäßig von Bussen ab dem Busterminal angefahren (2000 COP, 45 Min.). Busse und Jeeps fahren halbstündlich nach Dapa (3500 COP, 30 Min.) ab Sameco im Norden von Cali.

🍃 Kurse

Viele Besucher kommen nach Cali, um Salsa tanzen zu lernen, sowohl die lebhafte eigene Variante der Stadt als auch traditionellere Stile. Mehrere professionelle Salsa-Schulen unterrichten in der Stadt nach jeweils eigenen Methoden. Die Kosten betragen etwa 35 000–50 000 COP pro Stunde für Privatunterricht, mit Preisabschlägen bei Vorauszahlung für bestimmte Kursreihen.

Empfohlen werden u. a. **Son de Luz** (☎370-2692; www.sondeluz.co; Carrera 28 No 6-118) und **Compañía Artística Rucafé** (☎556-0300; www.rucafe.com.co; Carrera 36 No 8-49, El Templete), die sich auf Salsa Casino spezialisiert. Günstiger sind die populären Gruppenklassen bei **Manicero** (☎314-658-7457; Calle 5 No 39-71).

Für Fortgeschrittene, die ihren Tanz perfektionieren wollen, bietet **Swing Latino** (☎374-2226; www.elmulatoysuswinglatino.com; Carrera 31 No 7-25) international anerkannt guten Unterricht. Im Angebot sind Einzelunterricht (75 000 COP pro Stunde) und Tanzklassen in verschiedenen Leistungsstufen. Beim Buchen einer festen Reihe von Unterrichtsstunden werden die Preise stark reduziert.

Sprachkurse werden an der **Universidad Santiago de Cali** (☎518-3000, ext 421; www.usc.edu.co; Ecke Calle 5 & Carrera 62) erteilt, die guten Spanischunterricht für Ausländer anbietet.

✹ Feste & Events

★ Festival de Música del Pacífico Petronio Álvarez
MUSIK

(www.festivalpetronioalvarez.com; ☉Aug.) Ein Festival pazifischer Musik, stark beeinflusst von den afrikanischen Rhythmen der vielen Sklaven, die ursprünglich die Pazifikküste bewohnten. *Caleños* kommen massenweise, um durchzutanzen und große Mengen *arrechón* (ein süßes, hausgemachtes, alkoholisches Getränk) zu trinken.

Festival Mundial de Salsa
TANZ

(www.mundialdesalsa.com; ☉Sept.) Fantastische Tänzer aus Cali und dem Umland treten bei diesen Ausscheidungstänzen in bunten Kostümen auf.

Calle del Arte
KULTUR

(☉Sept.) San Antonio veranstaltet dieses Straßenfest mit Musik, *artesanías* (Kunsthandwerk), Theater, Tanz und Imbissbuden.

Feria de Cali
KULTUR

(www.feriadecali.com; ☉Dez.) Calis großes Fest von Weihnachten bis Neujahr, mit Umzügen, Musik, Theater, einer Miss-Wahl und Feiern in der ganzen Stadt.

🛏 Schlafen

In Cali bietet San Antonio Entspannung in kolonialem Ambiente, Granada dagegen mehr Nachtleben.

Guest House Iguana
HOSTEL $

(☎382-5364; www.iguana.com.co; Av. 9N No 22N-46; B 19 000–21 000 COP, EZ/DZ 50 000/60 000 COP, ohne Bad 40 000/50 000 COP; @🛜) Ein entspanntes Hostel mit verschiedenen komfortablen Unterkünften in zwei aneinander angrenzenden Gebäuden. Es gibt einen angenehmen Gartenbereich, ein hilfreiches Hotelmanagement und mehrmals

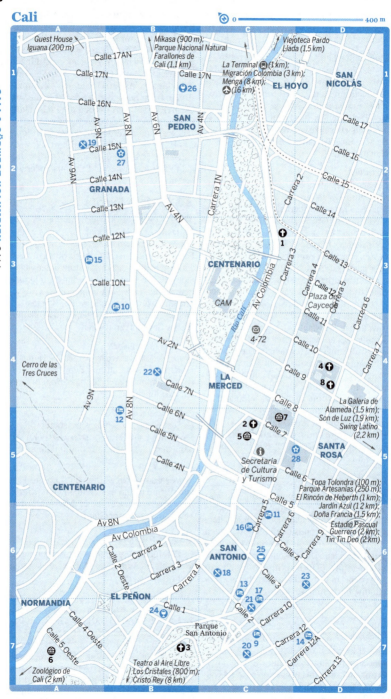

Cali

0 — 400 m

Guest House
Iguana (200 m)

Calle 17AN

Calle 17N

Mikasa (900 m);
Parque Nacional Natural
Farallones de
Cali (1,1 km)

Calle 17N

26

Viejoteca Pardo
Llada (1.5 km)

La Terminal (1 km);
Migración Colombia (3 km);
Menga (8 km);
(16 km)

EL HOYO

SAN
NICOLÁS

Calle 16N

SAN
PEDRO

Calle 17

Av 9N

Av 8N

Av 6N

Av 4N

Calle 16

19

Calle 15N

Carrera 1N

Carrera 2

Calle 15

Av 9AN

27

Calle 14N

GRANADA

Calle 14

Calle 13N

Av 4N

Carrera 3

Calle 13

Calle 12N

1

Carrera 4

15

CENTENARIO

Carrera 5

Calle 11N

Av Colombia

Plaza de
Caycedo

Calle 12

Calle 10N

CAM

Calle 11

Carrera 6

10

4-72

Calle 10

Carrera 7

Av 2N

Río Cali

Calle 9

Cerro de las
Tres Cruces

4

Av 9N

22

Calle 7N

LA
MERCED

Calle 8

8

Av 8N

Calle 6N

Calle 7

7

La Galeria de
Alameda (1.5 km);
Son de Luz (1,9 km);
Swing Latino
(2,2 km)

12

Calle 5N

2

5

28

SANTA
ROSA

CENTENARIO

Calle 4N

Secretaría
de Cultura
y Turismo

Calle 6

Topa Tolondra (100 m);
Parque Artesanias (250 m);
El Rincón de Heberth (1 km);
Jardín Azul (1.2 km);
Doña Francia (1.5 km)

Av 8N

Calle 5

11

Carrera 8

Av Colombia

16

Carrera 9

Estadio Pascual
Guerrero (2 km);
Tin Tin Deo (2 km)

Calle 2 Oeste

Carrera 2

SAN
ANTONIO

25

Calle 4

Carrera 3

18

Calle 3

23

NORMANDIA

Carrera 4

13

17

EL PEÑON

Calle 1

21

Carrera 10

24

Parque
San Antonio

Calle 2

Carrera 12

Calle 4 Oeste

20

9

Carrera 12A

14

Calle 5 Oeste

6

Teatro al Aire Libre
Los Cristales (800 m);
Cristo Rey (8 km)

3

Carrera 13

Zoológico de
Cali (2 km)

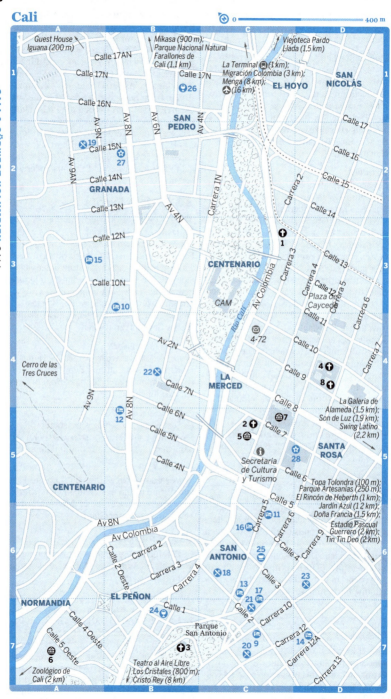

CALI & SÜDWEST-KOLUMBIEN CALI

Cali

wöchentlich kostenlose Salsa-Klassen. Das Hostel ist nördlich der Stadtmitte gelegen, die Restaurants von Granada und Chipichape sind auch zu Fuß erreichbar.

La Maison Violette   HOSTEL $
(☎ 371-9837; www.maisonviolettehostel.com; Carrera 12A No 2A-117; B 23 000 COP, EZ/DZ 65 000/75 000 COP, Suite 85 000 COP; ☎) Dieses neu eröffnete Hostel in San Antonio hat geschmackvoll dekorierte und ausgestattete Zimmer, geräumige Suiten und eine Dachterrasse, von der sich ein Rundblick über die ganze Stadt bietet.

Café Tostaky   HOSTEL $
(☎ 893-0651; www.tostakycali.com; Carrera 10 No 1-76; B 20 000 COP, EZ/DZ ohne Bad 35 000/50 000 COP; @☎) Das populäre Hostel mitten in San Antonio hat einfache, funktionale Räumlichkeiten, fließend warmes Wasser und eine Küche zur Mitbenutzung. Im Erdgeschoss befindet sich ein klimatisiertes Café, das Crêpes, Sandwiches und guten Kaffee serviert: Auch für Nicht-Hotelgäste ist das Café zugänglich und einen Besuch wert.

La Casa Café   HOSTEL $
(☎ 893-7011; lacasacafecali@gmail.com; Carrera 6 No 2-13; B 18 000 COP, EZ/DZ ohne Bad 25 000/40 000 COP; @☎) Ein einfaches Backpacker-Hostel der alten Schule. Zum Haus gehören eine coole Café-Bar, preiswerte Nachtquartiere in Schlafsälen und Zimmer im zweiten Stock eines Gebäudes im Kolonialstil.

Jardín Azul   GUESTHOUSE $$
(☎ 556 8380; www.jardinazul.com; Carrera 24A No 2A-59; Zi. 115 000–165 000 COP, 3BZ 150 000–180 000 COP; ☎☎) Das makellose kleine Hotel in einem umgebauten Privathaus am Hang, nahe dem Kolonialviertel östlich des Zentrums gelegen, bietet riesige, helle Zimmer mit großen Betten und importierter Baumwollbettwäsche. Einige der Zimmer haben sogar einen Privatbalkon mit Blick auf die Stadt. Der kleine Pool im hübsch gestalteten Garten zieht auch zahlreiche Vögel an.

El Viajero   HOSTEL $$
(☎ 893-8342; Carrera 5 No 4-56; B 23 000–25 000 COP, EZ/DZ 75 000/100 000 COP, ohne Bad 47 000/88 000 COP; ☎☎) Das Viajero in einem renovierten Haus im Kolonialstil ist beliebt bei jungen Reisenden, die gerne ihresgleichen treffen. Die Zimmer sind etwas klein, aber der große Pool im Innenhof bietet Abkühlung bei der großen Hitze, und die angrenzende Bar ist abends recht lebhaft. Es werden auch kostenlose Tanzklassen angeboten.

La Casa Azul   GUESTHOUSE $$
(☎ 374-4766; www.lacasaazulhotelbotique.com; Av. 4N No 5-09, Centenario; Zi. mit Frühstück 100 000 COP; ✳) Das moderne Guesthouse, mit der äußerst günstigen Lage in Centenario und in Gehweite vieler Sehenswürdigkeiten, hat große, klimatisierte Zimmer mit Flachbild-Fernsehern und breiten Betten zu bieten. Das reichhaltige Frühstück ist im Preis inbegriffen.

Posada San Antonio
HOTEL $$

(☎ 893-7413; www.posadadesanantonio.com; Carrera 5 No 3-37; EZ/DZ/3BZ inkl. Frühstück 100 000/120 000/150 000 COP; @ ☎) Das ruhige Hotel in einem alten Gebäude aus der Kolonialzeit in San Antonio hat geräumige Zimmer mit Bad und Kabel-TV, die um einen angenehmen Innenhof herum gruppiert sind. Preisgünstigere, weniger atmosphärische Zimmer blicken auf den hinteren Innenhof hinaus.

Ruta Sur
HOSTEL $$

(☎ 893 6946; hostalrutasur@gmail.com; Carrera 9 No 2-41; EZ/DZ 75 000/95 000 COP) Das einfache, freundliche Hostel in San Antonio ist beliebt bei Reisenden, die eine zentral gelegene und dennoch ruhige Unterkunft suchen. Die Zimmer sind hübsch dekoriert, die Bäder sind allerdings winzig.

Casa de Alférez
HOTEL $$$

(☎ 393-3030; www.movichhotels.com; Av. 9N No 9-24; Zi. 179 000-330 000 COP, Suite 500 000 COP; ※ @) Das ultra-luxuriöse Hotel bietet elegante Zimmer mit Kingsize-Betten, geräumigen Bädern und großen Fenstertüren vom Boden bis zur Decke auf kleine Balkone hinaus, mit Blick auf eine hübsche, baumbestandene Straße.

Now Hotel
BOUTIQUE HOTEL $$$

(☎ 488-9797; www.nowhotel.com.co; Av. 9AN No 10N-74, Granada; Zi. 521 000 COP; ※ @ ☎) Dieses Boutiquehotel ist ausgestattet im Industrie-Look mit viel Metall, Gittern, poliertem Beton und farbigem Glas. Der Pool auf der Dachterrasse mit Bar ist genau der passende Ort für einen Cocktail am späten Nachmittag oder frühen Abend.

Essen

Das beste günstige Essen bietet **La Galería** (Lebensmittelmarkt; Ecke Calle 8 & Carrera 26) in Alameda, ein Bauernmarkt mit vielen Imbissbuden, an denen Meeresfrüchte und *comidas típicas* (typische Gerichte) angeboten werden.

El Buen Alimento
VEGETARISCH $

(☎ 375-5738; Calle 2 No 4-53; Tagesmenü 10 000 COP, Hauptgerichte 12 500-15 500 COP; ☻ Mo-Sa 11.30-22, So bis 17 Uhr; ☝) Dieses hippe vegetarische Restaurant serviert ausgezeichnete fleischfreie Versionen kolumbianischer Klassiker und kreative Gerichte aus der Fusion-Küche wie beispielsweise mexikanische Lasagne sowie leckere, erfrischende Obstsäfte.

Doña Francia
EISCREME $

(Carrera 27 No 3-100; Snacks 2000-5000 COP; ☻ 8-19 Uhr) Auf den Bänken vor dieser Institution in Cali lassen sich die leckeren Säfte, Sorbets und der köstlichste *salpicón* (Obstsalat) ganz Kolumbiens am besten genießen. Doña Francia liegt einen Block östlich des Parque del Perro.

Zahavi
BÄCKEREI $

(Carrera 10 No 3-81; Gebäck 2000-6000 COP; ☻ Mo-Fr 11-20, Sa & So 8-19.30 Uhr) Die noble Bäckerei in San Antonio bietet ausgezeichneten Kaffee, saftige Brownies und leckere Gourmet-Sandwiches.

★ Lulodka
FUSION $$

(Calle 2 No 6-17; Tagesmenüs 15 000 COP, Hauptgerichte 14 000-28 000 COP; ☻ Mo-Sa 10-15.30 & 18-23 Uhr) Besser kann man für sein Geld nicht essen als in diesem coolen Fusion-Restaurant in einem hübschen Kolonialgebäude. Die Gourmet-Mittagsmenüs enthalten Suppe, Salat, Hauptgericht, frische Säfte und Dessert. Alles ist hervorragend zubereitet und in Konsistenz und Geschmack fein aufeinander abgestimmt. Der Haustrunk „Lulodka" ist ein Lulo-basierter Mixed Drink mit Wodka.

El Zaguán de San Antonio
KOLUMBIANISCH $$

(Carrera 12 No 1-29; Hauptgerichte 25 000 COP; ☻ 12-24 Uhr) Diese Institution in San Antonio serviert große Portionen traditioneller *Vallecaucana*-Gerichte (aus der Region Valle del Cauca) und leckere, frische Obstsäfte. Das Essen schmeckt gut, aber noch besser ist der fantastische Blick von der Dachterrasse – ein super Ort auch für einen Drink.

★ Platillos Voladores
FUSION $$$

(☎ 668-7750; www.platillosvoladores.com.co; Av. 3N No 7-19; Hauptgerichte 27 000-45 000 COP; ☻ Mo-Fr 12-15 & 19-23, Sa 13-16 Uhr) Erste Adresse in Cali für feines Essen – das Platillos Voladores bietet eine interessante, vielseitige Speisekarte attraktiv präsentierter Gourmet-Gerichte mit asiatischen, europäischen und kolumbianischen Einflüssen, serviert im Gartenrestaurant oder einem von mehreren klimatisierten Speisesälen. Die Weinkarte ist beeindruckend; Vorbestellung nötig.

El Solar
ITALIENISCH $$$

(Calle 15N No 9-62; Hauptgerichte 28 500 bis 44 000 COP; ☻ 12-15 & 18-23 Uhr) Das sehr populäre Restaurant serviert ausgezeichnete italienische und internationale Küche in einem großen Innenhof. Auf der Speisekarte stehen frische hausgemachte Pasta, Risottos, Gourmet-Pizzas und Salate. Die Auswahl an Fisch- und Meeresfrüchtegerichten mit Soßen aus frischen Früchten schmeckt auch sehr gut.

 Ausgehen

Die *caleños* gehen eigentlich nicht zum Trinken aus, sondern zum Tanzen. Etwas ruhiger ist es am Parque del Perro, an dem es etliche kleine Bars zur Auswahl gibt. Die Einheimischen gehen aber auch abends gerne einfach in den Park. Direkt nördlich von Calis Stadtgrenze liegt Menga, mit vielen Diskos, in denen bis zum Morgen getanzt wird. Etwas weiter entfernt befindet sich Juanchito mit mehreren großen *salsatecas* (Salsa-Tanzclubs).

★ **Zaperoco**   SALSA-CLUB
(www.zaperocobar.com; Av. 5N No 16-46; ⊙ Do–Sa 21 Uhr bis spät nachts) Wer nur eine Salsa-Bar in Cali besuchen kann, sollte auf jeden Fall zu Zaperoco gehen. Der erfahrene DJ spielt ausschließlich *salsa con golpe* (Salsa mit Pep) von alten Schallplatten, während große Ventilatoren sich vergeblich bemühen, die Temperatur im Raum etwas abzukühlen. Die Tanzfläche verschwindet fast unter der Masse von Tänzern.

Diese Bar ist so richtig energiegeladen: In einer einzigen Nacht werden hier mit Sicherheit mehr Kalorien verbrannt als bei einem Halbmarathon in den Tropen.

Tin Tin Deo   SALSA-CLUB
(www.tintindeocali.com; Calle 5 No 38-71; ⊙ Do–Sa 20 Uhr bis spät) Dieser kultige, unprätentiöse Salsa-Club hat eine große Tanzfläche im oberen Stock mit Postern berühmter Salsa-Sänger an den Wänden. Gelegentlich vermittelt er den Eindruck einer richtigen Touri-Bar (besonders an Donnerstagen), doch hier können Anfänger ihre Künste üben. Geeignete Tanzpartner finden sich leicht unter den bereitwillig mitwirkenden Stammgästen.

Viejoteca Pardo Llada   SALSA-CLUB
(Av. 2N No 32-05; Eintritt 5500 COP; ⊙ So 14–19 Uhr) In einer bezaubernden Open-Air-Tanzhalle im oberen Stock der Senior Citizen's Association findet Calis originellste und beste *viejoteca* (Senioren-Disko) statt, wo die Senioren im besten Gewand antreten und zeigen, was sie beim Salsa draufhaben. Wer nicht mittanzen mag, schaut einfach zu und trinkt ein Bier. Die Viejoteca ist in der Nähe des Parque del Avión.

CALIS KAROTTENGESETZ

Die Sperrstunde in Cali wird auch *ley zanahoria* (Karottengesetz) genannt, weil man langweilig wie eine Karotte sein muss, wenn man so früh nach Hause geht (derzeit ist die Sperrstunde um 3 Uhr morgens am Wochenende).

Mikasa   BAR
(Calle 26N No 5AN-51; ⊙ Do–Sa 21–3 Uhr) Eine Alternative für alle, die nicht auf Salsa eingeschworen sind: Die erfahrenen DJs dieser hippen Bar spielen alle Arten von Musik. Getanzt wird im Freien unter einem einfahrbaren Dach und auf der offenen Terrasse oben. Vom Sicherheitsteam sollte man sich nicht abschrecken lassen. Der Innenbereich ist gut klimatisiert.

El Rincón de Heberth   BAR
(Carrera 24 No 5-32; ⊙ Do–Sa 20–3 Uhr) Die schlichte Bar im Laden einer Einkaufszeile zieht erstaunlich viele Leute an, die gute Musik und das entspannte Ambiente genießen. Die meisten sitzen draußen an der Straße, weil es dort kühler ist, bis die Musik sie wieder zur Hitze der Tanzfläche zurücklockt.

Macondo   CAFÉ
(Carrera 6 No 3-03; ⊙ 11–23, So ab 16 Uhr) Diese Institution in San Antonio bietet großartigen Kaffee und ein breites Dessert-Angebot. Bier und Wein werden ebenfalls bis spät serviert. Die Cocktails sind empfehlenswert.

Topa Tolondra   BAR
(Calle 5 No 13-27; ⊙ Do–Mo 18 Uhr bis spät) Simple, kleine Salsa-Bar mit fröhlicher Atmosphäre nahe Loma de la Cruz. Die Tische sind an der Wand aufgereiht und geben den Betonboden frei für kreative Tänzer.

La Colina   BAR
(Calle 2 Oeste No 4-83) Eine Kombination aus Tante-Emma-Laden und Bar in San Antonio. Es gibt billiges Bier und klassische Salsa sowie Bolero.

Lolas   CLUB
(www.lolasclub.com.co; Antiguo via Yumbo; Eintritt 10 000 COP; ⊙ Do–Sa 21 Uhr bis spät) Der renommierte Club ist untergebracht in einer riesigen, weißen Kuppel in Menga. Der Innenraum hat etwas von großem Kino: glamouröse junge *caleñas* tanzen auf den Tischen, während Hightech-Laser versuchen,

den Dunst zu durchschneiden. Männergruppen ohne weibliche Begleitung werden hier nicht eingelassen.

☆ Unterhaltung

Kino

Zum Nachdenken anregende Filme finden sich im Programm der **Cinemateca La Tertulia** (☑ 893 2939; www.museolatertulia.com; Av. Colombia No 5 Oeste-105; Eintritt 5000 COP), die regulär Dienstag bis Sonntag zwei Vorstellungen täglich bietet. Besonders künstlerisch anspruchsvolle Filme locken Zuschauer ins **Lugar a Dudas** (☑ 668 2335; www.lugaradudas.org; Calle 15N No 8N-41; ⊙ Di–Fr 11 –20 Uhr, Sa 16.30 –20 Uhr) GRATIS.

Fußball

Cali hat zwei *fútbol* -Teams: **Deportivo Cali** (www.deportivocali.co) spielt in der ersten Liga und der Club **America de Cali** (www.america.com.co) versucht sich in den unteren Ligen. Heimspiele werden meist im **Estadio Pascual Guerrero** (Ecke Calle 5 & Carrera 34) ausgetragen. Der MIO-Bus fährt direkt bis vor das Stadion.

Theater

Teatro Municipal   THEATER
(☑ 881-3131; www.teatromunicipal.gov.co; Carrera 5 No 6-64) Das 1918 fertiggestellte und damit älteste Theater der Stadt bietet vielseitige Unterhaltung, einschließlich Konzerten, Theater- und Ballettaufführungen. An vorstellungsfreien Tagen führt der Sicherheitsbeamte auf Wunsch auch durch die Räumlichkeiten.

Teatro al Aire Libre Los Cristales   THEATER
(☑ 558-2009; Carrera 14A No 6-00) In diesem Freiluft-Amphitheater werden oft kostenlose Konzerte gegeben.

Delirio   DARSTELLENDE KUNST
(☑ 893-7610; www.delirio.com.co; Calle 69N No 4N-98; Eintritt 150 000 COP) ✐ Vorausplanung von langer Hand ist notwendig, um Calis legendären Salsa-Zirkus sehen zu können, aber es lohnt sich auf jeden Fall. Hier trifft einmal im Monat Straßenzirkus auf glitzernden Tanzclub, in einer explosiven Feier der *caleña*-Kultur im Parque del Amor. Eintritt nur für Erwachsene.

🛍 Shoppen

Parque Artesanías   MARKT
(⊙ 10 –20 Uhr) An der Loma de la Cruz befindet sich einer der besten *artesanía*-Märkte in Kolumbien. Dort werden echt handgemachte Produkte aus dem Amazonasgebiet, von der Pazifikküste, den südlichen Anden und sogar Los Llanos verkauft.

❶ Praktische Informationen

GEFAHREN & ÄRGERNISSE

Tagsüber ist das Stadtzentrum voller Menschen und Straßenverkäufer. Nach Einbruch der Dunkelheit und am Sonntag kann es schnell zwielichtig werden. Die Gegend östlich der Calle 5 und am Río Cali entlang sollte bei Nacht gemieden werden. Es empfiehlt sich, ein Taxi zu nehmen und gut auf seine Sachen aufzupassen.

GELD

Die meisten großen Banken sind um die Plaza Caycedo im Zentrum und in der Av. Sexta (Av. 6N) vertreten.

Banco de Occidente (Av. Colombia 2-72) Der sicherste Geldautomat nahe San Antonio. Banken im Zentrum sollten bei Nacht besser gemieden werden.

MEDIZINISCHE VERSORGUNG

Centro Medico Imbanaco (☑ 682 1000; www.imbanaco.com; Carrera 38A No 5A-100) Angesehene Privatklinik.

POST

4-72 (Carrera 3 No 10-49; ⊙ Mo–Fr 8–12 & 14–18, Sa 9–12 Uhr) Postamt.

REISEFORMALITÄTEN

Migración Colombia (☑ 397 3510; www.migracioncolombia.gov.co; Av. 3N 50N-20, La Flora; ⊙ Mo–Fr 8–12 & 14–17 Uhr) Für Visaverlängerungen.

TOURISTENINFORMATION

Secretaría de Cultura y Turismo (☑ 885 6173; www.cali.gov.co/turista; Ecke Calle 6 & Carrera 4; ⊙ Mo–Fr 8–12 & 14–17 Uhr, Sa 10–14 Uhr) Touristeninformationsbüro der Stadt.

❶ An- & Weiterreise

Der Flughafen Alfonso Bonilla Aragón (S. 367) liegt 16 km nordöstlich der Stadt an der Straße nach Palmira. Minibusse pendeln alle 10 Minuten zwischen dem Flughafen und dem Busbahnhof bis etwa 20 Uhr (5000 COP, 45 Min.), ein Taxi kostet etwa 55 000 COP. Internationale Direktflüge gehen von Cali nach Miami, Madrid und Zielflughäfen in Mittel- und Südamerika.

Der Busbahnhof **La Terminal** (www.terminal-cali.com; Calle 30N No 2AN-29) liegt 2 km nördlich des Stadtzentrums. Um zu Fuß zu gehen, ist es bei diesen Temperaturen zu heiß – Taxis kosten 6000 bis 8000 COP.

Es gibt regelmäßige Busverbindungen nach Bogotá (65 000 COP, 12 Std.), Medellín

(50 000 COP, 9 Std.) und Pasto (40 000 COP, 9 Std.). Busse von Pasto fahren nach Popayán (15 000 COP, 3 Std.), aber es fahren stündlich auch Minibusse dorthin (16 000 COP). Regelmäßig fahren Busse nach Armenia (21 000 COP, 4 Std.), Pereira (24 500 COP, 4 Std.) und Manizales (38 000 COP, 5 Std.).

ⓘ Unterwegs vor Ort

Calis klimatisierte **MIO-Busse** (www.mio.com.co) erinnern stark an Bogotás TransMilenio. Die Hauptstrecke verläuft vom Nordende des Busbahnhofs den Fluss entlang, durch die Stadtmitte und die gesamte Av. Quinta (Av. 5) hinunter. Weitere Routen sind über die ganze Stadt verteilt. Eine Fahrt kostet 1600 COP.

Taxis sind in Cali recht günstig. Der Mindestpreis beträgt 4200 COP und nachts wird ein Aufschlag von 1100 COP verlangt.

RUND UM CALI

Parque Nacional Natural (PNN) Farallones de Cali

Dieser 1500 km² große Nationalpark schützt das Kapland um Cali. Als der Bürgerkrieg sich zuspitzte, wurde er geschlossen und bis heute noch nicht offiziell wiedereröffnet.

Während der Recherchen zu diesem Buch gab es in einigen Gebieten immer noch Sicherheitsprobleme; außerdem bestanden Maßnahmen zum Schutz des empfindlichen Ökosystems, sodass der Großteil des Parks Reisenden nicht zugänglich war. Eine Ganztageswanderung zum Pico de Loro war jedoch möglich bei Buchung eines Wanderführers in der Gemeinde Pance. Eine Wiedereröffnung der Fünftageswanderungen zum Pico de Pance, dem symbolischen Wahrzeichen des PNN Farallones, wurde schon in Erwägung gezogen. Neueste Informationen sollten vorab im **Park Office** (☎ 2-667-6041; Calle 29N No 6N-43; ⊙ Mo–Fr 8–12 & 14–16 Uhr) in Cali eingeholt werden.

Zum Zeitpunkt der Recherchen wurde kein Eintrittsgeld für den Park erhoben, doch nach der Wiedereröffnung wird sich das voraussichtlich ändern.

Pance

☑ 2 / 2000 EW. / 1550 M

Der kleine Urlaubsort umgeben von imposanten Bergen, gelegen am Ostrand des PNN Farallones, bietet viele Ferien-Fincas. Er wird gern von *caleños* besucht, die im glasklaren Flusswasser der Stadt Erfrischung suchen. Das Wetter ist hier angenehm kühl nach der Hitze in Cali. Am Wochenende belebt sich die einzige Straße und alle Bars und Restaurants sind gut besucht. Wochentags ist dagegen alles leer und man hat Mühe, eine Mahlzeit zu bekommen.

Neben dem Schwimmen im Fluss oder in einem der Bergbäche gibt es Tageswanderungen zu einem der Wasserfälle der Gegend, oder längere Trecks in den PNN Farallones de Cali.

Zum Pico de Loro ist es eine siebenstündige Rundwanderung westlich von Pance. Für einen einheimischen Wanderführer fallen pro Gruppe etwa 80 000 COP an. Die Rundwanderung muss spätestens um 10 Uhr im Park begonnen werden, sodass sich eine Übernachtung in Pance empfiehlt.

Die Wasserfälle können nur nach vorheriger Wandergenehmigung durch das Büro der **Corporación Autónoma Regional del Valle de Cauca** (☎ 620-6600; www.cvc.gov.co; Carrera 56 No 11-36) in Cali besucht werden, die das Gebiet verwaltet. Es wird dafür ein Eintrittsgeld erhoben (Erw./Kind 4700/2300 COP). Vom Pueblo Pance geht es 1 km bergab bis zur Brücke dann rechts ab, etwa 3 km bergauf nach El Topacio, wo es ein Besucherzentrum gibt und ein Führer wartet. Zwei Wege lassen sich dort erkunden: der Barranquero Trail führt zu einem 40 m tiefen Wasserfall und der Naturaleza Trail zu 130 m langen Stromschnellen. Besuchenswert ist La Nevera (Der Kühlschrank), ein glasklarer Pool, der von frischem Bergwasser gespeist wird.

🛏 Schlafen & Essen

Reserva Natural Anahuac   CAMPINGPLATZ **$**
(☎ 556 6894; www.reservanaturalanahuac.com.co; Vereda El Pato, Pance; Platz pro Pers. mit/ohne Mietzelt 18 000/9000 COP, Zi. pro Pers. Mo–Sa 9000 COP, So 28 000 COP; ☀) Anahuac ist ein kleines, privates Naturschutzgebiet inmitten von Sekundärwald am Río Pance. Es gibt verschiedene sehr einfache Zimmer in etwas heruntergekommenen Gebäuden, doch Reisende bevorzugen meist die winzigen, zweistöckigen *bohíos* (Hütten) am Fluss, da sie mehr Privatsphäre bieten.

Eine Alternative wäre ein Tagesausflug zum Schwimmen in den Pools (Eintritt 6000 COP), die zum Teil von Flusswasser gespeist werden.

★ La Fonda Pance   HOSTEL $$

(☎558-1818, 317-664-3004; www.lafondapance.com; contiguo al Finca Nilo; Campingplatz pro Pers. mit/ohne Mietzelt 15 000/10 000 COP, B 20 000 COP, Zi. mit/ohne Bad 80 000/50 000 COP; @🛜🌇⊠) Die wohl beste Unterkunft für Reisende in der Gegend: ein entspannter Ort mit komfortablen, modernen Zimmern, Blick auf die Berge und einem riesigen Garten, durch den ein Wildbach fließt. Ein Freiluft-Jacuzzi bietet Entspannung nach einer langen Wanderung, und ein erfrischendes Naturbecken wird von den Wildwassern der umliegenden Berge gespeist.

Mahlzeiten werden angeboten und das freundliche Management organisiert auch Wanderführer für das Gebiet. Das Hostel befindet sich 200 m vor der Abzweigung nach Topacio.

❶ An- & Weiterreise

Minibusse fahren vor dem Busbahnhof in Cali zwischen 5.15 und 20 Uhr etwa einmal stündlich nach Pance (2300 COP, 1½ Std.) ab. Sie tragen die Aufschrift „Recreativo'"und „Pueblo Pance".

Lago Calima

Dieser Speichersee etwa 86 km nördlich von Cali zieht aufgrund der verlässlichen Windbedingungen Kite- und Windsurfer aus aller Welt an. Der See bedeckt seit 1965 das geflutete Darién-Tal des Río Calima. Aufgrund der milden Temperaturen kommen auch *caleños*, die am Wochenende Abkühlung suchen. In den grünen Hügeln rund um den See verstecken sich viele Ferien-Fincas.

Die meisten touristischen Aktivitäten verteilen sich am Nordufer des Sees, vom Städtchen Darién am Ostende bis zum Damm im Westen. Einen Strand gibt es nicht; die Sportler heben von grasbewachsenen Abhängen ab, die zum Wasser hinunterführen.

Da die Anbindung mit öffentlichen Verkehrsmitteln dorthin sehr unregelmäßig ist, ist es schwierig, einen Kurzausflug nach Lago Calima zu planen. Eine oder zwei Übernachtungen sollten einkalkuliert werden, besonders am Wochenende, wenn die vielen Besucher Partyatmosphäre verbreiten.

Darién

☑ 2 / 7000 EW. / 1800 M

Der kleine Ort verfügt über ein paar günstige Hotels, mehrere Supermärkte, einige Geldautomaten, ein paar Internetcafés

und am Wochenende mehrere heiße Diskos. Fast alles konzentriert sich auf zwei oder drei Häuserblocks um den Parque Los Fundadores, den Hauptplatz. Interessant ist das **Museo Arqueológico Calima** (☎253-3496; www.inciva.org; Calle 10 No 12-50; Erw./Kind 3000/2000 COP; ⊗Mo–Fr 8–17 Uhr, Sa & So 10–18 Uhr) mit einer Sammlung von fast 2000 Exponaten präkolumbischer Keramik. Darién ist ein wirklich netter Ort, aber der eigentliche Anziehungspunkt ist der Lago Calima.

🏃 Aktivitäten

Kitesurfen & Windsurfen

Eine Vielzahl von Schulen bietet Kurse und Leihausrüstungen an, die meisten auch Unterkünfte. Eine Unterrichtsstunde im Windsurfen kostet etwa 60 000 COP und Kitesurfen 90 000–100 000 COP. Für die Leihausrüstung wird etwa 60 000 COP pro Stunde berechnet.

Cogua Kiteboarding   KITESURFEN

(☎318-608-3932, 253-3524; www.coguakiteboarding.com; Calle 10 No 4-51) Der junge Eigentümer dieses recht entspannten Betriebs bietet nicht nur Unterricht im Kitesurfen an, sondern managt auch eine kleine Kiteboard-Manufaktur für kundenspezifische Boards aus Kokosnussfasern und *guadua* (eine Art Bambus). Interessierte Besucher sind willkommen und können sogar selbst das Design ihres Boards entwerfen.

Für Kunden werden günstige Unterkünfte in der Stadt angeboten, ebenso wie die Vermietung von Stehpaddeln (SUP).

Escuela Pescao Windsurf
y Kitesurf   WINDSURFEN, KITESURFEN

(☎316-401-6373, 311-352-3293; www.pescaowindsurfing.com) Diese Schule ist in einem großen Lagerhaus am See untergebracht. Der ehemalige Champion im Kitesurfen, heute an den Rollstuhl gefesselt, unterrichtet am Strand, bevor er seine Schüler mit einem Ausbilder aufs Wasser schickt. Unterkunft wird angeboten (pro Pers. Schüler/Besucher 20 000/35 000 COP) im Lagerhaus in Zelten mit Matratzen und Schlafsäcken.

Bootsfahrten

Zahlreiche Kapitäne bieten am Hafen Entrada 5 vor der Stadt Ausflugsfahrten über den See an. Es fallen etwa 8000 COP pro Person an bzw. 50 000–60 000 COP für die Anmietung eines kompletten Bootes. **El Arriero Paisa** (☎315-439-5939; www.elarrieropaisa.

co; Entrada 5; ☺ 7–18 Uhr) ist ein gut einge-
führter Anbieter, der auch ein kleines Ur-
laubshotel mit Restaurant am See managt.

🛏 Schlafen & Essen

La Casa del Viento   HOSTEL $
(☎ 315-265-6540;   www.lacasadelviento.com.co;
Carrera 6 No 12-40;   B/Zi. 30 000/65 000 COP)
Das einzige Hostel in Darién bietet komfortable Zimmer und ein freundliches Management, das auch Unterricht im Kitesurfen oder Alternativen an Land erteilt, einschließlich aufgemotzter Skateboards und
Buggys. Parasailing über der Gegend wird
ebenfalls angeboten.

Hostería Los Veleros   HOTEL $$$
(☎ 684-1000; www.comfandi.com.co; EZ/DZ/3BZ
inkl. 2 Mahlzeiten 197 600/235 000/275 600 COP;
🕸) Das beste Hotel am See ist Teil des Ge-
bäudekomplexes der Versicherung Comfandi. Der Preis schließt zwei Mahlzeiten und
den Eintritt zum Freizeitcenter und den
Pools mit ein. Einige der Zimmer haben Balkone mit fantastischem Blick auf den See.
Am Wochenende ist es zwar überfüllt, doch
an den Wochentagen hat man das Hotel fast
für sich alleine.

El Fogón de la Abuela   KOLUMBIANISCH $
(Calle 9 No 5-58; Tagesmenüs 7500 COP, Hauptgerichte 17 500 COP; ☺ 7–20 Uhr) Das preisgünsti
ge Restaurant nur wenige Blocks vom Park
entfernt bietet ein sättigendes Tagesmenü.

Meson llama   KOLUMBIANISCH $$
(☎ 667-9703; www.mesonilama.com; Hauptgerichte 19 000–22 000 Uhr; ☺ Mo–Fr 7.30–19 Uhr, Sa &
So bis 21 Uhr) Etwa 10 km von Darién entfernt
liegt dieses große Restaurant mit freiliegen-
den Balken und schöner Aussicht auf den
See. Die einfachen Gerichte sind alle sehr
gut zubereitet – *sancocho* (typisch kolumbianische Suppe), *churrasco* (Grillfleisch)
Kalb und Forelle. Das Haus bietet auch verschiedene komfortable Übernachtungsmöglichkeiten am See an.

ℹ An-& Weiterreise

Tagsüber gibt es regelmäßig direkte Busverbindungen nach/von Cali (13 600 COP, 2½ Std.).
Von Norden kommend geht es nach Buga und
mit dem nächsten (alle 30 Min.) Bus nach Darién
(6800 COP, 1½ Std.).
    Zwei Busrouten führen von Cali nach Lago
Calima und Darién. Der Preis ist für beide gleich.
Direkt nach Darién fährt der Bus über Jiguales;
zu den Schulen für Kitesurfen/Windsurfen fährt
nur der Bus *por el lago* (am See entlang).

ℹ Unterwegs vor Ort

In Darién gibt es keine Taxis. Gelegentlich bieten
Jeep-Fahrer am Hauptplatz ihre Dienste an und
fahren durch die Stadt oder am Ufer entlang,
aber sie sind teuer (etwa 15 000 COP nach
Comfandi).
    Von 7 bis 19 Uhr zur vollen Stunde pendeln
Minibusse zwischen Darién und dem Damm bei
Lago Calima (1500 COP) an den Kite-Schulen
entlang. Die Busse nach Buga/Cali können
ebenfalls genutzt werden – sofern sie am See
entlangfahren.

CAUCA & HUILA

In diesen beiden Provinzen liegen Popayán,
eine der schönsten Kolonialstädte Kolumbiens, und zwei der wichtigsten archäologischen Fundstätten, San Agustín und Tierradentro. Hier befindet sich auch der seltsame
Desierto de la Tatacoa, ein Naturphänomen
nahe Neiva, zwischen Bogotá und San
Agustín.
    Als das Reisen in Kolumbien noch auf
den Flüssen stattfand, waren Cauca und
Huila wichtige Warenumschlagsplätze. Die
Entwicklung der Eisenbahnlinien und der
Autobahnen Anfang des 20. Jhs. bremste
ihre Weiterentwicklung. Heute wirkt die Region verschlafen.

Popayán

☎ 2 / 266 000 EW. / 1760 M
Das kleine Kolonialstädtchen ist berühmt
für seine weiß gekalkten Fassaden (daher
auch die Bezeichnung *la ciudad blanca*,
die weiße Stadt) und ist nach Cartagena
Kolumbiens eindrucksvollste koloniale Ansiedlung. Popayán am Fuße hoher Berge im
Valle de Pubenza war jahrhundertelang die
Hauptstadt Südkolumbiens, bevor Cali die
Rolle übernahm.
    Die Stadt wurde 1537 von Sebastián de
Belalcázar gegründet und entwickelte sich
rasch zu einem wichtigen Zwischenstopp
zwischen Cartagena und Quito. Popayáns
mildes Klima zog viele wohlhabende Familien aus den Zucker-Haciendas der heißen
Valle de Cauca an. Und im 17. Jh. begannen
sie, Herrenhäuser, Schulen und mehrere beeindruckende Kirchen und Klöster hier zu
erbauen.
    Im März 1983, kurz vor Beginn der wich-
tigen Gründonnerstagsprozession, erschüt-
terte ein Erdbeben die Stadt. Das Dach der
Kathedrale stürzte ein und erschlug Hun-

Popayán

derte von Menschen. Heutzutage ist kaum noch etwas von diesen schweren Schäden zu bemerken.

Die Stadt hat mehrere Universitäten, tagsüber wimmelt es in den Straßen des historischen Zentrums von Studenten.

◉ Sehenswertes

Iglesia de San Francisco
KIRCHE

(Ecke Carrera 9 & Calle 4; Führungen 2000 COP) Die größte Kirche der Stadt, im Kolonialstil erbaut, ist zugleich ihre schönste. Sie enthält einen stilvollen Hochaltar und sieben einzigartige Nebenaltäre. Ein Erdbeben brach 1983 das Beinhaus auf und gab sechs unbekannte Mumien frei. Zwei davon sind noch dort und können gegebenenfalls bei einer einstündigen Führung durch die Kirche besichtigt werden. Informationen erteilt das Büro links vom Eingang.

Museo Guillermo Valencia
MUSEUM

(Carrera 6 No 2-69; ⊙ Di–So 10–12 & 14–17 Uhr) GRATIS Das Gebäude aus dem späten 18. Jh. beherbergt viele Möbel und Gemälde aus der Zeit sowie Fotos und Dokumente, des in Popayán geborenen Dichters, der hier lebte. Es wurde mehr oder weniger in dem Zustand belassen wie es war, als Valencia am 8. Juli 1943 in einem der Schlafzimmer oben starb.

Casa Museo Mosquera
MUSEUM

(Calle 3 No 5-38; Eintritt 2000 COP; ⊙ 9–12 & 15–17 Uhr) Dieses interessante Museum ist in einem Gebäude aus dem 18. Jh. untergebracht, in dem einst General Tomás Cipriano de Mosquera wohnte, der viermal zwischen 1845 und 1867 Präsident Kolumbiens war. Der original französische Kristallleuchter im Speisesaal war auf Eselsrücken von der Karibik nach Popayán transportiert worden. In einer Urne in der Wand wird Mosqueras Herz aufbewahrt.

Puente del Humilladero
BRÜCKE

Popayáns symbolisches Wahrzeichen, die 240 m lange Ziegelbrücke mit ihren 11 Pfeilern, wurde Mitte des 19. Jhs. gebaut, um die nördlichen Vorstädte besser mit dem Zentrum zu verbinden. Die Puente de la Custodia, eine hübsche Steinbrücke, die 1713 erbaut wurde, damit Priester den Río Molino überqueren und Kranke segnen konnten, sieht daneben ganz klein aus.

Museo de Historia Natural
MUSEUM

(museo.unicauca.edu.co; Carrera 2 No 1A-25; Eintritt 3000 COP; ⊙ 9–11 & 14–16 Uhr) Das Museum auf dem Universitätsgelände ist eines der besten seiner Art im Land und bekannt für seine große Sammlung an Insekten, Schmetterlingen und ausgestopften Vögeln.

Popayán

Ⓞ Sehenswertes

Ⓢ Schlafen

Ⓧ Essen

Ⓞ Ausgehen & Nachtleben

Museo Arquidiocesano de Arte
Religioso   MUSEUM

(Calle 4 No 4–56; Eintritt 5000 COP; ⊙ Mo–Fr
9–12.30 & 14–18, Sa 9–14 Uhr) Man muss kein
Kunsthistoriker sein, um von dieser Sammlung an Gemälden, Statuen, Altargemälden,
Silberzeug und liturgischen Gefäßen – die
meisten aus dem 17.–19. Jh. – beeindruckt
zu sein.

Iglesia La Ermita   KIRCHE

(Ecke Calle 5 & Carrera 2) Erbaut 1546, ist dies
Popayáns älteste Kirche, sehenswert sind
der kunstvolle Altaraufsatz sowie Überreste
alter Fresken, die erst nach dem Erdbeben
wiederentdeckt wurden.

Catedral   KIRCHE

(Parque Caldas) Die neoklassizistische Kathedrale ist die jüngste Kirche im Stadtzentrum, erbaut 1859–1906 am Standort einer
Vorgängerkathedrale, die durch Erdbeben
vollkommen zerstört worden war.

Aussichtspunkte

Die **Capilla de Belén**, eine Kapelle auf einer
Erhebung östlich des Stadtzentrums, bietet
einen schönen Blick über die Stadt. Von **El
Morro de Tulcán**, einem Hügel mit der Rei-
terstatue des Stadtgründers, ist die Aussicht
noch besser. Ursprünglich soll dies eine
präkolumbische Pyramide gewesen sein.
Sonnenuntergänge lassen sich von dort aus
wunderbar genießen. Da beide Orte einsam
gelegen sind, kommt es hier offenbar des
Öfteren zu Diebstählen – also keine Wertsachen mitnehmen.

🏃 Aktivitäten

Popayan Tours   ABENTEUERTOUREN

(☏ 831 7871; www.popayantours.com) Die Organisation bietet verschiedene Abenteuertouren um Popayán herum an, wie z. B. eine
Downhill-Mountainbike-Tour von den Coco-
nuco-Thermalquellen.

Feste & Events

Semana Santa   PROZESSION

(Karwoche; ⊙ Ostern) Die Festivitäten zur
Karwoche in Popayán sind weltberühmt,

SILVIA

Der malerische Gebirgsort Silvia, 53 km nordöstlich von Popayán entfernt, ist das Zentrum des Gebiets der Guambiano. Die Guambiano leben nicht direkt in Silvia, sondern in den Bergdörfern Pueblito, La Campana, Guambia und Caciques. Insgesamt handelt es sich um 12 000 Menschen.

Die Guambiano gelten als die ältesten Ureinwohner Kolumbiens. Sie sprechen ihre eigene Sprache und tragen traditionelle Kleidung, und sie arbeiten immer noch mit rudimentären Agrartechniken. Und die Guambiano sind ausgezeichnete Weber.

Am Dienstag, dem Markttag, kommen sie nach Silvia und verkaufen Obst, Gemüse und Kunsthandwerk. Dann lohnt sich ein Besuch in der Stadt. Fast alle Guambiano sind traditionell gekleidet: Männer in blauen Röcken mit pinkfarbenen Bordüren und Filzhüten, Frauen in handgewebter Kleidung, mit Halsketten aus bunten Perlen, die fleißig ihre Wolle spinnen. Sie kommen in *chivas* (bunten Bussen) angefahren und versammeln sich am Hauptplatz. Kameras können sie nicht leiden und sie sind mitunter sehr verärgert, wenn man sie fotografiert. Wer ihre Kultur respektiert – und das sollte man –, lässt die Kamera am besten in der Tasche.

Der Markt beginnt im Morgengrauen und dauert bis in den frühen Nachmittag. Es ist kein Touristenmarkt – Obst und Gemüse, rohes Fleisch, billige Kleidung und Schuhe überwiegen – aber auch der eine oder andere Poncho oder Pullover werden angeboten.

Vom Hauptplatz aus geht es bergauf zur Kirche mit einem Rundumblick über das Land. Am Flussufer unten werden Pferde (6000 COP pro Stunde) für einen Ritt um den kleinen See vermietet. Ein weiterer Ritt führt den Berg hinauf, wo noch ein See hoch oben in den Wolken wartet.

Busse fahren ab Popayán ungefähr einmal pro Stunde (7000 COP, 1½ Std.), dienstags auch extra früh. Von Cali aus geht der Bus in Richtung Popayán nach Piendamó (12 000 COP, 2 Std.), von wo aus ein Bus nach Silvia (3000 COP, 30 Min.) fährt.

---

insbesondere die Nachtprozessionen an Gründonnerstag und Karfreitag. Tausende Menschen strömen von überall her, um an der Feier und dem damit verbundenen religiösen Musikfest teilzunehmen. Unterkünfte sollten für diese Zeit weit im Voraus gebucht werden.

Congreso Nacional Gastronómico   ESSEN
(Sept.; www.gastronomicopopayan.org; ⊘ Sept.) Jedes Jahr in der ersten Septemberwoche werden Spitzenköche aus einem anderen Land dazu eingeladen, ihr Können unter Beweis zu stellen. Der Eintritt für alle Veranstaltungen der Woche kostet 350 000 COP.

🛏 Schlafen

Hosteltrail   HOSTEL $
(☎ 831-7871; www.hosteltrail.com; Carrera 11 No 4-16; B 20 000 COP, EZ/DZ 45 000/65 000 COP, ohne Bad 35 000/50 000 COP; @ 🛜) Popayáns beliebteste Billigunterkunft ist ein modernes, freundliches Hotel am Rande des historischen Zentrums. Reisende finden hier alle Annehmlichkeiten: schnelles Internet, Schnellreinigung, eine voll eingerichtete Küche und hilfreiches Personal mit viel regionalem Know-how.

Parklife Hostel   HOSTEL $
(☎ 300-249-6240; www.parklifehostel.com; Calle 5 No 6-19; B 20 000 COP, EZ/DZ 45 000/55 000 COP, ohne Bad ab 35 000/48 000 COP; @ 🛜) Eine bessere Lage kann es für ein Hostel gar nicht geben – das Parklife ist direkt an die Kathedrale angebaut. Die Einrichtung hat noch viel von dem alten Stil erhalten, so z. B. Holzböden, Lüster und antike Möbel. Die Atmosphäre ist einfach umwerfend – von der Lounge aus hört man sogar den Kirchenchor singen. Die Zimmer nach vorne raus bieten schöne Aussichten auf den Parque Caldas.

Hostel Caracol   HOSTEL $
(☎ 820-7335; www.hostelcaracol.com; Calle 4 No 2-21; B 20 000 COP, EZ/DZ ohne Bad 35 000/50 000 COP; @ 🛜) In einem renovierten Haus im Kolonialstil ist das einfache Hostel untergebracht, das bei lockeren Individualreisenden beliebt ist. Die Zimmer sind ziemlich, aber doch komfortabel eingerichtet und gehen auf einen hübschen Innenhof zur Gemeinschaftsnutzung hinaus. Es gibt hier zahlreiche Informationen zu Sehenswürdigkeiten und Unterhaltungsangeboten in der Stadt.

Casa Familiar Turística HOSTEL $

(☎824-4853; casafamiliarturistica@hotmail.com; Carrera 5 No 2-07; B 15 000 COP, EZ/DZ 30 000/35 000 COP; ☎) Popayáns traditionelle Billigunterkunft ist gut geeignet für Leute, die die örtliche Kultur kennenlernen wollen – die Gäste teilen sich praktisch das Haus mit der kolumbianischen Gastfamilie. Die Zimmer sind einfach, aber groß und die Küche kann mitbenutzt werden.

★Hotel Los Balcones HOTEL $$

(☎824-2030; www.hotellosbalconespopayan.com; Carrera 7 No 2-75; EZ/DZ/Apt. 73 700/137 500/111 000 COP; @☎) Die Steintreppe, die in diesem Domizil aus dem 18. Jh. zu den Zimmern führt, ist 200 Jahre alt. Alles fühlt sich fast mittelalterlich an: die alten Holzmöbel, ausgestopfte Adler und ein Labyrinth an Fluren. In der Lobby hängen Grafiken von M. C. Escher über einem Schaukasten alter Keramik und gepolsterten Ledermöbeln. Im obersten Stockwerk befinden sich die ruhigsten Zimmer.

Hotel La Plazuela HOTEL $$

(☎824 1084; www.hotellaplazuela.com.co; Calle 5 No 8-13; Zi. inkl. Frühstück 116 000 COP; ☎) Das schöne, weiß getünchte Herrenhaus mit angenehmem Innenhof wurde komplett auf Vordermann gebracht, aber viele der original antiken Mobel werden in dem eleganten Hotel noch genutzt. Die Zimmer nach vorne haben ausreichende Fenster und bieten einen Blick auf die Iglesia San José.

Hotel Colonial HOTEL $$

(☎831-7848; hotelcolonial@hotmail.es; Calle 5 No 10-94; EZ/DZ/3BZ 55 000/75 000/120 000 COP; @☎) Das effiziente, kleine Hotel in einem Kolonialbau in der Innenstadt wurde vor Kurzem renoviert und ist sehr preiswert. Die Zimmer sind mit komfortablen Betten, Flachbild-Fernsehern und sauberen Bädern ausgestattet. Bei Vollbelegung des Hotels kann es etwas lauter werden. Die Zimmer im oberen Stockwerk sind dann ruhiger.

Hotel Dann Monasterio HOTEL $$$

(☎824 2191; www.hotelesdann.com; Calle 4 No 10-14; EZ/DZ 222 720/288 840 COP, Suite 362 000–436 000 COP; @☎⚕) Das ehemalige Franziskanerkloster bietet elegante, wenn auch nicht gerade luxuriöse Zimmer um einen Innenhof mit Arkaden herum. Insgesamt ist das Gebäude sehr beeindruckend, die Zimmer sind jedoch sehr unterschiedlich, und es lohnt sich, sich vor der Entscheidung mehrere zeigen zu lassen. Die dicken Ziegelwände verhindern einen einwandfreien WLAN-Empfang, aber Ethernet-Kabel stehen zur Verfügung.

✖ Essen

Popayán ist in ganz Kolumbien bekannt für seine typisch würzige Küche. Dazu gehören *carantantas,* eine Art Mais-Chip, und *empanadas de pipián,* gebackene Kartoffelküchlein mit würziger Erdnusssauce, ähnlich dem Saté. Zu den traditionellen Erfrischungsgetränken gehört *champus,* ein Maisgetränk mit Lulo und Ananas, sowie *salpicón payanese*, eine eisige Zubereitung aus frischen Brombeeren.

Tienda Regional del Macizo KOLUMBIANISCH $

(Carrera 4 No 0-42; Mahlzeiten 3500 COP; ☺8 bis 16 Uhr) Das kleine Café gehört einer Organisation, die Bauernmärkte in Macizo Colombiano etablieren möchte. Die Mittagessen hier sind spottbillig und bestehen natürlich aus allerfrischesten Zutaten mit ganz viel Geschmack.

Mora Castilla CAFÉ $

(Calle 2 No 4-44; Snacks 2500–4000 COP; ☺9 bis 19 Uhr) Dieses winzige Café bereitet hervorragende, traditionelle Gerichte wie *salpicón payanese, champus, tamales* (gedämpfter Maismehlteig) und *carantantas.* Wer danach noch Hunger hat, kann nebenan Doña Chepas berühmte *aplanchados* (flaches Gebäck) kosten.

Sabores del Mar MEERESFRÜCHTE $

(Calle 5 No 10-97; Mittagessen 6000 COP; ☺7 bis 20 Uhr) Eine tatkräftige Familie aus Guapi betreibt dieses im Fischer-Stil dekorierte kleine Lokal mit sehr preiswerten Fischgerichten und Meeresfrüchten. Die Toyo-Filets (eine Art Hai) sind sehr lecker.

Tequila's MEXIKANISCH $

(Calle 5 No 9-25; Mittagsmenü 6500 COP, Hauptgerichte 10 000–20 000 COP; ☺12–22 Uhr) Ein eingewanderter Mexikaner und seine kolumbianische Frau führen das kleine Restaurant in der Innenstadt mit preiswerten mexikanischen Standardgerichten.

La Fresa CAFÉ $

(Calle 5 No 8-89; Snacks 200–2000 COP; ☺7 bis 19 Uhr) Ein schmuddeliger Laden mit ein paar Plastiktischen, das ist das in ganz Popayán berühmte La Fresa mit seinen köstlichen *empanadas de pipián.* Die Einheimischen trinken gern *malta* (ein Malz-Soda-wasser) dazu.

CALI & SÜDWEST-KOLUMBIEN POPAYÁN

La Semilla Escondida FRANZÖSISCH $$
(Calle 5 No 2-26; Hauptgerichte 10 000 bis 25 000 COP; ⊗ Mo 12–15, Di–Sa 12–15 & 18 bis 22 Uhr) Das helle Bistro in einer der ältesten Straßen Popayáns bietet leckere herzhafte und süße Crêpes und Nudelgerichte. Das Gourmet-Mittagsmenü (7700 COP) ist fantastisch preiswert.

Restaurante Italiano ITALIENISCH $$
(Calle 4 No 8-83; Hauptgerichte 15 000 bis 26 000 COP; ⊗ 12–22 Uhr) Hinter den Schwingtüren dieses von einem Schweizer geführten italienischen Restaurants erwarten den Gast Pizza und Pasta sowie echtes Fondue für die kühlen Bergnächte. Das Tagesmenü (7500 COP) ist eines der besten seiner Art in Kolumbien.

Hotel Camino Real FRANZÖSISCH, KOLUMBIANISCH $$$
(☑ 824 3595; Calle 5 No 5-59; Hauptgerichte 25 000–35 000 COP; ⊗ 12–15 & 18–22 Uhr) Die Hoteleigentümer spielen eine wichtige Rolle beim Congreso Nacional Gastronómico und ihre Leidenschaft fürs Kochen zeigt sich in der interessanten Speisekarte, die französische und kolumbianische Elemente

PARQUE NACIONAL NATURAL (PNN) PURACÉ

45 km östlich von Popayán entlang der ungeteerten Straße nach La Plata liegt dieser 830 km² große **Nationalpark** (Resguardo Indígena Puracé; ☑ 313-680-0051, 521 2578; Kolumbianer/Ausländer 5000/10 000 COP; Guide pro Gruppe 35 000 COP; ⊗ 8–18 Uhr). Der größte Teil des Parks liegt innerhalb des *resguardo* (offizielles Territorium) der Ureinwohner von Puracé.

Zur Zeit der Recherchen zu diesem Buch hatte die Gemeinschaft der Ureinwohner die Kontrolle über den Park übernommen, infolge eines Disputs mit der Nationalregierung über dessen Bewirtschaftung. Von offizieller Seite geben die Touristeninformationen des Nationalparks oder der Regierung die Information aus, der Park sei geschlossen, die Gemeinschaft lässt jedoch Besucher zu und ist darauf bedacht, die jetzigen Anfänge von Ökotourismus weiter auszubauen. Neben dem Eintritt muss daher jede Gruppe einen einheimischen Führer (35 000 COP pro Gruppe) bezahlen, um den Park zu erkunden.

Der PNN Puracé ist der einzige Ort Kolumbiens, an dem frei lebende Kondore zu sehen sind. Fast ein Dutzend der großen Geier waren im Park angesiedelt worden – nur drei sind noch da. Die Guides locken sie mit Nahrung an, damit Besucher sie aus der Nähe sehen können.

Bei gutem Wetter kann man den **Volcán Puracé** (4750 m), den höchsten von sieben Vulkanen im Coconuco-Gebirge besteigen. Der Weg – etwa fünf Stunden bergauf und drei zurück – ist oft matschig. Aufgrund des Höhenunterschieds von Popayán ist der letzte Teil des Anstieg recht schwierig. Beste Kletterzeit ist Dezember bis Januar; von Juni bis August kann das Wetter sehr schlecht sein. Um Touren frühmorgens beginnen zu können, empfiehlt es sich, in einer der Hütten zu übernachten.

Das Besucherzentrum (3350 m) vermietet unbeheizte **Hütten** (Platz pro Pers. 20 000 COP) und serviert preisgünstige Gerichte; es gibt kein warmes Wasser, dafür haben einige Hütten funktionierende Kamine.

Die Anreise erfolgt in einem Bus nach La Plata bis zum **Cruce de la Mina** (12 000 COP, 1¼ Std.). Wer am selben Tag wieder abreisen möchte, sollte den ersten Bus um 4.30 Uhr nehmen, spätestens jedoch den um 6.45 Uhr.

Von Cruce de la Mina geht es 1,5 km bergauf zum **Cruce de Pilimbalá**, dort links ab und weitere 1 km zum Besucherzentrum. An der Bushaltestelle steht für gewöhnlich ein Führer, der den Weg weist.

Etwa 8 km hinter dem Cruce de la Mina liegen die **Termales de San Juan** (3200 m), deren Wasser inmitten einer außerirdisch wirkenden *páramo*-Landschaft aus dem Boden blubbert – spektakulär. Anders als in Coconuco darf hier nicht gebadet werden. Die Becken liegen außerhalb des Ureinwohner-Territoriums, aber eine Ranger-Station mit staatlichen Parkwächtern kann den Zugang verbieten, je nach Stand der Verhandlungen über den Park – am besten vor der Anreise in Popayán Informationen einholen.

Der letzte Bus zurück nach Popayán fährt gegen 17 Uhr durch Cruce de la Mina. Besucher sollten Essen, Wasser, warme Kleidung, Sonnenschutz und eine Kopie des Reisepasses mitbringen.

enthält. Jedes Gericht ist von hervorragender Qualität. Die ausgezeichneten Menüs (45 000 COP), enthalten zwei Vorspeisen, ein Hauptgericht, Käseauswahl und Frucht-Mousse. Reservierung empfohlen.

Ausgehen

Am Abend strömen arme Studenten in den Pueblito Patojo, eine Modellstadt im Freien, unterhalb des El Morro de Tulcán, um zu quatschen und mitgebrachte Getränke zu konsumieren. Wenn spät nachts etwas los ist, dann an dieser Landstraße außerhalb von Popayán.

Wipala
BAR

(Carrera 2 No 2-38; ☺ Mo–Do 14.30–21.30, Fr & Sa bis 23.30 Uhr; ☎) Coole Café-Bar mit kleinem Garten, die organische Kaffee aus dem Umland, *hervidos* (Früchtetees) und einen eigenen Energiedrink aus Coca-Tee, Ingwer und Ginseng serviert. Die vegetarischen Burger sind ebenfalls gut. Zur Unterhaltung wird von Bauchtanz bis Rock alles geboten.

New York
SALSA-CLUB

(Contiguo Salon Communal, Barrio Pueblillo; ☺ Do bis So 21–3 Uhr) Dieser lebhafte Salsa-Club in einem Vorort ist durch und durch authentisch. Die Gäste sitzen in alten Nischen unter Hunderten alter LPs, Plastikspielzeug und Porträts berühmter Salsa-Tänzer an Wänden und Decke. Das Viertel ist nicht ungefährlich; doch ein Taxi bis an die Tür kostet nur 6000 COP.

El Sotareño
BAR

(Calle 6 No 8-05; ☺ Mo–Do 16–1, Fr & Sa bis 3 Uhr) In einer belebten Straße in der Innenstadt befindet sich diese gemütliche Bar, ein Klassiker Popayáns, in der Tango, Bolero und Ranchera von verkratzten Vinylplatten gespielt wird.

Capriccio Café
CAFÉ

(Calle 5 No 5-63; ☺ Mo–Sa 9.30–12.30 & 14 bis 20 Uhr) Beliebtes Café, in dem Kaffee aus Cauca geröstet wird und die geeisten Getränke hervorragend schmecken.

Bar La Iguana
BAR

(Calle 4 No 9-67; ☺ 12 Uhr bis spät) Hier präsentieren sich versierte Salsa-Tänzer. Gelegentlich spielen Livebands.

Praktische Informationen

Um den Parque Caldas gibt es viele Geldautomaten.

4-72 (Calle 4 No 5-74; ☺ 9–17 Uhr) Postamt.

Migración Colombia (☑ 823-1027; Calle 4N No 10B-66; ☺ 9–12 & 14–17 Uhr) Für Visaverlängerungen.

Policía de Turismo (☑ 822-0916; Carrera 7 No 4-36) Touristeninformation am großen Platz.

 An- & Weiterreise

BUS

Der **Busbahnhof** liegt 1 km nördlich des Stadtzentrums. Es fahren regelmäßig Busse nach Cali (16 000 COP, 3 Std.). Direktverbindungen nach Bogotá (85 000 COP, 12 Std.) und Medellín (70 000 COP, 11 Std.) fahren abends los.

Minibusse verkehren regelmäßig nach San Agustín (30 000 COP, 5 Std.). Busse nach Tierradentro (22 000 COP, 5 Std.) fahren um 5, 8, 10.30, 13 und 15 Uhr. Die Verbindung um 10.30 Uhr führt direkt zum Eingang des Museo Arqueológico.

Stündlich fahren Busse nach Pasto (32 000 COP, 6 Std.) und Ipiales (40 000 COP, 8 Std.). Die Straßen von Popayán nach Ecuador sind jetzt sicherer und Raubüberfälle seltener geworden. Trotzdem müssen Nachtbusse auf Teilstrecken vorsichtshalber immer noch im Konvoi fahren. Wenn möglich, sollte man tagsüber reisen.

FLUGZEUG

Aeropuerto Guillermo León Valencia Der Flughafen liegt hinter dem Busbahnhof, 1 km nördlich der Stadtmitte. Avianca fliegt dreimal täglich direkt nach Bogotá.

Coconuco

Es gibt zwei Thermalquellen nahe der Stadt Coconuco (2360 m) in den Bergen um Popayán auf der Straße nach San Agustín. Am Wochenende drängeln sich dort die Kids mit ihren vom Rum angeschickerten Eltern; die Woche über steht aber fast alles leer. Das Wetter ist hier recht kühl, was den Quellen einen zusätzlichen Bonus verleiht.

Am Wochenende feiern die Leute bei Musikbeschallung Partys in der 24 Stunden geöffneten **Agua Hirviendo** (☑ 314 618 4178; Eintritt 7000 COP; ☺ 24 Std.). Ganz richtig: 24 Stunden am Tag geöffnet. Der Komplex wird von der einheimischen Bevölkerung vor Ort gemanagt und hat zwei große Thermalbäder, mehrere kleinere Bäder und eine natürliche Sauna. Das angrenzende Restaurant serviert Mahlzeiten bis spät am Abend.

Umgeben voneiner herrlichen Berglandschaft, bieten die unweit gelegenen **Termales Aguatibia** (☑ 315-578-6111; www.termale

saguatibia.com; Eintritt 12 000 COP; ⊙ 8–18 Uhr) viel grüne Landschaft. Die meisten Pools sind eher warm als heiß. Es gibt vier Thermalbecken, eine Schlammquelle und den 53 m langen „Toboggan", eine Betonrutsche.

Während der Woche wird Coconuco stündlich von Popayán aus angefahren (4000 COP, 1 Std., 31 km), am Wochenende öfter. Vor Ort lassen sich Jeeps (10 000 COP pro Fahrzeug) oder Mototaxis (3000 COP) zu den Quellen anheuern.

San Agustín

📘 8 / 31 300 EW. / 1695 M

Vor 5000 Jahren lebten zwei Kulturen von Ureinwohnern in den benachbarten Flusstälern des Magdalena und des Cauca. Umgeben von unüberwindbaren Bergen, waren sie auf die Flüsse als Transportwege angewiesen. Hier bei San Agustín liegen die Quellen der beiden Flüsse und hier, mehrere Tagesmärsche voneinander entfernt, trafen sich die Menschen der beiden Kulturen, um Handel zu treiben, ihre Götter anzubeten und ihre Toten zu begraben.

Die Vulkanbrocken, die von den nahen, heute erloschenen Vulkanen weit hinausgeschleudert wurden, regten die Künstler der Ureinwohner an, große Skulpturen daraus zu schaffen. Das Ergebnis sind über 500 Statuen (die größte ist 7 m hoch), die über ein weites Gebiet in den bewaldeten Anhöhen um San Agustín verstreut sind. Viele sind anthropomorphe Figuren, andere sind naturgetreu, wieder andere erinnern an maskierte Monster. Einige Skulpturen stellen heilige Tiere dar wie Adler, Jaguar und Frosch. Archäologen haben auch viele Keramikobjekte gefunden, doch nur ganz wenig Gold – anders als die Tayrona an der Karibikküste, hatten diese Menschen hier keine Goldminen.

Über die Völker von San Agustín ist ansonsten wenig bekannt. Sie hatten keine Schriftkultur und waren Jahrhunderte vor Ankunft der Europäer ausgestorben. Aber ihre Hinterlassenschaft gehört zu den großen archäologischen Funden auf dem Kontinent – ein mystischer Platz in spektakulärer Landschaft, der einen Abstecher lohnt.

⊙ Sehenswertes

Für die Besichtigung der wichtigsten archäologischen Fundstätten sollten zwei volle (oder drei etwas entspanntere) Tage eingeplant werden – davon ein Tag für den archäologischen Park und den Ausflug auf Pferderücken nach El Tablón, La Chaquira, La Pelota und El Purutal (4 Std. hin und zurück), und einer für die Jeeptour nach El Estrecho, Alto de los Ídolos, Alto de las Piedras, Salto de Bordones und Salto de Mortiño (6 Std.).

Beim Erstehen der Eintrittskarte am Parque Arqueológico oder an der Alto de Los Ídolos wird ein „Pass" ausgestellt, der für die Besichtigung beider Stätten an zwei aufeinanderfolgenden Tagen gültig ist.

Die entfernteren Stätten sollten unbedingt mit einem örtlichen Führer besucht werden, da es außerhalb des Parque Arqueológico kaum Wegweiser oder Informationstafeln gibt. Es wurde auch schon über Raubüberfälle an den entfernt gelegenen Gebieten der Stätten berichtet.

Der offizielle Preis für einen zertifizierten Führer ist 60 000 COP für einen halben Tag, etwas mehr für einen Englisch sprechenden Guide. Pferde können für etwa 30 000 COP pro halbem Tag angemietet werden, wobei für das Pferd des Führers auch bezahlt werden muss (es ist also günstiger in einer Gruppe). Jeep-Touren zu den entfernteren Stätten kosten etwa 150 000–180 000 COP pro Tag (maximal fünf Personen), plus die Kosten für den Guide.

★ Parque Arqueológico ARCHÄOLOGISCHE STÄTTE

(www.icanh.gov.co; Erw./Kind /Stud. 20 000/ 5000/10 000 COP; ⊙ 8–16 Uhr) Der 78 ha große archäologische Park liegt 2,5 km westlich der Stadt San Agustín. Er enthält eine Sammlung von insgesamt 130 Statuen, die entweder an Ort und Stelle gefunden oder aus anderen Gebieten hergebracht wurden, darunter einige der besten Skulpturen von San Agustín. Die Besichtigung nimmt etwa drei Stunden in Anspruch. Gute Führer bieten sich auf dem Gelände rund ums Museum an, sie sind aber nicht unbedingt erforderlich.

Am Eingang des Parks befindet sich das **Museo Arqueológico** mit kleineren Statuen, Keramik, Gerätschaften, Schmuck und anderen Objekten sowie Hintergrundinformationen über die Kultur von San Agustín.

Über die verschiedenen Statuengruppen (*mesitas*) hinaus gibt es die Fuente de Lavapatas zu sehen, ein komplexes Labyrinth von Kanälen und kleinen, terrassenförmig in das steinige Flussbett gehauenen Becken, dekoriert mit Bildern von Schlangen, Echsen und menschlichen Figuren. Die Archäo-

San Agustín

El Jabón

El Estrecho

El Purutal
La Pelota

Quinchana (20 km);
Laguna del
Magdalena (60 km)

Finca El Cielo
Hacienda Anacaona

La Chaquira

El Tablón

Restaurante
Italiano

Quebradillas
(4 km)

Finca El Maco

Casa de
François

Parque
Arqueológico

Donde
Richard

San Agustín

La Parada
Río Naranjos

Casa de
Nelly

Naranjos

Salto de
Bordones (6 km)
Alto
de las
Piedras

San José
de Isnos

Alto de ios
Ídolos

Alto de las
Guacas

Río Magdalena

Alto del
Mortiño

Salto de
Mortiño

Río Sombrerillos

Pitalito (32 km)

logen glauben, dass die Bäder zu rituellen Waschungen und zur Huldigung von Wassergöttern dienten.

Von dort aus windet sich ein Pfad bergauf zur Alto de Lavapatas, der ältesten Fundstätte San Agustíns. Ein paar von Statuen bewachte Gräber gibt es dort sowie eine fantastische Aussicht über das Umland.

Alto de los Ídolos ARCHÄOLOGISCHE STÄTTE (Erw./Kind/Stud. 20 000/5000/10 000 COP; 8–16 Uhr) Am Río Magdalena, 4 km südwestlich von San José de Isnos (ein paar Häuser 26 km nordöstlich von San Agustín) liegt der zweitgrößte archäologische Park der Region. Hier wurde die größte Statue im Gebiet von San Agustín errichtet, die insgesamt 7 m hoch ist, wobei nur 4 m über den Erdboden hinausragen.

Alto de las Piedras ARCHÄOLOGISCHE STÄTTE 7 km nördlich von Isnos befinden sich Grabstätten, die mit Steinplatten ausgelegt sind, von denen einige Spuren einer roten, schwarzen und gelben Färbung aufweisen. Eine der berühmtesten Statuen dort wird Doble Yo genannt; aufgepasst! Sie besteht nicht nur aus zwei, sondern gleich aus vier aus dem Fels gehauenen Figuren. Eine weitere interessante Statue stellte eine hochschwangere Frau dar.

El Tablón, La Chaquira, La Pelota & El Purutal ARCHÄOLOGISCHE STÄTTEN Diese vier Stätten liegen relativ nah beieinander und werden meist im Rahmen einer Tour auf Pferderücken besichtigt. In La Chaquira sind Abbilder von Gottheiten in den Fels gemeißelt. Vor Ort blickt man in die spektakuläre Schlucht des Río Magdalena.

Noch mehr Sehenswertes
Wer nicht in Eile ist, kann sich auch noch weitere archäologische Fundstätten ansehen, wie z. B. **La Parada, Quinchana, El Jabón, Naranjos** und **Quebradillas**. Neben ihrem archäologischen Reichtum bietet die Region große landschaftliche Schönheit, unter anderem die beiden spektakulären Wasserfälle **Salto de Bordones** und **Salto de Mortiño**. Ein Spaziergang oder ein Ritt nach **El Estrecho** sind ebenfalls lohnend. Der Río Magdalena zwängt sich dort durch eine nur 2,2 m breite Engstelle. All dies kann mit dem Auto oder auf dem Pferderücken erreicht werden.

🏃 Aktivitäten

Am besten lassen sich die Berge um San Agustín auf dem Rücken eines Pferdes erkunden. Anders als in anderen Landesteilen sind die Mietpferde hier meist in ausgezeichnetem Zustand. Reittouren können zu archäologischen Fundstätten nahe der Stadt oder aber auch für mehrtägige Reitausflüge ins Umland organisiert werden.

Francisco „Pacho" Muñoz (☑ 311-827-7972) kann als Tourführer empfohlen werden – meist ist er bei der Finca El Maco zu finden. Er führt durch San Agustín, aber zusätzlich auch zur Laguna del Magdalena in Tierradentro. Reisende, die für die Pferde bezahlen, führt er sogar bis nach Ecuador.

Laguna del Magdalena   REITEN

Interessant ist die dreitägige Reittour nach Laguna del Magdalena (3327 m), dem Ursprung des Río Magdalena, 60 km von San Agustín entfernt im Macizo Colombiano. Früher war die Region in den Händen von Guerillas, wird aber heute als sicher eingestuft. Die Reise dauert drei bis fünf Tage, je nach Route, und kostet etwa 150 000 COP pro Person und Tag, abhängig von der Gruppengröße.

Magdalena Rafting   RAFTINGTOUREN

(☑ 311 271 5333; www.magdalenarafting.com; Calle 5 No 16-04) Der Río Magdalena bietet schwieriges Wildwasser-Rafting durch beeindruckende Landschaften. Magdalena Rafting hat 1½-stündige Touren (50 000 COP pro Person) mit Stromschnellen Klasse II bis III für Neulinge und Tagestouren Klasse V (120 000 COP) für erfahrene Rafter im Programm. Mindestens vier Personen pro Gruppe. Auch Kayak-Kurse werden angeboten.

🛏 Schlafen

In der Stadtmitte gibt es zahlreiche günstige Hotels. An der zentralen Plaza befindet sich das komfortable **Hotel Hipona Plaza** (☑ 314-454-8497; www.hiponaplazahotel.com; Calle 3 No 13-24; EZ/DZ 30 000/60 000 COP), das in dieser Lage am preiswertesten ist. Alternativ dazu bietet das **Residencias El Jardín** (☑ 314-488-6220; Carrera 11 No 4-10; Zi. pro Pers. mit/ohne Bad 22 000/17 000 COP, Cabaña EZ/DZ 30 000/50 000 COP; ☎) preisgünstige Zimmer in einem geräumigen alten Haus nahe der Bushaltestelle.

Der Aufenthalt in San Agustín ist außerhalb des Stadtzentrums auf einem der vielen charmanten Landsitze noch angenehmer.

Finca El Maco   HOSTEL $

(☑ 320-375-5982, 837-3847; www.elmaco.ch; Campingplatz pro Pers. 10 000 COP, B 18 000 COP, EZ/DZ ab 44 000/63 000 COP; @☎) Dieses ruhige Hostel verfügt über verschiedene Ferienhütten in einem hübschen Garten. Im Restaurant wird hausgemachter, organischer

Joghurt und ausgezeichnetes Curry serviert. Der Eigentümer organisiert Ausflüge in die Region. Zum Hostel geht es an der Straße zum Parque Arqueológico rechts ab beim Hotel Yalconia. Von dort aus geht es 400 m bergauf. Wer Gepäck hat, sollte besser ein Taxi (7000 COP) nehmen.

Casa de François   HOSTEL $

(☑ 837-3847; www.lacasadefrancois.com; Campingplatz pro Pers. 10 000 COP, B 19 000 COP, Zi. mit/ohne Bad 50 000/40 000 COP, Cabaña 80 000 COP; ☎) 🌿 In einem Garten oberhalb der Stadt mit Blick auf die Berge liegt dieses kreative Öko-Hotel, dessen Wände aus Glasflaschen bestehen, die von Lehm zusammengehalten werden. Der luftige, erhöhte Schlafsaal bietet eine fantastische Aussicht, und es gibt eine geräumige Küche. Das kleine Restaurant bietet verschiedene gute Mahlzeiten und Snacks.

Casa de Nelly   HOSTEL $

(☑ 310-215-9067; www.hotelcasadenelly.co; Vereda La Estrella; B 18 000 COP, EZ/DZ 35 000/70 000 COP, ohne Bad 25 000/-50 000 COP; ☎) Das erste Hostel in San Agustín bietet neben freundlichem Management eine Reihe komfortabler Unterkünfte um einen sehr hübschen Stadtgarten herum. Es gibt einen großen Gemeinschaftsbereich mit offener Feuerstelle und einem Grill.

Hacienda Anacaona   HOTEL $$

(☑ 311-231-7128; www.anacaona-colombia.com; Via al Estrecho; EZ/DZ/3BZ 70 000/ 120 000/ 150 000 COP; ☎) Das ruhige Hotel im Kolonialstil ist eines der komfortabelsten in der Region. Es ist umgeben von einem gepflegten Garten mit hübscher Aussicht. Im Preis inbegriffen ist ein herzhaftes Frühstück. Die Kosten für die erstmalige Taxifahrt dorthin werden vom Hotel übernommen.

Finca El Cielo   HOTEL $$

(☑ 313-493-7446; www.fincaelcielo.com; Via al Estrecho; Zi. pro Pers. inkl. Frühstück 60 000 COP) Die nette Posada aus Guadua-Bambus an der Straße nach El Estrecho bietet fantastische Ausblicke über die neblig-grünen Berge drumherum. Die freundlichen Eigentümer wohnen im Erdgeschoss und kochen bei Vorbestellung gute Hausmannskost.

✖ Essen

Pasteleria Le Péché Mignon   FRANZÖSISCH $

(Calle 5 No 16-09; Gebäck 3000–3500 COP; ⊙ Mi bis So 13–19 Uhr) Beliebt bei Einheimischen und Besuchern ist diese französische Bä-

MOCOA: DIE DSCHUNGEL-ROUTE NACH ECUADOR

Reisende von San Agustín nach Ecuador müssen nicht zurück nach Popayán. Nur vier Busstunden von Pitalito (direkt östlich von San Agustín) liegt die Provinz Putumayo, ein Land reißender Flüsse, dichten Dschungels und mit erstaunlicher Tierwelt. Wer auf seiner Reise Leticia nicht unterbringt, sollte einen Abstecher zu diesem leicht erreichbaren Teil des Amazonas machen. Die Provinzhauptstadt heißt Mocoa, an sich nur ein unbedeutendes bäuerliches Zentrum, doch inmitten großartiger Natur gelegen mit Dutzenden von Wasserfällen, erfrischenden natürlichen Pools und ausgezeichneten Wandermöglichkeiten.

An einem der schönsten natürlichen Pools südöstlich der Stadtmitte von Mocoa liegt die stimmungsvolle **Casa del Río** (☎8-420-4004; www.casadelriomocoa.com; Vereda Caliyaco, via Mocoa-Villagarzón; B/EZ/DZ 18 000/35 000/43 000 COP; @ 📶) mit komfortablen Zimmern inmitten eines üppigen Gartens voller Singvögel und mit winzigen Äffchen.

Von Mocoa geht es nach Pasto (35 000 COP, 6 Std.) auf dem Trampolin de la Muerte (Trampolin des Todes) – einer der gefährlichsten und spektakulärsten Straßen auf dem Kontinent. Sie ist nicht geteert, einspurig und führt die ganze Zeit an einem 400 m tiefen Felsabgrund entlang. Dem Gegenverkehr kann oft nur durch gefährliches Rückwärtsfahren ausgewichen werden! Die Reise im Pickup wird als sicherer eingeschätzt als mit dem Bus. Von Pasto bis zur Grenze sind es nur zwei Stunden. Alternativ dazu gibt es auch einen Bus bis zur Grenze bei San Miguel (27 000 COP, 6 Std.) mit Übergang nach Ecuador nahe der Stadt Nueva Loja (Lago Agrio), von wo aus das Amazonas-Becken von Ecuador gut erreichbar ist und Busse und Flüge nach Quito abgehen.

Die Sicherheitslage um San Miguel ist immer noch heikel, auch wenn viele Besucher hier offenbar ohne Probleme über die Grenze gekommen sind. Man sollte sich vorab bei den Behörden in Mocoa erkundigen und auf jeden Fall nur tagsüber reisen.

ckerei, die hier ihre am Morgen ganz frisch gebackenen leckeren Kuchen und Gebäckteilchen verkauft.

⭐ **Donde Richard** KOLUMBIANISCH $$
(☎312-432-6399; Vía al Parque Arqueológico; Hauptgerichte 24 000 COP; ⊙Mi–Mo 8–18 Uhr) Das Grillrestaurant an der Straße zum Parque Arqueológico bietet das beste Essen der Stadt: große Portionen saftiger Braten, Steaks und verschiedener Fischgerichte, zubereitet in der offenen Küche. Gut für ein Mittagessen auf dem Rückweg vom Park.

El Fogón KOLUMBIANISCH $$
(☎320-834-5860; Calle 5 No 14-30; Hauptgerichte 18 000–20 000 COP; ⊙7–21 Uhr) Das Lokal, eine echte Institution vor Ort, serviert große Portionen kolumbianischer Lieblingsgerichte und ein äußerst preiswertes Mittagsmenü (6000 COP). Eine weitere Filiale befindet sich nahe dem Parque Arqueológico.

Restaurante Italiano ITALIENISCH $$
(☎314-375-8086; Vereda el Tablón; Hauptgerichte 16 000–23 000 COP; ⊙Di–So 12–21.30 Uhr, Mo bis 18 Uhr) Etwas außerhalb der Stadt bietet dieses einfache Restaurant authentische italienische Küche, u. a. hausgemachte Pasta. Ein Taxi dorthin kostet etwa 4000 COP.

 Ausgehen

El Faro DAR
(Carrera 13 No 6-50; ⊙Di–So 5–11.30 Uhr) Die gemütliche Künstlerbar verlockt zum Schwatzen bei Bier und Cocktails. Direkt aus dem Holzofen im Innenhof kommt auch San Agustíns beste Pizza.

Macizo Coffee CAFÉ
(Calle 2 No 13-17; Kaffee 3000–6000 COP; ⊙8:30 bis 20 Uhr) In diesem Café an der großen Plaza wird eine breite Vielfalt an Getränken auf Basis der zertifizierten Kaffeebohnen örtlicher Plantagen angeboten. Weitere Filialen befinden sich im Parque Arqueológico.

 Shoppen

Auf den Montagsmarkt von San Agustín an **La Galería** (Ecke Calle 3 & Carrera 11; ⊙5 bis 16 Uhr) kommen die Bauern zum Kaufen und Verkaufen. Es geht recht rustikal zu, und es gibt kaum Touristen. An den anderen Tagen ist der Marktplatz auch geöffnet, aber bedeutend gedämpfter.

 Praktische Informationen

In der Innenstadt treiben sich oft Schlepper herum, die den mit Intercity-Bussen ankommenden

Reisenden Hotels und „günstige" Touren anbieten. Professionelle Führer und Jeeps sollten jedoch über das Hotel oder am archäologischen Park gebucht werden.

Banco de Bogotá (Calle 3 No 10-61) Geldautomat.

Oficina de Turismo (☑ 320-486-3896; Carrera 11 No 3-61; ⊙ Mo–Fr 8–12 & 14–17 Uhr) Touristeninformation in der Casa de Cultura.

ℹ An- & Weiterreise

Die Büros der Buslinien befinden sich Ecke Calle 3 und Carrera 11 (auch bekannt als Cuatro Vientos). Minibusse fahren regelmäßig nach Neiva (28 000 COP, 4 Std.), Popayán (30 000 COP, 5 Std.) und Cali (40 000 COP, 8 Std.). Mehrere Busse fahren frühmorgens und abends nach Bogotá (50 000 COP, 11 Std.).

Etwas mehr Komfort bietet **Colombia on the Road** (☑ 837-3437; www.colombiaontheroad. com), ein Tür-zu-Tür-Service im Minibus nach Popayán (40 000 COP) und Cali (70 000 COP).

Die Straße nach Popayán verläuft durch die spektakuläre *páramo*-Landschaft des Parque Nacional (PNN) Puracé. Nachts sollte die Strecke nicht befahren werden, da es schon zu Raubüberfällen gekommen ist.

Tierradentro wird erreicht über Pitalito (6000 COP, 45 Min.), dort umsteigen in einen Bus nach La Plata (25 000 COP, 2½ Std.) und dann weiter mit Bus oder *colectivo* nach San Andrés (10 000 COP, 2½ Std.).

Bei Anfahrt von Popayán halten Busse mit wenigen Passagieren an einer Kreuzung 5 km außerhalb der Stadt und zahlen für das Taxi nach San Agustín. Die Taxifahrer wollen Gäste oft zu dem Hotel bringen, mit dem sie zusammenarbeiten – Fahrgäste müssen hier energisch auf ihr eigenes, geplantes Ziel pochen.

ℹ Unterwegs vor Ort

Ein gutes Dutzend Taxis bedienen San Agustín. Mit ihnen kann man sich eventuell auch zu einer Unterkunft außerhalb der Stadt fahren lassen. Die Preise sind vorgegeben, sollten aber vor dem Einsteigen noch einmal bestätigt werden.

Alle 15 Minuten fährt ein Bus die 2 km zum Park (1200 COP) ab der Ecke Calle 5 und Carrera 14. Colectivos befahren die Landstraßen und bieten eine Alternative für Fahrten zu und von den Hotels im Umland.

Tierradentro

☑ 2 / 1750 M

Tierradentro ist die zweitwichtigste archäologische Fundstätte Kolumbiens (nach San Agustín), wird aber nur von überraschend wenig Touristen besucht. Sehr abseits gelegen, nur über unbefestigte Straßen erreichbar, ist es ein ruhiger Ort mit freundlichen Einheimischen und erstaunlichen archäologischen Wundern. San Agustín ist berühmt für seine Statuen, Tierradentro dagegen für kunstvolle unterirdische Grabstätten. Bis jetzt haben Archäologen an die 100 dieser ungewöhnlichen Bestattungstempel gefunden, die einzigen dieser Art auf dem Doppelkontinent. Ein großartiger Fußweg verbindet alle größeren Gräber inmitten der umwerfend schönen Berglandschaft.

⊙ Sehenswertes

Tierradentro besteht aus fünf Fundstätten in den Anhöhen um die Stadt San Andrés de Pisimbalá herum. Vier enthalten unterirdische Grabstätten, eine Skulpturen. Außerdem gibt es noch zwei Museen.

Die Gräber messen 2 bis 7 m im Durchmesser und wurden in das weiche Vulkangestein gegraben, aus dem die Hügellandschaft der Region besteht. Sie liegen unterschiedlich tief, manche gerade einmal unterhalb der Erdoberfläche, andere bis zu 9 m tief. Die gewölbten Decken der größten Gräber werden von Säulen gestützt, die oft mit roten und schwarzen geometrischen Mustern auf weißem Grund bemalt sind.

Über die Menschen, die diese Gräber und Statuen erbaut haben, ist wenig bekannt. Die einheimischen Páez (oder Nasa), die das Gebiet heute bevölkern, waren es wohl nicht. Sie stammen wahrscheinlich von zwei verschiedenen Kulturen: die Menschen, die die Gräber in den Fels gehauen haben, gehörten einer älteren Kultur an als jene, die die Statuen erstellten. Einige Forscher siedeln die „Gräberkultur" zwischen dem 7. und 9. Jh. an, während die „Statuenkultur" mit der späten Phase der Entwicklung in San Agustín verbunden scheint und damit etwa 500 Jahre später stattfand.

Der Kartenschalter für den **Parque Arqueológico** (archäologischer Park; ☑ 311-3900-324; www.icanh.gov.co; Erw./Kind/Stud. 20 000/5000/10 000 COP; ⊙ 8–16 Uhr) befindet sich im Museumskomplex. Dort erhält man einen "Pass", der den Eintritt in beide Museen und die Grabstätten erlaubt. Er gilt für zwei aufeinanderfolgende Tage. Die Museen sollten unbedingt vor den Grabstätten besucht werden, da die Gräber kaum beschildert sind.

25 Minuten zu Fuß von den Museen aus bergauf liegt das Städtchen **San Andrés de Pisimbalá**. Die Hauptattraktion des Ortes

war seine wunderschöne, reetgedeckte **Kirche** aus Lehmziegeln. Brandstifter haben sie in Schutt und Asche gelegt, und zur Zeit der Recherchen zu diesem Buch war mit dem Wiederaufbau noch gar nicht begonnen worden.

Grabstätten & Statuen

Alle Grabstätten in Tierradentro können auf einem 14 km langen Rundgang an einem Tag besucht werden. Die Landschaft ist einfach atemberaubend, und es lohnt sich, den gesamten Weg zu gehen. Er kann in beide Richtungen begangen werden, doch vom Museum aus ist es ratsam, gegen den Uhrzeigersinn zu wandern, da der Weg in die andere Richtung mit einem steilen Anstieg beginnt. Besucher können auch von der Stadt aus zum Eingang wandern und den Eintritt an der zuerst besuchten archäologischen Stätte bezahlen.

Nur einige der Gräber haben elektrisches Licht, eine Taschenlampe mitzubringen empfiehlt sich also. Die Stätten sind von 8 bis 16 Uhr geöffnet.

Wer vom Museum aus gegen den Uhrzeigersinn 20 Minuten zu Fuß dem steilen Pfad folgt, erreicht **Segovia** (1650 m), die wichtigste Gräberstätte. Sie umfasst 28 Gräber, einige mit gut erhaltenen Ausschmückungen. Zwölf Gräber haben elektrisches Licht.

Von Segovia aus weitere 15 Minuten zu Fuß erreicht man **El Duende** (1850 m) mit vier Gräbern, deren Verzierungen nicht erhalten sind. Von dort aus geht es 25 Minuten zu Fuß entlang der Straße nach **El Tablón** (1700 m) mit neun verwitterten Statuen, ähnlich denen von San Agustín. Sie wurden in diesem Gebiet ausgegraben und stehen nun alle unter einem Dach. Die Stelle ist schlecht ausgeschildert; sie befindet sich hinter einem Lehmziegel-Haus mit Blechdach an einem Berghang links der Straße. El Tablón ist auch über den Weg neben der großen Straße nach San Andrés erreichbar.

Weiter geht es in die Stadt. Neben dem Restaurant La Portada geht der Weg ab nach **Alto de San Andrés** (1750 m) mit sechs großen Gräbern; zwei davon besitzen erstaunlich gut erhaltene Wandmalereien. Ein Grab ist aufgrund von Instabilität und Feuchtigkeit geschlossen worden, ein anderes ist vollkommen eingestürzt.

El Aguacate (2000 m) ist am weitesten abgelegen, bietet aber die beste Aussicht. Von Alto de San Andrés ist die Stätte in 1½ Stunden zu Fuß zu erreichen, danach geht es weitere 1½ Stunden bergab zurück

zu den Museen. Es gibt noch ein paar Dutzend weiterer Gräber, doch die meisten wurden von *guaqueros* (Grabräubern) geplündert. Nur wenige Gewölbe zeigen noch Überreste der Originalverzierung.

Museen

Museo Arqueológico   MUSEUM
Die Ausstellung ist der Gräber-Kultur gewidmet und umfasst Keramikurnen, die einst die Asche von Verstorbenen enthielten. Miniaturabbildungen zeigen, wie die Gräber einst frisch ausgemalt ausgesehen haben könnten.

Museo Etnográfico   MUSEUM
Das Museo Etnográfico präsentiert Geräte und Artefakte des einheimischen Volkes der Páez aus der Zeit nach Tierradentro, sowie Exponate aus der Kolonialzeit, wie z. B. eine *trapiche* (Zuckerrohrmühle), *bodoqueras* (Blasrohre) und traditionelle Kleidung.

🛏 Schlafen & Essen

🏠 Parque Arqueológico

Es gibt ein halbes Dutzend einfacher Unterkünfte und ein Hotel am 500 m langen Weg zu den Museen hinauf. Oft sind die Inhaber nette Senioren – für junge Menschen ist hier nämlich nicht viel geboten. Die Budgetunterkünfte kosten etwa 10 000–15 000 COP pro Person.

Hospedaje Tierradentro   GUESTHOUSE $
(📞 313-651-3713; alorqui@hotmail.com; Tierradentro; Zi. pro Pers. 15 000 COP) Unter den Budgetunterkünften bietet diese Pension am meisten Privatsphäre. Die makellos frisch gestrichenen Zimmer befinden sich in einem neuen, separaten Gebäude im Garten hinter dem Haupthaus.

Hotel El Refugio   HOTEL $
(📞 321-811-2395; hotelalbergueelrefugio@gmail.com; Tierradentro; EZ/DZ/3BZ 45 000/63 000/80 000 COP; ❄) Dies ist die luxuriöseste Option hier am Ort: Das von der Gemeinde geführte Hotel hat komfortable, wenn auch sehr einfallslos eingerichtete Zimmer mit Bergblick, Kabel-Fernsehen und einem großen Pool.

Mi Casita   GUESTHOUSE $
(📞 312-764-1333; Tierradentro; Zi. pro Pers. 12 000 COP) Das Mi Casita ist sehr beliebt, die Inhaber sind ausgesprochen freundlich und vom angenehmen Garten aus hat man einen Blick auf die Berge.

Tierradentro

Residencias y Restaurante
Pisimbalá
GUESTHOUSE **$**
(☎ 311-605-4835, 321-263-2334; Tierradentro; Zi. pro Pers. mit/ohne Bad 15 000/10 000 COP) Hier sind die Zimmer im Haupthaus, alle mit eigenem Bad ausgestattet. Es werden preisgünstige Mahlzeiten angeboten, auch vegetarische, und hausgekelterte Obstweine serviert.

Residencias Lucerna
GUESTHOUSE **$**
(Tierradentro; Zi. pro Pers. 10 000 COP) Das Guesthouse in der Nähe der Museen ist so altmodisch, dass es tatsächlich noch nicht einmal ein Telefon hat. Es gibt aber eine Küche zur Mitbenutzung.

Super Jugos
FRÜHSTÜCK **$**
(Tierradentro; Säfte 2000 COP; ⏱8–18 Uhr) Vor dem Loswandern kann man sich hier vor dem Eingang zum Park mit frischen Säften und hausgemachtem Joghurt stärken.

🛏 San Andrés de Pisimbalá
Wer längere Zeit in der Gegend bleibt, ist vielleicht in San Andrés de Pisimbalá gut aufgehoben.

⭐ La Portada
GUESTHOUSE **$**
(☎ 311-601-7884; laportadahotel.com; San Andrés de Pisimbalá; EZ/DZ 30 000/35 000 COP, ohne Bad 15 000/20 000 COP) Die aus Holz gebaute Lodge nahe der Bushaltestelle in der Stadt hat große, saubere Zimmer, ein Warmwasserbad im Erdgeschoss und preiswertere Zimmer mit Mitbenutzung des Kaltwasserbads im Obergeschoss. Das angeschlossene luftige Restaurant bietet das beste Essen der Stadt – auch hausgemachte Eiscreme steht auf der Karte. Die freundlichen Eigentümer organisieren auch Führer und besorgen Mietpferde.

Residencia El Viajero
GUESTHOUSE **$**
(☎ 321-349-4944; Calle 6 No 4-09, San Andrés de Pisimbalá; Zi. pro Pers. 12 000 COP) Die Residencia El Viajero in der Nähe des Fußballplatzes bietet einfache Zimmer und Badmitbenutzung in dem Haus eines netten Seniors.

ℹ Praktische Informationen
Zum Zeitpunkt der Recherchen zu diesem Buch gab es gelegentlich noch Guerilla-Aktivitäten um Tierradentro herum. Reisende sollten die Situation vorab mit der Touristenpolizei in Popayán abklären.

Es gibt weder ein Touristenbüro noch eine Bank in und um Tierradentro. In San Andrés bietet **Puerta Virtual** (via Sta. Rosa, San Andres de Pisimbalá; 1500 COP pro Std.; ⏱ Mo–Sa 9–20 Uhr) eine erstaunlich schnelle Internetverbindung und Telefon.

Tierradentro

ℹ An- & Weiterreise

Die meisten Busse nach Tierradentro halten in El Crucero de San Andrés. Von dort aus sind es 20 Minuten zu Fuß den Berg hinauf zu den Museen und weitere 20 Minuten nach San Andrés. Hin und wieder fährt ein *colectivo* (1000 COP). Eine Fahrt mit dem Mototaxi kostet 3000 COP.

Ein direkter Bus nach Popayán (22 000 COP, 4 Std.) fährt um 6 Uhr ab San Andrés de Pisimbalá und hält vor den Museen. Weitere Busse nach Popayán (9, 11, 13 und 16 Uhr) fahren ab El Crucero de San Andrés.

Busse und Pickups fahren ab San Andrés de Pisimbalá um 6.30, 8, 12 und 16 Uhr nach La Plata (10 000 COP, 2 Std.). Dort gibt es Umsteigemöglichkeiten nach Bogotá, über Neiva zur Desierto de la Tatacoa und Pitalito nach San Agustín.

Desierto de la Tatacoa

Auf halbem Weg zwischen Bogotá und San Agustín liegt die Tatacoa-Wüste. Die bizarre Landschaft aus ausgehöhlten Felswänden und Rinnen wurden vom selten fallenden Regen gestaltet. Aufgrund des trockenen, klaren Wetters, dem Fehlen von Lichtverschmutzung und der Nähe zum Äquator, eignet sich die Tatacoa bestens für astronomische Beobachtungen – der Sternenhimmel über der nördlichen und der südlichen Hemisphäre bietet sich allen dar.

Die Tatacoa ist keine richtige Wüste, obwohl es dort sehr heiß ist – bis zu 50 °C. Eigentlich ist sie ein vertrocknetes Halbtrockengebiet mit Tropenwald, in dem durchschnittlich 1070 mm Regen jährlich niedergehen. Auf allen Seiten ist sie von Bergen

umgeben, die Gipfel um Nevado de Huila (5750 m) bekommen den Großteil der Regenwolken und des Niederschlags ab, sodass 330 km² der Tatacoa trocken bleiben. Das Ergebnis ist ein für Kolumbien einzigartiges Ökosystem – mit Skorpionen und Wieseln, Früchte tragenden Kakteen und mindestens 72 verschiedenen Vogelarten.

Tatacoa wird über **Neiva** erreicht, der heißen Hauptstadt des *departamento* Huila mit Hafen am Río Magdalena. Neiva hat nicht viel zu bieten. Ein *colectivo* bringt Reisende aber nach Villavieja, eine Fahrtstunde Richtung Nordosten. Villavieja bietet Übernachtungsmöglichkeiten, doch eine Nacht in der Wüste ist noch besser.

Gutes Schuhwerk ist angebracht (es liegen Kaktusstacheln auf dem Boden) ebenso wie eine Taschenlampe.

Villavieja

🚌 8 / 7338 EW. / 440 M

Die kleine Wüstenstadt wurde 1550 gegründet und ist seither so gut wie vergessen. Ein paar Familien leben notdürftig von Ziegenherden, aber mehr noch vom Tourismus. An Wochenenden und Feiertagen kommen *bogotanos* (Einwohner von Bogotá) gerne hierher, um sich aufzuwärmen. An den anderen Tagen hat man den Platz für sich.

⊙ Sehenswertes & Aktivitäten

Die Region war einst ein Meeresboden, und so finden sich großartige Fossilien aus dem Miozän. Paläontologen arbeiten seit Längerem in La Venta, einer abgelegenen Wüstenregion. Einige ihrer Fundstücke, wie die Knochen eines Gürteltiers von der Größe eines Traktors, sind im **Museo Paleontológico** (☎ 879-7744, 314-347-6812; Eintritt 2000 COP; ⊙ 8.30–12 & 14–17 Uhr) auf dem Hauptplatz zu besichtigen. Die freundlichen Mitarbeiter agieren auch als De-facto-Touristenbüro, da das offizielle der Touristenpolizei selten geöffnet ist.

Die Straße aus der Stadt hinaus führt durch den **Bosque del Cardón**, einen kleinen Kaktuswald. Vier Kilometer hinter Villavieja liegt **El Cusco**. Dort befindet sich das **Observatorio Astronómico de la Tatacoa** (☎ 312-411-8166; www.tatacoa-astronomia.com; El Cusco; Besichtigungen 10 000 COP; ⊙ Besucherzentrum 10–21 Uhr). Das Besucherzentrum organisiert Führer zur Erkundung der Gegend. Das Observatorium ist von 7–21 Uhr für Besucher geöffnet. Dann führt der örtliche Astronom **Javier Fernando Rua Restrepo** (☑310-465-6765) Besucher mit Hilfe von zwei Stativteleskopen durch den Himmel. Eine Voranmeldung wird empfohlen. Im Juli kommen bei Neumond Studiengruppen und kolumbianische Hobbyastronomen zur viertägigen **Fiesta de Estrellas** (Sternenfeier) hierher.

Ein dem Observatorium gegenüber liegender Aussichtspunkt auf der anderen Seite der Straße bietet einen weiten Blick und ist ideal zum Beobachten des Sonnenuntergangs. Unterhalb davon liegen die **Laberintos del Cusco** (Cusco-Labyrinthe), eine labyrinthartige Landschaft welliger roter Felsformationen, die überhaupt nicht ins tropische Kolumbien zu passen scheinen.

4 km hinter dem Observatorium liegt **Ventanas,** ein Aussichtspunkt, von dem aus die ganze Wüste überblickt werden kann. Weitere 5 km danach wird **Los Hoyos** erreicht. Das Schwimmbecken dort wird von einer natürlichen Quelle gespeist, die tief aus einem nackten, grauen Tal kommt.

🛏 Schlafen & Essen

In der Stadt gibt es mehrere einfache Hotels, aber die meisten Reisenden verbringen die Nacht lieber in der Wüste. Die Unterkünfte in der Wüste bestehen meist aus vier Betonwänden mit einem Blechdach. Sie kosten etwa 25 000 COP pro Person. Einfache Mahlzeiten (7000–15 000 COP) werden angeboten.

Villa Paraiso
HOTEL $

(☑879-7727; hotelvillaparaisovillavieja@gmail.com; Calle 4 No 7-69, Villavieja; EZ/DZ 20 000/50 000 COP) Das beste Hotel der Stadt bietet saubere Zimmer mit Bad, Split-Klimaanlage und Kabel-TV um einen angenehmen Patio herum. Das freundliche Management ist besonders hilfreich.

Campground Observatorio
CAMPINGPLATZ $

(☑312-411-8166; Cusco, Tatacoa; Campingplatz pro Pers. 7000 COP) Hinter dem Observatorium befindet sich ein großer Campingplatz für 40 Zelte. Außerdem können Hängematten für 10 000 COP gemietet und an den griechischen Säulen auf der Terrasse angebracht werden. Der Strom wird mit Hilfe von Solarenergie erzeugt.

Estadero Doña Lilia
GUESTHOUSE $

(☑313-311-8828; Observatorium, 400 m E, Tatacoa; Zi. pro Pers. 25 000 COP) Unweit des Observatoriums bietet das Guesthouse komfortable Zimmer und beeindruckende Aussicht. Die Mahlzeiten sind köstlich, besonders der Ziegenbraten – eine regionale Spezialität.

Noches de Saturno
GUESTHOUSE $

(☑313-305-5898; Observatorium, 700 m E, Tatacoa; Zi. pro Pers. 25 000 COP, Campingplatz mit/ ohne Mietzelt pro Pers. 10 000/5000 COP; ☒) Wenige Minuten zu Fuß vom Observatorium entfernt, bietet dieses Guesthouse einen schattigen Garten mit Pool. Die einfachen, sauberen Zimmer sind luftig, und einige bieten schöne Ausblicke. Es ist auch ein Zeltplatz vorhanden. Für 4000 COP können Besucher den Pool benutzen.

Estadero Villa Marquez
LODGE $

(☑311-883-1570; Observatorium, 1,8 km E, Tatacoa; Campingplatz pro Pers. 8000 COP, Campingplatz mit Mietzelt 20 000 COP, EZ/DZ 30 000/50 000 COP, 2-Pers.-Tipi 35 000 COP; ☒) Die Familie, die hinter Villaviejas berühmten *Conserves del Desert* steckt, ist in die Wüste gezogen. Zum Glück stellen sie immer noch ihre Kaktus-Leckereien her, wie Bonbons, eingemachtes Kaktusherz und Kaktuswein (8,7 % Alkohol). Sie bieten auch verschiedenerlei Unterkünfte an, u. a. kleine Beton-Tipis (nichts für Klaustrophobiker) und einfache *cabañas*.

Der Übernachtungspreis umfasst auch das Recht zur Poolbenutzung. Für Vegetarier werden fleischfreie Mahlzeiten angeboten.

★ El Peñon de Constantino
LODGE $$

(☑317-698-8850, 310-255-5020; elpenonconstantino@hotmail.com; Observatorium, 2 km E, Tatacoa; Campingplatz/Hütte pro Pers. 10 000/25 000 COP, 2-Pers.-Luxuszelt /3BZ 80 000/100 000 COP; ☒) Diese Lodge im Safaristil, 2 km hinter dem Observatorium, bietet die neuesten, komfortabelsten Übernachtungsmöglichkeiten in der Wüste, z. B. hübsche Bambushütten mit Lehm verputzt und Zelthäuser, alle mit separaten Bädern. Es gibt einen schattigen Gemeinschaftsplatz. Der Übernachtungspreis berechtigt zur Benutzung eines gepflegten Fels-Pools, der von einer Quelle aus der Schlucht unten gespeist wird.

Die Mahlzeiten (16 000–20 000 COP) werden auf der Terrasse serviert. Die Lodge liegt 1,2 km hinter der Abzweigung von der Hauptstraße – das Taxi sollte unbedingt den ganzen Weg dorthin fahren.

Sol y Sombra
KOLUMBIANISCH $

(Calle 4 No 7-41, Villavieja; Mahlzeiten 5000 bis 6000 COP; ☺7–20 Uhr) Bietet leckere Mahlzeiten im Zentrum der Stadt, z. B. einfache

Frühstücksmahlzeiten und verschiedene leckere kolumbianische Standard- und Lieblingsgerichte.

Rincón de Cabrito SÜSSES $
(Observatorium, 1 km E, Tatacoa; Snacks 3000 bis 8000 COP; ⊙ 6–21 Uhr) Etwa 1 km vom Observatorium entfernt Richtung stadtauswärts steht dieser Imbissstand, der Ziegenkäse und *arequipe* (ein süßes Dessert aus Milch und Zucker) verkauft.

❶ Praktische Informationen

Einige Internet-Cafés sind in der Nähe des Parks. Sie berechnen etwa 1200 COP pro Stunde Internet-Zugang.

Banco Agrario (Calle 4 No 4-30; ⊙ Mo–Fr 8–13 Uhr) Der einzige Geldautomat der Stadt – leider unzuverlässig.

❶ An- & Weiterreise

Kleinbusse befahren die 37 km lange Strecke zwischen Neiva und Villavieja (6000 COP, 1 Std.) von 5–19 Uhr. Sie fahren ab bei mindestens fünf Personen; früh morgens und am späten Nachmittag sind die häufigsten Fahrten, doch tagsüber können die Wartezeiten auch mal ein bis zwei Stunden betragen.

Zwischen Bogotá und Neiva (45 000 COP, 6 Std.) gibt es viele Fahrmöglichkeiten. Täglich fahren mehrere Busse direkt nach San Agustín (30 000 COP, 4 Std.). Für Tierradentro steigt man in La Plata (20 000 COP, 4 Std.) um.

❶ Unterwegs vor Ort

Es gibt nur eine Handvoll Mototaxis, die den relativ hohen Preis von 20 000 COP verlangen, um bis zu drei Personen zum Observatorium zu fahren. Verschiedene Anbieter vermieten Fahrräder. Die 4 km zu Fuß zu gehen ist machbar, aber es gibt weder Schatten noch Schutz und Wasser unterwegs.

Einige der Posadas in der Wüste verleihen Pferde für 10 000–15 000 COP pro Stunde. Ein Pferderitt mit Führer zu den Sehenswürdigkeiten kostet etwa 50 000 COP pro Person.

NARIÑO

Willkommen in Ecuador – fast. Nariño ist Kolumbiens südwestlichste Provinz und sie steht schon deutlich unter ecuadorianischem Einfluss.

Die Anden türmen sich hoch und bedrohlich auf in ihrem Verlauf nach Süden. Die „Vulkanstraße" durch ganz Ecuador beginnt hier – die nette kleine Provinzhauptstadt

Pasto ist nur 8 km von einem aktiven Vulkan zwischen kleinteiligen Feldern und Wiesen entfernt.

Die meisten Besucher kommen nur hierher, um über die Grenze nach Ecuador zu reisen, aber ein paar Tage Aufenthalt hier lohnen sich. Im kompakten Stadtzentrum lässt sich gut flanieren, die Laguna de la Cocha ist zauberhaft, und die Basilika Santuario de Las Lajas bei Ipiales ein wahrhaft erstaunlicher Anblick.

Pasto
🗺 2 / 411 706 EW. / 2551 M

Nur zwei Stunden von Ecuador entfernt liegt Pasto, die Hauptstadt der Provinz Nariño und Ausgangspunkt für den Grenzübertritt. Die Stadt ist ganz nett, mit mehreren schönen Häusern aus der Kolonialzeit und einer lebhaften Innenstadt, aber das Interesse erschöpft sich meist an einem Tag.

Für Naturliebhaber sieht dies allerdings anders aus, denn Pasto liegt inmitten einer spektakulären Landschaft und ist ein guter Ausgangspunkt zur Besichtigung der Laguna de la Cocha, der Laguna Verde und des ruhelosen Vulkans Galeras.

Das Wetter ist kühl hier – sogar so kühl, dass *helado de paíla* frisch an der Straße zubereitet werden kann; das ist traditionelle Eiscreme, die in einem Kupferkessel auf einer Plattform von Eis hergestellt wird.

⊙ Sehenswertes

Museo Taminango de Artes y Tradiciones MUSEUM
(🗺 723-5539; museotaminango@gmail.com; Calle 13 No 27-67; Erw. 2000 COP; ⊙ Mo–Fr 8–12 & 14–18, Sa 9–13 Uhr) Das Museum enthält ein Sammelsurium von Antiquitäten, ist aber sehenswert, da es sich in einer renovierten *casona* (großes Haus) aus dem Jahr 1623 befindet, angeblich dem ältesten, noch bestehenden zweistöckigen Haus Kolumbiens.

Museo del Oro MUSEUM
(Calle 19 No 21-27; ⊙ Di–Sa 10–17 Uhr) GRATIS
Einblicke in die präkolumbische Kultur der Nariño gibt dieses Museum mit seiner kleinen interessanten Sammlung von Gold- und Keramikarbeiten der Ureinwohner.

Iglesia de San Juan Bautista KIRCHE
Von außen großartig anzusehen, innen vergoldet – diese stilvolle Kirche auf dem Hauptplatz von Pasto ist ein schönes Beispiel kolonialer Barockarchitektur.

Pasto

Pasto

⊙ Sehenswertes
1 Iglesia de San Juan Bautista A2
2 Museo del Oro B3

🛏 Schlafen
3 Hotel Casa Lopez.................................B3
4 Koala Inn A3

✖ Essen
5 Caffeto..A2
6 Salón Guadalquivir B2

⊙ Ausgehen & Nachtleben
7 Andina Peña Bar B2
8 Cola de Gallo......................................A2

Kolonialstil und mit Holzböden, ist preisgünstig, freundlich und zentral gelegen. Die Zimmer sind geräumig und haben Kabel-TV. Die Zimmer zur Straße hin können allerdings laut werden.

Hotel Sello Dorado   HOTEL $

(☎721-3688; hotelsellodorado@hotmail.com; Calle 13 No 14-19; EZ/DZ 30 000/40 000 COP; ☎) Umgeben von Autozubehör-Outlets, fußläufig zur Stadtmitte, steht dieses vollkommen unromantische Hotel, das dennoch fantastisch preiswert ist. Die gemütlichen, nagelneuen Zimmer haben Laminat-Böden, komfortable Matratzen, richtig heißes Wasser und Flachbildfernseher.

★ Hotel Casa Lopez   HOTEL $$

(☎720 8172; hcasalopez@gmail.com; Calle 18 No 21B-07; EZ/DZ/3BZ 122 000/ 157 000/ 162 000 COP; ☎) In einem hervorragend restaurierten Haus im Kolonialstil in der Innenstadt ist dieses Privathotel untergebracht. Was Komfort, Service und Aufmerksamkeit betrifft, einsame Spitze. Die um ei-

🛏 Schlafen

Koala Inn   HOSTEL $

(☎722-1101; hotelkoalainn@hotmail.com; Calle 18 No 22-37; EZ/DZ 30 000/45 000 COP, ohne Bad 20 000/40 000 COP; ☎) Pastos einziges Hostel, untergebracht in einem großen Haus im

---

CARNAVAL DE BLANCOS Y NEGROS

Pastos größtes Event ist der **Carnaval de Blancos y Negros** (www.carnavaldepasto.org) am 5. und 6. Januar. Er geht zurück auf die spanische Kolonialzeit, als es den Sklaven erlaubt wurde, am 5. Januar zu feiern und ihre Herren sich als Zeichen der Zustimmung die Gesichter schwarz färbten und mitfeierten. Am Folgetag bemalten die Sklaven sich die Gesichter weiß.

An diesen beiden Tagen tanzt der Bär in der Stadt. Jeder bemalt oder bewirft jeden mit Fett, Kreide, Talkumpuder, Mehl oder anderen Substanzen, die auch nur ansatzweise schwarz oder weiß färben. Das wird richtig ernst genommen. An diesem Tag ist die älteste Kleidung angesagt sowie ein *antifaz*, eine Art Gesichtsschutz, der speziell für diese Gelegenheit verkauft wird. Asthmatiker sollten zu Hause bleiben – es dauert Tage, bis das Talkumpuder wieder weggehustet ist.

nen hübschen Innenhof gelegenen Zimmer sind mit polierten Holzböden und antiken Möbeln ausgestattet.

Die unkomplizierten Eigentümer sind außergewöhnlich gastfreundlich – abends überraschen sie die Gäste schon mal mit einer Wärmflasche oder heißer Schokolade.

 ## Essen

Nariño ist der einzige Ort in Kolumbien, an dem der Verzehr von *cuy* (Meerschweinchen) üblich ist. Fastfood im Nariño-Stil gibt es in den *picanterias* – beliebten Schnellrestaurants, in denen *lapingachos* (gegrillte Kartoffelpuffer mit verschiedenen Fleischauflagen zubereitet werden).

Salón Guadalquivir CAFÉ **$**
(Calle 19 No 24-84; Snacks 600–3300 COP, Tagesmenüs 6800 COP, Hauptgerichte 12 500 bis 16 500 COP; ☺ Mo–Sa 8–12.30 & 14.30–19.30 Uhr) Das gemütliche Café an der Plaza serviert klassische *pastuso* (regionale Küche), wie z. B. *empanadas de anejo* (kleine Gebäckstücke), *quimbilitos* (Süßgebäck aus Rosinen, Vanille und Süßmais) sowie *envueltas de chocolo* (süße Maiskuchen) neben preiswerten Tagesmenüs.

Asadero de Cuyes Pinzón KOLUMBIANISCH **$$**
(☎ 731-3228; Carrera 40 No 19B-76, Palermo; Meerschweinchen 32 000 COP; ☺ Mo–Sa 13–21, So 12–14 Uhr) *Pastusos* (Bewohner von Pasto) machen sich fein, um hier, etwa 1,5 km nördlich der Innenstadt, essen zu gehen. Auf der Karte steht nur ein Gericht: *asado de cuy* (gegrilltes Meerschweinchen). Am besten löst sich das Fleisch, wenn man mit den Händen isst – es werden Plastikhandschuhe ausgeteilt. Ein *cuy* reicht für zwei Personen.

Caffeto CAFÉ **$$**
(www.krkcaffeto.com; Calle 19 No 25-62; Hauptgerichte 8500–19 000 COP; ☺ Mo–Sa 8–22 Uhr) Das schicke Café mit Bäckerei serviert Gourmet-Sandwiches, Omeletts und Salate. Die Kuchenstücke sind riesig, ebenso die Eisbecher, und es gibt echten Espresso. Da meldet sich auch beim abgebrühtesten Reisenden der innere Yuppie.

 ## Ausgehen

Andina Peña Bar BAR
(Ecke Calle 19 & Carrera 25, Centro Commercial San Sebastián de Belalcázar; ☺ Do–Sa 19 Uhr bis spät) Eine Kellerbar mit Anden-Dekoration, in der Crossover-Musik gespielt wird. Günstige Drinks gibt es an der offenen Bar: *guayusa*

(Donnerstag und Freitag 7–11 Uhr, 6000–7000 COP), ein alkoholisches Heißgetränk aus vor Ort Gebranntem.

Cola de Gallo BAR
(☎ 722-6194; Calle 18 No 27-47; Kaffee 2500–4800 COP, Cocktails 15 500–18 000 COP; ☺ Mo–Mi 15–20, Do–Sa bis 1 Uhr) 80 Cocktails stehen zur Auswahl, aber auch Gourmet-Kaffee aus lokalem Anbau. Als Hintergrundmusik wird Jazz, Blues und World Music gespielt.

 ## Shoppen

Bekannt ist die Stadt für *barniz de Pasto,* traditionelle Handwerkskunst mit verarbeitetem Pflanzenharz aus der Amazonas-Region. Damit werden Holzobjekte mit bunten Mustern dekoriert. Zu kaufen bei **Barniz de Pasto Obando** (☎ 722-4045, 301-350-0030; Carrera 25 No 13-04; ☺ Mo–Fr 8.30–12.30 & 14.30 bis 18.30, Sa 9–12.30 & 15–18.30 Uhr). Man kann den Handwerkern bei ihrer Arbeit zusehen.

ℹ Praktische Informationen

Die meisten Banken sind um die Plaza de Nariño. **4-72** (Calle 15 No 22-05; ☺ Mo–Fr 8–18, Sa 9–12 Uhr) Postamt.

Nariño Touristeninformation (Oficina Departamental de Turismo; ☎ 723-4962; www.turismonarino.gov.co; Calle 18 No 25-25; ☺ Mo–Fr 8–12 & 14–18 Uhr) Infos zu Sehenswürdigkeiten der Provinz Nariño. Sieht elegant aus, hat aber wenig praktische Details zu bieten.

Pasto Touristeninformation (Punto Información Turistica; ☎ 722-1979; culturapasto. gov.co; Ecke Calle 19 & Carrera 25; ☺ 8–12 & 14–18 Uhr) Touristeninformation für Sehenswertes in der Stadt.

ℹ An- & Weiterreise

BUS

Der **Busbahnhof** (www.terminaldepasto.com) liegt 2 km südlich der Innenstadt. Es fahren regelmäßig Busse, Minibusse und *colectivos* nach Ipiales (6000–8000 COP, 1½–2 Std.); Auf der linken Seite ist die Aussicht besser. Viele Busse befahren die spektakuläre Straße nach Cali (40 000 COP, 9 Std.). Sie führt über Popayán (30 000 COP, 6 Std.). Mehr als ein Dutzend Busse fahren täglich direkt nach Bogotá (90 000 COP, 20 Std.).

FLUGZEUG

Der Flughafen liegt 33 km nördlich der Stadt an der Straße nach Cali. *Colectivos* (10 000 COP, 45 Min.) dorthin fahren ab Plaza de Nariño an der Ecke Calle 18 und Carrera 25. Ein Taxi kostet 35 000–40 000 COP.

VOLCÁN GALERAS

Gerade mal 8 km vom Stadtzentrum von Pasto entfernt, brodelt und grummelt der Volcán Galeras (4267 m), einer der aktivsten Vulkane Kolumbiens. Der obere Teil des Vulkans ist als **Nationalpark** (Eintritt 2000 COP) geschützt, während sich an den unteren Hängen Farmen und leuchtend grüne Wiesen abwechseln.

Der größte Teil des Parks ist aufgrund vulkanischer Aktivitäten für die Öffentlichkeit gesperrt, doch das Gebiet um Telpis ist für Besucher geöffnet. Dort befindet sich auch die Laguna de Telpis, ein mystischer See umgeben von *páramo*-Landschaft auf über 3000 m Höhe.

Von Pasto aus, fährt man mit dem Taxi nach Yacuanquer (3500 COP) ab dem Taxistand vor dem Busbahnhof, dann entweder mit dem Mototaxi oder *colectivo* (Minibus; beide kosten 2000 COP) weiter in das Dorf San Felipe. Dort muss ein Guide angeheuert werden (20 000 COP für eine Gruppe bis maximal 15 Pers.) für die dreistündige Wanderung zum *mirador* (Aussichtspunkt). Am einfachsten ist dies im Voraus über **Parques Nacionales** (☎ 732-0493, 313-733-3911, 314-796-4085; galeras@parquesnacionales.gov.co; Carrera 41 No 16B-17, Barrio El Dorado) in Pasto zu organisieren.

Gutes Schuhwerk und warme Kleidung sind für diese Wanderung Voraussetzung.

Laguna de la Cocha

♫ 2 / 2760 M

Inmitten grüner Hügel und oft vom Nebel verhüllt, liegt dieser spektakuläre See – ein absolutes Highlight. Er ist nur einen Tagesausflug von Pasto entfernt. Eine Bootsfahrt bringt Reisende auf die **Isla Corota** (corota@ parquesnacionales.gov.co; Eintritt 1000 COP). Die Insel ist ein Nationalpark, und mit einer Höhe von 2830 m gewährt sie Einblick in einen gut erhaltenen, immergrünen Nebelwald. Es gibt eine kleine Kapelle und eine biologische Forschungsstation auf der Insel; ein 550 m langer Fußweg führt zu einem *mirador* (Aussichtspunkt) auf der anderen Seite der Insel. Ein Boot zur Isla Corota für bis zu zehn Personen zu mieten kostet 25 000 COP. Das Boot wartet vor Ort und fährt am Rückweg einmal um die Insel.

🛏 Schlafen & Essen

An der Mündung des Río Encano, wo er sich in den See ergießt, gibt es viele einfache Hotels sowie Restaurants, die Brathuhn, *sancocho* (Suppe) und Forellen anbieten.

Am Seeufer stehen etwas gediegenere Optionen. Am bekanntesten ist das **Hotel Sindamanoy** (☎ 721 8222; reservas@hotelsind amanoy.com; EZ/DZ/3BZ/Suite 120 000/165 000/ 212 000/220 000 COP; ☎), einem Schweizer Chalet nachempfunden, in herrlicher Lage, mit Aussicht auf die Isla Corota. Die Zimmer könnten aber mal wieder renoviert werden. Im eleganten **Restaurant** (Hauptgerichte 18 000–24 500 COP) kann man sehr gut essen.

In der Nähe liegt das **Chalet Guamuez** (☎ 721-9308; www.chaletguamuez.com; Zi. mit/ ohne offenem Kamin 205 200/147 200 COP, *cabaña* 207 400 COP; ☎), vor Ort bekannt als Chalet Suizo. Es ist in besserem Zustand, die sauberen Zimmer blicken auf einen Garten, der sich zum See erstreckt. Die teureren Zimmer haben offenen Kamin und Balkone.

Die Hotels sind mit Taxi von El Encano aus erreichbar (7000–8000 COP) oder mit Boot vom Hafen für etwa 30 000 COP inklusive einem Abstecher nach Isla Corota.

ⓘ An- & Weiterreise

Sammeltaxis zum Río Encano am See (4000 COP, 40 Min.) fahren ab Plaza de Carnaval im Zentrum von Pasto und hinter dem Hospital Departamental (Ecke Calle 22 und Carrera 7). Sammeltaxis können vier Personen mitnehmen; wer es eilig hat, kann alle vier Sitze buchen.

Ipiales

♫ 2 / 123 341 EW. / 2900 M

7 km von der Grenze zu Ecuador liegt Ipiales, eine wenig reizvolle Geschäftsstadt. Es gibt hier wenig zu sehen; höchstens ein Abstecher zum Santuario de Las Lajas und die Panamericana von Pasto ist recht aufregend.

🛏 Schlafen & Essen

Es gibt eigentlich keinen Grund, in Ipiales zu übernachten. Pasto ist eine viel nettere Stadt, und Besucher von Las Lajas finden preisgünstige, anständige Unterkünfte direkt neben der Basilika.

LAGUNA VERDE

Fotoaufnahmen dieses smaragdgrünen Sees hoch in den Anden sind in ganz Nariño zu sehen. Er füllt den Krater des erloschenen Volcán Azufral (4000 m) nahe Túquerres (3070 m) – der höchstgelegenen, größeren Stadt in Kolumbien – und kann im Rahmen eines Tagesausflugs von Pasto oder Ipiales aus besichtigt werden, solange man früh genug losfährt.

Nach der Ankunft in Túquerres geht es mit dem Taxi weiter (hin und zurück 50 000 COP) etwa 30 Minuten bis „La Cabaña" (3600 m), von wo aus der Wanderweg beginnt. Mit dem Taxifahrer sollte ein Zeitpunkt für die Rückreise ausgemacht werden. Alleinreisende könnten auch ein Mototaxi (etwa 20 000 COP hin und zurück) anheuern. Am Eingang gibt es Toiletten und einen kleinen Laden, in dem ein geringer Eintrittspreis zu bezahlen ist. Die Wanderung zum Kraterrand ist 6 km lang und führt etwa 1½ Stunden lang leicht bergauf. Vom Kraterrand aus führt ein steiler Pfad 700 m in den Krater hinunter an das Ufer des Sees.

Die Wanderung ist zwar nicht lang, aber dennoch eine Herausforderung aufgrund der Höhenlage, insbesondere der steile Weg zurück vom See zum Kraterrand. Von El Refugio aus sollten insgesamt etwa fünf Stunden hin und zurück angesetzt werden. Wichtig ist gute Schlechtwetter-Ausrüstung mit mehreren Schichten. Beim Wandern kann es warm sein, doch das Wetter ändert sich schnell und der Wind kann extrem kalt werden. Sonnenschutz ist ein Muss, auch bei bedecktem Himmel.

Busse nach Túquerres verkehren von Pasto (6000 COP, 1¾ Std.) und von Ipiales (7000 COP, 1½ Std.) aus.

Die Landesküche lässt sich am besten im Barrio El Charco probieren. Fast ein Dutzend Lokale bieten dort gegrillte *cuy* – flachgedrückt auf dem rotierenden Spieß über dem offenen Feuer gebraten. Der Anblick erinnert makaber an ein Riesenrad für Nager.

Gran Hotel HOTEL $
(☏773-2131; granhotel_ipiales@hotmail.com; Carrera 5 No 21-100; EZ/DZ/3BZ 35 000/ 50 000/ 90 000 COP; 🕾) Das freundliche, neue Hotel liegt in einem Geschäftsviertel unweit der Innenstadt. Die Zimmer sind einfach und tip-top sauber; haben Plasma-Bildschirme und warmes Wasser. In einigen davon könnte es etwas laut werden.

Hotel Belmonte HOTEL $
(☏773-2771; Carrera 4 No 12-111; EZ/DZ 16 000/ 26 000 COP; 🕾) Dies war lange Zeit das Backpacker-Hotel in Ipiales schlechthin: ein freundliches, ein bisschen altmodisches Familienhotel, etwas abgewetzt, aber mit Elektro-Dusche und kleinem Fernseher. Es ist billig, sauber und sicher. Einige Zimmer haben ein eigenes Bad – ohne Aufpreis.

Hotel Los Andes HOTEL $$
(☏773-4338; hotellosandes@gmail.com; Carrera 5 No 14-44; EZ/DZ/3BZ 62 500/93 200/ 127 600 COP; @🕾) Das größte Hotel der Stadt hat 33 Zimmer um einen Innenhof. Der laute Fernseher in der Lobby schallt bis in die Zimmer hinauf. Einige Zimmer gehen auf die Straße hinaus – was nicht unbedingt ein Pluspunkt ist.

ℹ Praktische Informationen

Artesys (Calle 12 No 6-16; pro Std. 1300 COP; ⏱8–22 Uhr) Internet.

Banco de Bogota (Carrera 6 No 13-55) an der Plaza la Pola.

ℹ An- & Weiterreise

BUS

Ipiales hat einen großen, neuen Busbahnhof etwa 1 km nordöstlich des Stadtzentrums. Stadtbusse fahren in die Innenstadt (1000 COP), Taxis kosten 3000 COP.

Busse mehrerer Unternehmen fahren nach Bogotá (100 000 COP, 22 Std.) und Cali (45 000 COP, 11 Std.). Alle nehmen die Route über Popayán (30 000 COP, 8 Std.).

Viele Busse, Minibusse und *colectivos* fahren nach Pasto (6000–8000 COP, 1½–2 Std.), alle ab dem Busbahnhof. Rechts im Bus ist die Aussicht besser.

FLUGZEUG

Der Flughafen liegt 7 km nordwestlich von Ipiales an der Straße nach Cumbal. Es fahren auch Taxis (15 000 COP). Satena (S. 371) bietet dreimal wöchentlich Flüge nach Bogotá; Frühbucher erhalten einen besseren Preis.

REISEN NACH ECUADOR

Passformalitäten werden an der Grenze in Rumichaca erledigt, das zwischen Ipiales und Tulcán (in Ecuador) liegt. Die Grenze ist immer offen, und es wird zügig kontrolliert.

Sammeltaxis fahren zwischen 5 und 20 Uhr regelmäßig die 2,5 km von Ipiales nach Rumichaca, sowohl vom Busbahnhof (1600 COP) als auch vom Marktplatz Ecke Calle 14 und Carrera 8 (1500 COP). Ein Taxi kostet 7000 COP. Die Grenze wird dann zu Fuß überquert. Dort kann es weitergehen mit einem *colectivo* (Minibus oder Sammeltaxi) nach Tulcán (6 km). Auf beiden Strecken wird sowohl kolumbianische wie auch ecuadorianische Währung akzeptiert.

Von Ipiales gibt es keine direkten Flüge nach Ecuador, aber von Tulcán aus fliegt Tame täglich nach Quito. Von der Grenze aus auf dem Weg nach Tulcán liegt der Flughafen 2 km vor der Stadt.

Santuario de Las Lajas

2600 M

Auf einer steinernen Brücke über einer tiefen Schlucht nahe dem Dorf Las Lajas steht die neogotische Basilika Santuario de Las Lajas und sie bietet einen durchaus spektakulären Anblick. Sonntags wimmelt der ganze Platz von Pilgern, Eiscreme-Verkäufern und Souvenirhändlern. Wochentags kommen jedoch kaum Besucher hierher. Die Pilger glauben, dass ein Bild der Jungfrau Maria Mitte des 18. Jhs. auf einer riesigen Felswand 45 m über dem Fluss erschienen sei. Tafeln mit Danksagungen sind an den Felswänden der Schlucht angebracht, viele wurden von prominenten kolumbianischen Politikern verfasst.

Die Kirche liegt genau gegenüber der Felswand, auf der das Bild aufgetaucht sein soll. Ein goldverziertes Gemälde der Jungfrau mit den beiden Heiligen Dominikus und Franziskus wurde direkt auf den Fels gemalt, damit gleich jeder Besucher Bescheid weiß. Die erste Kapelle wurde 1803 hier erbaut. Die heutige Kirche, entworfen von Lucindo Espinoza, einem Architekten aus Nariño, entstand erst in den Jahren 1926 bis 1944.

Das **Museum** (Eintritt 2000 COP; ⊘8.30–17 Uhr) im Erdgeschoss zeigt Ausstellungsstücke aus der Entstehungsgeschichte der Kirche und religiöse Artefakte. Den besten Blick auf die Kirche genießen die Besucher vom Wasserfall am anderen Ende der Schlucht aus.

🛏 Schlafen & Essen

Das Santuario de Las Lajas ist von Ipiales aus gut zu erreichen, allerdings gibt es vor Ort auch verschiedene Hotels, die unterhalb der ersten Treppe links auf dem Weg von der Straße zur Kirche liegen. Auf der anderen Seite der Steinbrücke ist ein Restaurant mit schönem Ausblick auf die Kirche – es hat jedoch nur während der Hochsaison geöffnet. Verschiedene einfache Esslokale ziehen sich den Weg vom Dorf hinunter.

Casa Pastoral HOTEL $
(☎318-370-2651; EZ/DZ/3BZ/4BZ 12 000/18 000/36 000/48 000 COP) Pilger und Reisende werden in diesem großen, anspruchslosen Hotel, das lange von Nonnen geführt worden war, gleichermaßen aufgenommen. Einige der Zimmer blicken zur Kirche hin; alle haben ein Bad mit warmem Wasser. In einer großen Cafeteria werden einfache, preisgünstige Mahlzeiten (4000-6000 COP) serviert. Die Casa liegt links an der ersten Treppe am Weg bergab auf die Kirche zu. Vorausbuchung wird empfohlen.

❶ Anreise & Unterwegs vor Ort

Die Basilika liegt 7 km südöstlich von Ipiales. Sammeltaxis und Kleinbusse fahren regelmäßig dorthin ab Ecke Carrera 6 und Calle 4 in Ipiales (2000 COP, 20 Min.) und vom Busbahnhof (2000 COP, 15 Min.). Wer es eilig hat, kann alle vier Plätze bezahlen. Ein normales Taxi ab einem beliebigen Punkt in Ipiales kostet etwa 9000 COP. Sonntags kommen Sammeltaxis vom etwas luxuriöseren Pasto direkt hierher.

Pazifikküste

Schön übernachten

➡ Morromico (S. 299)

➡ El Cantil Ecolodge (S. 300)

➡ El Almejal (S. 296)

Beste Sichtung von Walen

➡ Parque Nacional Natural (PNN) Ensenada de Utría (S. 297)

➡ Juanchaco & Ladrilleros

➡ El Valle

Auf zur Pazifikküste!

Kaum ein anderes Reiseziel ist so wild und spektakulär wie die Pazifikküste Kolumbiens. Hier stürzt sich der Dschungel Hals über Kopf ins Meer. Wasserfälle ergießen sich von bewaldeten Steilklippen hinunter auf weite, graue Sandstrände, heiße Quellen verbergen sich im dichten Dschungel und winzige Dörfer klammern sich an die Ufer reißender Flüsse. Hier ziehen Wale und Delfine so nah am Strand vorbei, dass sie von der Hängematte aus beobachtet werden können, und riesige Wasserschildkröten kommen sogar noch näher. Es gibt eine Vielzahl umweltfreundlicher Öko-Ferienhotels in der Region, außerdem bieten viele gastfreundliche Gemeinden afro-kolumbianischer Nachkommen günstige Unterkünfte. Sie leben bescheiden von Fischfang und Landwirtschaft und können sich so einige Pesos dazuverdienen.

Ein schwieriger Zugang und die mangelnde Infrastruktur haben die Touristenmassen bisher ferngehalten. Deshalb nichts wie hin, solange die Pauschalreisenden das Land noch nicht entdeckt haben

Reisezeit
Buenaventura

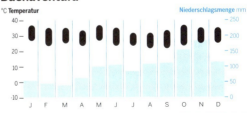

Jan.–März Eine gute Zeit für Wanderungen und andere Outdooraktivitäten, da es nur wenig regnet.

Juli–Okt. Die Buckelwale kehren von ihrer langen Reise aus der Antarktis in die Region zurück.

Sept.–Dez.. Meeresschildkröten kriechen auf die Strände ihrer Geburt, um ihre Eier abzulegen.

Highlights

1 Ein entspannter Tag am **Guachalito** (S. 299), einem grauen Sandstrand umgeben von tropischen Gärten

2 Whale-Watching: Die Buckelwale im **Parque Nacional Natural Ensenada de Utría** (S. 297)

3 Ein Surftag in **El Valle** (S. 295): Hier kann man auf den 2 m hohen Wellen des Pazifiks reiten

4 Tauchen mit Hunderten Hammerhaien an der **Isla Malpelo** (S. 304), Kolumbiens abgelegenstem Tauchgebiet

5 Die siedend heißen Thermalquellen tief im Dschungel bei **Jurubidá** (S. 298)

6 In einem Einbaum zu abgeschiedenen Wasserfällen – eine Fahrt auf dem **Río Joví** (S. 299)

7 Eine Wanderung von der **Bahía Solano** (S. 291) zu versteckt gelegenen Badestellen im Urwald

8 Mit der Motorrad-Draisine durch den Urwald bei **San Cipriano** (S. 304)

9 Eine Kanufahrt durch das Mangrovenlabyrinth in der Umgebung von **Ladrilleros** (S. 302)

National- und Regionalparks

Der Parque Nacional Natural Isla Gorgona und der Parque Nacional Natural Isla Malpelo sind Meeresschutzgebiete mit faszinierenden Tauchgründen. Auf halbem Weg zwischen El Valle und Nuquí liegt der Parque Nacional Natural Ensenada de Utría. Während der Walsaison spielen hier Hunderte Wale in einer schmalen Bucht - nur wenige hundert Meter von der Küste entfernt. Ebenfalls gut beobachten lassen sich Wale im Parque Nacional Natural Uramba Bahía Málaga, dem am leichtesten zugänglichen Nationalpark an Kolumbiens Pazifikküste.

ℹ Gefahren & Ärgernisse

Die Sicherheit in der Region hat sich erheblich verbessert, aber in abgelegenen Gebieten sind Guerilleros und andere paramilitärische Gruppen immer noch aktiv, vor allem in der Umgebung von Tumaco nahe der ecuadorianischen Grenze sowie im nördlichen Teil des *departamento* del Chocó an der Grenze zu Panama.

Während der Recherchen zu diesem Buch war alles friedlich, doch Reisende sollten sich auf jeden Fall unmittelbar vor ihrem Kolumbienbesuch über die aktuelle Sicherheitslage informieren.

ℹ Anreise & unterwegs vor Ort

Einzig die Fernstraße zwischen Cali und Buenaventura verbindet die Pazifikküste mit dem Rest des Landes. Von Buenaventura fahren Boote in Richtung Norden und Süden entlang der Küste. Die meisten Besucher reisen jedoch von Medellín mit einem Kleinflugzeug ins *departamento* del Chocó (Kurzform: El Chocó). Zwischen Panama und Buenaventura besteht auch eine Schiffsverbindung, allerdings verkehren die Schiffe nur sehr unregelmäßig.

An der Pazifikküste gibt es nur eine einzige sehr kurze Straße. Das Hauptverkehrsmittel sind kleine Boote, die Verkehrsknotenpunkte mit den Dörfern oder Resorts verbinden. Reisende sollten ihr Gepäck unbedingt in Plastikmüllsäcke stecken, um es vor dem Nasswerden zu bewahren. Für die Bootsfahrt sind Shorts und wasserunempfindliche Sandalen sinnvoll, denn die wenigsten Dörfer und Ressorts verfügen über Bootsanlegestellen: Reisende stehen beim Aussteigen erst mal im flachen Wasser.

EL CHOCÓ

El Chocó ist eine der regenreichsten Gegenden der Welt – im Durchschnitt fallen hier 16 bis 18 m³ pro Jahr! So überrascht es wenig, dass das Klima die Region, die Menschen und ihre Kultur beeinflusst. Wenn die Sonne brennt, ist es zu heiß, um sich zu bewegen, und wenn es schüttet (also fast jeden Tag), bleibt jeder zu Hause, um nicht nass zu werden. Kein Wunder, dass man auch von der *hora chocoana* (Chocó-Zeit) spricht, denn hier geht fast alles im Schneckentempo vonstatten.

Die Region ist dünn besiedelt und noch immer von dichtem Urwald bedeckt. Vor dem Jahr 2001 ein beliebtes Urlaubsziel, sorgte der Bürgerkrieg anschließend für Chaos, und die Touristen blieben weg. Seit die kolumbianische Armee vor Ort ist, sich vieles zum Guten verändert. Gelegentlich ist eine Patrouille am Strand zu sehen, aber ansonsten hält sich das Militär stark im Hintergrund.

El Chocó ist kein billiges Reiseziel. Die Beförderung in meist kleinen Booten kostet mehr als eine Fahrt in einem komfortablen Reisebus. Außerdem sind die Unterkünfte im Vergleich wesentlich teurer als im restlichen Kolumbien. Doch Reisende mit beschränkter Reisekasse sollten sich nicht entmutigen lassen. Mit ein wenig Vorplanung und der Bereitschaft, sich gegebenenfalls einmal selbst einfache Mahlzeiten zuzubereiten, sowie mit einer flexiblen Reiseplanung vor Ort gelingt es, diese erstaunliche Region zu erkunden, ohne sich finanziell zu ruinieren.

Bahía Solano

✈ 4 / 9200 EW.

Bahía Solano ist der größte Ort an der Küste von El Chocó. Bekannt ist er für sein Angebot an Hochseeangeltouren, die weltweit zu den besten zählen, sowie als Ausgangspunkt für Walbeobachtungen.

Bahía Solano liegt an der Mündung des Río Jella und reicht in nördlicher Richtung bis zum Ozean. Einen Strand besitzt die Stadt nicht, aber bei Ebbe kann man durch die Gezeitenzone wie an einem langen Strand von einem zum anderen Ende der Bucht wandern. Nur eine kurze Bootsfahrt von der Stadt entfernt befinden sich zahlreiche hübsche Sandstrände.

◉ Sehenswertes & Aktivitäten

Am Südende der Stadt fließt der Quebrada Chocolatal. Eine halbstündige Wanderung bachaufwärts führt zur **Cascada Chocolatal**, einem Wasserfall, der in ein eiskaltes

GEGEN DEN BÖSEN BLICK

Cabalonga, eine im Chocó wachsende Nussart, wird von vielen Kindern der Ureinwohner an einer Halskette getragen, um den *mal de ojo* (bösen Blick) abzuwehren, den angeblich manche alte Frauen haben.

Fallbecken stürzt. An beiden Bachufern ragt der Urwald voller Blumen und Vogelgezwitscher in die Höhe. An dem nahe am Wasserfall gelegenen Hang führt ein überwachsener Pfad hinauf zu einem kleinen Marienschrein, von oben bietet sich ein herrlicher Blick auf die Stadt und den Strand.

Direkt vor dem Flughafen liegt der Zugang zum **Salto del Aeropuerto**, einem beeindruckenden, voluminösen Wasserfall. In seinem tiefen, kristallklaren Fallbecken sind riesige Süßwassergarnelen zu sehen. Der Weg von der Straße zum Wasserfall dauert zu Fuß ungefähr 15 Minuten.

Die 150 m tiefe Bahía Solano bietet spannende Möglichkeiten zum **Sporttauchen.** Nahe der Playa Huína wurde das Kriegsschiff *Sebastián de Belalcázar,* das den Angriff auf Pearl Harbor überstanden hatte, versenkt, um ein künstliches Riff zu erzeugen. Das Riff erhielt auch gleich noch den passenden Namen: Buqué Hundido - versenktes Schiff. Höhlentaucher können die Höhlen am Cabo Marzo erkunden.

In der Stadt gibt es zwei Tauchbasen. Für zwei Tauchgänge zahlt man 220 000 COP. Die engagiert geleitete **Posada del Mar** (📞 314-630-6723; www.posadadelmarbahiasolno. com; Barrio El Carmen) bietet das Tauchen in Kombination mit einer Unterkunft an. **Cabo Marzo** (📞 314-861-8742; blackmarlin19@ hotmail.com) befindet sich an der Flussbrücke und hat das gleiche Tauchangebot wie Posada del Mar, ist aber nicht so gut organisiert.

Kolumbiens Pazifikküste ist einer der besten Plätze in Südamerika, um einen Blauen Marlin oder einen Segelfisch in rekordverdächtiger Größe zu fangen. Eine Hochseeangeltour mit vier bis fünf Teilnehmern kostet pro Tag rund 1 800 000 COP. Als Skipper ist **Vicente Gonzalez** (📞 320-694-5256) zu empfehlen.

🛏 Schlafen & Essen

Alle Hotels der Stadt liegen am Wasser im Barrio El Carmen. Wer eine billige, einhei-

mische Mahlzeit möchte, geht am besten zu den namenlosen Buden unweit des Krankenhauses: Dort werden gebackener Fisch und *patacones* (frittierte Kochbananen) verkauft.

⭐ Posada del Mar PENSION $

(📞 314-630-6723; www.posadadelmarbahiasolano. com; Zi. pro Pers. 42 000 COP, EZ/DZ ohne Bad 25 000/45 000 COP; 📞) Die beste Budgetunterkunft der Stadt besteht aus farbenfroh angestrichenen Holzhütten, die verstreut in einem hübschen Garten stehen. Für die Gäste der preisgünstigen Zimmer steht ein Gemeinschaftsbad auf dem Dach der Rezeption zur Verfügung. Drei leckere Mahlzeiten pro Tag kosten zusätzlich 30 000 COP pro Person und Tag.

Der freundliche Besitzer organisiert Walbeobachtungstouren (70 000 COP) und ist eine wahre Fundgrube für Informationen über die Attraktionen der Region.

Hotel Balboa Plaza HOTEL $$

(📞 682-7401; hotelbalboa@hotmail.com; Carrera 2 No 6-73; EZ/DZ ab 70 000/110 000 COP; 🏊) Das von Pablo Escobar erbaute Balboa ist immer noch das größte Hotel der Stadt. Zwar wirkt es nun schon ein wenig in die Jahre gekommen, doch sein Geld ist es nach wie vor wert. Etliche der hellen, geräumigen Zimmer haben einen eigenen Balkon und jedes verfügt über eine Klimaanlage. Heißes Wasser gibt es nicht, aber das fehlt einem in der Gegend genau genommen auch nicht wirklich. Für 5000 COP dürfen sich auch Nichtgäste im großen Swimmingpool abkühlen.

Rocas de Cabo Marzo HOTEL $$$

(📞 682-7525; www.posadaturisticarocasdeca bomarzo.com; EZ/DZ mit Vollpension 110 000/ 200 000 COP; 🖥) Im Gegensatz zu den meisten Leuten in der Gegend spricht der zuvorkommende Besitzer dieses kleinen, komfortablen Hotels auch Englisch. Er organisiert Angelausflüge und geführte Touren durch die Umgebung. Das Essen schmeckt ausgezeichnet. Von einer Terrasse im Obergeschoss reicht der Blick über den Park bis hinunter zur Bucht. In diesem Hotel können die Übernachtungen mit Kreditkarten bezahlt werden.

Restaurante Cazuela FISCH & MEERESFRÜCHTE $$

(Hauptgerichte 15 000–30 000 COP; ⏰ 8–21 Uhr) Das kleine Restaurant mit seiner Handvoll Plastiktische wirkt nicht gerade attraktiv. Doch es bietet eine große Auswahl an hervorragenden Gerichten aus Fisch und Meeresfrüchten, darunter *ollitas en salsa* (Wellhornschnecken in Soße) und Thunfischsteaks. Auf viel Gemüse dürfen die Gäste hier allerdings nicht hoffen. Das Cazuela liegt gegenüber von der Banco Agrario.

La Casa Negra FISCH & MEERESFRÜCHTE **$$** (Hauptgerichte 13 000–22 000 COP; ⊘7–13.30 & 17–21 Uhr) Das Restaurant liegt abseits der Bucht in einem neuen Holzhaus gegenüber vom Park. Es ist nicht durch ein Schild gekennzeichnet. Wegen seiner leckeren Fisch- und Meeresfrüchteteller sowie seinen typisch kolumbianischen Fleischgerichten ist es bei Einheimischen sehr beliebt.

 Shoppen

Ein Teil des breiten Angebots an gutem Kunsthandwerk (*artesanías*) in Bahía Solano wird von den Ureinwohnern hergestellt. Lohnenswert sind die Schnitzereien aus Taguanüssen, die wegen ihrer Härte auch Pflanzenelfenbein genannt werden. Eine gute Auswahl an kunsthandwerklichen Produkten bietet der kleine *artesanía*-Laden am Flughafen.

ℹ Praktische Information

4–72 (⊘Mo-Sa 8–12 & 14–18 Uhr) In dem Laden gegenüber vom hinteren Tor der Balboa Plaza befindet sich die örtliche Poststelle.

Banco Agrario de Colombia (⊘Mo–Fr 8–11.30 & 14–16.30 Uhr) Die einzige Bank in der Stadt betreibt auch den einzigen Geldautomaten an der Küste von El Chocó. Auf den Automaten sollte man sich aber nicht verlassen, da er immer mal wieder leer ist.

Ministerio de Relaciones Exteriores (☑321-271-7745; www.migracioncolombia.gov.co; ⊘24 Std.) Hier werden bei der Ein- bzw. Ausreise die Pässe abgestempelt. Befindet sich im Barrio El Carmen.

Soluciones JG (pro Std. 2000 COP; ⊘8–21 Uhr) Das einzige Internet-Café in der Stadt hat seine Räumlichkeiten im selben Block wie die Bank.

Super Giros (⊘Mo-Sa 7.30–20, So 9–12 Uhr) Nimmt telegrafische Geldanweisungen aus dem Inland entgegen und liegt gegenüber vom Hotel Bahía.

 An- & Weiterreise

FLUGZEUG

Der Aeropuerto José Celestino Mutis wird von der Satena (S. 371) und ADA (S. 371) bedient.

Wegen des schlechten Zustands der Rollbahn stellen beide Fluggesellschaften bei ungünstigen Witterungsbedingungen den Flugverkehr ein. In dem Fall springt eine ganze Schar von Charterpiloten mit ihren kleinen Propellermaschinen in die Lücke.

Der Spitzname des Flughafens lautet „Sal Si Puedes" (verschwinde von hier, wenn du kannst) … Bei starkem Regen können die Flugzeuge häufig nicht starten. Deshalb sollten Reisende zwischen ihren internationalen Anschlussflügen und der Abreise von Bahía Solano mindestens einen Tag Puffer einbauen.

Ein Moto-Taxi vom/zum Flughafen kostet 3000 COP pro Person.

SCHIFF

Auf etlichen Frachtschiffen, die Waren nach Buenaventura liefern, können Passagiere einen Platz buchen. Die Fahrt dauert 24 Stunden. Abhängig von den Gezeiten laufen die Schiffe in der Regel nachmittags aus (in beiden Richtungen).

Die regelmäßigste Schiffsverbindung ist die Bahía-Cupica-Passage mit den **Transportes Renacer** (☑2-242-0518, 315-402-1563; Muelle El Piñal). Das Schiff läuft dienstagnachmittags in Buenaventura aus und fährt sonntags gegen 12 Uhr von Bahía Solano wieder zurück. Passagiere zahlen für eine *camarote* (Etagenbett) inklusive Mahlzeiten 150 000 COP. Und sie sollten sich im Voraus nach den genauen Abfahrtszeiten erkundigen, um nicht in Buenaventura hängenzubleiben.

Etwa alle zwei Wochen verkehrt ein Schiff zwischen Bahía Solano und Jaqué in Panama. Die Fahrt dauert sechs bis acht Stunden und kostet um die 100 US$ pro Person. Zu den Kapitänen, die diese Route regelmäßig befahren, zählt **„Profesor" Justino** (☑313-789-0635), ein Veteran auf der Route, der mit stoischer Gelassenheit alle unnötigen Turbulenzen umschifft.

Vor der Ausreise nach Panama müssen Reisende ihren Pass im **Ministerio de Relaciones Exteriores** in Bahía Solano abstempeln lassen. Zwingend für die Einreise nach Panama sind der Nachweis einer Gelbfieberimpfung und genügend Bargeld für eine Weiterreise (mindestens 500 US$). Nach Erhalt des panamaischen Einreisestempels können Besucher Flüge nach Panama City (90 US$) buchen. Air Panama fliegt dreimal in der Woche vom Jaqué Airport in die Hauptstadt. Einmal in der Woche fährt auch ein Schiff (um 20 US$).

TAXI & TUK-TUK

Gegenüber von der Schule fahren Gemeinschaftstaxis in die Ortschaft El Valle (10 000 COP, 1 Std.) und kehren in umgekehrter Richtung auch dorthin wieder zurück. Sobald ein Taxi voll ist, fährt es ab. Eine Expressfahrt mit einem *tuk-tuk* (Moto-Taxi) kostet 30 000 COP.

Rund um Bahía Solano

Punta Huína

Eine 20-minütige Bootsfahrt bringt Besucher zu diesem hübschen Strand mit einer Mischung aus goldfarbenem und schwarzem Sand. Hier lebt eine kleine Gemeinde von Ureinwohnern gemeinsam mit Nachkommen afrikanischer Sklaven. Punta Huína hat keinen Telefon-/Handyempfang, aber der Kiosk **Vive Digital** (pro Std. 1000 COP; ⊙Mo–Sa 8–12 & 14–18 Uhr) bietet einen Telefondienst und Internetzugang via Satellit.

In der Umgebung führen einige Wanderwege durch den Urwald, z. B. zur **Playa de los Deseos**, **Cascada El Tigre** und zur **Playa Cocalito**.

Öffentliche Verkehrsmittel nach Punta Huína gibt es nicht, aber alle nachfolgend aufgeführten Hotels organisieren auf Wunsch den Transfer. Eine günstige Alternative: Um die Mittagszeit besteht die Möglichkeit, von der Werft in Bahía Solano in einem der Boote der Dorfbewohner mitzufahren (10 000 COP). Wesentlich teurer ist die Fahrt mit dem Schnellboot (100 000 COP).

🛏 Schlafen

Los Guásimos FERIENHAUS $
(☏320-796-6664; Zi. pro Pers. 30 000 COP) Eines der besten Schnäppchen an der ganzen Pazifikküste ist das kleine Haus, das auf einem Hügel jenseits des Flusses am Ende des Strandes steht. Es bietet Unterkunft für bis zu zehn Personen. Gruppen ab sechs Personen können das ganze Haus für sich alleine mieten. Zu den Vorteilen zählen eine große Terrasse mit herrlichem Ausblick und eine kleine Küche.

Da die meisten Einheimischen den Namen des Hauses nicht kennen, fragt man besser gleich nach Pambelé, dem Besitzer. Er vermietet auch Zeltplätze hinter seiner Bar am Fluss und organisiert preisgünstige Tauchausflüge.

Choibana LODGE $$
(☏2-321-8819, 312-548-2969; www.choibana. com; Zi. pro Pers. 50 000–60 000 COP) An einem Privatstrand mit dichtem Urwald im Hintergrund bildet diese aus Holz gebaute Lodge ein besonders hübsches Refugium. Die schönste Unterkunft ist die romantische Hütte auf Pfählen, die abseits vom Haupthaus auf einem Felsvorsprung steht. Noch im Bett liegend können die Gäste einen phänomenalen Ausblick genießen. Das Frühstück ist im Preis inbegriffen.

Die Lodge befindet sich auf der anderen Seite der Landspitze ganz am Ende der Playa Huína. Von Bahía Solano lässt sich das Dorf bei Ebbe zu Fuß erreichen; der Transfer per Boot kostet 30 000 COP pro Person.

Cabañas Brisas Del Mar HOTEL $$
(☏312-898-6724; Zi. pro Pers. mit Vollpension 70 000–80 000 COP) Die günstige Unterkunft bietet zahlreiche Zimmer mit Holzwänden in einem Aufbau über dem Familienhaus. Einige der Zimmer sind besser als die anderen und nicht alle haben ein eigenes Bad. Es empfiehlt sich also, sich das eine oder andere Zimmer vorab zeigen zu lassen. Der Ausblick vom Balkon aufs Meer ist wunderschön. Direkt am Strand gibt es eine Verkaufsbude. Im Preis inbegriffen sind der Transfer von Bahía Solano, eine Bootstour und eine geführte Wanderung.

Playa de Oro Lodge HOTEL $$$
(☏in Medellín 4-361-7809; www.hotelesdecosta acosta.com; Zi. pro Pers. inkl. Vollpension 188 000 COP) Ein kleiner Garten mit Kinderspielplatz umgibt das familienfreundliche Resort. Jedes Zimmer verfügt über einen kleinen Holzbalkon mit Hängematte. Die Zimmer im ersten Stock haben freien Blick aufs Meer. Abends lädt der große Barbereich mit tollem Meerblick zu einem Schlummertrunk ein.

Pacific Sailfish LODGE $$$
(☏314-375-0941; pacific.sailfish21@gmail.com; Zi. pro Pers. mit Vollpension 120 000 COP; ☎) Ein gebürtiger Spanier und begeisterter Anhänger des Sportfischens betreibt gemeinsam mit seiner kolumbianischen Frau die im Dorf gelegene Lodge. Sie bietet eine Vielfalt an gut gepflegten Zimmern mit Holzwänden und eigenem kleinem Bad. Die Besitzer organisieren Angelausflüge in die gesamte Region. Im Preis inbegriffen sind die Vollpension und der Transfer von Bahía Solano.

Playa Mecana

Eine 25-minütige Bootsfahrt führt von Bahía Solano zur **Playa Mecana**, einem hübschen langen Strand mit Kokospalmen. Hier liegt auch der gemeinnützige **Jardín Botánico del Pacífico** (☏321-759-9012; www.jardinbotanicodelpacifico.org; Zi. pro Pers. 195 000 COP), ein 170 ha großes Naturschutzgebiet entlang des Río Mecana. Auf

Besucher warten ein Terrain mit Mangroven und unberührtem Tropenwald sowie ein botanischer Garten mit einheimischen Pflanzen und Bäumen.

Zum Personal zählen Mitglieder einer ortsansässigen Gruppe des indigenen Volkes der Emberá. Auf fantastischen geführten Wanderungen (15 000–50 000 COP pro Pers.) geleiten sie Besucher durch das Gelände. Zur Auswahl stehen drei Rundwanderungen, die jeweils zwei bis sechs Stunden dauern. Die Emberá organisieren und begleiten auch Bootsausflüge flussaufwärts in ihr Heimatgebiet sowie Walbeobachtungstouren. Geführte Schnorchel- und Tauchausflüge stehen ebenfalls auf dem Programm und in der unmittelbaren Umgebung der Lodge lassen sich faszinierende Vögel beobachten.

Für Übernachtungen stehen im Haupthaus einfache, aber zweckmäßige Zimmer zur Verfügung. Besonders geräumig sind sie nicht, aber eine große Terrasse macht das wett. Außerdem: Wer macht sich schon auf einen so langen Weg, um sich in Räume zu verkriechen?

Ein Stück weiter den Strand hinauf liegen noch abgeschiedenere *cabañas* (Hütten) inmitten der Natur. Im Übernachtungspreis inbegriffen sind die Mahlzeiten und der Transfer von und nach Bahía Solano.

Von Bahía Solano aus lasst sich die Playa Mecana auch zu Fuß erreichen. Allerdings muss man bei Ebbe *(mareada baja)* oder kurz davor losgehen und bedenken, dass der Hin- und Rückweg jeweils eine Stunde dauert. Als Alternative bleibt nur die Fahrt mit einem Boot (60 000 COP pro Boot und bis zu acht Passagieren).

El Valle

📞 4 / 3500 E.W.

An der Südseite der Halbinsel von Bahía Solano liegt der kleinere Nachbarort El Valle. Am westlichen Ende der Ortschaft erstreckt sich die schöne Playa Almejal mit einem breiten, schwarzen Sandstrand, guten Surfbedingungen und angenehmen Unterkünften.

El Valle ist ein guter Ausgangspunkt für einen Besuch des Parque Nacional Natural (PNN) Ensenada de Utría. Auch wer Meeresschildkröten während der Nistzeit (September bis Dezember) und Wale direkt vor der Küste beobachten möchte, trifft mit El Valle eine gute Wahl.

DIE BESTEN WELLEN

El Chocó verfügt über Kolumbiens beste Surfplätze. Da sie schwer zu erreichen sind, hat man sie meist ganz allein für sich:

➡ Pico de Loro, Cabo Corrientes nahe Arusí – *left-hand reef* (Riff mit links brechenden Wellen)

➡ Bananal, nördlich von El Valle – *left-hand reef* (Riff mit links brechenden Wellen)

➡ Playa Almejal, El Valle – *beach break* (Wellen, die auf einer Sandbank brechen)

➡ Juna, nördlich von El Valle – *right-hand reef* (Riff mit rechts brechenden Wellen)

⊙ Sehenswertes & Aktivitäten

Estación Septiembre NATURSCHUTZGEBIET
(📞 321-793-7746, 314-677-2488) 🖉 An der Playa Cuevita, 5 km südlich von El Valle, befindet sich die Estación Septiembre. Dieses Naturreservat mit Forschungsstation dient dem Schutz der Meeresschildkröten, insbesondere während der Nistzeit. Von Juni bis September kommen die Meeresschildkröten zur Eiablage an den Strand. Am besten lassen sich die Tiere in der Nacht beobachten. Betrieben wird das Schutzprogramm von der örtlichen Gemeindekooperative Caguama. Besucher und das Eintrittsgeld in Form von freiwilligen Spenden sind für die Finanzierung des Projekts wichtig. Für Übernachtungen stehen Hütten zur Verfügung (pro Pers. mit/ohne Mahlzeiten 80 000/40 000 COP).

Von El Valle ist das Schutzgebiet zu Fuß in zwei Stunden erreichbar, entweder läuft man auf einem Buschpfad oder am Strand entlang. Wichtig zu wissen: Auf der Strandroute müssen einige hüfthohe Flüsse durchwatet werden. Für die Buschroute ist ein Führer (20 000 COP) empfehlenswert. Das Personal der Estación Septiembre organisiert auch Nachttouren zur Schildkrötenbeobachtung, die in El Valle beginnen.

Cascada del Tigre WASSERFALL
(Eintritt 5000 COP) Eine stramme vierstündige Wanderung führt von El Valle Richtung Norden durch den Dschungel und am Strand

entlang zur Cascada del Tigre, einem be-eindruckenden Wasserfall. Sein Fallbecken lädt zu einem erfrischenden Bad ein. Für einen Tagesausflug verlangen die örtlichen Führer um 40 000 COP pro Person. Wer den Hin- und Rückweg zu Fuß bewerkstelligen will, muss sich auf einen langen und sehr anstrengenden Tag einrichten. Kräfteschonender ist es, für den Rückweg ein Boot zu mieten (100 000 COP pro Gruppe).

Auf Wunsch können die Wanderer neben dem Wasserfall ein landestypisches Mittagessen (10 000 COP) einnehmen. Zum Zeitpunkt der Recherche wurde gerade ein Bereich für Übernachtungen in Hängematten und Zelten angelegt.

🛏 Schlafen & Essen

Posada Ecoturistica El Valle   HOTEL $
(☑ 310-472-0114; ecohotelvalle@gmail.com; Zi. mit/ohne Bad 35 000/25 000 COP) Die familiäre *posada* ist eine der besten günstigen Unterkünfte in der Stadt. Gästen der kleineren Zimmer stehen Gemeinschaftsduschen zur Verfügung. Im Obergeschoss befindet sich eine luftige Terrasse mit Hängematten. Der Besitzer betreibt auch zwei geräumige *cabañas* nahe der Playa Almejal.

Humpback Turtle   HOSTEL $$
(☑ 312-756-3439; thehumpbackturtle@gmail.com; Zeltplatz 15 000 COP, Hängematte 15 000 COP, B 30 000 COP, Zi. pro Pers. 45 000 COP) Kaum ein Hostel in Kolumbien liegt so abgeschieden wie das Humpback Turtle. Die hippe Unterkunft befindet sich am Ende der Playa Almejal direkt am Strand und neben zwei Wasserfällen.

Umgeben von einem Gemüsegarten steht eine Ansammlung an Holzhütten mit Zimmern und Gemeinschaftsbädern. Bei Regen ist der strohgedeckte Barbereich ein lauschiges Plätzchen zum Entspannen. In einer Küche im Freien können sich die Gäste selbst versorgen, wer dazu keine Lust hat, kann sich aber genauso gut preiswerte Fischgerichte gönnen. Die Hostelbetreiber verleihen Surfbretter und organisieren Ausflüge zu Surfspots in der Umgebung.

Posada El Nativo   PENSION $$
(☑ 310-381-4729; Zi. pro Pers. inkl. Vollpension 60 000 COP) Mit seinen beiden strohgedeckten *cabañas* bieten die Tourismuslegende „El Nativo" und seine Frau eine günstige Unterkunft mit einheimischem Flair.

Die Hütten stehen rund 100 m vom Strand entfernt in einem üppigen Garten.

Um dorthin zu gelangen, muss man die Brücke links hinter dem Telecom-Büro überqueren und anschließend der Straße folgen.

El Almejal   HOTEL $$$
(☑ 412-5050; www.almejal.com.co; cabañas pro Pers. 144 000–230 000 COP) El Almejal liegt in einem 8 ha großen Naturschutzgebiet auf halbem Weg zur Playa Almejal. Im Bereich der Bahía Solano ist es die luxuriöseste Unterkunft und wartet zudem noch mit der originellsten Hüttenarchitektur auf. Die Wände des Aufenthaltsbereiches lassen sich wie Falttüren komplett öffnen, damit die Luft gut durchziehen kann. In einem geräumigen, ringsum offenen Speiseraum werden die Mahlzeiten serviert.

Hinter den Hütten fließt ein kleiner Bach in ein künstlich angelegtes Naturschwimmbecken. Fans von beruhigendem Bachgeplätscher sollten sich eine Hütte in der Nähe aussuchen. Eine Betontreppe hinter dem Hotel führt auf einen Hügel zu einem ruhigen Yogabereich und einem Aussichtspunkt. Von oben kann man sogar manchmal Wale beobachten.

Rosa del Mar   KOLUMBIANISCH $
(Hauptgerichte 10 000 COP; ⊙ 7–20 Uhr) In der Straße vor der Kirche kocht Doña Rosalia das beste Essen der Stadt. In ihrem Wohnzimmer serviert sie – vor ständig laufendem Fernseher – Gerichte aus frischem Fisch und frischen Meeresfrüchten.

🍷 Ausgehen & Nachtleben

El Mirador   BAR
(⊙ So 10–18 Uhr) Auf halber Länge der Playa Almejal thront auf einem Felsvorsprung das El Mirador, eine der spektakulärsten Bars in Kolumbien. Bei lauter Vallenato- und Reggaeton-Musik, die gegen die tosende Brandung anspielt, trinken die Gäste an provisorischen Tischen ihren Rum.

❶ Praktische Information

Die Touristeninformation in El Valle hat seit geraumer Zeit geschlossen, doch das Personal der Parques Nacionales beantwortet gerne Fragen über die Region.

In der Stadt gibt es einige nicht gekennzeichnete Lokalitäten mit einem frustrierend langsamem Internetzugang (Std. um 2000 COP).

❶ An- & Weiterreise

Die Gemeinschaftstaxis nach Bahía Solano (10 000 COP, 1 Std.) fahren vor der Billardhalle ab. Sobald ein Taxi voll ist, fährt es los. Morgens verkehren die Taxis relativ regelmäßig.

Montag- und Freitagnachmittag fahren kleine Schiffe nach Nuquí (60 000 COP, 1½ Std.), die Abfahrtszeiten hängen von den Gezeiten ab.

Taxis und Jeeps fahren von der Stadt an die Playa Almejal – und düsen dabei über einen Strand, der für die Eiablage der Meeresschildkröten wichtig ist. Besucher sollten den Schildkröten einen Gefallen tun und zu Fuß gehen; der Weg ist nicht weit.

Parque Nacional Natural (PNN) Ensenada de Utría

Der **Nationalpark** (Eintritt Kolumbianer/Ausländer 14 500/38 000 COP) liegt an einem schmalen Meeresarm. In der Gegend ist er der beste Platz, um vom Land aus Wale aus der Nähe zu beobachten. Während der Zeit des Kalbens schwimmen die Wale in die *ensenada* (Bucht) und „spielen" nur wenige hundert Meter vor der Küste.

Die renovierten Hütten des **Centro de Visitantes Jaibaná** (EZ/DZ inkl. Vollpension 130 000/189 000 COP) an der Ostküste der *ensenada* bieten bis zu 30 Personen eine Unterkunft. Im Preis inbegriffen sind auch Schnorchel- und Kajakausflüge. Betreiber ist die örtliche Gemeindekooperative Mano Cambiada (S. 298), die auch die Buchungen vornimmt. Mit Voranmeldung organisiert das Personal Tauchgänge in den Gewässern des Parks und seiner Umgebung. Etliche kurze Wanderwege führen durch die nahen Mangrovenwälder und den umliegenden Urwald. Nachts sind Leuchtpilze zu sehen.

Der öffentliche Schiffsverkehr bringt Passagiere von Nuquí nach El Valle/Bahía Solano für 60 000 COP zum Nationalpark. Der private Transfer ab Nuquí oder El Valle kostet für eine Gruppe zwischen 250 000 und 350 000 COP. Eine Alternative ist die vom Parkpersonal organisierte geführte Wanderung von El Valle nach Lachunga an der Mündung des Río Tundo im Nordwesten der *ensenada* (50 000 COP, 4 Std.). Von hier aus geht es mit dem Boot (15 000 COP pro Pers.) weiter zum Besucherzentrum.

Nuquí

🗐 4 / 8000 EW.

Nuquí liegt ungefähr in der Mitte der Küste von El Chocó. Die kleine Stadt grenzt direkt an einen breiten Strand und jenseits des Flusses erstreckt sich ein felsiger Sand-

strand. Eine kurze Bootsfahrt führt zum abgeschiedenen Strand von Guachalito, wo sich einige der besten Resorts dieses Küstenabschnitts befinden. Weiter flussaufwärts leben einige indigene Gemeinden, die jedoch keine Besucher zulassen.

Die Straßen der Stadt sind halb mit Beton und halb mit Kies bedeckt, Autoverkehr gibt es hier keinen. Auch wenn die Stadt nicht gerade schön ist, so eignet sie sich als praktischer Ausgangspunkt für Erkundungsausflüge in die Gegend. Wichtig zu wissen: Es gibt keine Bank und keine Geldautomaten.

☸ Sehenswertes & Aktivitäten

Playa Olímpica   STRAND
Südlich der Mündung des Río Nuquí beginnt die felsige Playa Olímpica und erstreckt sich am Meer entlang, so weit das Auge reicht. Ein Einheimischer, Señor Pastrana, paddelt Besucher gerne in seinem Einbaum über den Fluss (5000 COP). Er wohnt einen Block vom Fluss entfernt in einem pfirsichfarbenen Haus. Der Weg dorthin führt südwärts über die große Strandstraße bis zur Kirche; gleich danach steht das Haus.

Transporte Ecce Homo   BOOTSTOUREN
(☑ 683-6124, 314-449-4446) Transporte Ecce hat ein Büro nahe dem Park und bietet Bootstouren in die gesamte Region, z. B. einen Ausflug in den Nationalpark Utría, der über die Playa Blanca und Morromico führt (60 000 COP). Ein weiteres Ziel sind die Mangrovenwälder und Thermalquellen bei Jurubidá (40 000 COP). Die Tour zur Playa de Guachalito umfasst den Besuch der Cascada de Amor und von Las Termales (50 000 COP). Die genannten Preise gelten pro Person in einer sechsköpfigen Gruppe und ändern sich je nach Gruppengröße und Benzinkosten.

Transporte Ecce übernimmt auch Fahrten mit dem Schnellboot und vermietet einige einfache Zimmer mit Küchennutzung.

🛏 Schlafen

Die meisten Hotels befinden sich am Nordende der Stadt in Strandnähe. Außerdem gibt es innerhalb der Stadt etliche einfache Posadas.

Hotel Palmas del Pacifico   PENSION **$**
(☑ 683-6010, 314-753-4228; Zi. pro Pers. 35 000 COP) Das Palmas del Pacifico liegt einen Block weit vom Strand entfernt und

zählt zu den besten günstigen Unterkünften in der Stadt. Luxuriös sind die einfachen Zimmer mit Holzwänden, weichen Matratzen und eigenem Bad wahrlich nicht. Aber sie sind sauber und ruhig, auch wenn durchaus schon mal der Duschkopf oder der Toilettendeckel fehlen kann. Angenehm ist die Terrasse mit Hängematten und Meerblick. Am luftigsten sind die an der Vorderfront gelegenen Zimmer im Obergeschoss.

Donde Jesusita · PENSION $

(Zi. pro Pers. 20 000 COP) Die Betreiberin des einfachen Gästehauses nahe dem Kai zählt zum Urgestein des Tourismus in Nuquí. Ihr Alter macht sich nun ein wenig bemerkbar, aber sie ist warmherzig und ein echtes Unikum. Eine Generalüberholung täte dem Haus gut, was aber den schönen Flussblick der Zimmer im Obergeschoss nicht mindert.

Hotel Nuquí Mar · HOTEL $$

(☎609-1074; www.hotelnuquimar.com; Zi. pro Pers. 90 000–140 000 COP) Das Hotel liegt am Strand gleich neben dem Fußballfeld. Seine hübschen Zimmer haben Wände aus Massivholz, Fliegengitter an den Fenstern und ein blitzblank gekacheltes Bad. Die Suite im Dachgeschoss bietet einen großen Balkon. Das Frühstück ist im Preis inbegriffen.

✗ Essen

Am Flughafen verkaufen einheimische Frauen *mecocadas* (1500 COP), ein leckeres Konfekt aus Kokosnuss und Guavenpaste.

Aqui es Chirringa · KOLUMBIANISCH $

(Hauptgerichte 12 000 COP; ☉7–20 Uhr) In dem einfachen Gartenlokal gleich um die Ecke vom Flughafen scheint die gesamte Familie in der Küche mitzuarbeiten. Zusammen mit einer Schüssel Fischsuppe kommen hier die bekannten kolumbianischen Gerichte in ziemlich großen Portionen auf den Tisch.

Doña Pola · KOLUMBIANISCH $

(☎683-6254; Hauptgerichte 11 000 COP; ☉7 bis 21 Uhr) In einer Seitenstraße zwischen dem Krankenhaus und dem Fußballfeld kocht Doña Pola herzhafte Hausmannskost.

⌂ Shoppen

Artesanías Margot · KUNSTHANDWERK

(☉8–17 Uhr) Der kleine *artesanías*-Laden neben dem Flughafen hat eine große Auswahl an Holzschnitzereien und anderen kunsthandwerklichen Produkten aus der Region. Manchmal wird sogar ein echtes Blasrohr angeboten.

ℹ Praktische Informationen

Nuquí hat weder eine Bank noch einen Geldautomaten, deshalb sollten Reisende genügend Bargeld mitbringen. Dafür gibt es einige Internetcafés (Std. 2000 COP), doch das Internet ist hier so langsam, dass man schon sehr verzweifelt sein muss, um online zu gehen.

Mano Cambiada (☎313-759-6270; corporacionmanocambiada@yahoo.es; ☉variieren) Die Gemeindekooperative betreibt die Unterkünfte im Parque Nacional Natural Ensenada de Utría und organisiert dort Wanderungen und andere Aktivitäten. Ähnlich wie eine Touristeninformation gibt das Personal auch Auskunft über die Region und organisiert Ausflüge zu zahlreichen Gemeinden.

Super Giros (☎683-6067; ☉8–12 & 14–18 Uhr) Nimmt Inlandsüberweisungen entgegen.

ℹ An- & Weiterreise

Der **Aeropuerto Reyes Murillo** (☎683-6001) wird von **Satena** (☎1 800 091 2034; www.satena.com) und **ADA** (☎4-444-4232; www.ada-aero.com) angeflogen, die Flugverbindungen von/nach Medellín und Quibdó bieten.

Transporte Yiliana (Donde Sapi, ☎314-764-9308, 311-337-2839) bietet montags und freitags Schiffsverbindungen nach El Valle (60 000 COP, 1½ Std.) und bei Bedarf auch nach Bahía Solano (70 000 COP, 2 Std.). In der Regel laufen die Schiffe am frühen Morgen aus.

Von Buenaventura aus nehmen mehrere Frachtschiffe Passagiere mit und laufen auch Nuquí an. Alle zehn Tage fährt die empfehlenswerte *Valois Mar* von Nuquí nach Buenaventura. Ihr Eigentümer heißt **Gigo** (☎312-747-8374). Die Fahrt dauert 16 Stunden und kostet 120 000 COP inklusive Mahlzeiten. In Buenaventura startet die *Valois Mar* vom Kai Maderas del Patía an der Avenida Simón Bolívar.

Rund um Nuquí

Jurubidá

Die Gemeinde mit ihren bunt angestrichenen Häusern liegt 45 Bootsminuten von Nuquí entfernt. Trotz zahlreicher Attraktionen kommen nur wenige Besucher dorthin. Das Dorf liegt an einer Bucht, die vom Archipelago de Jurubidá beherrscht wird – einer Ansammlung spektakulärer mit Wald bedeckter Felsformationen. Auf einer der Inseln bleibt bei Ebbe ein natürlicher Pool zwischen den Felsen zurück.

Die örtliche Kooperative Grupo Los Termales organisiert geführte Touren zu den

Termales de Jurubidá (10 000 COP pro Pers.) – zwei Thermalquellen im dichten Urwald. Die Tour umfasst eine kurze Kanufahrt und eine schöne Wanderung an einem kristallklaren Fluss entlang.

Die Kooperative organisiert auch Kanufahrten durch die Mangroven (10 000 bis 20 000 COP pro Pers.), Walbeobachtungstouren (120 000 COP pro Boot) und Bootsausflüge zu einer indigenen Gemeinde, die wenige Stunden flussaufwärts liegt (150 000 COP pro Boot).

In der Gegend gibt es keinerlei öffentliche Verkehrsmittel, doch an den meisten Tagen schippern Dorfbewohner von/nach Nuquí und nehmen Besucher mit. Am Almacén Wilmer Torres, einer Kombination aus Bar und Lebensmittelladen im Dorfzentrum, legen die meisten Boote ab. Die 45-minütige Bootsfahrt von/nach Nuquí kostet um die 15 000 COP pro Person. Wer sich ein Schnellboot mietet, zahlt ungefähr 150 000 COP.

🛌 Schlafen & Essen

Cabaña Brisa del Mar   HÜTTE $
(Donde Tita; ☎ 314-684-9401; Zi. pro Pers. 25 000 bis 30 000 COP) Diese ruhige und am weitesten abgelegene Unterkunft liegt in Flussnähe. Die gemütliche strohgedeckte *cabaña* bietet einfache Zimmer und einen hübschen kleinen Balkon mit Hängematten und Ausblick auf den Strand. Eine Übernachtung inklusive drei Mahlzeiten kostet 28 000 COP.

Restaurante Artesenal Jessica   PENSION $
(☎ 311-753-4110; Zi. pro Pers. 20 000 COP) In der einfachen Unterkunft mit luftiger Veranda liegen die Gästezimmer über der Wohnung der Familie. Der Besitzer stellt interessante kunsthandwerkliche Gegenstände her. In dem nebenan liegenden Gartenrestaurant werden die Mahlzeiten serviert.

Cabaña Emberafro   HÜTTE $$
(☎ 313-776-849; nohepro@hotmail.com; Zi. pro Pers. inkl. Vollpension 70 000 COP) Die einfache strohgedeckte Hütte liegt abseits des Dorfes direkt am Strand, wo immer eine angenehme frische Brise weht.

Morromico

Das an einem wunderschönen, von bewaldeten Landzungen eingefassten Privatstrand gelegene kleine Öko-Ferienhotel Morromico (☎ 312-795 6321,; www.morromico. com; Zi. pro Pers. 240 000–270 000 COP) liegt

COQUÍ & JOVÍ

Die beiden freundlichen Dörfer sind von Nuquí per Boot in 25 Minuten zu erreichen. Beide Gemeinden haben eine Tourismuskooperative. In Joví organisiert die **Grupo de Guias Pichinde** (☎ 321-731-1092) Fahrten im Einbaum den Río Jovi hinauf zu den Wasserfällen Chontadura und Antaral. Chontadura liegt näher, aber Antaral führt mehr Wasser und hat ein größeres Fallbecken, in dem man auch schwimmen kann. Besuche der am Fluss gelegenen Dörfer der Ureinwohner werden ebenfalls arrangiert. In Coquí bietet die **Grupo de Ecoguias** (☎ 310-544-8904) Bootsfahrten durch die Mangroven an.

In beiden Dörfern finden Gäste Unterkünfte in sehr einfachen Posadas (um 30 000 COP pro Pers.). Die Boote, die zwischen Nuquí und Arusí verkehren, setzen Passagiere in beiden Dörfern ab.

zehn Bootsminuten von Jurubidá entfernt. Der üppige, von Urwald umstandene Garten befindet sich zwischen zwei Wasserfällen, in deren kristallklarem Bergwasser die Gäste baden können. In den stilvollen, halboffenen Räumen sind die Laute des Dschungels zu hören. Strom wird durch ein kleines Wasserkraftwerk erzeugt.

Der charismatische Eigentümer organisiert Bootstouren und ziemlich anstrengende Wanderungen durch die Berge zu ein paar Dörfern der Ureinwohner. Im Preis enthalten ist die Vollverpflegung. Eine Reservierung ist zwingend notwendig.

Guachalito

Eine halbe Bootsstunde westlich von Nuquí liegt der Guachalito, ein langer, sauberer Sandstrand. Überall blühen Orchideen und Helikonien, der Urwald wuchert in den Strand hinein, tellergroße Pilze wachsen an den Bäumen, und Kokospalmen wiegen sich im silbrigen Sand.

Das Anwesen der Familie Gonzalez nimmt das östliche Ende des Strandes ein. Auf der 8 km langen Strandstrecke, die bis zu Las Termales reicht, verteilen sich mehrere Hotels. Auf der Strecke liegen auch El Terco und El Terquito, zwei Halbinseln, die gute Orientierungspunkte bilden. Ein Spaziergang über die gesamte Länge des Strandes (1½ Std.) ist jederzeit möglich, doch am besten geht man bei Ebbe los.

Etwa 1 km (20 Minuten zu Fuß) vom Anwesen der Familie entfernt befindet sich 200 m landeinwärts die **Cascada de Amor.** Der hübsche, von Urwald umgebene Wasserfall rauscht in ein Felsenbecken. Zehn Fußminuten weiter bergauf gibt es noch einen größeren und schöneren Wasserfall, der sich in zwei Bäche teilt, bevor er in das Fallbecken stürzt.

🛌 Schlafen

Am Guachalito stand ursprünglich nur das Wohnhaus der Familie Gonzalez. Heute leben hier vier Generationen in mehreren Häusern. Untereinander konkurrierende Geschwister betreiben vier Posadas mit einer großen Bandbreite an Unterkünften. Die Preise für eine Übernachtung reichen von 100 000 bis 210 000 COP pro Person, inklusive Vollpension.

La Joviseña (📱314-683-8856; www.lajovi sena.com; Zi. pro Pers. 210 000 COP) vermietet einige der komfortabelsten Unterkünfte. Neben einem eleganten Freiluftrestaurant liegen gut gebaute einzeln stehende Holzhütten verstreut in einem üppig-grünen Garten. Im Preis inbegriffen ist der Transfer von und nach Nuquí.

Bei **Mar y Río** (📱314-656-9688; elmardel diego@gmail.com; Zi. pro Pers. 120 000 COP) wohnen die Gäste mit der Familie zusammen und essen mit ihr gemeinsam an ihrem Küchentisch. Das Haus steht in einem ruhigen Winkel des Strandes, in der Nähe fließt ein kleiner Bach vorbei. Mehr Privatsphäre gewähren die neuen Zimmer neben dem Haupthaus, sie besitzen aber weniger Charakter.

Luna de Miel (📱311-602-3742, 314-431-2125; clunademiel@hotmail.com; Zi. pro Pers. 120 000 COP) bietet zwei rustikale Gästezimmer und einen hübschen Balkon mit tollem Ausblick. Der Besitzer betreibt den Touristenkai in Nuquí und informiert dort auch gerne über die Unterkunft.

Peñas de Guachalito (📱320-5671-356; Zi. pro Pers. 100 000 COP) vermietet zwei einfache Zimmer mit Betonwänden und einem tropischen Garten voller Palmen.

Westlich dieser Anwesen an der Guachalito liegen mehrere Ökohotels und Ferienanlagen. Die meisten haben Pauschalangebote, die Unterkunft, Vollpension und den Flughafentransfer umfassen.

⭐ El Cantil Ecolodge HOTEL $$$

(📱448-0767; www.elcantil.com; Zi. pro Pers. 327 000 COP) El Cantil ist das luxuriöste Hotel am Strand. Seine sechs Doppelhütten stehen zwischen Papayabäumen und Kokospalmen. Das Restaurant ist berühmt für seine gute Küche und thront auf einem Hügel mit einem beeindruckenden Ausblick. Ein kleines Wasserkraftwerk versorgt ausschließlich das Restaurant mit Strom, die Hütten werden mit Kerzen beleuchtet. Im Preis inbegriffen sind die Vollpension und der Transport von und nach Nuquí. Das Personal organisiert Walbeobachtungstouren, Surfführer zeigen auf Wunsch die besten Surfplätze.

La Cabaña de Beto y Marta HOTEL $$$

(📱311-775-9912; betoymarta@hotmail.com; Zi. pro Pers. inkl. Vollpension 200 000 COP) Das hübsche Hotel gehört zwei *paisas* (Einwohner des Departamento de Antioquia). Jede seiner vier abgeschieden gelegenen Hütten verfügt über eine Terrasse mit Hängematten und Stühlen – ideal, um entspannt den Sonnenuntergang zu bewundern. Das Ganze liegt inmitten eines spektakulären Gartens, in dem auch viele der Früchte und Gemüse wachsen, die später auf den Tellern der Gäste landen.

Pijibá Lodge HOTEL $$$

(📱311-762-3763; Zi. pro Pers. inkl. Vollpension 190 000 COP) Die drei Doppelhütten der Lodge inmitten eines üppig grünen tropischen Gartens bestehen ausschließlich aus natürlichen Materialien. In die Räume gelangt dadurch viel frische Luft. Das Essen hat einen ausgezeichneten Ruf.

Piedra Piedra Lodge HOTEL $$$

(📱315-510-8216; www.piedrapiedra.com; Zi. pro Pers. inkl. Vollpension ab 190 000 COP) Die anheimelnde Lodge auf einem Hügel besitzt weniger Resortcharakter als ihre Nachbarn. Mit seiner Lage auf einem Felsvorsprung und dem Ausblick auf El Terco beeindruckt der Süßwasserpool. Wer sein Zelt dabei hat, kann auf dem Gelände auch campen, doch der Preis von 50 000 COP pro Person ist ein wenig hoch.

Der Besitzer vermietet auch ein spektakuläres Haus mit Meerblick, das in unmittelbarer Nähe auf einer hohen Klippe steht.

Termales

Ein hübscher breiter Strand aus grauem Sand erstreckt sich vor dem kleinem Dorf Termales. Reisenden, die Lokalkolorit haut nah erleben möchten, bietet es einige Übernachtungsmöglichkeiten. In der Abenddämmerung spielen Kinder Fußball am Strand, während Hühner auf dem Spielfeld herumlaufen. In einiger Entfernung surfen Jugendliche auf den Wellen. Ihre Surfbretter hat ein gemeinnütziges Surfprojekt gespendet.

Von der einzigen Straße des Dorfes führt ein Kiesweg 500 m landeinwärts zu zwei Thermalquellen, den **Las Termales** (Eintritt 12 000 COP; ☺ 8–18 Uhr). Umgeben von Urwald liegen sie an einem schnell fließenden Bach. Die Gemeinde hat das Areal ausgebaut und ein großes Restaurant (Hauptgerichte 13 000 COP) und Thermalbecken errichtet, die allerdings nur während der Hauptsaison geöffnet sind.

Die örtliche Kooperative **Cocoter** (☏ 310-419-4411; Oficina Corporación Comunitario) organisiert halbtägige Wanderungen in den Urwald zur Cascada Cuatro Encantos, einem hohen Wasserfall mit Naturbecken zum Baden und Schwimmen.

Die Unterkünfte in Termales sind preisgünstiger als die nahe gelegenen Resorts, aber keineswegs billig. Doch das Dorf mit seiner coolen Atmosphäre eignet sich gut als Ausgangspunkt für Erkundungstouren durch die Umgebung.

Einfache Zimmer mit Bad und einen großen Balkon mit Blick auf den Strand bietet das freundliche **Refugio Salomon** (☏ 313-756-7970; Zi. pro Pers. inkl. Vollpension 90 000 COP, Hauptmahlzeiten 12 000–15 000 COP). Serviert wird köstliche Hausmannskost. Bei **Donde Paulino** (☏ 321-778-1165; Zi. pro Pers. inkl. Vollpension 90 000 COP), auf der gegenüberliegenden Seite des Weges, befinden sich einfache, saubere Zimmer mit Holzwänden und Gemeinschaftsbad im Obergeschoss des Wohnhauses.

Termales hat keinen Handyempfang, aber die Geschäftsleute des Dorfes checken ihr Handy regelmäßig, wenn sie woanders sind, sodass Reisende Nachrichten hinterlassen können.

ℹ An- & Weiterreise

Das Schnellboot (25 000 COP, 45 Min.), das zwischen Nuquí und Arusí (westlich von Termales) verkehrt, setzt Passagiere überall an der Strecke ab. In Arusí startet es montags, mittwochs und freitags um 6 Uhr früh und fährt gegen 13 Uhr zurück. Langsamer und weniger pünktlich ist das Boot (22 000 COP, 1 Std.), das dienstags, donnerstags und samstags die gleiche Route bedient.

SÜDKÜSTE

Buenaventura

☑ 2 / 327 000 EW

Die größte Stadt an der Pazifikküste ist gleichzeitig Kolumbiens betriebsamster Hafen. Die 1540 gegründete, zwischenzeitlich zerstörte und dann wiederaufgebaute Kolonialstadt nahm mit der Eröffnung des Panamakanals 1914 einen rasanten Aufstieg.

Zugleich bildet Buenaventura ein Paradebeispiel für das Misslingen, mit dem Wirtschaftswachstum der Nation das Los ihrer ärmsten Bewohner zu verbessern. Mehr als 60 % der legalen Exporte des Landes werden über diesen Hafen abgewickelt, dennoch ist Buenaventura erschreckend arm und rückständig geblieben. Auch der größte Teil der illegalen Exporte läuft über die Stadt. Die damit verbundenen Machtkämpfe führen häufig zu Gewaltausbrüchen.

Der einzige Grund, die Stadt aufzusuchen, ist die Weiterreise. Über den *muelle turístico* (Touristenkai) wird ein Großteil des touristischen Verkehrs abgewickelt. Dieser Bereich der Stadt bietet daher relativ sicher in unmittelbarer Nähe befinden sich daher auch zahlreiche Restaurants und Hotels.

🛏 Schlafen

Beim *muelle turístico* liegen mehrere komfortable Hotels, einige davon mit Meerblick.

Hotel Titanic   HOTEL $$

(☏ 241-2046; hoteltitanic@gmail.com; Calle 1A No 2A-55; EZ & DZ 76 500 COP, 2BZ/3BZ 88 200/118 000 COP; ✲ 🛜) Einen Block vom Eingang zum Touristenkai entfernt bietet das 5-Sterne-Hotel einigermaßen komfortable Zimmer. Allerdings liegen ihre kleinen Fenster am Flur und lassen wenig Tageslicht hinein. Von der Dachterrassenbar mit Restaurant reicht der Blick weit übers Meer.

Hotel Tequendama Estación   HOTEL $$$

(☏ 243-4070; www.sht.com.co; Calle 2 No 1A-08; EZ/DZ 201 700/217 800 COP; @ 🛜 ✲) Das beste Hotel der Stadt erinnert an Kolumbiens Goldene Zwanziger. Erbaut wurde das inzwischen renovierte Haus in den 1920er-Jahren in einem weißen neoklassizistischen Zuckerbäckerstil. Seine Zimmer – durchwegs De-luxe-Zimmer – liegen an rundum verlaufenden Säulengängen. Der von 9 bis 18 Uhr geöffnete Pool ist öffentlich zugänglich (Kind/Erw. 22 000/18 000 COP).

MELODIEN DES WALDES

Die Pazifikregion ist, wie viele Teile Kolumbiens, voll Tanz und Musik. Doch hier besteht der Soundtrack keineswegs aus dröhnendem Reggaeton oder Salsa – wie auch, denn viele Dörfer sind ohne Strom –, sondern aus den süßen Klängen der *marimba de chonta*. Hergestellt wird das Instrument aus dem Holz einer dornigen Palmenart der Gegend und aus Bambusrohr. Der eigentümliche Sound ist im ganzen Land bekannt. Die Ursprünge der *marimba de chonta* liegen in Afrika; sie ist somit Teil des Kulturerbes aus diesem Kontinent, das durch befreite Sklaven eingeführt wurde. Auch heute wird sie noch immer überall in der Region, insbesondere aber um Guapi und Tumaco herum, auf althergebrachte Art in kleinen Handwerksbetrieben hergestellt.

Traditionell wird die *marimba de chonta* an der Decke aufgehängt, doch heutzutage hängt sie oft auch in einem Gestell. Das Instrument wird von Trommeln wie *bombos*, *cununos* und *guasas* begleitet, wenn zum typischen Tanz der Gegend, dem *El Currulao*, aufgespielt wird.

Am besten lauscht man der *marimba de chonta* während des Festivals Petronio Álvarez in Cali.

ℹ Praktische Informationen

Buenaventura ist Kolumbiens gefährlichste Stadt. Solange sich Touristen nur um ihre eigenen Angelegenheiten kümmern, bekommen sie in der Regel keine Probleme. Am besten halten sich Reisende nur in der näheren Umgebung des *muelle turístico* auf und lassen etwas zusätzliche Vorsicht walten.

Banco AV Villas (Calle 2 No 2A-46) Mit Geldautomat.

Bancolombia (Ecke Calle 2 & Carrera 2a) Mit Geldautomat.

Ciber P@cífico (Calle 1 No 2-11; Std. 2000 COP; ☺ Mo–Sa 8–19.30 Uhr) Internetzugang und öffentliches Telefon; liegt direkt vor dem Touristenkai.

ℹ An- & Weiterreise

Zwischen Cali und Buenaventura verkehren regelmäßig Busse (19 000 COP, 4 Std.). Buenaventuras Busbahnhof befindet sich im Stadtzentrum, nur ein paar Blocks vom *muelle turístico* entfernt. Noch ein Tipp: Wer sich in Cali auf die linke Seite des Busses (in Fahrtrichtung) setzt, hat unterwegs die beste Aussicht.

Am *muelle turístico* starten Touristen-Schnellboote in Richtung Norden und Süden. Frachter laufen vom Industriehafen El Piñal aus. Die Taxifahrt dorthin kostet 6000 COP.

Rund um Buenaventura

Juanchaco & Ladrilleros

🌐 2 / 3500 EW.

Eine Stunde Bootsfahrt von Buenaventura in Richtung Norden entfernt liegen Juan-chaco und das benachbarte Ladrilleros. Juanchaco befindet sich auf der gegenüberliegenden Seite der Bahía Málaga und bekommt eine Menge von Buenaventuras Müll an seine Strände gespült. Ladrilleros, auf der anderen Seite der Halbinsel, ist der tobenden Brandung des Pazifiks ausgesetzt.

Während der Regenzeit (oder besser, der noch regnerischeren Zeit von August bis November) sind die Wellen hier 2 bis 3 m hoch. Für Surfer sind das also schon ganz attraktive Bedingungen.

Weder Juanchaco noch Ladrilleros verfügen über einen Strand, um sich ortsnah an der frischen Luft zu aalen. Doch beide Ortschaften sind gute Ausgangspunkte, um den umliegenden **Parque Nacional Natural Uramba Bahía Málaga** – Kolumbiens jüngsten Nationalpark – zu erkunden. Das Schutzgebiet umfasst eine wilde Landschaft, in der sich mit Urwald bedeckte Felsvorsprünge, an denen die Brandung tost, mit ruhigen, grünen Buchten abwechseln. Der Eintritt ist kostenlos.

Der beste Strand der Gegend befindet sich nördlich von Ladrilleros bei **La Barra.** An dem breiten Strand aus grauem Sand liegt eine kleine Fischergemeinde.

Sowohl Juanchaco als auch Ladrilleros sind beliebte Wochenendausflugsziele der Einwohner von Cali. In der Woche geht es in beiden Ortschaften sehr ruhig zu.

🏃 Aktivitäten

Juanchaco ist ein preisgünstiger Ort für Walbeobachtungstouren. Eine einstündige Tour in einem Gemeinschaftsboot kostet pro

Person 25 000–30 000 COP. Die Abfahrtszeiten sind am Hauptkai zu erfahren.

Nativos   ABENTEUERTOUREN
(☑ 317-297-3703; manuel.nativos@gmail.com; Ladrilleros; pro Pers. ab 20 000 COP) Der engagierte ortsansässige Tourveranstalter organisiert spannende Naturerlebnistouren, z. B. eine Bootsfahrt durch die Mangroven zu einem natürlichen Pool oder Ausflüge nach La Barra. Das Büro liegt gegenüber der Iglesia Maria (Marienkirche).

Pedro Romero   SURFEN
(☑ 313-752-3170; Cabaña Villa Malaty, Vía La Barra, Ladrilleros; Surfunterricht Std. 25 000 COP) Der freundliche Einheimische Pedro Romero gibt Surfunterricht und vermietet Surfbretter. Außerdem organisiert er Kajaktouren durch örtliche Flussmündungen und Campingausflüge mit Übernachtung im Urwald. Am Wochenende und in den Ferien ist Pedro am Strand zu finden, ansonsten unter der oben genannten Adresse. Auf seinem Grundstück an der Straße nach La Barra bietet er preisgünstige Unterkünfte mit Küchenbenutzung und Zeltstellplätzen.

🛏 Schlafen & Essen

In Ladrilleros gibt es mehr als ein Dutzend, überwiegend sehr einfache Hotels. Eine Handvoll schlichter Speiselokale bietet preisgünstige Gerichte mit Fisch und Reis. Ein leckerer Snack sind die mit Shrimps gefüllten *empanadas* (Teigtaschen) im Restaurante Delfin.

In La Barra haben etliche einheimische Familien *cabañas* für Gäste errichtet (Zimmer pro Pers. 15 000–25 000 COP). Zur Verfügung stehen auch zahlreiche Stellflächen für Zelte (mit/ohne Zeltmiete ab 12 500/5000 COP pro Pers.). Die meisten Unterkünfte sowie ein paar ambitionierte Restaurants kochen Fischgerichte für rund 12 000 COP.

Hotel La Cooperativa   PENSION $
(☑ 321-854-7956; Ladrilleros; Zi. pro Pers. 20 000 COP) La Cooperativa thront auf einer luftigen Klippe und ist eine der allerbesten Budgetunterkünfte. Seine sauberen Zimmer mit Bad haben gemauerte Wände, was in dieser Gegend nicht selbstverständlich ist.

Aguamarina Cabañas   HOTEL $$
(☑ 311-728-3213, 246-0285; www.reservaagua marina.com; Ladrilleros; Zi/cabaña pro Pers. inkl. 2 Mahlzeiten 110 000/90 000 COP; ❄ 🕸 ☀) Die freundliche, gut geführte Unterkunft auf

den Meeresklippen besteht aus attraktiven einstöckigen Hütten und einem modernen Hotel mit Klimaanlage. Auch ein großer Swimmingpool ist vorhanden. Kreditkarten werden akzeptiert.

Hotel Palma Real   HOTEL $$
(☑ 317-502-5931; www.hotelpalmarealcolombia. com; Ladrilleros; Zi. pro Pers. inkl. 2 Mahlzeiten 85 000 COP; ❄ ☀) Bei den *caleños* (Einwohnern von Cali) ist das exklusive Hotel als romantisches Refugium sehr beliebt. Seine komfortablen Zimmer mit Klimaanlage, Holzfußböden und Kabelfernsehen liegen rund um einen schönen Poolbereich. Dort gibt es auch eine Bar.

Yubartas   LODGE $$
(☑ 310-849-6741; Juanchaco; Zi. pro Pers. inkl. 3 Mahlzeiten 90 000 COP) In Juanchaco ist diese Lodge auf dieser Seite der Flugpiste die komfortabelste Unterkunft. Inmitten eines großen Gartens stehen hier elegante *cabañas* mit Badezimmer. Das Personal organisiert ökologisch ausgerichtete Aktivitäten an der Bahía Málaga.

🍷 Ausgehen

Templo del Ritmo   BAR
(Ladrilleros; ⏰ Fr & Sa 12 Uhr bis spätnachts) Auf einer Klippe hoch über dem Meer dreht der Templo del Ritmo die Musik auf volle Lautstärke, wenn die *caleños* zum Partyfeiern herströmen.

ℹ Praktische Information

Geldautomaten sind weit und breit nicht zu finden und Kreditkarten werden selten angenommen. Der nächstgelegene Geldautomat befindet sich vor dem *muelle turístico* in Buenaventura.

Internetcafés gibt es sowohl in Ladrilleros als auch in Juanchaco.

ℹ An- & Weiterreise

Der zuverlässigste Bootsbetreiber am *muelle turístico* ist **Asturias** (☑ 313-767-2864, 240-4048; barcoasturias@hotmail.com). Seine Boote fahren täglich um 10, 13 und 16 Uhr nach Juanchaco (hin & zurück 54 000 COP, 1¼ Std.) und fahren von dort um 8, 13 und 16 Uhr zurück. Die Rückfahrkarte gilt 15 Tage. Die Fahrt kann mitunter stürmisch verlaufen, in dem Fall sind die Plätze am Heck die angenehmsten.

Juanchaco ist 2,5 km von Ladrilleros entfernt. Die Straße nimmt einen Bogen um einen Militärflugplatz der Marine, der zwischen den beiden Ortschaften liegt. Zu Fuß dauert die Strecke eine halbe Stunde, auf dem Rücksitz eines Motorrads

ISLA MALPELO

Diese winzige, verlassene Insel, Teil des Weltnaturerbes, befindet sich in einem der besten Tauchgebiete weltweit. Sie ist nur 1643 m lang und 727 m breit und liegt 378 km vor der Küste mitten im **Santuario de Flora y Fauna Malpelo** (ecoturismo@ parquesnacionales.gov.co; Eintritt pro Tag auf einem kolumbianischen/ausländischen Boot 153 000/82 000 COP), der größten fischereifreien Zone im tropischen Ostpazifik, einem lebenswichtigen Habitat gefährdeter Meerestiere.

Der Artenreichtum und die Dichte an Meerestieren sind beeindruckend: Hier leben u. a. über 200 Hammerhaie und 1000 Glatthaie. Auch der Kleinzahn-Sandtigerhai, ein seltener Tiefseehai, wurde hier bereits gesichtet. Die Vulkaninsel hat steile Wände und beeindruckende Höhlen. Die beste Zeit, die Haie zu sehen, ist von Januar bis März, wenn kälteres Wetter sie zur Nahrungssuche an die Oberfläche treibt. Ein kleines Kontingent kolumbianischer Soldaten bewacht Malpelo. Die Insel darf nicht betreten werden.

Die Tauchgänge sind fantastisch, aber äußerst schwierig, und es ist sehr schwer, das Gebiet überhaupt zu erreichen. Die Insel kann nur als Teil einer Tauch-Schiffsreise besichtigt werden. Die Hin- und Rückfahrt von Buenaventura dauert jeweils 30 bis 36 Stunden, und auf der Insel gibt es keine Dekompressionskammer. Starke Strömungen ziehen Taucher in alle Richtungen, sodass sie oft kilometerweit vom Schiff entfernt an die Oberfläche kommen. Nur erfahrene, sichere Taucher sollten diese Reise wagen.

Schiffe aus mehreren Ländern führen diese Tauchfahrt durch. Am günstigsten sind die Schiffe unter kolumbianischer Flagge, die in Buenaventura auslaufen. Allerdings haben sie meistens sehr viele Taucher an Bord und führen in der Regel kein Nitrox mit sich. Eine siebentägige Tauchtour kostet ungefähr 3 100 000 COP pro Taucher. Ein Boot mit regelmäßigen Abfahrtszeiten ist die *Maria Patricia* von Asturias (S. 303).

Mehr Komfort bieten die internationalen Schiffe, die in Panama auslaufen. Das geräumigste ist die **MV Yemaya** (☏ in Panama 507-232-0215; www.coibadiveexpeditions. com), die in Puerto Mutis startet. Sie hat Doppelkabinen in drei Kategorien und kann bis zu 16 Taucher mitnehmen. Eine andere empfehlenswerte Möglichkeit ist die **Inula** (☏ in Deutschland 49 5130 790326, in Panama 507-6672-9091; www.inula-diving.com) aus dem panamaischen Puerto David, die von einem erfahrenen deutschen Skipper geführt wird. Für eine Zehntagereise mit sechs Tauchtagen liegen die Preise zwischen 3700 und 4660 US$ pro Taucher, zzgl. Ankergebühren.

Verschiedene Tauchreisen zur Isla Malpelo bietet auch **Pura Colombia Travel** (☏ 310-373-0113; www.puracolombia.com, auch auf Deutsch) an, ein Tourveranstalter mit Sitz in Medellín. Ausführliche Informationen und Fahrpläne finden sich auf seiner Website.

(2000 COP) nur fünf Minuten. Oder man fährt in einem der Jeeps mit (2000 COP pro Pers.), die losfahren, wenn sie voll sind.

Nach La Barra geht es entweder mit dem Moto-Taxi oder mit einem kleinen Boot auf dem Fluss (jeweils 15 000 COP pro Pers.). Die Alternative ist ein 45-minütiger Fußmarsch auf einem schlammigen Pfad.

San Cipriano

☏ 2 / 500 EW.

Dieser winzige afro-kolumbianische Ort ist hauptsächlich für den Transport dorthin bekannt. Er liegt an der selten befahrenen Eisenbahnstrecke Cali-Buenaventura, 15 km von der nächsten Straße entfernt. Die Einwohner haben sich eine Schienen-

bahn gebastelt, die von Motorrädern angetrieben wird, deren Vorderrad nach oben fixiert ist, während das Hinterrad auf einer Schiene läuft. So rasen sie mit einem Affenzahn durch den Urwald – ein wahrhaft bemerkenswertes Erlebnis für die Passagiere, die auf schmalen Holzbänken sitzen. Es gibt nur einen Schienenstrang, und viele der Bahnen haben defekte Bremsen. Vereinzelt wurden schon Zusammenstöße gemeldet. Fahrgäste sollten sich festhalten und auf jeden Fall Schuhe tragen, damit sie im Notfall abspringen können.

Die Stadt liegt mitten im Dschungel auf der Pazifikseite des Gebirges. Ein Fluss mit kristallklarem Wasser lockt zum Baden. Er ist zum großen Teil mit dem Schlauchboot befahrbar – entsprechende Boote können vielerorts für etwa 5000 COP angemietet werden. Von dort aus sind auch ein Schmetterlingsgehege und mehrere Wasserfälle zu Fuß erreichbar. Wanderführer verlangen etwa 20 000 COP pro Gruppe.

Es regnet hier immer sehr heftig, also sollte man entsprechende Kleidung mitbringen. Die Fundación San Cipriano berechnet außerdem 1500 COP Eintritt für das Betreten des Gebiets.

🛏 Schlafen & Essen

Ein halbes Dutzend Hotels bieten einfache Unterkünfte, die meisten davon auch preisgünstige Mahlzeiten. Am Wochenende dröhnt aus etlichen Bars, in denen die *caleños* Party machen, laute Musik.

Hotel David   PENSION **$**
(☑ 312-815-4051;   EZ/DZ   ohne   Bad 15 000/25 000 COP) Einige hundert Meter hinter der Eintrittskasse liegt dieses freundliche Gästehaus. Seine einfachen Zimmer mit blankem Betonfußboden liegen im ersten Stock unter einem Wellblechdach, das dem starken Regen einen ganz eigenen stimmungsvollen Reiz verleiht. Da die Wände aus Holz bestehen, bekommt jeder mit, was im Nachbarzimmer vor sich geht. Hier wird eines der besten Essen in der Ortschaft gekocht.

Hotel Ivankar   PENSION **$**
(☑ 310-456-8120;   EZ/DZ   25 000/50 000 COP) Zimmer mit Betonwänden, Bad und Kabelfernsehen kennzeichnen das komfortabelste Hotel im Ort. Die meisten davon haben nur kleine Fenster zum Flur, was bedeutet: wenig Tageslicht und wenig frische Luft. Der Versuch, ein Zimmer an der Vorderseite des Hauses zu bekommen, lohnt sich, denn die haben Fenster zur Straße.

❶ An- & Weiterreise

Alle Busse von Cali nach Buenaventura halten an der Abzweigung nach Córdoba (18 000 COP, 3 Std.). Von dort geht es zu Fuß bergab zur Motorrad-Draisine. Für Besucher kostet die einfache Fahrt nach San Cipriano 5000 COP, Ortsansässige zahlen weniger, deshalb reißen sich die Draisinenfahrer um die Touristen. Schlepper fangen die Reisenden häufig schon am Bus an und bleiben ihnen auf dem ganzen Weg hügelabwärts auf den Fersen.

Vom Busbahnhof in Buenaventura startet ungefähr alle halbe Stunde ein Ruta-5-Bus mit dem Richtungsanzeiger „Córdoba" (2000 COP,

45 Min.). Wer nicht zu Fuß den Hügel wieder hinaufsteigen will, kann mit diesem Bus bis zur Abzweigung fahren.

Taxis aus Buenaventura fahren für 25 000 bis 40 000 COP nach Córdoba

Parque Nacional Natural (PNN) Isla Gorgona

Ende 2014 griff die FARC in einer noch nie dagewesenen Aktion den **Parque Nacional Natural Isla Gorgona** an und zerstörte den Sicherheitsposten der Insel. Dabei kam ein Polizist ums Leben. Daraufhin zog sich das Unternehmen, das bis dahin die touristischen Einrichtungen im Park betrieben hatte, komplett aus dem Park zurück und die Regierung sperrte ihn für Besucher. Nach Klärung der Sicherheitslage werden die touristischen Einrichtungen möglicherweise unter neuer Leitung wieder geöffnet. Vor einem geplanten Parkbesuch sollten sich Reisende unbedingt bei der für die Parques Nacionales zuständigen Behörde (S. 84) über den aktuellen Stand der Ding informieren.

Es gibt zwei Gründe, den Park zu besuchen: das Sporttauchen und die Walbeobachtung, und das am besten gleichzeitig. Da Gorgona nicht an den großen Schifffahrtsrouten liegt, kommen jedes Jahr die Wale wieder, um hier zu kalben und ihre Jungen aufzuziehen.

Die Insel liegt 38 km vor der Küste und ist 11 km lang und 2,3 km breit. Sie ist bedeckt mit jungem tropischem Sekundärwald (die Gefängnisinsassen haben über die Jahre einen Großteil der Bäume als Brennstoff für ihre Kochstellen abgeholzt). Im Wald leben viele Giftschlangen. Gorgona ist berühmt für seine große Anzahl an endemischen Tierarten. Zu sehen sind zahlreiche Affen, Eidechsen, Fledermäuse und Vögel. Meeresschildkröten legen während der Nistzeit ihre Eier an den Stränden ab.

Ironischerweise war Gorgona in unruhigeren Zeiten eines der wenigen sicheren Urlaubsziele an der Pazifikküste. Nachdem sich die Bedingungen in anderen Teilen der Region verbessert haben, meinen viele Reisende, anderswo gäbe es schönere Strände und wildere Dschungel.

☞ Geführte Touren

Taucher, die sich nicht auf der Insel aufhalten wollen, können in Buenaventura ein Tauch-Wochenende an Bord eines Schiffes buchen. Die Schiffe legen freitagabends am *muelle turístico* ab und kehren montagmorgens dorthin zurück. Mit der *Maria Patricia* (in Besitz von Asturias; S. 303)) kostet so eine Tour 1 350 000 COP pro Taucher; inbegriffen sind vier Tauchgänge, die Mahlzeiten, der Transport und ein Besuch auf der Insel. Nichttaucher zahlen 800 000 COP.

❶ Praktische Informationen

Gorgona erhielt ihren Namen nicht ohne Grund, denn er bezieht sich auf die Gorgonen, jene Schreckgestalten der griechischen Mythologie, die Schlangen statt Haare auf dem Kopf trugen. Und an giftigen Schlangen mangelt es auf der Insel wahrhaft nicht. Wer auf der Insel wandern will, muss festes Schuhwerk mitbringen oder sich gegebenenfalls Gummistiefel ausleihen. Eine Gelbfieberimpfung ist Pflicht, der Impfpass muss bei der Ankunft vorgezeigt werden.

❶ An- & Weiterreise

Wenn der Park geöffnet ist, fahren montags und freitags Schnellboote von der kleinen Stadt Guapi zur Insel (1¼ Std.).

Etliche Unternehmen bieten Schnellbootfahrten (95 000 COP, 3–4 Std.) zwischen Buenaventura und Guapi an, darunter **Transporte Jomar** (☑ 313-761-7571, 313-715-3335; Muelle Turístico, Buenaventura) und **Embarcaciones Alfa** (☑ 316-842-9861, 241-7599; sheli2838@ hotmail.com; Muelle Turístico, Buenaventura).

Der Aeropuerto Juan Casino Solis in Guapi wird mit Flügen von/nach Cali von der **Satena** (☑ 1 800 091 2034; www.satena.com) angeflogen. TAC (S. 189) fliegt dreimal in der Woche von/nach Popayán.

Amazonasbecken

Gut essen

➡ El Santo Angel (S. 313)

➡ El Cielo (S. 313)

➡ Tierras Amazónicas
(S. 313)

➡ Las Margaritas (S. 319)

➡ São Jorge (S. 316)

Schön übernachten

➡ Reserva Natural Palmarí
(S. 319)

➡ Malokas Napü (S. 318)

➡ Amazon B&B (S 312)

➡ Waira Suites Hotel (S. 313)

➡ Mahatu Jungle Hostel
(S. 312)

Auf zum Amazonasbecken!

Amazonas. Bereits dieses Wort beschwört Bilder eines unberührten Urwalds, einer unglaublichen Vielfalt an Pflanzen und Tieren und eines berühmten Flusses herauf. Reisende können sich die seltsame Freude nur sehr schwer erklären, die sie befällt, wenn sie zum ersten Mal in den Regenwald kommen. Das Amazonasbecken, das die Kolumbianer „Amazonia" nennen, ist eine 643 000 km² große Region, die allein ein Drittel der Gesamtfläche Kolumbiens ausmacht.

Da der Zugang nur durch Flüsse möglich ist, haben die im Regenwald lebenden Eingeborenen ihre Kultur weitgehend erhalten können. In den Städten aber leben heute viele Indios und Mestizen ein modernes Leben. Sie fahren mit Yamahas umher und tragen ihre traditionelle Kleidung nur noch, wenn sie für Touristen ihre Gebräuche vorführen. Eine Reise in den Regenwald bleibt ein faszinierendes Erlebnis: von tollen Wanderungen bis hin zur Siesta in der Hängematte, begleitet von den Lauten des Dschungels.

Reisezeit

Leticia

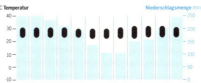

Sept.–Nov. Bei niedrigem Wasserstand lässt es sich gut wandern; Sandstrände am Rio Yavarí.

März–Mai In der feuchten Zeit kommt man dem Baumkronendach näher und kann Tiere beobachten.

Juli & Aug. Die Moskitos des *terra-firme*-Regenwaldes ziehen sich ins Blätterdach zurück.

Leticia

☑ 8 / 39 667 EW. / 95 M

Leticia ist die Hauptstadt der kolumbianischen Provinz Amazonas und zugleich der größte Ort im Umkreis von mehreren Hundert Kilometern. Die Stadt befindet sich am Dreiländereck Kolumbien, Brasilien und Peru. Sie ist damit sage und schreibe 800 km von der nächsten Autobahn in Kolumbien entfernt.

Leticia wurde 1867 als San Antonio gegründet. Wie die Stadt zu ihrem heutigen Namen kam, ist nicht überliefert. Sie gehörte bis 1922 zu Peru, als beide Länder einen umstrittenen Vertrag über das Abtreten bestimmter Gebiete an Kolumbien unterzeichneten. Im Jahr 1932 brach dann ein Krieg zwischen beiden Ländern aus, der 1933 mit einem Waffenstillstand und schließlich der Übergabe von Leticia an Kolumbien endete. In den 1970er-Jahren entwickelte sich Leti

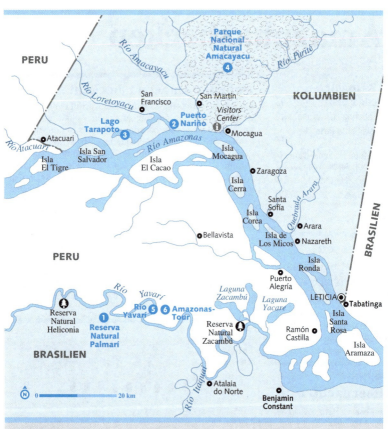

Highlights

❶ Ein paar Tage die Tier- und Pflanzenwelt in der **Reserva Natural Palmarí** (S. 319) beobachten

❷ Im entlegenen autofreien und flippigen Dorf **Puerto Nariño** (S. 317) ausspannen

❸ Im warmen Wasser des **Lago Tarapoto** (S. 318) nach Amazonasdelfinen Ausschau halten

❹ Den Papageien im **Parque Nacional Natural (PNN) Amacayacu** (S. 317) lauschen

❺ Leise in einem Kanu auf einem Nebenfluss des **Río Yavari** (S. 319) im Dschungel dahingleiten

❻ Die Welt der Lodges bei einer mehrtägigen **Amazonastour** (S. 309) hinter sich lassen

cia zu einem gesetzlosen Drehkreuz des Drogenhandels, bis die kolumbianische Armee aufräumte.

Leticia liegt am Amazonasufer an der Grenze zwischen Kolumbien und Brasilien. Direkt auf der anderen Seite der Grenze befindet sich Tabatinga; diese Stadt weist ungefähr die gleiche Größe auf, hat einen Flughafen sowie einen Hafen und ist die wichtigste Station für Schiffe auf dem Weg nach Manaus, den Amazonas abwärts. Touristen können sich frei zwischen beiden Städten wie auch der brasilianischen Stadt Benjamin Constant weitere 25 km flussabwärts und der peruanischen Insel Santa Rosa gegenüber von Leticia/Tabatinga bewegen. Wer aber weiter in das jeweilige Land reisen möchte, muss die Einreiseformalitäten beachten.

Trotz drückender Hitze, hoher Luftfeuchtigkeit und gnadenloser Moskitos ist Leticia ein angenehmer Ausgangspunkt für die Erkundung der Region.

◉ Sehenswertes & Aktivitäten

★ Mundo Amazónico   PARK
(☏ 592-6087, 321-472-4346; www.mundoamazonico.com; Km 7.7, Vía Tarapacá; geführte Touren 10 000 COP; ☺ 8–15 Uhr) ✈ Dieses rund 29 ha große Reservat wurde zum Schutz der bedrohten Flora und Fauna des Amazonasgebietes eingerichtet und dient als Zentrum für Umwelterziehung. In diesem riesigen botanischen Garten finden rund 700 Pflanzenarten eine Heimat. Vier thematisch verschiedene Touren (botanischer Garten, nachhaltige Prozesse, kulturelle Szenerien und das Aquarium) führen durch den Park, von denen jede zwischen 30 und 45 Minuten dauert. Die Touren lassen sich beliebig kombinieren, und für Leute, die sich einen ganzen Tag aufhalten wollen, wird in der Regel noch ein Mittagessen für 20 000 COP pro Person angeboten. Da nur zwei Führer Englisch sprechen, ist es empfehlenswert, vorher telefonisch zu reservieren. Von Leticia fahren alle Busse bis Km 7,7; ab da läuft man noch zehn Minuten zu Fuß (der Weg ist beschildert).

Museo Etnográfico Amazónico   MUSEUM
(☏ 592-7729; Carrera 11 No 9-43; ☺ Mo–Fr 8.30 bis 11.30 & 13.30–17, Sa 9–13 Uhr) Dieses kleine Museum in der rosafarbenen Biblioteca del Banco de la República besitzt eine überschaubare Sammlung von Artefakten der Ureinwohner. Zu sehen sind Musikinstrumente, Textilien, Werkzeuge, Töpferwaren und Waffen sowie viele Masken für Zeremonien. Alles ist auf Englisch beschriftet und stellt eine gute Einführung in die indigenen Kulturen der Region dar.

Galería Arte Uirapuru   MUSEUM
(Calle 8 No 10-35; ☺ Mo–Sa 8.30–12 & 13–19, So 8.30–12 Uhr) Leticias größtes Geschäft für Kunsthandwerk verkauft Arbeiten von Ureinwohnern sowie Naturmedizin vom Amazonas. Im hinteren Bereich des Ladens zeigt das Museo Uirapuru eine winzige Ausstellung historischen Kunsthandwerks (unverkäuflich).

Parque Santander   PARK
Ein Besuch in diesem Park unmittelbar vor Sonnenuntergang, wenn Tausende kleiner kreischender *pericos* (Papageien) für ihre Nachtruhe einfliegen, ist ein wirklich eindrucksvolles Spektakel.

Reserva Tanimboca   OUTDOOR-ABENTEUER
(☏ 592-7679, 310-791-7470; www.tanimboca.com; Km 11, Vía Tarapacá; Tageskarte 120 000 COP, Seilrutschen (Ziplining) 65 000 COP, Kajakfahren 40 000 COP; ☺ 8–16 Uhr; ♿) ✈ Besucher können sich in 35 m hohen Bäumen austoben und anschließend mit Seilrutschen 80 m durch das schöne Blätterdach von Baum zu Baum rutschen. Es gibt außerdem die Möglichkeit, Kajak zu fahren, oder aber man übernachtet in einem der beiden Baumhäuser (110 000 COP pro Pers. einschl. Frühstück) inklusive Nachtwanderung durch den Dschungel. Außerdem kann man in Hängematten oder Schlafsaalbetten übernachten (Hängematte/Bett 25 000/30 000 COP pro Person). Das Reservat arrangiert von seinem Büro in Leticia aus auch mehrtägige Dschungeltrips.

☞ Geführte Touren

Der wirkliche Urwald beginnt erst in einer gewissen Entfernung vom Amazonas, und zwar an seinen kleinen Nebenarmen. Je weiter man vordringt, desto größer werden die Chancen, wilde Tiere in relativ unberührten Lebensräumen zu sehen. Dies kostet Zeit und Geld, aber die Erfahrung ist es wert. Vermutlich stellt eine drei- bis viertägige Tour die beste Balance zwischen den Kosten und der Einsicht in die Welt des Dschungels dar. Auf jeden Fall darf man nicht mit übertriebenen Erwartungen kommen. Es gibt keine Garantie, dass Reisende wilde Tiere

Leticia

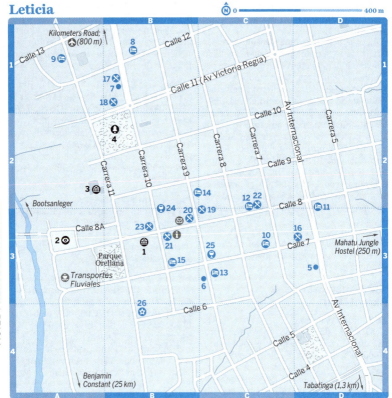

vor die Kamera bekommen. Die Tiere sind nicht gerade an menschlicher Gesellschaft interessiert, sie leben häufig versteckt im Blätterdach, und der Tourismus sowie die örtliche Industrie haben ganze Populationen buchstäblich dezimiert. Es bestehen jedoch gute Chancen, Affen, Aras und auch Delfine sowie zahlreiche Vögel und manchmal auch noch exotischere Tiere zu Gesicht zu bekommen. Abgesehen davon gibt es im Dschungel noch anderes Interessantes, ja Geheimnisvolles zu sehen, zu hören und einfach zu erleben.

Verschiedene Unternehmen organisieren Führungen zu den kleinen Naturreservaten am Río Yavarí an der brasilianisch-peruanischen Grenze. Unbedingt immer vor dem Start den Preis, das Programm und die Dauer des Trips vereinbaren!

Wirklich empfehlenswerte und erfahrene Führer sind beispielsweise **Elaise Cuao** (☏ 311-828-7430; aguilaharpia@hotmail.es), der

Englisch, Portugiesisch und ein bisschen Französisch spricht, und **Eliceo Matapi** (☏ 321-412-8372; elima725_2@hotmail.com), der fließend Englisch spricht und sich auf Vogelbeobachtung und andere Dschungelabenteuer spezialisiert hat.

Was jedoch im Dschungel wichtig ist, ist eine Infrastruktur. Die folgenden Agenturen unterhalten ihre eigenen Reservate.

Amazon Jungle Trips   DSCHUNGELTOUR
(☏ 592-7377, 321-426-7757; www.amazonjungle trips.com.co; Av. Internacional No 6-25) Amazon Jungle Trips hat seit mehr als 25 Jahren Erfahrung mit Rucksackreisenden und ist einer der ältesten und verlässlichsten Tourenveranstalter in Leticia. Der Inhaber Antonio Cruz Pérez spricht fließend Englisch und organisiert auch individuell zugeschnittene Touren, darunter in die beiden sehr verschiedenen Reservate, die die Gesellschaft unterhält: die Reserva Natural Zacambú und das Naturreservat Tupana Arü Ü.

Leticia

Zacambú liegt am Río Yavarí in Peru, während Tupana Arü Ü 60 km stromaufwärts am Amazonas tiefer im Dschungel liegt. Beide Lodges liegen etwa eine Stunde per Boot von Leticia entfernt, wobei es zur Tupana Arü Ü noch weitere 45 Minuten Fußmarsch von der Anlegestelle in der Siedlung La Libertad sind. Ein Trip, der ein bis zwei Nächte einschließt, ist für beide Reservate optimal und mit 250 000 COP pro Person und Tag erstaunlich preiswert, und das auch noch *all inclusive*. Die Einrichtung ist einfach, aber es gibt fließendes Wasser und Moskitonetze; das Essen ist gut, die Guides sind Profis und die Aufnahme ist herzlich.

Selvaventura   DSCHUNGELTOUR
(☑ 592-3977, 311-287-1307; www.selvaventura.org; Carrera 9 No 6-85) Der Besitzer Felipe Ulloa spricht Englisch, Spanisch und Portugiesisch und hat eine Reihe unterschiedlicher Dschungeltouren im Programm, darunter in den Hochwald und in *igapó*-Ökosysteme (Überschwemmungsgebiete). Zusätzlich verkauft er auch Tickets für verschiedene Bootstouren nach Peru und Brasilien. Die Agentur nutzt das Dschungelcamp Maloka und das weniger entlegene Hostel Agape (bei Km 10).

Vom Letzteren aus kann man mit dem Kajak einen kleinen Fluss hinabpaddeln, um dann in den richtigen Amazonas zu gelangen. Dies ist eine gute Möglichkeit, um riesige Seerosen zu Gesicht zu bekommen. Es sind auch Ausflüge nach Palmarí und Zacambú möglich, bei denen man dann eher bei Einheimischen übernachtet als in Dschungelcamps, damit die ganze Sache noch erschwinglich bleibt. Für zwei Personen muss man für eine fünftägige Tour (*all inclusive*) mit 1 300 000 COP pro Person rechnen.

Tanimboca Tours   GEFÜHRTE TOUREN
(☑ 592 7679; www.tanimboca.org; Carrera 10 No 11-69) Es gibt Angebote in der Reserva Tanimboca (S. 309) nördlich von Leticia, aber hier organisiert man außerdem noch Bootsfahrten oder Wanderungen im Urwald außerhalb von Leticia, auch zu Indiodörfern. Der Besitzer spricht Serbisch, Deutsch und Englisch, mehrere seiner Führer beherrschen die englische Sprache.

🛏 Schlafen

In der Hauptsaison können die Preise drastisch ansteigen, vor allem zu Weihnachten und an Ostern.

La Casa del Kurupira   HOSTEL **$**
(☑ 592-6160, 311-287-1307; www.casadelkurupira.com; Carrera 9 No 6-85; B 25 000 COP, DZ 75 000 COP, ohne Bad 40 000–60 000 COP; 🛜) Dieses neue Hostel wird von den Besitzern des Selvaventura auf der anderen Straßenseite betrieben (deren Büros dienen dem Hostel auch als Bar und Gemeinschaftsräume); es ist sehr sauber, hell und modern. Deckenventilatoren sorgen für Kühlung in den Zimmern, die Gemeinschaftsküche ist groß, und auf der Dachterrasse können sich die Gäste in Hängematten entspannen. Wäschewaschen kostet 10 000 COP und das Frühstück 7000 COP.

Mahatu Jungle Hostel
HOSTEL **$**

(☑ 311-539-1265; www.mahatu.org; Calle 7 No 1-40; B 25 000 COP, EZ/DZ 60 000/70 000 COP; ☎ ⚹) Dieses schöne Hostel in Leticia ist ein guter Ausgangspunkt für eine Dschungeltour. Es liegt auf einem 5 ha großen Grundstück und ist umgeben von Teichen voller Enten und Gänsen und Schwärmen von *pericos* (Papageien) und unzähligen exotischen Obstbäumen – darunter Cashew, *asaí, cananguche* und *copasú*. Die Zimmer sind schlicht, aber mit Ventilatoren gekühlt; es gibt nur Gemeinschaftsbäder; die Gäste zahlen hier also mehr für die schöne Umgebung. Der philosophisch veranlagte Eigentümer Gustavo Rene spricht mehrere Sprachen. Das Hostel liegt nur fünf Gehminuten vom Stadtzentrum Leticia entfernt.

La Jangada
PENSION **$**

(☑ 312-361-6506, 311-498-5447; lajangadaleticia@gmail.com; Carrera 9 No 8–106; B 25 000 COP, EZ/DZ mit Bad 50 000/70 000 COP, ohne Bad 35 000/50 000 COP; @ ☎) Eine ausgezeichnete Pension unter Leitung eines jungen schweizerisch-kolumbianischen Paares. Die Schweizer Hälfte hat 45 000 Flusskilometer im Amazonasgebiet mit einem pedalgetriebenen Boot bewältigt. Heute steht es für Tagestouren (ab 60 000 COP) zur Verfügung. Es gibt einen Schlafsaal mit fünf Betten samt luftigem Balkon und ein paar Zimmer mit Deckenventilator.

Hospedaje Los Delfines
PENSION **$**

(☑ 592-7488; losdelfinesleticia@hotmail.com; Carrera 11 No 12-85; EZ/DZ/3BZ 40 000/70 000/90 000 COP; ☎) Doña Betty heißt ihre Gäste in diesem preisgünstigen Zehn-Zimmer-Haus herzlich willkommen. Die mit Deckenventilatoren ausgestatteten Zimmer sind zwar eher dunkel und sehr schlicht, aber dennoch ist dieses Haus sein Geld wert, denn es gibt einen wunderschönen Garten voller Obstbäume und Blumen, Trinkwasser auf dem Gelände und sehr nette Gastgeber, die fast immer mit sich reden lassen, wenn es um die Zimmerpreise geht.

Omshanty
LODGE **$**

(☑ 311-489-8985; www.omshanty.com; Km 11 Vía Tarapaca; B/EZ/DZ/3BZ/4BZ 15 000/40 000/60 000/80 000/95 000 COP) Omshanty liegt inmitten eines dichten dschungelähnlichen Waldes nicht direkt in Leticia selbst, ist aber dennoch ein guter Standort für Leute, die sich ständig im Dschungel aufhalten wollen. In den Hütten können maximal vier Personen schlafen, und jeder hat eine eigene Kü-

che. Der nette Englisch sprechende Eigentümer Kike organisiert Dschungeltouren. Es besteht hier auch die Möglichkeit zum Campen (10 000 COP pro Pers. und Nacht), aber man muss ein eigenes Zelt dabei haben.

★ Amazon B&B
B&B **$$**

(☑ 592-4981; www.amazonbb.com; Calle 12 No 9-30; EZ/DZ inkl. Frühstück 102 000/169 000 COP, *cabaña* EZ/DZ/3BZ 130 000/216 000/290 000 COP; ☎) Leticias schönste und modernste Unterkunft. In diesem kleinen Hotel gibt es sechs *cabañas* und vier um einen gut gepflegten Garten gruppierte Zimmer. Die *cabañas* sind einfach toll. Sie haben hohe Decken, eine gut ausgestattete Mini-Bar und jeweils eine eigene kleine Terrasse mit Hängematten. Das Dekor ist minimalistisch-schick, ein bislang in Leticia nicht anzutreffender Stil. Das Amazon Spanish College ist ebenfalls auf dem Gelände untergebracht.

Hotel Malokamazonas
BOUTIQUEHOTEL **$$**

(☑ 592-6642, 311-474-3571; malokamazonasleticia@gmail.com; Calle 8 No 5-49; B/EZ/DZ/2BZ/3BZ inkl. Frühstück 45 000/60 000/120 000/140 000/180 000 COP; ⚹ ☎) Dieses bezaubernde Hotel inmitten eines üppigen Orchideen- und Obstgartens ist gut durchdacht und hat neun komfortableZimmer (einschließlich eines Schlafsaals, der wohl der größte der Stadt sein muss). Die Einrichtung besteht aus vielen Naturholzmöbeln und kunsthandwerklichen Gegenständen indigener Völker. Die Gäste werden herzlich empfangen, der Service ist professionell.

Hotel de la Selva
HOTEL **$$**

(☑ 314-803-4661; hoteldelaselvaleticia@hotmail.com; Calle 7 No 7-28; EZ/DZ mit Klimaanlage 65 000/115 000 COP, ohne Klimaanlage 50 000/95 000 COP; ⚹ ☎) Der mit Pflanzen geschmückte Eingangskorridor und Innenhof machen diese nette Unterkunft noch gastfreundlicher. Die 14 Zimmer verfügen alle über ein eigenes Bad; manche Zimmer schmückt lokales Kunsthandwerk. Frühstück wird für 8000 COP serviert. Die Lage ist hervorragend.

Hotel Yurupary
HOTEL **$$**

(☑ 592-6529, 311-505-6875; www.hotelyurupary.com; Calle 8 No 7-26; Zi. inkl. Frühstück 98 000 bis 165 000 COP; ⚹ ☎ ⚹) Die übergroßen Schlüsselanhänger wurden von Angehörigen indigener Volksstämme aus Holz angefertigt und passen nicht ganz zu der glanzvoll modernen Lobby, aber in diesem Mittelklassehotel findet sich auch an anderen Stellen wunderhübsches traditionelles Kunsthandwerk. Die Zimmer sind hell und komfortabel. Im Hof gibt es einen großen Pool, einen Garten, eine Bar und ein Restaurant.

Waira Suites Hotel HOTEL $$$

(☎ 592-4428; www.wairahotel.com.co; Carrera 10 No 7-36; EZ/DZ inkl. Frühstück 164,000/256,000 COP; ❄ 🛜 🏊) Das gepflegte weiße Gebäude und die Einrichtung machen dieses Hotel gegenüber den sonst eher angestaubten Hotels dieser Gegend zu etwas Besonderem. Es ist sehr komfortabel, aber einige Zimmer sind klein, es ist definitiv etwas teuer. Der Pool ist jedoch der beste der Stadt und liegt inmitten eines neu angelegten, aber gut wachsenden Gartens; das Personal ist höflich und professionell.

Essen

In Leticia wird viel Fisch gegessen. Dazu gehören der köstliche *gamitana* (Schwarzer Pacu) und der überfischte *pirarucú (Arapaima)*. Letzteren sollte man außerhalb der Saison nicht bestellen, weil die Einheimischen leider gern die Schutzregeln missachten und ihn auch fangen, wenn die Fische laichen.

Die Preise sind meist etwas höher als im Rest von Kolumbien; viele Restaurants haben aber preiswerte Menüs auf der Karte. Günstiges Essen ist auch auf dem **örtlichen Markt** (Ecke Calle 8 & Ufer; ⏲ 5–17 Uhr) zu bekommen.

La Cava Tropical KOLUMBIANISCH $

(Carrera 9 No 8-22; Menüs 7000 COP; ⏲ 10–18 Uhr; ❄) Dieses Restaurant unter freiem Himmel ist der Favorit der Einheimischen für die Mittagspause. Die Menüs bestehen aus einer Suppe (häufig ein leckerer *sancocho*), einem kleinen Salat, einem Fleischgericht mit Bohnen oder Gemüse und frischem Saft bis zum Abwinken – und das alles zu einem sehr vernünftigen Preis. In der Woche kann es zur Mittagszeit sehr voll werden. In einem Teil des Lokals gibt es eine Klimaanlage.

Viejo Tolima KOLUMBIANISCH $

(Calle 8 No 10-20; Hauptgerichte 2500–15 000 COP; ⏲ Mo–Sa 8–20 Uhr) Dieses nette und saubere Lokal voller Flair ist ideal für ein exzellentes Frühstück (leckere *caldos* – Suppen); außerdem gibt es zu jeder anderen Zeit frische Obstsäfte und andere regionale Gerichte.

La Casa del Pan BÄCKEREI $

(Calle 11 No 10-20; Frühstück 5000–10 000 COP$; ⏲ 7–12 & 13–20 Uhr) Diese nette Casa liegt am

Parque Santander und serviert ein einfaches, aber sättigendes Frühstück mit Eiern, Brot und Kaffee. Die Casa ist bei Reisenden mit kleinem Portemonnaie sehr beliebt.

Supermercado Hiper SUPERMARKT $

(Calle 8 No 9-29; ⏲ Mo–Sa 8–18 Uhr) Der am besten aufgestellte Supermarkt der Stadt; ideal für Selbstversorger und alle, die sich mit Snacks für ihre Dschungeltour ausstatten möchten.

⭐ El Santo Angel INTERNATIONALE KÜCHE $$

(Carrera 10 No 11-119; Hauptgerichte 10 000 bis 25 000 COP; ⏲ Di–Sa 17–24, So 12–24 Uhr) Dieses neue Lokal hat die abwechslungsreichste und interessanteste Speisekarte der Stadt; hier gibt es Wraps, Nachos, Salate, Grillrichte, Panini, Burger und Pizza. Mit den einfallsreichen Geschmacksnoten und den schönen Plätzen draußen (sich besser nicht in dem sterilen Inneren niederlassen) ist dies das vielleicht beste Esslokal in Leticia.

Tierras Amazónicas MEERESFRÜCHTE, AMAZONISCH $$

(Calle 8 No 7-50; Hauptgerichte 15 000 bis 20 000 COP; ⏲ Di–So 11–22 Uhr; 🛜) Auf den ersten Blick sieht dieses Lokal mit seinem kitschigen Krimskrams an den Wänden und der riesigen metallenen Piranha-Skulptur am Eingang aus wie eine gnadenlose Touristenfalle. Hier lässt sich jedoch wunderbar essen. Die Spezialität des Hauses ist Fisch. Außerdem gibt es eine Bar und gelegentlich auch Livemusik.

El Cielo AMAZONISCHE MISCHKÜCHE $$

(Calle 7 No 6-50; Hauptgerichte 13 000 bis 25 000 COP; ⏲ Mo–Sa 18–23 Uhr) Dieses coole und kreative Lokal bietet das, was man als die Zukunft der regionalen Küche bezeichnen könnte. Hier gibt es *casabes* (Mini-Pizzas aus Yuca statt Mehl) mit fantasievollem Belag, der regionale und internationale Zutaten miteinander mischt. Das Personal ist freundlich, und der Speiseraum trägt die Spuren des Dschungels und ist für diese Gegend schon fast etwas designermäßig.

Restaurante Amektiar KOLUMBIANISCH $$

(Carrera 9 No 8-15; Hauptgerichte 10 000 bis 30 000 COP; ⏲ 12–23.30 Uhr; ❄ 🛜) Das Amektiar ist ein weiterer willkommener Neuzugang in Leticia und serviert eine ganze Reihe an Gerichten, angefangen vom einfachen, aber riesigen *arepas* (Maisfladen) und Sandwiches bis hin zu mexikanischem Fastfood und ausgefeilteren *parrillas* (Grillgerich-

> **ⓘ NUR NICHT DAS BOOT VERPASSEN!**
>
> Tabatinga ist gegenüber Leticia eine Stunde voraus. Also aufgepasst und auf keinen Fall das Boot verpassen!

ten). Es ist mit seinem hübsch beleuchteten und einladend kühlen Inneren modern; die Brise auf der Terrasse bietet ideale Bedingungen für das Essen am Abend.

🍷 Ausgehen & Unterhaltung

Barbacoas
BAR, BILLARD

(Carrera 10 No 8-28; ⊘10–24 Uhr) Anders als in den meisten kolumbianischen Billardlokalen sind im Barbacoas auch Frauen willkommen – vielleicht weil die Billardtische in einem abgeschlossenen Hinterraum untergebracht sind. Das Straßencafé ist ideal für Touristen, die bei einem Bier oder Kaffee Leute beobachten wollen.

Kawanna Bar
BAR

(Carrera 9 & Calle 7; ⊘Sa–Do 18–24, Fr & Sa 18–2 Uhr) Ideal für ein Bier zur Entspannung auf der Terrasse, wenn die Sonne untergegangen ist; später oder an Wochenenden gibt es drinnen auch Tanz.

Blue
CLUB

(Carrera 11 No 6-19; ⊘Do–Sa 19 bis spät in der Nacht) Der vornehmste Club in Leticia, in dem es donnerstags und freitags einen lustigen Livemusik-Mix mit brasilianischer *pagoda* (einer Art Samba) und Reggaeton gibt. Samstags übernimmt ein DJ. Gäste sind sowohl gut betuchte Einheimische als auch Touristen.

ⓘ Praktische Informationen

GEFAHREN & ÄRGERNISSE

Seit Langem ist das Militär in der Region Leticia/Tabatinga merklich präsent, um für Sicherheit zu sorgen. Es gibt aber nach wie vor Probleme. Ehemalige Drogenschmuggler, Guerillas, Paramilitärs und *raspachines* (Kokainbauern) sind in die normale Gesellschaft „integriert" worden und betreiben heute vielfach in den Außenbezirken von Leticia und Puerto Nariño Spielhöllen, dubiose Bars und ähnliche Etablissements. Man sollte nachts also nicht allein den Innenstadtbereich verlassen und auf jeden Fall Leticias berüchtigte „Los-Kilometros"-Straße meiden. In Peru treiben Drogenschmuggler in diesem abgelegenen Teil des Landes nach wie vor ihr Unwesen und bedrohen gern auch Touristen,

die abseits der ausgetretenen Pfade unterwegs sind. Die Führer und Unterkünfte der Region sind darüber informiert worden, wohin sie mit Touristen gehen können – und wohin besser nicht. Auch unabhängige Reisende sollten sich nur in die Gebiete wagen, die auch die örtlichen Touristenführer für sicher halten.

GELD

In Leticia gibt es überall in der Innenstadt Geldautomaten, es ist aber praktisch unmöglich, Reiseschecks einzulösen. Wer Geld wechseln möchte, sollte nach den *casas de cambio* an der Calle 8 zwischen Carrera 11 und dem Markt Ausschau halten. Sie wechseln US-Dollar, kolumbianische Pesos, brasilianische Reais und peruanische Nuevos Soles. Die Kurse sind unterschiedlich. Die Geschäfte in Tabatinga und Leticia akzeptieren grundsätzlich sowohl Reais als auch Pesos.

Cambios El Opita (Ecke Carrera 11 & Calle 8; ⊘Mo–Sa 9–17 Uhr) Geldwechsel.

MEDIZINISCHE VERSORGUNG

San Rafael de Leticia Hospital (☑592-7826; Carrera 10 No 13-78) Das einzige Krankenhaus in der Stadt.

NOTFALL

Polizei (☑592-5060; Carrera 11 No 12-32) Zwischen Calles 12 und 13.

POST

4-72 (Calle 8 No 9-56; ⊘Mo–Fr 8–12 & 14–17 Uhr) Postamt.

TOURISTENINFORMATION

Touristeninformation (Secretaría de Turismo y Fronteras; ☑592-7569; Calle 8 No 9-75; ⊘Mo bis Sa 7–12 & 14–17, So 7–12 Uhr) Freundlich, englischsprachig. Während Abflug und Landung von Linienflügen ist auch ein kleiner Schalter am Flughafen geöffnet.

ⓘ An- & Weiterreise

Man kann nur mit dem Schiff oder per Flugzeug nach Leticia reisen.

Alle Ausländer müssen bei der Ankunft am Aeropuerto Internacional Alfredo Vásquez Cobo im Norden der Stadt eine Ankunftssteuer in Höhe von 20 000 COP zahlen.

Avianca (☑592-6021; www.avianca.com; Alfredo Vásquez Cobo Airport; ⊘Mo–Sa 8–13.30 & Mo–Fr 15–18 Uhr) und **Lan** (www.lan.com; Alfredo Vásquez Cobo Airport) fliegen täglich nach Bogotá. Wer früh bucht, bekommt die günstigsten Preise.

Trip (www.voetrip.com.br) und **Tam** (www.tam.com.br) fliegen von Tabatinga International Airport täglich nach Manaus. Der Flughafen liegt 4 km südlich von Tabatinga; die *colectivos* aus Leticia mit dem angegeben Ziel „Comara" Leticia setzen die Fahrgäste ganz in der Nähe ab. Auf keinen Fall vergessen, sich bei der Ausreise am Flughafen von Leticia den kolumbianischen Ausreisestempel zu besorgen und, wenn nötig, ein brasilianisches Visum.

Alle Ausländer, die von Leticia aus abfliegen, müssen sich im Büro des Außenministeriums melden, bevor sie sich zu den Sicherheitskontrollen begeben, unabhängig davon, ob sie Kolumbien zwischenzeitlich verlassen haben oder nicht. Man wird beim Einchecken dorthin geleitet, es sei denn man war schon dort. Das ganze ist ein völlig harmloser Vorgang und dauert nur einige Sekunden.

HINWEISE ZUR EINREISE

Einheimische und Touristen dürfen sich ohne Visum und Kontrolle frei zwischen Leticia, Tabatinga und Benjamin Constant und dem sie umgebenden kolumbianischen, brasilianischen und peruanischen Dschungel bewegen, und zwar im Umkreis von 80 km rund um Leticia.

Wer aber weiter ins Land hineinreisen möchte, muss sich den Pass im Büro des Außenministeriums am Flughafen von Leticia abstempeln lassen. Ganz wichtig ist es auch, innerhalb eines Zeitraumes von 24 Stunden einen zweiten Stempel zu bekommen (entweder von den brasilianischen oder peruanischen Behörden). Also sollte man seinen Aufenthalt sorgfältig planen. Wer schon früh Leticia mit dem Schiff verlässt, muss sich schon am Vortag seinen Stempel am Flughaten holen.

ⓘ Unterwegs vor Ort

Das wichtigste öffentliche Verkehrsmittel ist das Mototaxi, das sind die Leute, die mit einem Motorrad mit einem zusätzlichen Helm durch die Straßen düsen. Der Grundpreis beträgt 2000 COP. Die häufig fahrenden *colectivos* (2000–6000 COP) verbinden Leticia mit Tabatinga und den „Kilometer"-Dörfern nördlich von Leticias Flughafen. Normale Taxis sind in dieser Gegend deutlich teurer als sonst in Kolumbien: Die kurze Fahrt vom Flughafen in die Stadt kostet 8000 COP, zum Flughafen von Tabatinga 15 000 COP und zum Porto Bras in Tabatinga 10 000 COP.

Tabatinga (Brasilien)

🚤 97 / 52 272 EW. / 95 M

Diese eher wenig attraktive Grenzstadt hat für Touristen nicht viel zu bieten. Die meisten Besucher kommen nur, um hier per Schiff nach Manaus oder Iquitos weiterzureisen, oder sie sind nur einmal kurz über die Grenze gefahren, um später sagen zu können, dass sie in Brasilien waren. Aber dennoch kann es sinnvoll sein, hier zu übernachten, wenn man früh am Morgen mit dem Schiff nach Iquitos fährt. Die angegebenen Preise sind in brasilianischen Reais. Kolumbianische Pesos werden aber auch akzeptiert. Die Landesvorwahl für Brasilien lautet +55.

AMAZONASBECKEN TABATINGA (BRASILIEN)

REISEN NACH PERU

Zwischen Tabatinga und Iquitos (Peru) verkehren Hochgeschwindigkeitsboote von **Transtur** (☎ 3-412-2945; www.transtursa.com; Rua Marechal Mallet 248, Tabatinga) und **Transportes Golfinho** (☎ 313-202-6679; www.transportegolfinho.com; Rua Marechal Mallet 306, Tabatinga). Die Boote legen täglich außer montags um etwa 5 Uhr morgens von der Isla Santa Rosa ab und kommen rund zehn Stunden später in Iquitos an. Auch hier darf man nicht vergessen, sich im Büro des Außenministeriums am Flughafen von Leticia am Tag vor der Abreise einen Ausreisestempel zu besorgen. Fahrkarten gibt es bei Selventura (S. 311) in Leticia, da zurzeit keine der beiden Schifffahrtsgesellschaften ein Büro in der Stadt hat. Die einfache Fahrt kostet 70 US$, wobei Frühstück und Mittagessen inbegriffen sind (nur Banknoten in gutem Zustand oder alternativ 150 000 COP). In der Trockenzeit kann man die Isla Santa Rosa oft nur von der Porta da Feira in Tabatinga, an der der Wasserstand eigentlich immer hoch ist, erreichen. Immer im Voraus Informationen dazu einholen! Es ist mitten in der Nacht eigentlich einfacher, von Tabatinga aus zu starten, allerdings schnellen die Taxipreise von Leticia für die Fahrt immens in die Höhe (bis zu 30 000 COP).

Vorsicht: Es gibt auch langsamere und billigere Boote nach Iquitos, diese sind aber unbequem, kaum meerestauglich und sollten daher nicht benutzt werden.

Wichtig: Es gibt von Iquitos aus keine Straßen ins Landesinnere von Peru. Man muss entweder fliegen oder auf dem Fluss weiter nach Pucallpa fahren (fünf bis sieben Tage), von wo aus es dann auf dem Landweg weiter nach Lima geht.

🛏 Schlafen

Die Hotels in Grenznähe sollte man besser meiden. Einige von ihnen sind gleichzeitig Bordelle.

Novo Hotel   HOTEL **$**
(☎ 3412 3846; novohoteltbt@hotmail.com; Rua Pedro Teixeira 9; EZ/DZ/3BZ 55 000/65 000/75 000 COP; ☎) Das Hotel liegt nur drei Häuserblocks von der Porta da Feira entfernt und ist freundlich und sauber.

🍴 Essen

★ São Jorge   PERUANISCH **$$**
(Av. da Amizade 1941; Hauptgerichte 20–40 R$; ☺ Mo–Sa 9–21.30, So bis 18 Uhr) Die Einheimischen auf beiden Seiten der Grenze schwärmen von dem authentischen *ceviche* in diesem schlichten peruanischen Restaurant. Der Berg aus gekochtem Fisch und Zwiebeln auf einem Bett aus Süßkartoffeln und Mais reicht locker für zwei. Es ist etwas eigenartig, von Kolumbien nach Brasilien zu gehen, um peruanisch zu essen, aber das ist eben der Reiz dieses Dreiländerecks!

Bella Epoca   BRASILIANISCH **$$**
(Rua Pedro Teixeira 589; pro kg 22 R$; ☺ 11–3 Uhr) Ein ganz passables brasilianisches *por-kilo*-Restaurant – man bezahlt seine Gerichte nach Gewicht. Es stehen verschiedene Salate, Hauptgerichte und *churrasco* (gegrilltes Fleisch) zur Auswahl, darunter auch das leckere *picanha*.

🍷 Ausgehen & Nachtleben

Scandalos   CLUB
(Ecke Av. da Amizade & Rua Pedro Teixeira; Eintritt 5 R$; ☺ Fr & Sa 21–4 Uhr) Einige Leute in Ta-

batinga halten diesen Club für „unchristlich, unmoralisch und schwul," was faktisch aber auch bedeutet, das er fantastisch ist! Der Club liegt ungefähr fünf Häuserblocks von der Grenze entfernt und zieht ein junges, sexy Publikum an, das bis zum Morgengrauen tanzt.

ℹ Praktische Informationen

In Tabatinga gibt es ein **Touristeninformationscenter** (Centro de Informação Turística; Av. da Amizade s/n; ☺ Mo–Fr 8–18, So bis 12 Uhr) mit sehr hilfsbereitem englischsprachigem Personal, das gerne Besucher mit Stadtplänen versorgt und mit anderen nützlichen Informationen aushilft.

Isla Santa Rosa (Peru)

Nur fünf Minuten mit dem Boot von Leticia gelegen, besitzt dieses kleine Inseldorf am Amazonas ein paar rustikale Hostels, Bars und Restaurants und nicht viel mehr außer einem etwas fragwürdigen Ruf. Die einzige Touristenattraktion ist im Grunde das riesige Schild „Welcome to Peru".

Wer nach Iquitos reist oder von dort kommt, muss sich hier bei der **Policía Internacional Peruviano (PIP)** einen Ein- oder Ausreisestempel besorgen. Alles Wichtige liegt an dem Fußweg durch die Stadt.

Wassertaxis (3000 COP) bedienen die Strecke zwischen Leticia und Isla Santa Rosa während der Hochwasserzeit von Sonnenaufgang bis Sonnenuntergang. In der Trockenzeit ist man häufig auf ein Boot von Tabatinga zur Isla Santa Rosa (6000 COP) angewiesen.

REISEN NACH BRASILIEN

Von Tabatinga aus fahren dienstags, mittwochs und samstags gegen 12 Uhr langsame Boote den Amazonas entlang nach Manaus (Brasilien). Die Einschiffung und die Zollformalitäten beginnen schon ab 9.30 Uhr. Die Reise nach Manaus dauert drei Tage und kostet 200 R$, wenn man seine eigene Hängematte mitbringt, oder 800 bis 1000 R$ für zwei Personen in einer Doppelkabine.

Flussaufwärtsw dauert die Rückfahrt von Manaus nach Tabatinga in der Regel sechs Tage und kostet mit eigener Hängematte 200 R$ bzw. 900 bis 1300 R$ bei Buchung einer Doppelkabine.

Lancha Rápida Puma (☎ 97-9154-2597; Tabatinga) fährt freitags und sonntags um 9 Uhr mit Hochgeschwindigkeitsbooten nach Manaus (430 R$, 30 Std.); Einschiffung und Zollformalitäten ab 6.30 Uhr.

Am einfachsten ist es, die Fahrkarten für beide Bootstypen in einem Reisebüro in Leticia zu besorgen; es wird zwar eine Gebühr erhoben, aber das lohnt sich immer.

Parque Nacional Natural (PNN) Amacayacu

Der sich über fast 300 000 ha erstreckende **Parque Nacional Natural Amacayacu** (📞 8-520 8654; www.parquesnacionales.gov.co; Erw./Stud. & unter 26 Jahren 38 000/7000 COP) ist optimal, um den Regenwald des Amazonasgebiets aus nächster Nähe kennenzulernen. Der Park liegt von Leticia aus etwa 75 km flussaufwärts und beherbergt 500 unterschiedliche Vogelspezies, 150 Säugetierarten und Dutzende Reptilien, darunter Krokodile, Boas und Anakondas. Und Millionen von Moskitos. Das Freizeitangebot setzt sich aus Kajakfahren, Vogelbeobachtung und mehrtägigen Wanderungen zusammen.

Zu den touristischen Einrichtungen zählen Guesthouses mit Schlafsälen und Gemeinschaftsbädern, sieben Luxushütten mit eigenem Bad und ein gutes Restaurant. Die Luxushotel-Kette Decameron betreibt diese Einrichtungen, was die sehr hohen Preise erklärt. Einfache Betten im Schlafsaal kosten abhängig von der Saison zwischen 112 000 und 210 000 COP. Die Preise für das Doppelzimmer beginnen bei 375 000 COP.

Hochgeschwindigkeitsboote mit Ziel Puerto Nariño setzen ihre Passagiere am Besucherzentrum ab (24 000 COP, 1½ Std. ab Leticia). Da die Boote schnell voll sind, sollte man die Fahrkarten möglichst im Voraus kaufen. Für die Rückfahrt nach Leticia sollte man bei **Transportes Fluviales** (📞 8-592-5999, 8-592-6711) in Leticia (in der Shoping Mall am Wasser; man hält am besten nach der Cafeteria PAN Colombia Ausschau) vorbeigehen und einen Platz auf dem Boot, das zur Stadt zurückfährt, reservieren; es wird zwar der volle Preis (29 000 COP) fällig, aber dies ist dennoch die beste Methode, einen Platz auf dem Boot zu ergattern. Letzter Ausweg ist es, eines der langsamen Frachtschiffe oder *peque-peques* (kleine Motorboote) heranzuwinken und gemütlich nach Leticia zurückzuschippern.

Puerto Nariño

📞 8 / 6000 EW. / 110 M

Der kleine Amazonasort Puerto Nariño, 75 km flussaufwärts von Leticia, ist der lebende Beweis dafür, dass Mensch und Natur friedlich nebeneinander leben können.

Puerto Nariño hat das Konzept des grünen Lebens zu einer Kunstform erhoben. Motorisierte Fahrzeuge sind verboten (die beiden einzigen Autos am Ort sind der Krankenwagen und der Wagen der Müllabfuhr). Die makellose Stadt besteht aus einem Netz von landschaftlich schön gestalteten Wegen, und jeden Morgen schwärmen die Bürger aus, um ihre Stadt feinzumachen.

Das ehrgeizige Recyclingkonzept von Puerto Nariño stellt das der meisten Städte in den Schatten: Praktisch an jeder Ecke stehen Müll- und Wertstoffbehälter; das Regenwasser wird in Zisternen gesammelt und fürs Wäschewaschen und Rasensprengen verwendet; der energieeffiziente Generator der Stadt produziert den nötigen Strom, aber nur bis Mitternacht. Besucher können hier also in aller Ruhe zum Murmeln des Dschungels und Plätschern der Regentropfen schlummern. Allein schon diese Abweichung von den auch hier üblichen Lebensformen macht das Dorf zu einem interessanten Reiseziel.

Die meisten Einwohner von Puerto Nariño sind Indios aus den Stämmen der Tikuna, Cocoma und Yagua. Ihr gemeinschaftliches ökologisches Experiment hat eine wichtige Einnahmequelle erschlossen: den Ökotourismus. Dieses friedliche Städtchen ist darüber hinaus eine ideale Basis, um den schönen Lago Tarapoto und das Amazonasbecken insgesamt zu besuchen.

⊙ Sehenswertes & Aktivitäten

Ein hervorragender einheimischer Führer ist der joviale **Willinton Carvajal** (📞 313-375-5788), der zwar nur Spanisch spricht, aber seine Sache wirklich gut macht.

Mirador   AUSSICHTSTURM
(Calle 4; Hoch-/Nebensaison 7000/5000 COP; ⊙ 6–17 Uhr) Wer das Dorf, den umliegenden Dschungel und den Amazonas aus der Vogelperspektive sehen möchte, muss den Aussichtsturm erklimmen, der auf einem Hügel mitten im Dorf steht.

Centro de Interpretación Natütama MUSEUM
(Eintritt 5000 COP; ⊙ Mi–Mo 9–17 Uhr) Das Centro de Interpretación Natütama hat ein faszinierendes Museum mit nahezu 100 lebensgroßen Schnitzarbeiten, die Flora und Fauna des Amazonasgebiets nachbilden. Draußen gibt es noch eine kleine Schildkrötenzucht.

Fundación Omacha   MUSEUM
(www.omacha.org) 🔵 GRATIS Dieses Zentrum für Naturschutz und Forschung liegt am

SAN MARTIN DE AMACAYACU

Sich im kolumbianischen Amazonasgebiet so richtig abseits der ausgetretenen Pfade zu bewegen, kann recht schwierig sein, besonders dann, wenn man einerseits die Natur erleben, aber gleichzeitig auch den Alltag der indigenen Völker der Region kennenlernen möchte. Eine gute Möglichkeit ist es, die wunderschöne **Casa Gregorio** (☑310-279-8147, 311-201-8222; casagregorio@outlook.com; San Martin de Amacayacu; Vollpension pro Pers. ab 170 000 COP) zu besuchen. Das ist ein kleines familiengeführtes Hotel in San Martin de Amacayacu, einer Siedlung des einheimischen Volkes der Tikuna, inmitten majestätischer Flüsse und eindrucksvoller Regenwälder.

Das Hotel hat nur zwei Doppelzimmer im Haupthaus und eine freistehende Hütte (für max. fünf Personen), die nicht abseits steht, sondern voll in die Siedlung integriert ist. Die Preise beinhalten Vollpension, Gummiboote, Regenkleidung und Trinkwasser für die verschiedensten Outdoor-Aktivitäten, Workshops und Bootstouren. Die Preise liegen zwischen 170 000 und 250 000 COP$ pro Person und Tag, je nach Aktivitäten und Anzahl der Personen (max. vier pro Gruppe). Die Reisenden schwärmen nur so von diesen Aufenthalten, und viele kommen später noch einmal wieder und fühlen sich ihr Lebtag mit der Gemeinschaft der Tikuna verbunden.

Man muss auf jeden Fall vor dem Aufenthalt hier reservieren, weil man bei Ankunft abgeholt werden muss. Die Anreise zur Casa Gregorio von Leticia aus erfolgt mit einem der dreimal täglich fahrenden Boote Richtung Puerto Nariño; am Anleger Bocana Amacayacu bittet man um Halt. Von dort holt jemand vom Personal der Casa Gregorio die Reisenden ab (30 000 COP pro Pers.).

Flussufer unmittelbar östlich der Docks und hat sich zum Ziel gesetzt, die Amazonasdelfine und Manatis des Amazonas zu retten. Es gibt eine kleine Ausstellung über diese Tiere, und das Personal des Naturschutzzentrums hilft, Ausflüge zu den Tieren in der Wildnis zu arrangieren.

Lago Tarapoto   SEE

Der Lago Tarapoto 10 km westlich von Puerto Nariño ist ein wunderschöner Dschungelsee, in dem rosa-graue Amazonasdelfine, Manatis und auch die riesigen Victoria Regia, die größte Seerose der Welt, zu sehen sind. Von Puerto Nariño aus (50 000 COP für bis zu vier Leute) können Halbtagstouren in einem *peque-peque* organisiert werden, die der wichtigste Besuchermagnet sind.

🛏 Schlafen

Es gibt in der Stadt insgesamt gut über 20 Unterkünfte. Eigentlich ist es nie schwierig, einen Ort zum Übernachten zu finden. Einige Hotelbesitzer sprechen ihre potenziellen Gäste schon bei der Ankunft der Boote aus Leticia an.

Malokas Napü   PENSION $

(☑314-235-3782; www.maiocanapo.com; Calle 4 No 5-72; Zi. pro Pers. mit/ohne Balkon 30 000/25 000 COP; ⊛) Dieses sehr empfehlenswerte Hotel wirkt wie eine Baumhaus-

festung, denn es steht inmitten eines dicht bewaldeten Gartens. Die Zimmer sind einfach, aber komfortabel mit schlichtem Mobiliar, Ventilatoren und Gemeinschaftsbädern (mit super erfrischenden Regenschauerduschen). Das Personal ist außergewöhnlich freundlich. Die Zimmer in dem rot-schwarzen Hinterhaus sind am besten. Sie teilen sich einen Balkon und die dazugehörigen Hängematten mit Blick in den Garten und den Dschungel. Das Frühstück kostet 10 000 COP extra.

Cabañas del Friar   CABAÑAS $

(☑311 502 8592; altodelaguila@hotmail.com; Zi. pro Pers. 20 000 COP) Etwa 15 Minuten westlich der Stadt betreibt Pater Hector José Rivera diese auf einem Hügel gelegene Oase mit Blick über den Amazonas. Der Komplex besteht aus mehreren extrem einfachen Hütten, Gemeinschaftseinrichtungen und einem Aussichtsturm. Die eigentliche Attraktion aber besteht in dem spielerischen Miteinander von Affen, Hunden und Papageien – und in der absoluten Einsamkeit.

Die Anreise erfolgt über die Hauptstraße (parallel zum Amazonas, aber zwei Häuserreihen ab vom Ufer) stadtauswärts Richtung Westen über die Brücke zu dem gut gepflegten Fußweg; am Friedhof hält man sich links, geht dann über den Campus der Hochschule (der an sich schon faszinierend ist) und biegt dann direkt hinter dem Fußballplatz rechts ab.

Hotel Lomas del Paiyü HOTEL $

(☑ 313-871-1743, 313-268-4400; hotellomasdelpaiyu@yahoo.com; Calle 7 No 2-26; EZ 25 000 bis 35 000 COP, DZ 50 000–80 000 COP) Dieses Hotel mit einem Blechdach und 22 Zimmern ist eine verlässliche Wahl und hat einen etwas rauen Charme. Einige Bäder sind fast so groß wie die dazugehörigen Zimmer, bei den billigeren Zimmern handelt es sich um rustikale *cabañas* mit Gemeinschaftshängematten. Das schönste Doppelzimmer hat einen herrlichen Balkon mit Aussicht auf die Stadt.

Hotel Casa Selva HOTEL $$

(www.casaselvahotel.com; Carrera 2 No 6-72; EZ/ DZ/DBZ/VBZ inkl. Frühstück 130,000/155,000/ 205,000/254,000 COP) Die Casa Selva kann leicht als das schönste Hotel der Stadt gelten. Ein komfortabler Standort für Dschungeltouren. Es hat 12 geräumige und gemütliche Zimmer, viele Schatten spendende Bäume und eine herausragende Lage mitten im kleinen Dorf.

✕ Essen & Ausgehen

Puerto Nariño hat eigentlich nur ein gutes Restaurant, wo einfach jeder hingeht. Einige Hotels servieren ebenfalls Essen. Zusätzlich gibt es einige Fastfood-Läden und Lebensmittelgeschäfte an der Hauptstraße am Fluss. Das „Nachtleben" besteht darin, in einer der winzigen Bars gegenüber den Basketballplätzen etwas zu trinken.

★ Las Margaritas KOLUMBIANISCH $$

(Calle 6 No 6-80; Menüs 15 000 COP; ☺ 8–21 Uhr) Hinter einem Gartenzaun unter einem riesigen *palapa* (Strohdach) gleich jenseits des Fußballplatzes liegt das beste Restaurant der Stadt, das Las Margaritas. Es serviert ausgezeichnete Hausmannskost aus traditionellen Tontöpfen vom Büfett. Es gibt immer eine Vielzahl an regionalen Spezialitäten, und alles schmeckt erstaunlich lecker. Wenn größere Reisegruppen durch die Stadt kommen, kann es hier jedoch schnell sehr voll werden.

❶ Praktische Informationen

Es gibt in Puerto Nariño keine Banken und auch keine Geldautomaten, und Kreditkarten werden nirgends akzeptiert. Also sollte man sich vor dem Eintreffen in Leticia mit genügend Bargeld eindecken.

Compartel (Ecke Carrera 6 & Calle 5; 2000 COP pro Stunde; ☺ Mo–Sa) Internetzugang sowie Orts- und Ferngespräche (auch internationale).

Krankenhaus (Ecke Carrera 4 & Calle 5)

Touristeninformation (☑ 313-235-3687; Ecke Carrera 7 & Calle 5; ☺ Mo–Sa 9–12 & 14–17 Uhr) Die Touristeninformation befindet sich in der *alcaldía* (dem Rathausgebäude), betreibt aber auch einen Kiosk direkt am Amazonasufer.

❶ An- & Weiterreise

Die Hochgeschwindigkeitsboote nach Puerto Nariño legen täglich um 8, 10 und 14 Uhr vom Kai in Leticia ab (29 000 COP, 2 Std.). Die Rundreise-Boote nach Leticia fahren um 7.30, 11 und 16 Uhr.

Fahrgäste erhalten die Fahrkarten bei **Transportes Fluviales** (☑ 592 6752; Calle 8 No 11) in Leticia. Die Boote sind schnell ausverkauft, also am besten schon früh am Vortag buchen.

Río Yavarí

Der vielfach gewundene Río Yavarí durchzieht riesige Flächen unberührten Urwalds und bietet so ausgezeichnete Möglichkeiten, das Amazonasgebiet ungestört und aus der Nähe kennenzulernen. Ein paar Reservate in Privatbesitz bieten einfache Unterkünfte sowie geführte Touren und weitere Aktivitäten an, u. a. Kajakfahren, Vogelbeobachtung, Delfinbeobachtung, Dschungelwanderungen und Besuche von Indiodörfern. Die Unterkünfte kümmern sich auch ums Essen.

Die Kosten hängen von der Größe der Reisegruppe, der Dauer des Aufenthalts, der Saison und der Zahl der gebuchten Touren ab. Man muss grob mit 180 000 bis 280 000 COP pro Person und Tag rechnen. Regelmäßige Bootsverbindungen gibt es nicht, weshalb der Transport im Schutzgebiet arrangiert werden muss. Man kann auch privat in Leticia ein Boot mieten. Das ist aber nicht billig. Die Preise liegen hier mindestens bei 150 000 COP plus Sprit für die einfache Fahrt. Besser ist es also, man bucht ein Gesamtpaket, das diese Tour schon enthält.

Reserva Natural Palmarí

Etwa 105 km auf dem Fluss von Leticia entfernt liegt die konsequent ökologisch ausgerichtete Reserva Natural Palmarí. Das Zentrum mit einer Lodge und Forschungszentrum befindet sich am südlichen (brasilianischen) Flussufer und blickt auf eine Fluss-biegung, in der sich häufig Amazonasdelfine tummeln. Es ist die einzige Unterkunft mit Zugang zu allen drei Ökosystemen des Amazonasgebiets: *terra firme* (trocken), *várzea* (halb überflutet) and *igapó* (überflutet).

Die Lodge selbst ist sehr rustikal. Ein großer Teil wurde erst 2010 wiederaufgebaut, nachdem ein Brandstifter Feuer gelegt hatte. Das Hotel stellt hilfsbereite Führer aus der Umgebung (die kein Englisch sprechen) und bietet ein umfangreiches Programm an Wanderungen und Nachtmärschen, Bootsausflügen und Kajaktrips an. Vor allem aber ist die Reserva Natural Palmarí wohl das Wandereldorado der gesamten Region. Nur hier können Reisende sich auch auf trockenem Urwaldboden bewegen, und es bestehen beste Chancen, viele Tiere zu sehen, darunter Tapire und mit viel Glück vielleicht sogar einen Jaguar.

Die Zimmerpreise für Individualreisende beinhalten auch Verpflegung (pro Nacht 275 000 COP für ein Bett oder eine Hängematte) sowie alle Ausflüge und Aktivitäten außer dem Nervenkitzel der Baumkronentour (70 000 COP). Die schöneren *cabañas* mit eigenem Bad sind für die Teilnehmer mehrtägiger Pauschalpakete reserviert.

Das Reservat wird von Bogotá aus von seinem Besitzer **Axel Antoine-Feill** (⟋ 310-2770, 1-610-3514; www.palmari.org; Carrera 10 No 93-72, Bogotá) gemanagt, der mehrere Sprachen spricht, auch Englisch. Seine Vertreterin in Leticia heißt **Victoria Gomez** (⟋ 310 793 2881), die jedoch nur Spanisch spricht.

Reserva Natural Zacambú

Die Reserva Natural Zacambú gehört zu den nicht so weit von Leticia entfernt gelegenen Reservaten. Mit dem Boot sind es etwa 70 km. Die Lodge des Reservats liegt am Río Zacambú, einem Nebenfluss des Río Yavarí auf der peruanischen Seite. Die Pension ist einfach und besitzt nur kleine Zimmer und Gemeinschaftsbäder für insgesamt etwa 30 Personen. Gäste sollten etwa 180 000 COP pro Person und Nacht inklusive Verpflegung und Transport einkalkulieren.

Die Reserva Natural Zacambú liegt im überfluteten Urwald, der viele unterschiedliche Schmetterlingsspezies beherbergt. Leider fühlen sich hier Moskitos ebenfalls sehr wohl. Die Nähe zu peruanischen Siedlungen bedeutet außerdem, dass dies nicht gerade der ideale Ort ist, wenn man wilde Tiere beobachten möchte. Immerhin ist es gut möglich, dass man im Fluss Delfine, Piranhas und Kaimane zu sehen bekommt, und selbstverständlich wimmelt es im Dschungel von Vögeln.

Sowohl die Lodge als auch die Touren werden von Leticia aus durch Amazon Jungle Trips organisiert (S. 310).

Kolumbien verstehen

Kolumbien aktuell

Paramilitärische Gruppen, bewaffnete Rebellen und Drogenkartelle haben Kolumbien viele Jahre lang terrorisiert, mittlerweile gehören diese Phänomene jedoch – weitgehend – der Vergangenheit an. Heute bemüht sich das Land, den jahrzehntelangen Konflikt mit den FARC-Rebellen auf friedliche Weise beizulegen – einen Konflikt, der das Bild des Landes im Ausland immer noch überlagert. Die Wirklichkeit vor Ort ist heute schon eine ganz andere: Kolumbiens Wirtschaft entwickelt sich dynamisch und wandelt sich rasant, und der Tourismus boomt, auch wenn beachtliche Probleme immer noch auf Lösungen warten.

Top-Filme

Todos Tus Muertos (2011) Eine Kritik an Korruption und Gleichgültigkeit.
Apaporis (2010) Beeindruckender Dokumentarfilm über das Leben der Ureinwohner am Amazonas.
Perro Come Perro (Perro Come Perro – Den Letzten fressen die Hunde; 2008) Gangsterfilm im Stil Quentin Tarantinos.
Maria Llena Eres de Gracia (2008) Film über Teenager-Schwangerschaft und Drogenhandel.
Soñar No Cuesta Nada (2006) Kolumbianische Soldaten finden Millionen von FARC-Dollars.
Rosario Tijeras (Rosario – Die Scherenfrau; 2004) Thriller über eine rachsüchtige Auftragskillerin.

Top-Bücher

Hundert Jahre Einsamkeit (Gabriel García Márquez) Ein Meisterwerk des magischen Realismus.
Calamari (Emilio Ruiz Barrachina) Eine in Cartagena angesiedelte historische Romanze.
Beyond Bogotá – Diary of a Drug War Journalist in Colombia (Garry Leech) Hintergrundinformationen.
Land der Geister (Laura Restrepo) Lotet ein persönliches und das politische Delirium Mitte der 1980er-Jahre in Bogotá aus.
Six Months on Minimum Wage (Andrés Felipe Solano) Über den Alltag in einer Fabrik in Medellín.

Ein Land im Aufschwung

Endlich hat Kolumbien die Phase der Gewalt und der Instabilität überwunden, die das Land seit Mitte des 20. Jhs. lähmte. Heute wächst Kolumbiens Wirtschaft so schnell und dynamisch wie kaum eine andere Volkswirtschaft in Lateinamerika; 2014 hat Kolumbien darin sogar den traditionell viel stabileren und gefestigteren Nachbarn Peru überrundet. Kolumbien konnte sogar die Rezession vermeiden, die in jüngster Zeit viele andere lateinamerikanische Länder heimsuchte; hinzu kommen hohe Weltmarktpreise für die natürlichen Ressourcen des Landes, vor allem für Öl und Kohle. Dies alles lässt die Kolumbianer hoffen, dass sie ihre beeindruckenden Wachstumsraten auch in den nächsten Jahren fortschreiben können.

Zwar lässt sich nicht leugnen, dass die Lage der armen Landbevölkerung noch erheblich verbessert werden muss, doch ist das Land trotzdem schon auf einem guten Weg, eines der angesagtesten und aufregendsten Ziele des Kontinents zu werden; jedenfalls wächst die Bedeutung der Tourismusbranche derzeit ganz rasant. Die Kolumbianer geben sich so selbstbewusst wie schon lange nicht mehr, und der gute Auftritt ihrer Mannschaft bei der Fußballweltmeisterschaft 2014 mag mit dazu beigetragen haben; die Stimmung im Land ist jedenfalls gut, und Besucher spüren das deutlich.

Der Weg in die Gegenwart war freilich äußerst beschwerlich, und die Dämonen der Vergangenheit hat noch niemand vergessen: Die Fuerzas Armadas Revolucionarias de Colombia (FARC; Revolutionäre Streitkräfte Kolumbiens) und ihren Kampf gegen die Regierung, paramilitärische Gruppen und gewalttätige Drogenkartelle stehen den Menschen noch sehr lebendig vor Augen. Immerhin ist die Strategie der Regierung aufgegangen, die FARC einerseits tief in den Dschungel zurückzudrängen und andererseits Gespräche mit ihr am

Verhandlungstisch zu führen, ein Weg, der dem Land einen dauerhaften Frieden sichern soll.

Streit um den Friedensprozess

Der in Harvard ausgebildete Juan Manuel Santos wurde 2010 zum Präsidenten von Kolumbien gewählt; er gewann haushoch gegen den ehemaligen Bürgermeister von Bogotá. Eigentlich hatte sein Amtsvorgänger Álvaro Uribe ihn für das Amt vorgeschlagen, und Santos trat auch zunächst als kompromissloser Gegner der FARC auf; schließlich aber leitete er selbst den Beginn der höchst umstrittenen Verhandlungen mit FARC-Vertretern in Havanna. Uribe war empört über die Gespräche, die auf eine Entwaffnung der Guerilla und ein Ende der jahrzehntelangen Gewalt zielten, und entwickelte sich rasch zum schärfsten Kritiker seines Nachfolgers.

Trotz weit verbreiteter Widerstände gegen diese Gespräche errang Santos 2014 in einem sehr hart und kontrovers geführten Wahlkampf knapp eine zweite Amtszeit als Präsident. Dabei wurden allerdings die tiefen Risse innerhalb der kolumbianischen Gesellschaft unübersehbar. Santos verlor sogar die erste Runde gegen den von Uribe unterstützten Óscar Iván Zuluaga, im zweiten Wahlgang setzte er sich dann aber mit 51 % der Stimmen durch. Letztlich geriet die Präsidentschaftswahl zu einem Referendum über die Frage, ob die Friedensverhandlungen fortgesetzt werden sollten oder nicht; Zuluaga hatte versprochen, im Falle eines Wahlsieges alle Gespräche zu beenden.

Bei Redaktionsschluss Ende 2014 waren die Verhandlungen zwischen der Regierung und Vertretern der FARC immer noch im Gange: enorme, wenn auch mühsam errungene Fortschritte waren nicht zu leugnen. Die Kolumbianer sind aber immer noch uneins darüber, ob man mit einer bewaffneten Gruppe reden darf, die im Laufe der Jahrzehnte Tausende Menschen ermordet hat; einig ist man sich natürlich im Wunsch nach einem anhaltenden und dauerhaften Frieden.

Freihandel?

Santos' enge Bindung an die USA wurden im Jahr 2012 besonders sichtbar, als das Freihandelsabkommen zwischen den USA und Kolumbien in Kraft trat. Wegen zahlreicher Menschenrechtsverletzungen in Kolumbien hatten die Demokraten im US-Kongress den Vertragsabschluss lange hinausgezögert; nun öffneten beide Länder ihre Märkte für den jeweils anderen und befreiten rund 80 % des Güterverkehrs zwischen beiden Partnern von Zöllen und Abgaben.

Der von Santos erhoffte große politische Erfolg blieb allerdings aus. 2011 zum Beispiel konfiszierte und zerstörte die Polizei die komplette Reisernte einer ganzen Stadt, weil die Bauern wie seit Jahrhunderten ihr eigenes Saatgut verwendet hatten – was aber gegen die Verordnung 9.70 des Freihandelsabkommens verstieß. Die Bauern sollten ihr Saatgut nämlich fortan bei US-Unternehmen wie Monsanto kaufen. Die

EINWOHNER: **48 MIO.**

FLÄCHE: **1,14 MIO. KM²**

WACHSTUM (BIP): **4,2 %**

ARBEITSLOSIGKEIT: **9,7 %**

LEBENSERWARTUNG:
73 JAHRE (MÄNNER), 79 JAHRE (FRAUEN)

Wenn in Kolumbien 100 Menschen lebten,

wären 58 Weiße & Ureinwohner   4 Schwarze
                               1 Ureinwohner
14 Weiße & Schwarze
3 Afrokolumbianer & Ureinwohner

Religion
(% der Bevölkerung)

90

Römisch-Katholisch

1,9
konfessionslos

Bevölkerung pro km²

KOLUMBIEN   USA   DEUTSCHLAND

≈ 32 Personen

Die schönsten Salsa-Songs

El Preso (Fruko Y Sus Tesos)
La Pantera Mambo (La 33)
Rebelion (Joe Arroyo)
Oiga, Mira Vea (Orquesta Guayacan)
Gotas De Lluvia (Grupo Niche)

Etikette

Ums Fahrgeld feilschen Mit ein wenig Handeln werden fast alle Intercity-Busfahrten billiger – um bis zu 20 %.
Busse Fahrgäste sollten sich nicht verpflichtet fühlen, die kleinen Souvenirs zu kaufen, die bei Busreisen angeboten werden.
Saft Nicht Nein sagen, wenn Saftverkäufer auf der Straße ungefragt nachfüllen; das wird *ñapa* genannt und gehört dazu.
Suppe Wer zum Mittag- oder Abendessen keine Suppe möchte, bestellt das Essen *seco* (trocken).
Drogen Kein Kokain nehmen! Man kann in Kolumbien auch so genug erleben, und Drogenhandel fördert nur die bewaffnete Auseinandersetzung.

Folge waren landesweite Proteste gegen die Regierung und gegen die Polizeieinsätze. Dank dieser Proteste wurde die Verordnung 9.70 zunächst vorübergehend außer Kraft gesetzt, aber bisher nicht aus dem Wortlaut des Gesetzes getilgt. Landesweite Streikaktionen der Bauern bescherten Santos 2013 weitere Schwierigkeiten. Er behauptete zwar, dass *el tal paro nacional agrario no existe* („der sogenannte Bauernstreik existiert nicht"), wurde dann aber doch an den Verhandlungstisch gezwungen, um Versorgungsprobleme abzuwenden.

Kolumbiens Exporte bleiben trotzdem nicht ganz unproblematisch, denn das Land produziert noch immer rund 345 Tonnen Kokain pro Jahr. In Bogotá beklagt man diesen Umstand, der das internationale Ansehen bis heute trübt, auch wenn die kolumbianische Drogenproduktion mittlerweile hinter der von Bolivien und Peru rangiert. Bei seiner Wahl ins Präsidentenamt rief Santos zu einem Umdenken im Kampf gegen die Drogen auf. Er wies darauf hin, dass Herstellung und Export von Drogen so lange profitabel bleiben, wie die hohe Nachfrage in den USA und Europa anhält. Zahlreiche aufwendige Versuche, die Ernte zu vernichten und Kartelle zu zerschlagen, haben bisher an der Gesamtproduktion praktisch nichts geändert, auch der innere Frieden im Land hat diesen Wirtschaftszweig nicht geschwächt.

Guerilla-Chef als Bürgermeister

Die politische Entwicklung Kolumbiens bleibt unvorhersehbar. Als Gustavo Petro, einst der Führer des Movimiento 19 de Abril (M-19), einer linksgerichteten Guerilla-Gruppe, die 1985 den Justizpalast von Bogotá stürmte, 2011 zum Bürgermeister eben dieser Hauptstadt gewählt wurde, war das politische Establishment des Landes schockiert. Als Verwaltungschef regierte Petro eher autoritär, bei den Bewohnern der Hauptstadt machte er sich nicht unbedingt beliebt damit. Am meisten schadete er seinem eigenen Ruf mit dem Versuch, die private Müllabfuhr der Hauptstadt in kommunale Hand zu überführen. Als der Müll überall auf den Straßen liegen blieb (auch wenn dies wohl nur ein paar Tage lang der Fall war), musste der Bürgermeister schließlich Lastwagen anschaffen, um ein Desaster zu verhindern.

Nur kurze Zeit darauf wurde Petro dann vom Generalinspekteur Kolumbiens vom Amt suspendiert, weil er seine Kompetenzen überschritten hatte; außerdem wurde er für 15 Jahre von aktiver Teilnahme an der Politik gesperrt. Präsident Santos billigte die Amtsenthebung, erlitt damit aber im April 2014 eine weitere Niederlage, als Petro wieder ins Amt des Bürgermeisters von Bogotá zurückkehrte, nachdem ein Gericht die Suspendierung aufgehoben hatte. Trotz der wechselseitigen Abneigung sahen Santos und Petro sich schließlich gezwungen, ihr Kriegsbeil zu begraben, und bei den Präsidentschaftswahlen von 2014 sprach sich Petro sogar für eine Wiederwahl des Kontrahenten aus. Auch solche Dinge sind wohl nur in Kolumbien möglich …

Geschichte

Krieg und Gewalt sind unbestreitbar die zentralen Faktoren in der Geschichte Kolumbiens. Ob es um die Grausamkeiten der kolonialen Eroberer geht, den Kampf gegen Spanien um die Unabhängigkeit, um den seit 50 Jahren andauernden Bürgerkrieg zwischen den Guerillas der FARC und paramilitärischen Gruppen oder um den Drogenkrieg der 1980er- und 1990er-Jahre, der Name Kolumbien war lange Zeit ein Synonym für Gewalttaten. Erst in jüngster Zeit hat sich daran einiges geändert, und Kolumbien ist inzwischen sehr viel sicherer geworden, für die Bewohner selbst und natürlich auch für Urlauber. Eine absolute Sicherheitsgarantie gibt es hier allerdings nicht.

Präkolumbische Zeit

Die ersten Bewohner wanderten vor etwa 70 000 bis 12 500 Jahren aus dem Norden in die Region des heutigen Kolumbien ein, dort, wo Südamerika und Mittelamerika aufeinandertreffen. Die meisten von ihnen, so auch die Vorfahren der Inka, zogen einfach weiter.

Über die Stämme, die in der Region sesshaft wurden (etwa die Calima, Muisca, Nariño, Quimbaya, Tairona, Tolima und Tumaco), ist recht wenig bekannt. Als die Spanier das Gebiet erreichten, lebte die Ursprungsbevölkerung verstreut in kleinen Gemeinschaften von der Landwirtschaft und vom Handel. Die Menschen konnten wohl kaum konkurrieren mit den bedeutenden Kulturen, die sich in Mexiko und Peru bereits entwickelt hatten.

Die größten präkolumbischen Stätten (San Agustín, Tierradentro und Ciudad Perdida) waren bereits lange vor der Ankunft der Spanier zu Beginn des 16. Jhs. aufgegeben worden. Die Ursprünge von Ciudad Perdida, der Urwaldstadt der Tairona, reichen bis 700 n. Chr. zurück. Sie besteht aus Hunderten von Terrassen, die durch Treppen miteinander verbunden sind. Die Muisca waren zu Beginn der Eroberung mit einer Zahl von 600 000 Menschen eine der größten indigenen Bevölkerungsgruppen in der Region des heutigen Boyacá und Cundinamarca bei Bogotá (der Name geht auf die Muisca zurück).

Das größte indigene Volk, das zwischen dem Reich der Maya und der Inka zur Zeit der spanischen Eroberung lebte, waren die Muisca. Mit ihren *tujos* (Gaben) aus Gold weckten sie einst Träume vom Eldorado, ihr *chicha* (Bier aus fermentiertem Mais) benebelt sogar noch heute die Sinne der Kolumbianer.

EITACHSE

5500 v. Chr.

Vorfahren der Muisca wandern in das heutige Kolumbien ein. Sie leben verstreut in kleinen Siedlungen von ihren selbst erzeugten Nahrungsmitteln, während die Azteken und Inka mächtige Reiche aufbauen.

700 v. Chr.

Die Tairona beginnen mit dem Bau ihrer größten Stadt, dem sagenumwobenen Ciudad Perdida (Verlorene Stadt) mitten im Regenwald. Die Stadt wird erst 1975 entdeckt.

1499

Auf seiner zweiten Reise in die Neue Welt landet Alonso de Ojeda am Cabo de la Vela. Ein Wissenschaftler an Bord überrascht die Mannschaft mit der Aussage, dass sie nicht in Asien seien.

GOLD!

Vom ersten Tag ihrer Ankunft war das Denken der Konquistadoren beherrscht von der Gier nach Gold. Der Anblick von Gegenständen aus Gold schürte ebenso wie Berichte darüber, dass im Landesinneren sehr viel mehr davon zu finden sei, den Mythos vom Eldorado, einem geheimnisvollen Reich im Urwald, in dem es unermessliche Goldschätze geben sollte und von dem manch einer glaubte, dass es von Bergen aus Gold und Smaragden umgeben war. Lange Zeit konzentrierte sich das um sein Weiterbestehen kämpfende koloniale Vizekönigreich Neugranada auf einen einzigen Exportartikel, eben auf Gold.

Mit der Zeit wurde dieser Mythos mit den Muisca und dem berühmten Guatavita-See in Verbindung gebracht, wo endlose Versuche unternommen wurden, auf dem Grund des Sees genug Gold zu finden, um die Welt zu verändern. Leider blieben die Funde jedoch äußerst dürftig. Mehr darüber erzählt das faszinierende Buch *The Search for El Dorado* (1978) von John Hemming.

Seit der Goldpreis infolge der Weltfinanzkrise in die Höhe geschossen ist, hat sich übrigens selbst die FARC vom „weißen Gold" – dem Kokain – verabschiedet und der glänzenden Variante den Vorzug gegeben. Die illegale Goldgewinnung geht allerdings mit Umweltschäden einher und stellt eine neue Bedrohung des Ökosystems dar.

Die spanische Eroberung

Kolumbien wurde nach Christoph Kolumbus benannt, auch wenn der berühmte Entdecker selbst nie einen Fuß auf kolumbianischen Boden gesetzt hatte. Einer seiner Begleiter auf der zweiten Reise, Alonso de Ojeda, war der erste Europäer, der 1499 die Region erreichte. Er erkundete oberflächlich die Sierra Nevada de Santa Marta und war erstaunt über den Wohlstand der einheimischen Bevölkerung. Die kolumbianische Küste wurde zum Ziel zahlreicher spanischer Expeditionen. Es entstanden mehrere Siedlungen, die jedoch nur von kurzer Dauer waren. Erst 1525 gelang Rodrigo de Bastidas mit Santa Marta eine dauerhafte Ansiedlung; heute ist sie die älteste erhaltene europäische Siedlung auf dem südamerikanischen Festland. Cartagena, 1533 von Pedro de Heredia gegründet, wurde wegen des günstiger gelegenen Hafens und der strategisch besseren Lage schnell zum wichtigsten Handelsstützpunkt an der kolumbianischen Küste.

1536 starteten unabhängig voneinander drei Eroberungszüge ins Landesinnere: unter Gonzalo Jiménez de Quesada (von Santa Marta aus), Sebastián de Belalcázar (auch Benalcázar; vom heutigen Ecuador aus) und Nikolaus Federmann (von Venezuela aus). Allen drei Männern gelang es, große Teile der Kolonie zu erobern und eine Reihe von Städten zu gründen, bevor sie 1539 auf dem Gebiet der Muisca zusammentrafen.

Edward J. Goodman schildert in *The Explorers of South America* (1972) einige bemerkenswerte Entdeckungsreisen durch Südamerika, u. a. durch Kolumbien. Das Spektrum reicht von Kolumbus bis Humboldt.

1537–1538	1564	1717	1808
Der Konquistador Gonzalo Jiménez de Quesada gründet zweimal die neue Siedlung, Santa Fe de Bogotá. Zuerst 1537 ohne Erlaubnis der Krone, dann 1538 mit deren Einverständnis.	Die spanische Krone gründet die Real Audiencia del Nuovo Reino de Granada, die dem Vizekönig von Peru in Lima untersteht.	Bogotá wird Hauptstadt des Vizekönigreichs Virreinato de la Nueva Granada. Das Gebiet umfasst das heutige Kolumbien, Ecuador, Venezuela und Panama.	Napoleon besiegt den spanischen König Ferdinand VII. und ernennt seinen Bruder zum spanischen Herrscher. Befürworter der Unabhängigkeit schöpfen Hoffnung für Südamerika.

Quesada erreichte als Erster der drei Eroberer das Ziel, indem er 1537 durch das Valle del Magdalena und über die Cordillera Oriental zog. Zu der Zeit waren die Muisca in zwei rivalisierende Clans gespalten. Zipa, der Herrscher von Bacatá (das heutige Bogotá), bestimmte über den einen Clan und Zaque, der Herrscher von Hunza (das heutige Tunja), über den anderen. Diese Rivalität schwächte die Muisca, sodass Quesada beide Clans mit nur 200 Männern besiegen konnte.

Belalcázar, ein Deserteur aus der Armee Francisco Pizarros, des Eroberers des Inka-Reiches, unterwarf den südlichen Teil Kolumbiens und gründete Popayán und Cali. Federmann kam, nachdem er Los Llanos und die Anden überwunden hatte, kurz nach Belalcázar in Bogotá an. Die drei Gruppen stritten um die Vorherrschaft, bis König Karl V. von Spanien schließlich 1550 in Bogotá einen Gerichtshof einrichten ließ und die Kolonie der Herrschaft des Vizekönigs von Peru unterstellte.

Die Kolonialzeit

1564 richtete die spanische Krone ein neues Organ der Kolonialregierung ein, die Real Audiencia del Nuevo Reino de Granada. Als Vertreterin der militärischen und staatlichen Macht konnte diese fortan autonomer handeln. Den Vorsitz in der Audiencia hatte ein Gouverneur, der vom spanischen König ernannt wurde. Zu der Zeit gehörten zur Kolonie das heutige Panama, Venezuela (außer Caracas) und ganz Kolumbien mit Ausnahme des heutigen Nariño, Cauca und Valle del Cauca, die der Rechtsprechung des Presidencia de Quito (heute Ecuador) unterstanden.

Die Bevölkerungsstruktur der Kolonie, die sich zunächst aus den indigenen Völkern und den spanischen Einwanderern zusammensetzte, wurde zunehmend komplexer, weil afrikanische Sklaven über Cartagena, den wichtigsten Hafen für den Sklavenhandel in Südamerika, ins Land geschafft wurden. Im 17. und 18. Jh. verschifften die Spanier so viele Afrikaner, dass ihre Zahl schließlich höher war als die der indigenen Bevölkerung. Zu diesem Mix kamen noch die *criollos* (in der Kolonie geborene Weiße) hinzu.

Da das spanische Reich in der Neuen Welt immer weiter anwuchs, wurde 1717 eine neue territoriale Gliederung festgelegt. Bogotá wurde zur Hauptstadt des Vizekönigtums, des Virreinato de la Nueva Granda, dem die heutigen Staaten Kolumbien, Panama, Ecuador und Venezuela angehörten.

Unabhängigkeit von Spanien

Die Vormachtstellung der Spanier auf dem Kontinent wurde immer größer und damit auch die Unzufriedenheit der Einwohner, besonders wegen der Handelsmonopole und der Erhebung neuer Steuern. Die erste Rebellion gegen die Kolonialherrschaft, die Revolución Comunera in So-

GESCHICHTE DIE KOLONIALZEIT

Obwohl der Konquistador Sebastián de Belalcázar zunächst dafür belohnt wurde, dass er Tausende von Ureinwohnern hatte töten lassen, wurde er von der spanischen Krone doch zum Tode verurteilt. Ihm wurde vorgeworfen, er habe 1546 die Ermordung eines Rivalen, des Eroberers Jorge Robledo, angeordnet.

Während der Kolonialzeit wurde die Bevölkerungsstruktur zunehmend komplexer, weil sich drei Volksgruppen vermischten. Es gab nun Mestizen (Nachkommen europäischer und indianischer Vorfahren), Mulatten (Menschen europäisch-afrikanischer Herkunft) und Zambos (Menschen afrikanisch-indianischer Herkunft).

1819	1830	1880	1899
Simón Bolívar durchquert Los Llanos mit Männern aus Venezuela und Neugranada, dem heutigen Kolumbien. So gelingt es ihm, die spanische Armee bei Boyacá zu schlagen und die Republik Großkolumbien zu gründen.	Großkolumbien zerfällt in Kolumbien (einschließlich des heutigen Panama), Ecuador und Venezuela. Bolívar geht ins Exil und stirbt in Santa Marta.	Kolumbien wählt Rafael Nuñez zum Präsidenten, dem es gelingt, die Spannungen zwischen Staat und Kirche zu verringern. Seine Politik wird Grundlage einer Verfassungsreform, die über ein Jahrhundert Gültigkeit hat.	Der dreijährige Krieg der Tausend Tage zwischen Liberalen und Konservativen erfasst das ganze Land. Der Konflikt bildet den zentralen Hintergrund des Romans *Hundert Jahre Einsamkeit* von Gabriel García Márquez.

DER TIEFE FALL DES SIMÓN BOLÍVAR

Simón Bolívar, „El Libertador" (Befreier), besiegte mit seiner Armee die Spanier im ganzen Norden Südamerikas. Er wurde Präsident Großkolumbiens und gilt als großer Nationalheld. Deshalb ist es umso erstaunlicher, wie sein Leben zu Ende ging, gedemütigt, ohne Aufgabe, verarmt und einsam. Kurz bevor er 1830 an Tuberkulose starb, sagte er: „Es hat drei große Narren in der Geschichte gegeben, Jesus, Don Quijote und mich."

Wie war das möglich? Als Befürworter einer zentral regierten Republik war er häufig abwesend und während langer Phasen damit beschäftigt, die Spanier in Peru und Bolivien zurückzudrängen. Damit überließ er die Regierung des Landes seinem Rivalen und Vizepräsidenten Francisco de Paula Santander. Dieser verunglimpfte jedoch Bolívar als Monarchisten und begründete seinen Vorwurf mit Bolívars Absicht, Präsident auf Lebenszeit bleiben zu wollen.

Bolívar machte 1828 aus der Republik, die außer Kontrolle geraten war, eine Diktatur und führte erneut eine bereits in der Kolonialzeit unpopuläre Umsatzsteuer ein. Kurz darauf entging er nur knapp einem Mordanschlag (manche glauben, dass Santander dahintersteckte). Nachdem es immer wieder zu Aufständen gekommen war, hatte Bolívar 1830 schließlich genug: Er gab sein Amt als Präsident auf, verlor danach beim Glücksspiel seinen gesamten Besitz und starb wenige Monate später. Kurz nach seinem Tod zerbrach Großkolumbien in Einzelstaaten.

In seinem Roman *Hundert Jahre Einsamkeit*, der zum Inbegriff des fantastischen Realismus in Lateinamerika wurde, beschreibt Gabriel García Márquez im fiktiven Dörfchen Macondo 1885 bis 1902 die brutalen Auseinandersteckte). Nachdem es immer wieder zu Aufständen gekommen war, hatte Bolívar 1830 schließlich genug: Er gab sein Amt als Präsident auf, verlor danach beim Glücksspiel seinen gesamten Besitz und starb wenige Monate später. Kurz nach seinem Tod zerbrach Großkolumbien in Einzelstaaten.

corro (Santander) 1781, richtete sich gegen Steuererhöhungen der Krone. Nachdem es Unabhängigkeitsbestrebungen gegeben hatte, in deren Verlauf Bogotá beinahe eingenommen worden wäre, wurden die Anführer gefangen genommen und hingerichtet. Als Napoleon Bonaparte seinen Bruder 1808 zum spanischen König machte, weigerten sich die Kolonien, den neuen Herrscher anzuerkennen. Eine kolumbianische Stadt nach der anderen erklärte ihre Unabhängigkeit.

1812 trat Simón Bolívar, der spätere Held des Unabhängigkeitskampfes, auf den Plan. Er gewann sechs Schlachten gegen die spanischen Truppen, wurde aber im folgenden Jahr besiegt. Als Spanien den Thron von Napoleon wiedererlangt hatte, begann es mit der Rückeroberung der Kolonien, die 1817 Erfolg hatte. Bolívar, der sich 1815 nach Jamaika zurückgezogen hatte, kehrte Ende 1816 wieder nach Venezuela zurück und stellte ein Heer auf, doch die spanische Armee in Caracas war zu überlegen. So wandte sich Bolívar mit seiner Truppe Richtung Süden und marschierte über die Anden. Auf seinem Weg errang er einen militärischen Sieg nach dem anderen.

Die entscheidende Schlacht fand am 7. August 1819 in Boyacá statt. Drei Tage später marschierte Bolívar im Triumph in Bogotá ein. Er hatte das Land von der spanischen Herrschaft befreit – auch wenn noch einige

1903	1948	1964	1974
Panama, das sich schon länger vom Rest des Landes isoliert hat, spaltet sich von Kolumbien ab.	Der Präsidentschaftskandidat der Liberalen, der populäre Politiker Jorge Eliécer Gaitán, wird ermordet, als er sein Büro verlässt. Es kommt zu blutigen Unruhen in Bogotá und im ganzen Land. Die Täter werden nie gefunden.	Das kolumbianische Militär wirft Napalmbomben auf Guerillagebiet. Daraufhin bilden sich die Fuerzas Armadas Revoluvionarias de Colombia (FARC), später die Ejército de Liberación Nacional (ELN) und die M-19.	Die Nationale Front geht zu Ende. Der neu gewählte Präsident Alfonso López Michelsen startet erstmals größere Initiativen zur Bekämpfung der drei größten Guerillagruppen.

kleinere militärische Auseinandersetzungen folgten (darunter ein Sieg in Cartagena im Jahr 1821).

Die Bildung politischer Parteien

Nach der Erringung der Unabhängigkeit wurde 1819 in Angostura (heute Ciudad Bolívar in Venezuela) ein revolutionärer Kongress abgehalten. In euphorischer Stimmung proklamierten die Delegierten die Gründung Großkolumbiens mit den heutigen Einzelstaaten Venezuela, Kolumbien, Panama und Ecuador. (Genau genommen gehörten Ecuador und Teile Venezuelas noch nicht zum spanischen Reich.)

Auf den Kongress in Angostura folgte 1821 ein weiterer in Villa del Rosario bei Cúcuta. Zu dieser Zeit wurden zwei gegensätzliche Auffassungen, die zentralistische und die föderalistische, erstmals deutlich sichtbar. Der Gegensatz zwischen beiden Strömungen blieb bis 1830 während der gesamten Regierungszeit Bolívars bestimmend. Nach seinem Rücktritt begann ein neues, wenig ruhmreiches Kapitel in der kolumbianischen Geschichte. Die Spaltung erfolgte offiziell 1849, als zwei politische Parteien gegründet wurden: die Konservativen (mit zentralistischen Vorstellungen) und die Liberalen (mit föderalistischen Tendenzen). Die erbitterte Feindseligkeit zwischen diesen beiden Gruppen führte zu einer Kette von Aufständen und Bürgerkriegen. Im 19. Jh. fanden in Kolumbien nicht weniger als acht Bürgerkriege statt. Allein in der Zeit von 1863 bis 1885 kam es zu 50 Erhebungen gegen die Regierung.

1899 entwickelte sich aus einem Aufstand der Liberalen „der Krieg der Tausend Tage". Nach dem Sieg der Konservativen waren 100 000 Tote zu

KOLUMBIANISCHER KAFFEE

Der im frühen 20. Jh. einsetzende Kaffee-Boom in Kolumbien erhielt 1959 eine Symbolfigur, als Juan Valdez mit seinem Maultier zum Logo der Vereinigung kolumbianischer Kaffeebauern wurde. (Im Jahr 2005 wurde dieses Bild übrigens als bestes Werbelogo ausgezeichnet.) 2004 eröffnete Valdez mehr als 60 Cafés in Kolumbien, den USA und Spanien und trug so dazu bei, dass die Menschen statt zu schwachem Kaffee lieber zu Espresso griffen.

Trotz der Konkurrenz durch günstigere und weniger hochwertige Sorten aus Vietnam verdienen immer noch etwa 570 000 Menschen ihren Lebensunterhalt mit der Verarbeitung der wertvollen Arabica-Bohne. Die Einnahmen aus dem Kaffeegeschäft belaufen sich auf mehrere Milliarden Dollar jährlich. Doch trotz der Allgegenwärtigkeit von Kaffeebohnen ist der Kaffee, den man im Land serviert bekommt, häufig von eher bescheidener Qualität. Einen ordentlichen Espresso sucht man außerhalb der großen Städte meist vergebens; dort muss man sich meistens mit einem wässrigen *tinto* (schwarzen Kaffee) zufriedengeben.

1982	1982	1984	1990
Gabriel García Márquez erhält den Nobelpreis für Literatur. Bei der Preisverleihung erklärt er, die Europäer schätzten zwar die Kunst Südamerikas, hätten aber wenig Interesse an den politischen Entwicklungen dort.	Pablo Escobar wird in den kolumbianischen Kongress gewählt. Präsident Belisario Betancur erlässt eine Amnestie für die Guerillagruppen, woraufhin Hunderte von Gefangenen entlassen werden.	Der Justizminister Rodrigo Lara Bonilla wird ermordet, weil er einen Auslieferungsvertrag mit den USA befürwortet.	Die M-19 legt ihre Waffen nieder. Die Kartelle erklären der Regierung wegen des Auslieferungsvertrags den Krieg. In Paloquemao in Bogotá wird ein Regierungsgebäude durch eine Bombe zerstört.

DIE VERTRIEBENEN

Viele Menschen standen (und stehen) mitten im Kreuzfeuer der Kämpfe zwischen Paramilitärs und Guerillagruppen. Manchmal werden sie sogar direkt zur Zielscheibe gemacht, eine Methode, die die UN als bewusste „Kriegsstrategie" wertet. Jeder zwanzigste Einwohner ist seit den 1980er-Jahren innerhalb des Landes vertrieben worden (laut Internal Displacement Monitoring Centre sind es etwa 4 Mio.). Damit ist Kolumbien nach dem Sudan das Land mit der höchsten Zahl an Vertriebenen.

Täglich werden Hunderte von Menschen mit vorgehaltener Waffe gezwungen, ihr Zuhause aufzugeben. Es wird ihnen alles gestohlen wegen des Bodens, des Viehs oder der Lage der Behausung an einer Drogenhandelsroute, und manchmal muss dafür auch ein Angehöriger sterben. Viele der Menschen, die alles verloren haben, müssen für sich selbst sorgen. Sie leben in Hütten mit einer Plane als Dach am Rande der großen Städte. Andere, denen es gelingt, wieder Land zu erwerben, schaffen dies nur in Gegenden ohne Infrastruktur, Schulen und Krankenhäuser. Kinder aus solchen Familien geraten häufig in die Welt der Drogenhändler und Verbrecher.

Durch das Opfergesetz aus dem Jahr 2011 ist die Situation in den letzten Jahren etwas besser geworden. Betroffene sollen danach entschädigt werden und das gestohlene Land zurückerhalten. Die Entwicklung verläuft allerdings recht langsam; die Sicherheit der Heimkehrer ist verständlicherweise wichtiger als eine sehr schnelle Abwicklung.

beklagen. 1903 nutzten die USA den ständigen inneren Konfliktherd aus und schürten sezessionistische Bestrebungen in Panama, damals eine kolumbianische Provinz. Die USA sorgten dafür, dass Panama unabhängig wurde und veranlassten den Bau eines Kanals durch die Landenge, der unter ihrer Kontrolle stand. Erst 1921 erkannte Kolumbien die Souveränität Panamas an und beendete den Konflikt mit den USA.

Das 20. Jahrhundert: der Keim der Rebellion

Zu Beginn des 20. Jhs. spaltete Panama sich von Großkolumbien ab. Danach folgte eine relativ friedliche Phase unter der Präsidentschaft von General Rafael Reyes, der versuchte die Fronten zu entschärfen. Die Wirtschaft entwickelte sich positiv (vor allem wegen des Kaffees), und die Infrastruktur des Landes wurde verbessert. Dieser Ausflug in eine friedlichere Epoche dauerte jedoch nicht lange. Die Unzufriedenheit der Arbeiter wuchs (nach einem Streik der Arbeiter der United Fruit Company im Jahr 1928), und 1946 kam es schließlich zum offenen Kampf zwischen Liberalen und Konservativen. Der bis dahin schlimmste Bürgerkrieg in der Geschichte Kolumbiens, La Violencia, forderte 200 000 Todesopfer. Nach der Ermordung des Führers der Liberalen, Jorge

Eine leicht verständliche, unabhängige und lesenswerte Darstellung der FARC, ihrer Ziele und ihrer Ideologie stammt von Gary Leech: *The FARC: The Longest Insurgency* (2011).

1993	1995	2000	2002
Pablo Escobar, einst Kongressmitglied und Drogenbaron, wird einen Tag nach seinem 44. Geburtstag auf dem Dach eines Hauses in Medellín von der kolumbianischen Polizei mit Hilfe der USA erschossen.	Die Städte San Agustin und Tierradentro im Südwesten Kolumbiens mit ihren vielen geheimnisvollen Statuen, Gravuren und Gräbern werden auf die Weltkulturerbe-Liste der UNESCO gesetzt.	Kolumbien und die USA vereinbaren den „Plan Colombia", um den Kokaanbau bis 2005 zu halbieren. Die USA zahlen im Laufe der Zeit 6 Mrd. US$, ohne dass in diesem ersten Jahrzehnt der Anbau tatsächlich zurückgeht.	Álvaro Uribe wird wegen seiner kompromisslosen Haltung gegenüber der FARC zum Präsidenten gewählt; er setzt umgehend ein effektives Aktionsprogramm in Gang.

Eliécer Gaitán, eines charismatischen, populären Politikers, der aus eigener Kraft Karriere gemacht hatte, kam es überall im Land zu Unruhen. (Man sprach von El Bogotazo in Bogotá, wo Gaitán erschossen wurde, und von El Nueve de Abril an anderen Orten.) In ganz Kolumbien griffen die Liberalen zu den Waffen.

Generationen von Kolumbianern waren in zwei politische Lager gespalten, die einander aufs Tiefste misstrauten. Man geht davon aus, dass der „vererbte Hass" das Motiv vieler Racheakte und die Ursache zahlloser Grausamkeiten war (einschließlich Vergewaltigung und Mord), die im folgenden Jahrzehnt, vor allem auf dem Land, verübt wurden.

Der Militärputsch von Gustavo Rojas Pinilla war der einzige Umsturz dieser Art im 20. Jh., aber auch diese Wende war nicht von Dauer. 1957 unterzeichneten die Führer beider Parteien ein Abkommen, wonach sie in den nächsten 16 Jahren ihre Macht teilen wollten. Diese Vereinbarung, die in einer Volksabstimmung bestätigt wurde (erstmals durften dabei auch Frauen ihre Stimme abgeben), hieß Frente Nacional (Nationale Front). Während der Dauer des Abkommens stellten die beiden Parteien abwechselnd für vier Jahre den Präsidenten. Tatsächlich lief es, trotz der enormen Anzahl an Opfern, darauf hinaus, dass die altbekannten Gesichter wieder die Macht innehatten. Wichtig war dabei, dass andere politische Parteien jenseits der Liberalen und der Konservativen verboten waren. Indem man die Opposition außerhalb des politischen Systems drängte, legte man gleichzeitig den Keim für den Aufstand der Rebellen.

Die Entstehung der FARC & der paramilitärischen Gruppen

Während die neue Nationale Front dazu beitrug, dass die Feindseligkeit zwischen Konservativen und Liberalen abnahm, verschärften sich neue Konflikte zwischen Großgrundbesitzern und der ländlichen Unterschicht aus Mestizen und indigenen Gruppen. Zwei Drittel von ihnen lebten am Ende von La Violencia in Armut. Als Reaktion auf diesen Missstand entstanden linke Splittergruppen, die eine Landreform forderten. Seitdem ist die politische Situation eine völlig andere. Menschenrechtsgruppen, z. B. Human Rights Watch, haben vieles von dem, was geschehen ist, dokumentiert.

Die neuen kommunistischen Enklaven, die in der Region Sumapáz südlich von Bogotá entstanden, beunruhigten die kolumbianische Regierung so sehr, dass das Militär im Mai 1964 das Gebiet bombardierte. Dieser Angriff führte zur Gründung der Fuerzas Armadas Revolucionarias de Colombia (FARC; Revolutionäre Streitkräfte Kolumbiens), die von Manuel Marulanda und Jacobo Arenas angeführt wurde. Beide waren

Persönliche Berichte über die Armut der Vertriebenen hat Alfred Molano in *Dispossessed: Chronicles of the Desterrados of Colombia* (2005) zusammengetragen.

Auf der Website des Auswärtigen Amtes der Bundesrepublik Deutschland findet man aktuelle Reiseinformationen und nützliche Sicherheitshinweise.

GESCHICHTE DIE ENTSTEHUNG DER FARC & DER PARAMILITÄRISCHEN GRUPPEN

2004	2006	2006	2006
Carlos Valderrama, genannt „El Pibe", wird von der Fußballlegende Pelé anlässlich des 100. Gründungstages der FIFA in deren Liste der 100 besten Fußballer der Welt aufgenommen.	Uribe wird noch einmal gewählt, weil seine Politik der „Demokratischen Sicherheit" offenbar zu mehr Stabilität und Wohlstand geführt hat.	Bis zu 20 000 Paramilitärs der AUC legen ihre Waffen nieder, weil ihnen milde Urteile für ihre Massaker und Menschrechtsverletzungen zugesagt wurden.	„Hips don't lie" der gebürtigen Kolumbianerin Shakira wird weltweit mehr als 10 Mio. Mal verkauft und steht in 25 Ländern auf Platz 1 der Hitlisten. Es ist damit der erfolgreichste Song des Jahres.

entschlossen, das bisherige System zu stürzen, die Elite zu enteignen und für eine Umverteilung von Land und Kapital zu sorgen.

Zu den Guerillagruppen gehört auch die ebenfalls marxistische Ejército de Liberación Nacional (ELN; Nationale Befreiungsarmee). Diese Gruppe fand viele Anhänger durch das Wirken eines radikalen Priesters, Pater Camilo Torres, der bereits bei seinem ersten Gefecht getötet wurde. Die in Städten aktive M-19 (Movimiento 19 de Abril; der Name geht auf die umstrittenen Präsidentschaftswahlen 1970 zurück) bevorzugte spektakuläre Aktionen. So wurde ein Schwert von Simón Bolívar gestohlen und 1985 der Justizpalast in Bogotá besetzt. Als das Gebäude vom Militär gestürmt wurde, kamen 115 Menschen ums Leben. Danach löste sich die Rebellengruppe allmählich auf.

Der Einfluss der FARC wurde jedoch größer, vor allem nachdem Präsident Belisario Betancur mit den Rebellen in den 1980er-Jahren Frieden geschlossen hatte. Großgrundbesitzer gründeten die AUC (Autodefensas Unidas de Colombia; Vereinigte Bürgerwehren Kolumbiens) oder paramilitärische Gruppen, um ihr Land gegen die FARC zu verteidigen. Die Ursprünge dieser Gruppen, die alle aus dem Militär hervorgegangen sind, reichen bis in die 1960er-Jahre zurück, ihre eigentliche Bedeutung bekamen sie aber erst in den 1980er-Jahren.

Kokain & Kartelle

Obwohl viel dagegen getan worden ist, ist Kolumbien noch immer der größte Kokainexporteur der Welt. Man spürte Drogenbosse auf, sprühte chemische Vernichtungsmittel auf die Kokafarmen und erhöhte die militärischen Anstrengungen.

Ausgangspunkt des ganzen Konflikts ist das kleine Blatt *Erythroxylum coca*, das man mancherorts unverarbeitet auf dem Markt kaufen kann. Als die ersten Europäer ankamen, schüttelten sie zunächst den Kopf über Kokablätter kauende Einheimische. Aber als die Leistung der Zwangsarbeiter sank, förderten sie den Genuss. Allmählich machten auch die Europäer (und schließlich die ganze Welt) mit. In den folgenden Jahrhunderten wurde Kokain für medizinische Zwecke und als Freizeitdroge weltweit verbreitet.

In den frühen 1980er-Jahren boomte die Koka-Industrie, als das Medellín-Kartell unter seinem Anführer Pablo Escobar, vormals Autodieb und später Politiker, zur mächtigsten Drogenmafia aufstieg. Die Drogen-Bosse gründeten eine eigene Partei sowie zwei Zeitungen und finanzierten in großem Stil öffentliche Bauprojekte sowie den sozialen Wohnungsbau. Escobar schaffte es zeitweise sogar Sezessionsbestrebungen in der Medellín-Region zu schüren. 1983 wurde sein Vermögen auf über 20 Mrd. US$ geschätzt und damit war er einer der reichsten Menschen der Welt (laut Forbes-Magazin stand er an siebter Stelle).

Killing Pablo: Die Jagd auf Pablo Escobar, Kolumbiens Drogenbaron (2003) von Mark Bowden ist ein detaillierter Bericht über Pablo Escobar und seine Verfolgung, die ihn schließlich zur Strecke brachte. Trotz ein paar Fehlern bietet das Buch einen spannenden Tatsachenbericht.

Im World Factbook auf der Website des CIA findet sich ein Überblick über die kolumbianische Regierung, die kolumbianische Wirtschaft und allgemeine Themen.

2008	2008	2009	2009
Durch eine geschickte Aktion gelingt es, die französisch-kolumbianische Präsidentschaftskandidatin Ingrid Betancourt aus den Händen der FARC zu befreien. Sie war deren wichtigstes Faustpfand.	Die FARC teilt mit, dass einer ihrer Gründer, Manuel Marulanda (genannt:Tirofijo, d. h. „Sicherer Schuss") mit 78 Jahren an Herzversagen im Dschungel gestorben ist.	Die oberste Anklagebehörde wirft dem kolumbianischen Geheimdienst vor, die Telefone Tausender Journalisten, Politiker, Aktivisten und Mitarbeiter von NGOs abgehört zu haben.	Die UN bezeichnet die „Falsos Positivos" als systemimmanent. Damit werden die Vorwürfe von NGOs bestätigt, dass Menschen unter der Regierung Uribe bewusst als terroristische Sympathisanten abgestempelt wurden.

PLAN COLOMBIA

Im Jahr 2000 eröffnete die USA den Kampf gegen die Drogenkartelle. Die Regierungen von Bill Clinton und Andrés Pastrana beschlossen den Plan Colombia, der eine Reduzierung des Kokaanbaus um 50 % innerhalb von fünf Jahren bewirken sollte. Am Ende des Jahrzehnts hatten die USA 6 Mrd. US$ ausgegeben, und sogar die meist enthusiastische US International Trade Commission sprach von einer „geringen und überwiegend unmittelbaren Wirkung" des Programms. Der Preis für kolumbianisches Kokain hatte sich nicht geändert, d. h., das Angebot an Drogen war offenbar nicht geringer geworden. Nachdem der Kokaanbau bis 2007 für ein paar Jahre zurückgegangen war, stellte ein UN-Bericht fest, dass er allein im Jahr 2007 um 27 % angestiegen war und damit sogar wieder den Stand von 1998 erreichte.

Ursprünglich sollte das Geld je zur Hälfte aufgeteilt werden, um das kolumbianische Militär auszustatten und zu schulen und um den *campesinos* (Bauern) vernünftige Alternativen zum Kokaanbau zu bieten. So kam es aber nicht. Beinahe 80 % des Geldes landete beim Militär (einschließlich der Herbizide, die mit Hubschraubern nicht nur auf verborgene Kokaanbauflächen versprüht wurden, sondern auch die Ernte von Nutzpflanzen vernichteten). 2007 sagte ein Beamter des Pentagon gegenüber der Zeitschrift Rolling Stone, dass es bei dem Plan Colombia weniger um „Drogenbekämpfung" ginge als um politische „Stabilisierung", besonders im Kampf gegen die FARC.

Im ersten Jahrzehnt dieses Jahrhunderts ersetzten neue, schwer aufzuspürende *cartelitos* (kleinere Gruppen der Drogenmafia) die zerschlagenen Riesenkartelle (Höhepunkt war die Auslieferung des Drogenkönigs Don Berna aus Medellín an die USA 2008.). Die *cartelitos* zogen sich in schwer zugängliche Täler zurück, vor allem nahe der Pazifikküste. Viele stehen mit der FARC in Verbindung, die von den Kokabauern Steuern erhebt. Das bringt der FARC laut New York Times jährlich zwischen 200 und 300 Mio. US$ ein. Andere *cartelitos* haben eine enge Verbindung zu paramilitärischen Gruppen.

Fakt ist, dass Kolumbien immer noch 90 % des in den USA verbrauchten Kokains liefert; das meiste davon kommt auf dem Landweg über mexikanische Kartelle nach Nordamerika.

In Barack Obamas Haushaltsplan von 2011 wurde der Plan Colombia nicht gesondert aufgeführt. Kolumbien erhält auch weiterhin militärische Unterstützung, wenn auch mit 228 Mio US$ 20 % weniger als im Jahr zuvor.

Als die Regierung einen Feldzug gegen den Drogenhandel startete, verschwanden die Bosse aus dem öffentlichen Leben und schlugen Präsident Barco sogar einen kuriosen „Friedensvertrag" vor. 1988 berichtete die New York Times, dass die Kartelle angeboten hätten, ihr Kapital in Entwicklungsprogramme zu investieren und die gesamten Auslandsschulden des Landes (etwa 13 Mrd. US$) zu begleichen. Die Regierung lehnte das Angebot ab, was zur Eskalation der Gewalt führte.

2010	2010	2011	2011
Laut offizieller Statistik besuchen 1,4 Mio. Ausländer Kolumbien. Die Sicherheitsmaßnahmen Uribes zeigen Wirkung und das Land kann den jahrzehntelangen Ruf als Gefahrenzone abschütteln.	Juan Manuel Santos, unter Uribe Verteidigungsminister und Mitglied einer einflussreichen Familie, wird mit überwältigender Mehrheit zum Präsidenten gewählt.	Der Tod Alfonso Canos, der als Anführer der FARC bei einem Bombenanschlag ums Leben kam, weckt Hoffnungen auf ein Ende des Konflikts.	Nachdem viele Demokraten jahrelang wegen der Menschenrechtsverletzungen davor gewarnt hatten, verabschiedet der amerikanische Kongress ein Freihandelsabkommen.

Im August 1989 spitzte sich der Konflikt zwischen den Kartellen und der Regierung zu, als der liberale Präsidentschaftskandidat Luis Carlos Galán von Drogenbaronen erschossen wurde. Die Regierung konfiszierte daraufhin fast 1000 Immobilien der Drogenkartelle und unterzeichnete einen neuen Auslieferungsvertrag mit den USA. Die Drogenkartelle reagierten mit einer Terrorwelle. Sie warfen Bomben auf Banken, Häuser und Zeitungsbüros, und im November 1989 wurde ein Flugzeug der Avianca auf dem Weg von Bogotá nach Cali abgeschossen, wobei alle 107 Passagiere ums Leben kamen.

Nach der Wahl des liberalen César Gaviria zum Präsidenten 1990 beruhigte sich die Lage für kurze Zeit. Die Auslieferungsgesetze wurden entschärft, und unter Escobars Einfluss ergaben sich viele Drogenbosse. Doch Escobar floh schon bald aus seinem luxuriösen Hausarrest. Eine 1500 Mann starke Eliteeinheit, finanziert von den USA, brauchte insgesamt 499 Tage, um ihn 1993 zu stellen und auf dem Dach eines Hauses in Medellín zu erschießen.

Während all dieser Ereignisse ließ der Drogenhandel nie nach. Neue Kartelle haben gelernt, die Öffentlichkeit zu meiden. Ab Mitte der 1990er-Jahre fingen auch Guerillas und Paramilitärs an, sich am Handel mit Drogen zu bereichern.

Der Krieg spitzt sich zu

Nach dem Zusammenbruch des Kommunismus verlegten sich die Guerillas zunehmend auf Drogen und Entführungen. (Ein Bericht stellte fest, dass allein die Entführungen der FARC jährlich etwa 200 Mio. US$ einbringen.) Paramilitärische Einheiten haben sich mit Drogenkartellen verbündet und verfolgen die Guerillas mit Hilfe der Kartelle.

Nach dem 11. September wurde der Begriff „Terroristen" zur Standardbezeichnung für Guerillas und sogar für manche paramilitärischen Gruppen. So setzten die USA und die EU die berüchtigte AUC auf die Liste der Terrororganisationen. Diese Gruppe war es auch, an die die Chiquita Fruit Company bekanntermaßen 1,7 Mio. US$ gezahlt hatte. Das Unternehmen musste nach einem Urteil amerikanischer Gerichte eine Strafe von 25 Mio. US$ leisten, weil es wiederholt die AUC unterstützt hatte.

Die AUC, die seit dem Jahr 1997 in den Kokahandel verstrickt ist, ging ursprünglich aus verschiedenen paramilitärischen Gruppen hervor und wurde auf Initiative eines führenden Mitglieds des Medellín-Kartells, namens Rodríguez Gacha, gegründet. Später wurden die Brüder Fidel und Carlos Castaño deren Anführer. Sie wollten mit ihrem Tun ihren Vater rächen, der von Guerilleros ermordet worden war. Die AUC, mit einer Stärke von etwa 10 000 Mann, griff *campesinos* (Bauern) an, die angeblich mit Guerillas sympathisiert hatten. Und im Gegenzug griffen

Offensichtliche Zensur und Eingriffe der Behörden in Presseberichterstattung sind in Kolumbien selten. Allerdings fürchten Journalisten durchaus, im Konflikt zwischen FARC und anderen gewaltbereiten Gruppen selbst zur Zielscheibe zu werden. Viele greifen deshalb gleich zur Selbstzensur, behauptet zumindest die Organisation Reporters Without Borders. In ihrer Übersicht zur Lage der Pressefreiheit lag Kolumbien 2013 nur auf dem 129. Platz (von 179).

2012	2014	2014	2014
In Havanna beginnen Friedensverhandlungen zwischen Vertretern der kolumbianischen Regierung und der FARC. Ziel ist ein Ende der Gewalt.	Kolumbiens berühmtester Schriftsteller, der Nobelpreisträger Gabriel García Márquez, stirbt in Mexico City.	Juan Manuel Santos erreicht knapp eine zweite Amtszeit als Präsident, sein Stimmenanteil bei der Wahl beträgt 51 %.	Nach zwei Verhandlungsjahren in Havanna erklärt die FARC eine unbefristete Waffenruhe gegenüber der kolumbianischen Armee.

die Guerillas jeden *campesino* an, den sie für einen AUC Sympathisanten hielten.

Als die Regierung von Álvaro Uribe denjenigen Guerillas und Paramilitärs, die zur Entwaffnung bereit waren, milde Urteile zusicherte, legte der AUC 2006 die Waffen nieder.

Die Regierung Uribe

Das Volk, von Gewalt, Entführungen und von Autostraßen, die zu gefährlich waren, um sie zu benutzen, zermürbt, wählte den rechtsgerichteten Hardliner Álvaro Uribe. Der aus Medellín stammende Politiker, der sein Studium in Oxford und Harvard absolvierte, verlor seinen Vater durch die FARC. In der gereizten Stimmung bei den Wahlen 2002 setzte Uribe entschlossen auf einen Kurs zur Bekämpfung der Guerilla. Während sein Vorgänger Andrés Pastrana versucht hatte, mit FARC und ELN zu verhandeln, machte Uribe sich nicht die Mühe. Er startete zwei Strategien gleichzeitig: Gruppen wie die FARC sollten militärisch zurückgedrängt werden, und für rechte und linke Rebellen sollte es ein Angebot zur Demobilisierung geben.

Auch Uribes schärfste Kritiker räumen ein, dass unter seiner Führung längst überfällige Fortschritte gemacht worden sind. Zwischen 2002 und 2008 sank die Mordrate immerhin um insgesamt 40 %, und die Straßen sind ohne die Straßensperren der FARC sicher genug, um dort auch zu fahren. Im März 2008 billigte Uribe einen Bombenanschlag, bei der der FARC-Anführer Raúl Reyes jenseits der Grenze in Ecuador getötet wurde. Dieser Anschlag hätte beinahe zu einem weitreichenden Konflikt in der gesamten Region geführt. So ließ Hugo Chávez, der Präsident von Venezuela, sofort Panzer an der kolumbianischen Grenze auffahren. Aber die Lage beruhigte sich wieder, und die Popularitätsrate von Uribe erreichte 90 %.

Allerdings war seine Präsidentschaft am Ende durch einen Skandal belastet. 2008, nach seiner öffentlich ausgetragenen Fehde mit dem Obersten Gerichtshof des Landes, wurden 60 Abgeordnete wegen angeblicher Verbindungen zu Paramilitärs verhört oder verhaftet.

Der Skandal der Falsos Positivos (falsche Positive), der von der UN ausführlich in einem Bericht von 2010 dokumentiert wurde, zeigt, wie das kolumbianische Militär angestachelt wurde, die „Erfolgszahlen" zu erhöhen. Ab 2004 stieg die Zahl der Fälle, bei denen unschuldige junge Männer von Armee-Einheiten getötet wurden. Um dies zu vertuschen, behauptete man einfach, sie seien als Guerilleros im Kampf gestorben. Als der Skandal sich zuspitzte, entließ Uribe im November 2008 insgesamt 27 Offiziere, der oberste Kommandant, General Mario Montoya, trat außerdem von seinem Amt zurück.

Während Uribes Präsidentschaft tötete die kolumbianische Armee 3000 junge, unerfahrene und unschuldige *campesinos*, sogenannte *falsos positivos*. Der Sonderberichterstatter der UN, Philip Alston, beschrieb dies als „systembedingte" Strategie.

Auf dem Weg zu einem dauerhaften Frieden

Nachdem sich das Verfassungsgericht 2010 geweigert hatte, eine Volksabstimmung zuzulassen, die Uribe zu einer dritten Amtszeit verhelfen sollte, wurde sein Verteidigungsminister Juan Manuel Santos mit überwältigender Mehrheit zu seinem Nachfolger gewählt. Unmittelbar danach konnte er den größten Erfolg verbuchen, der je gegen die FARC gelungen war: Man hatte ihren neuen Anführer, Alfonso Cano, getötet.

Nur wenige Tage später übernahm Rodrigo Londoño Echeverri (auch Timoschenko genannt) das Kommando; für ihn boten die USA ein Kopf-

Ein sehr gutes Buch zur Geschichte Kolumbiens ist The Making of Modern Colombia: A Nation in Spite of Itself (1993) von David Bushnell. Er beschreibt die Kolonisierung, den Unabhängigkeitskampf und die Drogenpolitik der 1980er-Jahre. Lesenswert und sehr informativ sind auch: Werner Hörtner: Kolumbien verstehen, Geschichte und Gegenwart eines zerrissenen Landes (2006) und Hans-Joachim König: Kleine Geschichte Kolumbiens (2008).

geld von 5 Mio. US$. Timoschenko galt allgemein als unbarmherziger Krieger; umso überraschter war die Öffentlichkeit, als ausgerechnet er Friedensverhandlungen mit der Regierung anregte.

Die Regierung von Kolumbien war kriegsmüde, aber verständlicherweise auch misstrauisch, und es bedurfte einiger Überzeugungsarbeit, bis sie gewillt war, sich auf Verhandlungen über einen stabilen Frieden einzulassen. Als die Unterhändler der Regierung dann tatsächlich mit Vertretern der FARC 2012 in Havanna an einem Tisch Platz nahmen, war die Empörung in Kolumbien zunächst groß; viele hielten diesen Schritt für einen Verrat an den Opfern des Konflikts. Der folgende Präsidentschaftswahlkampf wurde denn auch sehr kontrovers geführt, und das ganze Land war über die Frage, ob man mit Terroristen überhaupt verhandeln dürfe, tief gespalten.

Bei Redaktionsschluss für diese Ausgabe war der komplizierte Verhandlungsprozess immer noch nicht abgeschlossen. Ende 2014 hatten beide Seiten sich in drei von fünf Themenfeldern vorläufig geeinigt. Ein endgültiger Vertrag müsste allerdings in Kolumbien von allen Bürgern in einem Referendum angenommen werden, und bis dahin ist es noch ein weiter Weg. Immerhin ist die FARC der Regierung im Dezember 2014 noch einen weiteren Schritt entgegengekommen und hat der Armee gegenüber eine unbefristete Waffenruhe erklärt. Nie zuvor sind Friedensgespräche zwischen der Regierung und der FARC so weit gediehen wie jetzt. Trotzdem dürften noch viele Hürden zu überwinden sein, bis ein Konflikt endgültig beigelegt ist, der immerhin ein halbes Jahrhundert geprägt hat.

So lebt man in Kolumbien

Kolumbianer gehören zu den warmherzigsten, freundlichsten, offensten und hilfberei-testen Menschen in ganz Südamerika. Sie sind meist gut gelaunt und ihre nette Art ist richtig ansteckend. Die geografischen Kontraste des Landes – Gebirge und Küste – wirken sich in gewisser Weise offenbar auch auf den Charakter der Menschen aus. In den Andenstädten Bogotá, Medellín and Cali wird viel gearbeitet, und das Spanische ist präzise und formell. Die *costeños* (Küstenbewohner) sind entspannter und sprechen ein schwereres, schleppendes Spanisch.

Lifestyle & Einstellungen

Wohlhabende Stadtbewohner haben in Kolumbien einen ganz anderen Lebensstil als arme Leute. Ihre Kinder besuchen Privatschulen, sie neh-men Flugzeuge, als wären es Taxis, und in ihren schnellen Autos aktua-lisieren sie beim Fahren gleich noch mal eben ihr Facebook-Profil über ihr Smartphone. Am Wochenende spielen sie Golf im Country Club und unterhalten wahrscheinlich noch eine kleine Finca, um gelegentlich das Landleben zu genießen.

Arme Kolumbianer zahlen Minutenpreise für ihre Telefonate, stecken in endlosen Staus auf Autobahnen und in den Städten und träumen da-von, ihren Kindern eine Schulausbildung zu ermöglichen. Ureinwohner und Landarbeiter in abgelegenen Regionen, wo der Bürgerkrieg noch nicht beendet ist, sind oft vollständig damit beschäftigt, Nahrung fürs Überleben zu beschaffen.

Zwischen diesen beiden Extremen hat Kolumbien eine für latein-amerikanische Verhältnisse – und insbesondere im Vergleich zu den Nachbarländern – beachtlich große Mittelschicht. Eine Politik der freien Marktwirtschaft und relativ geringe Korruption haben das Aufblühen einer Mittelklasse gefördert.

Kolumbianer sind durchweg stark mit ihren Familien verbunden. Zur Familie zählen nicht nur direkte Blutsverwandte, sondern auch die an-geheiratete Verwandtschaft. Wer über 21 ist und noch keine Kinder hat, wird überall nach seinen Plänen für die Familiengründung gefragt. Der Katholizismus ist die Hauptreligion, aber nur wenige Menschen gehen regelmäßig zur Kirche.

Im kolumbianischen Haushalt bestimmt die Frau. Außerhalb des Hauses regiert zwar der Machismo und die Männer haben das Sagen, doch im Haus tun dies die Frauen. Allerdings beschränken sie sich mitt-lerweile nicht mehr auf diese Rolle. Unter den Top-Politikern und Diplo-maten des Landes befindet sich eine große Anzahl weiblicher Minister und Botschafter. Ein im Jahr 2000 erlassenes Quotengesetz bestimmt, dass 30 % aller Führungspositionen an Frauen vergeben werden müssen.

Es ist nicht als Affront gemeint, wenn Kolumbianer zu spät zu einer Verabredung kommen – bis zu 45 Minuten liegen im Rahmen des Nor-

Eheschließungen zwischen Per-sonen gleichen Geschlechts sind in Kolumbien seit 2013 möglich. Der Entscheidung war eine lange Aus-einandersetzung zwischen Ver-fassungsgericht und Kongress vorausgegangen. Eine gesetzliche Regelung für gleichgeschlecht-liche Ehen gibt es bisher noch nicht, Betroffene können ihre Ehe aber nun vor Gericht eintragen lassen.

ZWEI NATIONEN

Ethnisch gesehen bietet Kolumbien eine sehr viel buntere Völkermischung als die meisten anderen Länder, doch die Ureinwohner des Landes stehen in vieler Hinsicht abseits, sie sind auf sich selbst bezogen und haben wenig Anteil an der Gesellschaft des Landes. Zur indigenen Bevölkerung Kolumbiens zählen rund 1,4 Mio. Menschen, die wiederum 87 verschiedenen Stämmen angehören, von denen einige noch ohne Kontakt zur Außenwelt leben. Für Besucher ist es durchaus faszinierend, dieses Volk abseits des Mainstreams einmal näher kennenzulernen.

Zu den indigenen Völkern, deren Vertretern man durchaus begegnen kann, zählen die Ticuna im Amazonasbecken, die Wiwa, Kogui und Arhuaco in der Sierra Nevada, die Wayúu in La Guajira und die Muisca rund um Bogotá. Ein Drittel der Landesfläche ist als Reservat der Ureinwohner ausgewiesen; ihr Land verwalten die Ureinwohner als Gemeineigentum. Die Ureinwohner genießen zwar den Schutz des Gesetzes, hatten aber trotzdem am meisten unter den gewalttätigen Konflikten der letzten Jahrzehnte zu leiden, denn ihre riesigen Reservate eigneten sich hervorragend als Verstecke für Guerillakämpfer, paramilitärische Gruppen und Koka-Plantagen. Als die USA im Rahmen des „Plan Colombia" begannen, Koka-Pflanzungen mit giftigen Spritzmitteln aus der Luft zu bekämpfen, zerstörten die Amerikaner vielfach auch die ganz normale Ernte der Ureinwohner und damit die Lebensgrundlage vieler traditioneller Gemeinschaften.

malen. Besucher sollten sich einfach anpassen und eine Kultur genießen, die davon überzeugt ist, dass es nichts auf der Welt gibt, wofür man sich abhetzen sollte. Besonders Busfahrpläne sind reine Fantasie!

Die wenigsten Kolumbianer nehmen Drogen, höchstens Studenten in den Großstädten. Aber sie trinken gerne – und wie! Beim Carnaval de Barranquilla herrscht allgemeine Zügellosigkeit und der Rum lockert alle Moralvorstellungen.

James Rodríguez, vielen Kolumbianern auch einfach unter dem Namen James (Aussprache: *Ha-mes*) bekannt, gilt momentan als populärster Fußballer des Landes und internationales Talent. Bei der Weltmeisterschaft von 2014 spielte er in der Nationalmannschaft und stand am Ende auf Platz Eins der Torschützenliste.

Land & Leute: ein kultureller Sancocho

Kolumbien hat heute vermutlich etwa 48 Mio. Einwohner – die letzte Zählung hat im Jahr 2005 stattgefunden. Das Land liegt somit nach Brasilien und Mexiko an dritter Stelle in Lateinamerika. Die Einwohnerzahl wächst weiterhin rasant; die Rate des Bevölkerungswachstums lag 2013 bei beachtlichen 1,3 %.

Jede kolumbianische Stadt hat ihren eigenen Kulturmix, sodass Reisen durch das Land so vielseitig sind wie ein reichhaltiger *sancocho* (Eintopf). In Medellín wohnen viele europäische Einwanderer, während die Einwohner von Cali eher von ehemaligen Sklaven abstammen. In und um Bogotá gab es viele Mischehen zwischen europäischen Kolonisten und den Ureinwohnern, während Cali und die Pazifik- und Karibikküsten mehr Kolumbianer afrikanischer Abstammung aufweisen.

Die Sklaverei wurde 1821 verboten und das Land hat nach Brasilien den größten Bevölkerungsanteil an Schwarzen in ganz Südamerika. In den letzten vier Jahrhunderten mischten sich die Völker aber sehr stark, sodass die meisten Kolumbianer keine ganz eindeutigen ethnischen Herkunftsangaben mehr machen können. Deshalb ist es auch kaum möglich, sich den vom Äußeren her typischen Kolumbianer vorzustellen.

Sport & Spiele

Kolumbianer sind große Fußballfans. Die nationale Liga umfasst landesweit 18 Teams und zieht in den beiden Spielzeiten (Februar bis Juni und August bis Dezember) rauflustige, lärmende Massen an. Die Standards sind nicht besonders hoch, sodass es oft zu belustigend fehlerhaften Spielen kommt.

Tierliebhaber sind bestimmt enttäuscht über die Popularität, die Stier-kämpfe hier im Land genießen. Es gibt sowohl formelle Kämpfe als auch *correlejas*, bei denen jeder Amateur sein bisschen Grips im Kampf gegen einen gereizten *toro* einsetzen kann – mit den entsprechenden blutigen Konsequenzen. Höhepunkt der Stierkampfsaison ist die Zeit von Mitte Dezember bis Mitte Januar, wenn die weltweit besten Matadore antre-ten. Die Feria de Manizales zieht alljährlich unzählige Besucher an. Auf dem Land sind Hahnenkämpfe sehr beliebt.

Kunst & Kultur

Fragt man die Leute nach drei berühmten kolumbianischen Künstlern, fallen den meisten Gabriel García Márquez, der Bildhauer Fernando Botero und Shakira ein. Doch Kolumbiens Künstler haben noch sehr viel mehr zu bieten als magischen Realismus, Statuen mit dicken Hintern und hüftschwingenden Pop.

Musik

Kolumbien ist berühmt für die allgegenwärtige Musik, Stille ist eine sehr seltene Erscheinung, ob nun an den beiden Küsten des Landes, im Hochland, in der Hauptstadt oder in der weiten Ebene in Richtung auf das Nachbarland Venezuela.

Beim *Vallenato*, der vor einem Jahrhundert an der Karibikküste entstand, steht das Akkordeon im Vordergrund. Carlos Vives, einer der bekanntesten lateinamerikanischen Musiker der Gegenwart, modernisierte diese Musikform und wurde zu ihrem bekanntesten Vertreter. Die spirituelle Heimat des *Vallenato* ist Valledupar. Der Stil ist nicht nach jedermanns Geschmack, aber wer nicht mindestens einige Male danach getanzt hat, war nicht wirklich in Kolumbien.

Die *Cumbia*, ein lebhafter Viervierteltakt mit Gitarren, Akkordeon, Bass und gelegentlich einem Horn, ist der im Ausland beliebteste kolumbianische Musikstil. Gruppen wie Pernett und The Caribbean Ravers haben den Sound modernisiert, ebenso wie Bomba Estéreo, die dem Rhythmus eine Dosis Acid Rock hinzufügten. Die abgefahrenste Gruppe der jüngeren Zeit ist Choc Quib Town, eine Hip-Hop-Band von der Pazifikküste, die scharfe Sozialkritik mit harten Beats verbindet.

Bogotá ist Kolumbiens Kulturmetropole. Einen Einblick in das Geschehen bietet die Website www.culturarecreacionydeporte.gov.co.

Salsa verbreitete sich in der ganzen Karibik und kam Ende der 1960er-Jahre auch nach Kolumbien. Die Musik wurde rasch vereinnahmt, vor allem in Cali und Barranquilla , aber geliebt wird sie überall. Als Joe Arroyo, in Kolumbien El Joe genannt, 2011 starb, trauerte das ganze Land. Der moderne, harte urbane Salsastil wird am besten von der Gruppe La 33 aus Bogotá verkörpert.

Joropo, die Musik aus den Llanos, wird von einer Harfe, einem *cuatro* (einer Art viersaitiger Gitarre) und von Maracas (Rumbakugeln) begleitet. Sie ist der Musik der venezolanischen Llanos sehr ähnlich. Die Hauptvertreter Grupo Cimarrón reißen jeden mit ihrer Virtuosität und ihren rasanten Tanzschritten hin.

In Kolumbien entstanden auch viele einzigartige Rhythmen aus der Verschmelzung von afrokaribischen und spanischen Elementen, wie *porro, currulao, merecumbe, mapalé* und *gaita*. Die *champeta* aus Cartagena indes verbindet afrikanische Rhythmen mit einer dröhnenden, derben Straßenfestdynamik – zu erleben in den weniger touristischen Clubs von Cartagena, etwa im Bazurto Social Club (S. 152). *Reggaeton* mit den hämmernden Basswirbeln ist ebenfalls beliebt, auch die rhythmische und extrem taktbetonte *Merengue.*

Die kolumbianische Andenmusik ist stark von spanischen Rhythmen und Instrumenten beeinflusst und unterscheidet sich spürbar von der

Ureinwohnermusik des peruanischen und bolivianischen Hochlands. Zu den typischen alten Formen gehören der *bambuco, pasillo* und *torbellino,* Instrumentalmusik hauptsächlich mit Saiteninstrumenten.

In den Städten, vor allem in Bogotá und Medellín, legen viele Clubs Techno und House auf; berühmte DJs geben manchmal in beiden Städten Gastspiele.

Kolumbianische Literatur

Kolumbiens lange (wenn auch bescheidene) literarische Tradition entwickelte sich kurz nach der Unabhängigkeit von Spanien 1819 und orientierte sich an der europäischen Romantik. Rafael Pombo (1833–1912) gilt allgemein als der Vater der romantischen Dichtung Kolumbiens. Jorge Isaacs (1837–1895) ist ein weiterer bekannter Autor jener Zeit, dessen romantischer Roman *María* noch heute in den Cafés und Klassenzimmern im ganzen Land zu entdecken ist.

José Asunción Silva (1865–1896), einer der bemerkenswertesten Dichter Kolumbiens, gilt als Vorläufer der Moderne in Lateinamerika. Er legte den Grundstein, auf den der nicaraguanische Dichter Rubén Darío später baute. Ein weiteres literarisches Talent ist Porfirio Barba Jacob (1883–1942), der „Dichter des Todes", der den Irrationalismus und die Sprache der Avantgarde einführte.

Zu den begabten Zeitgenossen des Literaturnobelpreisträgers Gabriel García Márquez gehören der Dichter, Romancier und Maler Héctor Rojas Herazo sowie sein enger Freund Álvaro Mutis. In der jüngeren Generation sind die literarischen Werke von Fernando Vallejo bemer-

Das Festival Iberoamericano de Teatro de Bogotá, das weltweit größte seiner Art, wurde 1976 von Fanny Mikey (1930–2008), der einflussreichsten Schauspielerin Kolumbiens, ins Leben gerufen. Weitere Infos siehe www.festivaldeteatro.com.co

KUNST & KULTUR KOLUMBIANISCHE LITERATUR

GABRIEL GARCÍA MÁRQUEZ, KOLUMBIENS NOBELPREISTRÄGER

Gabriel García Márquez ist der Titan der kolumbianischen Literatur. Der 1928 in Aracataca (S. 167) in der Provinz Magdalena geborene Schriftsteller hat überwiegend über Kolumbien geschrieben, lebte aber fast sein ganzes Leben lang in Mexiko und Europa. Er starb im Jahr 2014.

García Márquez arbeitete in den 1950er-Jahren zunächst als Journalist und kritisierte als Auslandskorrespondent die kolumbianische Regierung, was ihn schließlich ins Exil zwang. Seinen Durchbruch erlebte er 1967 mit dem Roman *Hundert Jahre Einsamkeit.* Der Roman ist eine Mischung aus Mythen, Traum und Realität und stand am Beginn eines neuen Genres, des magischen Realismus.

1982 erhielt García Márquez den Nobelpreis für Literatur. Seither hat er eine Fülle faszinierender Bücher veröffentlicht. *Die Liebe in den Zeiten der Cholera* (1985) basiert recht frei auf dem Liebeswerben seiner Eltern. *Der General in seinem Labyrinth* (1989) erzählt von den tragischen letzten Lebensmonaten des Simón Bolívar. *Zwölf Geschichten aus der Fremde* (1992) ist eine Sammlung von zwölf Erzählungen, die der Autor im Laufe von 18 Jahren geschrieben hatte. *Von der Liebe und anderen Dämonen* (1994) ist die Geschichte eines Mädchens, das vor dem Hintergrund der Inquisition in Cartagena von den Sklaven ihrer Eltern aufgezogen wird.

2012 enthüllte García Márquez' Bruder, Gabo, so der Kosename des Schriftstellers, sei an Demenz erkrankt; eine Chemotherapie gegen Lymphdrüsenkrebs habe den Verlauf dieser Krankheit zusätzlich beschleunigt. Als García Márquez dann 2014 starb, wurde er in Mexico City beigesetzt, und zwar im Beisein der Präsidenten von Mexiko und Kolumbien. In seiner Heimatstadt Aracataca, die dem Ort Macondo in *Hundert Jahre Einsamkeit* als eine Art Vorlage diente, fand immerhin eine symbolische Beisetzung statt.

Überall in Kolumbien bekommt man zumindest auch englischsprachige Ausgaben von García Márquez' Werken. In Aracataca wurde das Wohnhaus der Familie restauriert und als Museum eingerichtet. Wer in der Stadt selbst aber im geografischen Sinne nach Spuren aus den Büchern sucht, wird enttäuscht werden. Einen tieferen Einblick in die Welt von Gabo liefert da schon Cartagena oder – noch besser – die isolierte Kolonialstadt Mompóx, die jeden Liebhaber von *Hundert Jahre Einsamkeit* in Entzücken versetzt.

FERNANDO BOTERO: EINE ÜBERLEBENSGROSSE LEGENDE

Fernando Botero (geb. 1932 in Medellín) ist der weithin renommierteste kolumbianische Maler und Bildhauer. Im Alter von 19 Jahren hatte er in Bogotá seine erste eigene Gemäldeausstellung und entwickelte im Laufe der Zeit seinen unverwechselbaren Stil – charakterisiert durch die mächtige, nahezu obszöne Fülligkeit seiner Figuren. 1972 ließ er sich in Paris nieder und experimentierte mit der Bildhauerei, woraus die *gordas* und *gordos* (dicken Frauen und Männer) hervorgingen, wie die Kolumbianer diese Gebilde nennen.

Heute hängen seine Gemälde in Spitzenmuseen der Welt und seine monumentalen öffentlichen Skulpturen schmücken Plätze und Parks in Städten wie Paris, Madrid, Lissabon, Florenz und New York.

In Abwendung von seiner typisch harmlosen Thematik schockte er 2004 Kolumbien mit Werken, die sich mit dem Bürgerkrieg des Landes beschäftigen. 2005 schuf er eine Reihe von umstrittenen Bildern, die die Kritiker spalteten. Sie stellen Szenen aus dem irakischen Gefängnis Abu Ghraib dar, in dem US-Soldaten Gefangene folterten und erniedrigten. Zwar lobten einige Kritiker Boteros Hinwendung zu politischeren Themen, doch anderen war das zu unausgegoren, und manche hielten diese untypische Entwicklung für unangemessen.

Telenovelas (Seifenopern) sind so etwas wie Kolumbiens kulturelles Barometer. Sie sind zwar nicht gerade hohe Kunst, spiegeln aber Sorgen und Stimmungen des Landes genauso exakt wie Dokumentationen wider. Eine beliebte Serie war 2011 *Chepe Fortuna* (etwa: Suche nach Glück), eine herrlich unglaubwürdige Geschichte über Liebe, Politik, Umweltschutz und auch Meerjungfrauen.

kenswert; der Autor ist ein hoch geachteter Bilderstürmer, der in verschiedenen Interviews erklärt hatte, García Márquez sei unoriginell und ein schlechter Autor.

Der populäre junge Auslandskolumbianer Santiago Gamboa hat Reisebücher und Romane verfasst, Mario Mendoza schreibt düstere, modern urbane Literatur und Laura Restrepo beschäftigt sich mit der Auswirkung von Gewalt auf Menschen und die Gesellschaft. Sie alle sind produktive Autoren, die in den vergangenen Jahren bedeutende Werke hervorgebracht haben.

Kunst & Abstraktion

Fernando Botero bedeutet für die kolumbianische Malerei, was Gabriel García Márquez für die Literatur des Landes ist – der gewichtige Name, der alle anderen Maler überschattet. Zwei weitere berühmte, oft übersehene kolumbianische Maler sind Omar Rayo (1928–2010), bekannt für seine geometrischen Zeichnungen, und Alejandro Obregón (1920–1992), ein Maler aus Cartagena, der für seine abstrakten Gemälde weithin berühmt ist.

Kolumbien besitzt außerdem eine Fülle an kolonialer Sakralkunst. Gregorio Vásquez de Arce y Ceballos (1638–1711) war der herausragendste Maler der Kolonialzeit. Er lebte und arbeitete in Bogotá und hinterließ über 500 Werke, die heute über Kirchen und Museen im ganzen Land verteilt sind.

Die bedeutendsten Maler seit dem Ende des Zweiten Weltkriegs sind: Pedro Nel Gómez, der Wandbilder, Aquarelle, Ölgemälde und Skulpturen schuf; Luis Alberto Acuña, ein Maler und Bildhauer, der Motive der präkolumbischen Kunst verwendete; der deutsche Maler Guillermo Wiedemann, der den größten Teil seiner Schaffenszeit in Kolumbien verbrachte und sich von lokalen Themen inspirieren ließ, sich aber später der abstrakten Kunst zuwandte; der abstrakte Bildhauer Edgar Negret; Eduardo Ramírez Villamizar, der meist geometrische Formen benutzte; und schließlich Rodrigo Arenas Betancur, der berühmteste Schöpfer von Denkmälern in Kolumbien.

Diesen Meistern folgte eine etwas jüngere Generation, zum großen Teil in den 1930er-Jahren geboren. Zu ihnen gehören Künstler wie der in Kolumbien lebende Peruaner Armando Villegas, dessen Werke von präkolumbischen Motiven wie vom Surrealismus beeinflusst sind, Leonel Góngora, der sich mit erotischen Zeichnungen hervortat, und der international bekannteste kolumbianische Künstler Fernando Botero (s. Kasten, S. 342).

Die jüngste Kunstperiode ist von zahlreichen Schulen, Trends und Techniken geprägt. Zu den interessanten Künstlern gehören Bernardo Salcedo (konzeptuelle Bildhauerei und Fotografie), Miguel Ángel Rojas (Malerei und Installationen), Lorenzo Jaramillo (expressionistische Malerei), María de la Paz Jaramillo (Malerei), María Fernanda Cardozo (Installationen), Catalina Mejía (abstrakte Malerei) und die begabte Doris Salcedo (Bildhauerei und Installationen).

Natur & Umwelt

Von den schneebedeckten, schroffen Andengipfeln und den weiten Ebenen von Los Llanos bis zu den üppigen Tropenwäldern des Amazonasbeckens und den weiten grünen Tälern zeigt sich Kolumbien als ein überaus schönes und vielfältiges Land. Und trotz seiner (amerikaweit gesehen) nur mittleren Größe ist Kolumbien das Land mit der größten Biodiversität nach Brasilien.

Geografie

Kolumbien besitzt eine Fläche von 1,4 Mio. km², also etwa so viel wie Frankreich, Spanien und Portugal zusammen. Von der Größe her liegt das Land weltweit auf Platz 26 und in Südamerika nimmt es Rang vier ein, nach Brasilien, Argentinien und Peru.

Entgegen der weit verbreiteten Vorstellung von einem tropischen Land ist Kolumbiens Natur erstaunlich reichhaltig und lässt sich in fünf große Landschafts- und Lebensräume einteilen: feuchte tropische Regenwälder, trockene Regenwälder, tropische Grassavanne, Bergsavanne, Wüsten und Halbwüsten.

Der westliche Teil, fast die Hälfte des Staatsgebietes, ist gebirgig und mit drei Ketten der Anden versehen: Cordillera Occidental, Cordillera Central und Cordillera Oriental. Sie verlaufen ungefähr parallel von Norden nach Süden über fast das gesamte Land. Eine ganze Reihe von Gipfeln ragt über 5000 m, also höher als jeder Berg in den USA (ohne Alaska). Zwischen die drei *cordilleras* drücken sich zwei Täler, Valle del Cauca und Valle del Magdalena. Beide Täler entwässern durch nach ihnen benannte Flüsse; sie fließen nach Norden, vereinigen sich und münden nahe Barranquilla in das Karibische Meer.

Abgesehen von den drei Andenketten besitzt Kolumbien noch einen eigenen, relativ kleinen Gebirgszug: die Sierra Nevada de Santa Marta. Sie erhebt sich von der Karibikküste zu schwindelerregenden, schneebedeckten Gipfeln und ist der welthöchste Küstengebirgszug. Ihre Doppelgipfel Simón Bolívar und Cristóbal Colón (beide 5775 m) sind die höchsten des Landes.

Mehr als die Hälfte des Territoriums östlich der Anden besteht aus weiten Ebenen, die allgemein in zwei Regionen unterteilt werden: Los Llanos im Norden und das Amazonasbecken im Süden. Los Llanos, etwa 250 000 km² groß, ist eine riesige Grasebene, die das Orinocobecken bildet. In Kolumbien vergleicht man sie mit einem grünen Binnensee. Das etwa 400 000 km² große Amazonasbecken bildet den Südosten Kolumbiens. Es ist überwiegend von dichtem Regenwald bedeckt, durch den sich ein Gewirr von Flüssen zieht. Vom Rest des Landes ist es mangels Straßen komplett abgeschnitten, was den illegalen Holzeinschlag aber leider nicht verhindert.

Kolumbien besitzt auch einige Inseln. Die wichtigsten liegen im Archipel von San Andrés und Providencia (weit draußen in der Karibik, 750 km vom Festland entfernt); ferner gibt es die Islas del Rosario und San Bernardo (nahe der Karibikküste) sowie Gorgona und Malpelo (an der Pazifikküste).

Gaviotas. Ein Dorf erfindet die Welt neu (1998; deutsch 2012) von Alan Weisman erzählt die Geschichte kolumbianischer Dorfbewohner, die ihren unproduktiven Weiler in Los Llanos in ein globales Modell einer Ökosiedlung umwandelten. Unter www.friendsof gviotas.org gibt es Näheres.

Tiere & Pflanzen

Die immense Vielfalt klimatischer und geografischer Zonen sowie Mikroklimate schuf unterschiedliche Ökosysteme und erlaubte es den Lebewesen, sich eigenständig zu entwickeln. Und wie sie das taten! Kolumbien beansprucht für sich, mehr Tier- und Pflanzenarten pro Quadratkilometer zu besitzen als jeder andere Staat der Welt. Die Vielfalt an Tieren und Pflanzen wird nur vom siebenmal größeren Nachbarn Brasilien übertroffen.

Kolumbien ist der einzige südamerikanische Staat mit Küsten am Pazifik und am Karibischen Meer.

TIERE

Von rosafarbenen Delfinen und farbenprächtigen Papageien, winzigen Katzen bis Riesenratten birgt Kolumbien das vielfältigste Tierleben auf Erden. Mit 1700 Vogelarten – davon kommen 74 ausschließlich in Kolumbien vor – leben hier 19 % der Vögel des Planeten. Kolumbien hat auch etwa 450 Säugetierarten (davon 15 % der weltweit existierenden Primaten), 600 Amphibienarten, 500 Reptilien- und 3200 Fischarten.

Zu den interessantesten Säugetieren zählen geschmeidige Raubkatzen wie der Jaguar und der Ozelot, Roter Brüllaffe, Klammeraffen, das Dreizehenfaultier, Großer Ameisenbär, das wildschweinähnliche Pekari und der Tapir sowie das eigentümliche Wasserschwein oder Capybara, hier *chiguiro* genannt – es ist das größte aller Nagetiere mit bis zu 48 cm Schulterhöhe und 55 kg Gewicht.

Der kolumbianische Teil des Amazonas ist die Heimat des rosafarbenen *boto* (Amazonas-Flussdelfin), des Amazonas-Manati (einer Rundschwanz-Seekuh) und der gefürchteten Anakonda *(Eunectes murinus)*, einer Riesenschlange, die über sechs Meter lang werden kann.

Kolumbiens zu Recht berühmte Vogelwelt glänzt mit 132 Kolibriarten, 24 Tukanarten und 57 Spezies farbenprächtiger Sittiche und Aras. Dazu kommen Eisvögel, Trogone, Waldsänger und sechs der sieben Arten von Neuweltgeiern, darunter der Andenkondor, der auch auf dem kolumbianischen Wappen prangt.

Wer gern Vögel beobachtet, sollte sich *A Guide to the Birds of Colombia* (1986) von Stephen L. Hilty und William L. Brown besorgen. Zwei gute Internetquellen sind www.colombiabirding.com und www.proaves.org

Auch in den Gewässern herrscht reiches Leben, sowohl in den ausgedehnten Flusssystemen als auch an beiden Küsten. Die Inseln San Andrés und Providencia können sich einiger der größten und fruchtbarsten Korallenriffe in Amerika rühmen. Im Jahr 2000 erklärte die Unesco das Gebiet zum Meeres-Biosphärenreservat, um das dortige Ökosystem zu schützen. Die Riffe gehören zu den intaktesten in der Karibik und spielen eine wichtige ökologische Rolle für die Meeresgesundheit. Sie bieten Nahrungsgründe und Eiablageplätze für vier Meeresschildkrö-

DIE GROSSE KRABBENWANDERUNG AUF PROVIDENCIA

So etwas sieht man wirklich nicht alle Tage: Auf Providencia kann man eine Woche lang im April zusehen, wie die Halloweenkrabben, sehr eindrucksvolle Landkrabben, aus den Bergen hinabsteigen und auf ihre etwas plumpe Weise zum Meer wandern, wo die weiblichen Tiere ihre Eier ablegen, die dann von den Männchen befruchtet werden. Kurz darauf machen sich die Tiere dann auf den Weg zurück ins Landesinnere. Während dieser Zeit ist die einzige Straße, die um diese winzige Karibikinsel herumführt, komplett gesperrt; das Leben wird für die Bewohner dann noch ruhiger als gewöhnlich, denn die Inselbewohner können sich während der Krabbenwanderung nur zu Fuß fortbewegen.

Ein paar Monate später, normalerweise etwa im Juli, verlassen die winzigen Jungkrabben das Meer und machen sich ebenfalls auf den Weg in die Berge. Auch während dieser zweiten Wanderung kommt das öffentliche Leben auf der Insel zum Erliegen. Tag und Nacht hört man jetzt ein Rascheln und Knistern; das sind die kleinen Krabben, die etwas ungelenk in riesigen Scharen unterwegs sind. Wer Glück hat und gerade während einer der beiden Wanderungen auf Providencia ankommt, wird dieses – ein wenig gespenstische – Erlebnis niemals vergessen.

tenarten und viele Fische sowie Krebstiere. Mittlerweile wurde erkannt, dass bestimmte Fischbestände in den Florida Keys direkt von diesen kolumbianischen Riffen als Laichgründen abhängen. Auf der Insel Providencia lebt die eigenartige Halloweenkrabbe *(Gecarcinus ruricola)*, eine Krabbenart, die auf dem Land heimisch ist und einmal im Jahr zum Meer wandert, um dort Eier abzulegen; die Krabbenwanderung sorgt alljährlich für beträchtliches Aufsehen.

Bedrohte Arten

Die weite Savanne von Los Llanos ist die Heimat einiger der bedrohtesten Arten Kolumbiens. Dazu gehört das Orinoco-Krokodil, das bis zu 7 m lang werden kann. Laut Naturschutzbehörde gibt es nur noch 1800 in Freiheit lebende Exemplare dieser Panzerechsen, weshalb sie zu den vom Aussterben bedrohten Reptilien zählen. Weitere gefährdete Tiere in Los Llanos sind die Arrauschildkröte, das Riesengürteltier, der Riesenotter und der Isidoradler *(Oroaetus isidori)*.

Das Listäffchen mit der weißen Künstlermähne wiegt nur 500 g. Es zählt wie der Braune Klammeraffe zu den bedrohtesten Primaten der Welt. Die International Union for Conservation of Nature (IUCN) hat beide Arten in ihre Rote Liste aufgenommen. Diese Aufstellung selten werdender Tiere enthält auch die Schlankbeutelratte oder Mausopossum *(Marmosops handleyi)*, die entfernt krähenähnliche Bergkassike und den Bergtapir sowie die beiden berühmten Amazonasbewohner, den rosa Flussdelfin und die strombewohnende kleine Seekuh.

Zu beachten ist, dass einige abgelegene Restaurants und Bars Schildkröteneier, Leguane und andere bedrohte Tierarten auf ihrer Speisekarte haben. Und bitte daran denken, dass der *pirarucú* oder Arapaima *(Arapaima gigas)*, der größte Süßwasserfisch (populär im Amazonasbecken rund um Leticia), bereits überfischt wurde. Die Einheimischen ignorieren auch die Schutzbestimmungen zur Laichzeit. Wer solche Fische ver-

Der berühmte deutsche Geograf und Botaniker Alexander von Humboldt erforschte einige Gebiete im heutigen Kolumbien und beschrieb sie aufs Genaueste in *Reise in die Äquinoktial-Gegenden des Neuen Kontinents.*

GRÜNE LEIDENSCHAFT

Kolumbien fördert die weltweit größte Menge an Smaragden (50 %, im Vergleich zu Sambia mit 20 % und Brasilien mit 15 %). Das klingt für Edelsteinsucher verlockend, erweist sich aber bei genauerem Hinsehen als ungünstig für die Umwelt und vielleicht auch für das gesamte Land. Die Konflikte und die Umweltschäden, die mit diesem begehrten Edelstein verbunden sind, ähneln in gewisser Weise den Problemen des Landes mit Kokain und Heroin.

Zu den Hauptfördergebieten in Kolumbien zählen Muzo, Coscuez, La Pita und Chivor; sie liegen allesamt in der Provinz Boyacá. Als die Spanier die Smaragde erblickten, die in präkolumbischer Zeit in Musa gefördert wurden, verloren sie fast den Verstand. Sie taten alles, um an noch mehr dieser glänzend grünen Steine zu kommen. Zunächst erklärten sie die einheimische Bevölkerung zu Fördersklaven, später ersetzten sie diese Arbeiter durch Sklaven aus Afrika. Viele der heutigen Bergleute sind direkte Nachkommen dieser Leibeigenen und leben unter nur geringfügig besseren Bedingungen.

Die großen Lagerstätten in diesen Gebieten führten indirekt zu Umwelt- und sozialen Problemen. Willkürliches Schürfen wühlte das Land auf. In ihrem Bemühen, neue Fundstätten auszukundschaften, um ihre erbärmlichen Lebensbedingungen zu verbessern, arbeiteten sich Smaragdsucher immer weiter in die Wälder vor. Unter den rivalisierenden Gruppen kam es zu erbitterten Gefechten. Zwischen 1984 und 1990 wurden in einem der blutigsten „Smaragdkriege" der jüngsten Geschichte allein in Muzo 3500 Menschen umgebracht. Dennoch treibt das „grüne Fieber" weiterhin Glücksritter und Abenteurer aus allen Ecken des Landes hierher. Und es kühlt wohl nicht ab, bis das letzte grüne Schmuckstück aus der Erde geholt ist.

zehrt, fördert ihr Aussterben. Auf den Speisekarten im Amazonasbecken findet man durchaus Alternativen.

Pflanzen

Die kolumbianische Pflanzenwelt ist nicht weniger imponierend als die Tierwelt. Hier wachsen mehr als 130 000 Pflanzenarten, ein Drittel davon ist sogar endemisch. Das ergibt aber noch kein vollständiges Bild: In großen Teilen des Landes, darunter unzugängliche Gebiete am Amazonas, werden noch viele bisher unentdeckte Arten vermutet. Schätzungen zufolge müssen noch mindestens 2000 Pflanzenarten näher bestimmt werden, und noch sehr viel mehr Pflanzen wird man wohl auf einen möglichen medizinischen Nutzen hin untersuchen.

In Kolumbien kommen etwa 3500 Orchideenarten vor, mehr als sonst irgendwo auf der Welt. Viele sind im Land endemisch, etwa *Cattleya trianae,* die Nationalblume Kolumbiens. Orchideen wachsen praktisch in allen Regionen und Klimazonen des Landes, meist aber in Höhen zwischen 1000 und 2000 m, besonders in der nordwestlichen Provinz Antioquia.

Noch höher, wo Wolken schon die Gipfel streifen, findet sich *frailejón,* eine einzigartige gelb blühende, mehrjährige Rosettenstaude, die nur in Höhen über 3000 m wächst. Es gibt 88 *frailejón*-Arten, die meisten davon in Kolumbien. Sie wachsen in geschützten Lagen der Sierra Madre de Santa Marta und Sierra Nevada del Cocuy sowie im Santuario de Iguaque.

Kolumbien ist nach den Niederlanden der zweitgrößte Erzeuger von Schnittblumen. Alljährlich werden Blumen im Wert von 1 Mrd. US$ exportiert, die meisten von ihnen in die USA. Am Valentinstag kaufen die US-Amerikaner 300 Mio. kolumbianische Rosen. Im Angebot hat das Land sogar 1500 verschiedene Blumensorten.

Nationalparks

Kolumbien besitzt 55 Nationalparks, Floren-, Faunenschutzgebiete und andere Naturreservate. Sie werden von der staatlichen Einrichtung **Parques Nacionales Naturales (PNN) de Colombia** (☏353 2400; www.parquesnacionales.gov.co) verwaltet.

Wenn ein Gebiet zum Nationalpark erklärt wird, so hören damit leider noch nicht die Guerilla-Aktivitäten, der Drogenanbau, wilde Agrarnutzung, Holzeinschlag, Schürferei und Wildern auf. Die meisten Parks im Amazonasbecken (Ausnahme: Amacayacu) und entlang der Grenzen zu Ecuador müssen eher als „schwach im Einhalten der Bestimmungen" klassifiziert werden. Andere Parks wie Los Katios, eine Unesco-Welterbestätte nahe der Darién-Gap, einer letzten Lücke in der Transamericana, sind geöffnet; sie bleiben aber unsicher und der Zugang ist beschränkt. Vor der Weiterreise sollte man sich über den aktuellen Sicherheitszustand informieren.

Andererseits gibt es viele Parks, die noch vor wenigen Jahren schwer erreichbar waren und die jetzt Besuchern offen stehen. Sie werden in diesem Buch aufgeführt. Mit dem jüngsten Anwachsen des Tourismus und Ökotourismus pumpt die Regierung schließlich Pesos in ihr lange unterfinanziertes Nationalparksystem. In letzter Zeit wurden neue Parks eröffnet und weitere befinden sich in Planung. Die bestehenden Parks erhalten endlich ihre dringend benötigten Besuchereinrichtungen wie Unterkünfte und Verpflegungseinrichtungen, eine Seltenheit in Kolumbien.

Dies alles vollzog sich nicht ohne Widerspruch. Die PNN hat damit begonnen, in einigen Nationalparks mit Privatfirmen Verträge abzuschließen, was, wie manche Umweltschützer befürchten, zu einer übermäßigen Erschließung führen könnte. Einige fürchten, dass die Preise hochschnellen könnten und die Parks für den Durchschnittskolumbianer unzugänglich werden. Allerdings gab es Erfolge beim Überprüfen solcher Vorkommnisse. Ein für 2011 geplanter 7-Sterne-Hotelkomplex im Parque Nacional Natural (PNN) Tayrona wurde wegen Einwänden der Umweltschützer aufgegeben.

Kolumbien ist der drittgrößte Kaffee-Exporteur (nach Brasilien und Vietnam). 2010 verließen 8 Mio. 60-kg-Säcke das Land und brachten 2,8 Mrd. US$ ein. Der Dauerregen von 2011 und 2012 führte dann allerdings zu einem herben Rückschlag.

NATUR & UMWELT NATIONALPARKS

Kolumbiens beliebteste Parks finden sich an den ursprünglichsten Küsten. Am weitaus beliebtesten ist der Parque Nacional Natural Tayrona, gefolgt von PNN Corales del Rosarioy San Bernardino und PNN Isla Gorgona. Viele andere Nationalparks bieten nur schlichte Einrichtungen wie Hütten, einfache Schlafplätze und Campingplätze. Reisende, die über Nacht bleiben wollen, müssen dies zuvor beim PNN-Zentalbüro in Bogotá (S. 84) anmelden. Es gibt weitere PNN-Regionalbüros in den meisten größeren Städten und in den Parks selbst. Die Mehrzahl der Parks fordert eine Eintrittsgebühr, die beim Eingang oder im PNN-Regionalbüro bezahlt werden kann.

Es lohnt sich, rechtzeitig bei Reisebüros und dem aktuellen Service der Parks nach der Sicherheit und den Wetterbedingungen zu fragen.

Private Parks & Schutzgebiete

In den letzten Jahren hat die Anzahl privat geführter Naturreservate in Eigenbesitz zugenommen. Organisatoren sind die jeweiligen Besitzer, ländliche Gemeinden, Stiftungen und staatsunabhängige Verbände. Viele sind klein sowie in Familienbesitz und bieten manchmal einfache Besuchereinrichtungen und Verpflegung an. Rund 230 dieser Privatparks stehen in Verbindung mit der **Asociación Red Colombiana de Reservas Naturales de la Sociedad Civil** (http://resnatur.org.co). Diese Vereinigung spielt in der Parkszene erst seit Kurzem eine Rolle.

Künftige Parks könnten eher so aussehen wie der neue **Parque Nacional del Chicamocha** (S. 127). Das gewinnorientierte Resort in der Nähe von Bucaramanga öffnete im Dezember 2006 seine Pforten. Die Kosten beliefen sich auf 20 Mio. US$. Hier kann man nicht nur wandern, sondern in eine komplette Erlebniswelt eintauchen: mit Restaurants, Cafés, Fahrgeschäften, Seilbahn, einem Zoo und einem Wasserpark.

Umweltprobleme

Viele Aufgaben warten noch auf ihre Lösung. Die Probleme liegen im Klimawandel, Habitatsverlust und in der abnehmenden Biodiversität, bedingt duch Megaplantagen. Der Zwang, eine marktorientierte Wirtschaft zu entwickeln und in weltweiten Wettbewerb zu treten, hat Kolumbien dazu veranlasst, das Land und die natürlichen Ressourcen auszubeuten. Dazu gehören immer größere Farmen, legaler und illegaler Holzeinschlag sowie Bergbau und Ölförderung. Dies alles stellt eine Bedrohung der Umwelt dar. Die Entwaldung hat die Aussterbensrate bei vielen Tier- und Pflanzenarten beschleunigt und den Boden aus dem Gleichgewicht gebracht, was wiederum zu verschlammten Flüssen und Verheerungen unter den Meereslebewesen führte.

Noch gravierender für die Umwelt ist der illegale Drogenhandel und der Anbau von Marihuana sowie Opium-Mohn neben der Kokainerzeugung. Der Versuch, die Bauern von Koka-Pflanzungen abzubringen, hat das Problem nur verlagert. Sie ziehen jetzt einfach höher hinauf, zu abgelegenen Hängen und Urwäldern der Anden, ins Amazonasbecken und in Nationalparks. Auch der Opium-Mohn wird in höheren Lagen angebaut. Kolumbiens Antidrogenpolitik wird von den USA finanziell unterstützt. Das Bekämpfen von Koka-Feldern aus der Luft hat aber nicht nur die Zielpflanzen zerstört, die ausgebrachten Herbizide vernichten auch die umgebende Vegetation und sickern ins Grundwasser ein.

Umweltschützer setzen sich mittlerweile lautstärker zur Wehr. 2006 unterzeichnete Álvaro Uribe ein umstrittenes Gesetz zur Nutzung des Waldes, das dem Holzeinschlag Tür und Tor öffnete. Kolumbianische und internationale Umweltschützer intervenierten gegen die Pläne der Regierung – und siegten. Das Verfassungsgericht Kolumbiens erklärte das Waldnutzungsgesetz für verfassungswidrig, weil die indigenen Bewohner nicht befragt wurden. Diese Runde ging also an die Grünen.

Eine der einflussreichsten Rechtshilfegruppen hinsichtlich des Umweltschutzes heißt Conservación Internacional. Die Internetadresse http://conservation.org.co bietet mehr Informationen über ihre positive Arbeit.

Praktische Informationen

Sicher reisen

Nur wenige Länder in Lateinamerika haben mehr für ihren Imagewandel getan als Kolumbien. In den 1980er- und 1990er-Jahren, als eine Mischung aus paramilitärischem Konflikt und internationalem Drogenkrieg sich verheerend auf das Alltagsleben auswirkte, war das Land ein gefürchteter dunkler Fleck auf der Landkarte des internationalen Tourismus. Heute halten die meisten Reisenden Kolumbien für sicherer als alle unmittelbaren Nachbarländer – eine erstaunliche Wende.

Probleme gibt es jedoch noch immer: Straßenkriminalität ist weiterhin vorhanden, sogar mit steigender Tendenz in Bogotá. Wachsamkeit und gesunder Menschenverstand sind also stets erforderlich. Und Guerrillakämpfer, Paramilitärs und Drogenhändler treiben noch immer in vielen kolumbianischen Provinzen ihr Unwesen (allerdings werden sie immer weiter in den Untergrund abgedrängt).

Wer stets aufpasst und sich nicht in dubiose Stadtteile begibt und nach Einbruch der Dunkelheit besonders wachsam ist, wird Kolumbien in vollen Zügen und unbeschwert genießen können.

Sichere & unsichere Gebiete

Alle in diesem Buch beschriebenen Regionen sind in der Regel vor Guerrillakämpfern und paramilitärischen Gruppen sicher. Wer sich nicht von den empfohlenen Wegen entfernt, sollte eigentlich keine Probleme haben. Regionen, die hier nicht auftauchen, wurden in der Regel wegen Sicherheitsproblemen bewusst ausgelassen.

Die Fuerzas Armadas Revolucionarias de Colombia (FARC) und/oder Paramilitärs treiben sich noch im Chocó, in Cauca, in Teilen von Nariño, in den ländlichen Gebieten von Huila, Putumayo, Meta, im Dschungelgebiet östlich der Anden (außer rund um Leticia) und in Teilen des Nordostens (besonders in Arauca) herum. Diese Gegenden sollten gemieden werden, wenn sie im Buch nicht eigens beschrieben sind.

Unbedingt beachten sollte man auch die aktuellen Sicherheitshinweise der Außenministerien, etwa auf der Website des Auswärtigen Amtes der Bundesrepublik Deutschland. Dort finden sich beispielsweise Hinweise auf Regionen bzw. Stadtviertel, die in den zurückliegenden Monaten Schauplätze von Sprengstoffanschlägen waren oder in denen immer mehr noch ausländische Staatsangehörige entführt werden; Letzteres war bei Redaktionsschluss vor allem im Grenzgebiet zu Venezuela der Fall. Nach Zwischenfällen auf beiden Seiten hat die FARC überdies im Mai 2015 die einseitig erklärte Waffenruhe beendet; ob dieser Schritt die Sicherheitslage wieder verändert, bleibt abzuwarten.

Guerrillas & Paramilitärs

Es gibt in abgelegenen Regionen Kolumbiens noch immer

AMTLICHE REISEHINWEISE

Staatliche Websites mit nützlichen Reisehinweisen:

Auswärtiges Amt Deutschland (☎030-1817 0; www. auswaertiges-amt.de)

Außenministerium Österreich (☎050 11 50-4411; www. bmeia.gv.at)

Eidgenössisches Departement für auswärtige Angelegenheiten (☎0800-24-7-365; www.eda.admin.ch)

US State Department (☎888-407-4747; http://travel. state.gov)

PRAKTISCHE TIPPS

➡ Auf keinen Fall durch abgelegene Gegenden wandern, vor allem nicht ohne vorher die Sicherheitslage vor Ort geprüft zu haben.

➡ Nachts beim Abheben von Geld an Geldautomaten äußerste Vorsicht walten lassen, besonders in völlig unbelebten Straßen.

➡ Für den Fall eines Raubüberfalls immer ein schnell greifbares Geldbündel aus kleinen Scheinen dabei haben.

➡ Drogentourismus unbedingt vermeiden.

➡ Vorsicht vor Getränken oder Zigaretten, die von Fremden oder neuen „Freunden" angeboten werden.

➡ Vorsicht auch vor Kriminellen, die sich als Zivilfahnder ausgeben.

➡ Besondere Vorsicht gilt in Taganga, wo sich die Sicherheitslage in den letzten Jahren verschärft hat. Insbesondere sollte man nicht zu Fuß zu den Stränden außerhalb der Stadt gehen, denn hier ist schon so mancher Überfall am helllichten Tage verübt worden. Stattdessen besser mit einem Boot dorthin fahren.

➡ Möglichst nicht die Nachtbusse zwischen Popayán und San Agustín benutzen, da diese oft überfallen werden.

vereinzelte Ecken, in denen die Guerrilla aktiv ist, obwohl die FARC, die Hauptkidnapper im Lande, dieser Praxis abgeschworen haben. Die Ejército de Liberación Nacional (ELN), also die nationale Befreiungsarmee, hat sich diesem Verzicht aber bisher noch nicht angeschlossen.

Wer abseits der von Touristen besuchten Gegenden unterwegs sein möchte, sollte das, wenn überhaupt, nur mit äußerster Vorsicht tun. Im schlimmsten Fall droht in diesen Gegenden eine politisch oder finanziell motivierte Entführung.

Die Hälfte des Landes wird in diesem Reiseführer überhaupt nicht besprochen, weil die Sicherheitslage dort zweifelhaft und die touristische Infrastruktur einfach gar nicht vorhanden ist. Zu diesen Gegenden zählen große Teile des Westens und des Amazonasbeckens (die hier im Buch vorgestellten Regionen im Amazonasgebiet sind dagegen äußerst sicher und können bereist werden).

Diebstahl & Raub

Die am weitesten verbreitete Gefahr für Reisende ist Diebstahl. In den größten Städten ist das Problem in der Regel am gravierendsten. Die üblichsten Methoden sind das Entreißen der Tasche, des Handys oder des Fotoapparats, dann folgen Taschendiebstahl und das Ausnutzen von Momenten der Unachtsamkeit, die dem Dieb reichen, um das begehrte Objekt zu ergreifen und wegzulaufen.

Ablenkung ist oft Teil der Strategie von Dieben. Sie arbeiten meistens zu zweit oder als Gruppe, oft auch auf Motorrädern. Einer oder mehrere lenken das Opfer ab, während der Komplize den Diebstahl ausführt. Manchmal freunden sich die Täter sogar vermeintlich mit ihrem Opfer an oder täuschen vor, Polizisten zu sein und fordern dann eine Durchsuchung des Gepäcks. In Banken ist besondere Vorsicht an Geldautomaten geboten, auch vor Kriminellen, die sich als Bankangestellte ausgeben und freundlich ihre Hilfe anbieten – eine übliche Taktik beim Raub.

Wenn möglich, sollte man vor einem Ausflug Geld und Wertgegenstände an einem sicheren Ort aufbewahren. Es ist auf jeden Fall sinnvoll, ein Bündel kleiner Geldscheine mit sich zu führen, maximal 50 000 bis 100 000 COP, das bei einem möglichen Überfall ausgehändigt werden kann; hat man wirklich keinen Peso in der Tasche, könnten die Räuber sich verprellt fühlen und unberechenbar reagieren.

Bewaffnete Überfälle in Städten kommen sogar in den besseren Vierteln vor. Wer von Räubern bedrängt wird, sollte ihnen lieber aushändigen, was sie verlangen. Aber man sollte dabei möglichst die Nerven behalten und nicht gleich eilfertig sämtliche Wertgegenstände anbieten – oftmals geben sie sich schon mit den vorbereiteten Bündeln aus Gelscheinen zufrieden. Auf keinen Fall sollte man weglaufen oder sich wehren; das Risiko ist zu groß und manche Leute wurden schon wegen Kleingeld ermordet. Hilfe von Passanten ist nicht zu erwarten.

Drogen

Kokain und Marihuana sind preiswert und in den größeren Städten Kolumbiens fast überall zu haben. Kauf und Genuss von Drogen sind jedoch alles andere als ratsam. Viele Kolumbianer halten den kolumbianischen Drogentourismus für ziemlich abstoßend, insbesondere in kleineren Städten. Ganz wichtig ist auch, dass die Mehrheit der Kolumbianer keinerlei Drogen nimmt und eher davon ausgeht, dass der ausländische Drogenhandel für den anhaltenden Bürgerkrieg verantwortlich ist. Sich also nach Drogen zu erkundigen oder sie offen zu nehmen, kann einen ganz schön in Schwierigkeiten bringen (es ist ohnehin verboten, auch kleine Mengen an Drogen zu kaufen, zu verkaufen oder zu konsumieren).

Eine weitere besorgniserregende Entwicklung besteht darin, dass in den letzten Jahren immer mehr Reisende nach Kolumbien kommen, um *ayahuasca* (oder *yagé*, wie die Kolumbianer es oft nennen) zu nehmen. Diese Droge wird aus verschiedenen Pflanzen des Regenwaldes gewonnen und von den indigenen Völkern Kolumbiens seit Jahrhunderten in religiösen Zeremonien benutzt. Sie ruft neben Durchfall und Erbrechen unglaublich starke Halluzinationen hervor. 2014 starb ein 19-jähriger britischer Rucksackreisender bei Putumayo, weil er diese Droge ausprobiert hatte. Es sei an dieser Stelle dringend davon abgeraten!

Manchmal werden Drogen auf der Straße, in einer Bar oder in einer Disko angeboten, was man aber niemals akzeptieren sollte. Die Anbieter könnten Lockvögel für die Polizei sein oder ihre Komplizen folgen ihrem Opfer, halten es später an, zeigen gefälschte Polizeiausweise vor und drohen mit Gefängnis, wenn man nicht extra bezahlt.

Berichten zufolge werden Reisenden gelegentlich Drogen untergeschoben, also Vorsicht. Die Bitte eines Fremden auf einem Flughafen, sein Gepäck als Teil des eigenen zugelassenen Gepäckumfangs mit an Bord zu nehmen, sollte man stets ablehnen.

Drinks mit K.-o.-Tropfen

Burundanga ist eine Droge, die aus einer in Kolumbien weit verbreiteten Baumart gewonnen und gern von Dieben benutzt wird, um ihr Opfer bewusstlos zu machen. Sie kann in Süßigkeiten, Zigaretten, Kaugummi, Schnaps, Bier – praktisch in alle Speisen und Getränke – gemischt werden und schmeckt und riecht nach gar nichts.

Der Haupteffekt einer „normalen" Dosis ist der Verlust der Willenskraft, selbst wenn man noch bei Bewusstsein ist. Der Dieb kann dann sämtliche Wertsachen verlangen, ohne dass das Opfer Widerstand leistet. Auch kam es unter dem Einfluss von Burundanga schon zu Vergewaltigungen. Weitere Auswirkungen sind Gedächtnisverlust und Schläfrigkeit; diese kann ein paar Stunden, aber auch mehrere Tage anhalten. Eine Überdosis kann tödlich sein.

Umgang mit Polizei & Militär

Das kolumbianische Militär ist zwar höchst zuverlässig und die Bundespolizei gilt als unbestechlich, aber örtliche Polizisten haben einen eher durchwachsenen Ruf. Sie verdienen nicht sehr viel Geld, und es wurde schon von Bestechlichkeit und Schikanen gegenüber Touristen berichtet.

Stets sollte man eine Fotokopie des Reisepasses mit dem Einreisestempel mitführen (Ärger lässt sich am ehesten vermeiden, wenn die Papiere in Ordnung sind). Drogen jeglicher Art sollte man niemals dabeihaben, weder auf der Straße noch unterwegs auf Reisen.

In touristischen Gegenden gibt es immer häufiger Touristenpolizisten, von denen viele etwas Englisch sprechen. Sie sind uniformiert und leicht an den Armbinden mit der Aufschrift Policía de Turismo zu erkennen. Beim ersten Anzeichen von Schwierigkeiten sind sie der erste Anlaufpunkt.

Sind Reisepass, Wertsachen oder andere Gegenstände gestohlen worden, ist eine *denuncia* (Meldung) auf der Polizeiwache unerlässlich. Der diensthabende

---

FERIEN MIT KOKAIN? VORSICHT VOR DEN FOLGEN

Drogentourismus ist in Kolumbien eine bedauerliche Realität. Und warum auch nicht, denken manche: Kokain ist billig, oder? *Nicht wirklich.*

Was wie ein harmloser Zeitvertreib wirken mag, trägt direkt zu der Gewalt und dem Chaos bei, die sich täglich auf dem kolumbianischen Land abspielen. Menschen kämpfen und sterben für die Macht im Kokainhandel. Der Erwerb und Gebrauch von Kokain finanziert diesen Konflikt. Man schätzt, dass schon allein die FARC zwischen 200 und 300 Mio. US$ pro Jahr an der Kokainproduktion verdient.

Noch schlimmer ist es, dass die Nebenprodukte bei der Herstellung von Kokain extrem umweltschädlich sind. Der Produktionsprozess erfordert giftige Chemikalien wie Kerosin, Schwefelsäure, Azeton und Karbid, die anschließend einfach in den Boden oder in Bäche und Flüsse gelassen werden. Zudem werden schätzungsweise jährlich zwischen 500 und 3000 km² unberührter Regenwald für die Koka-Produktion abgeholzt.

Kolumbien ist eines der schönsten Länder der Welt. Die Menschen, die Musik, das Tanzen, das Essen – es gibt bereits genug überwältigende Stimulation für die Sinne. Das alles lässt sich am besten mit einer eiskalten *cerveza michelada* (Bier mit Steinsalz und Limonensaft) genießen, nicht mit Kokain.

Beamte schreibt die Aussage nach Darstellung des Opfers nieder. In diesem Protokoll sollten die Beschreibung des Tathergangs und eine Liste der gestohlenen Gegenstände enthalten sein. Bei der Beschreibung sollte man genau auf die Formulierung achten, alle gestohlenen Gegenstände und Dokumente erwähnen und dann die Aussage vor Unterzeichnung sorgfältig überprüfen. Die eigene Abschrift der Aussage dient als vorläufiger Identitätsnachweis, außerdem ist sie erforderlich, um den Versicherungsanspruch geltend zu machen.

Wer in irgendeiner Weise mit der Polizei zu tun bekommt, sollte die Ruhe bewahren und höflich bleiben und stets das formelle *usted* benutzen (das Wort für „Sie" statt *tu* für „Du"). Wachsamkeit ist auch nötig, wenn die Polizisten Gepäck und Taschen kontrollieren.

Betrügereien

Unter gar keinen Umständen sollte man Polizeibeamten in Zivil eine Kontrolle erlauben, wenn sie Reisepass und Geld überprüfen wollen. Es kommt vor, dass Kriminelle, die sich als Zivilfahnder ausgeben, Touristen auf der Straße anhalten, sich mit gefälschten Papieren ausweisen und dann eine Pass- und Geldkontrolle verlangen. Ein üblicher Trick ist die Behauptung dieser „Beamten", dass es sich um Falschgeld handelt, das natürlich konfisziert wird (eine Variante dieser Masche bezieht sich auch auf Schmuck). Die echte kolumbianische Polizei würde niemals so vorgehen. In solchen Fällen sollte man einen uniformierten Polizisten oder einen ehrbar aussehenden Passanten als Zeugen des Vorfalls ansprechen und unbedingt eine echte Polizeiwache anrufen. Die „Beamten" werden sich bis dahin wahrscheinlich klammheimlich aus dem Staub gemacht haben.

Überlandfahrten

Reisen über Land dürften in den meisten Teilen Kolumbiens, besonders bei Tag, keine Probleme bereiten, abgesehen von der Schwierigkeit, die passende Musik auf dem iPod auszuwählen, um den lauten und fragwürdigen Musikgeschmack des Busfahrers zu übertönen. In der Vergangenheit waren Nachtbusse nicht gerade empfehlenswert – die Kämpfer der FARC kontrollierten viele der größeren Landstraßen –, aber heute ist das nicht mehr der Fall. Nachtbusse zu den meisten Zielorten bieten eine bequeme Art des Reisens, um den Tag nicht mit langen Fahrten zu verschwenden. Außerdem spart man sich die Ausgabe für eine Unterkunft.

Die einzigen Strecken, die man bei Nachtfahrten meiden sollte, sind die Straße von Popayán nach Pasto und zur Grenze mit Ecuador, außerdem in geringerem Maße (aber immer noch heikel!) die Straße von Bucaramanga nach Santa Marta. Guerillas sind hier nicht mehr aktiv, aber es gab Berichte über bewaffnete Diebe, die Busse anhalten und alle Passagiere ausrauben.

Allgemeine Informationen

Alleinreisende

➡ Wer alleine reist, wird in Kolumbien nur selten Probleme bekommen. Es gibt in allen wichtigen Städten Hostels und viele kleine Lokale; meist findet man Anschluss an andere Reisende, die auf ähnlichen Routen im Land unterwegs sind.

➡ Wer in abgelegene Regionen reist, in die sich nur selten Ausländer verirren, oder wer sich ganz allgemein über die Sicherheitslage Sorgen macht, sollte sich einen Begleiter suchen (so wird man auch weniger mit Straßenkriminalität konfrontiert sein).

Arbeiten in Kolumbien

➡ Es gibt eine steigende Nachfrage nach qualifizierten Englischlehrern. Einige Schulen zahlen bei kurzer Unterrichtszeit den Lohn bar auf die Hand, wer länger arbeiten will, muss eine Schule finden, die bereit ist, sich um ein Arbeitsvisum zu kümmern.

➡ Eine Faustregel besagt: Je attraktiver eine Stadt für Reisende ist, desto schwerer wird man sich tun, eine Anstellung zu finden. Medellín beispielsweise quillt über von Englischlehrern, in Cali werden sie händeringend gesucht.

➡ Keiner sollte glauben, er werde mit seinem Unterricht reich: ein paar Millionen Pesos im Monat – mehr ist nicht drin (meist wird eher weniger gezahlt).

Botschaften & Konsulate

Die meisten Botschaften und Konsulate befinden sich in Bogotá, aber einige Länder haben auch Konsulate in anderen Städten des Landes.

Deutschland (☎1-423-2600; www.bogota.diplo.de; Calle 110 No 9-25, Edificio Torre Empresarial Pacífic, Bogotá)

Österreich hat 2012 seine Botschaft geschlossen; zuständig ist nun die Botschaft in Lima (☎0051-01-442-0503) oder entsprechende Honorarkonsulate in Kolumbien

Schweiz (☎ 1 349 72 30; www.eda.admin.ch/eda/de/home/vertretungen-und-reisehinweise/kolumbien/schweizer-vertretunginkolumbien.html; Cra. 9 No74-08, piso 11, Bogotá)

Essen

Kolumbien ist kein Land für Gourmets (wer hat schon einmal ein kolumbianisches Restaurant irgendwo unterwegs auf Reisen gesehen?). Das soll aber nicht heißen, dass man hier nicht dennoch gut essen kann: Im Land bekommt man gut zubereitete, sättigende Mahlzeiten zu einem fairen Preis.

Kolumbien ist ein fruchtbares Land: An der Küste gibt es Fisch und Kochbananen; ein farbenfrohes Sortiment an tropischen Früchten, Kaffee, Kakao und Milch bekommt man vor allem in den Bergen und günstige, frische Gemüsesorten und Fleisch in allen Ecken des Landes. Überall kann man Gerichte der *comida criolla* (kreolisches Essen) bestellen.

LAND DES KAFFEES

Wer glaubt, dass Kolumbien *mucho famoso* wegen seines Kaffees ist, liegt ein wenig falsch, denn das Land ist lediglich für die gute Vermarktung des Kaffees berühmt. Der täglich ausgeschenkte Durchschnittskaffee – der *tinto* – ist nichts für Kaffeeliebhaber. Aber Kolumbien bemüht sich inzwischen, seinem Ruf als Land des Gourmetkaffees gerecht zu werden – sortenreine Kaffeehäuser mit guten Baristas schlagen in den größeren Städten auf; Bogotá ist hier führend (S. 70).

Günstig essen für 12 000 COP kann man überall, am einfachsten zu Mittag: Die *comida corriente* (wörtlich übersetzt: „schnelles Essen") ist eine Zwei-Gänge-Mahlzeit, die mit einer Suppe beginnt, auf die ein Gericht mit Reis, Bohnen und Fleisch folgt. Dazu gibt es eine Schüssel Salat und ein Glas Saft aus Tropenfrüchten. Mittelteure Restaurants (15 000–30 000 COP) sind hinsichtlich Qualität und Service etwas besser, die Top-Restaurants verlangen über 30 000 COP.

Unbedingt probieren sollte man kolumbianische Spezialitäten wie *ajiaco* (einen Eintopf mit Andenhuhn sowie Mais, verschiedene Arten von Kartoffeln, Avocados und einem heimischen Gewürzkraut namens *guasca*) sowie *bandeja paisa* (die "*paisa*-Platte"). Darunter

ESSEN GEHEN

Die im Buch angegebenen Preise beziehen sich auf ein Mittag- oder Abendessen.

$	unter 15 000 COP
$$	15 000 bis 30 000 COP
$$$	über 30 000 COP

versteht man eine gute Portion Wurst, Bohnen, Reis, Ei und *arepa* (Maisfladen). Die Speise gilt als inoffizielles Nationalgericht, auch wenn Kritiker einwenden, dass es hauptsächlich in Antioquia verbreitet ist. An den Straßen im ganzen Land findet man schmackhafte *arepas* jeglicher Geschmacksrichtung (mit Käse, Schinken und Eiern, mit Hühnchen), *mazamorra* (ein Getränk auf Maisbasis), *empanadas* (gefüllte Teigtaschen), frisch gepressten Orangensaft

und Obstsalat. Zu den regionalen Speisen gehört noch *llapingachos* (gebratene Kartoffelküchlein mit Fleisch) und *helado de paila* (frisch geschlagene Eiscreme aus Kupferkübeln) in Nariño, *ceviche* an der Karibikküste und *tamales* in Tolima und Huila. Außerdem gibt es viele leckere Sachen für Naschkatzen: *Obleas con arequipe* sind dünne Waffeln mit einer süßen Karamellschicht, und *cuajada con melao* ist Frischkäse mit geschmolzenem Palmzucker.

PRAKTISCH & KONKRET

Maße & Gewichte In Kolumbien wird das metrische System bei Maßen und Gewichten verwendet. Einzige Ausnahme bildet das Benzin, das in amerikanischen Gallonen verkauft wird. Lebensmittel werden oft in *libras* (1 Pfund, 500 g) ausgezeichnet.

Zeitungen In allen großen Städten erscheinen eigene Tageszeitungen. Bogotás wichtigstes Blatt ist *El Tiempo* (www.eltiempo.com), das in guter Gewichtung nationale und international Nachrichten sowie Berichte aus den Themenbereichen Kultur, Sport und Wirtschaft bringt. Weitere führende Tageszeitungen sind *El Espectador* (www.elespectador.com) und *El Colombiano* (www.elcolombiano.com) in Medellín sowie *El País* (www.elpais.com.co) und *El Occidente* (www.occidente.co) in Cali. *Semana* (www.semana.com) ist die größte landesweit erscheinende Wochenzeitschrift. Eine weitere wichtige Wochenzeitung ist *Cambio* (www.cambio.com.co), ein einflussreiches meinungsbildendes Magazin.

TV Kolumbien besitzt zahlreiche nationale und örtliche Fernsehstationen. Jede Region hat ihren eigenen Sender, in Bogotá ist es der Fernsehsender **City TV** (www.citytv.com.co). Landesweit ausstrahlende Kanäle sind **Caracol TV** (www.canalcaracol.com.co), **RCN TV** (www.canalrcn.com), **Noticias Uno** (www.noticiasuno.com) und **Señal Colombia** (www.senalcolombia.tv).

Radio Radiosender gibt es in Hülle und Fülle. Empfehlenswert für alternative/moderne Rockmusik ist **Radionica** (www.senalradionica.gov.co; 99.1; Bogotá), für Kulturbeiträge und studentisches Programm das **UN Radio** (www.unradio.unal.edu.co; 98.5; Bogotá). **La Z** (101.5; Cali) der Universidad Nacional hat sich auf lateinamerikanische und Salsamusik spezialisiert.

Rauchen Die Anti-Rauchergesetze von 2009 verbieten das Rauchen in öffentlichen geschlossenen Räumen, darunter auch Bars und Restaurants. Man kann sogar einen Mitbewohner wegen Rauchens im Haus anzeigen!

Dazu noch ein paar Obstsorten: *zapote, nispero, lulo, uchuwa, borojo, curuba, mamoncillo.* Noch nie davon gehört? Kein Wunder. Und erst recht nicht anfangen, nach einer Übersetzung zu suchen – dies sind heimische Früchte aus Kolumbien, die man außerhalb des Landes kaum kennt.

Feiertage

Die folgenden Tage sind staatliche Feiertage.

Año Nuevo (Neujahr) 1. Januar

Los Reyes Magos (Heilige Drei Könige, Epiphanias) 6. Januar*

San José (Sankt-Josefs-Tag) 19. März*

Jueves Santo & Viernes Santo (Gründonnerstag und Karfreitag) März/April. Der Ostermontag ist ebenfalls ein Feiertag.

Día del Trabajo (Tag der Arbeit) 1. Mai

La Ascensión del Señor (Christi Himmelfahrt) Mai*

Corpus Cristi (Fronleichnam) Mai/Juni*

Sagrado Corazón de Jesús (Herz Jesu) Juni*

San Pedro y San Pablo (Peter und Paul) 29. Juni*

Día de la Independencia (Unabhängigkeitstag) 20. Juli

Batalla de Boyacá (Schlacht von Boyacá) 7. August

La Asunción de Nuestra Señora (Mariä Himmelfahrt) 15. August*

Día de la Raza (Entdeckung Amerikas) 12. Oktober *

Todos los Santos (Allerheiligen) 1. November *

Independencia de Cartagena (Unabhängigkeit von Cartagena) 11. November*

Inmaculada Concepción (Unbefleckte Empfängnis) 8. Dezember

Navidad (Weihnachten) 25. Dezember

* Wenn das Datum nicht auf einen Montag fällt, ist am darauffolgenden Montag frei, damit sich ein langes Wochenende ergibt (*puente*).

Allgemein gilt, dass bei jedem Feiertag, der auf einen Dienstag (oder Donnerstag) fällt, der vorausgehende Montag (oder der folgende Freitag) ebenfalls ein freier Tag wird.

Frauen unterwegs

➜ Alleinreisende Frauen werden nur selten unterwegs Probleme haben.

➜ Wie überall auf der Welt sollte man aber auch in Kolumbien ein paar Grundregeln beachten und einhalten: den gesunden Menschenverstand einsetzen, nicht allein in dubiosen Vierteln nach Einbruch der Dunkelheit herumlaufen und immer ein Auge auf das eigene Getränk haben (damit keine Betäubungsmittel hineingemischt werden können).

➜ Frauen werden häufig Opfer von Handtaschenraub oder sonstigen Angriffen, da man nicht mit viel Gegenwehr rechnet.

➜ Auch alleine ein Taxi in der Dunkelheit zu besteigen, empfiehlt sich nicht – ab und zu werden Übergriffe auf alleinreisende Frauen gemeldet.

Freiwilligendienst

In Kolumbien gibt es viele Möglichkeiten zum Freiwilligendienst.

Techo (☎1-285-3057; www. techo.org) Diese von Jugendlichen geleitete Organisation versucht in 19 lateinamerikanischen Ländern, darunter auch in Kolumbien, Slums in Gemeinschaften mit eigenen Befugnissen zu verwandeln. Die Freiwilligen bauen zusammen mit den ärmsten Familien Häuser.

Globalteer (☎+44-117-230-9998; www.globalteer.org) Eine eingetragene britische Wohlfahrtsorganisation, die einbis zwölfwöchige Einsatzmöglichkeiten in Medellín bietet. Die Freiwilligen arbeiten mit Straßen-

kindern, in Schulen, Gemeindeprojekten und Kinderheimen. Die Kosten beginnen bei 1111 US$ einschließlich Unterbringung.

FOR Peace Presence (☎+1-646-388-4057; www.pea cepresence.org) Stellt Freiwillige in Bogotá und San José de Apartadó in Urabá ein. Das internationale Team bietet Schutz und politische Unterstützung für die Leiter und Bewohner der Peace Community, unterstützt kolumbianische Wehrdienstverweigerer und arbeitet mit Organisationen zusammen, die die Menschen vor Umweltbedrohungen durch die sich ausbreitende Industrie und vor Nichteinhaltung freier Handelsabkommen schützen. Geeignete Bewerber bleiben dann zwölf Monate vor Ort.

Let's Go Volunteer (☎321-235-0846; www.letsgovolunteer. info; Carrera 5 sur No 22-40, Ibagué) Eine kleine kolumbianische NGO, die soziale Arbeit mit benachteiligten Kindern, Frauen, die aus der Prostitution aussteigen wollen, und HIV-infizierten Kindern sowie mit Senioren anbietet. Die Kosten liegen zwischen 250 US$ (1 Woche), 500 US$ (1 Monat) und 3500 US$ für neun Monate.

Geld

➜ Landeswährung ist der kolumbianische Peso (COP).

Bargeld

➜ Scheine gibt es in der Stückelung 1000, 2000, 5000, 10 000, 20 000 und 50 000 COP. Daneben sind vor allem 100er-, 200er- und 500er Münzen im Umlauf. Münzen im Wert von 20 und 50 COP sieht man höchstens einmal im Supermarkt, einige Händler verweigern sogar die Annahme. 2012 wurde eine neue Münze zu 1000 COP eingeführt. Sie besteht aus zwei unterschiedlichen Metallen.

Geldautomaten

➜ Fast alle großen Banken haben Geldautomaten, die in der Regel auch Karten aus dem Ausland akzeptieren

(Bancolombia ist die unangenehme Ausnahme). Am besten arbeiten die Automaten von Banco de Bogotá, BBVA und ATH.

➡ Die meisten Banken beschränken die Geldausgabe auf 300 000 COP pro Transaktion, aber das ist vor Ort unterschiedlich. Davivienda und Citibank sehen an den Automaten ihrer Filialen zumindest theoretisch den doppelten Betrag vor, aber in der Praxis funktioniert das oft nicht. Wer mehr Bargeld benötigt, sollte die gewünschte Summe in zwei Tranchen ziehen, aber man muss schnell sein. Die Automaten lassen einem nur sehr wenig Zeit, sich durch das Menü zu arbeiten – nur eine Sekunde Zögern und schon wird der Vorgang abgebrochen.

➡ Wer nach Dunkelheit Geld abholen muss, sollte das nur an den Automaten innerhalb von Tankstellen tun.

Kreditkarten

➡ Kreditkarten sind im Land akzeptiert und werden vor allem in den Großstädten und Mittelstädten verwendet. Wer mit einer Kreditkarte zahlen will, sollte nach der fälligen Gebühr fragen: „¿ a cuantas cuotas?" („wie hoch sind die Gebühren?"). Kolumbianer dürfen die Abzahlung dieser Kredite über 24 Monate strecken, bei Ausländern ist das unüblich.

➡ Am verbreitetsten ist die Visa-Karte, gefolgt von der MasterCard, die jedoch nur von einigen wenigen Banken angenommen wird. Alle anderen Karten werden nur selten akzeptiert.

➡ Mit der Kreditkarte kann man sowohl in der Bank als auch am Automaten Geld abheben, in beiden Fällen braucht man seine persönliche PIN.

Internationale Überweisungen

➡ Wer schnell Geld aus dem Ausland geschickt bekommen will, sollte sich an **MoneyGram** (www.moneygram.com) oder **Western Union** (www.westernunion.com) wenden. Die Abwicklung über MoneyGram ist deutlich günstiger, über diese Bank schicken auch die meisten im Ausland lebenden Kolumbianer Geld an ihre Familien.

➡ Der Versender bezahlt den Betrag und die fälligen Gebühren in der nächstgelegenen Filiale von Money-Gram oder Western Union (oder einer Vertretung im Ausland) und hinterlegt dort den Namen des Empfängers und den Ort, an dem dieser das Geld erhalten soll/will. Ist das Geld eingezahlt, kann die Auszahlung innerhalb von 15 Minuten erfolgen. Der Empfänger muss sich mit einem Ausweis mit Foto und einem Nummern-Passwort identifizieren, das er vom Versender erhält.

➡ Beide Banken haben Büros sowohl in den großen als auch in den meisten kleineren Städten.

Geldwechsler

➡ Am empfehlenswertesten sind Abhebungen über den Geldautomaten; dort bekommt man die besten Kurse. Der US$ ist die einzige ausländische Währung, für die man in Kolumbien einigermaßen gute Kurse erwarten darf, bei allen anderen, z. B. dem Euro, fährt man deutlich schlechter.

➡ Viele, wenn auch nicht alle Banken tauschen Geld, in den großen Städten und in der Grenzregion findet man viele casas de cambio (Wechselstuben). Auf keinen Fall Geld auf der Straße tauschen! Viele illegale Geldwechsler waschen auf diese Weise Drogengeld, die Straßenhändler haben zudem flinke Finger und merkwürdig programmierte Taschenrechner. Ein gutes Geschäft hat hier noch keiner gemacht! Außerdem: Peru steht zwar auf Platz Eins, was die Produktion von gefälschten US-Dollars angeht,

Kolumbien ist auf diesem Gebiet aber ein ernstzunehmender Konkurrent.

➡ In den Banken muss man seinen Ausweis bzw. Pass bei jeder Transaktion vorzeigen, außerdem wird ein Fingerabdruck genommen. Geldwechseln ist immer mit einem Haufen Papierkram verbunden – damit soll Geldwäsche verhindert werden.

Trinkgeld & Handeln

➡ Die Gesetze schreiben vor, dass Bedienungen in Mittelklasse- und Top-Restaurants (also überall dort, wo ein Aufschlag für die Bedienung ausgewiesen wird) die Gäste fragen müssen, ob sie 10 % Trinkgeld auf die Rechnungssumme aufschlagen dürfen. In Mittelklasse-Restaurants wird es akzeptiert, wenn man diese Frage mit der höflichen Antwort „sin servicio, por favor" ablehnt, wenn man unzufrieden war. In den Top-Restaurants ruft man mit der gleichen Antwort den Manager des Ladens an den Tisch, der sich genau erkundigt, warum man die Trinkgeldzahlung verweigert.

➡ Gehandelt wird lediglich bei einigen kleinen Käufen auf Märkten und an Straßenständen.

➡ Dort, wo Taxis ohne Taxameter fahren – das gilt vor allem an der karibischen Küste –, sollte man auf jeden Fall vorab den Preis aushandeln. Wenn es zu keiner Einigung kommt, die Diskussion beenden und sich in die Schlange am nächsten Taxistand einreihen.

Gesundheit

In der Regel muss man bei Reisen in Kolumbien nicht mit gesundheitlichen Schäden rechnen, allerdings sollte man gewisse Vorsichtsmaßnahmen ergreifen und unterwegs einige Grundregeln beachten. Viele Krankheiten haben ihre Ursache in der Lage des Landes in den Tropen. Wer entlang der Küste oder durch den Regenwald fährt, muss mit kleinen „tropischen Ärgernissen" rechnen: infizierten Insektenstichen, Hautausschlägen und Beeinträchtigungen durch die Hitze.

Mit anderen, deutlich gefährlicheren Tropenkrankheiten – einschließlich Malaria und Gelbfieber – kann man sich eher abseits der touristischen Hauptrouten infizieren, z. B. bei ausgedehnten Fahrten durch die Nationalparks. Das Denguefieber tritt in vielen Tiefland-Ortschaften auf. Dort lauert auch eine 2014 erstmals in Kolumbien nachgewiesenen Krankheit, das Chikungunyafieber, das von Stechmücken übertragen wird. Mit anderen Problemen wird man nur bei Reisen in die hoch gelegenen Landesteile konfrontiert, z. B. mit *soroche* (Höhenkrankheit).

Die gute Nachricht: Kolumbien zählt zu den Ländern mit der besten medizinischen Versorgung Südamerikas.

Gesundheitsrisiken

➡ Höhenkrankheit kann all jene Reisende erwischen, die sehr schnell auf Höhen über 2500 m fahren, z. B. jene, die direkt nach Bogotá fliegen.

➡ Das Leitungswasser in Bogotá und anderen Großstädten ist sicher, Schwangere und alle, die auf Nummer sicher gehen wollen, sollten aber grundsätzlich nur Wasser aus versiegelten Flaschen trinken. In abgelegenen Regionen empfiehlt es sich, das Leitungswasser abzukochen oder mit Jodtabletten zu reinigen. Am sichersten ist aber immer Wasser aus versiegelten Flaschen.

Medizinische Versorgung

➡ Eine gute medizinische Versorgung ist in allen großen Städten gewährleistet, aber nur selten auf dem Land zu finden. Auf der Website der US-Botschaft findet man eine Liste mit Ärzten, Zahnärzten, Krankenhäusern und

ORIENTIERUNG
1 Calle 6 No 12-35   3 Diagonal 7 No 13-68
2 Carrera 11A No 7-17   4 Transversal 13 No 6-50

Apotheken im ganzen Land: http://bogota.usembassy.gov/root/pdfs/medservices.pdf

➡ Wer unterwegs eine akute, lebensgefährliche Krankheit bekommt, sollte sich wohl am besten ausfliegen lassen. Auf Krankentransportflüge hat sich **Aerosanidades** (☎300-222-1245; www.aerosanidadsas.com; Bogotá) spezialisiert; das Unternehmen hat seine Flugzeuge auf 13 Flughäfen im Land stationiert.

Infektionskrankheiten

➡ das Denguefieber, eine Viruserkrankung, wird von der Gelbfieber-Mücke übertragen, die im Allgemeinen tagsüber sticht und vor allem in der Nähe von Siedlungen anzutreffen ist (häufig auch innerhalb von Häusern). Die Krankheit ist vor allem in den Departamentos Santander, Tolima, Valle del Cauca, Norte de Santander, Meta und Huila verbreitet.

➡ Die Malaria, die ebenfalls von Mücken übertragen wird, ist vor allem in ländlichen Gegenden unter 800 m, u. a. in Amazonas, Chocó, Córdoba, Guainía, Guaviare, Putumayo und Vichada, anzutreffen.

➡ Gelbfieber ist eine lebenslang immer wieder ausbrechende Virusinfektion, die von Mücken in Waldgebieten übertragen wird, insbesondere in Höhenlagen oberhalb von 2300 m und speziell im Parque Nacional Natural (PNN) Tayrona und Ciudad Perdida. Eine Gelbfieberimpfung wird allen Reisenden nahegelegt, die in die Küstennationalparks reisen wollen. Wer nur in den Städten und im Gebirge unterwegs ist, braucht sich nicht impfen zu lassen. Man sollte allerdings bedenken, dass einige Länder, z. B. Australien, Urlauber, die direkt aus Kolumbien kommen, nur mit einer Gelbfieberimpfung einreisen lassen. Genaue Angaben findet man auf den entsprechenden Seiten des Auswärtigen Amtes.

Internetzugang

➡ Kolumbien ist ein verkabeltes Land. Internet ist überall möglich und es ist zudem noch billig – selten mehr als 2500 COP pro Stunde.

➡ In kleineren Städten und abgelegenen Gegenden ist durch den laut verkündeten ehrgeizigen Plan Vive Digital der Regierung fast überall freies WLAN ermöglicht worden. In der Regel geht man einfach in die Bücherei eines Ortes und fragt nach dem Passwort.

ORIENTIERUNG

Kolumbiens Städte und Kleinstädte sind traditionell in einem Schachbrettmuster angelegt. Die Straßen, die in nord-südlicher Richtung verlaufen, heißen Carreras, in Stadtplänen oft mit Cra, Cr oder K abgekürzt. Alle ost-west verlaufenden Straßen heißen dagegen Calles, abgekürzt mit Cll, Cl oder C. Das an sich einfache Muster wird allerdings durch Diagonalen verkompliziert, die entweder als Diagonales (meist mit ost-westlicher Ausrichtung wie die Calles) oder Transversales (im Verlauf eher den Carreras entsprechend) bezeichnet werden.

Alle Straßen sind nummeriert, das Nummernsystem dient gleichzeitig auch als Adressangabe. Jede Adresse besteht aus einer ganzen Reihe von Nummern, z. B. Calle 6 No 12–35, was in diesem Fall bedeutet, dass das Gebäude in der Calle 6 steht und 35 m von der Ecke der Carrera 12 in Richtung Carrera 13 entfernt liegt. Die Carrera 11A No 7–17 ist dementsprechend die Adresse eines Gebäudes in der Carrera 11A, das 17 m von der Ecke der Calle 7 in Richtung Calle 8 liegt. Weitere Beispiele findet man auf der Übersichtskarte.

Das System ist sehr praktisch und nachvollziehbar, sodass es in der Regel kein Problem gibt, eine gesuchte Adresse zu finden. Das kolumbianische System zählt zu den genauesten weltweit – wer die richtige Adresse hat, wird immer punktgenau vor dem gewünschten Gebäude stehen.

In den größeren Städten heißen die Hauptstraßen Avenidas oder Autopistas und tragen einen Namen und eine Nummer, sie sind aber meist unter ihren Nummern bekannt.

Cartagenas Altstadt ist die einzige kolumbianische Stadt mit jahrhundertealten Straßennamen, die dem modernen Nummernsystem bis heute widerstanden haben. Die Straßen in einigen anderen vergleichbaren Städten (z. B. Medellín) haben zwei Bezeichnungen: die historischen und die modernen mit den Nummern – verwendet werden aber nur die Zahlen.

→ Fast alle Hostels und Hotels verfügen über WLAN. Einkaufszentren bieten oft kostenloses WLAN. Gleiches gilt für größere Flughäfen sowie die meisten Restaurants und Cafés

Karten & Stadtpläne

→ Im Ausland wird man Schwierigkeiten haben, detaillierte Karten von Kolumbien zu finden. In den USA verkauft **Maps.com** (☎ 800 430 7532; www.maps.com) eine hervorragende Auswahl an Karten. Eine vergleichbar gute Auswahl ist in Großbritannien bei **Stanfords** (☎ 020 7836 1321; www.stanfords.co.uk) erhältlich.

→ Innerhalb de Landes werden den gefaltete Straßenkarten verschiedener Verlage publiziert und über die Buchläden vertrieben. Sehr zu empfehlen ist der **Guía de Rutas**

(www.rutascolombia.com) von Movistar, ein spanischer Straßenatlas von Kolumbien mit hervorragenden Karten. Man bekommt ihn in allen Mautstellen (den Busfahrer vorab bitten, die Karten für einen zu kaufen) oder in einigen Buchläden.

→ Die größte Auswahl an Karten produziert und vertreibt das **Instituto Geográfico Agustín Codazzi** (IGAC; ☎ 369-4000; www.igac.gov.co; Carrera 30 No 48–51, Bogotá), das staatliche Karteninstitut, das seine Hauptverwaltung in Bogotá und Filialen in den Hauptstädten der Provinzen unterhält.

Öffnungszeiten

Die tägliche Arbeitszeit beträgt in der Regel acht Stunden; meist arbeiten die Kolumbianer von 8 bis 12 und von 14 bis 18 Uhr, oft beginnen die Angestell-

ten aber später und hören schon früher auf. Viele Touristeninformationen sind am Samstag und Sonntag geschlossen, die Reisebüros arbeiten samstags nur bis zum Mittag.

In diesem Buch werden nur dann Öffnungszeiten angegeben, wenn sie signifikant von den im Folgenden genannten Regelöffnungszeiten abweichen:

Banken Mo–Fr 9–16, Sa 9–12 Uhr; die Zeiten variieren aber zwischen Stadt und Land. Einige Banken schließen auch über Mittag.

Bars & Nachtclubs Bars öffnen in der Regel gegen 18 Uhr und schließen je nach den gesetzlichen Vorgaben (meist um 3 Uhr). Nachtclubs haben von Donnerstag bis Samstag von 21 Uhr bis in den frühen Morgen geöffnet.

Postämter Die Öffnungszeiten variieren stark: In Bogotá haben viele Postämter an den Werktagen von 9 bis 17 Uhr geöffnet, einige Filialen zusätzlich am Samstagvormittag. An der Karibikküste schließen einige Postämter über Mittag.

Läden An Werktagen sind die meisten Läden von 9 bis 17 Uhr offen, einige schließen über Mittag. An Samstagen öffnen viele von 9 bis 12 Uhr, einige haben auch bis 17 Uhr geöffnet. Große Kaufhäuser und Supermärkte empfangen ihre Kunden Montag bis Freitag von 8 bis 21 Uhr, viele auch am Sonntag.

Restaurants Wer ein Mittagessen serviert, öffnet um 12 Uhr; diejenigen Lokale, die auch ein Frühstück anbieten, haben ab 8 Uhr geöffnet. Viele bessere Restaurants in den Großstädten, vor allem in Bogotá, haben bis 22 Uhr oder noch länger offen, in kleineren Städten schließen sie gegen 21 Uhr oder auch

schon früher. Viele Lokale haben generell am Sonntag geschlossen. Cafés öffnen meist von 8 bis 22 Uhr.

Post

➡ Kolumbiens offizieller Postdienstleister ist das relativ junge, auf den schrecklichen Namen **4-72** (www.4-72.com.co) getaufte Unternehmen, das es geschafft hat, die unter der lähmenden Last der Pensionszahlungen und Ineffizienz darniederliegende staatliche Post Adpostal (die 2006 eingestellt wurde) in einen profitablen und effizient arbeitenden Konzern umzubauen. Neben 4-72 gibt es eine ganze Reihe privater Firmen, u. a. **Avianca** (www.aviancaexpress.com), **Deprisa**

(www.deprisa.com) und **Servientrega** (www.servientrega.com).

➡ Wer sich ein Paket nach Kolumbien schicken lassen will, dem stehen verschiedene Möglichkeiten offen: Der Absender kann das Paket über Kurierdienste wie DHL senden, die eine schnelle und verlässliche Auslieferung garantieren. In diesem Fall werden die kolumbianischen Zollbeamten mit Sicherheit das Paket öffnen und den Inhalt mit einem hohen Zoll belegen. Wer es nicht so eilig hat, kann sein Paket regulär per Luftpost verschicken, es ist dann vier bis acht Wochen unterwegs.

➡ Wer Pakete oder Briefe von Kolumbien auf dem Seeweg ins Ausland verschicken will,

SHOPPEN BIS ZUM UMFALLEN

Kolumbien ist berühmt für seine Edelsteine und riesige Hängematten. Hier eine Liste lohnenswerter Einkäufe:

Edelsteine Die meisten stammen aus dem Muzo-Gebiet und werden auf einem gut florierenden Edelstein-Straßenmarkt in der südwestlichen Ecke der Avenida Jiménez und der Carrera 7 sowie auf der nahe gelegenen Plaza Rosario in Bogotá verkauft. Dort stehen Dutzende von *negociantes* (Händler), die Steine kaufen und verkaufen – teilweise einfach vom Bürgersteig aus.

Kunsthandwerk Boyacá ist die landesweit größte Kunsthandwerks-Manufaktur, die hervorragende handgewebte Stücke, Korbwaren und Keramik produziert und verkauft. An der Pazifikküste findet man eine interessante Auswahl an Korbwaren und gelegentlich die obligatorischen Gewehre, mit denen man Pfeile abschießt. Guapi ist berühmt für seine Musikinstrumente, vor allem die handgemachten Trommeln. Dort findet man auch schönen, von Hand gefertigten Goldschmuck. Wer es nicht zur Pazifikküste schafft, kann sein Glück im **Parque Artesanías** (☉10–20 Uhr) in Cali versuchen.

Holzarbeiten Pasto ist bekannt für seine Holzarbeiten – dekorative Stücke, die mit *barniz de Pasto*, einer Art Harz, überzogen werden. Keramikminiaturen von *chivas* (traditionellen Bussen) haben sich zu beliebten Souvenirs entwickelt.

Hängematten Die beliebten Hängematten gibt es in vielen regional variierenden Ausführungen – von ganz einfachen praktischen Hängematten aus Los Llanos bis hin zu kunstvollen, von den Wayuu gefertigten *chinchorros*.

Ruanas Die kolumbianischen Wollponchos, bekannt als *ruanas*, finden sich in den kühleren Zonen der Anden. In vielen Dörfern werden sie von Hand mit einfachen Mitteln und aus Naturfarben hergestellt. Bogotá und Villa de Leyva sind gute Orte, um sie zu kaufen.

Mochilas Die besten und schicksten *mochilas* (eine Art Web-Umhängetasche) sind jene aus Arhuaco aus der Sierra Nevada de Santa Marta. Sie sind nicht billig, aber wunderschön und in der Regel auch qualitativ gut.

Wer mit seiner Kreditkarte Waren im Wert von über 250 000 COP einkauft und alle Belege aufhebt, kann sich die 16 % Mehrwertsteuer zurückerstatten lassen.

muss sich ausweisen und bei der Post einen Personalausweis oder Reisepass vorlegen.

Rechtsfragen

Wer inhaftiert ist, hat das Recht auf einen Rechtsbeistand. Wer vor Ort keinen Anwalt hat, bekommt einen vom Land gestellt, das diesen auch bezahlt. Generell gilt erst einmal die Unschuldsvermutung, die Verfahren werden in der Regel schnell abgewickelt.

Meist geraten Reisende dann mit dem Gesetz in Konflikt, wenn es um Drogen geht. 2012 trug das kolumbianische Verfassungsgericht zur Dekriminalisierung bei, indem es den Besitz geringer Mengen Kokain (1 g oder weniger) und Marihuana (20 g oder weniger) für den Eigenbedarf legalisierte. Das heißt jedoch nicht, dass es empfehlenswert wäre, diese Drogen bei sich zu haben. Obwohl man in dem Fall straffrei ausgeht, kann man immer noch je nach Grad der Vergiftung zur medizinischen Behandlung geschickt werden.

Reisen mit Kindern

➡ Wie fast alle Lateinamerikaner lieben auch die Kolumbianer Kinder über alles. Aufgrund des hohen Bevölkerungswachstums machen Kinder einen beachtlichen Teil der Bevölkerung aus und sind aus dem Straßenbild nicht wegzudenken. Die Zahl ausländischer Reisender mit Kindern ist klein – wer die eigenen Kinder aber dabei hat, muss sich nicht um ausreichend Gesellschaft für seine Sprösslinge Sorgen machen.

➡ In der Stadt gibt es alle wichtigen Basisartikel für Kinder, dazu auch einige spezielle Läden für Kinderkleidung, -schuhe und -spielzeug. **Pepeganga** (www.

pepeganga.com) ist eine der bekannten Marken im Land. Windeln und Babynahrung verkaufen Supermärkte und Apotheken.

➡ Das Lonely Planet Buch *Travel with Children* bietet grundlegende Informationen zu diesem Thema.

Schwule & Lesben

➡ Im Vergleich zu einigen anderen lateinamerikanischen Ländern wird Homosexualität in Kolumbien ganz gut toleriert (sie wurde schon 1981 durch die Regierung in Bogotá legalisiert) und es gibt in den größeren Städten eine nicht unerhebliche Schwulenszene. Solange man seine Zuneigung nicht in der Öffentlichkeit zeigt, muss man keine Unannehmlichkeiten fürchten. Die meisten Kontakte werden heutzutage online geknüpft. Dazu gibt es für Männer beispielsweise die beliebte App Grindr.

➡ Im Jahr 2011 entschied das kolumbianische Verfassungsgericht, dass gleichgeschlechtliche Paare ein Recht auf eine gleichgeschlechtliche Ehe haben. Schafften es die kolumbianischen Kongressabgeordneten bis Juni 2013 nicht, ein entsprechendes Gesetz zu verabschieden, sollten alle gleichgeschlechtlichen Paare automatisch die gleichen Rechte wie verschiedengeschlechtliche Verheiratete erhalten. Der Kongress hat es nicht geschafft, und so wurde am 24. Juli 2013 die erste Ehe zwischen zwei Schwulen geschlossen. Weitere Informationen auf der Website www.guiagaycolom bia.com.

Sprachkurse

Universitäten und Sprachschulen bieten in allen größeren Städten Spanischkurse an. Generell ist es aber günstiger und ratsamer, einen Privatlehrer zu engagieren.

Die bekannten Backpacker-Hotels sind die besten Adressen, um sich nach unabhängig arbeitenden Sprachlehrern zu erkundigen. Die Einschreibung in einen Universitätskurs ist nur dann sinnvoll, wenn man länger als sechs Monate (also länger als mit Touristenvisum möglich) im Land bleiben will.

Strom

110V/60Hz

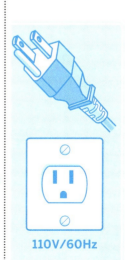

110V/60Hz

Telefon

Das Telefonsystem ist modern und funktioniert sowohl bei Inlands- wie auch bei Auslandsgesprächen. Telefónica Telecom ist der staatliche Anbieter, die Konkurrenten sind ETB und Orbitel. Öffentliche Telefone gibt es in allen großen Städten, allerdings auf dem Land nur noch vereinzelt und häufig nicht funktionsfähig. Die Auskunft hat die Nummer ☎113.

Internetcafés haben fast immer einige *cabinas* (Telefonkabinen), von denen aus Ortsgespräche für einige wenige Pesos pro Minute geführt werden können. Viele Internetcafés bieten auch einen Faxdienst an.

Mobiltelefone

Die Kolumbianer lieben ihre Handys, in den Städten hat quasi jeder zumindest eines. Die drei Hauptprovider sind **Claro** (www.claro.com.co), **Movistar** (www.movistar.co) und **Tigo** (www.tigo.com.co). Claro bietet die landesweit beste Abdeckung und ist von daher für Reisende die beste Wahl. Handys sind günstig, viele Reisende kaufen sich bei der Ankunft eines – ein einfaches Gerät kostet rund 60 000 bis 70 000 COP. Alternativ kann man auch sein eigenes Handy mitbringen und es vor Ort mit einer kolumbianischen SIM-Karte bestücken. Eine Claro-SIM-Karte kostet zum Beispiel rund 5000 COP, inklusive bezahlter Gesprächsminuten im Wert von 1000 COP. Die Kosten für die SIM-Karten sind von Provider zu Provider unterschiedlich. Da es teuer ist, zwischen verschiedenen Netzen zu telefonieren, kann man sich theoretisch auch SIM-Karten aller drei Anbieter besorgen und immer die benötigte einlegen. Ob das im Alltag praktisch ist, muss jeder selbst entscheiden.

Kolumbianische Handy-Firmen verrechnen keine Gebühren für eingehende Anrufe, sondern nur für herausgehende Gespräche. Straßenhändler verkaufen deshalb *minutos* (Gesprächsminuten), die von ihren Geräten aus geführt werden. Auch in vielen Eckläden liegen Handys zum Telefonieren bereit. Die Händler verkaufen ihre Gesprächsminuten in unterschiedlichen Werteinheiten; solche Einheiten zu kaufen ist günstiger, als mit dem eigenen Handy zu telefonieren. Die Kolumbianer nutzen das eigene Handy nur zum Empfang von Nachrichten und telefonieren gern von den Händler-Telefonen aus.

Die Minuten-Verkäufer besitzen in der Regel mindestens drei Handys – jeweils eines für jeden Provider. Die ersten drei Ziffern der zehnstelligen Handynummern geben Auskunft darüber, in welchem Netz man telefoniert – wer das Netz kennt, lässt sich das entsprechende Handy geben. Für eine Gesprächsminute zahlt man zwischen 100 und 400 COP, abhängig vom Netz und dem Provider.

Wer ein Handy oder eine SIM-Karte kaufen will, muss sich ausweisen und eine Adresse nachweisen (die Hoteladresse reicht aus). Das wurde aus Sicherheitsgründen eingeführt um zu verhindern, dass Straßenhändler zu viele Handys gleichzeitig in Umlauf bringen und damit in Konkurrenz zu den Call-Centern der Provider treten. Immer wieder kommt es zu kriminellen Akten, bei denen persönliche Dokumente kopiert werden. Um das zu verhindern, sollte man sein Handy nur bei einem offiziellen Händler kaufen!

Telefonnummern

Man kann fast jeden Teilnehmer im Land direkt anrufen. Wer von einer Festnetznummer aus eine Handynummer anwählt, muss eine spezielle Vorwahlnummer (☎03) vor der eigentlichen Teilnehmernummer wählen (einige Festnetzanschlüsse sind für Anrufe ins Mobilfunknetz gesperrt). Wer wiederum von einem Handy eine Festnetznummer wählt, muss als Vorwahl die ☎03 und dann die Ortsvorwahl eingeben. Festnetznummern sind siebenstellig, Handynummern zehnstellig. Die Vorwahlnummern der Regionen sind einstellig.

Alle Anrufe laufen standardmäßig über Telefónica Telecom (☎09), diese kann jedoch umgangen werden, indem man eine spezielle Vorwahlnummer vor der eigentlichen Telefonnummer wählt. Orbitel hat die Kennziffer ☎05, ETB die ☎07. Letztendlich muss man sich als Ausländer keine großen Gedanken zu dem Thema machen – es sei denn, man ist lange genug im Land, um sich einen Festnetzanschluss zuzulegen.

Die Ländervorwahl Kolumbiens ist die ☎ 57. Wer aus dem Ausland nach Kolumbien anruft, muss die Kennnummern der Provider weglassen (☎05, ☎07 oder ☎09) und stattdessen gleich die Regionalvorwahl und die Teilnehmernummer eintippen.

Toiletten

➜ Es gibt landesweit nur eine Handvoll öffentlicher Toiletten; üblich ist der Besuch der Restauranttoiletten. Museen und alle großen Einkaufszentren besitzen eigene öffentlich zugängliche Toiletten, Gleiches gilt für Busbahnhöfe und Flughafenterminals.

➜ Meist (wenn auch nicht immer) findet man Toilettenpapier vor, weshalb man grundsätzlich einen eigenen Vorrat bei sich tragen sollte. Das Papier darf auf keinen Fall in der Toilette heruntergespült werden, da die Abflussleitungen einen sehr kleinen Durchmesser haben und auch der Wasserdruck meistens zu schwach ist, um das Papier abtransportieren zu können. Neben der Toilette befinden sich deshalb Abfalleimer, die man zur Entsorgung benutzen sollte.

➡ In der Regel fragt man auf der Suche nach einer Toilette nach einem *baño*. Auf den Türen der Herrentoiletten steht wahlweise *señores, hombres* oder *caballeros,* bei den Damen *señoras, mujeres* oder *damas.*

➡ Die Toilettenbenutzung in Busbahnhöfen kostet 500 bis 800 COP, plus 200 COP für das Papier. Wer nach einem Urinal sucht, fragt einen Angestellten der Busgesellschaft am besten nach dem Busfahrer-Urinal *(orinario)*. Es befindet sich meist außerhalb eines Busbahnhofs entlang einer Wand, oft darf man es sogar kostenlos benutzen.

Touristeninformation

In Kolumbien gibt es einige gute regionale und nationale Websites mit Hinweisen (manchmal auch auf Englisch) zu Sehenswürdigkeiten, Veranstaltungen und Unterkünften. Die hervorragende Seite www.colombia.travel ist das wichtigste Tourismusportal des Landes.

Unterkunft

In Kolumbien gibt es drei Arten von Unterkünften: Backpacker-Hostels, günstige Hotels (die vor allem von Einheimischen gewählt werden) und Spitzenklassehotels. Die wenigen Mittelklassehotels befriedigen vor allem die Nachfrage der kolumbianischen Geschäftsreisenden.

Theoretisch sind ausländische Besucher von der 16-prozentigen Mehrwertsteuer befreit, es bestehen aber große Unsicherheiten darüber, wie dieses Gesetz umzusetzen ist. Generell gilt der Preis, der ausgezeichnet ist; in fast allen Fällen ist die Mehrwertsteuer schon

PREISE FÜR DIE UNTERKUNFT

Die genannten Preise beziehen sich auf ein Standard-Doppelzimmer ohne Ermäßigung.

$ unter 75 000 COP

$$ 75 000 bis 175 000 COP

$$$ über 175 000 COP

darin enthalten. Lediglich diejenigen Reisenden, die vom Ausland aus schon ein Spitzenklassehotel gebucht und bezahlt haben, haben eine reelle Chance, um diese Mehrwertsteuer herumzukommen. Auch dann aber gilt zunächst einmal der ausgewiesene Preis.

Hostels
➡ Das Rucksackreisen boomt derzeit in Kolumbien. Alle Hostels bieten Schlafsaalbetten für rund 18 000 bis 30 000 COP; die meisten haben auch einige kleinere, private Zimmer für 50 000 bis 80 000 COP.

➡ Viele der etablierten Hostels sind Mitglieder in der **Colombian Hostels Association** (www.colombianhostels.com). Unter www.hosteltrail.com findet sich die umfangreichste Liste mit Hostels.

Hotels
➡ Auch wenn sie manchmal *residencias, hospedajes* oder *posadas* genannt werden: Die Bezeichnung „Hotel" steht generell für eine etwas gehobenere Unterkunft – oder zumindest für einen gehobenen Preis. Günstigere Unterkünfte finden sich meist rund um die Märkte, Busbahnhöfe und in den Nebenstraßen der Stadtzentren. Wer Spanisch spricht und nicht auf dem

ausgetretenen Gringo-Pfad reisen will, der kann sich auch nach einem preiswerten Einzelzimmer mit heißem Wasser, Klimaanlage und Kabel-TV umschauen; verlangt werden dafür 25 000 bis 30 000 COP – damit sind sie dann günstiger als ein Hostel.

➡ Noch gibt es verhältnismäßig wenige Mittelklassehotels, zwischen billigen Unterkünften und 3- bis 4-Sterne-Hotels klafft eine große Lücke. Die vorhandenen Hotels verlangen zwischen 75 000 und 180 000 COP und liegen meist im Stadtzentrum, ihre Hauptkundschaft sind kolumbianische Geschäftsreisende.

➡ In allen bedeutenden Städten finden sich Spitzenklassehotels, die pro Nacht 200 000 COP oder mehr berechnen. Am besten sind die Top-Hotels in Bogotá, Medellín und Cartagena.

Resorts
➡ An der karibischen Küste und auf San Andrés gibt es eine Handvoll All-inclusive-Ferienanlagen, die vor allem von Einheimischen, seltener von Pauschalurlaubern gebucht werden, aber allesamt ihren Preis wert sind.

➡ Auch an der Pazifikküste findet man einige gute All-inclusive-Anlagen, die aber nur

UNTERKÜNFTE ONLINE BUCHEN

Weitere Bewertungen von Unterkünften durch Autoren von Lonely Planet finden sich unter http://lonelyplanet.com/hotels/. Dort stehen neutrale Beschreibungen, aber auch Empfehlungen für die besten Unterkünfte. Und das Beste: Man kann auch gleich online buchen.

etwas für mutige Urlauber sind, denn die Gegend ist noch wenig erschlossen und wird noch sehr stark vom Militär kontrolliert.

→ Auf der Homepage www.posadasturisticasdecolombia.gov.co findet man eine Auswahl der besten kleinen Anlagen.

→ Wer eine Ferienanlage (pauschal) vom Ausland aus bucht, braucht die 16 % Mehrwertsteuer nicht zu zahlen. Einige Hotels halten sich allerdings nicht an diese Regel, weshalb man unbedingt nachfragen (und darauf bestehen) sollte.

Zelten

Jahrzehntelang war Zelten in Kolumbien nicht möglich. Obwohl die Konflikte in abgelegenen Landesteilen noch längst nicht beigelegt sind, beginnen immer mehr Kolumbianer, sich ihr wunderschönes Land zurückzuerobern. Für viele Menschen ist das Schlafen in einem Zelt noch etwas sehr Ungewöhnliches, und viele Zeltplätze verlangen für einen Stellplatz mehr, als man für eine Nacht im Hotel zahlen würde.

Versicherung

→ Jeder Reisende sollte vorab eine Reiseversicherung abschließen, die im Falle einer ernsthaften Erkrankung einen Rücktransport ins Heimatland bezahlt und außerdem bei Verlust bzw. Diebstahl von Geld und Wertsachen einspringt. Jedem sollte klar sein, dass es ohne Versicherung im Ernstfall sehr teuer werden kann.

→ Wer sich für den Abschluss einer entsprechenden Versicherung entscheidet, braucht im Falle eines Verlustes oder Diebstahls einen ausführlichen Polizeibericht. Außerdem muss man Kaufbelege aller verlorenen oder gestohlenen Gegenstände vorlegen können.

→ Laut Gesetz müssen kolumbianische Krankenhäuser

Ausländer behandeln – ob man nun dafür bezahlen kann oder nicht. Wer allerdings nicht ausreichend Spanisch spricht, wird seine Rechte nur schwerlich durchsetzen können.

→ Weltweit gültige Reiseversicherungen lassen sich über www.lonelyplanet.com/travel_insurance abschließen. Die entsprechenden Versicherungen können online vor, aber auch noch während der Reise vereinbart werden.

Visa

Bürger der meisten westeuropäischen Länder, darunter auch Deutsche, Österreicher und Schweizer, benötigen kein Visum, andere bekommen es gegen eine geringe Gebühr.

Jeder Reisende erhält bei der Ankunft einen Einreisestempel in seinen Reisepass und hat damit ein 90 Tage gültiges Touristenvisum. Unbedingt den Stempel sofort überprüfen, denn manchmal werden Fehler gemacht.

Wer über Land einreist, muss ebenfalls genau darauf achten, das er einen Einreisestempel erhält, um später ernsthafte Probleme zu vermeiden. Wer die Aufenthaltsfrist überschreitet, muss mit hohen Bußgeldern rechnen; manche haben deshalb für die Zukunft schon ein Einreiseverbot erhalten. Unbedingt auch auf einen Ausreisestempel achten, sonst hat man bei einer möglichen erneuten Einreise später mächtig Ärger.

Visumsverlängerung

Das **Migración Colombia** (☎511-1150; www.migracioncolombia.gov.co; Calle 100 No 11B-27; ⊙Mo–Fr 8–16 Uhr) in Bogotá ist für die Verlängerung von Touristenvisa zuständig und nutzt dazu die Centros Facilitadores de Servicios Migratorios im ganzen Land. Besucher mit einem solchen Visum können dieses je nach Ermessen des zuständigen

Beamten bis zu 90 weitere Tage verlängern lassen. Zum Verlängerungsantrag (*Permiso Temporal de Permanencia*) muss der Antragsteller meist seinen Pass, zwei Fotokopien des Dokuments (die Bildseite und Ankunftsstempel), zwei Passfotos und das Flugticket für die Rück- oder Weiterreise beibringen. Die fällige Gebühr in Höhe von 78 300 COP muss in den meisten Regionen auf das Regierungskonto bei der Banco de Occidente (Banco de Bogotá in Maicao, Leticia und Arauca) eingezahlt werden. So war es jedenfalls bei Redaktionsschluss dieses Buches, aber das ändert sich laufend. Zunächst muss man aber im Büro vorstellig werden, um dort alle nötigen Formulare auszufüllen und wird dann zur nächstgelegenen Bank geschickt, um die Einzahlung zu erledigen.

Der gesamte Akt kann einen ganzen Vor- oder Nachmittag dauern. Die Formalitäten lassen sich in jedem Centros Facilitadores de Servicios Migratorios des Landes abwickeln. Die Büros findet man in den wichtigsten Städten und einigen kleineren Städten (eine Liste gibt es auf der Website von Migración Colombia). In der Regel (wenn auch nicht immer) bekommt man die Verlängerung sofort bewilligt, manchmal werden aber zusätzlich die Fingerabdrücke verlangt, die dann zur Kontrolle nach Bogotá geschickt werden. Dieser Vorgang kann dann schon mal eine Woche dauern. Die Bußgelder für eine überzogene Aufenthaltsgenehmigung reichen von der Hälfte bis zu sieben Mal der Summe des geringsten Monatsgehalts (im Jahre 2013 589 500 COP), je nach Länge der Überziehung.

Zeit

→ Das gesamte Land liegt in einer Zeitzone, die sechs Stunden hinter der MEZ liegt. Es gibt keine Sommerzeit.

Zoll

➡ Kolumbianische Zollbe-
amte richten ihr Augen-
merk vor allem auf große
Bargeldbeträge (bei der
Einreise) und Drogen (bei
der Ausreise). Wenn sie
auch nur den geringsten
Verdacht hegen, kann man
sich auf eine gründliche
Durchsuchung des Gepäcks
und der betroffenen Person
gefasst machen. Die Befra-
gung erfolgt in der Regel auf
Spanisch oder Englisch, die
Beamten sind alle sehr gut
geschulte Polizisten. Eine
jüngst ins Repertoire aufge-
nommene Art der Kontrolle
ist die Röntgenuntersuchung
des Magen-Darm-Trakts:

Wer auch nur irgendwie vom
Durchschnitt abweicht oder
auf die Fragen der Beamten
keine überzeugenden Ant-
worten gibt, wird geröntgt,
um zu prüfen, ob man nicht
vielleicht im Körper Drogen
transportiert.

➡ Jeder darf Dinge für den
persönlichen Bedarf und
Geschenke für Kolumbianer
mitbringen. Die Menge, die
Art und der Wert sollten
nicht verdächtig sein und den
Anschein erwecken, man
wolle sie im Land gewinnbrin-
gend verkaufen. Zu Dingen
des persönlichen Bedarfs
zählen auch Kameras, einr
Campingausrüstung, diverse
Sportutensilien und eigene
Laptops.

➡ Wer im Land Luxusartikel
kauft, sollte den Kaufbeleg
aufbewahren: Ausländer
können sich die 16 % Mehrwertsteuer auf alle Einkäufe
mit Kreditkarte im Wert
von mehr als 250 000 COP
zurückerstatten lassen.
Wer von dieser Regelung
Gebrauch machen möchte,
sollte bei der Abreise sehr
frühzeitig am Flughafen eintreffen, um die Quittungen
beim DIAN (Dirección de
Impuestos y Aduanas Nacionales; Zollbüro) vorlegen zu
können – das muss nämlich
vor dem Einchecken erledigt
sein.

Verkehrsmittel & -wege

AN & WEITER-REISE

Flüge, Autos und Rundreisen können online unter lonelyplanet.com/bookings gebucht werden.

Einreise

Die Mehrzahl aller Reisenden kommt mit dem Flugzeug in Kolumbien an, ein weiterer Teil auf dem Landweg über Ecuador, Venezuela oder Brasilien. Auch auf dem Seeweg kann man Kolumbien ansteuern: Zahlreiche Segelschiffe kommen von den panamaischen San-Blas-Inseln nach Kolumbien.

Für die Einreise ins Land benötigen Schweizer, Deutsche und Österreicher einen noch sechs Monate gültigen Reisepass. Die meisten Reisenden bekommen ein 60 Tage gültiges Touristenvisum ausgestellt, das in der Regel verlängert werden kann. Die maximale Aufenthaltsdauer zu touristischen Zwecken beträgt 180 Tage. Wer auf dem Luftweg einreist, erhält im Flugzeug ein entsprechendes Formular zum Ausfüllen. Das Formular muss (theoretisch) während des gesamten Aufenthalts im Land aufbewahrt und bei der Ausreise wieder abgegeben werden (bei Ver-

KLIMAWANDEL & REISEN

Der Klimawandel stellt eine ernste Bedrohung für unsere Ökosysteme dar. Zu diesem Problem tragen Flugreisen immer stärker bei. Lonely Planet sieht im Reisen grundsätzlich einen Gewinn, ist sich aber der Tatsache bewusst, dass jeder seinen Teil dazu beitragen muss, um die globale Erwärmung zu verringern.

Fliegen & Klimawandel

Fast jede Art der motorisierten Fortbewegung erzeugt CO_2 (die Hauptursache für die globale Erwärmung), doch Flugzeuge sind mit Abstand die schlimmsten Klimakiller – nicht nur wegen der großen Entfernungen und der entsprechend großen CO_2-Mengen, sondern auch weil sie diese Treibhausgase direkt in hohen Schichten der Atmosphäre freisetzen. Die Zahlen sind erschreckend: Zwei Personen, die von Europa in die USA und wieder zurück fliegen, erhöhen den Treibhauseffekt in demselben Maße wie ein durchschnittlicher Haushalt in einem ganzen Jahr.

Emissionsausgleich

Die englische Website www.climatecare.org und die deutsche Internetseite www.atmosfair.de bieten sogenannte CO_2-Rechner. Damit kann jeder ermitteln, wie viel Treibhausgase seine Reise produziert. Das Programm errechnet den zum Ausgleich erforderlichen Betrag, mit dem Reisende nachhaltige Projekte zur Reduzierung der globalen Erwärmung unterstützen können, beispielsweise Projekte in Indien, Honduras, Kasachstan und Uganda.

Lonely Planet unterstützt gemeinsam mit Rough Guides und anderen Partnern aus der Reisebranche das CO_2-Ausgleichs-Programm von climatecare.org

Alle Reisen von Mitarbeitern und Autoren von Lonely Planet werden ausgeglichen. Weitere Informationen gibt es auf www.lonelyplanet.com

lust wird offiziell eine hohe Strafe fällig. Zwar ist bisher kaum jemand nach dem Dokument gefragt worden, doch zur Sicherheit sollte man es zu seinen Unterlagen legen.

Flugzeug

Flughäfen & Fluglinien

Kolumbiens größer internationaler Flughafen ist der gerade frisch renovierte **Aeropuerto Internacional El Dorado** (Karte S. 48; www.elnuevodorado.com; Av. El Dorado) in Bogotá.

Weitere größere Flughäfen, über die internationale Flüge abgewickelt werden:

Aeropuerto Internacional El Edén (www.aeropuertoeleden.com) Der Flughafen von Armenia liegt unweit der Stadt La Tebaida.

Aeropuerto Internacional José María Córdoba (www.aeropuertojosemariacordova.com; Medellín) Vor den Toren von Medellín unweit der Stadt Rionegro.

Aeropuerto Internacional Rafael Núñez (www.sacsa.com.co; Cartagena)

Alfonso Bonilla Aragón Airport (Aeropuerto Palmaseca; www.aerocali.com.co) Der Flughafen von Cali liegt 16 km nordöstlich der Stadt an der Straße nach Palmira.

Camilo Daza International Airport (Barrio La Laguna, Cúcuta)

Ernesto Cortissoz Airport (www.baq.aero; Barranquilla)

Gustavo Rojas Pinilla International Airport (Aeropuerto Internacional Sesquicentenario; San Andrés)

Matecaña International Airport (Pereira)

Palonegro International Airport (Bucaramanga)

Tickets

Kolumbien verlangt von allen seinen Besuchern ein Weiterreiseticket; ohne dieses Ticket wird niemand ins Land gelassen. Sowohl die Fluglinien als auch die Reisebüros halten sich strikt an diese Vorgaben und werden keine One-way-Tickets ausgeben (es sei denn, man kann bereits ein Weiterreiseticket vorweisen). Bei der Ankunft in Kolumbien verlangt jeder Grenzbeamte die Vorlage des Weiterreisetickets.

Wer dieses Gesetz umgehen will, besorgt sich ein komplett erstattungsfähiges Ticket mit seiner Kreditkarte und lässt sich bei der Ankunft im Land die Kosten für den Rückflug erstatten. Wer auf dem Landweg einreist, wird möglicherweise mit dem Nachweis einer (noch unbezahlten) Flugreservierung an den Grenzbeamten vorbeikommen. Ungepflegt aussehende Reisende werden eher nach einem Weiterreiseticket gefragt als ordentlich gekleidete Touristen.

Weiterreise innerhalb Südamerikas

Flugtickets sind in Südamerika teuer. Wer nach Ecuador, Venezuela oder Brasilien reisen will, sollte einen Flug zur Grenze buchen (Ipiales, Cúcuta bzw. Leticia), auf dem Landweg ins Nachbarland wechseln und von dort aus einen Inlandsflug zum Zielort buchen.

Vor diesem Hintergrund lässt sich sagen, dass es häufig am preiswertesten ist, über Bogotá nach Südamerika einzureisen. Von dort gibt es viele internationale Flüge; einige gehen auch ab Cali und Medellín. So kann man beispielsweise von Bogotá nach Quito (ab 250 US$) und von Cali nach Quito (ab 320 US$) fliegen. Dazu kommen Flüge zwischen Bogotá und Caracas (900 US$), allerdings sind freie Plätze nach und von Caracas immer schwieriger zu bekommen.

Für Flüge nach Santiago, Chile, muss man mit Kosten um die 900 US$, nach Buenos Aires mit 800 US$ rechnen. Für Flüge nach São Paulo oder Rio de Janeiro in Brasilien werden rund 600 US$ verlangt. Natürlich sind die hier genannten Preise aufgrund verschiedener Faktoren starken Schwankungen ausgesetzt.

Grenzübergänge

Kolumbien hat gemeinsame Grenzen mit fünf Nachbarländern: Panama, Venezuela, Brasilien, Peru und Ecuador, allerdings gelangt man nur auf dem Landweg nach Venezuela und Ecuador. Diese Grenzposten sind die unkompliziertesten und am stärksten frequentierten Grenzübergänge des Landes.

Darüber hinaus kann man am Dreiländereck bei Leticia nach Peru und Brasilien reisen sowie mit dem Boot nach Panama und Ecuador bzw.

ABFLUGSTEUER

Die auf internationale Flüge erhobene Abflugsteuer liegt für ausländische Besucher mit einem Aufenthalt von 60 Tagen oder mehr bei 38 US$. Bei kürzeren Aufenthalten entfällt diese Steuer. Wie dem auch sei, in jedem Fall ist ein Besuch am Aeronautica-Civil-Schalter unerlässlich: entweder um zu zahlen oder um einen Stempel für die Befreiung zu bekommen. Bezahlt werden kann wahlweise in US-Dollar oder Pesos. Für Inlandsflüge wird eine Gebühr von 12 600 COP fällig, die in der Regel schon im Ticket inbegriffen ist. Manche Flughäfen (z. B. Cúcuta) erheben jedoch extra Steuern, die dann vor Ort entrichtet werden müssen.

---

von dort nach Kolumbien wechseln.

Brasilien & Peru

Von beiden Ländern kann man nur über Leticia im äußersten Südosten des kolumbianischen Amazonasgebietes einreisen. Nach Leticia kommt man mit dem Flussboot von Iquitos (Peru) und Manaus (Brasilien).

Ecuador

Fast alle Reisenden nehmen den Grenzübergang an der Carretera Panamericana und reisen über Tulcán (Ecuador) nach Ipiales (Kolumbien). Der Teil der Panamericana zwischen Pasto und Popayán ist inzwischen sicherer geworden, aber die Busse tun sich noch immer zusammen und fahren auf diesem dubiosen Abschnitt zusammen. Um Probleme jeglicher Art zu vermeiden, aber auch um die fantastischen Ausblicke genießen zu können, sollte man hier ausschließlich tagsüber reisen.

Theoretisch ist es auch möglich, die Grenze per Boot entlang der Pazifikküste bei Tumaco zu überqueren, aber die Straße nach Tumaco und die Sicherheitslage in der Stadt sollten Reisende davon abhalten, diesen Weg zu wählen.

Eher zweifelhaft ist der Grenzübergang San Miguel, Putumayo, den zumindest Backpacker seit einiger Zeit sicher nutzen. Bevor man sich jedoch für diese Route entscheidet, sollte man die Situation vor Ort mit dem Hotel klären. Die Zustände in dieser Region ändern sich oft; manchmal sind sie für Ausländer akzeptabel und ein anderes Mal eher als kritisch einzustufen.

Panama

Zahlreiche Segelschiffe verkehren zwischen Portobelo, El Porvenir oder Colón in Panama und Cartagena in Kolumbien. Der Törn ist beliebt und führt über die wunderschönen San Blas Islands, auf denen auch Zwischenstopps eingelegt werden. Einige Boote, die im Jachtclub von Cartagena starten, fahren nach festem Fahrplan, andere einfach, wenn sie voll sind. Die gesamte Schiffsreise Cartagena–San Blas–El Porvenir kostet mit allem drum und dran zwischen 450 und 650 US$. Von El Porvenir geht es dann mit dem Schnellboot nach Carti oder Miramar, von wo der Weg dann über Land weiter nach Panama City führt; alternativ kann man auch von El Porvenir fliegen.

Die Schiffe unterliegen keinerlei Beschränkungen, sodass die Frage nach den Sicherheitsbedingungen berechtigt ist. Die in Cartagena ansässige kolumbianisch-amerikanische Reederei **Blue Sailing** (Karte S. 155; ☏321-687-5333, 310-704-0425; www.bluesailing.net; Calle San Andrés No 30-47) hat sich in den letzten Jahren um mehr Sicherheit bemüht. Bei Redaktionsschluss hatte Blue Sailing 22 Schiffe, die nach Aussagen der Gesellschaft alle eine gute Sicherheitsausrüstung für die Fahrt auf hoher See besitzen. Die Position der Schiffe wird 24 Stunden am Tag überwacht, es werden nur amtlich zugelassene Kapitäne eingesetzt.

Für diejenigen, die es eilig haben, bietet **Ferry Xpress** (☏368-0000; www.ferryxpress. com) zwischen Cartagena und Colón nun eine regelmäßig verkehrende Fähre für 1000 Passagiere an (Sitzplatz/Kabine 99/155 US$ einfache Fahrt, 18 Std.). Die Fähren legen von Cartagena dienstags und donnerstags ab und kehren von Colón montags und mittwochs zurück. Autos können auch auf der Fähre mitgenommen werden.

Es gibt zudem eine Reisemöglichkeit von Bahía Solano nach Jaqué in Panama, allerdings mit nur seltenen Abfahrten. Von hier aus geht es dann entweder an der Pazifikküste von Panama weiter nach Panama City oder man fliegt einfach.

Venezuela

Zwischen Kolumbien und Venezuela gibt es insgesamt vier Grenzübergänge. Für Reisende am praktischsten ist die Route über San Antonio del Táchira (Venezuela) und Cúcuta (Kolumbien) auf der Hauptstraße von Caracas nach Bogotá.

Ein weiterer beliebter Grenzübergang ist Paraguachón an der Straße von Maracaibo (Venezuela) nach Maicao (Kolumbien). Dieser Grenzübergang empfiehlt sich, wenn man von Venezuela direkt zur kolumbianischen Karibikküste will. Busse und Gemeinschaftstaxis fahren zwischen Maracaibo und Maicao, außerdem gibt es Direktverbindungen zwischen Caracas/Maracaibo und Santa Marta/Cartagena. Sowohl die kolumbianischen als auch die venezolanischen Grenzbeamten stempeln die Reisepässe.

Weniger häufig frequentiert ist der Übergang vom kolumbianischen Puerto Carreño nach Puerto Páez oder Puerto Ayacucho (beide in Venezuela). Ebenfalls nicht zu empfehlen ist der Grenzübergang von El Amparo de Apure (Venezuela) nach Arauca (Kolumbien), eine nach wie vor von der Guerilla heimgesuchte Region.

Pauschalreisen

Einige wenige Reiseunternehmen haben Kolumbien in ihr Programm für Reisen durch Südamerika aufgenommen. Grund für die Zurückhaltung vieler Anbieter ist der häufig nicht mögliche Versicherungsschutz in Regionen, die vom US-amerikanischen bzw. vom britischen Außenministerium als unsicher eingestuft werden.

Dragoman (www.dragoman. co.uk)

Exodus Travels (www. exodus.co.uk)

Intrepid Travel (www.intrepidtravel.com)

Last Frontiers (www.lastfrontiers.co.uk)

Wild Frontiers (www.wildfrontiers.co.uk)

UNTERWEGS VOR ORT

Auto & Motorrad

Angesichts der günstigen Busfahrpreise und des guten Busnetzes besteht nur wenig Grund, mit dem eigenen Fahrzeug durchs Land zu fahren. Ganz abgesehen davon, dass die Sicherheitslage in abgelegenen und ländlichen Gebieten noch lange nicht befriedigend ist; dort muss man durchaus mit dem Diebstahl von Fahrzeugen und Überfällen rechnen.

Man sollte unbedingt die Regierungs-Homepages hinsichtlich Reisewarnungen für Fahrten in abgelegene Landesteile Kolumbiens checken!

In den Städten lässt sich der Verkehr nur als heftig, chaotisch und verrückt beschreiben. Der Fahrstil der Einheimischen ist wild und unberechenbar. Ausländer brauchen lange, um sich an den wilden und unberechenbaren Fahrstil der Einheimischen zu gewöhnen. Alles Gesagte gilt natürlich auch für das Motorrad.

In Kolumbien herrscht Rechtsverkehr, und es gibt eine Gurtpflicht. Bei einer Nichteinhaltung dieser Pflicht droht ein Bußgeld. Die Geschwindigkeitsbegrenzung liegt bei 60 km/h in der Stadt und 80 km/h auf den Schnellstraßen. Die landesweit gültige Rufnummer der Verkehrspolizei ist die ☏767.

Wer dennoch in Kolumbien Auto fahren will, muss seinen Führerschein mitbringen. In der Regel reicht dazu der nationale, es sei denn er ist nicht in lateinischer Schrift ausgestellt. In dem Fall ist ein internationaler Führerschein notwendig.

Eigenes Fahrzeug

➡ Fahrzeuge können nur auf dem See- oder Landweg nach Südamerika transportiert werden – das kostet viel Zeit, Geld und einen Haufen Papierkram. Günstiger und sicherer reist man mit dem Bus durchs Land.

Mietwagen

Einige internationale Mietwagenfirmen wie **Avis** (www.aviscolombia.com) und **Hertz** (www.hertzcolombia.com.co) haben Niederlassungen in Kolumbien. Die Kosten belaufen sich in der Regel auf ein Minimum von 150 000 COP pro Tag einschließlich Versicherung gegen Diebstahl und Schäden, aber plus Benzin. Wer online bucht, spart Geld. Unbedingt vor der Unterschrift die Versicherungsklauseln und Haftungsbedingungen genau studieren. Und in jedem Fall auch auf die Klauseln hinsichtlich Diebstahl achten: Häufig haftet der Automieter für einen Großteil des Verlustes. Wer ein Auto mit abgedunkelten Scheiben mietet, benötigt spezielle Dokumente, nach denen die Polizei an Kontrollpunkten fragt. Die Verleihagenturen geben diese Info oft nicht heraus, sodass es besser ist, man fragt selbst danach.

Bus

Busse sind das wichtigste Verkehrsmittel, um von Ort zu Ort zu gelangen. Sie fahren so gut wie überall hin. Die meisten Fernbusse sind komfortabler ausgestattet als der durchschnittliche Flugzeugsitz in der Economy Class, die Nachtbusse haben teilweise Sitze, die so breit sind wie Flugzeugsitze in der Business Class. Inzwischen gibt es in den hübscheren Bussen auch WLAN (allerdings ist es oft lückenhaft oder funktioniert gar nicht).

Eine Warnung: Kolumbianische Busfahrer neigen dazu, die Klimaanlage auf arktische Temperaturen herunterzuregeln. Daher sollte man Pullover, Mütze und Handschuhe anziehen oder noch besser eine Decke dabei haben. Außerdem stellen die Busfahrer oft die Musik oder Filme (auf Spanisch) auf die höchstmögliche Lautstärke ein, sogar mitten in der Nacht. Ohrstöpsel können da etwas helfen.

Es ist völlig normal, dass Busse an *requisas* (militärischen Kontrollpunkten) stoppen, auch nachts. Die Soldaten bitten dann alle Fahrgäste auszusteigen, kontrollieren die Ausweise und klopfen die Leute ab. Manchmal durchsuchen sie auch das Gepäck. Eher selten finden Leibesvisitation statt. In manchen Fällen werden Ausländer aber auch komplett ignoriert.

Fernbusse halten für Mahlzeiten an, aber nicht notwendigerweise zu den üblichen Essenszeiten. Letztendlich hängt es davon ab, wann der Busfahrer Hunger hat oder ob er an einem Restaurant vorbeikommt, das mit der entsprechenden Busgesellschaft ein Arrangement getroffen hat.

Alle Intercity-Busse starten und enden am *terminal de pasajeros* (Fahrgast-Terminal). Jede Stadt besitzt einen solchen Terminal, in der Regel liegt er außerhalb des Stadtzentrums, ist aber gut an die Innenstadt angebunden. Bogotá ist das wichtigste Bus-Drehkreuz des Landes, von hier fahren Busse in alle Himmelsrichtungen.

Die Höchstgeschwindigkeit beträgt auf den Fernstraßen 80 km/h; die Busgesellschaften sind verpflichtet, gut lesbare Geschwindigkeitsanzeigen vorn in der Fahrerkabine zu installieren, sodass die Fahrgäste kontrollieren können, wie schnell der Bus tatsächlich unterwegs ist. In der Praxis funktionieren die Anzeigen

COOLE TRIPS

Eine Reihe kolumbianischer Reiseveranstalter bieten interessante Spezialreisen innerhalb des Landes an. Hier sollte man besonders nach Veranstaltern Ausschau halten, die mit **Acotur** (www.acotur.co), Kolumbiens Association for Responsible Tourism, zusammenarbeiten. Hier einige Empfehlungen:

Awake Adventures (Karte S. 60; ☑1-636-3903; www.awakeadventures.com; Carrera 11 No 98-46, Bogotá) In Bogotá ansässig; bietet gute Kajaktouren im Amazonasgebiet, auf dem Río Magdalena sowie weitere Abenteuertouren an.

Aventure Colombia (www.aventurecolombia.com) Bogotá (Karte S. 54; ☑1-702-7069; www.aventurecolombia.com; Av. Jimenez No 4-49, oficina 204); Cartagena (Karte S. 142; ☑314-588-2378; Calle de la Factoria No 36-04); Santa Marta (Karte S. 160; ☑5-430-5185; www.aventurecolombia.com; Calle 14 No 4-80) Ein hervorragender Reiseveranstalter unter netter französischer Leitung. Er hat sich auf Ziele abseits der ausgetretenen Pfade wie Punta Gallinas, Übernachtungen bei Einheimischen in der Sierra Nevada de Santa Marta, das faszinierende Caño Cristales in Meta, und Abenteuertouren und Ökotourismus von der Karibikküste bis zur Zona Cafetera und dem Parque Nacional Natural (PNN) Los Nevados bis zur Pazifikküste spezialisiert.

Colombia 57 (☑6-886-8050; www.colombia57.com) Dieser britische Veranstalter mit Sitz in Manizales bietet maßgeschneiderte Touren an.

Colombian Highlands (☑310-552-9079, 8-732-1201; www.colombianhighlands.com; Av. Carrera 10 No 21-Finca Renacer) ✎ Dieser renommierte Reiseveranstalter in Villa de Leyva operiert nun landesweit und bietet unter anderem maßgeschneiderte Touren in die Llanos, ins Amazonasgebiet (darunter Vapués) und nach La Guajira an.

Colombian Journeys (Karte S. 60; ☑1-618-0027; www.colombianjourneys.com; Carrera 13 No 90-36, oficina 701, Ed Blvd 90; ☉Mo-Fr 8-17 Uhr) Die Firma mit Sitz in Bogotá ermöglicht mehrsprachige Fahrten durchs ganze Land.

De Una Colombia Tours (☑1-368-1915; www.deunacolombia.com; Carrera 26A No 40-18 Apt 202, La Soledad) Das einem Niederländer gehörende Unternehmen in Bogotá konzentriert sich auf entlegene Ziele.

Expotur (www.expotur-eco.com) Santa Marta (Karte S. 160; ☑5-420-7739; www.expotur-eco.com; Carrera 3 No 17-27); Taganga (☑5-421-9577; www.expotur-eco.com; Calle 18 No 2A-07); Riohacha (☑5-728-8232; www.expotur-eco.com; Carrera 3 No 3A-02) Professional geführte Agentur, die besonders kompetent ist bei Reisen zur Ciudad Perdida und Punta Gallinas.

Mambe Travel (☑1-629-8880; www.mambe.org; Carrera 5 No 117-25, Bogotá) ✎ Die in Bogotá ansässige Firma hat sich dem nachhaltigen, sanften Tourismus verschrieben und bietet sechs abgelegene Ziele an: das Amazonasgebiet, das Departamento Chocó, die Halbinsel La Guajira, die Sierra Nevada de Santa Marta, Vichada und Caño Cristales.

---

allerdings häufig nicht. Die Busgesellschaften sind außerdem dazu verpflichtet, an ihren Fahrkartenschaltern ihre Unfall- und Todesfallstatistiken auszuhängen, sodass man sich einen eigenen Eindruck von der Einhaltung der Sicherheitsbestimmungen durch die Fahrer verschaffen kann.

Bustypen

Die meisten Intercity-Busse haben eine Klimaanlage und bieten ausreichend Beinfreiheit. Auf kürzeren Strecken (unter 4 Std.) werden die kleineren *busetas* eingesetzt. Teilweise sind auch Vans unterwegs, die mehr kosten, aber auch schneller fahren.

In abgelegenen Gebieten, wo die Straßen schlecht sind, werden alte *chivas* (ein Lastwagen mit einem hölzernen Wagonaufsatz mit zu beiden Seiten offenen Sitzreihen ohne einen Mittelgang) für die Versorgung kleinerer Städtchen eingesetzt. Die Fahrgäste können überall unterwegs ein- und aussteigen. Die schnellste Linie dieses Transporttyps heißt *Super Directo*.

Fahrpreise

Das Busfahren ist in Kolumbien recht günstig. Je nachdem, bei wem man sich erkundigt, lassen sich Buspreise außerhalb der Hauptferienzeiten auch verhandeln. Versuchen sollte man es mit einem freundlichen „*Hay discuento?*" (Ist eine Ermäßigung möglich?) oder "*Cual es el minimo?*" (Was ist Ihr niedrigster Preis?). Dann heißt es, alle Schalter abzuklappern und zu schauen, wo die Durchschnittspreise für die geplante Fahrstrecke liegen. Dann sein Glück beim zweitgünstigsten Anbieter versuchen; beim allerbilligsten ist in der Regel etwas faul.

Wer unterwegs in einen Bus einsteigt, zahlt sein Geld an den *ayudante* (die rechte Hand des Fahrers). *Ayudantes* sind zwar in der Regel ehrlich, aber es lohnt sich immer, den wahren Fahrpreis im Vorhinein recherchiert zu haben, damit man nicht den überteuerten Ausländerfahrpreis zahlen muss.

Reservierungen

Außerhalb der Haupturlaubszeit (wie Weihnachten und Ostern) sind keine Reservierungen notwendig. Dann kann man einfach zur Bushaltestelle gehen und den erstbesten ankommenden Bus nehmen.

Auf einigen Nebenstrecken, auf denen nur ein paar Busse pro Tag unterwegs sind, lohnt es sich, das Ticket einige Stunden vor der fahrplanmäßigen Abfahrtszeit zu kaufen.

Ein häufiger Trick von Fahrern kleiner Busse ist es, ausländischen Fahrgästen gegenüber zu behaupten, es fehle nur noch eine Person, um loszufahren. Lässt man sich darauf ein, verstauen sie das Gepäck und man wartet und wartet und sieht unterdessen einen Bus nach dem anderen abfahren. Daher gilt: Nicht in den Bus einsteigen oder bezahlen, bevor der Busfahrer nicht wirklich seinen Bus anlässt und sich deutlich für die Abfahrt bereitmacht.

Fahrrad

➡ Kolumbien ist nicht gerade das einfachste Land für Radfahrer. In bestimmten Regionen jedoch wie etwa in Boyacá ist das Radfahren eine äußerst beliebte Sportart.

➡ In der Straßenverkehrsordnung des Landes werden Autofahrer klar bevorzugt, sodass man sich im Alltag als Radfahrer auf den Hauptstraßen mit viel Verkehr rumschlagen muss. So sollte man niemals erwarten, dass ein Autofahrer einem Radfahrer beispielsweise die Vorfahrt gewährt.

➡ Positiv ist, dass die Mehrzahl der Straßen geteert ist und sich die Sicherheit immer mehr verbessert. Selbst in den kleinsten Städten findet man eine Fahrradwerkstatt, in der man sein Rad schnell und günstig reparieren lassen kann.

➡ Fahrradverleih ist unüblich, dafür kann man fast überall ein Rad kaufen.

➡ Die Städte bemühen sich, fahrradfreundlicher zu werden, es gibt neue Radwege und *ciclovia* (das Schließen von ausgewählten Straßen für Busse und Autos an Wochenenden, um sie dann für Radfahrer und Skater frei zu halten).

Flugzeug

➡ Die Flugpreise sind häufig zwischen den Fluglinien abgesprochen; dennoch lohnt es sich, auf den einzelnen Websites einen Preisvergleich anzustellen. Teilweise fallen die Preise für Flüge in gewisse Regionen ein oder zwei Wochen vor dem gewünschten Flugtermin, bei anderen Zielen steigen sie kurzfristig erheblich an.

➡ Inlandsflüge können online reserviert und mit einer ausländischen Kreditkarte bezahlt werden.

➡ Einige Fluglinien bieten Pauschalangebote für die wichtigsten touristischen Ziele wie Cartagena und San Andrés; oft zahlt man dabei kaum mehr, als man sonst alleine für das Flugticket dorthin zahlen würde. Wer sich für ein solches Pauschalangebot vom Ausland aus entscheidet, wird von der 16 prozentigen IVA (Mehrwertsteuer) befreit. Unbedingt beim Kauf darauf hinweisen – viele Kolumbianer wissen das nicht.

Kolumbianische Fluglinien

In Kolumbien sind einige größere Passagierfluglinien und eine Handvoll kleinerer Gesellschaften und Charterfluglinien im Einsatz. Die folgenden Linien operieren auf verschiedenen Routen:

ADA (📞4-444-4232; www.ada-aero.com) Diese in Medellín ansässige Fluggesellschaft bietet Regionalflüge an.

Avianca (📞1-401-3434; www.avianca.com) Lange war Avianca die wichtigste Inlandsfluglinie (in Partnerschaft mit Taca, oft unter dem Namen Aviancataca); sie besitzt das größte Netz an Inlands- und Auslandsverbindungen.

Copa Airlines Colombia (📞1-320-9090; www.copaair.com) Die zweitgrößte Fluglinie des Landes deckt etwa dieselben regionalen Flugziele ab wie Avianca.

EasyFly (📞1-414-8111; www.easyfly.com.co) Billigfluglinie für Regionalflüge.

LAN Colombia (📞1-800-094 9490; www.lan.com) LAN kaufte Kolumbiens wichtigste Billigfluglinie Aires und fliegt nun regelmäßig kleinere Regionalflughäfen sowie alle Hauptstädte der Provinzen an.

Satena (📞1-800-091-2034; www.satena.com) Der kommerzielle Zweig der kolumbianischen Luftwaffe (FAC) fliegt ins riesige Amazonasgebiet, nach Los Llanos und an die Pazifikküste. Die Flugzeuge landen in zahlreichen kleinen Städten und Dörfern, die auf anderem Wege nicht erreichbar wären.

Inlandsfluglinien

PROVIDENCIA
SAN ANDRÉS
KARIBISCHES MEER
NIEDERLÄNDISCHE ANTILLEN (NIEDERLANDE)
SANTA MARTA
RIOHACHA
BARRANQUILLA
VALLEDUPAR
CARTAGENA
MONTERÍA
PANAMA
CÚCUTA
BUCARAMANGA
VENEZUELA
BAHÍA SOLANO
MEDELLÍN
NUQUÍ
QUIBDÓ
PAZIFIK
MANIZALES
PEREIRA
ARMENIA
BOGOTÁ
BUENAVENTURA
CALI
GUAPI
NEIVA
POPAYÁN
TUMACO
PASTO
IPIALES
ECUADOR
BRASILIEN
PERU
LETICIA
0   200 km

VivaColombia (☎4-444-9489; www.vivacolombia.co) Eine in Medellín ansässige aufstrebende Billigfluggesellschaft, die viele wichtige Ziele in Kolumbien anfliegt.

Nahverkehr

Bus

In jeder Stadt mit mehr als 100 000 Einwohnern in ihrem Einzugsgebiet gibt es ein lokales Busnetz, oft sogar in deutlich kleineren Städten.

Standard, Schnelligkeit und Effizienz der Lokalbusse variieren von Ort zu Ort; allen gemeinsam ist, dass diese Busse langsam unterwegs und meist überfüllt sind. Stadtbusse verlangen einen Einheitspreis, egal, wie lang die Strecke ist. Man steigt an der vorderen Tür ein und bezahlt beim Fahrer oder seinem Assistenten, eine Fahrkarte bekommt man nicht.

In einigen Städten bzw. einigen Straßen gibt es aus-gewiesene Bushaltestellen (*paraderos* oder *paradas*), in allen anderen Fällen winkt man den Bus einfach mit einem Handzeichen herbei. Wenn man aussteigen will, ruft man zum Fahrer: *„por aquí, por favor"* (hier bitte), *„en la esquina, por favor"* (an der nächsten Ecke, bitte) oder *„el paradero, por favor"* (an der nächsten Haltestelle, bitte).

Auf den Straßen sind viele unterschiedliche Typen von örtlichen Bussen unterwegs, das Spektrum reicht von alten Wracks bis zu modernen, klimatisierten Fahrzeugen.

Weit verbreitet ist die *buseta* (Kleinbus), die man vor allem in Städten wie Bogotá und Cartagena antrifft. Der Buspreis schwankt zwischen 600 und 1650 COP – je nach Stadt und Bustyp.

Eine Fahrt in einer *buseta* oder einem Bus – vor allem in den Großstädten wie Bogotá und Barranquilla – ist keine ruhige, entspannte Angelegenheit, sondern eher ein aufregendes Abenteuer mit einem folkloristischen Anstrich. Hier kommt man in den Genuss lauter, tropischer Musik, lernt viel über die kolumbianische Interpretation der Straßenverkehrsordnung und kann den Busfahrer bei seinem frustrierenden Versuch beobachten, den Weg durch ein Meer aus Fahrzeugen zu steuern.

Colectivo

Unter der Bezeichnung *colectivo* subsumiert man in Kolumbien alles von einem mittelgroßen Bus über ein Gemeinschaftstaxi bis zu einem überfüllten Jeep.

Meist verkehren *colectivos* auf kurzen Strecken (Dauer der Fahrt unter 4 Std.) zwischen den Ortschaften. Da sie kleiner als normale Busse sind, kommen sie entsprechend schneller voran, was sie sich mit einem 30-prozentigen Aufschlag auf den üblichen Fahrpreis honorieren lassen. In der Regel fahren die *colectivos* erst los, wenn sie voll sind.

In einigen Städten starten sie am Bus-Terminal, in kleineren Städten halten sie am Hauptplatz. Die Häufigkeit variiert stark von Ort zu Ort. Manchmal fahren *colectivos* alle fünf Minuten, anderswo wartet man länger als eine Stunde, bis die benötigte Anzahl an Fahrgästen zusammengekommen ist.

Wer es eilig hat, kann den Preis für alle Plätze bezahlen, dann fährt der Fahrer umgehend los.

Motorrad

In einigen Städten, vor allem im Norden des Landes, sind Motorad-Taxis unterwegs, ein schnelles Fortbewegungsmittel, wenn man alleine reist. Wie man sich vorstellen kann, ist das nicht gerade das sicherste Transportmittel und in vielen Städten darüber hinaus illegal, z. B. in Cartagena (allerdings unternimmt auch offenbar niemand ernsthaft etwas dagegen).

→ Es gibt viele Möglichkeiten, in Kolumbien ein Motorrad zu mieten, vor allem in touristischen Regionen wie San Andrés.

→ Außer in San Andrés und Providencia besteht eine strenge Helmpflicht.

Moto-Taxis

Die aus China stammenden *tuk-tuks* werden in kleineren Touristenstädten immer beliebter. In den Moto-Taxis haben bis zu drei Fahrgäste Platz. Die Fahrzeuge haben ein Dach, und bei Regen kann rundherum noch eine Plane zum Schutz der Mitfahrer heruntergelassen werden.

Es gibt sie in Baricharra, Mompóx, Santa Fe de

CHIVAS

Chiva ist ein disneylandartiges Fahrzeug, das auf Kolumbiens Straßen vor vielen Jahrzehnten das wichtigste Verkehrsmittel war. In einigen Regionen werden diese Geräte auch *bus de escalera* genannt, was übersetzt so viel wie „Bus der Treppen" bedeutet und sich auf die Treppen auf der Seite bezieht. *Chivas* sind eine Art Kunstwerk auf Rädern: Das Fahrzeug ist fast gänzlich aus Holz und mit Holzbänken ausgestattet, die alle von außen zugänglich sind. Die Fahrzeuge sind alle unterschiedlich farbenfroh angemalt, das wichtigste Bild befindet sich hinten. Es gibt ausgewiesene Künstler, die sich auf das Bemalen von *chivas* spezialisiert haben. Keramikminiaturen von *chivas* findet man fast überall in den kolumbianischen Kunsthandwerksläden.

Heute sind *chivas* leider fast vollständig von den Hauptstraßen verschwunden, sie spielen aber auf den Nebenstraßen im Hinterland als Transportmittel zwischen kleinen Städten und Dörfern immer noch eine wichtige Rolle. Ein paar Tausend sind durchaus noch unterwegs, vor allem in Antioquia, Huila, Nariño und an der karibischen Küste. *Chivas* transportieren nicht nur Fahrgäste, sondern auch alles andere (inklusive Tiere). Innen ist in der Regel alles komplett vollgestopft, das Dach wird für den Transport von allem nur Denkbaren genutzt. Wer drinnen keinen Platz mehr findet, fährt notfalls auf dem Dach mit.

Touristische Nachtfahrten in *chivas* werden von Reisebüros in vielen Städten angeboten und sind eine beliebte Attraktion. Meist ist eine Musikband mit an Bord und unterhält die Gäste mit einheimischer Musik; es gibt ausreichend viel *aguardiente* (Anis-Likör) an Bord, der für eine fröhliche Stimmung sorgt. Die Busse fahren einige beliebte Nachtlokale an, die Fahrten sind sehr unterhaltsam.

Antioquia, im Desierto de la Tatacoa und in einigen kleineren Orten entlang der Pazifikküste.

Öffentlicher Nahverkehr

Der öffentliche Nahverkehr spielt in Kolumbiens Großstädten eine immer größere Rolle.

In der Haiptstadt Bogotá gibt es den TransMilenio, Cali und Bucaramanga verfolgen ähnliche Nahverkehrsprojekte mit dem Mio bzw. der Metrolínea. In Medellín gibt es die Metro, die einzige Vorortbahn des Landes. In Pereira sind Elektrobusse auf dem MegaBús-Netz im Einsatz.

Taxi

Taxis sind in Kolumbien billig, bequem und in den Großstädten und den meisten mittelgroßen Städten allgegenwärtig.

Im Inland haben alle Taxis ein Taxameter, lediglich an der karibischen Küste ist es üblich, den Fahrpreis auszuhandeln. Viele Taxifahrer (vor allem in Cartagena) empfinden es als eine Art Sport, möglichst viel Profit aus der Naivität ihrer ausländischen Fahrgäste herauszuschlagen. Aber es gibt auch eine überraschend hohe Zahl an ehrenwerten Taxifahrern. Je besser man Spanisch spricht (sprich: je besser man verhandeln kann), desto seltener zahlt man die häufig hyperinflationären Preise, die von den Fahrern gern verlangt werden.

In Acht nehmen sollte man sich unbedingt vor betrügerischen Personen, die in Pseudo-Taxis unterwegs sind. Von daher ist es immer sicherer, telefonisch oder per App ein Taxi zu rufen, das letztendlich nur wenige hundert Pesos mehr kostet.

An den wichtigsten Bus-Terminals kann man sich über die Tarife informieren – man gibt am Schalter sein Fahrziel an und bekommt einen Computerausdruck

mit dem offiziellen Tarif, den man dann dem Fahrer vorzeigt. Der darf dann nicht mehr verlangen, als auf dem Zettel steht. Der Fahrpreis gilt für das ganze Taxi, nicht für die Zahl der mitfahrenden Personen!

Viele Taxis haben recht klapprige Türen, weshalb man diese nie mit Wucht zuschlagen sollte, sonst kann es durchaus auch passieren, das sie ins oder aus dem Auto fallen.

Auf keinen Fall in ein Taxi steigen, in dem schon jemand sitzt. Natürlich gibt es Fahrer, die einen Freund zur Unterhaltung oder wegen der eigenen Sicherheit im Auto sitzen haben, aber für den Fahrgast ist das immer ein Risiko, weil genau das eine verbreitete Taktik ist, Touristen auszurauben.

Die zunehmende verbreitung von Taxi-Apps wie **Tappsi** (www.tappsi.co) und **Easy Taxi** (www.easytaxi.com) haben zu erheblich verbesserten Sicherheitsbedingungen im Bereich der Taxis geführt und können alle mit einem Smartphone genutzt werden. Sie funktionieren in den meisten größeren Städten des Landes.

Taxis können auch für Langstreckenfahrten gemietet werden, was z. B. dann praktisch ist, wenn man zu Sehenswürdigkeiten in der Nähe großer Städte will, die nicht mit örtlichen Bussen erreichbar sind, aber auch nicht auf der Streckenführung der Langstreckenbussen liegen.

Taxis können in Großstädten auch stundenweise angemietet werden – dies ist eine gute Möglichkeit für eine individuelle Stadtbesichtigung. Für die Stunde sollte man 25 000 COP veranschlagen.

Schiff

➡ Frachtschiffe befahren die Pazifikküste regelmäßig und Buenaventura ist ihr Hauptumschlagplatz.

Reisende können auf diesen Frachtschiffen, wenn sie genügend Zeit mitbringen, eine Schlafkoje bekommen, um so Richtung Norden oder Süden zu reisen, darunter auch nach Nuquí und Bahía Solano.

➡ Vor dem Bau von Eisenbahnen und Straßen, bewegte man sich in den Bergregionen Kolumbiens hauptsächlich auf den Flüssen vorwärts. Die einzige sichere Flussfahrt im Land ist die auf dem Amazonas, und zwar auf den Strecken von Leticia flussaufwärts nach Iquitos in Peru oder flussabwärts nach Manaus in Brasilien.

➡ Der Río Atrato und der Río San Juan in der Provinz Chocó sollten von Reisenden gemieden werden, da dort bewaffnete Gruppierungen aktiv sind.

Trampen

➡ Trampen ist in Kolumbien nicht üblich und daher sehr schwierig. Angesichts der komplizierten innenpolitischen Situation und der Sicherheitslage im Land geht kein Autofahrer gerne das Risiko ein, einen Unbekannten in seinem Auto mitzunehmen.

➡ Trampen ist nie völlig sicher, und daher ist es einfach nicht empfehlenswert. Reisende, die dennoch in Kolumbien als Tramper unterwegs sein wollen, sollten sich aber der Tatsache bewusst sein, dass sie ein kleines, aber doch ernstzunehmendes Risiko eingehen.

Zug

Kolumbien bietet ein über das ganze Land verteiltes Schienennetz, das heutzutage allerdings weitgehend stillgelegt ist (oder die Schienen sind von Unkraut und Büschen überwuchert oder aufgenommen und sogar verkauft).

Der einzige Zug, den man nutzen kann, ist der **Turistren** (☑1-375-0557; www.turistren. com.co; Rundfahrt Erw./Kind 43 000/27 000 COP), der jeweils an den Wochenenden auf der Strecke von Bogotá nach Zipaquirá fährt.

All jene Reisende, die San Cipriano nahe der Schnellstraße Cali–Buenaventura besuchen, können hier eine neue erlebnisreiche Attraktion ausprobieren: Die abenteuerliche Fahrt in einem Eisenbahn-Handwagen, der von einem Motorradmotor angetrieben wird.

Sprache

Die Aussprache des lateinamerikanischen Spanisch ist recht einfach, weil die meisten Laute in einigermaßen ähnlicher Form auch im Deutschen vorkommen. Auch die Schreibweise ist im Spanischen völlig logisch: Es besteht eine klare und konsequente Zuordnung zwischen Schriftbild und Aussprache. Wenn man die farbigen Aussprachehilfen in diesem Buch so liest, als seien sie Deutsch, wird man auf jeden Fall verstanden. Ein ch in der Lautschrift ist ein gutturaler Laut wie in *Loch*, v und b sind weiche Laute und klingen eigentlich eher wie eine Mischung aus beiden; das r wird mit der Zunge stark gerollt.

Im gesprochenen Spanisch gibt es in Lateinamerika – *je nachdem, in welchem Land man sich gerade befindet* – einige spezielle Varianten, was die Aussprache der Buchstaben *ll* plus *i* angeht. *Man hört ein* einfaches j wie in „ja" oder auch ein lj wie in „Millionen". Das s kann sich wie ein stimmhaftes sch wie im englischen Wort *measure* oder wie ein stimmloses sch wie in „schließen" anhören. In Kolumbien gibt es daneben auch die Aussprache dsch (wie im deutschen Wort „Journalist"). Im vorliegenden Ausspracheführer wird das ll plus i als j dargestellt, da dies der am weitesten verbreiteten Aussprache nahekommt.

Die betonten Silben sind in der spanischen Wiedergabe mit einem Akzent versehen (z.B. *días*), in der farbigen Aussprachehilfe sind sie kursiv gedruckt.

Wo höfliche und informelle Formen auftauchen, werden sie durch die Abkürzungen „höfl." und „inf." kenntlich gemacht. Wenn nötig, wird sowohl die maskuline als auch die feminine Form eines Wortes angegeben: Die männliche Form wird zuerst genannt und mit einem Schrägstrich von der weiblichen Form getrennt, z.B. *perdido/a* (m/f).

GRUNDLEGENDES

Hallo./Guten Tag.	*Hola.*	o·la
Auf Wiedersehen.	*Adiós.*	a·dyos
Wie geht es?	*¿Qué tal?*	ke tal
Gut, danke.	*Bien, gracias.*	byen gra·syas
Entschuldigung.	*Perdón.*	per·don
Tut mir leid.	*Lo siento.*	lo syen·to
Bitte.	*Por favor.*	por fa·wor
Danke.	*Gracias.*	gra·syas
Keine Ursache.	*De nada.*	de na·da
Ja.	*Sí.*	sih
Nein.	*No.*	no

Ich heiße ...
Me llamo ... me ya·mo ...

Wie heißen Sie?
¿Cómo se llama Usted? ko·mo se ya·ma uh·ste (höfl.)
¿Cómo te llamas? ko·mo te ya·mas (inf.)

Sprechen Sie Englisch?
¿Habla inglés? a·bla ihn·gles (höfl.)
¿Hablas inglés? a·blas ihn·gles (inf.)

Ich verstehe nicht.
Yo no entiendo. yo no en·tyen·do

NOCH MEHR SPANISCH

Wer sich noch weiter in die Sprache vertiefen und auch einige praktische Wendungen erlernen möchte, besorgt sich am besten das *Latin American Spanish Phrasebook* von Lonely Planet. Man findet es unter **shop.lonelyplanet.com**, im regulären Buchhandel oder bei anderen Internetbuchhändlern. Alternativ oder zusätzlich kann man auch die Phrasebooks von Lonely Planet fürs iPhone im Apple App Store. erwerben.

VERSTÄNDIGUNG

Am besten verbindet man die hier aufgeführten Satzmuster mit Wörtern eigener Wahl:

Wann ist (der nächste Flug)?
¿Cuándo sale kwan·do sa·le
(el próximo vuelo)? (el prok·sih·mo wwe·lo)

Wo ist der Bahnhof)?
¿Dónde está don·de es·ta
(la estación)? (la es·ta·syon)

Wo kann ich (eine Fahrkarte kaufen)?
¿Dónde puedo don·de pwe·do
(comprar un billete)? (kom·prar uhn bih·ye·te)

Haben Sie (eine Karte)?
¿Tiene (un mapa)? tye·ne (uhn ma·pa)

Gibt es hier (eine Toilettte)?
¿Hay (servicios)? ai (ser·wih·syos)

Ich hätte gern (einen Kaffee).
Quisiera (un café). kih·sye·ra (uhn ka·fe)

Ich möchte (einen Wagen mieten).
Quisiera (alquilar kih·sye·ra (al·kih·lar
un coche). uhn ko·che)

Darf ich (hereinkommen)?
¿Se puede (entrar)? se pwe·de (en·trar)

Könnten Sie mir bitte (helfen)?
¿Puede (ayudarme), pwe·de (a·yuh·dar·me)
por favor? por fa·wor

ESSEN & TRINKEN

Kann ich bitte die Speisekarte haben?
¿Puedo ver el menú, pwe·do wer el me·nuh
por favor? por fa·wor

Was würden Sie empfehlen?
¿Qué recomienda? ke re·ko·myen·da

Haben Sie vegetarische Gerichte?
¿Tienen comida tye·nen ko·mih·da
vegetariana? we·che·ta·rya·na

Ich esse kein (rotes Fleisch).
No como (carne roja). no ko·mo (kar·ne ro·cha)

Das war köstlich!
¡Estaba buenísimo! es·ta·ba bwe·nih·sih·mo

Prost!
¡Salud! sa·luh

Die Rechnung bitte.
La cuenta, por favor. la kwen·ta por fa·wor

Ich hätte gern *Quisiera una* kih·sye·ra uh·na
einen Tisch für ... *mesa para ...* me·sa pa·ra ...
(acht) Uhr *las (ocho)* las (o·cho)
(zwei) Pers. *(dos)* (dos)
  personas per·so·nas

Wichtige Wörter

Abendessen	*cena*	se·na
Flasche	*botella*	bo·te·ya
Frühstück	*desayuno*	de·sa·yuh·no
Gabel	*tenedor*	te·ne·dor
Gericht	*comida*	ko·mih·da
Glas	*vaso*	wa·so
Hauptgericht	*plato principal*	pla·to prihn·sih·pal
heiß (warm)	*caliente*	kal·yen·te
Hochstuhl	*trona*	tro·na
(zu) kalt	*(muy) frío*	(muhy) frih·o
Kinderteller	*menú infantil*	me·nuh ihn·fan·tihl
Löffel	*cuchara*	kuh·cha·ra
Messer	*cuchillo*	kuh·chih·yo
mit	*con*	kon
Mittagessen	*almuerzo*	al·mwer·so
ohne	*sin*	sihn
Restaurant	*restaurante*	res·tow·ran·te
Schüssel	*bol*	bol
Teller	*plato*	pla·to
Vorspeise	*aperitivos*	a·pe·rih·tih·wos

Fleisch & Fisch

Ente	*pato*	pa·to
Fisch	*pescado*	pes·ka·do
Hähnchen	*pollo*	po·yo
Kalbfleisch	*ternera*	ter·ne·ra
Lamm	*cordero*	kor·de·ro
Rindfleisch	*carne de vaca*	kar·ne de wa·ka
Schweinefleisch	*cerdo*	ser·do
Truthahn	*pavo*	pa·wo

Obst & Gemüse

Ananas	*ananá*	a·na·na
Apfel	*manzana*	man·sa·na
Aprikose	*damasco*	da·mas·ko
Artischocke	*alcaucil*	al·kow·sihl
Banane	*banana*	ba·na·na
Bohnen	*chauchas*	chow·chas
Erbsen	*arvejas*	ar·we·chas
Erdbeere	*frutilla*	fruh·tih·ya
Gemüse	*verdura*	wer·duh·ra
Gurke	*pepino*	pe·pih·no
Karotte	*zanahoria*	sa·na·o·rya
Kartoffel	*papa*	pa·pa

Kirsche	*cereza*	se·*re*·sa
Kohl	*repollo*	re·*po*·yo
Kürbis	*zapallo*	sa·*pa*·yo
Linsen	*lentejas*	len·*te*·chas
Mais	*choclo*	*cho*·klo
Nüsse	*nueces*	*nwe*·ses
Obst	*fruta*	*fruh*·ta
Orange	*naranja*	na·*ran*·cha
(rote/grüne) Paprika	*pimiento (rojo/verde)*	*pih·myen*·to (ro·cho/*wer*·de)
Pfirsich	*melocotón*	me·lo·ko·*ton*
Pflaume	*ciruela*	*sihr·we*·la
Pilz	*champiñón*	cham·pih·*nyon*
Rote Beete	*remolacha*	re·mo·*la*·cha
Salat	*lechuga*	le·*chuh*·ga
Sellerie	*apio*	*a*·pyo
Spargel	*espárragos*	es·*pa*·ra·gos
Spinat	*espinacas*	es·pih·*na*·kas
Tomate	*tomate*	to·*ma*·te
Traube	*uvas*	*uh*·was
Wassermelone	*sandía*	san·*dih*·a
Zitrone	*limón*	*lih*·mon
Zwiebel	*cebolla*	se·*bo*·ya

Andere Nahrungsmittel

Brot	*pan*	pan
Butter	*manteca*	man·*te*·ka
Ei	*huevo*	*we*·wo
Essig	*vinagre*	wih·*na*·gre
Honig	*miel*	myel
Käse	*queso*	*ke*·so
Marmelade	*mermelada*	mer·me·*la*·da
Nudeln	*pasta*	*pas*·ta
Öl	*aceite*	a·*sey*·te
Pfeffer	*pimienta*	pih·*myen*·ta
Reis	*arroz*	a·*ros*

SCHILDER

Abierto	Geöffnet
Cerrado	Geschlossen
Entrada	Eingang
Hombres/Varones	Herren
Mujeres/Damas	Damen
Prohibido	Verboten
Salida	Ausgang
Servicios/Baños	Toiletten

| Salz | *sal* | sal |
| Zucker | *azúcar* | a·*suh*·kar |

Getränke

Bier	*cerveza*	ser·*we*·sa
Kaffee	*café*	ka·*fe*
(Orangen-) Saft	*jugo (de naranja)*	*chuh*·go (de na·*ran*·cha)
Milch	*leche*	*le*·che
Tee	*té*	te
(Mineral-) Wasser	*agua (mineral)*	*a*·gwa (mih·ne·*ral*)
(Rot-/Weiß-) wein	*vino (tinto/ blanco)*	*wih*·no (*tihn*·to/ *blan*·ko)

NOTFÄLLE

| Hilfe! | *¡Socorro!* | so·*ko*·ro |
| Hau ab! | *¡Vete!* | *we*·te |

Rufen Sie ...!	*¡Llame a ...!*	*ya*·me a ...
einen Arzt	*un médico*	uhn *me*·dih·ko
die Polizei	*la policía*	la po·lih·*sih*·a

Ich habe mich verlaufen.
Estoy perdido/a.   es·*toy* per·*dih*·do/a (m/f)

Ich bin krank.
Estoy enfermo/a.   es·*toy* en·*fer*·mo/a (m/f)

Hier tut es weh.
Me duele aquí.   me *dwe*·le a·*kih*

Ich bin allergisch gegen (Antibiotika).
Soy alérgico/a a (los antibióticos).   soy a·*ler*·chih·ko/a a (los an·tih·*byo*·tih·kos) (m/f)

Wo sind die Toiletten?
¿Dónde están los baños?   *don*·de es·*tan* los *ba*·nyos

SHOPPEN & SERVICE

Ich möchte gern ... kaufen.
Quisiera comprar ...   kih·*sye*·ra kom·*prar* ...

Ich sehe mich nur um.
Sólo estoy mirando.   *so*·lo es·*toy* mih·*ran*·do

Darf ich mir das ansehen?
¿Puedo verlo?   *pwe*·do *wer*·lo

Es gefällt mir nicht.
No me gusta.   no me *guhs*·ta

Wie viel kostet das?
¿Cuánto cuesta?   *kwan*·to *kwes*·ta

Das ist zu teuer.
Es muy caro.   es muhy *ka*·ro

Können Sie den Preis etwas reduzieren?
¿Podría bajar un poco el precio?   po·*drih*·a ba·*char* uhn *po*·ko el *pre*·syo

Da ist ein Fehler in der Rechnung.
Hay un error — *ai uhn e·ror*
en la cuenta. — *en la kwen·ta*

Geldautomat	cajero automático	ka·che·ro ow·to·ma·tih·ko
Internet-Café	cibercafé	sih·ber·ka·fe
Kreditkarte	tarjeta de crédito	tar·che·ta de kre·dih·to
Markt	mercado	mer·ka·do
Post	correos	ko·re·os
Touristenbüro	oficina de turismo	o·fih·sih·na de tuh·rihs·mo

UHRZEIT & DATUM

Wie spät ist es?	¿Qué hora es?	ke o·ra es
(10) Uhr.	Son (las diez).	son (las dyes)

Vormittag	mañana	ma·nya·na
Nachmittag	tarde	tar·de
Abend	noche	no·che
gestern	ayer	a·yer
heute	hoy	oy
morgen	mañana	ma·nya·na

Montag	lunes	luh·nes
Dienstag	martes	mar·tes
Mittwoch	miércoles	myer·ko·les
Donnerstag	jueves	chwe·wes
Freitag	viernes	wyer·nes
Samstag	sábado	sa·ba·do
Sonntag	domingo	do·mihn·go

Januar	enero	e·ne·ro
Februar	febrero	fe·bre·ro
März	marzo	mar·so
April	abril	a·brihl
Mai	mayo	ma·yo
Juni	junio	chuhn·yo
Juli	julio	chuhl·yo
August	agosto	a·gos·to
September	septiembre	sep·tyem·bre
Oktober	octubre	ok·tuh·bre

FRAGEWÖRTER

Wer?	¿Quién?	kyen
Wie?	¿Cómo?	ko·mo
Was?	¿Qué?	ke
Wann?	¿Cuándo?	kwan·do
Warum?	¿Por qué?	por ke
Wo?	¿Dónde?	don·de

November	noviembre	no·wyem·bre
Dezember	diciembre	dih·syem·bre

UNTERKUNFT

Ich hätte gern ein ... Zimmer.	Quisiera una habitación ...	kih·sye·ra uh·na a·bih·ta·syon ...
Einzel...	individual	ihn·dih·wih·dwal
Doppel...	doble	do·ble

Wie viel kostet es pro Nacht/Person?
¿Cuánto cuesta por — *kwan·to kwes·ta por*
noche/persona? — *no·che/per·so·na*

Ist das Frühstück enthalten?
¿Incluye el — *ihn·kluh·ye el*
desayuno? — *de·sa·yuh·no*

Campingplatz	terreno de cámping	te·re·no de kam·pihng
Hütte	cabaña	ka·ba·nya
Hotel	hotel	o·tel
Guesthouse/ Pension	pensión	pen·syon
Herberge/ Hostel	hospedaje	os·pe·da·che
Schutzhütte	refugio	re·fuh·chyo
Jugendherberge	albergue juvenil	al·ber·ge chuh·we·nihl
Klimaanlage	aire acondicionado	ai·re a·kon·dih·syo·na·do
Toilette/Bad	baño	ba·nyo
Bett	cama	ka·ma
Fenster	ventana	wen·ta·na

VERKEHRSMITTEL & -WEGE

Boot	barco	bar·ko
Bus	autobús	ow·to·buhs
(kleiner) Bus/Van	buseta	buh·se·ta
(traditioneller) Bus	chiva	chih·wa
Flugzeug	avión	a·wyon
(Gemeinschafts-) Taxi	colectivo	ko·lek·tih·wo
Zug	tren	tren
erster	primero	prih·me·ro
letzter	último	uhl·tih·mo
nächster	próximo	prok·sih·mo
Eine ... Fahrkarte, bitte.	Un boleto de ..., por favor.	uhn bo·le·to de ... por fa·wor

1. Klasse	primera clase	prih·*me*·ra *kla*·se
2. Klasse	segunda clase	se·*guhn*·da *kla*·se
einfach	ida	*ih*·da
hin & zurück	ida y vuelta	*ih*·da ih *wwel*·ta

Ich möchte gerne nach ...
Quisiera ir a ... · kih·*sye*·ra ihr a ...

Hält er in ...?
¿Para en ...? · *pa*·ra en ...

Wie heißt diese Haltestelle?
¿Cuál es esta parada? · kwal es *es*·ta pa·*ra*·da

Wann kommt er an/fährt er ab?
¿A qué hora llega/sale? · a ke o·ra ye·*ga*/*sa*·le

Sagen Sie mir bitte, wenn wir in ... sind
¿Puede avisarme cuando lleguemos a ...? · *pwe*·de a·*wih*·sar·me *kwan*·do ye·ge·mos a ...

Ich möchte hier aussteigen.
Quiero bajarme aquí. · *kye*·ro ba·*char*·me a·*kih*

Bahnhof	estación de trenes	es·ta·*syon* de *tre*·nes
Bahnsteig	plataforma	pla·ta·*for*·ma
Busbahnhof	terminal terrestre	ter·*mih*·nal/ te·*res*·tre
Bushaltestelle	paradero/ parada	pa·ra·de·ro/ pa·*ra*·da
Fahrkarten-schalter	taquilla	ta·*kih*·ya
Fensterplatz	asiento junto a la ventana	a·*syen*·to *chuhn*·to a la wen·*ta*·na
Flughafen	aeropuerto	a·e·ro·*pwer*·to
gestrichen	cancelado	kan·se·*la*·do
Sitz am Gang	asiento de pasillo	a·*syen*·to de pa·*sih*·yo
Stundenplan	horario	o·*ra*·ryo
verspätet	retrasado	re·tra·*sa*·do

Ich möchte gern ... ausleihen	Quisiera alquilar ...	kih·*sye*·ra al·kih·*lar* ...
Auto	un coche	uhn *ko*·che
Fahrrad	una bicicleta	*uh*·na bih·sih·*kle*·ta
Gelände-wagen	un todo-terreno	uhn to·do-te·*re*·no
Motorrad	una moto	*uh*·na *mo*·to
Kindersitz	asiento de seguridad para niños	a·*syen*·to de se·guh·rih·*da* pa·ra *nih*·nyos
Diesel	petróleo	pet·*ro*·le·o

ZAHLEN

1	uno	*uh*·no
2	dos	dos
3	tres	tres
4	cuatro	*kwa*·tro
5	cinco	*sihn*·ko
6	seis	seys
7	siete	*sye*·te
8	ocho	*o*·cho
9	nueve	*nwe*·we
10	diez	dyes
20	veinte	*weyn*·te
30	treinta	*treyn*·ta
40	cuarenta	kwa·*ren*·ta
50	cincuenta	sihn·*kwen*·ta
60	sesenta	se·*sen*·ta
70	setenta	se·*ten*·ta
80	ochenta	o·*chen*·ta
90	noventa	no·*wen*·ta
100	cien	syen
1000	mil	mihl

Helm	casco	*kas*·ko
Trampen	hacer botella	a·ser bo·*te*·ya
Mechaniker	mecánico	me·*ka*·nih·ko
Benzin	gasolina	ga·so·*lih*·na
Tankstelle	gasolinera	ga·so·lih·*ne*·ra
Lkw	camión	ka·*myon*

Ist dies die Straße nach ...?
¿Se va a ... por esta carretera? · se wa a ... por es·ta ka·re·*te*·ra

(Wie lange) Kann ich hier parken?
¿(Cuánto tiempo) Puedo aparcar aquí? · (*kwan*·to *tyem*·po) *pwe*·do a·par·*kar* a·*kih*

Mein Auto hat eine Panne (in ...).
El coche se ha averiado (en ...). · el *ko*·che se a a·we·*rya*·do (en ...)

Ich hatte einen Unfall.
He tenido un accidente. · e te·*nih*·do uhn ak·sih·*den*·te

Ich habe kein Benzin mehr.
Me he quedado sin gasolina. · me e ke·*da*·do sihn ga·so·*lih*·na

Ich habe eine Reifenpanne.
Se me pinchó une rueda. · se me pihn·*cho* *uh*·na *rwe*·da

WEGWEISER

Wo ist ...?
¿Dónde está ...?   don·de es·ta ...

Wie lautet die Adresse?
¿Cuál es la dirección?   kwal es la dih·rek·syon

Könnten Sie das bitte aufschreiben?
¿Puede escribirlo,   pwe·de es·krih·bihr·lo
por favor?   por fa·wor

Können Sie mir das (auf der Karte) zeigen?
¿Me lo puede indicar   me lo pwe·de ihn·dih·kar
(en el mapa)?   (en el ma·pa)

an der Ecke	*en la esquina*	en la es·kih·na
bei der Ampel	*en el semáforo*	en el se·ma·fo·ro

hinter ...	*detrás de ...*	de·tras de ...
weit	*lejos*	le·chos
vor ...	*enfrente de ...*	en·fren·te de ...
links	*izquierda*	ihs·kyer·da
nahe bei	*cerca*	ser·ka
neben ...	*al lado de ...*	al la·do de ...
gegenüber ...	*frente a ...*	fren·te a ...
rechts	*derecha*	de·re·cha
geradeaus	*todo recto*	to·do rek·to

GLOSSAR

Wer eine komplette Übersicht über kolumbianische Slangausdrücke benötigt, sollte sich das *Diccionario de Colombiano Actual* (2005) von Francisco Celis Albán besorgen.

asadero – Imbissbude oder -stand, wo es gebratenes oder gegrilltes Fleisch gibt

AUC – Autodefensas Unidas de Colombia (Vereinigte kolumbianische Selbstverteidigungstruppen); ein lockerer Zusammenschluss von paramilitärischen Gruppen, die als *autodefensas bekannt sind*

autodefensas – rechtsgerichtete Selbstverteidigungtruppen, die die großen Landbesitzer vor Guerillakämpfern schützen; sie werden auch *paramilitares* oder einfach *paras* genannt; siehe auch *AUC*

bogotano/a – Einwohner von Bogotá

buseta – kleiner Bus/Van; beliebtes Transportmittel in Städten

cabaña – Hütte oder einfacher Unterstand, besonders an Stränden oder in den Bergen

caleño/a – Einwohner von Cali

campesino/a – Bauer oder Landbewohner, meist nur mit geringem Einkommen

casa de cambio – Wechselstube

chalupa – kleine Personenfähre mit Außenbordmotor

chinchorro – Hängematte, die wie ein Fischernetz aus Baumwollfäden oder Palmfasern gewebt und typisch für die Ureinwohner ist; am bekanntesten sind die schmuckvollen Baumwollhängematten der Guajiros

chiva – traditioneller Bus mit bunt bemaltem hölzernem Aufbau; heutzutage nur noch auf dem Lande verbreitet; oder im Einsatz für touristischeFahrten

colectivo – Sammeltaxi oder Minibus; beliebtes Verkehrsmittel

comida corriente – Fastfood; bereits fertig zubereitetes Mittagsgericht

costeño/a – Einwohner der Karibikküste

DAS – Departamento Administrativo de Seguridad; Sicherheitskräfte, die auch für die Einreise zuständig waren (2011 aufgelöst)

ELN – Ejército de Liberación Nacional (Nationale Befreiungsarmee); die zweitgrößte Guerillakampftruppe nach der FARC

FARC – Fuerzas Armadas Revolucionarias de Colombia; die größte Guerillatruppe des Landes

finca – Bauernhof; umfasst alles von einem Landhaus mit kleinem Garten bis zu einem riesigen Landgut

frailejón – *espeletia*, eine Pflanzenart; gelb blühender, ganzjähriger Strauch, der nur in Höhenlagen über 3000 m vorkommt und typisch für den *páramo ist*

gringo/a – jeder weiße männliche/weiblich Ausländer; manchmal (aber nicht immer) abschätzig gemeint

guadua – die größte Unterart der Bambusgewächse, besonders verbreitet in Gegenden mit gemäßigtem Klima

hacienda – Landsitz

hospedaje – Unterkunft (ganz allgemein); manchmal auch ein billiges Hotel oder Hostel

indígena – einheimisch; auch Ureinwohner

IVA – *impuesto de valor agregado*, Mehrwertsteuer (MwSt.)

merengue – Musikrhythmus aus der Dominikanischen Republik, heute in der ganzen Karibik und darüber hinaus verbreitet

meseta – Hochplateau

mestizo/a – Mischling; Nachkomme europäischer Einwanderer und Ureinwohner

mirador – Aussichtspunkt

muelle – Pier, Kai

mulato/a – Mulatte; Nachkomme europäischer und afrikanischer Vorfahren

nevado – schneebedeckter Berggipfel

paisa – Einwohner von Antioquia

paradero – Bushaltestelle; mancherorts auch *parada* genannt

páramo – Ebene im Hochgebirge (zwischen 3500 und 4500 m), typisch für Kolumbien, Venezuela und Ecuador

piso – Stockwerk, Etage

poporo – Kalebasse, die von den Arhuacos und anderen Urvölkern zum Transport von Kalk benutzt wird; beim Kauen von Cocablätter fügen die *indígenas* Kalk hinzu, um das Alkaloid aus den Blättern freizusetzen; ein heiliges Ritual der Ureinwohner der Karibikküste

puente – wörtlich „Brücke"; bezeichnet auch ein verlängertes Wochenende (einschließlich Montag)

refugio – rustikale Schutzhütte in entlegenen Gegenden, meist in den Bergen

reggaeton – eine Mischung aus Hip-Hop und lateinamerikanischen Rhythmen, zu denen man schnelle Schritte tanzen kann; ideal für den Geschmack der Städter

salsa – eine Art karibischer Tanzmusik aus Kuba, die in Kolumbien sehr populär ist

salsateca – Disko, in der Salsamusik gespielt wird

Semana Santa – die Karwoche, die Woche vor Ostern

tagua – harte, elfenbeinfarbene Nuss einer bestimmten Palmenart; im Kunsthandwerk benutzt; besonders verbreitet an der Pazifikküste

tejo – traditionelles Spiel, das besonders in den Anden beliebt ist; dabei wird eine schwere Metallscheibe geworfen, um eine *mecha* (Schwarzpulvertasche) zum Explodieren zu bringen

Telecom – die staatliche Telefongesellschaft

vallenato – typische Musikrichtung der Karibik, mit Akkordeon gespielt; heute auch in Kolumbien weit verbreitet

Hinter den Kulissen

WIR FREUEN UNS ÜBER EIN FEEDBACK

Post von Travellern zu bekommen ist für uns ungemein hilfreich – Kritik und Anregungen halten uns auf dem Laufenden und helfen, unsere Bücher zu verbessern. Unser reiseerfahrenes Team liest alle Zuschriften genau durch, um zu erfahren, was an unseren Reiseführern gut und was schlecht ist. Wir können solche Post zwar nicht individuell beantworten, aber jedes Feedback wird garantiert schnurstracks an die jeweiligen Autoren weitergeleitet, rechtzeitig vor der nächsten Nachauflage.

Wer uns schreiben will, erreicht uns über www.lonelyplanet.de/kontakt

Hinweis: Da wir Beiträge möglicherweise in Lonely Planet-Produkten (Reiseführer, Websites, digitale Medien) veröffentlichen, ggf. auch in gekürzter Form, bitten wir um Mitteilung, falls ein Kommentar nicht veröffentlicht oder ein Name nicht genannt werden soll. Wer Näheres über unsere Datenschutzpolitik wissen will, erfährt das unter www.lonelyplanet.com/privacy

DANK VON LONELY PLANET

Vielen Dank an alle Traveller, die mit der letzten Ausgabe unterwegs waren und uns nützliche Hinweise, gute Ratschläge und interessante Begebenheiten übermittelt haben:

A Adam Norten, Aki Vilkman, Anika Sierk **B** Brian Fagan **C** Charles Petersen, Chris Davis, Christian Ehlermann, Claire Wilkinson, Conan Griffin, Cynthia Ord **D** David Dellenback, David Marshall, Dean Tysoe, Diego Garzón **E** Edith Delarue, Erik Bakker, Erik Janse, Evan Yost, Evelyne Eneman **F** Fetze Weerstra, France Francois **G** Giovanni Sabato, Gisela Cramer, Grant Butler, Gundula Zahn **H** Hanna Witek **I** Itsaso Urkiaga **J** Jason White, John Davis, John Garrison Marks, John Lundin, Jorge Wandurraga, Joris van den Broek, Juan Moreno, Julie Pimm **K** Karen Okamoto, Kirsten Vinther, Kristin Richter **L** Laura Farrell, Lauryn Drainie, Lea Mayer, Lonnie Carey, Luis Sarmiento, Luke Fadem **M** Maarten jan Oskam, Magda Bulska, Maria Alejandra, Matthijs van Laar, Michael Breen, Michael Oldre, Momi Zisquit **P** Patrick Ward, Paul Groenen, Per Andersen, Peter Borock, Pierre Raymond, Plecuy Reurner **R** Reinhard Enne, Richard Jenkins, Ronald Cannell **S** Sean Windsor, Sebastian Adamberry, Sebastian Werling, Sophie Balbo, Sophie Jarman, Stef Mertens, Susan Waldock **U** Uwe Lask **V** Valentina Botta **W** Wouter Bauhuis **Y** Yamid Puerto

Dank der Autoren

Alex Egerton

Vor Ort in Kolumbien danke ich den üblichen Verdächtigen: Olga Mosquera, Laura Cahnspeyer, Oscar Gilede, Melissa Montoya, Nicolas Solorzano, Richard, Felipe Goforit, Tyler, Alexa und Oscar Payan – *abrazos para todos*. Ein großes Dankeschön geht an Kevin Raub, Tom Masters und MaSovaida – Kollegen, die mich wunderbar unterstützt haben. Dankbar bin ich natürlich auch Kent *¿Q mas?'* und Warren für den Notizblock.

Tom Masters

An allererster Stelle danke ich Joe Kellner, der mich während meiner Fahrt entlang der Karibikküste mehrere Wochen lang begleitet – und das Aufbrechen bei Sonnenaufgang, endlos lange Fahrten und meinen Gesang im Auto geduldig ertragen hat: Die Fahrt nach Turbo werde ich so schnell nicht vergessen! Danken möchte ich aber auch dem Team von Expotur, insbesondere David Salas, den Mitarbeitern von Aventure Colombia, Sandra Rodil, Antonio Cruz Pérez, Richard McColl, Karelvis in Punta Gallinas – und nicht zuletzt den superguten Mitautoren Kevin und Alex.

Kevin Raub

Ich danke meiner Frau, Adriana Schmidt Raub, der die frisch gepressten Säfte in Kolumbien sicher gefallen hätten; außerdem danke ich MaSovaida Morgan und meinen Gefährten Alex Egerton und Tom Masters. Unterwegs war Laura Cahnspeyer eine große Hilfe – ohne sie hätte ich es nicht geschafft –, Mathieu Perrot-Bohringer, Oscar Gilede, Mike Ceaser, Rodrigo Arias, Shaun Clohesy, Mike Anderson, Kat Hilby, Juan Ananda, Rodrigo Atuesta, Jorge Hormiga, Tim Woodhouse, Jorge Gomez, Richard McColl und Toya Viudes.

Quellennachweis

Die Daten in der Klimatabelle stammen von Peel MC, Finlayson BL & McMahon TA (2007), Aktualisierte Weltkarte der Köppen-Geiger-Klimaklassifikation, *Hydrology and Earth System Sciences*, 11, 1633-44.

Abbildung auf dem Umschlag: Plaza de Santo Domingo, Cartagena, Stefano Paterna/Alamy.

ÜBER DIESES BUCH

Dies ist die 2. deutsche Auflage von *Kolumbien*, basierend auf der mittlerweile 7. englischen Auflage von *Colombia*. Die vorhergehende Auflage haben Kevin Raub, Alex Egerton und Mike Power verfasst. Der aktuelle Band wurde betreut von:

Redaktionsleitung MaSovaida Morgan
Projektredaktion Martine Power
Leitung der Kartografie Mark Griffiths
Layout Virginia Moreno
Redaktionsassistenz Nigel Chin, Kate Evans, Kate James, Kate Mathews, Anne Mulvaney, Susan Paterson, Ross Taylor
Bildredaktion für den Umschlag Naomi Parker
Dank an Sasha Baskett, Ryan Evans, Anna Harris, Diana Saengkham, Ellie Simpson, Glenn van der Knijff, Maureen Wheeler

Register

Kartenseiten **000**
Abbildungen **000**

Kartenlegende

Sehenswertes
- Strand
- Vogelschutzgebiet
- Buddhistisch
- Burg/Schloss/Palast
- Christlich
- Konfuzianisch
- Hinduistisch
- Islamisch
- Jainistisch
- Jüdisch
- Denkmal
- Museum/Galerie/Hist. Gebäude
- Ruine
- Sento-Bad/Onsen
- Shintoistisch
- Sikh-Religion
- Taoistisch
- Weingut/Weinberg
- Zoo/Naturschutzgebiet
- andere Sehenswürdigkeit

Aktivitäten, Kurse & Touren
- Bodysurfing
- Tauchen/Schnorcheln
- Kanu/Kajak
- Kurse/Touren
- Ski fahren
- Schnorcheln
- Surfen
- Schwimbad/Pool
- Wandern
- Windsurfen
- andere Aktivität

Schlafen
- Schlafen
- Camping

Essen
- Essen

Ausgehen & Nachtleben
- Ausgehen & Nachtleben
- Café

Unterhaltung
- Unterhaltung

Shoppen
- Shoppen

Praktische Information
- Bank
- Botschaft/Konsulat
- Krankenhaus/Arzt
- Internet
- Polizei
- Post
- Telefon
- Toilette
- Touristeninformation
- andere Information

Landschaft
- Strand
- Hütte
- Leuchtturm
- Aussichtsturm
- Berg/Vulkan
- Oase
- Park
- Pass
- Picknickmöglichkeit
- Wasserfall

Bevölkerung
- Hauptstadt (National)
- Hauptstadt (Staat/Provinz)
- Stadt/Großstadt
- Ort/Dorf

Verkehrsmittel
- Flughafen
- Grenzübergang
- Bus
- Seilbahn
- Radfahren
- Fähre
- Metrohaltestelle
- Monorail
- Parkplatz
- Tankstelle
- S-Bahn-Haltestelle
- Taxi
- Bahnhof/Zugstrecke
- Tram
- U-Bahn-Station
- anderes Verkehrsmittel

Hinweis: Nicht alle hier aufgeführten Symbole sind in den Karten dieses Buches zu finden

Verkehrswege
- Mautstraße
- Autobahn
- Hauptstraße
- Landstraße
- Verbindungsstraße
- Piste
- unbefestigte Straße
- Straße in Bau
- Platz/Fußgängerzone
- Treppen
- Tunnel
- Fußgängerbrücke
- Wanderung
- Wanderung mit Abstecher
- Wanderpfad

Grenzen
- internationale Grenze
- Bundesstaat/Provinz
- umstrittene Grenze
- Regional/Vorort
- Gewässergrenze
- Klippen
- Mauer

Gewässer
- Fluss, Bach
- periodischer Fluss
- Kanal
- Wasser
- Trocken-/Salz-/periodischer See
- Riff

Fläche
- Flughafen/Landebahn
- Strand/Wüste
- Friedhof (christlich)
- Friedhof (anderer)
- Gletscher
- Watt
- Park/Wald
- Sehenswertes (Gebäude)
- Sportanlage
- Sumpf/Mangroven

DIE AUTOREN

Alex Egerton

Medellín & Zona Cafetera, Cali & Südwest-Kolumbien, Pazifikküste Ursprünglich ein Journalist, fährt Alex schon seit über einem Jahrzehnt durch Lateinamerika; dort ist er dann zwischen Mexiko und Argentinien auf den Nebenstraßen unterwegs. Derzeit lebt er sogar im Süden von Kolumbien, wo er ausgiebig reist und in zahlreichen Medien über das Land berichtet. Wenn er nicht gerade wegen eines Reiseführerprojekts unterwegs ist, wandert er durch die entlegenen Gebiete des eren Amazonas, im Chocó und in den Bergen des Südens, oder er verbessert seine Geschickkeit im Tejo-Spiel. Von Alex stammen auch die „Reiserouten", das Outdoor-Kapitel und „Kolumn im Überblick".

Mehr über Alex:
lonelyplanet.com/members/alexegerton

Tom Masters

Karibikküste, San Andrés & Providencia, Amazonasbecken Tom hat Lateinamerika zunächst mit dem Rucksack und später als Lonely Planet-Autor bereist und war hocherfreut, als er schließlich auch über Kolumbien schreiben durfte, ein Land, das er schon 2006 besucht hatte. Für diese Ausgabe durchquerte Tom das Amazonasbecken, er tauchte und wanderte in San Andrés & Providencia und legte mit dem Auto entlang der Karibikküste fast 3000 km zurück. Unters haben ihn Mompóx, Sapzurro und Providencia ganz besonders begeistert. Unter www.tomsters.net erfährt man mehr über ihn. Tom hat auch die Kapitel „Gut zu wissen", „Wie wär's mit und „Monat für Monat" geschrieben, außerdem die Beiträge in „Kolumbien verstehen" und das itel „Sicher reisen".

Mehr über Tom:
lonelyplanet.com/members/tommasters

Kevin Raub

Bogotá; Boyacá, Santander & Norte de Santander Kevin Raub ist in Atlanta aufgewachsen; seine Berufslaufbahn begann er als Musikjournalist für die Zeitschriften *Men's Journal* und *Rolling Stone*. Schließlich gab er die Musikszene auf und ließ sich als Reisejournalist in Brasilien nieder. Kolumbien hat er schon aus einem Hubschrauber der Regierung bewundert, und er war mit dem DJ Paul Oakenfold im Dschungel unterwegs. Dieser Band ist bereits Kevins 29. Lonely et. Wer will, kann ihm auch auf Twitter folgen (@RaubOnTheRoad). Zu diesem Band hat er ätzlich noch die Texte für „Willkommen in Kolumbien", „Kolumbiens Top 21", die „Allgemeinen mationen" und „Verkehrsmittel & -wege" beigesteuert.

Mehr über Kevin:
lonelyplanet.com/members/kraub

DIE LONELY PLANET STORY

Ein uraltes Auto, ein paar Dollar in den Hosentaschen und Abenteuerlust, mehr brauchten Tony und Maureen Wheeler nicht, als sie 1972 zu der Reise ihres Lebens aufbrachen. Diese führte sie quer durch Europa und Asien bis nach Australien. Nach mehreren Monaten kehrten sie zurück – pleite, aber glücklich –, setzten sich an ihren Küchentisch und verfassten ihren ersten Reiseführer *Across Asia on the Cheap*. Binnen einer Woche verkauften sie 1500 Bücher und Lonely Planet war geboren. Heute unterhält der Verlag Büros in Melbourne (Australien), London und Oakland (USA) mit über 600 Mitarbeitern und Autoren. Sie alle teilen Tonys Überzeugung, dass ein guter Reiseführer drei Dinge tun sollte: informieren, bilden und unterhalten.

Lonely Planet Publications,
Locked Bag 1, Footscray,
Melbourne, Victoria 3011,
Australia

Verlag der deutschen Ausgabe:
MAIRDUMONT, Marco-Polo-Str. 1, 73760 Ostfildern,
www.lonelyplanet.de, www.mairdumont.com
info@lonelyplanet.de
Chefredakteurin deutsche Ausgabe: Birgit Borowski
Übersetzung:
Petra Dubilski, Christiane Gsänger, Christel Klink, Dr. Annegret Pago,
Dr. Thomas Pago, Jutta Ressel M. A., Karin Weidlich, Renate Weinberger,
Linde Wiesner
An früheren Auflagen haben außerdem mitgewirkt:
Dr. Martin Goch, Dr. Horst Leisering, Raphaela Moczynski, Sigrid Weber-Krafft
Redaktion und technischer Support: CLP Carlo Lauer & Partner, Riemerling

Kolumbien
2. deutsche Auflage Dezember 2015, übersetzt von *Colombia 7th edition*, August 2015 Lonely Planet Publications Pty
Deutsche Ausgabe © Lonely Planet Publications Pty, Dezember 2015
Fotos © wie angegeben 2015
Printed in China

Obwohl die Autoren und Lonely Planet alle Anstrengungen bei der Recherche und bei der Produktion dieses Reiseführers unternommen haben, können wir keine Garantie für die Richtigkeit und Vollständigkeit dieses Inhalts geben. Deswegen können wir auch keine Haftung für eventuell entstandenen Schaden übernehmen.

MIX
Papier aus verantwortungsvollen Quellen
FSC
www.fsc.org
FSC® C018236